Michael Worbs
Nervenkunst

Literatur und Psychoanalyse im Wien der Jahrhundertwende

athenäum

CIP-Kurztitelaufnahme der Deutschen Bibliothek

Worbs, Michael:
Nervenkunst : Literatur u. Psychoanalyse im Wien d.
Jh.-Wende / Michael Worbs. – Frankfurt am Main :
Athenäum, 1988.
(Athenäums Taschenbücher Die kleine weisse Reihe ;
Bd. 107)
Zugl.: Berlin, Techn. Univ., Habil.-Schr., 1980
ISBN 3-610-04707-0
NE: GT

athenäum[s] taschenbücher
Die kleine weisse Reihe
Band 107
Februar 1988

Athenäum Verlag GmbH, Frankfurt am Main 1988

Motiv: Gustav Klimt, Die Medizin, 1900/07 (ehem. Wien,
Österreichische Galerie).
Druck und Bindung: Clausen & Bosse, Leck
Printed in Germany
ISBN 3-610-04707-0

Inhalt

Vorwort

Der Psychoanalytiker, dessen Denken die Literatur des 20. Jahrhunderts von James Joyce bis Arno Schmidt nicht unmaßgeblich beeinflußt hat, stand der Moderne skeptisch bis ablehnend gegenüber. Bekannt sind Freuds negative Urteile über Expressionismus und Surrealismus – obwohl ihn doch André Breton und Paul Eluard zu ihrem »véritable père« erklärt hatten. Diese schroffe Haltung gegenüber der zeitgenössischen Literatur zeigte schon der in der Mitte des Lebens stehende Autor der 1899 erschienenen *Traumdeutung*. Die Lesewelt des im Geiste des 19. Jahrhunderts gebildeten Freud ist eher durch Shakespeare und Goethe, Lessing und Heine denn durch Hofmannsthal und Hauptmann, Mallarmé und Maeterlinck geprägt. Das Höchstmaß an Modernität, das er gelten ließ, bezeichnen Zola und Ibsen.

Freud, wegen der literarischen Qualitäten seiner Prosa oftmals gerühmt, war einer der letzten Vertreter jenes Bildungsbürgertums des 19. Jahrhunderts, das Gelehrte wie Jacob Burckhardt, Theodor Mommsen und Ferdinand Gregorovius hervorgebracht hat, die ein Wissen, das heutigem Spezialistentum denkbar fern steht, in großer Prosa vorzutragen vermochten. In Freud verbanden sich die beiden Kulturen, die sich mit dem Ende der Kunstperiode, nach dem Tode Hegels und Goethes, auseinanderentwickelt hatten – die humanistische und die (natur-)wissenschaftliche –, noch einmal zu einer höchst eigentümlichen Synthese. Die Bindung an die humanistische Tradition und die damit gegebene Verwurzelung in den ästhetischen Überlieferungen des 19. Jahrhunderts ließen Freud aber gerade auf jene Richtung in Kunst und Literatur verständnislos reagieren, die im Grunde seinem Denken nahestand, ja es vorbereiten half.

Die psychologische Denkweise, die er systematisierte und verwissenschaftlichte, war nämlich in jenen Bewegungen virulent, die Ende des 19. Jahrhunderts in Reaktion auf den Naturalismus entstanden waren. Sie bildet über die Heterogenität der einzelnen »Schulen« hinaus – vom Impressionismus über den Symbolismus bis hin zur Wiener Sezession – den gemeinsamen Nenner, auf den sich die Kunst des Fin de siècle bringen läßt. Hier findet sich die genuine Innenschau und die Psychologisierung des Daseins, wie Freud sie in der *Traumdeutung* erstmals methodisch entfaltete. In diesem in den letzten Jahren des 19. Jahrhunderts verfaßten Werk – durchsetzt mit den literarischen Requisiten des humanistisch gebildeten Bürgertums – fehlen zwar Namen wie Hofmannsthal und Schnitzler, Huysmans und Ferdinand Khnopff in auffälliger Weise. Es erscheint riskant, angesichts der allem »Dekadenten« abholden Grundeinstellung des Wiener Bürgers Freud, ihn mit diesen Namen in Verbindung bringen zu wollen und es würde nahezu allem widersprechen, was wir über Freud zu wissen glauben.

In der Phäakenstadt Wien erschien Freuds strenge Lebensauffassung und sein Arbeitsethos wie ein Fremdkörper. In einer der Theaterleidenschaft und der Schauspielerei verfallenen Stadt, in der die Kunst für weite Teile des Bürgertums zur Ersatzwirklichkeit geworden war, wo in den letzten Tagen der Monarchie die »fröhliche Apokalypse« (Herman Broch) herrschte, stand er abseits. Freud verbrachte, wie sein Schüler Hanns Sachs berichtet, kaum »je einen Abend im Theater«. Dennoch war er nicht der Außenseiter in der Kultur der Wiener Jahrhundertwende, als den er später sich sah und zu dem ihn auch seine Biographen – allen voran Ernest Jones – gemacht haben.

Schon Thomas Mann sagte, Freud wäre nicht so einsam gewesen, hätte er die Schriftsteller besser gekannt. Dies ist zuerst auf die Schriftsteller der Wiener Moderne zu beziehen, die Ende des 19. Jahrhunderts in einer Wiederaufnahme romantischer Positionen den Naturalismus »überwanden«, indem sie dessen Methode auf die Schilderung der Innenwelt übertrugen und damit die Realität der Phantasie in einer radikal neuen Weise zu formulieren vermochten. Hermann Bahr propagierte dies als »Kunst der Nerven«. Der Begriff tauchte zuerst – als »art des nerfs« – im Tagebuch der Brüder Goncourt auf. Gemeint ist damit die Sezierung der – wie es bei Bahr heißt – »Nervenstände« mit dem Gestus des Arztes. Wien wurde, wie Hofmannsthal sich später erinnerte, »zur porta orientis [...] für jenen geheimnisvollen inneren Orient, das Reich des Unbewußten«.

Mit der Übernahme der experimentalen Methode des Naturalismus in Bereiche, die bislang von der Romantik reklamiert worden waren, wurde die Phantasie vor den, wie Oscar Wilde snobistisch sagte, »ermüdenden *documents humains*« gerettet. An diesem Punkt begann die Psychoanalyse schon in ihren Anfängen für die Literatur wichtig zu werden. Mit ihrer Hilfe ließ sich der Blick einer nachromantischen Generation nach innen lenken, ohne daß der wissenschaftliche Geist des Zeitalters verletzt wurde.

Auf die *Synthese* von Naturalismus und Romantik, Positivismus und Psychologie, Leben und Traum lassen sich die Psychoanalyse Freuds wie die literarischen Texte der Wiener Jahrhundertwende gleichermaßen festlegen. Dieser Zusammenhang ist bislang noch kaum – und wenn, dann einseitig als Rezeption Freuds – untersucht worden. Ein Grund hierfür mag in der offenkundigen Distanz liegen, die der Autor der *Traumdeutung* – nach dem Scheitern eines gemeinsamen Weges – zu den Dichtern Wiens einhielt. Hinzu kommt, daß die dem Kreis der Fachkollegen entstammende Behauptung, die Psychoanalyse sei theoretische Projektion der phäakischen Lebensverhältnisse Wiens, Freud stets zur Betonung des Gegensatzes von *Kakanien* und Psychoanalyse veranlaßt hat. Dennoch läßt sich die Psychoanalyse – historisch gesehen – verstehen als Reaktion auf den in Österreich besonders krassen Kollaps des Liberalismus, als Rettungsversuch des bürgerlichen Individuums, dessen Identität –

einem anderen Wiener, Ernst Mach, zufolge – unrettbar geworden war. Charakteristisch für die geistige Situation Wiens im ausgehenden 19. Jahrhundert ist der enttäuschende Rückzug der Intellektuellen aus der Politik und die Flucht in eine Ersatzwelt: Artistik und Innerlichkeit. Diese Bewegung hat noch ihren Niederschlag in der dem Bereich des Politischen entnommenen, auf psychologische Sachverhalte gewendeten Metaphorik der *Traumdeutung* gefunden.

Ende des 19. Jahrhunderts, von 1890 an etwa, setzte sich in der europäischen Literatur eine Tendenz zu Introversion und Seelenkundigkeit durch, die der junge Hofmannsthal – neben Hermann Bahr der kongeniale Kritiker dieser Literatur – auf »gesteigerte Empfindsamkeit« zurückführte und zum Merkmal der Epoche erhob. Diese weithin zu konstatierende Wende nach innen – deren Spätfolgen noch bei Proust und Joyce wirksam sind – bildete den Ausgangspunkt der Wiener Literatur um 1900. Vorbereitet war sie im Naturalismus durch einen von der vorfreudianischen Psychiatrie abgeleiteten Kult um Neurose und Krankheit. Im Versuch, den Naturalismus weiterzudrehen, von der Abschilderung der ›états des choses‹ zu der der ›états d'âme‹ voranzuschreiten, in der *Überwindung des Naturalismus* fand die Psychiatrie eine erhöhte Bedeutung, konnte sie doch einer nachromantischen Generation die erstrebte Wissenschaftlichkeit bei der Reise ins Innere gewährleisten. Die Psychiatrie ersetzte die Biologie als Modewissenschaft des Naturalismus.

Daß in Österreich die Degenerationshypothese, auf der die vorfreudianische Psychiatrie fußte, nie recht akzeptiert wurde, war eine Voraussetzung für die Rezeption Freuds, der sich gerade in diesem Punkt von seinen Lehrmeistern unterschied. Der über den Naturalismus hinaus, auch bei der Ausleuchtung des Seelenlebens festzustellenden Verwissenschaftlichung der Poesie trat mit der Psychoanalyse eine Literarisierung der Psychiatrie gegenüber. Denn Freud mußte im Versuch, die Neurose (lebensgeschichtlich) zu verstehen sich literarisch-hermeneutischer Formen bedienen, um seine Erkenntnisse sprachlich überhaupt fassen zu können. Die Folge war eine »Episierung der Theorie« (Habermas). Von daher rührte Freuds genuines Interesse an der Literatur. Graphisch gesehen und schematisch vereinfacht, ergeben diese beiden Tendenzen – im Bereich der Literatur und in dem der Psychiatrie – zwei sich konvergent einander nähernde Kurven, an deren Näherungspunkt Freud und das *Junge Wien* sich gegenüberstehen.

Aufgrund von Freuds klassizistischem Kunstverständnis aber entsteht das Paradox, daß er der ihm verwandten, nämlich gegennaturalistischen Literatur – gerade insoweit sie bewußt psychiatrische und psychoanalytische Erkenntnisse verarbeitet – den Kunstbegriff verweigert und die Aneignung seiner Theorie als illegitimen Übergriff des Dichters in den übergeordneten Bereich des Wissenschaftlers ansieht. Demgegenüber – und hier schneiden sich doch die beiden Kurven – läßt sich zeigen, daß Freuds eigene Schriften – gemeint sind zunächst die ästhetischen – mit dem »creative criticism« eines Walter

Pater, Oscar Wilde und Hugo von Hofmannsthal innerlich verwandt sind. Freuds strenges Urteil über die Kunst um 1900 wird konterkariert durch seine eigene Schreibpraxis. Dieser Zusammenhang läßt sich paradigmatisch an seinem Leonardo-Essay ablesen, in dem er einen Mythos des Fin de siècle, die *femme fatale*, psychoanalytisch überhöhte. Der subjektive Charakter seiner Kunstkritik zeigt ihn als Interpreten »für gewisse, mir verwandte Dinge« (Hofmannsthal).

Angesichts dieser Voraussetzungen muß eine von Widersprüchen gekennzeichnete Struktur der Beziehungen zwischen Psychoanalyse und Literatur im Wien um 1900 nicht verblüffen. Hofmannsthal, poeta doctus und kongenialer Interpret der Psychoanalyse, ignorierte Freud fast völlig, Schnitzler mied er lange aus – wie er ihm später gestand – »Doppelgängerscheu«, zu Richard Beer-Hofmann entwickelte sich erst in den dreißiger Jahren, im letzten Lebensjahrzehnt also, eine persönliche Beziehung, nur zu dem aus der Tradition Anzengrubers und C. F. Meyers kommenden J. J. David bestand um 1900 eine freundschaftliche Verbindung, obwohl dieser seinem genuinen Arbeitsgebiet fernstand.

1895 hatte Freud sich mit dem Beginn einer schöpferischen Krise in die *splendid isolation* begeben, an deren Ende die *Traumdeutung*, das grundlegende Werk der neuen Wissenschaft, stand. Es erschien in den letzten Monaten des 19. Jahrhunderts, nur von wenigen (unter ihnen Arthur Schnitzler) beachtet. Lediglich Max Burckhard, einflußreicher Förderer der Wiener Moderne (von 1890 bis 1898 Direktor des Burgtheaters in Wien, gemeinsam mit Hermann Bahr Herausgeber der Jugendstil-Zeitschrift *Ver sacrum*) widmete der Traumdeutung eine ausführliche Besprechung. Freud jedoch schimpfte: Ein »blödes Referat«, »wenig schmeichelhaft, ungemein verständnislos«. Burckhard hatte Zweifel an der Allgemeingültigkeit von Freuds Wunscherfüllungstheorie zu äußern gewagt.

1902 trat Freud aus seiner trotzigen Isolation heraus, indem er Schüler um sich zu versammeln begann. Im Kreis der sich jeden Mittwoch Abend in der Berggasse 19 im Wartezimmer der Freudschen Praxis Treffenden befanden sich, wie er sich später erinnerte, »nicht nur Ärzte, sondern auch andere Gebildete, welche in der Psychoanalyse etwas Bedeutsames erkannt hatten, Schriftsteller, Künstler usw.«. So kam vorübergehend Hermann Bahr hinzu, der die *Studien über Hysterie* dem Kreis des *Jungen Wien* vermittelte. Bald sucht Freud Karl Kraus, den Herausgeber der einflußreichen kulturkritischen Zeitschrift *Die Fackel* als Mitstreiter zu gewinnen. »Wir wenigen sollten ... zusammenhalten«, schrieb er 1906 an diesen. Kraus war wie Freud ein kompromißloser Außenseiter. In seinem Kampf für die Trennung von *Sittlichkeit und Kriminalität* hatte er sich auf Freuds *Sexualtheorie* berufen, deren Erscheinen Freuds Randstellung in Wien für lange Zeit besiegelte. Bald fand er sich in Freuds Vorlesungen ein. 1907 hielt Freud in dem einflußreichen Kunstsalon des Wiener Verlegers und Kunsthändlers Hugo Heller vor »zahlreichen Dichtern und ihren Damen« einen Vortrag über *Der Dichter und das Phantasieren*, sein einziger öffentlicher Vortrag vor einem interessierten Laienpublikum.

Freuds Bemühen um »Bundesgenossen« gegen die uneinsichtige Fachwelt blieb im Kreis der Wiener Moderne ohne dauernden Erfolg. Der wandlungsfähige Hermann Bahr wandte sich bald neuen Moden zu. Karl Kraus gaben persönliche Differenzen mit dem Freud-Schüler und *Fackel*-Mitarbeiter Fritz Wittels Anlaß zur grundsätzlichen Abrechnung, die vornehmlich der Künstleranalyse der Freudschüler und später auch der Praxis der psychoanalytischen Bewegung galt. Gerade der Übergriff der Analytiker auf den – für Kraus unantastbaren – Bereich des Künstlers war ihm Grund für den Bruch mit Freud. Einer Kulturkritik, die ihre Dynamik vom »Ursprung« her bezog, die einer denaturierten Gesellschaft eine geschichtslose Natur konfrontierte, mußte die Entschleierung von Kunst und Traum zuwider sein, ging sie doch an die Wurzel ihrer Kraft. Grund für die nur wenige Jahre währende Periode einer vorsichtigen Koalition von *Fackel* und *Psychologischer Mittwochgesellschaft* war aber auch dies: Zwischen zwei Persönlichkeiten, die jeweils völlige Zustimmung oder Ablehnung herausforderten, konnte es auf die Dauer ein Bündnis nicht geben.

Erst 1922 nahm Freud wieder zum Wiener Kreis Kontakt auf – mit dem Arthur Schnitzler gegenüber geäußerten Geständnis, dieser habe in geradezu unheimlicher Weise all das, was er, Freud, in mühseliger, wissenschaftlicher Arbeit erforscht, intuitiv in seinem Werk erfaßt. Schon 1899 hatte er sich nach der Aufführung des *Paracelsus* im Burgtheater gewundert, »wieviel von den Dingen so ein Dichter weiß«. Tatsächlich aber war der Mediziner Arthur Schnitzler an den *Anfängen* der Psychoanalyse beteiligt, so daß Freud ihm die Unheimlichkeit seiner Begabung zu Unrecht zuschrieb. Freud, der es besser hätte wissen können, muß die Doppelgängerphantasie fasziniert und an kühlerem Nachdenken gehindert haben. Schnitzler selbst hat – trotz mancher Überzeugungsversuche seitens der Freudschüler – die spätere Entwicklung der *Theorie* (nach 1900) nur begrenzt mitgemacht und fiel in seinem *Verständnis* sogar hinter Karl Kraus zurück. Neben von Freud anerkannten Parallelen in ihren Werken ist ein *Einfluß* klassischer Analyse bei ihm nur ausnahmsweise festzustellen – eine morbide Ödipusphantasie in der Novelle *Frau Beate und ihr Sohn*, der Einsatz der psychoanalytischen Technik der freien Assoziation als literarischem Stilmittel (*innerer Monolog*) im *Leutnant Gustl* und in *Fräulein Else*. Biographisch gesehen aber kann man mit Freud ihr Schicksal als doppelgängerhafte Alternative auf der Bühne Kakaniens verstehen.

Hugo von Hofmannsthal dagegen bezog die Psychoanalyse kongenial in sein Schaffen ein. Bei der Erneuerung der sophokleischen *Elektra*, die – wie seine Griechendramen insgesamt – als kontrapunktische Revision des Griechenbildes der Goethezeit angelegt war, griff er auf eine Krankengeschichte aus den *Studien über Hysterie* Breuers und Freuds zurück, um das ursprünglich ja religiös gemeinte Geschehen einem säkularisierten Zeitalter als psychologisches durchsichtig zu machen. Hofmannsthal hatte hier – wie in der späteren Bearbeitung der Sage vom König Ödipus – einen von Freud schon 1901 (in *Zur Psychopathologie des Alltagslebens*) formulierten Anspruch vor und stellvertretend für diesen eingelöst, nämlich Mythologie in Psychologie des Unbewußten transkribiert. Das 1906 fertiggestellte Vorspiel zum *König Ödipus, Ödipus und die Sphinx*, ist seine Antwort auf *Die Traumdeutung*. Es macht Gemeinsamkeit wie Differenz deutlich: Hofmannsthal verwandelt zwar das delphische Orakel in Traum und (psychoanalytische) Deutung, stellt aber an den Schluß die rauschhafte Verherrlichung des Inzests, so daß er die geplante Trilogie mit der Bearbeitung des Sophokles nicht fortzusetzen vermag. Der sophokleische *König Ödipus*, dessen stofflicher Vorwurf sich nicht nur als eine menschliche Grundkonstellation von anthropologischer Gültigkeit darstellte, sondern zugleich als analytisches Drama, als kunstvoll verzögertes Enthüllen einer in der Vergangenheit liegenden, unwissend begangenen Tat zum Paradigma des psychoanalytischen Verfahrens schlechthin wurde, fand bei Hofmannsthal keine Entsprechung. Hofmannsthals Bearbeitung fehlt der von Freud bei aller Beschäftigung mit Unbewußtem und Regressiven stets bewahrte aufklärerische Gestus.

An Hofmannsthals griechischen Tragödien fällt die untragische Ergebenheit seiner Helden in das im Unbewußten verankerte Fatum auf. Im Nachlaß befinden sich zahlreiche Entwürfe zu griechischen Stücken, die er – trotz Drängen von seiten Richard Strauss' – nicht ausgeführt hat. Es ist zu vermuten, daß er mit Freud an die Möglichkeit der Tragödie in einer entgötterten Zeit nicht mehr glaubte und tragische Wirkung nur noch in einem besonderen Stoff sah: im ödipalen Schicksal. Mit der *Elektra* und *Ödipus und die Sphinx* war diese Möglichkeit jedoch erschöpft.

Hofmannsthal wie Freud diente der antike Mythos der Selbstobjektivierung: Hofmannsthal ermöglichte er die Überwindung des Lyrismus seines Frühwerks und damit die ersehnte Eroberung der »wirklichen, der brutalen Bühne«, Freud die Generalisierung notwendig einzelner psychoanalytischer Erfahrung zu anthropologischer Befindlichkeit. Der antike Mythos war ihnen – wie schon Nietzsche dessen ungebrochene Rezeption in der europäischen Geistesgeschichte deutete – eine Form ›uneigentlichen‹ Sprechens, der Überwindung der Grenze, die die herkömmliche Sprache dem Denken zieht. Die Antike ist das gemeinsame Dritte, das ihnen – mit einem Wort Hofmannsthals – als »magischer Spiegel« zur Aufdeckung ihres besonderen Vorsatzes diente. Sie macht ihre Positionen vergleichbar.Die Vorliebe fürs *Prähistorische*, das eigentümliche Zusammengehen von Archaik und Moderne, Mythos und Wissenschaft, die Hofmannsthal und Freud im Bezugrahmen des durch J. J. Bachofen, Friedrich Nietzsche, Erwin Rhode und Jacob Burckhardt bestimmten Griechenbildes zeigen, gibt den Punkt an, wo sich ihre Auffassungen überschneiden: Für Hofmannsthal ist diese Vorliebe der grundlegende Zug seiner Interpretation des Griechischen, für Freud ist es eine Eigenheit des analytischen Denkens überhaupt.

In Hofmannsthals griechischen Stücken hätte Freud Zeugnis finden können für das Fortleben prähistorischer Instinkte, die er in Grenzbereichen menschlichen Denkens, in Träumen, Neurosen und Fehlleistungen als jenseits der Geschichte, trotz Rationalismus und Aufklärung existent, aufgespürt zu haben glaubte. Der Konjunktiv – »hätte« – im letzten Satz ist zu unterstreichen. Denn in Hofmannsthals Übertragung des *König Ödipus* fand er zwar begeistert die Bestätigung seiner eigenen Sichtweise, übersah dabei aber die Leistung Hofmannsthals, die gerade die freudianische Sichtweise voraussetzt. Die *Elektra* lehnte er als anmaßenden Übergriff des Dichters auf den Bereich der Wissenschaft, als unangemessene Verwertung psychoanalytischer Erkenntnisse ab.

Überblickt man das in der vorliegenden Studie in einigen Zügen skizzierte Tableau der Beziehungen zwischen Psychoanalyse und Literatur in der Wiener Jahrhundertwende, so macht gerade das Beispiel Hofmannsthal-Freud deutlich, wie stark dies trotz vielfach gemeinsamer und konvergenter Ausgangsbedingungen von Vorurteilen, Mißverständnissen und Idiosynkrasien gekennzeichnet war, ja mehr noch, daß die Akteure ihr eigenes Handeln oft nicht durchschauten. So nannte Hofmannsthal Freud privat einmal »eine absolute Mediocrität voll bornierten, provinzmäßigen Eigendünkels« – dies nach seinen Griechendramen! Daß in den Jahren 1890 bis 1910, in der Entstehungszeit der Psychoanalyse in Wien, ohne Vorbilder, widerwillig zwar und von gegenseitigen Vorurteilen nicht frei, eine Kooperation praktiziert wurde, die der Literatur des 20. Jahrhunderts nicht unmaßgebliche Anregungen vermittelte, macht Originalität und Bedeutung dieser widersprüchlichen Symbiose aus.

Die vorliegende Arbeit ist Anfang 1980 vom Fachbereich Kommunikations- und Geschichtswissenschaften der Technischen Universität Berlin als literaturwissenschaftliche Dissertation angenommen worden. Sie wurde für diese Ausgabe überarbeitet. Meinen Lehrern Walter Höllerer und Norbert Miller danke ich für Verständnis und Rat, mit dem sie meine Arbeit begleitet und gefördert haben.

Die Verfahrensweise dieser Studie ist literaturhistorisch, vergleichend, nicht psychoanalytisch. In die Spurensuche wurde auch unveröffentlichtes Archivmaterial einbezogen – Briefwechsel, Werkstattentwürfe und Tagebuchnotizen. Eine Reihe von Arbeiten zur Rezeption der Psychoanalyse durch deutschsprachige Schriftsteller, die in den letzten Jahren von dem Freiburger Analytiker Johannes Cremerius und von Bernd Urban initiiert worden sind, konnte ich hierbei benutzen. Ein Hindernis bildete allerdings die Unzugänglichkeit des Freud-Nachlasses[1] wie auch die Tatsache, daß Freud zweimal, 1885 und 1908 »Briefe, wissenschaftliche Exzerpte und Manuskripte«[2] vernichtete. Eine wesentliche Lücke besteht gerade für den hier wichtigen Zeitraum 1902 bis 1907.

Heinrich Schnitzler (†) gewährte mir freundlicherweise Einblick in die Tagebücher seines Vaters und stellte mir Entwürfe und Skizzen aus dem Nachlaß zur Verfügung, die ich ohne die Hilfe von Therese Nickel und Peter

Michael Braunwarth kaum hätte entziffern können. Die Tagebücher werden hier nach einer vorläufigen Transkription zitiert, eine verbindliche Fassung wird derzeit bei der Akademie der Wissenschaften, Wien, erstellt.[3] Sophie Schick half mir kenntnisreich bei der Suche im Karl Kraus-Archiv der Wiener Stadtbibliothek. Ohne die Unterstützung der Mitarbeiter des Instituts für Geschichte der Medizin an der Universität Wien, der Theatersammlung der Österreichischen Nationalbibliothek und der Staatsbibliothek Preußischer Kulturbesitz wäre ich auf manche Belege nicht gestoßen. Wichtige Hinweise und Anregungen verdanke ich Heinrich Dilly, Michael Rutschky, Oskar Sahlberg, Matina Schmitz-Weiss, Peter Sprengel, Gerd Uekermann, Bernd Urban und Frederick Whyatt, sowie den Teilnehmern am Doktorandencolloquium Walter Höllerers. Für ihre großzügige finanzielle Förderung danke ich der Studienstiftung des deutschen Volkes.

Meinen Eltern gilt mein Dank für die Unterstützung, die sie mir immer gern gewährt haben.

---

1 Das Sigmund Freud Archiv, New York, ist bis zum Jahre 2000 für die wissenschaftliche Benutzung gesperrt! Diese an sich bekannte Tatsache wurde mir ausdrücklich vom Leiter des Archivs, K. R. Eissler, in einem Brief vom 11. 1. 1980 bestätigt. Der ca. 2000 Briefe umfassende Briefwechsel mit Ferenczi ist ebenso unveröffentlicht (er wurde jetzt teilweise publiziert) wie der mit Wilhelm Reich. Wichtige Korrespondenzen, wie die mit seiner Verlobten Martha Bernays oder jene mit Fließ sind nur unvollständig veröffentlicht. Alle Aussagen über die Entstehungsgeschichte der Psychoanalyse sind daher mit Vorbehalten zu machen. Der einzige der Freudbiographen, der das gesamte überkommene Material eingesehen hat, ist Jones. Dies macht u. a. auch den Wert seiner Biographie aus – trotz seiner Schlampigkeit und der Tatsache, daß er durch eine Flut von Veröffentlichungen zu Einzelfragen in dem einen oder anderen Punkt überholt ist. Vgl. jetzt Clark (1980).

2 Briefe: 144. Das Zeug habe sich – schrieb Freud an Martha – wie »Flugsand um die Sphinx« gelegt. »Die Biographen aber sollen sich plagen, wir wollen's ihnen nicht zu leicht machen. Jeder soll mit seinen Ansichten über die ›Entwicklung des Helden‹ recht behalten, ich freue mich schon, wie die sich irren werden« (ib: 145). So ist man gerade für die wichtige frühe Phase des »Helden« auf einzelne Rekonstruktionen und Konjekturen ausgehend von der autobiographischen Schicht seines Werkes – wie sie etwa für die frühe Arbeit *Über Deckerinnerungen* oder *Die Traumdeutung* enthalten – angewiesen. Auch Archivmaterial konnte Einsichten vermitteln (Gicklhorn 1960). Vgl. dazu Grotjahn/v. Scheidt (1976) und Cremerius (1971 b).

3 Die mittlerweile publizierten Texte 1909-1912 des Tagebuchs wurden in dieser Fassung berücksichtigt.

I. Sigmund Freud in Kakanien

»Ihm gebührt das Verdienst, in die Anarchie des Traums eine Verfassung eingeführt zu haben. Aber es geht darin zu wie in Österreich.«
Karl Kraus (F 254/33)

> »Wien ist sonst Wien, also höchst ekelhaft.«
> Sigmund Freud am 16. 4. 1900 an Wilhelm Fließ

Als Sigmund Freud 1938 nach dem Einmarsch Hitlers in Österreich nicht ohne Zögern, gedrängt von seinen Freunden und Schülern Marie Bonaparte und Ernest Jones, die Stadt, in der er 79 Jahre seines Lebens verbracht hatte, für immer verließ, um in London Asyl zu suchen, schrieb er noch am Tage seiner Ankunft an den Psychoanalytiker Max Eitington:

> »Die Affektlage dieser Tage ist schwer zu fassen, kaum zu beschreiben. Das Triumphgefühl der Befreiung vermengt sich zu stark mit der Trauer, denn man hat das Gefängnis, aus dem man entlassen wurde, immer noch sehr geliebt [. . .].«[1]

In diesen Worten kommt deutlich Freuds ambivalentes Verhältnis zu Wien, der »Stadt, von der die Psychoanalyse ausgegangen war« (GW X, 85), zum Ausdruck. Aus den zurückliegenden Jahrzehnten, die der damals 82jährige fast ausschließlich in der Hauptstadt Kakaniens verbrachte, ist nur eine weitere Äußerung überliefert, die *auch* positive Gefühle Wien gegenüber benennt. Auch sie fiel vor dem Hintergrund einer äußeren Katastrophe – dem Zusammenbruch der k. u. k. Monarchie –, die allerdings noch nicht die persönliche Bedrohung bedeutete wie der spätere Sieg des Nationalsozialismus. Freud konnte ihr noch auf typisch österreichische Art begegnen: »Ich werde mit dem Torso weiterleben und mir einbilden, daß es das Ganze ist«, gab er einem Besucher, dem Schriftsteller Ernst Lothar, mit auf den Weg. Emigration kam für ihn damals nicht in Frage. Zuvor hatte er Lothar gegenüber bekannt: »Ich habe wie Sie eine unbändige Zuneigung zu Wien und Österreich, obschon ich, vielleicht nicht wie Sie, seine Abgründe kenne« (nach Lothar 1961:37). Immerhin war seine Begeisterung nicht uneingeschränkt, und dem niedergeschlagenen Ernst Lothar hielt er entgegen: »Vielleicht hat es das Land, das Sie meinen, nie gegeben, und wir haben uns darüber hinweggetäuscht« (zit. ebd. 36) – eine Einstellung, die einem Bürger Kakaniens wahrhaft angemessen ist, eines Landes, von dem es in Robert Musils Roman *Der Mann ohne Eigenschaften* heißt:

---

1 Briefe, 462 (6. Juni 1938). Die Umstände seiner trotz nationalsozialistischer Bedrohung nur widerwillig unternommenen Emigration beschreibt Jones (III, 259 ff.).

»[. . .] es war der Staat, der sich selbst irgendwie nur noch mitmachte, man war negativ frei darin, ständig im Gefühl der unzureichenden Gründe der eigenen Existenz und von der großen Phantasie des Nichtgeschehenen oder doch nicht unwiderruflich Geschehenen wie von dem Hauch der Ozeane umspült, denen die Menschheit entstieg« (Musil 1978: 35).

In dieser negativen Freiheit Kakaniens, die es für Freud aber, anders als für Musil, nicht zu einem »Land für Genies« machte, ist die Psychoanalyse entstanden. Bezeugt ist in zahllosen Wendungen Freuds affektgeladene Abneigung[2]:

»Ich hasse Wien geradezu persönlich und wie ein Gegensatz zum Riesen Antaeus sammle ich frische Kraft, so oft ich den Fuß vom vaterstädtischen Boden abgehoben habe« (Anf. 267 f.),

schrieb er am 11. März 1900 an den im freieren und offeneren Berlin lebenden Arzt Wilhelm Fließ, seinen wichtigsten Gesprächspartner während der *splendid isolation* (Anf. 273) um die Jahrhundertwende, als Freud vom wissenschaftlichen Leben Wiens isoliert war und noch keine Anhängerschar um sich versammelt hatte.

Die Merkwürdigkeiten des versunkenen Kakanien, dessen Metropole Wien war und das den historischen Kontext für die Entstehung der Psychoanalyse bildete, wird von Musil zu Eingang seines die Endzeit der Monarchie heraufbeschwörenden Romans *Der Mann ohne Eigenschaften* beschrieben:

»Es war [. . .] kaiserlich-königlich und war kaiserlich und königlich; eines der beiden Zeichen k.k. oder k. u. k. trug dort jede Sache und Person, aber es bedurfte trotzdem einer Geheimwissenschaft, um immer sicher unterscheiden zu können, welche Einrichtungen und Menschen k.k. und welche k. u. k. zu rufen waren. [. . .] Es war nach seiner Verfassung liberal, aber es wurde klerikal regiert. Es wurde klerikal regiert, aber man lebte freisinnig. Vor dem Gesetz waren alle Bürger gleich, aber nicht alle waren eben Bürger. Man hatte ein Parlament, welches so gewaltigen Gebrauch von seiner Freiheit machte, daß man es gewöhnlich geschlossen hielt; aber man hatte auch einen Notstandsparagraphen, mit dessen Hilfe man ohne das Parlament auskam, und jedesmal, wenn alles sich schon über den Absolutismus freute, ordnete die Krone an, daß nun doch wieder parlamentarisch regiert werden müsse. Solcher Geschehnisse gab es viele in diesem Staat, und zu ihnen gehörten auch jene nationalen Kämpfe, die mit Recht die Neugierde Europas auf sich zogen und heute ganz falsch dargestellt werden. Sie waren so heftig, daß ihretwegen die Staatsmaschine mehrmals im Jahr stockte und stillstand, aber in den Zwischenzeiten und Staatspausen kam man ausgezeichnet miteinander aus und tat, als ob nichts gewesen wäre« (Musil 1978: 33 f.).

---

2 Freuds Situation in Wien skizzieren – nach Ernest Jones (I: 343-45 und passim) – Friedrich Heer und Martin Esslin (In: Miller 1972: 1-20 und 45-54), Johnston (1972: 245-258), Ticho (1972) und Schick (1968). Testenoire (1975) versucht, Freuds Leben in Wien in einem Jahr, 1900, umfassend darzustellen.

Während für Musil dieser Staat eigentlich ein Manövrierfeld der Zukunft hätte werden können, da der eigenartige Schwebezustand Kakaniens der »passiven Phantasie unausgefüllter Räume« (ebd. 34) den größtmöglichen Spielraum bot, stellte sich Freud dieser Staat als ein phantasieloser, leerer Raum dar. Als Ernest Jones Freud zu Beginn ihrer Bekanntschaft – also etwa 1910 – mit der Naivität des Fremden einmal sagte, »es müsse doch sehr interessant sein, in einer Stadt zu leben, die so voller neuer Ideen sei«, fuhr dieser ihn barsch an: »Ich hab fünfzig Jahre hier gelebt und habe hier nie eine neue Idee gefunden« (nach Jones I: 344).

Diese Feststellung ist merkwürdig genug, denn der Gärungsprozeß der verfallenden Monarchie hatte nicht nur die Ideen Freuds freigesetzt, sondern auch viele geistige Impulse, die heute noch unser Denken beeinflussen. In Kakanien liegen nicht nur die Quellen der Psychoanalyse, sondern auch die Anfänge der modernen Musik und der analytischen Philosophie, von Schönberg und Webern, Wittgenstein und dem Wiener Kreis. Am Ursprung der modernen Musik steht Gustav Mahler, dessen *Lied von der Erde* zugleich Ende des musikalischen 19. Jahrhunderts und der Beginn der Moderne (Danuser 1977: 451) ist. Das Wiener Fin de siècle ist, dem amerikanischen Historiker Carl E. Schorske zufolge, »eine der fruchtbarsten Brutstätten der ungeschichtlichen Kultur unseres Jahrhunderts« (1982: X); die Kultur des zwanzigsten Jahrhunderts habe von hier ihren Ausgang genommen.

Sigmund Freud scheint die utopischen Momente Kakaniens nicht gespürt zu haben. Wie ein Sendbote aus einer freieren Welt erschien ihm daher der dänische Kritiker und Propagandist der Moderne – Nietzsches, Ibsens, Jens Peter Jacobsens, aber auch Arthur Schnitzlers: Georg Brandes, der im März 1900 in Wien einen Vortrag gehalten hatte:

> »Die ganze Art muß den guten Wienern fremdländisch genug erschienen sein, er sagte dem Publikum eigentlich nur Grobheiten. So strenge Lebensauffassung kennen wir hier nicht; unsere kleine Logik wie unsere kleine Moral sind von der nordischen doch schon sehr verschieden. Ich habe geschwelgt im Zuhören« (Anf. 271)

Zum Zeichen von Sympathie und Solidarität schickte er ihm sein gerade publiziertes Traumbuch ins Hotel. Vielleicht hoffte er, durch den großen Kritiker – wie ein gutes Jahrzehnt zuvor Nietzsche – über Nacht vom Außenseiter zur europäischen Berühmtheit befördert und aus der provinziellen Enge Wiens befreit zu werden. Ähnliche Erwartungen knüpfte er zwei Jahre später an Hermann Bahr, den Förderer der Wiener Moderne. Bei Georg Brandes hatte Freud keinen Erfolg.

Im letzten Jahrzehnt des ausgehenden Jahrhunderts trat Freud bewußt in Opposition zur Kultur des Wiener Fin de siècle. Aus den akademisch-ärztlichen Kreisen zog er sich zurück. Öffentliche Vorträge hielt er nur noch vor der jüdischen Loge B'nai B'rith, deren Mitglied er am 29. September 1897 wurde, und wo er im Dezember desselben Jahres erstmals die Ideen seiner noch ungeschriebenen *Traumdeutung* vortrug (Leupold-Löwenthal 1977: 62). »Sie waren mein erstes Auditorium« (Briefe: 382), schrieb er 1926 an den Großpräsidenten der Loge.

Das Gefühl, ein Außenseiter zu sein, teilte Freud allerdings gerade mit jenen österreichischen Intellektuellen, die ins 20. Jahrhundert vorausweisende Ideen vertraten. Man denke an die Skandale, die Mahlers Musik hervorrief und an die schockierte Reaktion von Publikum und Kritik auf die Musik Arnold Schönbergs (F 272/34 f. und 374/24 f.). Freuds Leiden an Wien wurde verstärkt durch sein Judentum und durch den gegen Ende des 19. Jahrhunderts von Wien ausgehenden modernen Antisemitismus. Auch dieses Schicksal teilte Freud mit der Mehrzahl derer, die heute als typische Vertreter der Wiener Kultur der Jahrhundertwende gelten. Gustav Mahlers Klage: »Ich bin dreifach heimatlos: als Böhme unter den Österreichern, als Österreicher unter den Deutschen und als Jude in der ganzen Welt« (nach Boulez 1976: 22) könnte – allerdings mit einer charakteristischen Veränderung der Tonlage – auch von dem wie Mahler, Schnitzler und Kafka aus einer Ostprovinz Kakaniens stammenden Freud sein. Im Unterschied zu Mahler oder auch Schnitzler und Hofmannsthal gab er sich nicht einem morosen Gefühl der Passivität und der resignativen Trauer hin, sondern blieb vielmehr der *kompakten Majorität* gegenüber zum Kampf entschlossen, kompromißlos und unerbittlich.

In der zwischen »Totschweigen« und affektiv gefärbter Ablehnung variierenden Reaktion der Wiener akademischen Kreise auf Freuds neue Lehre ist ein Grund für seine Abneigung der Hauptstadt der k. u. k. Monarchie gegenüber zu sehen. 1901, kurz nach Veröffentlichung der *Traumdeutung,* deren erste Auflage noch großenteils unverkauft beim Buchhändler lag, beklagte er sich bei Fließ über die philiströse Einstellung, mit der man seinen Theorien begegnete, und übermittelte Impressionen vom Niveau der Auseinandersetzung:

> »Einen letzten Montag in der Neuen Freien Presse angekündigten Vortrag [vor der Philosophischen Gesellschaft] habe ich nicht gehalten. [. . .] Ich sagte sehr ungern zu, merkte später bei der Ausarbeitung, daß ich allerlei Intimes und Sexuelles bringen müßte, was für ein gemischtes und mir fremdes Publikum nicht tauge, und sagte brieflich ab (1. Woche). Darauf erschienen zwei Abgesandte bei mir und suchten mich doch zu nötigen. Ich riet ihnen dringend ab und forderte sie auf, sich den Vortrag eines Abends bei mir selbst anzuhören (2. Woche). In der dritten Woche hielt ich ihnen zweien den Vortrag und hörte, er sei wunderschön, ihr Publikum würde ihn anstandslos vertragen usw. Der Vortrag wurde also für die 4. Woche angesetzt. Einige Stunden vorher erhielt ich aber einen pneumatischen Brief, einige Mitglieder hätten doch Einwände erhoben und sie ließen mich bitten, meine Theorie zuerst durch unverfängliche Beispiele zu erläutern, dann anzukündigen, jetzt käme das Verfängliche, und eine Pause zu machen, damit die Damen den Saal verlassen könnten. Ich habe natürlich sofort abgesagt, und der Brief, in dem ich es tat, war wenigstens gewürzt und gesalzen. Dies ist wissenschaftliches Leben in Wien!« (Anf. 282 f.)

Abb. 1 Emil Orlik: Gustav Mahler (1902)

Für den Psychoanalytiker Freud blieb der Kontrast zwischen internationaler Ehrung und Ablehnung im eigenen Lande ein konstanter Anlaß zu Ärger und Spott (Jones II: 457 ff.).

In dem »ganzen Mißmut des Wienertums« (Anf. 227), der Freud gerade in jenen Jahren vor der Jahrhundertwende, als er an der Hysterieforschung arbeitete und *Die Traumdeutung* schrieb, mitunter ergriff und der ihn häufig in melancholische Zweifel stürzte, ob er hier »etwas Schweres zu Ende zu bringen« (Anf. 227) vermöchte, stand er – entgegen dem Eindruck, den hier Ernest Jones' Biographie vermittelt – keineswegs allein. So schrieb zum Beispiel der gerade 22jährige Hugo von Hofmannsthal am 10. Mai 1896 an Richard Beer-Hofmann:

> »Das Leben, das wir in Wien führen, ist nicht gut. Wenigstens sollte es unterbrochen werden, auch hie und da durch sehr unscheinbare Reisen, durch den Aufenthalt in kleinen, unschönen Städten und am Land. Wir leben in geistiger Beziehung wie die Cocotten, die nur französischen Salat und Gefrorenes essen« (HvH-RBH: 59).

Der Gefahr des Provinzialismus suchten Hofmannsthal und die jungen Wiener Literaten durch die Orientierung an der zeitgenössischen europäischen Avantgarde zu entgehen. Einen knapp zweimonatigen Aufenthalt in Paris zu Anfang 1900 – 15 Jahre nach Freuds folgenreichem Aufenthalt bei dem Psychiater Jean-Martin Charcot – empfand Hofmannsthal als wahre »Befreiung von der sinnlosesten Kleinlichkeit und Mutlosigkeit, die ich mir in Wien angeeignet hatte« (B II: 25). Hier gewann er jene Leichtigkeit und Heiterkeit, die er immer haben zu können glaubte, »wenn mich nicht in Wien ein so qualvoller bleierner Zustand meistens niederdrücken würde« (B II: 19).

Mehr noch als von Paris wurde von Wien aus Berlin als die hoffnungsstiftende Alternative gesehen. Freud beneidete seinen Berliner Freund Wilhelm Fließ um das gegen Wien liberalere Klima der aufstrebenden Reichshauptstadt:

> »Die ganze Atmosphäre Wiens ist auch wenig dazu angetan, einen Willen zu stählen oder jene Zuversicht des Erfolgs aufkommen zu lassen, die Euch Berlinern eigen ist« (Anf.: 56).

Der Gegensatz Berlin – Wien galt freilich nicht nur für Sigmund Freud, sondern auch für Karl Kraus: »Berlin und Wien: Im Wesenlosen schaffe ich, woran mich das Unwesen hindert« (BWgen: 259). Nach dem großen Erfolg der ersten Vorlesung aus eigenen Schriften, die am 13. Januar 1910 während eines längeren Aufenthaltes in Berlin stattfand, spielte Kraus mit dem Gedanken, nach Berlin überzusiedeln (F 294: 42). Zwischen Dezember 1909 und Januar 1912 gab es sogar, unterstützt durch Herwarth Walden, eine Berliner Ausgabe der *Fackel*

(vgl. F 12: 560). Auch für Hugo von Hofmannsthal und Arthur Schnitzler war der Gegensatz Berlin – Wien ein vertrautes Denkmuster. Viele ihrer Theaterstücke, von Hofmannsthal nahezu alle seit Beginn seiner eigentlichen Theaterproduktion im Jahre 1903, wurden in Berlin, nicht in Wien uraufgeführt und traten von dort ihren Weg über die deutschen Bühnen an. Das Theater Otto Brahms und Max Reinhardts war der Moderne aufgeschlossener als das durch Rücksichten auf den Hof und vielerlei Intrigen gebundene Burgtheater. Aus den Briefen, die Hofmannsthal während seiner zahlreichen Aufenthalte in Berlin zur Aufführung eigener Produktionen schrieb, spricht immer wieder die Begeisterung für die offene Atmosphäre der Stadt.

Dem Vater gegenüber schwärmt er von der freundlichen Aufnahme seiner Texte in dieser Stadt (B II: 313), dem außerordentlichen Milieu, auf das er im Kreise Walter Rathenaus trifft (ebd.: 317). Besonders charakteristisch ist, was er im Februar 1909 an den Vater in Wien berichten kann. Die ihn wiederholt bedrohenden schweren Nervenkrisen sowie Gesundheitsstörungen offensichtlich psychosomatischer Natur sind in Berlin plötzlich wie weggeblasen, und er schöpft sogar die Hoffnung, dem morosen Klima Wiens nicht wehrlos ausgeliefert zu sein:

> »Die neidige, nörgelnde und stagnierende Atmosphäre von Wien muß jedenfalls mit Vorsicht und mit Unterbrechungen genossen werden, und das Schicksal Grillparzers hängt jedenfalls mit einer gewissen fatalen Dummheit in der Lebensauffassung zusammen. Es hat etwas von dem: geschieht meinem Vater schon recht, wenn ich mir die Hosen zerreiß« (B II: 356).

Wenn also Freuds Unbehagen an Wien innerhalb der Kultur des Fin de siècle durchaus keine Ausnahme darstellt, und Dichter, die für die Verkörperung des Wienerischen gelten, ihre Werke – ganz wie Freud – eher gegen Wien geschaffen haben – man denke an die zahlreichen Theaterskandale, denen Schnitzlers Dramatik in Wien ausgesetzt war – so führt Ernest Jones seinen Haß auf die Hauptstadt der Donaumonarchie über aktuelle Anlässe hinaus bis auf Wurzeln in der Kindheit zurück (Jones I: 34 u. 343). Freud, am 6. Mai 1856 in Freiberg in der Provinz Mähren geboren, verbrachte dort glückliche Jahre, kam 1860 nach Wien, wo seine Familie zunächst in der Weissgärberstraße (Testenoire 1975: 820) in der Leopoldstadt, dem vorwiegend jüdischen II. Bezirk, wohnte. Es »kamen lange harte Jahre; ich glaube, sie waren nicht wert, sich etwas daraus zu merken. In der Stadt fühlte ich mich nie recht behaglich; [. . .] die Sehnsucht nach den schönen Wäldern der Heimat [. . .] hat mich nie verlassen« (GW I: 542 f.).

Die schockhaft erfahrene Armut hatte in ihm den Keim für eine tiefgehende Abneigung gegenüber dem zur Großstadt demolierten Wien gelegt, die noch über die des Karl Kraus hinausging. Erst 1875 konnte die Familie in eine größere Wohnung in der Kaiser-Josef-Straße (Jones I: 36), ebenfalls in der Leopoldstadt gelegen (heute: Heinestraße), ziehen. Dem Vater Jakob Freud, sollte der Aufstieg, wie er einem Johann Schnitzler oder Hermann Kafka im Zuge von Liberalismus, Judenemanzipation und Industrialisierung glückte, nie ganz gelingen. Die affektiv geladene Dissonanz seiner Äußerungen über Wien deutet auf eine mehrschichtige, tiefe Verwundung. Die Wiener haben »fratzenhafte und tierische Gesichter«, »Mostschädel und Kartoffelnasen« (Briefe: 86), die Stadt hat keinen »lieben alten Steffel«, sondern nur diesen »abscheulichen Turm von St. Stefan« (Briefe: 219).

Daß Freud die Stadt vor der späten Emigration nicht verlassen hat, obwohl er – so Ernest Jones (I: 215 ff. u. 344 f.) – mindestens viermal dazu Gelegenheit hatte, ist die Kehrseite der Medaille. In seiner Verlobungszeit dachte er angesichts der Schwierigkeiten, als junger Arzt in Wien eine gesicherte Existenz zu begründen[3], mehrfach daran, ein Heim zu suchen, »wo Menschenwürde höher geachtet wird« (nach Jones I: 215). Er dachte dabei an England, das sich ihm – wie vielen Liberalen – als Muster des rationalen Verfassungsstaates darstellte.[4] Freiwillig wollte Freud aber nicht weichen:

> »Zunächst bin ich ja noch sehr kampflustig und denke gar nicht daran, die Werbung um eine Zukunft in Wien aufzugeben. Der ›Kampf ums Dasein‹ heißt für mich noch ein Kampf ums ›Dableiben‹« (Briefe: 112).

Auswanderungspläne während der *splendid isolation* blieben Phantasien – Rom galt jetzt als Alternative –, auch Angebote von Freunden nach dem Ersten Weltkrieg und später angesichts der wachsenden nationalsozialistischen Bedrohung blieben ungenutzt. Er hoffte – im Februar 1934 – auf »einen Fascismus nach österreichischer Art [. . .], der bei all seiner Kläglichkeit viel leichter zu ertragen sein wird« (nach Jones II: 527) und setzte – wie Karl Kraus – auf das Dollfußregime.

Nach 50 Jahren Wien beantragte Freud offizielle Einbürgerung und erhielt sie am 4. März 1908, was ihm das Stimmrecht einbrachte (Jones II: 71). Durch Alter und schwere Krankheit bedingt hat er von 1930 bis zur Emigration die Stadt überhaupt nicht mehr verlassen (Jones II: 71, III: 192). Der zunehmenden Gefahr korrespondierte eine immer enger werdende Konzentration auf den einen Ort. Jones (I: 215) glaubt deshalb, daß Freud Wien bewußt gehaßt, unbewußt aber geliebt habe, schreibt ihm also jene Ambivalenz zu, die Freud in dem eingangs zitierten Brief an Max Eitingon selbst eingestand. Dennoch stand er damit nicht allein, wie Ernest Jones annimmt. Wenn man Hermann Bahr glauben darf, ist diese Zwiespältigkeit besonders wienerisch: »Der Wiener ist ein mit sich sehr unglücklicher Mensch, der den Wiener haßt, aber ohne den Wiener nicht leben kann«[5].

---

3 Briefe: S. 116; Das Problem der Sicherung der materiellen Basis für die Ehe durchzieht wie ein roter Faden die während der vierjährigen Verlobungszeit geführte Korrespondenz mit Martha.

4 Vgl. auch Freuds Brief an H. G. Wells vom 16. Juli 1939 (Briefe: 475).

5 H. Bahr: Wien. Stuttgart 1906, 9. Martin Freud bezweifelte die angebliche Abneigung seines Vaters gegen Wien (Glory reflected, London 1957, 48). Beide Notationen nach Ellenberger

Bloße »Vorspiegelung«, wie der Psychiatriehistoriker Ellenberger (1973: 636) aus diesen Worten vorschnell schließt, war Freuds Wien-Haß deshalb aber nicht, denn so irreal waren die Gründe weder für Freuds Haß noch für Karl Kraus' Satire noch für Hofmannsthals Depressionen noch für Schnitzlers Melancholie. Wahr ist allerdings, daß ihr Werk ohne diese Widerstände andere Züge angenommen hätte. Wien hat Kraus zum Satiriker gemacht.

Wien: Porta Orientis *des Unbewußten?*

Daß die Psychoanalyse ein Produkt, »theoretische Projektion« (GW X: 80), der leichtlebigen Lebensverhältnisse des Wien der untergehenden k. u. k. Monarchie sei, ist ein von den Anfängen der psychoanalytischen Bewegung die öffentliche Diskussion durchziehendes, ursprünglich abwertend gemeintes Stereotyp[6], in dem Freud nichts als eine Form affektiver Abwehr gegen die Analyse erblicken wollte. Es entstand im Kreis seiner medizinischen Fachkollegen, die mit dem Hinweis auf ein phäakisches Wien seine Lehre in Mißkredit bringen wollten. Auf eine entsprechende Andeutung Pierre Janets, Professor am Collège de France, reagierte Freud, der sich ansonsten um die öffentliche Polemik um die Psychoanalyse nicht kümmerte, äußerst empfindlich. Noch 1937, als Janet bei Freud nachfragen ließ, ob er ihn besuchen dürfe, lehnte er unter Hinweis auf die alte Kontroverse rundweg ab:

> »Er hat sich nicht entblödet zu sagen, daß die Behauptung der sexuellen Ätiologie der Neurosen nur in der Atmosphäre einer Stadt wie Wien entstehen konnte«.[7]

(1973: 633). Ellenberger (1973: 636) glaubt denn auch: »Freud war Wiener bis in die Fingerspitzen (einschließlich der charakteristischen Vorspiegelung, Wien zu hassen)«. Ähnlich äußerte sich Bruno Walter (1941) in seiner Mahler-Biographie über die ambivalente Situatuion des kreativen Wieners. Vgl. Ticho (1972) 301.

6 Freud und Wien: Eine Erörterung dieses Verhältnisses kann wie eine Banalität wirken. Daß Freud Wiener war, ist ja bekannt. Was sollte dies über sein Werk aussagen? Daß von ihm auch heute noch – nachdem Kakanien lange versunken ist und nur noch eine romanhafte Existenz führt – eine spürbare Beunruhigung ausgeht, ist nur zu offenkundig. Doch nicht jeder wird dem gleichgültig gegenüberstehen. Mancher orthodoxe Psychoanalytiker etwa wird in der Suche nach den historischen Ursprüngen der Psychoanalyse – insbesondere insoweit sie dabei den rein medizinischen Bereich überschreitet – rasch Häresie wittern, den Versuch, die Originalität des »Genies« zu leugnen. Ihm ist auch heute noch die Vorstellung lieber, die Psychoanalyse sei gleich Pallas Athene dem Haupte des Zeus entsprungen. Die Empfindlichkeit der institutionalisierten Psychoanalyse ihren historischen Anfängen gegenüber hat allerdings auch historische Gründe und geht bis auf Freud selbst zurück.

7 Brief an Marie Bonaparte vom 9. April 1937, nach Jones III: 254; Freud war noch aus weiteren Gründen ärgerlich über Janet: er hatte den von dritter Seite aufgebrachten Vorwurf des Plagiats nicht dementiert; er hielt das Unbewußte für eine façon de parler – die im Text zitierte Äußerung des französischen Psychiaters scheint ihn jedoch am meisten aufgebracht zu haben.
Vgl. zum Verhältnis Freud-Janet K. R. Eissler 1971: 171 ff. und – abweichend davon – Ellenberger 1973: 467 f., 556, 748 ff. und 1096 ff.

1913 hatte Pierre Janet sich in einem sehr ausführlichen Vortrag vor dem 17. Internationalen Kongreß für Medizin in London gefragt, wie der seiner Meinung nach mystische Charakter der Freudschen Studien über Sexualität zu erklären sei und erwähnte nebenbei folgende Ansicht, zu der er sich vorsichtig bekannte:

> »M. Friedländer et M. Ladame proposent une explication [. . .], c'est qu'il y a à Vienne une atmosphère sexuelle spéciale, une sorte de génie, de démon local qui règne épidémiquement sur la population et que dans ce milieu un observateur est amené fatalement à accorder une importance exceptionnelle aux questions relatives à la sexualité.«[8]

Janet war also keineswegs der erste, der dieses Klischee in die Welt setzte, konnte ihm aber dank seiner Reputation besonderes Gewicht verleihen. Es läßt sich über Ladame und Friedländer auf eine Stellungnahme des Heidelberger Psychiaters und Neurologen, Gustav Aschaffenburg, eines scharfen Gegners der Analyse, auf das Jahr 1907 zurückverfolgen.[9] Wie weit es in jenen Jahren verbreitet war, zeigt eine Äußerung des New Yorker Neurologen Allen Starr, von der Freud durch einen Artikel in der *New York Times* vom 5. April 1912, »Attacks on Freud's Theory«, informiert wurde (Jones I: 242). Dieser gab an, Freud noch aus seiner Assistentenzeit zu kennen. Er sei nicht asketisch gewesen, sondern habe sich gründlich dem Wiener Leben gewidmet: »I think his scientific theory is largely the result of his environment and of the peculiar life he led« (nach Brome 1968: 32).

Bei Janet wie bei seinen Vorläufern taucht das Klischee zusammen mit der Behauptung auf, Freuds Vorgehen sei spekulativ. Beides soll hilfsweise die seinen Kollegen ansonsten nicht verständliche Bedeutung erklären, die die Sexualität in Freuds Werk hat. Aus den einschlägigen Hinweisen – in Wien beispielsweise seien Prostitution und Syphilis ungewöhnlich stark verbreitet – sei folgende Argumentation des Psychiaters Adolf Friedländer, vehementer Gegner Freuds, wiedergegeben:

---

8 Janet 1913: 56; Im Anschluß an die im Text zitierte Stelle heißt es: »Ces remarques contiennent probablement toutes les deux de la vérité [bezieht sich darüber hinaus auf Aschaffenburgs Behauptung, Freud suggeriere seine Patienten], je crois cependant que pour comprendre cette doctrine il est bon d'y ajouter encore une autre réflexion«. Janet führt dann die Art und Weise von Freuds frühen Untersuchungen an, in denen bereits eine Vorentscheidung für die Sexualität liege. Wenn man bei den Neurotikern beharrlich nach einem verdrängten Trauma forsche, müsse man natürlich [sic!] auf die »secrets d'alcove« stoßen.

9 Ladame 1913: 160, Friedländer 1909: 443; Aschaffenburg (1907: 1812) lehnte zwar als einziger an dieser Diskussion Beteiligter besagtes Aperçu ab – zugunsten der Suggestionshypothese –, verwies aber – ohne Quellenangabe – auf eine andere Stimme, die als Erklärung der angenommenen Einseitigkeit der Freudschen Lehre den Verdacht ausgesprochen habe, »daß die Bevölkerung Wiens besonders stark zu sexuellem Denken neige«. Verständlicherweise konnte diese Quelle nicht ermittelt werden. Der Münchner Psychiater und Freund Freuds Leopold Löwenfeld (1903: 206) glaubte, die zentrale Rolle der Sexualität in Freuds Neurosenlehre ließe »sich nur dadurch erklären, daß Freud ein seltsamer Zufall ein Krankenmaterial zuführte, bei welchem lediglich die in Frage stehenden ätiologischen Momente vorlagen«. – Zur frühen Rezeption der Analyse in der deutschen Wissenschaft vgl. jetzt Decker (1977).

»Ich möchte [. . .] auf Weininger hinweisen, dessen durch und durch pathologisches Buch (ich übersehe nicht die z. T. phänomenalen geistigen Leistungen, die darin enthalten sind) nur auf Wiener Boden entstehen konnte. Lange Zeit wurde von nichts anderem gesprochen als von diesem Buche, und zwischen Freud und Weininger bestanden enge wissenschaftliche Beziehungen. Es ließen sich hier viele Fäden aufdecken, die zu einem Literatenkreise führen, der neben aufdringlich Erotischem viel psychologisch Wertvolles erzeugte [. . .]. Ich wollte dies nur erwähnen, weil ich der Meinung bin, daß diesen Autoren wirklich ein spezifisches Material zuströmt. Es wird aber auch von vornherein spezifisch durch die Beschäftigung mit den ›populär‹ gewordenen Arbeiten dieser Ärzte« (Friedländer 1909/10: 443).

So philiströs dies auch gemeint war, so verfehlt doch der Hinweis auf Otto Weininger, Autor des – Freud zufolge – »ziemlich unbesonnenen Buches« (Stud. V: 55) *Geschlecht und Charakter* (1903) sowie auf die Verbindung mit der zeitgenössischen Wiener Literatur nicht die realen Zusammenhänge. Hierauf wird später im einzelnen zurückzukommen sein. Festzuhalten bleibt zunächst, daß um die Jahrhundertwende die viktorianische Einstellung zur Sexualität in die Defensive geraten war. Zwar war Wien nach Karl Kraus eine »moralverpestete Stadt« (Sukri: 11), im kulturellen Bereich aber begann sich eine Einstellung zur Sexualität durchzusetzen, die die Prüderie des 19. Jahrhunderts abzustreifen suchte. Man denke an Karl Kraus' Kampf gegen die Einmischung von Staat und christlicher Moral in das der reinen Privatsphäre zugerechnete Sexualleben, an die triste Laszivität in Arthur Schnitzlers *Reigen,* an die erotischen Frauenporträts Gustav Klimts, an das Frauenlob Peter Altenbergs, ja an die ›pathologische‹ Erotik in Hugo von Hofmannsthals zu Anfang des neuen Jahrhunderts entstandenen Griechendramen. Dennoch darf hierbei nicht vergessen werden, daß diese Enttabuisierung der Sexualität im Widerspruch zu einer – aller wienerischen Leichtlebigkeit zum Trotz – herrschenden Doppelmoral stand, der Zolas Romane als pornographisch galten, die zugleich aber – gedeckt durch die Maske bürgerlicher Sittlichkeit – für eine ungemeine Verbreitung von Prositution und Pornographie sorgte (St. Zweig 1975: 58-75; Sachs 1950). »Die Natur des Weibes ist geknebelt, und die Schweinerei des Mannes dominiert. Naturalia sunt turpia [. . .]« (Sukri: 249), erboste sich Kraus. Mit letzterem hatte Freud wörtlich in den *Studien über Hysterie* das Verhältnis der »prüden Damen in meiner Stadtpraxis« (Studien: 106) zur Sexualität gekennzeichnet. Freuds Theorie hat sich innerhalb des Spannungsverhältnisses einer im Bürgertum verbreiteten asketischen Moral entwickelt, an der trotz des Beginns der Sexualforschung auch weite Teile der Ärzteschaft teilhatten, und einer dagegen opponierenden Moderne.

Obwohl Pierre Janet in seinem Londoner Vortrag außerordentlich vorsichtig formuliert hatte und wesentlich zurückhaltender war als die von ihm zitierten Psychiater, reagierte Freud sofort und außerordentlich scharf und sorgte so für die Überlieferung von Janets Insultation. 1914, in seiner einzigen polemischen Schrift, *Zur Geschichte der psychoanalytischen Bewegung,* trat er Janet entgegen und erklärte dessen Argument schlicht für unsinnig. Das Paris Janets sei doch wohl kaum sittenstrenger als Wien, der »Vorwurf des Wienertums« sei vielmehr eine »euphemistische Vertretung für einen anderen, den man öffentlich nicht gerne vorbringen wolle« (GW X: 80), den des Judentums. Freud verkehrte Janets Aperçu ins Gegenteil, um ihn so ad absurdum zu führen. Daß seine Theorien mit einer bestimmten Einstellung zur Sexualität zusammenhingen, hielt er für möglich:

> »Wenn die Voraussetzungen die gegensätzlichen wären, dann ließe sich die Sache hören. Angenommen, es gäbe eine Stadt, deren Bewohner sich besondere Einschränkungen in der sexuellen Befriedigung auferlegten und gleichzeitig eine besondere Neigung zu schweren neurotischen Erkrankungen zeigten, dann wäre diese Stadt allerdings der Boden, auf dem ein Beobachter den Einfall bekommen könnte, diese beiden Tatsachen miteinander zu verknüpfen und die eine aus der anderen abzuleiten« (GW X: 80 f.)

Genau dies aber sei für das katholische, sinnenfrohe Wien nicht spezifisch, gelte eher für die protestantischen Städte, die mit der calvinistischen Ethik den Geist des Kapitalismus eingesogen haben: »Die Geschlechtsbeziehungen sind etwas unbefangener, die Prüderie ist geringer als in den auf ihre Keuschheit stolzen Städten des Westens und Nordens« (GW X: 81). Die Doppelbödigkeit von Janets Aperçu war damit offengelegt, denn der Vorwurf des Wienertums war ja der Versuch, die Psychoanalyse als unsittlich zu brandmarken, nicht, viktorianische Prüderie mit Freuds Entdeckungen in Zusammenhang zu bringen. Der Entdecker wurde für seinen Fund verantwortlich gemacht. Wenn Freud schließlich die in ihr Gegenteil verkehrte Hypothese Janets für Wien nicht verwerfen durfte – auch wenn eine Soziologie der Patienten Freuds noch ein Desiderat ist, so kann doch unterstellt werden, daß ein gut Teil Wiener Herkunft war – so mußte ihm daran liegen, die lokale Spezifität dieser Phänomene zu bestreiten.

So entschieden also Freud einer Beschränkung der Psychoanalyse auf die Stadt, in der sie entstand, entgegentrat, so hartnäckig tauchte dieser Topos in der Diskussion wieder auf – in die Debatte gebracht nicht nur von der Psychoanalyse ablehnend Gegenüberstehenden. Noch der Triestiner Literaturhistoriker Claudio Magris schreibt ausgehend von Schnitzlers Analyse der Familie in der Komödie *Komtesse Mizzi oder Der Familientag* (1908), die mit der Unmöglichkeit wahrer menschlicher Beziehungen auch die Auflösung der Familie zeigt:

> »Erst neuerdings glaubte man im Freudschen Vaterbegriff [. . .] nicht nur eine psychologische Erkenntnis von größter Tragweite, sondern auch den Einfluß der besonderen, sozial-familiären österreichischen Struktur zu erkennen, die auf die beherrschende Gestalt des Vaters zugeschnitten war. Die habsburgische Familie spiegelte die hierarchische Ordnung des habsburgi-

Abb. 2 Maximilian Lenz: »Sirk-Ecke« (1900)

schen Systems wieder, wobei sie übrigens selbst in Auflösung begriffen war«.[10]

Demnach wäre die Freudsche Analyse der Familienstrukturen – ganz wie die Schnitzlersche – ermöglicht durch das eigentümliche Spannungsverhältnis zwischen nach außen noch unverändert und unangetastet bewahrter patriarchalisch-autoritärer Rollenverteilung und deren innerer Auflösung entstanden. Im Kakanien Freuds und Schnitzlers, aber auch Kafkas (*Der Brief an den Vater*), war die Familie nicht mehr wie im 18. Jahrhundert Lessings, Schillers und Chodowieckis eine idyllische Einheit, die Schutz vor äußerer Unbill bot. Die sozialen Spannungen waren vielmehr in die Familie hineingenommen, was Auflehnung gegen das patriarchalische System und zugleich seine Infragestellung ermöglichte.

Im August 1922 präsentierte Hugo von Hofmannsthal den Lesern der amerikanischen Zeitschrift *The Dial* in dem zweiten seiner *Wiener Briefe* – nach Wiener Theater und Oper, Arthur Schnitzler, Max Reinhard und Richard Strauß – als geistigen Repräsentanten der Stadt Dr. Freud, der etwa zwanzig Jahre zuvor »an einen geistreichen und tiefgehenden Gedanken seines Freundes Dr. Breuer [. . .] erstaunliche und höchst folgenreiche Thesen anknüpfte«, die er »seitdem in einer scharfsinnigen Terminologie wie in einer Laterne mit scharfgeschliffenen Konvexgläsern eingefangen und nacheinander auf die verschiedensten Gebiete des Daseins gerichtet«[11] habe. Freud erscheint bei Hofmannsthal neben zwei »einsamen Privatgelehrten«, die »keiner Universität, keiner gelehrten Koterie« angehörten, denn »vor zwanzig Jahren war Dr. Freud in Wien in gleicher Weise ein interessanter und unauffälliger Privatmann wie Rudolf Kassner und Karl Eugen Neumann«, der Kritiker und der zeitlebens verkannte Orientalist. Mit bissigem Sarkasmus hatte Freud dies in der Auseinandersetzung mit Janet als letztes, schlagendes Argument in die Debatte geworfen:

> »Die Stadt Wien hat aber auch alles dazugetan, um ihren Anteil an der Entstehung der Psychoanalyse zu verleugnen. An keinem anderen Ort ist die feindselige Indifferenz der gelehrten und gebildeten Kreise dem Analytiker so deutlich verspürbar wie gerade in Wien« (GW X: 81).

---

10 Magris 1966: 208. Als neueres Beispiel für die abwertende Tendenz in diesem Zusammenhang sei das Urteil Arthur Koestlers erwähnt, der behauptete, »die pessimistische, inhumane Tendenz« der Psychoanalyse sei auf Freuds lebenslange Beschäftigung mit neurotischen Patienten voller infantiler Fixierungen und regressiver Tendenzen vor dem Hintergrund der zerfallenden Kultur der österreichischen Monarchie zu verstehen. Koestler: *Insight and Outlook. An Inquiry into the Common Foundations of Science, Art, and Social Ethics*. New York 1949, 296; nach Spector (1973: 31 f.).

11 A: 289 f.: Im folgenden wird, soweit nicht anders gekennzeichnet aus dem II. Brief (A: 281-293) zitiert.

Gerade dies sprach in den Augen Hugo von Hofmannsthals für die Bedeutsamkeit jener geistigen Repräsentanten, die er mit einem Wort Voltaires »les vrais savants« nennt, und er empört sich darüber, daß die Strafe der Nichtbeachtung nie das Mittelmaß, sondern »ausschließlich ganz ungewöhnliche Individuen und sehr hohe und reine Leistungen trifft«. Wenn auch – in Hofmannsthals Diktion – die psychoanalytische Theorie zum Zeitpunkt der Abfassung dieses Briefes »eine Art Weltmacht« geworden ist, so gibt Hofmannsthal doch ein richtiges Bild der eigenartigen Stellung Freuds in Wien – am Rande der akademischen Sphäre, an der Universität lediglich als Titularprofessor geduldet und so zum Aufbau einer eigenen Organisation zur Verbreitung seiner Lehre genötigt. Hofmannsthal trifft hier Freuds Erfahrung, der Ende des vorigen Jahrhunderts feststellen mußte, daß seine neurologischen Schriften, ihm zunehmend zur lästigen Pflichtübung geworden, begeisterte Aufnahme fanden, während seine psychoanalytischen Veröffentlichungen mit Schweigen übergangen wurden. Um so deutlicher die Differenz in jener Frage, auf die letzten Endes eine Erörterung des *kakanischen Entstehungszusammenhangs* der Psychoanalyse hinausläuft: In spekulativer Absicht fragt Hofmannsthal, ob die Erkenntnisse des Dr. Freud »an irgendeinem Ort der europäisch-amerikanischen Kulturwelt hätten ans Licht treten können, oder ob Wien dafür der prädestinierte Punkt war«. Er ist überzeugt davon, daß der Freudianismus »in einer besonderen Weise zu unserer Zeit« gehört – dem hätte Freud noch zugestimmt – und ist für seinen Teil

> »nicht geneigt, irgendeinen Faktor dieses geistigen Phänomens für zufällig zu nehmen, weder den örtlichen noch den geistigen noch einen, der die Beschaffenheit modifiziert. Ich finde es nicht zufällig, daß K. E. Neumann sein unbeachtetes Leben hier führte und beschloß; denn Wien ist die alte porta Orientis für Europa. Noch finde ich es anders als sehr übereinstimmend, sehr richtig, daß Dr. Freuds Theorien von hier aus ihren Weg über die Welt nehmen – ganz ebenso wie die leichten, etwas trivialen, aber biegsamen und einschmeichelnden Operettenmelodien, mit denen sie doch so denkbar wenig zu schaffen haben. Wien ist die Stadt der europäischen Musik: sie ist die porta Orientis auch für jenen geheimnisvollen inneren Orient, das Reich des Unbewußten. Dr. Freuds Interpretationen und Hypothesen sind die Exkursionen des bewußten Zeitgeistes an die Küsten dieses Reiches.«

Wie sehr auch immer die Stellungnahme der damals gerade in Amerika einsetzenden Freud-Mode geschuldet sein mag, Hofmannsthal hielt den *genius loci* für Freuds Werk für genauso entscheidend, wie er dies in dem voraufgegangenen ersten Wiener Brief im Falle Arthur Schnitzlers angenommen hatte (A: 273).

Folgender Einwand ließe sich machen: Eine Gegenüberstellung der gegensätzlichen Auffassungen Freuds und Hofmannsthals hinsichtlich der Erklärung der Psychoanalyse aus dem Wiener Milieu sei gar nicht möglich, da Freuds Polemik mit Janet in ihrem Kern sich nicht um die Frage drehte, die Hofmannsthal so wichtig war. Freud habe vielmehr Janet gegenüber die psychoanalytische Methode als Verteidigungsmittel benutzt, um die These vom *kakanischen* Entstehungsgrund seiner Lehre als Form der Abwehr zu entlarven und sei so dem von Janet aufgeworfenen Problem ausgewichen – in der Tat eine Form der Auseinandersetzung mit Gegnern, die Freud bereits früh und ziemlich konsequent angewandt und die – bei seinen Schülern namentlich – mitunter verhängnisvolle Folgen nach sich zog. »Meine Neigung geht dahin«, schrieb er am 1. Januar 1907 an C. G. Jung, »die im Widerstand befindlichen Kollegen nicht anders zu behandeln als die in gleicher Lage befindlichen Kranken« (F/J: 19). Daß diese Methode zur Immunisierung gegenüber jeglicher Kritik führen kann, hat Freud selbst gesehen, wie seine späte Abhandlung *Konstruktionen in der Analyse* (1937) zeigt. Dort geht er von dem Einwand eines verdienten Forschers aus, der sagte, »wenn wir einem Patienten unsere Deutung vortragen, verfahren wir gegen ihn nach dem berüchtigten Prinzip: *Heads I win, tails you lose«* (Erg: 395) und versucht darzulegen, unter welchen Umständen das »Nein« des Patienten zu akzeptieren und unter welchen es bloßer Widerstand sei.

Die Zurückführung aufs Milieu sah Freud also als Epiphänomen, billigen Vorwand, die Psychoanalyse als unsittlich zu verwerfen und, tiefergehend, ihr den semitischen Ursprung, »den man nicht gern öffentlich vorbringen wollte« (GW X: 80), vorzuhalten. Freud nahm die Rückführung seiner Erkenntnisse auf die Besonderheiten ihres Entstehungsortes so, wie sie *eigentlich* gemeint war, als eine Form der *Widerstände gegen die Psychoanalyse* – von ihm in der gleichnamigen Schrift analysiert: neben anderen Schichten des Widerstandes benennt er die Kulturheuchelei der Gesellschaft viktorianischer Prägung und den Antisemitismus, die in der frühen Geschichte der Psychoanalyse wohl affektgeladensten Formen des Widerstandes. Freud hat sich die Frage, warum die Psychoanalyse gerade in Wien um die Jahrhundertwende enstand, ernsthaft nie gestellt und konnte dies wahrscheinlich auch gar nicht. Denn um diese Frage stellen zu können, bedarf es des historischen Abstandes. Die Menschen erleben »im allgemeinen ihre Gegenwart wie naiv«, bemerkte Freud selbst, »sie müssen erst Distanz zu ihr gewinnen, d. h. die Gegenwart muß zur Vergangenheit geworden sein, wenn man aus ihr Anhaltspunkte zur Beurteilung des Zukünftigen gewinnen soll« (Stud. IX: 139).

1945 schrieb Hermann Broch in einer Rezension des Werkes *Freud, Master and Friend* von Hanns Sachs, der zweiten Freud-Biographie aus dem Kreis der Schüler nach dem frühen Versuch von Fritz Wittels (1924):

> »Der Hintergrund des Freudschen Lebens und Wirkens war Wien, und die für ihn entscheidenden Jahre waren die der Jahrhundertwende. In dieser österreichischen Atmosphäre und noch viel mehr gegen sie ist die Geistestat der Psychoanalyse entstanden [. . .]« (Broch 1945: 7).

Dem Urteil Brochs darf vielleicht noch größeres Gewicht beigemessen werden als dem Hofmannsthals, denn er kannte, anders als jener, die Psychoanalyse nicht nur aus der Lektüre, sondern auch aus eigener analytischer Erfahrung:

nach eigenem Bekenntnis hat sie ihn erst zum Schriftsteller gemacht.[12] Dies ist für die Befähigung, an der Diskussion um die Psychoanalyse teilzunehmen, ein entscheidender Gesichtspunkt, wenn man Freuds wiederholt geäußerter Ansicht folgt, der Wert der psychoanalytischen Erkenntnis sei durch die schriftliche Tradition nicht voll zu vermitteln, sondern könne nur an der eigenen Seele erfahren werden.[13]

Aus der berechtigten Forderung Freuds, den Wert der Analyse nicht nur an der Schriftlichkeit, an Metapsychologie und verfaßten Krankengeschichten zu messen, sondern hierbei auch die analytische Praxis miteinzubeziehen, kann jedoch nicht – und dies sei hier pro domo gesagt – der Anspruch abgeleitet werden, daß ohne persönliche Kenntnis der Praxis, über die Broch als einer der wenigen Schriftsteller seiner Zeit verfügte (auch von Hermann Hesse kann dies gesagt werden), kein vernünftiges Urteil über die Analyse zu erwarten sei. Den Nachbarwissenschaften muß das Recht vorbehalten bleiben, von ihrem Standpunkt und ihrer Erkenntnismöglichkeit aus an der Diskussion um die Psychoanalyse teilzunehmen. Wird dies nicht zugestanden, dann wird die Auseinandersetzung in einen Kreis von Eingeweihten verwiesen, dessen ex cathedra verkündete Lehrmeinung – bar jeder Chance der Nachprüfbarkeit – für die Außenwelt von geringer Verbindlichkeit wäre. Freud hat auch niemals einer derartigen Abkapselung das Wort geredet, sondern im Gegenteil gegen den Widerstand der Mehrzahl der Analytiker, die die Psychoanalyse als eine rein medizinische Disziplin verstanden wissen wollten – und zu einer solchen hat sie sich nach Freud, in den Vereinigten Staaten zumal, leider fortentwickelt – die Auffassung vertreten, »daß wir [. . .] die Mitarbeit von Personen, die in den Geisteswissenschaften vorgebildet sind, nie entbehren können« (Erg.: 348), ja daß ohne eine gute Orientierung auf den Gebieten von »Kulturgeschichte, Mythologie, Religionspsychologie und Literaturwissenschaft [. . .] der Analytiker einem großen Teil seines Materials verständnislos« (Erg.: 337) gegenüberstehe.

12 »Meine eigene Analyse war äußerst mangelhaft – erst als ich mit Paul Federn in New York ein paar Probestunden hatte, sah ich, was ein wirklicher Könner kann –, aber ich darf nicht undankbar sein, denn bevor ich zu analysieren begann, war ich meiner selbst so unsicher, daß ich keine Arbeit fertigstellen und nichts veröffentlichen konnte, so daß ich ihr trotz unendlich vieler ungelöster Reste mein eigentliches Leben verdanke [. . .]«. Br 15. 2. 1949, uv; nach Durzak (1966: 51). Vgl. dazu auch Durzak (1967: 18) und Waldeck (1970). Brochs Verhältnis zu Freud ist bisher noch ungeklärt. Vgl. Hermann Krapoth *Dichtung und Philosophie. Eine Studie zum Werk Hermann Brochs,* Bonn 1971, 38.

13 So schreibt Freud zu Beginn der wohl bekanntesten, meist diskutierten Krankengeschichte, der des *Wolfsmannes,* seine Darstellungsweise begründend, ihren Wert und ihre Absicht bestimmend: »Es hat sich bekanntlich kein Weg gefunden, um die aus der Analyse resultierende Überzeugung in der Wiedergabe derselben irgendwie unterzubringen« (Stud. VIII: 134). Vgl. zu diesem Problem die *Studien zur psychoanalytischen Literaturinterpretation* von Michael Rutschky (Berlin 1978) in der die für eine Integration der psychoanalytischen Literaturtheorie in die Literaturwissenschaft zentrale Frage, inwieweit Laien (= Nichtanalytiker und Nichtanalysanden) angewandte Psychoanalyse betreiben können, in einer durchaus orthodoxen Weise behandelt wird. Freuds Standpunkt ist am ausdrücklichsten niedergelegt in: *Die Frage der Laienanalyse* (1926) und dem dazugehörigen Nachwort von 1927 (Erg.: 271-349).

Allerdings erhob Freud die Forderung, daß Vertreter der verschiedenen Geisteswissenschaften, die die Psychoanalyse auf ihr Gebiet anwenden wollen, »die Analyse verstehen lernen müssen auf dem einzigen Weg, der dazu offensteht, indem sie sich selbst einer Analyse unterziehen« (Erg.: 339); davon aber wurde hier mit literaturwissenschaftlicher Bescheidenheit Abstand genommen.

Zurück zu Hermann Broch: Broch gehörte zwar einer späteren Generation als Hofmannsthal und Freud an, seine geistigen Wurzeln liegen aber im Wien der Jahrhundertwende, so daß er seine Kenntnis der Psychoanalyse mit der der Endzeit der k. u. k. Monarchie verbinden kann. Wenn Broch die Kultur der Jahrhundertwende als entscheidend für das Denken Freuds ansieht, so hat dies in der neueren Forschung – in den Arbeiten von Sigfried Bernfeld, Ernst Kris, Ernest Jones, Ola Anderson und Didier Anzieu –, insofern eine gewisse Bestätigung erhalten, als sie auf der Basis des nach 1945 zunehmend publizierten biographischen Materials und eingehender Untersuchung der voranalytischen Anfänge Freuds nachweisen konnte, in welch bestimmenden Maße seine spätere Entwicklung in jenen Jahren angelegt war.

Hermann Broch hat – ähnlich wie Stefan Zweig in seinen Erinnerungen, *Die Welt von Gestern*[14] und schärfer als Hofmannsthal – die Gemeinsamkeit Freuds mit der »österreichischen Atmosphäre« in seiner Unterschiedlichkeit, das Verbindende im Trennenden gesehen.

Die Psychoanalyse hat diesen zeitgenössischen Urteilen zufolge durchaus etwas mit den Erfahrungen zu tun, die ihr Schöpfer an dem Ort ihrer Entstehung machte, sie ist aber nicht ihr bloßer Ausdruck, Affirmation, wie dies Erich Fromm (1961: 145; dazu Brückner 1975: 117 ff.) behauptete, sondern Kritik dieser Erfahrungen, wie dies Theodor W. Adorno (1946) und Herbert Marcuse (1968 a: 234 ff.; dazu Dahmer 1973: 11 f.) gegenüber den Anschauungen des neo-freudianischen Revisionismus entschieden vertreten haben.

Brochs Bemerkung fiel nicht zufällig im Kontext einer Rezension der Freud-Biographie von Hanns Sachs, die sich als erste und – soweit ich sehe – am ausführlichsten mit der Behauptung, Freuds Werk sei ein typisches Produkt Wiens, auseinandersetzt. Sachs weist richtig darauf hin, daß dies zumeist einem eingeschränkten Geltungsgrad der Psychoanalyse das Wort reden soll, eine Argumentationsweise, wie sie sich auch noch in neueren Publikationen findet.[15] Sachs stellt als treuer Schüler seinen Überlegungen richtungsweisend Freuds Erwiderung auf Janet voran und fügt hinzu, daß das, was man – im Klischee – unter Wiener Sexualität verstehe, von »Freuds tragischer, bitterer Auffassung von der Tyrannei der Libido« (Sachs 1950: 16) grundverschieden sei. Dies gilt

14 Er beschreibt Freud dort als den Entschleierer der optimistisch-liberalen Welt, der die »These von der allmählichen Unterdrückung der Triebe durch die ›Vernunft‹ und den ›Fortschritt‹ mit seiner Tiefenpsychologie unerbittlich unterhöhlte« (Zweig 1975: 301).

15 Vgl. etwa die vor wenigen Jahren erschienene kulturgeschichtliche Darstellung des Wien der Jahrhundertwende, *Wittgenstein's Vienna,* in der bezeichnenderweise der gleiche Schluß für Wittgensteins Werk trotz ausführlichster Darlegung seines historischen Ausgangspunkts nicht gezogen wird (Janik/Toulmin 1973: 32, 47).

nun allerdings von der zeitgenössischen Wiener Literatur ebenso, die der bereits angeführte Psychiater hinsichtlich ihrer Darstellung von »aufdringlich Erotischem« (Friedländer 1909/10: 443) geißelnd neben Freuds *Pansexualismus* stellte. Mit Recht sprach Schnitzler (1890 c) einmal von dem »großartigen Pessimismus«, der im Gegensatz zur klassischen erotischen Literatur von Boccaccio bis Faublas die Darstellung des Verhältnisses zwischen Mann und Weib bei Zola, Strindberg und Arne Garborg kennzeichnen. Selbst das Verlockende sei dort, »mit einem schweren Schatten überdeckt«.

Sachs stellt dem Wien der Kaiserzeit, das der »am meisten wienerische der ästhetischen Freudianer« (Johnston 1972: 260) in den Topoi Theater, Ästhetizismus, Kaffeehaus, Ineinander von Schein und Sein erinnert und als dessen hervorstechendstes Merkmal er die Heuchelei sieht, in scharfem Kontrast das Bild Freuds gegenüber:

> »Es ist klar, daß Freuds Persönlichkeit, seine Art zu denken und zu leben allem, was ich hier als typisch wienerisch beschrieben habe, entgegengesetzt war. An Stelle von Unaufrichtigkeit, oberflächlicher Liebenswürdigkeit und dem Bemühen, über unangenehme Tatsachen hinwegzugleiten, beharrte er auf unbarmherziger Wahrheit, setzte er den strengen Ernst rastloser Forschung und hatte den Mut, ›an den Schlaf der Welt zu rühren‹. Soweit die Umwelt überhaupt auf seinen Charakter Einfluß hatte [. . .], erzeugte sie [. . .] ›Reaktionsbildung‹ [. . .] es gab nichts Interessantes, keine leidenschaftlichen Episoden, keine Abweichung vom Normalen. Nichts ging ihm mehr wider die Natur als aufzufallen, und anstatt sich der Wiener Vorliebe für schauspielerisches Gehabe anzupassen, zog er sich mehr und mehr zurück, bis er nahezu unsichtbar wurde« (Sachs 1950: 32).

Diese geradezu an Kafka erinnernde Neigung, sich ins Kleine zu verwandeln, sich vor einer übermächtigen Umwelt bis zur Unsichtbarkeit zurückzuziehen[16], entspricht einem von der Freud-Biographik kaum bezweifelten Bild. Man glaubte sogar, wie schon André Breton (1973), ihm kleinbürgerliche Korrektheit vorwerfen zu müssen. Seine Maske war, schrieb Stefan Zweig, die der Unauffälligkeit.[17] Dennoch kommt auch Hanns Sachs schließlich nicht umhin zuzugeben, daß die Wiener Atmosphäre »irgendwie« anregend gewirkt haben muß, letztlich aber bleibt für ihn die Frage offen.

---

16 Charakteristisch ist z. B. folgende Bemerkung Freuds in einem Brief an C. G. Jung (26. 5. 1910): »Als Zeichen der Zeit erwähne ich noch, daß Herr Geheimrat Ostwald und die *Neue Presse* in Wien sich um je einen Artikel von mir beworben haben. Den ersteren habe ich vertröstet, der anderen abgesagt, da ich in Wien besonders zurückhaltend sein muß (F/J: 355)«.

17 Weiter heißt es bei Zweig (1966: 269): Sein äußeres Leben verbirgt dämonische Arbeitsleistung hinter nüchterner, beinah philiströser Bürgerlichkeit. Sein Antlitz den schöpferischen Genius hinter ebenmäßigen Zügen. Sein Werk, umstürzlerisch und verwegen wie nur irgendeines, verschattet sich nach außen hin bescheiden als naturwissenschaftlich exakte Universitätsmethode. Und seine Sprache täuscht durch farblose Kälte über das Kristallinisch-Kunstvolle ihrer Bildnerkraft«. Gegen dieses auch in den übrigen Passagen arg stilisierende Porträt setzte Freud sich in einem Brief vom 7. 2. 1931 an Stefan Zweig zur Wehr: »[. . .] könnte ich es beanstanden, daß Sie das kleinbürgerlich korrekte Element an mir allzu ausschließlich betonen, der Kerl ist doch etwas komplizierter [. . .]« (Briefe: 420). Vgl. Cremerius 1975. Noch Marthe Robert (1970: 259 et passim) hat das kleinbürgerliche Element stark herausgehoben.

Frederick Whyatt, ein Schüler von Hanns Sachs und ein Freund Hermann Brochs, dessen Zeit-Raum der Bewußtwerdung im Wien der zwanziger und dreißiger Jahre liegt, neigt – trotz starker Vorbehalte – zu der Annahme, »daß etwas in der sozialpsychologischen Ökologie von Wien die Psychoanalyse begünstigt hat«, »daß Wien in dem ihm eigenen Ferment um die Jahrhundertwende einen natürlicher Boden für die Psychoanalyse abgab. Warum dies aber so hätte gewesen sein sollen, würde viel mehr auf soziologische und menschlich-ökologische Fragen führen, in deren Prisma die Literatur nur einen einzigen Streifen darstellen würde; und dann bliebe immer noch einiges für den Zufall über«.[18]

Daß die Literatur in einer die Psychoanalyse begünstigenden Ökologie Wiens mehr als nur einen Streifen darstellte, soll im nächsten Kapitel dargestellt werden. Vorher aber: Was hätte die letztlich doch weithin verbreitete Vermutung, das spezifische Profil Kakaniens habe den Freudianismus begünstigt, für die Geltung der Psychoanalyse als anthropologisches Modell zu bedeuten?

Der in den ersten Jahren dieses Jahrhunderts bei Freuds verständnislosen Kollegen aufgekommene Verdacht, die Psychoanalyse sei auf die besonderen – sexuellen – Verhältnisse in Wien zurückzuführen und folglich in ihrer Gültigkeit hierauf zu beschränken, erweiterte sich in den folgenden Jahrzehnten und dehnte sich auf ungeheure Räume aus. Eine kulturrelativistisch eingestellte Ethnologie wollte – im Gefolge Bronislaw Malinowskis – den Ödipuskomplex auf die Oberschichten der zivilisierten Welt beschränken[19] und Herbert Marcuse sah in dem Hinweis auf das bürgerliche Wien von der Jahrhundertwende bis zum Faschismus als Geltungsgrund der Psychoanalyse die geographischen und geschichtlichen Grenzen dieser Annahme als noch zu eng gefaßt:

> »Schon zur Zeit ihrer Reife erfaßte die Freudsche Theorie mehr die Vergangenheit als die Gegenwart – ein verblassendes eher als ein allgemein herrschendes Bild des Menschen, eine verschwindende menschliche Daseinsform.«[20]

---

18 Brief an den Verf. vom 4. April 1977.

19 Von Beobachtungen der matrilinear organisierten Trobriander ausgehend suchte Malinowski 1924 nachzuweisen, daß der Ödipuskomplex, wie Freud ihn beschrieb, einer besonderen historischen Ausprägung des Kernkomplexes entspreche und daß unter soziologischen Gesichtspunkten jedem Kulturtypus ein spezifischer Kernkomplex zuzuschreiben sei. Diese Revision der Freudschen Lehre löste die Malinowski-Jones-Debatte aus, die, da Jones kein Feldforscher und Malinowski kein Psychoanalytiker war, unentschieden blieb (Parsons 1964). Die Diskussion ist bis heute nicht versiegt. Vgl. etwa Devereux 1958 und Parin/Morgenthaler 1963. Ein Überblick über die komplexe und weitverzweigte Diskussion, die sich zwischen den Polen Natur – Kultur, Universalismus – Relativismus, Anthropologie – Soziologie bewegt, bei Görlich (1980). Den Angriff auf Ödipus haben Gilles Deleuze und Félix Guattari unter viel Beifall bis zu einem neuen Irrationalismus vorgetragen.

20 Marcuse 1968: 86. Glasers (1976) Versuch, Freuds Werk mit seiner Zeit zu verknüpfen, bleibt an der Oberfläche. Tiefer in Freuds Denken dringt David Riesman ein, der zeigen will, »daß es die eher pessimistischen, bürgerlichen, für das neunzehnte Jahrhundert charakteristischen Haltun-

Konkret hat der amerikanische Historiker Carl E. Schorske (gemeinsam mit William J. McGrath) die historische Dimension von Freuds Werk in einer Analyse der politisch-kulturellen Erfahrungen, wie sie in der *Traumdeutung,* dem wissenschaftlich bedeutendsten und zugleich persönlichsten Werk Freuds, durchscheinen, als auslösendes Moment für die Entdeckung der Psychoanalyse zu bestimmen versucht. Seine These:

> »Die glanzvolle, einsame und schmerzhafte Entdeckung der Psychoanalyse . . . war ein antipolitischer Sieg ersten Ranges. Dadurch daß er seine eigene politische Vergangenheit und Gegenwart zu einer Nebenerscheinung des Urkonflikts zwischen Vater und Sohn reduzierte, schenkte er seinen liberalen Zeitgenossen eine ahistorische Theorie von Mensch und Gesellschaft, die eine aus den Fugen und aus der Kontrolle geratene politische Welt leichter zu ertragen erlaubte« (Schorske 1982: 190).

Schorskes Untersuchung stellt den Versuch dar, sozialpsychologisch die Entstehung der Psychoanalyse aus der besonderen Situation Kakaniens zu verstehen. Im Gegensatz zu älteren Arbeiten, die auf eher oberflächliche Analogien zwischen Freuds Denken und der politisch-kulturellen Situation Kakaniens rekurrieren[21], vermag Schorske die formative Rolle der historischen Erfahrung Freuds für die Genese der Psychoanalyse aus dem Werk selber herauszulesen. Ausgangspunkt seiner Untersuchung ist die duale Struktur der *Traumdeutung:* Zunächst ist sie ein wissenschaftliches Werk, das den Anspruch erhebt, die Interpretation der menschlichen Natur zu revolutionieren. Darein verwoben aber findet sich eine Schicht, die Ausdruck von Freuds Selbstanalyse ist (Anzieu 1975) und damit ein intimes Dokument seiner Biographie darstellt, Einblick in seine persönliche Geschichte bietet.

Nach Schorske ist es die in den späten achtziger Jahren des 19. Jahrhunderts offenbar werdende Krise des klassischen Liberalismus und Rationalismus, die

---

gen sind, die in Freuds Denken Ausdruck und Ausprägung gefunden haben« (1969: 11). Lesenswert, was er in einer Analyse von Arbeit und Spiel bei Freud über die Stellung der Kunst in seinem Denken zu sagen weiß (ebd. 35 f.).

21 »Die offensichtliche Diskrepanz zwischen der offiziellen Ideologie und den Tatsachen der politischen Realität mußte das Vertrauen in die Gültigkeit von Worten, Parolen und autoritativen Erklärungen untergraben und kritisches Denkvermögen fördern« (Fromm 1961: 20). – Zevedei Barbu sieht einige Ähnlichkeiten zwischen dem politischen System Österreichs und der psychoanalytischen Lehre und versucht zu zeigen, »that the psychoanalytical view of the human mind is a theoretical product of a specific socio-cultural pattern« (Barbu 1952: 70), z. B.: »Between the Unconcscious and consciousness there exists, according to psycho-analysis, a compensatory and contradictory relationship. The contradiction is solved not by mutual annihilation and death, but by compromise. [. . .] According to the psycho-analytical view the manifestation of life is fundamentally symbolical, i. e. a somehow disguised form of what it really is [. . .]. The internal contradictions of the Empire were so acute and its political system was so old and unfitted to the new aspects of life that the Austro-Hungarian ruling classes – the Emperor at their head – became masters of compromise, i. e. masters in the art of deflecting problems, and giving symbolical satisfaction to the new conditions of life which, if accepted as such, would have shattered the Empire« (ebd.: 73).

nicht nur das Wiener Fin de siècle bestimmte, sondern auch als Geburtshelfer am Anfang der Psychoanalyse stand. Freud allerdings sei, anders als Mahler, Klimt, Hofmannsthal und Bahr – hierin vielleicht Schnitzler am nächsten – den liberalen Werten der Väter treu geblieben. Seine spezifische Reaktion auf die Krise des Liberalismus habe vielmehr in der Kritik an dessen unzulänglicher Verwirklichung in der Ringstraßenära bestanden. Zwischen 1895 und 1899, als die historische Krise – das breite Vordringen antiliberaler Kräfte in Gestalt von Antisemitismus, Nationalismus und Sozialismus – mit Freuds beruflicher (die Verweigerung der Professur) und persönlicher (der Tod des Vaters) Krise zusammentraf, »erfand« er die Psychoanalyse. Freud stellte sich also der Situation, knüpfte an die politischen Aspirationen seiner in die Blütezeit des österreichischen Liberalismus fallenden Jugend an – indem er seine politischen Erfahrungen in eine psychologische und familiale Begrifflichkeit übertrug: »Der Vatermord ersetzt den Königsmord; die Psychoanalyse überwindet die Geschichte. Die Politik wird durch eine antipolitische Psychologie neutralisiert« (Schorske 1982: 184).

Freud wurde ein wissenschaftlicher Aufrührer. Er habe des 19. Jahrhunderts liebstes Kind, die Geschichte, der persönlichen Geschichte des Individuums untergeordnet. Deutlich werde dies etwa an der familialen Interpretation des Ödipus-Mythos, in dessen Mittelpunkt für die Griechen die Beziehung der Stadtgesellschaft zu den Göttern gestanden habe: Ödipus war König. Freud ignoriere dies und deute den ›Ödipus-Komplex‹ als universales Konzept, das die Beziehung von Vater und Sohn verständlich machen solle. Nachdem er diese Beziehung psychologisiert habe, habe er in *Totem und Tabu* den Mythos wieder auf die Gesellschaft angewandt, aber entkleidet jedes historischen, sozialen und politischen Inhalts.

Freuds Werk stellt den Versuch dar, transkulturelle Aussagen jenseits der Geschichte über die psychische Struktur des Menschen zu machen und von daher der Menschheitsentwicklung in dem psychologisch gefaßten Mythos eine Deutung jenseits der Geschichte zu geben. Den Blick hierauf gelenkt zu haben, ohne dabei in oberflächliche Analogien und vage Vergleiche zu verfallen, das historische Moment in Freuds capolavoro, der ›Traumdeutung‹, selbst aufgezeigt zu haben, ist – ungeachtet der gerade an diesem Teil seiner Deutung geübten Kritik – Schorskes Verdienst. Der auch in dieser Analyse anklingenden Spannung von Genesis und Geltung, Anthropologie und Geschichte ist er aus dem Weg gegangen. Eine Überprüfung jener Ideen des Wiener Fin de siècle, die – wie der Freudianismus – zum Ausgangspunkt und genuinen Bestandteil unserer ahistorischen Kultur geworden sind, könne nicht die Aufgabe des Historikers sein. Aber eine Erhellung ihrer Genesis, der spezifischen Erwartungen und Implikationen, mit der sie ursprünglich verknüpft waren, könne zu einem besseren Verständnis unserer Affinität zu dieser Zeit verhelfen.

Freuds Weg zur Psychoanalyse war der von der Politik zur Psychologie. Hiervon zeugt die Metaphorik der Freudschen Rede. Paradebeispiel ist das am häufigsten interpretierte Freud-Motto (Schönau 1968: 66), das aus Vergils *Aeneïs* (VII: 312) stammende Motto der *Traumdeutung:*

> »Flectere si nequeo superos, Acheronta movebo.« (Kann ich die höheren Mächte nicht beugen, bewege ich doch die Unterwelt.)

Der Judaist Ernst Simon (1957: 301) entdeckte die tatsächliche Quelle Freuds, Lassalles Broschüre *Der italienische Krieg und die Aufgabe Preußens* (1859), die ebenfalls jenen Vers Vergils zum Motto hat, und wies auf den damit verbundenen Bedeutungswandel hin: Was noch bei Vergil eine mythologische Bedeutung hatte, erhielt bei Lassalle eine nationale und sozialistische Färbung, um schließlich bei Freud ins Psychologische gewendet zu werden. Durch einen inzwischen publizierten Brief Freuds fand diese Konjektur eine direkte Bestätigung:

> »[. . .] es heißt doch vielmehr: die Unterwelt aufrühren. Ich hatte das Zitat von Lassalle entlehnt, bei dem es gewiß persönlich gemeint war und sich auf soziale – nicht psychologische – Schichtung bezog. Bei mir sollte es bloß ein Hauptstück aus der Dynamik des Traumes hervorheben. Die Wunschregung, die von den oberen seelischen Instanzen zurückgewiesen wird (der verdrängte Traumwunsch) setzt die seelische Unterwelt (das Unbewußte) in Bewegung, um sich zur Geltung zu bringen« (Briefe: 390).

Bei Lassalle hatten die Worte, mit denen bei Vergil Juno Aeneas droht, einen konkreten politischen Sinn, der mit der politischen und historischen Schicht, die Schorske in der *Traumdeutung* fand, in Beziehung steht (Schorske 1982: 187): Lassalle drohte dem preußischen Staat für den Fall, daß er nicht das deutsche Volk in Allianz mit Italien in einen nationalen Einigungskrieg gegen Habsburg führte, mit der von ihm in Aufruhr versetzten Arbeiterschaft.

Ein analoges, aber weniger bekanntes Beispiel ist der Satz aus den Episteln des Horaz (I: 10,24), den Freud – nicht ganz korrekt – zitiert, um den Mechanismus der *Wiederkehr des Verdrängten* zu illustrieren: »Naturam furca expellas, semper redibit« (Magst du auch die Natur mit der Mistgabel austreiben, sie wird stets zurückkehren). Auch hier hat Freud selbst auf den Bedeutungswandel hingewiesen: Auch im Psychischen behalte »der alte lateinische Spruch recht, der vielleicht ursprünglich auf Austreibung durch äußere Einflüsse, nicht auf innere Konflikte gemünzt ist« (Stud X: 35).

Die Umdeutung politischen Sprachgebrauchs in psychologischen, wie Freud selbst ihn am Schicksal von Lassalles Motto zu seinem Pamphlet über die Aufgabe Preußens paradigmatisch erläutert hat, kann durch die analoge Verwendung von Metaphern aus dem Bereich der Ökonomie, der Ökologie, des Militärwesens etc. ergänzt werden. Die Umdeutung von Begriffen, die auf die Außenwelt bezogen waren, auf die Innenwelt ist konstitutiv für das Vokabular der Psychoanalyse. In ihr spiegelt sich die von Schorske beschriebene Wendung Freuds von der Politik zur Psychologie, eine Bewegung, die für die Intellektuellen des Wiener Fin de siècle typisch ist und sich wohl am besten anhand der Biographie Hermann Bahrs belegen läßt. Zunächst deutschnationaler Mitstreiter Georg von Schönereres, dann vom Marxismus begeisterter Anhänger des Sozialistenführers Victor Adler, mit dem er wie Freud die deutschnationale Vergangenheit gemein hat. Ende der achtziger Jahre wandte Bahr sich von der Politik ab, um Propagandist einer den Naturalismus überwindenden und dem Sozialen fernen Literatur zu werden, deren Spezifikum in der psychologischen Analyse liegt.

Freuds Metaphorik macht deutlich, daß die zentralen Begriffe der Psychoanalyse in Analogie zu sozialen Konflikten gewonnen wurden – ja, daß diese mitunter in die Argumentationskette selbst eingegangen sind. Da soziale Konflikte nicht in einem geschichtslosen Raum auftreten, findet damit, wie noch gezeigt werden soll, die politische Realität Kakaniens Eingang in das Gedankengebäude Freuds.

Im Bestreben, eine Erklärung für die *Traumentstellung* zu finden, die den allgemeinen Charakter des Traums, Wunscherfüllung zu sein, verhüllt, schreibt Freud:

> »Ich will zu diesem Vorkommnis aus dem psychischen Binnenleben das Seitenstück aus dem sozialen Leben suchen. Wo findet man im sozialen Leben eine ähnliche Entstellung eines psychischen Akts? Nur dort, wo es sich um zwei Personen handelt, von denen die eine eine gewisse Macht besitzt, die zweite wegen dieser Macht eine Rücksicht zu nehmen hat. Diese zweite Person entstellt dann ihre psychischen Akte, oder, wie wir auch sagen können, sie *verstellt* sich« (Stud II: 158).

Als Beispiel erwähnt Freud die Lage des politischen Schriftstellers, der mit den Machthabern in Konflikt liegt: »Der Schriftsteller hat die Zensur zu fürchten, er ermäßigt sich und entstellt darum den Ausdruck seiner Meinung« (Stud II: 158 f.). Die Traumentstellung wird als Zensur[22], als Einwirken einer gesellschaftlichen Kraft in die Psyche des Individuums erklärt; der Blick auf das »Seitenstück aus dem sozialen Leben«, zunächst als illustrativer Vergleich eingeführt, wird bald zum Argument für die grundlegende Annahme zweier psychischer Systeme, die durch die Zensurschranke getrennt sind[23].

22 Vgl. auch Stud II: 454. Die Annahme einer psychischen Zensur taucht erstmals in einem Brief an Fließ auf (Anf.: 206). Freud erinnert dort seinen Adressaten an ausländische Zeitungen, die die russische Grenze passiert haben: die Kontinuität ihres Textes ist unterbrochen durch zahllose schwarze Striche. Diese »russische Zensur« sei die Erklärung für die »scheinbar sinnlosen Delirien« bei Psychosen. Mit demselben Gleichnis wird im theoretischen VII. Kap. *(Zur Psychologie der Traumvorgänge der Traumdeutung)* die Verwandlung der bewußten Zielvorstellungen in verborgene und ihre Ersetzung durch Oberflächenassoziationen auf das Einwirken der Zensur zurückgeführt (Stud II: 507 f.).

23 Hier befinde ich mich in Übereinstimmung mit McGrath (1974: 53 f.), der treffend hervorhebt, daß hier das Politische mehr als eine Analogie zum Psychischen ist – nämlich identisch mit ihm.

»Die bis ins einzelne durchzuführende Übereinstimmung zwischen den Phänomenen der Zensur und denen der Traumentstellung *gibt uns die Berechtigung,* ähnliche Bedingungen für beide vorauszusetzen. Wir dürfen also als die Urheber der Traumgestaltung zwei psychische Mächte (Strömungen, Systeme) im Einzelmenschen annehmen, von denen die eine den durch den Traum zum Ausdruck gebrachten Wunsch bildet, während die andere eine Zensur an diesem Wunsch übt und durch diese Zensur eine Entstellung seiner Äußerung erzwingt« [Hervorhebung d. Verf.] (Stud II: 160).

Als Wissenschaft ist die Psychoanalyse also durchaus kein »gegenpolitisches« Unternehmen. Ihre Begrifflichkeit zeigt, daß sie im Kern eine die Gesellschaft reflektierende Psychologie ist, daß hinter dem Rücken der Psychologie die Politik sich durchsetzt – auch eine Wiederkehr des Verdrängten?

Nicht nur die Annahme der Zensur als gesellschaftlich vermittelte Instanz und die der beiden (psychischen) Mächte im Individuum, auch der – zentrale – Verdrängungsbegriff hat unterschwellig eine soziologische Dimension. Odo Marquard (1968: 389 f.) glaubt ihn auf dem Umweg über seine englische Übersetzung »repression« mit den Unterdrückungsbegriffen revolutionärer Theorien verbinden zu können. Unmittelbar ist die Verbindung des psychologischen Begriffs der Verdrängung mit dem politischen der Unterdrückung in dem bereits diskutierten Motto der *Traumdeutung*. Während es für Freud das Schicksal der verdrängten Triebrepräsentanzen aussprach, war es für Lassalle eine Anspielung auf das Schicksal der Arbeiterschaft, der sozialen Unterwelt. Der Zusammenhang der beiden Deutungen gewinnt an Wahrscheinlichkeit, wenn Freud in *Das Unbehagen in der Kultur* das Verhalten der Kultur zur Sexualität mit der Ausbeutung einer Bevölkerungsschicht durch eine andere auf eine Ebene stellt (Stud IX: 233). Zu erinnern ist auch an seine späte These, »die Individualpsychologie ist [. . .] von Anfang an auch gleichzeitig Sozialpsychologie« (ebd.: 65). So hat Adorno Freud gegen soziologistische Erweiterungen mit den Worten verteidigen können, dieser sei »paradoxerweise in den innersten psychologischen Zellen auf Gesellschaftliches« (Adorno 1960: 88) gestoßen.

Deutlich wird dies an der zweiten Topik *(Das Ich und das Es),* die nicht mehr wie die erste *(Die Traumdeutung)* in der naturwissenschaftlichen Neurologie, der physiologisch-anatomischen Theorie der zerebralen Lokalisationen ihren Ursprung hat, sondern bereits in der Bezeichnung ihrer Instanzen – Ich, Es, Über-Ich – ganz vom Anthropomorphismus gekennzeichnet ist: »Das intrasubjektive Feld will«, wie Laplanche und Pontalis (1973: 508) es prägnant gefaßt haben, »nach dem Vorbild von intersubjektiven Beziehungen verstanden werden, die Systeme werden als relativ autonome Personen innerhalb der Person vorgestellt.

Die Politik erscheint mit bestimmten, auf die k. u. k. Monarchie verweisenden Konnotationen. Einige Beispiele seien erwähnt. Der Vorstellung zweier psychischer Instanzen wird eine »völlig kongruente Analogie aus dem politischen Leben der Menschen« (Stud II: 160) gegenübergestellt, das Ringen eines auf seine Macht eifersüchtigen Herrschers mit der öffentlichen Meinung. Das Ich wird in seiner eher formalen als faktischen Herrschaft über die Motilität (durch Aufschub der Abfuhr) verglichen mit der »Stellung eines konstitutionellen Monarchen, ohne dessen Sanktion nichts Gesetz werden kann, der es sich aber sehr überlegt, ehe er gegen einen Vorschlag des Parlaments sein Veto einlegt.«[24]

Daß das Ich sich allerdings mittels eines Tricks gegen die Triebregung im Es wehren kann – das Ich sendet ein Unlustsignal aus und wehrt so mit Hilfe des allmächtigen Lustprinzips eine *Triebregung* ab –, dieser komplizierte Vorgang reizt Freud zu folgendem Vergleich:

»In einem Staate wehre sich eine gewisse Clique gegen eine Maßregel, deren Beschluß den Neigungen der Masse entsprechen würden. Diese Minderzahl bemächtigt sich dann der Presse, bearbeitet sie durch die souveräne ›öffentliche Meinung‹ und setzt es so durch, daß der geplante Beschluß unterbleibt« (Stud. II: 238). Pressezensur, öffentliche Meinung im Kampf mit dem Herrscher, Abhängigkeit des konstitutionellen Monarchen vom Parlament, Manipulation der öffentlichen Meinung durch eine von einer Minderheit beherrschten Presse – diese Metaphorik ist ein Reflex des politischen Hintergrundes, vor dem die Psychoanalyse entstanden ist. Diese politische Metaphorik ist ein Indiz für Freuds liberale politische Vorstellungswelt.

Dazu passen die Gleichnisse aus dem kapitalistischen Wirtschaftsleben. Das Zusammenspiel von auslösenden Tagesgedanken und den psychischen Aufwand bestreitendem Unbewußtem wird verglichen mit dem Verhältnis des Unternehmers zu dem das Kapital zur Verfügung stellenden Kapitalisten. Die verschiedenen denkbaren Formen dieses Zusammenspiels von Tagesgedanken und Wunsch aus dem Unbewußten bei der Traumbildung werden anhand dieses Vergleichs durchgespielt.[25] Den Einsatz psychischer Energie für die Denktätigkeit im Unterschied zu dem für das reale Handeln erklärt Freud mit dem Aufwand, den ein Geschäftsbetrieb bei kleinem und bei großem Umsatz treibt (Stud IV: 147). Das gehemmte Ich, das seine psychische Energie in eine Aufgabe von besonderer Stärke gesteckt hat, verarmt »wie ein Spekulant, der seine Gelder in seinen Unternehmungen immobilisiert hat« (Stud VI: 236). Glück ist am ehesten durch die Diversifizierung der Wege zu ihm zu erreichen:

> »Wie der vorsichtige Kaufmann es vermeidet, sein ganzes Kapital an einer Stelle festzulegen, so wird vielleicht auch die Lebensweisheit raten, nicht alle Befriedigung von einer einzigen Strebung zu erwarten« (Stud IX: 215).[26]

---

24 Stud III: 322; vgl. auch ib: 323: »In seiner Mittelstellung zwischen Es und Realität unterliegt es [= das Ich] nur zu oft der Versuchung, liebedienerisch, opportunistisch und lügnerisch zu werden, etwa wie ein Staatsmann, der bei guter Einsicht sich doch in der Gunst der öffentlichen Meinung behaupten will«.

25 Stud II: 534 f.; Stud I: 229; Stud V: 156.

26 Als Vergleich aus dem Militärwesen sei erwähnt: »Das Denken ist ein probeweises Handeln mit kleinen Energiemengen, ähnlich wie die Verschiebungen kleiner Figuren auf der Landkarte, ehe der Feldherr seine Truppenmassen in Bewegung setzt« (Stud. I: 524). Der Ökologie entnommen

Einmal wird der Vielvölkerstaat der Österreichisch-Ungarischen Doppelmonarchie selbst zur Metapher, um eine Konstruktion der Theorie zu verdeutlichen. In der 31. Folge der Vorlesungen zur Einführung in die Psychoanalyse *(Die Zerlegung der psychischen Persönlichkeit)*, in der Freud die zweite Topik erläutert, versucht er seinen Hörern klarzumachen, daß die drei Instanzen Über-Ich, Ich, Es in der realen psychischen Struktur nicht so klar geschieden sind, wie seine Hörer es vermuten könnten, und entwirft folgendes Bild:

> »Ich imaginiere ein Land mit mannigfaltiger Bodengestaltung, Hügelland, Ebene und Seenketten, mit gemischter Bevölkerung – es wohnen darin Deutsche, Magyaren und Slowaken, die auch verschiedene Tätigkeiten betreiben. Nun könnte die Verteilung so sein, daß im Hügelland die Deutschen wohnen, die Viehzüchter sind, im Flachland die Magyaren, die Getreide und Wein bauen, an den Seen die Slowaken, die Fische fangen und Schilf flechten. Wenn diese Verteilung glatt und reinlich wäre, würde ein Wilson seine Freude an ihr haben; es wäre auch bequem für den Vortrag in der Geographiestunde. Es ist aber wahrscheinlich, daß Sie weniger Ordnung und mehr Vermengung finden, wenn Sie die Gegend bereisen. Deutsche, Magyaren und Slowaken leben überall durcheinander, im Hügelland gibt es auch Äkker, in der Ebene wird auch Vieh gehalten. Einiges ist natürlich so, wie Sie es erwartet haben, denn auf Bergen kann man keine Fische fangen, im Wasser wächst kein Wein. Ja, das Bild der Gegend, das Sie mitgebracht haben, mag im großen und ganzen zutreffend sein; im einzelnen werden Sie sich Abweichungen gefallen lassen« (Stud I: 510).

Freud schickt mit Recht seinem Panorama die Worte voraus: »Vergleiche entscheiden nichts« (ebd.), sie haben für ihn nur illustrative Funktion (ähnlich Erg: 276). Er übersieht nicht die Grenze von Vergleichen. Der zuvor zitierte Spruch von Horaz etwa zeigt nicht die merkwürdige Art der Wiederkehr des Verdrängten:

> »Gerade dasjenige, was zum Mittel der Verdrängung gewählt worden ist – wie die *furca* des Spruches –, wird der Träger des Wiederkehrenden« (Stud. X: 36).

Freuds Metaphorik gibt nicht unmittelbar Aufschluß über die Geltung der Theorie, aber sie gibt doch Auskunft über die Vorstellungswelt ihres Schöpfers, erinnert an die Genesis der Theorie. Die von Sigmund Freud entdeckten psychischen Mechanismen, die er für universell und invariant hielt, werden im Versuch ihrer Formulierung und Darlegung angereichert mit Bildern, die der politischen Theorie des Liberalismus entstammen und mitunter direkte Anspielungen auf die historische Realität der Endzeit der k. u. k. Monarchie enthalten. So wie heute der Manchester-Liberalismus als Entstehungsgrund der Theorie von Charles Darwin sichtbar ist, die Analogie zwischen dem Prinzip der Natürlichen Zuchtwahl und dem »Phänomen der Konkurrenz, das im Zeit-

---

ist die Rede von der Phantasie als »Schonung«, »Naturschutzpark« (Stud I: 363; Stud III: 20). – Für die literarischen Elemente in Freuds Stil vgl. die bislang ausführlichste Untersuchung seiner Metaphorik von Schönau (1968).

alter des freien Kapitalismus den wirtschaftlichen ›Kampf ums Dasein‹ beherrscht« (Sternberger 1974: 87) erkennbar wird, so bot Kakanien für Freuds Entdeckung das Muster. Auch Darwin kam der entscheidende Anstoß aus einem seiner Wissenschaft, der Biologie, fremden Bereich: Der entscheidende Gedanke, der ihm seine Beobachtungen und die daraus abgeleitete Annahme gemeinsamer Urformen von jetzt lebenden und ausgestorbenen Arten erklären half, der der natürlichen Züchtung, kam ihm bei der Lektüre von Malthus' *Über die Bevölkerung* (Brandell 1976: 35). Ohne deshalb Malthusianer zu sein, lieferte ihm dieses Buch das entscheidende Denkmodell, mit dessen Hilfe er seine Untersuchungen strukturieren konnte.

In diesem Sinne ist die Darstellung der Struktur des Psychischen durch Freud – zwei konkurrierende Mächte, von denen die eine mittels Zensur die Verstellung der anderen erzwingt – zu verstehen. Die politischen Konflikte seiner Zeit dienten ihm als Modell, anhand dessen er seine Beobachtungen strukturieren und systematisieren konnte.

Nach Walter Benjamin erweisen sich »als die dauernden Werke gerade jene, deren Wahrheit am tiefsten ihrem Sachgehalt eingesenkt ist«, so daß »im Verlaufe dieser Dauer die Realien dem Betrachtenden im Werk desto deutlicher vor Augen [stehen], je mehr sie in der Welt absterben« (Benjamin 1977: 63). Die Folge ist, daß das, was für die Zeitgenossen noch geeint war, Sachgehalt und Wahrheitsgehalt, mit Vergrößerung des historischen Abstandes zur Entstehungszeit eines Werkes für den neuerlichen Rezipienten auseinandertritt und der Sachgehalt den Wahrheitsgehalt zunehmend verdeckt. Das Verständnis des Werkes setzt die Deutung und Durchdringung der abgestorbenen Realien voraus.

Diesem eigentümlichen Prozeß unterliegt auch das Werk Freuds. Vieles von dem, was er schrieb, verstehen wir heute nicht mehr, ohne mit dem Kommentar die Realien geklärt zu haben. Unterbleibt dies, so wird im Bestreben, seine Lehre heute noch fungibel zu machen, ein Neo-Freudianischer Revisionismus vertreten, der hinter Freud zurückfällt. Doch beginnt man auch, sich zeitbedingter Einschränkungen seines Werkes bewußt zu werden – etwa seiner Theorie der weiblichen Sexualität, die heute kein Psychoanalytiker unmodifiziert übernehmen möchte . . . Daß auch seine Anschauungen über Kunst und Literatur stark von der Denkweise der Jahrhundertwende geprägt sind, soll nun deutlich gemacht werden. Zu diesem Zweck wird ein Perspektivenwechsel eintreten, der einen Aspekt der Entstehungsgeschichte der Psychoanalyse, ihre Verbindung mit der Literatur des Fin de siècle, herauszuarbeiten bestrebt ist. Ausgangspunkt wird die Introversion, die neue Empfindsamkeit sein, die das europäische Fin de siècle unter dem Einfluß vorfreudianischer Psychiatrie und – in Wien – unter dem der Psychoanalyse kennzeichnet.

II. Die Anfänge der Psychoanalyse und die Literatur der Jahrhundertwende

Hofmannsthals Analyse des Fin de siècle

1902, kurz nach Abfassung des Chandos-Briefes, schreibt Hugo von Hofmannsthal in der Wiener *Neuen Freien Presse* über die letzten Jahre des 19. Jahrhunderts – bereits im Bewußtsein des historischen Abstands:

> »Um 1890 werden die geistigen Erkrankungen der Dichter, ihre übermäßig gesteigerte Empfindsamkeit, die namenlose Bangigkeit ihrer herabgestimmten Stunden, ihre Disposition, der symbolischen Gewalt auch unscheinbarer Dinge zu unterliegen, ihre Unfähigkeit, sich mit dem existierenden Worte beim Ausdruck ihrer Gefühle zu begnügen, das alles wird eine allgemeine Krankheit unter den jungen Männern und Frauen der oberen Stände sein. Denn der Künstler gleicht jenem Midas, unter dessen Händen alles zu Gold wurde« (P II: 40).

Die zitierten Worte sind einem imaginären Balzac des Jahres 1842 in den Mund gelegt: auf eigentümliche Weise wird so das Fin de siècle in seinem Anfang datiert, gleichsam von rückwärts bestimmt, über ein Ende wird explizit nicht gesprochen. Dennoch ist eine historische Distanz hergestellt, die Entfaltung eines Diskurses aus der Position des entfernten Beobachters möglich.[1] Das angegebene Datum – 1890 – ist auch der Zeitpunkt der ersten Veröffentlichungen Hofmannsthals. Hofmannsthal, der in seinen Essays und Kritiken immer auch Bedingungen des eigenen Schaffens analysierte[2], läßt hier schon ahnen, wie er in den folgenden Jahren versuchen wird, sich von den ihm zunehmend problematisch gewordenen genialisch-frühreifen Anfängen zu lösen: durch An-

1 Erkennbar ist der Versuch Hofmannsthals, sich spätestens seit der *Chandoskrise* von dem zunehmend als problematisch angesehenen Frühwerk zu lösen. An George schreibt er am 14. 12. 1902: »[. . .] ich fühle, daß ich mit dieser Arbeit [i. e. *Das gerettete Venedig*] in eine neue Epoche trete« (HvH-SG: 174). Demselben Brief lag ein Exemplar des wenige Monate zuvor verfaßten Chandosbriefs bei. Der späte Hofmannsthal hat in seiner Selbstinterpretation *Ad me ipsum* aus den Jahren 1916-1928 diesen Schnitt allzu stark betont und das Frühwerk zu sehr im Lichte des Spätwerks gesehen. Die ältere Forschung ist ihm hierbei bereitwillig gefolgt. Erst in jüngerer Zeit wurden die Verbindungen zwischen Frühwerk und Spätwerk, Praeexistenz und Existenz deutlicher gesehen. Vgl. Balzer (1975). Eine einführende Interpretation von *Ad me ipsum* bei Szondi (1975: 335-350).

2 1893 schrieb er an die Übersetzerin und Kritikerin Marie Herzfeld: »[. . .] ich [. . .] bin vielleicht kein Kritiker, sondern für gewisse mir verwandte Dinge ein Interpret« (HvH-MH: 36). Etwa ein Jahr zuvor hatte er einem Brief an Marie Herzfeld seine Besprechung *Ferdinand von Saar: »Schloß Kostenitz«* beigefügt und dazu bemerkt, »daß diese Art Mache, zwischen culturgeschichtlicher Reflexion und Prosagedicht, doch etwas giebt, ohne innerlich sosehr zu verbrennen, wie die wahre, die scheidende, die kritische Kritik« (HvH-MH: 33).

schluß an die Tradition. Deutlich wird aber auch, daß er die Jahre nach 1890 für eine Periode hält, deren Eigentümlichkeit in bestimmten geistigen Erkrankungen der Dichter, ihrer gesteigerten Empfindsamkeit zum Ausdruck kommt. Eine nähere Bestimmung dessen findet sich in den vorausgegangenen frühen Prosaarbeiten. Einen Schlüssel zum Verständnis der erwähnten Krankheiten enthält der Aufsatz über Gabriele d'Annunzio von 1893. Mit wenigen Strichen skizziert Hofmannsthal prägnant die Situation seiner Generation – der des Fin de siècle: Bewußtsein der Spätgeborenen, Leben in naturferner Kunstwelt, Paralyse des Willens, Gabe der Selbstverdopplung – d. h. Ichspaltung: das sozial isolierte Ich findet Geselligkeit mit sich selbst – Trennung vom Leben. Auch in diesem Essay ist wieder von einer Elite die Rede – sie wird sogar zahlenmäßig auf »ein paar tausend Menschen, in den großen europäischen Städten verstreut« (P I: 148) begrenzt –, sie offenbare aber den Charakter der Zeit: aus ihrer Sprache, Ausdruck ihrer besonderen »Empfindsamkeit«[3], »entnimmt die Geschichte das »Merkwort der Epoche«:

»Heute scheinen zwei Dinge modern zu sein: die Analyse des Lebens und die Flucht aus dem Leben. Gering ist die Freude an Handlung, am Zusammenspiel der äußeren und inneren Lebensmächte, am Wilhelm-Meisterlichen Lebenlernen und am Shakespearschen Weltlauf. Man treibt Anatomie des eigenen Seelenlebens, oder man träumt. Reflexion oder Phantasie, Spiegelbild oder Traumbild. [. . .] Modern ist das Psychologische Graswachsenhören und das Plätschern in der reinphantastischen Wunderwelt. [. . .] modern ist die Zergliederung einer Laune, eines Seufzers, eines Skrupels; und modern ist die instinktmäßige, fast somnambule Hingabe an jede Offenbarung des Schönen, an einen Farbenakkord, eine funkelnde Metapher, eine wundervolle Allegorie« (P I: 149).

Zwei Momente prägen demnach die Epoche: die Selbstanalyse und die Hingabe an eine synästhetisch verfeinerte Traumwelt. Zurückzuführen ist dies auf den Bruch des dialektischen Zusammenhangs von Innen und Außen, den Abscheu vor der banalen Alltäglichkeit und die damit verbundene Flucht vor dem Leben. Die verweigerte »Verknüpfung mit dem Leben« (A 216), wie es in der Selbstanalyse *Ad me ipsum* heißt, überhöht die Bedeutsamkeit des eigenen Nervensystems, die ausgesperrte Realität wird ersetzt durch eine ästhetisierte Phantasiewelt. Daß diese Abtrennung eine willkürliche, eine künstliche ist, mache die ungeheure Verletzlichkeit dieses Zustandes aus, die stets gegebene Gefahr, daß das Leben in »der symbolischen Gewalt auch unscheinbarer Dinge« sich bemerkbar macht. Die Empfindsamkeit und die ungeheure Sensi-

3 Hofmannsthal rückt nicht zufällig den Begriff ›Empfindsamkeit‹ in den Mittelpunkt seines Essays. Daß das Fin de siècle eine innere Verwandtschaft mit der Empfindsamkeit des 18. Jahrhunderts verspürte, deutet schon die Entdeckung Jean Pauls durch Stefan George an. Ausgehend von Richard Beer-Hofmanns Novelle ›Der Tod Georgs‹ hat erstmals Viering (1977) auf diesen Zusammenhang aufmerksam gemacht. Für eine weitere Diskussion dieser Frage scheinen mir gerade die larmoyanten Tagebücher des jungen Arthur Schnitzler reichhaltiges Material zu liefern.

bilität für die eigene Nervosität haben wie die Hingabe an das Schöne ihre Ursache im *nicht* »erreichten Sozialen« (A, 226).

Hofmannsthals Analyse des Fin de siècle beruft sich auf zwei Bücher, die idealtypisch je eines dieser Momente verkörpern:

> »Ein geistreicher Franzose schreibt die Monographie eines Mörders, der ein experimentierender Psychologe ist. Ein geistreicher Engländer schreibt die Monographie eines Giftmischers und Urkundenfälschers, der ein feinfühliger Kunstkritiker und leidenschaftlicher Kupferstichsammler war. Die landläufige Moral wird von zwei Trieben verdunkelt: dem Experimentiertrieb und dem Schönheitstrieb, dem Trieb nach Verstehen und dem nach Vergessen« (P I: 149 f.)

Ohne Zweifel spielt Hofmannsthal hier auf Paul Bourget und auf Oscar Wilde an, auf den 1889 erschienenen Roman *Le Disciple* und auf die Essaysammlung aus dem Jahre 1891, *Intentions*[4]. In letzterer findet sich die Geschichte des Thomas Griffiths Wainewright, Kritiker des *London Magazine,* den Wilde einen »great amateur of engravings« (Wilde 1891: 68) nennt, der vermutlich vier Menschen vergiftete und 1837 wegen Urkundenfälschung zu lebenslanger Verbannung verurteilt wurde.

Der Roman des Zolagegners Paul Bourget war eine verkappte Kritik seines ehemaligen Lehrer Hyppolite Taine, der für die Poetik des großen Naturalisten Emile Zola von ausschlaggebender Bedeutung war. Der *Disciple* läutete in *einem* Sinne tatsächlich das Ende des Jahrhunderts ein: er ist angelegt als Angriff auf eine der Grundlagen des neunzehnten Jahrhunderts: auf Wissenschaft, Positivismus und Rationalismus. Psychologische Experimente eines Schülers des modernen Philosophen und Psychologen Adrien Sixte führen zur moralischen Katastrophe. Positivistischer Rationalität wird von dem Modeautor der sich avantgardistisch gebenden Gesellschaft der Prozeß gemacht – von einem allerdings dubiosen moralischen Standpunkt aus: die »unmoralischen« Experimente des Schülers werden nach dem klassischen Muster doppelter Moral in aller Ausführlichkeit dem geneigten Leser vorgestellt. Zugleich ist Bourget aber den kritisierten Prinzipien näher, als die Intention des Romans vermuten ließe: Literatur war für Bourget angewandte Psychologie, der *Disciple* brachte ihm den Ruf ein, der größte psychologische Autor seit Stendhal zu sein.

Der Experimentiertrieb, den Hugo von Hofmannsthal neben dem Schönheitskult eines Oscar Wilde für die Auflösung der Moral verantwortlich machte, war vor allem jener im Bereich von Psychopathologie und Psychologie, die in Bourgets Roman dem älteren Positivismus entsprechend als naturwissenschaftliche Psychologie auftritt. D'Annunzios Novellen sind, so Hofmannsthal, »psychopathische Protokolle« (P I: 150). Bei dem Italiener findet er »Experimentiertrieb« und »Schönheitstrieb« gleichermaßen.

---

4 Siehe auch vom Verf. »Wissenschaft und Literatur im Fin de siècle« (1978), wo einige der in diesem Abschnitt behandelten Probleme in einem weiteren Zusammenhang diskutiert werden.

Daß der Österreicher Hofmannsthal von einem Franzosen und einem Engländer zwei das Fin de siècle charakterisierende Tendenzen repräsentiert sieht, die er bei dem geschätzten Italiener vereinigt findet, macht den europäischen Zusammenhang deutlich, innerhalb dessen sich das Wiener Fin de siècle entwickelte und ohne den es in seiner Genese nicht verständlich ist. Der wichtigste Mittler zwischen Wien und der europäischen Moderne war der Kritiker und Schriftsteller Hermann Bahr, dessen Verdienst es war, die Wiener Literatur vor der Provinzialität gerettet zu haben. Er war es auch, der Hofmannsthal auf Wilde, auf die *Intentions* aufmerksam machte[5]. Hofmannsthals frühe Essays leisten eine kritische Auseinandersetzung mit der zeitgenössischen Moderne, die ihren Abschluß findet in dem Aufsatz *Sebastian Melmoth* (1905), einer Kritik am Nachruhm des in Elend und Ächtung gestorbenen Ästheten Oscar Wilde, dessen plötzlicher Sturz vielleicht bereits 1895 im *Tod des Ästheten* in Hofmannsthals *Märchen der 672. Nacht* reflektiert ist (Weber 1971: 105 f.). Die Literaturentwicklung des 20. Jahrhunderts hat Hofmannsthal nicht mehr mit der gleichen kritischen Intensität verfolgt, vielmehr war er bestrebt, im Rückgriff auf eine über 2000jährige Tradition ein Vergangenheit und Gegenwart verschmelzendes, repräsentatives Werk zu schaffen, das ihn aus den Antinomien des Frühwerkes herausführen sollte.

Wie eng der junge Hofmannsthal sein eigenes Schaffen mit dem des europäischen Auslandes verknüpft sah, zeigt ein Brief vom 19. Dezember 1892 an den Herausgeber der *Blätter für die Kunst,* Klein, dessen eigentlicher Adressat Stefan George war:

> »Ich werde [. . .] nächstens versuchen, in Tagesblättern die uns verwandten Erscheinungen fremder Literaturen (Verlaine, Swinburne, Oscar Wilde, Präraphaeliten etc.) zu besprechen, dabei kommt ja ganz naturgemäß eine persönliche Stellungnahme und Andeutung eines auch in Deutschland vorhandenen Programmes heraus« (HvH-SG: 53).

Hofmannsthals frühe Prosaarbeiten können von daher als Ausmessen der eigenen Aufgabe als Dichter verstanden werden.

Eine Lektüre von Hofmannsthals Kritiken der »verwandten Erscheinungen fremder Literaturen« in Hinblick auf das eigene »Programm« läßt als ein Merkmal hervortreten die Neigung zu nuancierter psychologischer Ausleuchtung des Seelenlebens, zu halblauten Zwischentönen, gemalt in gebrochenem Pastell – ausgelöst durch die soziale Isolierung des dichterischen Ich, seine schmerzhaft empfundene Trennung vom Leben und der daraus resultierenden »Selbstverdopplung«, Selbstbespiegelung, Selbstversenkung: Narziß ist die Symbolfigur einer auf sich selbst verwiesenen Generation. Der Kritikerin und Übersetzerin Marie Herzfeld schrieb Hofmannsthal am 13. Juli 1893, in der Vorfreude auf einen Landaufenthalt in Bad Aussee, von seinem Überdruß an allem »Feinen,

5 Br I: 69; vgl. dazu Weber 1971: 99.

Subtilen, Zerfaserten, Impressionistischen, Psychologischen« (HvH-MH: 37). Das herbeigesehnte Leben in der Natur machte ihm den Gegensatz seiner Kunstwelt zum Leben schmerzhaft deutlich.

Deutet sich in dieser Äußerung auch der Beginn einer Distanzierung von seinen eigenen dichterischen Anfängen an – ein Prozeß, der im Chandosbrief seinen Höhe- und Wendepunkt finden wird –, so macht sie doch nichtsdestoweniger seine psychologische Denkweise, seine Gefährdung durch eine das Leben aufsaugende Kunst deutlich. Wie Nietzsche seine Befähigung zur Kritik an der *décadence* damit begründete, daß er in Fragen der *décadence* erfahren sei, selbst, wie es in *Ecce homo* heißt, »jene Filigran-Kunst des Greifens und Begreifens überhaupt, jene Finger für *nuances,* jene Psychologie des ›Um-die-Ecke-sehns‹« (1956b: 1071) erlernt habe, so ist auch für Hofmannsthals Kritik am Psychologischen persönliche Betroffenheit und Befangenheit die Voraussetzung. Eine Parallele hierzu findet sich auch in Arthur Schnitzlers Autobiographie im Ausruf »Zuviel Psychologie übrigens!« (J: 283), der als halb unwilliger Schlußpunkt unter die psychologische Analyse sozialer Probleme gesetzt ist.

Hofmannsthals *eigenes Programm* wird gerade dann besonders deutlich, wenn er sich mit Autoren wie dem 1890 in Wien begeistert gefeierten Ibsen auseinandersetzt, der nicht nur vom Wiener Fin de siècle als Prophet gesehen, sondern der zunächst vom Naturalismus als Beginn einer neuen Dramatik verstanden wurde. So trifft Hofmannsthal in der Studie *Die Menschen in Ibsens Dramen* (1893) in den Theaterstücken des Norwegers einen »sehr modernen und sehr scharf geschauten Menschentypus« (P I: 87), der im Gegensatz zu den Wirklichkeitsmenschen Shakespeares oder Goethes durch das reflexive Moment, ein tatenloses Dem-Leben-Fernstehen gekennzeichnet ist. Hofmannsthal vergleicht ihn charakteristischerweise mit Niels Lyhne, einer Symbolfigur des Fin de siècle, der kraftlosen Titelfigur des Romans von Jens Peter Jacobsen. Der Ibsensche Mensch ist nach Hofmannsthal durch ein »überreiches Selbstbeobachtungsvermögen« (P I: 95) gekennzeichnet, er treibt »Autopsychologie« (P I: 88) und repräsentiert »nichts anderes als eine Leiter von Seelenzuständen« (P I: 95). Ibsens Dramen sind für Hofmannsthal daher »wesentlich undramatische« (P I: 95), die Diskussionen, die Dialoge entzünden sich »fast immer an etwas außerhalb der Charakteristik der Menschen liegendes [. . .]: an Ideen, Probleme[n], Ausblicke[n], Reflexionen, Stimmungen« (P I: 87). Was Hofmannsthal als Grundproblem der Menschen Ibsens ansieht, ist bestimmt auch ein *eigenes:*

> »Wie verhält sich der Ibsensche Mensch, der künstlerische Egoist, der sensitive Dilettant mit überreichem Selbstbeobachtungsvermögen, mit wenig Willen und einem großen Heimweh nach Schönheit und Naivetät, wie verhält sich dieser Mensch im Leben?« (P I: 95)

Wenn auch diese Analyse an der Vergangenheitsdramatik Ibsens, der mit späten Stücken wie *Die Wildente* zum Symbolismus überleitete, nicht völlig vorbeizielt, so trifft sie doch nicht den ganzen Ibsen, wie ein Vergleich mit dem naturalistischen Ibsenbild zeigen könnte, das sich über Ibsens formale Neuerungen hinaus vornehmlich an dem von Soziologie und Biologie inspirierten Aufklärer Ibsen, dem Enthüller der *Lebenslüge,* dem Analytiker sozialer Probleme orientierte.[6]

Die von Hofmannsthal in Ibsens Dramatik herausgearbeitete Neigung zu psychologischer Analyse, die Neigung seiner Figuren zu Introspektion und Selbstreflexion bilden *ein* Moment, das auch Hofmannsthals Prosaarbeiten einen Zusammenhang gibt, der sie auch als eigenes Programm zu lesen erlaubt. Ob er nun von der »Zweiseelenkrankheit« (P I: 10) anläßlich Paul Bourgets *Physiologie de l'amour moderne,* von der »Gabe französischer Selbstbeobachtung und Zerlegungssucht« (P I: 22), von Henri-Frédéric Amiels *Fragments d'un journal intime* oder über die »innerliche und lebensängstliche, österreichische Grundstimmung« (P I: 84 f.) anläßlich Ferdinand von Saars *Schloß Kostenitz* spricht, die Darstellung gewisser innerer Erlebnisse (P I: 101) durch Swinburne, die Fähigkeit Walter Paters, »aus den hinterlassenen Kunstwerken einer Epoche ihr Seelenleben bis zum Spüren deutlich zu erraten« (P I: 204)[7] – Selbstanalyse, das Interesse für innere Vorgänge, für das Vibrieren der Nerven und eine vorausgegangene Resignation vor den Problemen des Lebens bilden den roten Faden, der auch einen Weg zur Interpretation seines Frühwerks weisen kann.

Macht man sich Hofmannsthals autobiographische Deutung seiner frühen Arbeiten[8] zu eigen, so wäre bei ihrer Interpretation von Bekenntnissen auszugehen, die sich wie das folgende vom 17. Dez. 1893 häufig in seinen frühen Tagebüchern und Briefen finden:

> »auf seine eigene Seele hinabschauen wie auf den geheimnisvollen unerreichbaren Grund eines tiefen durchsichtigen Sees: hinuntertauchen. Lebensluft verlassen« (A: 106).

1919, im Rückblick auf die eigenen dichterischen Anfänge, vermag Hofmannsthal den biographischen Untergrund seiner frühen Arbeiten – »die ja nichts anderes waren als formgewordene Seele«[9] – zu erkennen. Charakteristisch ist

---

6 Zum naturalistischen Ibsenbild vgl. Markwardt (1967: 25 ff.), der aber auch Ibsens Vertrauen auf die psychologische Analyse, die allerdings noch keine wissenschaftliche Psychoanalyse war« (ebd.: 25), hervorhebt.

7 Offensichtlich eine Anspielung auf Paters *Imaginary Portraits* (1887).

8 In *Ad me ipsum* heißt es zum »Jugendœuvre«: »Ich staune, wie man es hat ein Zeugnis des l'art pour l'art nennen können – wie man hat den Bekenntnischarakter, das furchtbar autobiographische daran übersehen können –« (A: 240).

9 Wörtlich heißt es in einem Brief an die spätere Frau Rudolf Borchardts: »Denn zwischen mir und Borchardt steht es so, daß einmal in einem sehr frühen entscheidungsvollen Augenblick des Lebens, ich, oder meine Arbeiten, die ja nichts anderes waren als formgewordene Seele, ihm sehr viel zu geben vermocht haben und daß er mir seitdem eine rührende Treue bewahrt [. . .]« (HvH-RBH: 148).

die Notiz, die Arthur Schnitzler nach der Lektüre von Hofmannsthals Dramolett *Gestern* im Tagebuch festhält: »Man bekommt Zärtlichkeit für die eigene Neurose« (Tb: 7. Okt. 1891). In diesen Zusammenhang gehören auch der Narzißmus und der Egotismus des Kaufmannssohnes im *Märchen der 672. Nacht,* des Andrea, der Tizianjünger und des Claudio in den ersten lyrischen Dramen aus der Periode 1891 bis 1893[10]. Bilden Seelenkundigkeit und Introspektion einen durchgängigen Zug seines Frühwerks, so lag dessen Bedeutung für ihn selbst gerade in der kritischen Auseinandersetzung mit der eigenen Introvertiertheit.[11]

Es ist die Zeit, da er – wie es in einem Brief an Hermann Bahr vom 2. Juli 1891 heißt – »die Bakteriologie der Seele gründen« (B I: 18) will, ein Vorsatz, der an Friedrich Nietzsches *Chemie der Begriffe und Empfindungen* (Nietzsche 1956 a: 447) erinnert. Nietzsche versuchte wie Hofmannsthal eine quasi naturwissenschaftliche Zergliederung der Seele. Wie weit aber kann man der Analyse des Kritikers Hofmannsthal folgen, Empfindsamkeit und Seelenkundigkeit seien die Charakteristika jener Epoche gewesen und die Dichter deren Kronzeugen, und sie zur Grundlage einer Interpretation des Fin de siècle machen?

Der Einfluß der Psychiatrie auf die Literatur des ausgehenden 19. Jahrhunderts

Am 20. Aug. 1890 spricht Hofmannsthal in einem Brief an Gustav Schwarzkopf von »gedankenzerwühlten, fiebernden Fin-de-siècles« (BrI: 10) und nennt damit das Stichwort, unter dem diese Epoche, durchaus ihrem eigenen Selbstverständnis entsprechend, seither firmiert.[12] Dieser beiläufigen Definition zufolge

---

Ansätze in Richtung der im Text skizzierten Interpretation finden sich bei Mauser (1977), der von der Identitätstheorie Erik H. Eriksons eine »psycho-soziale« Darstellung Hofmannsthals bis hin zum *Schwierigen* gegeben hat und dabei über die biographische Interpretation hinaus auf den historischen Hintergrund eingegangen ist.

10 Von dem Kaufmannssohn heißt es, er berausche sich »an der Schönheit seiner Jugend und Einsamkeit«, und er schöpfe »einen großen Stolz aus dem Spiegel [. . .], aus seinem Reichtum und seiner Klugheit« (E: 8 f.).
Für Andrea vgl. »Nur aus sich selber strömt, was wir empfinden [. . .]« und »Und wenn sich jemals zwei ins Auge sehn,/So sieht ein jeder sich nur in dem andern« (GLD: 145/146).
Für die Tizianjünger ist auffallend eine lebensferne Abgeschiedenheit außerhalb der Stadt Venedig (vgl. GLD: 190 f.). Schließlich das Bekenntnis Claudios angesichts des Todes: »Da hast du dieses ganze Liebesleben,/Daraus nur ich und ich nur widertönte,/Wie ich, der Stimmung Auf- und Niederbeben/Mitbebend, jeden heiligen Halt verhöhnte!« (GLD: 212).

11 Szondi (1975 b: 184/201/212 ff.) hat – gegen Alewyn (1967: 56 f.) – darauf aufmerksam gemacht, daß Hofmannsthal bereits mit dem ersten lyrischen Drama *Gestern* als Kritiker des Ästhetizismus auftritt. Dies wäre im Zusammenhang mit Hofmannsthals eigener Situation zu sehen.

12 In den beiden folgenden Briefen an Schwarzkopf, in denen der Begriff nochmals auftaucht, ist er in die Nähe von »modern«, »auf der Höhe der Zeit« geraten. So wird z. B. in der 1891 bei G. Grimm in Budapest erschienenen Übersetzung von Paul Bourgets *Physiologie de l'amour moderne* Fin de siècle mit »auf der Höhe der Zeit« übersetzt, weil es »sich nicht wörtlich übersetzen

ist sie von einer krankhaften Nervosität gekennzeichnet. Genau in diesem Sinne taucht der Begriff wohl zum ersten Mal bei Emile Zola auf. In Zolas Künstlerroman *L'Œuvre* aus dem Jahre 1886 sagt der Maler Bongrand:

»Ach ja, die Luft der Epoche ist schlecht, dieses Fin de siècle, in dem man vor Abrißarbeiten kaum treten kann [. . .] Die Nerven werden zerrüttet, die große Neurose kommt dazu.«[13]

Im selben Jahr kritisiert Maurice du Plessys im ersten Jahrgang der von Anatole Baju herausgegebenen Zeitschrift *Décadent* die drittklassige Lyrik Noël Loumos, er sei nicht von Dekadenz geadelt, denn ihm fehle »ce déchirement de l'âme moderne, où frémisse un peu de l'anxiété de cette fin de siècle chlorosée«[14]. Ein Jahr später heißt es in *L'école décadente* des bereits erwähnten Anatole Baju von Schriftstellern, die sich die Aufgabe gestellt hätten, »de refléter l'image de ce monde spleenétique«[15], sie seien »pénétrés de l'esprit de cette fin de siècle«. Den Begriff ›Fin de siècle‹, der in seinem Ursprung nicht auf die Décadence zu begrenzen ist, begleitet damit von Anbeginn an – neben geschichtsphilosophischem Pessimismus im Sinne des augustinischen finis saeculi – die Konnotation von Neurose und Krankheit.

Aus diesem Zusammenhang eine systematische Beschreibung des Fin de siècle zu konstruieren, ist die Intention des ehemals viel gelesenen Werkes *Entartung* (1892) von dem aus dem Umkreis des deutschen Naturalismus stammenden österreichischen Journalisten und Mediziners Max Nordau.[16] Das erste Buch des umfangreichen Werkes trägt den Titel *Fin de siècle* und enthält neben dem die Tonlage bestimmenden Kapitel die Abschnitte *Völkerdämmerung, Symptome, Diagnose* und *Aetiologie,* die in ihrer oberflächlichen Orientierung an der Sprache der Medizin ahnen lassen, daß der Kritiker des Fin de siècle dem Kritisierten näherstand, er sich eingestehen mochte. Folgender Ausschnitt aus dem Kapitel *Diagnose* macht die Zielsetzung Nordaus deutlich:

»Der Arzt [. . .], namentlich der, welcher sich besonders dem Studium der

---

ließe« (a. a. O.: 47). Der Begriff war damals im deutschen Sprachgebrauch noch nicht eingebürgert, er schien dem Übersetzer daher nur durch eine Umschreibung übertragbar. In diesem Sinne schrieb Hermann Bahr, der ihn als erster in den deutschen Sprachgebrauch übernahm, in den *Studien zur Kritik der Moderne* (1894): »Fin de siècle war ein hübsches Wort und lief bald durch Europa. Nur, wievielen es gefiel, es wußte keiner recht, was es denn eigentlich heißt. Jeder deutete es anders, wie er es brauchte, und es gab viel Confusion« (nach Koppen 1973: 253). – Zur Begriffsgeschichte vgl. auch Fischer (1978: 84-86).

13 Nach Wolfdietrich Rasch, *Fin de siècle als Ende und Neubeginn,* in: Bauer u. a. (1977: 32). Er hält die Begriffsgeschichte von Fin de siècle für ein Desiderat. Der Hinweis auf Zola verbietet Koppens (1973: 255) eindeutige Zuordnung des Begriffes zur Dekadenz.

14 Maurice du Plessys, in: *Le décadent littéraire et artistique* I, 1886, Nr. 24; nach Koppen (1973: 251).

15 Nach Koppen (1973: 251 f.).

16 Zu Nordau vgl. Koppen (1973: 251 f.) und Jens Malte Fischer: *Dekadenz und Entartung – Max Nordau als Kritiker des Fin de siècle,* in: Bauer u. a. (1977: 93 ff.). Eine knappe Zusammenfassung des Werkes *Entartung* gibt auch Carter (1958: 68) im Kapitel *Nerve-Storms and Bad Heredity.* Er benutzt die bereits 1894 erschienene französische Übersetzung: *Dégénérescence.*

Nerven- und Geisteskrankheiten gewidmet hat, erkennt in der fin-de-siècle-Stimmung, in den Richtungen der zeitgenössischen Kunst und Dichtung, in dem Wesen der Schöpfer mystischer, symbolistischer, ›decadenter‹ Werke und dem Verhalten ihrer Bewunderer, in den Neigungen und Geschmacks-Trieben des Modepublikums auf den ersten Blick das Syndrom oder Gesammtbild zweier bestimmter Krankheits-Zustände, mit denen er wohlvertraut ist, der Degeneration oder Entartung und der Hysterie, deren geringere Grade als Neurasthenie bezeichnet werden« (Nordau 1896: I, 30 f.).

Das Buch ist dem Turiner Psychiater Cesare Lombroso gewidmet, dem Autor von *Genie und Irrsinn*[17] dessen Zielsetzung Nordau allerdings in einem entscheidenden Punkt umkehrt: für Nordau ist das »gesunde Genie« »kraftüberströmend«[18], während auch der hochbegabte Degenerierte seine einmaligen Fähigkeiten auf einem Gebiete mit Minderleistungen auf den übrigen erkauft hat. Die im zitierten Text erwähnte Degenerationshypothese übernahm Nordau von dem französischen Psychiater Morel, der *Degeneration* oder *Entartung* definierte »als eine krankhafte Abweichung von einem ursprünglichen Typus«[19], die hereditär bis zum Aussterben des Geschlechts führen kann. Theoretische Voraussetzung war die auf der vormendelsschen Vererbungslehre basierende Annahme der Vererbung erworbener Eigenschaften[20], an der Freud sich auch dann noch orientierte, als der Lamarckismus in der Wissenschaft längst als überholt galt. Eine weitere Quelle ist Magnan, der Morels Degenerationshypothese ins darwinische Entwicklungsschema einpaßte und damit zu ihrer Popularisierung wesentlich beitrug. Von ihm übernimmt Nordau die Be-

17 Nach Carter (1958: 64 ff.) läßt sich diese Gleichsetzung bis in die Antike (Aristoteles, Seneca) verfolgen, erfährt aber im 19. Jahrhundert eine unerhörte Verbreitung, insbesondere gefördert durch die Entwicklung der Psychiatrie seit den Büchern von Moreau und Morel aus den fünfziger Jahren, deren These von Lombroso popularisiert wurde. Auch Arthur Schnitzler glaubte an die Genie-Irssinn-These. Siehe seine Rezension Lombrosos in IKR 1891 und 1892.

18 Nordau (1896: I, 44). Koppen (1973: 309) hat auf diese Umdeutung hingewiesen.

19 Nordau I ([3]1896: 32). Nach Morel ist die menschliche Rasse eine Abweichung (Degeneration) von einem primitiven Typus: »Les dégénérescences ne peuvent donc être que le résultat d'une influence morbide, soit de l'ordre physique, soit de l'ordre moral . . . La dégénérescence de l'espèce humaine est . . . *une déviation maladive d'un type primitif* . . . Dégénérescence et déviation maladive du type normal de l'humanité sont donc dans ma pensée une seule et même chose.« *Traité des dégénérescences physiques, intellectuelles et morales de l'espèce humaine.* Baillière 1957: 1-5; nach Carter (1958: 66).

20 Vgl. Carter (1958: 64-69), Koppen (1973: 281-284) und Anderson (1962: 37), der u. a. folgendes schreibt: »During the nineteenth century there were many speculative theoreticians regarding heredity. Especially striking were the speculative features in the doctrine of hereditary mental characteristics. [. . .] The doctrine of degeneration *acquired a great influence during the decades just before and after 1900*, and determined for a long time the conception of the conditions that were studied and treated in psychiatry and neuropathology. The doctrine of degeneration contained many obscurities and, for our time, alien features [. . .] To a great extent, they were connected with the question of the *heredity of acquired characteristics*. For most of those who discussed these questions in writing, there was no clear demarcation of the concepts of degeneration and heredity. They did not have any difficulty in considering it possible for acquired characteristics or acquired ›degeneration‹ to become hereditary. On the other hand, however, it seems that the great majority of them held that it was impossible to get rid of ›degeneration‹, once this had manifested itself in what were regarded as hereditary forms.« [Hervorhebungen vom Verf.]

schreibung der *dégénérés supérieure* (›Höhere Entartete‹), »unter welchen er diejenigen Halbwahnsinnigen versteht, die schriftstellerischen Drang empfinden« (Nordau 1896: I, 34). In der Auffassung der Hysterie schloß er sich an die französische Forschung um Charcot, Axenfeld, Richer und Gilles de la Tourette an (ebd.: 47). Derart ›wissenschaftlich‹ abgesichert konnte seine durchaus kenntnisreiche Abrechnung mit der Literatur des Fin de siècle – ob naturalistisch, dekadent oder symbolistisch, Präraffaeliten oder Wagnerianer – beim wissenschaftsgläubigen Publikum des 19. Jahrhunderts Widerhall finden. So skurril einem heutigen Leser seine Urteile auch vorkommen mögen – wenn Nordau etwa über Verlaine schreibt, daß bereits »die starke Unebenheit des Schädels, die Lombroso bei den Entarteten nachgewiesen hat, und die durch hervorstehende Backenknochen, schief gestellte Augen und dünnen Bart gekennzeichnete mongolische Physiognomie« (ebd.: 216) ihn als Degenerierten auswiesen, oder wenn er die »die Farben gleichmäßig auslöschende Kalktünche eines Puvis de Chavanne« (ebd.: 52) auf die eingebüßte Farbempfindung der Hysteriker *(Achromatopsie)* zurückführt – so darf über diesen Urteilen nicht vergessen werden, welch ungeheuren Einfluß die nämlichen psychiatrischen Quellen auf die von Nordau abgeurteilten Autoren, auf Zola, Huysmans, Ibsen, Gerhart Hauptmann und viele Schriftsteller des ausgehenden 19. Jahrhundert, ausgeübt haben.[21]

So beruht bekanntlich der Stammbaum der Rougon-Macquart in Emile Zolas Romanzyklus *Histoire naturelle et sociale d'une famille sous le Second Empire* und damit Aufbau und Struktur des gesamten Werkes auf dem Vererbungsschema der Degeneration: Auf die Erzeugerin der Rougon-Marcquart-Familie, Adélaïde Fouque, die neurotische, hysterische Tante Dide, insbesondere in ihrer Verbindung mit dem Trunkenbold Macquart, gehen die zahlreichen physischen und psychischen Schäden der Zolaschen Helden zurück. Zu erinnern wäre auch an das Schicksal Helenes (prädestiniert durch die Trunksucht des nur geisterhaft über die Bühne wankenden Vaters) in Hauptmanns Drama *Vor Sonnenaufgang*[22], an den an »Rückenmarksschwindsucht« leidenden Arzt Rank in Ibsens *Nora,* an den an »Gehirnerweichung« erkrankten Maler Oswald in den *Gespenstern,* an die Neurose des dekadenten Duc des Esseintes, letzter Nachkomme einer fortschreitend degenerierten Adelsfamilie in Huysmans *A Rebours:* ihnen allen gemeinsam ist das – ererbte – Leiden für die Sünde der Vorfahren. Über den Duc des Esseintes sagte Barbey d'Aurevilly:

---

21 Vgl. Wettly (1958/59), Carter (1958: 62-68) und Schmidt (1970).

22 Über die Bedeutung der Vererbungslehre in Hauptmanns späteren Dramen schreibt Schmidt (1970: 281): »Stand in Hauptmanns *Vor Sonnenaufgang* der Vererbungsgedanke noch ganz im Vordergrund, so ist er in seinem *Friedensfest* zwar noch immer nachdrücklich akzentuiert, aber in seinem nachfolgenden Drama *Einsame Menschen* schon gänzlich in den Hintergrund gerückt. In Hauptmanns späterem Schaffen klingt das Vererbungsmotiv nur noch gelegentlich an (*Michael Kramer,* 1900; *Elsa,* 1905).« Tatsächlich wurde *Elsa* bereits 1895 geschrieben! Hinweis von Peter Sprengel.

»Le héros de M. Huysmans [. . .] est un malade comme tous les héros de roman de cette époche malade [. . .] Il est en proie à la névrose du siècle. Il est de l'Hôpital Charcot [. . .].«[23]

In der zweiten Hälfte des 19. Jahrhunderts bestand in Literatur wie medizinischer Wissenschaft gleichermaßen ein starkes Interesse an der Psychopathologie. Man inspirierte sich gegenseitig. Die Schriftsteller griffen auf psychiatrische Quellen zurück (Vorläufer ist Chateaubriands 1801 erschienener Roman *Atala*), und die Psychiater wiederum fanden, wie etwa Max Nordau, in der Literatur Belege für ihre Behauptung der Wesensgleichheit von Geisteskrankheit und Genialität, sowie der zunehmenden *Degeneration* der menschlichen Rasse. Zwischen Ästhetik und Therapeutik kam es – mit einem Wort von Odo Marquard – zu einer »Wechselwirtschaft«, es entstand »zunehmend ästhetisches Interesse fürs Medizinische und medizinisches Interesse fürs Ästhetische« (1963: 48): »Kunst und Literatur machen sich auf den Weg zum Zauberberg«, und Künstlertum wird »zunehmend zum medizinisch-pathologischen Befund« (ebd.: 49).

Das Interesse für die Psychiatrie und die von ihr beschriebenen Krankheitsbilder der Hysterie, der Neurasthenie, sexueller Perversionen etc. war der naturalistischen wie gegennaturalistischen Bewegung gemeinsam. Darin kann geradezu – was ex post deutlicher erkennbar ist, als dies den Zeitgenossen möglich war – eine Übereinstimmung zwischen Zola und Huysmans, Ibsen und Jens Peter Jacobsen, Gerhard Hauptmann und Hermann Bahr . . . gesehen werden.

Der Unterschied in der Einstellung zum Phantom der *Degeneration* war eher ein gradueller. Während Huysmans mit »provozierender Sympathie«[24] den zunehmenden Verfall des Duc des Esseintes schildert, ist bei Zola oder bei Hauptmann nur scheinbar eine nüchterne Haltung gegenüber der nicht auflösbaren *Degeneration* festzustellen. Von den *Décadents* wurden bestimmte bei Zola bereits vorhandene Züge in den Vordergrund gerückt; ein fatalistischer Zug charakterisiert auch den Naturalismus, der sich des Degenerationskonzepts, wie es von den Naturwissenschaften entwickelt worden war, bediente, um die tragische Weltsicht in ein Zeitalter hinüberzuretten, das sich der Metaphysik entledigt zu haben glaubte. An die Stelle der antiken Schicksalsidee habe er, erklärte Zola im Vorwort zu seinem Drama *Renée* (1887), »den Einfluß der Erblichkeit und ihrer Umgebung gestellt« (nach Schmidt 1970: 158). Es deutet sich hier ein Umgang mit den Naturwissenschaften an, wie er zur

---

23 *»A Rebours« par M. Huysmans*, in: *Le Pays*, 29 juillet 1884; nach Carter (1958: 86). Die Vererbungsproblematik in der Familiengeschichte des Duc des Esseintes wird auf den ersten Seiten von *A Rebours* aufgerollt. Den großen Einfluß Charcots bezeugt das Journal der Brüder Goncourt.

24 Koppen (1973: 280), der m. E. zu Unrecht Carter vorwirft, die Gemeinsamkeiten zwischen Naturalisten und Décadents in der Entwicklung der Idee von Dekadenz zu stark betont zu haben.

Jahrhundertwende für das Verhältnis der Literaten zur Wissenschaft charakteristisch werden wird. Gerade das Instrument, mit dem man den Mythos ein für alle mal vertrieben zu haben glaubte, die moderne Wissenschaft, auf die das 19. Jahrhundert so stolz war, wird zum Mittel einer gigantischen Remythisierung des Daseins, die alles bisher Dagewesene in den Schatten stellen wird, weil sie sich auf die vermeintlich unerschütterlichen, von der Wissenschaft begründeten Tatsachen berufen zu können glaubten.

Zunächst wird die Vererbungslehre vom englischen Ästhetizismus, von Walter Pater und Oscar Wilde, im neuromantischen Sinne umgedeutet, um das Recht dekadenter Phantasie gegenüber den *documents humains* zu behaupten: »[. . .] the imagination is the result of heredity. It is simply concentrated race-experience«[25]. Damit war der Weg geebnet für eine Rückkehr zum Mythos, wie er schon in den ersten Jahren des neuen Jahrhunderts von Hugo von Hofmannsthal unter Berufung auf die Vererbungslehre – und die Psychoanalyse – beschritten wurde.[26]

Die Verarbeitung psychiatrischer Quellen war insbesondere für die französische Literatur kennzeichnend, läßt sich aber auch für die skandinavische und – mit einer der allgemeinen Literaturentwicklung in Deutschland entsprechender Verzögerung – in den letzten zwei Jahrzehnten des 19. Jahrhunderts auch in der deutschsprachigen Literatur nachweisen. Daß diese Auseinandersetzung mit der Psychiatrie in Frankreich begann und seit den Brüdern Goncourt, seit *Germinie Lacerteux* ein charakteristisches Element der französischen Literatur wurde, mag zum Teil darauf zurückzuführen sein, daß die ersten großen Arbeiten zur Psychopathologie – von Moreau de Tours, Prosper Lucas, Claude Bernard, B. H. Morel – fast ausschließlich von Franzosen stammten.[27] Bevor Sigmund Freud, 1886 von einem Studienaufenthalt an der Pariser Salpêtrière zurückgekehrt, die Wiener Medizin mit den neuen Forschungen Charcots und seiner Schule konfrontierte, war die damals auch in Wien durchaus verbreitete Hysterie terra incognita.

Bei den Wiener Dichtern – mit Ausnahme von Dr. med. Arthur Schnitzler – fand die Idee der Degeneration, die die europäische Literatur in der zweiten Hälfte des 19. Jahrhunderts so sehr faszinierte, kaum Widerhall.[28] Ein Grund dafür mag das denunziatorische Werk Max Nordaus gewesen sein, das trotz großen buchhändlerischen Erfolgs bei den indirekt betroffenen Wiener Dichtern des Fin de siècle auf einhellige Ablehnung stieß. Die 1896 in der *Neuen Revue* erschienene Kritik von Nordaus *Entartung* sieht in der gerade veröffent-

25 Wilde (1891: 192), der sich hierbei, wie auch an anderer Stelle, auf Walter Pater bezieht. Vgl. hierzu S. 112 und insbes. zu seiner Umdeutung der Heredität Anm. 118, S. 113.

26 Vgl. hierzu das Antikenkapitel S. 259 ff.

27 Vgl. W. Dilthey, »Dichterische Einbildungskraft und Wahnsinn« (1886) *Gesammelte Schriften* IV 91, hier zit. nach Marquard (1963: 50): »Ist doch Frankreich nicht nur . . . lange der Hauptsitz psychiatrischer Wissenschaft, sondern auch psychiatrischer Phantasien gewesen, die ganz wohl mit unseren naturphilosophischen verglichen werden können. Sie sind eine Romantik des Materialismus.«

lichten dritten Auflage ein »Symptom für die erschreckende Geschmacksentartung unseres Lesepublikums« (Wunberg 1976: 630-641), wendet also den gegen die »dekadenten« Schriftsteller gerichteten Spieß gegen den Autor und sein Publikum. Hofmannsthal sprach 1892 von »ruhiger Verständnislosigkeit oder tactloser Geringschätzung [. . .] des Herrn Max Nordau« (HvH-SG: 52), und Hermann Bahr, der sich in Nordaus Pamphlet als »hochgradiger Hysteriker« (Nordau 1896: II, 484) verzeichnet finden konnte, bemühte nicht ohne Geschick die Wiener Volksstücktradition, die Selbstcharakterisierung des melancholischen Herrn von Lips in Nestroys *Zerrissenem,* um das Menschenbild der *Décadence* zu verteidigen:

> »Nach der zweiten Strophe würden die Aerzte loben, wie genau da ›die männliche Hysterie der Gegenwart‹ geschildert wird, das Unstete und Launische der Neurastheniker. Sollte das Stück nicht am Ende von Nordau sein?« (Wunberg 1976: 604 f.)

In diesem Punkt stimmte Hermann Bahr mit seinem Erzfeind Karl Kraus überein, der einer der schärfsten Kritiker Max Nordaus, der Degenerationshypothese und der Psychiatrie überhaupt war.

Die Ablehnung von Nordaus *Entartung* bedeutet aber nicht, daß man dessen psychiatrische Quellen ignorierte oder geringschätzte. Im Gegenteil läßt sich für Hofmannsthal, Schnitzler und Bahr eine außergewöhnlich gute Kenntnis auf diesem Gebiet nachweisen. Was jetzt aber interessierte, war nicht mehr eine biologisch-naturwissenschaftlich untermauerte Schicksalsidee (à la Zola), sondern das Phänomen der Geisteskrankheit selbst. Hysterica und Neurastheniker, Psychotiker bevölkern die literarische Szene nun auch in Österreich; über den Naturalismus hinaus aber gehen psychopathologische Momente nicht nur motivisch in den plot ein, sondern bestimmen die dichterische Gestaltung: »Schizophrenie als dichterische Struktur«. Nach Gotthart Wunberg stellt sich als gemeinsamer Nenner der literarischen Dokumente um 1900 das *Depersonalisierungssyndrom* dar. Mit diesem Begriff sind Phänomene wie Ich- oder Bewußtseinsspaltung gemeint, in der Psychiatrie gelten sie als Initialsymptome der Schizophrenie.[29] Charakteristische Beispiele sind *Das Märchen der 672. Nacht* (1895) von Hofmannsthal, *Der Garten der Erkenntnis* (1895) von Leopold von Andrian, *Der Tod Georgs* (1900) von Richard Beer-Hofmann bis hin zu Robert Musils *Die Verwirrungen des Zöglings Törless* (1906). Alle diese

---

28 In Gotthart Wunbergs umfassender Dokumentation der Literaturkritik des *Jungen Wien* erscheint der Begriff *Degeneration* nur im Zusammenhang mit der französischen Literatur: Wunberg (1976: 62) (i. e. H. Bahr: *La bête humaine* 1890) und Wunberg (1976: 501) (i. e. R. Lothar: *Auch ein Gottsucher* 1895 [Über J. K. Huysmans]).

29 Wunberg (1965: 14) schreibt hierzu: »In gehaltlicher Hinsicht sind es vor allem Doppelgängertum oder Heautoskopie und Deuteroskopie; in formaler: antithetischer Stil, doppelte Frakturen oder etwa die Verwendung von Paradoxa und Oxymora.« Historisch nicht korrekt war es allerdings, hier den neueren Schizophreniebegriff zu verwenden.

Werke sind noch ohne Kenntnis der Psychoanalyse geschrieben, lediglich für den *Törless* hat man unter Hinweis auf das späte Publikationsdatum – immerhin sechs Jahre nach Erscheinen der *Traumdeutung* und elf Jahre nach den *Studien über Hysterie* – den Einfluß Freuds vermutet.[30] In allen genannten Werken haben unabhängig und parallel zur Psychoanalyse zeittypische Erfahrungen ihren Ausdruck gefunden, eine Tatsache, die die Bedeutung Wiens als *gemeinsamer* Erfahrungshintergrund unterstreicht. Ja, es ist die Vermutung des Psychiaters Friedländer nicht von der Hand zu weisen, daß Freud in Wien tatsächlich ein »spezifisches Material zuströmte« (vgl. hier S. 27).

Persönliche Erfahrungen sind in die Texte eingegangen, die Kenntnis psychopathologischer Krankheitsbilder ist nicht allein angelesen: Hofmannsthals zahllose Briefe zeugen häufig von schweren Nervenkrisen, die ihn zu Produktion und Teilnahme am Leben Anderer wochenlang unfähig machten; Schnitzler bezeichnete sich wiederholt als »Hypochonder«, sein über Jahrzehnte hin geführtes Tagebuch registrierte mit minutiöser Genauigkeit seine Stimmungsschwankungen und offenbart seine tiefe innere Disharmonie, die der hypersensible, zu Depressionen neigende Melancholiker nicht umhin kann, in das vertraute Schema der Degeneration zu pressen:

> »Als Arzt könnte ich sagen: Chronisch psych. Depression auf erblicher Grundlage, gefördert durch ein störendes als unheilbar erkanntes Ohrenleiden, mit intercurrenten sehr häufigen mäßigen, bis krampfartigen Anfällen von Kleinheits, Verfolgungs, Eifersuchtswahn; mit Erhaltung des Bewußtseins, aber gelegentlichem Verlust der Corrigirungsfähigkeit« (Tb: 7. 2. 1903).

Psychopathologisches Anschauungsmaterial bot vor allem der schwer neurotische Baron Leopold von Andrian, ein enger Freund Hofmannsthals, zu dessen ärztlicher Betreuung wiederholt Dr. Arthur Schnitzler herangezogen wurde. Seine Diagnose: »Neurasthenie (speciell Hypochondrie)« (HvH-LvA: 100), eine auf den amerikanischen Arzt George Beard zurückgehende Bezeichnung für Nervenschwäche, physische Schwäche nervösen Ursprungs.

Daß die Neurose nunmehr literaturfähig geworden war, machte auf penetrante Weise der Baudelaire-Übersetzer Felix Dörmann deutlich, dessen Gedichtsammlung *Neurotica* 1891 erschien. Eine Kostprobe aus diesem Œuvre kann Jules Laforgues' Urteil über Baudelaires poetische Nachfolger – »Alle seine Jünger sind wie kneipende Medizinstudenten in den Paroxysmus, in schreckliche Plattheit abgesunken« (nach Praz 1963: 266) – bestätigen:

---

30 Goldgar (1965) behauptet den Einfluß Freuds und hält den *Törless* für den ersten freudianischen Roman. Dagegen belegt Reniers (1970), daß die Freud-Rezeption Musils erst nach dem *Törless* einsetzt. Ausführlich über das Verhältnis Musil-Psychoanalyse: Corino (1973) und Cremerius (1979).

Im Kampf ums Dasein
In schlafberaubter stiller Nacht,
Wenn Alles müde ruht,
Steigt auf aus meiner Seele Schacht,
Mit trotzig ungestümer Macht
Der Qualgedanken Brut.
Es schwillt und quillt so heiß und rot
Das Blut empor zur Stirn,
Daß in des Denkens wilder Not
Zu bersten, zu versagen droht
Das müde Hirn.
Will ich des Lebens Kampf bestehn,
Mein Herz im Schmutz verdirbt --
Nein! - ich will schlafen, schlafen gehn,
Wenn kühl des Herbstes Winde wehn
und Alles ringsum stirbt.
(Dörmann 1891: 19)

Dörmanns »verwelkte Nerven« konnten der Satire eines Karl Kraus nicht entgehen.[31] Mit der rasch berühmt gewordenen Literatursatire *Die demolirte Literatur* (1896/97), entstanden anläßlich der Demolierung des Café Griensteidl, des Treffpunkts der jungen Dichter, übernahm Karl Kraus die Rolle des Nörglers, begann seine Opposition gegen das sich nun durchsetzende *Junge Wien*, dem er doch ursprünglich selbst nahegestanden hatte. Daß aber anfänglich auch Karl Kraus die Mode, Literatur mit den Augen des Psychiaters zu sehen, mitgemacht hatte, zeigt sein 1896 in der *Neuen Freien Presse* erschienener Aufsatz *Der neurasthenische Hamlet,* eine Besprechung der Schrift *Shakespeares Hamlet im Lichte der Neuropathologie* seines Jugendfreundes Karl Rosner: »In Shakespeare's Hamlet erscheint psycho-pathologisches Wissen in Dichtung umgesetzt« (FS: 263). Hamlet sei »erblich belastet« (FS: 264), »entschieden hystero-neurasthenisch« (ebd.), mit Rosner verweist Kraus »auf die besonders klare Zeichnung der ›psychologisch defecten Charaktere‹ des Paralytikers König Lear und der hysterischen Lady Macbeth, [. . .] ›Documents humains‹« (ebd.) und versäumt es nicht, Shakespeare mit dem Wort Charcots als »Großmeister der Beobachtung« zu bezeichnen. Der spätere entschiedene Gegner der Psychiatrie erscheint hier noch ganz dem psychiatrischen Denken des ausgehenden 19. Jahrhunderts verhaftet. Der »Nervöse« ist der Typ des Dichters im Wiener Fin de siècle, seine Feder folgt den Schwingungen seines sensiblen

31 Über Dörmann schreibt Kraus: »Die Jung-Wiener Dichtergalerie besitzt einen Charakterkopf, der sehr hübsche Ansätze zu einem Dulderantlitz zeigt. Dieser Decadent (Abteilung für Lyriker) ist durch drei stattliche Gedichtbände, in denen er bewiesen hat, daß er verwelkte Nerven besitzt, für den literarischen Tisch legitimiert. ›Neurotica‹ wurden confiscirt und hatten› Sensationen‹, diese aber ›Gelächter‹ im Gefolge. [. . .] er erwarb ein literarisches Wappen, in welchem sich eingezeichnet finden: ein Herz, das müde und alt, ein Sinn, der welk und kalt, sowie ein Strauß schwindsüchtiger Tuberosen, mit heimlichen Nerven umwunden« (FS II: 292 f.).

Nervensystems. Nicht l'art pour l'art, sondern das – so Hofmannsthal – »furchtbare Autobiographische« (A: 240) bestimmt sein Werk.[32]

Die Psychoanalyse und das Junge Wien

Wenn in der Literatur des ausgehenden 19. Jahrhunderts so häufig über Neurosen, Hysterie, Neurasthenie etc. diskutiert wird bzw. das Schema von Vererbung und Degeneration dem Handlungsaufbau der Werke zugrundeliegt, so geht dies auf *vorfreudianische* Psychiatrie zurück. Der Einfluß Freuds setzte erst um die Jahrhundertwende ein, zuerst bei den Autoren des Wiener Fin de siècle, einer gegennaturalistischen Bewegung, die sich – entscheidend angeregt von der französischen Literatur – um 1890 um den Kritiker, Redakteur und Schriftsteller Hermann Bahr unter dem Namen *Das Junge Wien* sammelte. Zu ihr rechneten sich Hugo von Hofmannsthal, Arthur Schnitzler, Richard Beer-Hofmann, Felix Salten; etwas später kamen Karl Kraus und Peter Altenberg hinzu, die jedoch Außenseiter blieben.[33] Die Entwicklung des *Jungen Wien* verlief den Entdeckungen Freuds parallel.

Der soeben zum Dozenten für Nervenkrankheiten ernannte Doktor Sigmund Freud, der damals, wie er später in der *Selbstdarstellung* schrieb, von den Neurosen nichts verstand[34], ging im Winter 1885/86 nach Paris, um sich an der Salpêtrière bei Jean-Martin Charcot über die Hysterieforschung zu informieren und deren Behandlung mittels der umstrittenen Hypnose kennenzulernen. Dieser Aufenthalt bei Charcot änderte Freuds wissenschaftliche Interessen entscheidend: Von nun an begann er sich der Erforschung der Psychoneurosen zu widmen und ging dabei über Charcot hinaus. 1902 zeigen sich die ersten Zeichen gesellschaftlicher Anerkennung: Freud wird zum Professor extraordinarius ernannt, die *Psychologische Mittwoch-Vereinigung* wird gegründet, die ersten Schüler stellen sich ein. Vorausgegangen war jene Phase, die Freud als *splendid isolation* (Anf: 273) bezeichnet hat.

---

32 Auf den Zusammenhang dieser modernen Nervosität mit den ästhetischen Neuerungen nach und gegen den Naturalismus weist Ulrich Karthaus (1977: 55) hin: »Ohne die in Freuds Aufsatz [d. h. *Die »kulturelle Sexualmoral« und die moderne Nervosität* (1908)] beschriebene ›moderne Nervosität‹ wären aber jene ästhetischen Fortschritte, die Erweiterung der durch Realismus und Naturalismus vorgeformten Darstellungsmittel, undenkbar.«

33 Eine Liste der Personen, die über die im Text erwähnten hinaus von A. Schnitzler unter den Stichworten *Jung-Wien* oder *Das junge Österreich* subsumiert werden, zusammengestellt nach Eintragungen in seinem Tagebuch im Jahre 1891, in Marbach: 119.

34 Weiter heißt es in der genannten Schrift: »Als ich einmal meinen Hörern einen Neurotiker mit fixiertem Kopfschmerz als Fall von chronischer zirkumskripter Meningitis vorstellte, fielen sie alle in berechtigter kritischer Auflehnung von mir ab, und meine vorzeitige Lehrtätigkeit hatte ein Ende. Zu meiner Entschuldigung sei bemerkt, es war die Zeit, da auch größere Autoritäten in Wien die Neurasthenie als Hirntumor zu diagnostizieren pflegten« (GW XIV: 36 f.).

Die wichtigsten Veröffentlichungen aus diesem Zeitraum sind die *Studien über Hysterie* (1895), der *Entwurf einer Psychologie* (1895), sein Hauptwerk *Die Traumdeutung* (1899) und die *Psychopathologie des Alltagslebens* (1902). Die Jahre 1896 bis 1902 sind die entscheidenden Jahre für die Entstehung der Psychoanalyse, sie bilden ihre formative Phase, in der Freud seine grundlegenden Entdeckungen machte.[35] Alle späteren Veröffentlichungen Freuds und ab 1906 ihm folgend die seiner Schüler sind Weiterentwicklungen der in diesem Zeitraum erarbeiteten Grundlagen.

Folgt man der Dokumentation des *Jungen Wien,* wie sie Gotthart Wunberg vorgelegt und literaturgeschichtlich für die Jahre 1887 bis 1902 begründet hat, so ist die Parallelität dieser spezifischen Literaturströmung zur Entstehungsgeschichte der Psychoanalyse fast bis aufs Jahr genau gegeben. Am Anfang steht Hermann Bahrs Essay über Henrik Ibsen aus dem Jahre 1887, in dem dieser zum »litterarischen Johannes« stilisiert wird, der seiner »Überwindung« durch einen »Größeren« (Bahr 1968: 20) entgegensehe, und in dem bereits zu einem Zeitpunkt, als die Dramen von Hauptmann, Holz und Schlaf noch gar nicht geschrieben waren, der Geburtshelfer des naturalistischen Dramas zum Künder einer gegennaturalistischen Bewegung umgedeutet wird. Am Ende der *Jung-Wiener*-Bewegung steht Hofmannsthals Brief des Lord Chandos, der nicht nur für seine eigene literarische Entwicklung eine Zäsur bedeutet, sondern »die Epoche auf seine Weise 1902 abschließend und endgültig« (Wunberg 1976: VIII) zusammenfaßt. Dazwischen entwickelte sich eine lose Assoziierung von Schriftstellern, die sich um Zeitschriften wie die *Moderne Dichtung* und die *Moderne Rundschau* sammelten und deren Diskussionsforum das Café Griensteidl war, dessen Abbruch zu der Satire von Karl Kraus, *Die demolirte Literatur,* den Anlaß gab.

Ein wesentlicher Unterschied zu den nachfolgenden Schriftstellern ist damit offensichtlich: Für Hermann Broch und Robert Musil gibt es die Psychoanalyse bereits von Beginn ihrer literarischen Produktivität an als annähernd geschlossenes System, und es wird mit dem etwa ab 1910 im Expressionismus einsetzenden Einfluß der Psychoanalyse[36] als Bewegung und System schwieriger, diesen von der Dichterpsychologie zu trennen. Mit der sich rasch ausbreitenden

35 Ilse Gubrich-Simitis hat die Genese der Psychoanalyse, die sich in jenen Jahren vollzog, als das Ineinandergreifen dreier Prozesse prägnant gefaßt: »[. . .] es geht um das Überwechseln Freuds von der Physiologie zur Psychologie und die schrittweise Entdeckung der Gesetzmäßigkeiten des unbewußten Seelenlebens, ferner um die Preisgabe manipulativer und suggestiver Techniken bei der Behandlung zugunsten der freien Assoziation und einer methodisch in Gang gebrachten therapeutischen Selbstreflexion, schließlich um die allmähliche Steigerung von Freuds Selbstbeobachtung zur systematischen Selbstanalyse« (Einleitung zu Freud 1971: 8).

36 Vgl. hierzu Markwardt (1967: 448 ff./882 ff.); unergiebig: Hiermann (1950). Einschränkend sei darauf hingewiesen, daß die Rezeption der Psychoanalyse durch Franz Werfel sich erst ab 1920 nachweisen läßt. S. Urban (1973b). Wichtigster Mittler psychoanalytischer Ideen für den Expressionismus war Otto Groß: »Alles, was man bei Leonard Frank, Hasenclever, Franz Jung über die Psychoanalyse findet, stamme von ihm«. Emil Szittya: *Das Kuriositäten-Kabinett,* Kraus Reprint, 1973: 150; nach Hurwitz (1979a: 112). Vgl. auch Mitzman (1977) und Sombart (1976).

psychoanalytischen Bewegung werden psychoanalytische Ideen öffentlicher Besitz, so daß für alle Autoren, die nach Freud schreiben, die Möglichkeit der Entwicklung einer autonomen literarischen Psychologie[37] und damit auch die einer Einflußnahme auf das Grundkonzept der Psychoanalyse nicht mehr gegeben ist. Die Literatur des *Jungen Wien* nimmt gegenüber allen späteren Auseinandersetzungen mit der Psychoanalyse insofern eine Sonderstellung ein, als in ihr eine Sichtweise zum Ausdruck kommt, die auch zur Ausbildung der Psychoanalyse geführt hat: Im *Jungen Wien* kulminiert, so die hier vertretene These, eine im späten 19. Jahrhundert in der europäischen Literatur sich durchsetzende Wendung zu *Introversion* und *Psychologie,* die bereits im realistischen Roman des 19. Jahrhunderts wie auch im älteren psychologischen Roman angelegt war; ihren Höhepunkt fand sie in Reaktion auf das Scheitern der am Modell der Naturwissenschaft orientierten Erklärung äußerer Wirklichkeit in den Gegenbewegungen zum Naturalismus.

Arnold Hauser sieht in dem Weg nach innen die Naturalismus wie Impressionismus vereinende Tendenz. Ausgehend von der »Entfabelung«, der Zurückdrängung der Handlung zugunsten der Charakterdarstellung im naturalistischen Drama und der Lyrisierung aller Formen der Literatur stellt er fest:

> »Die ganze Kunst des Zeitalters zeigt eine Tendenz zum Psychologismus und Lyrismus, und die Flucht vor der Fabel, die Ersetzung der äußeren Bewegung durch eine innere, der Handlung durch Weltanschauung und Lebensdeutung, kann geradezu als der Grundzug des neuen überall zur Geltung kommenden Kunstwollens bezeichnet werden« (Hauser 1972: 976).

Hauser sieht zwischen Naturalismus und Impressionismus nur einen fließenden Übergang, eine These, die auch durch neuere Epochenkonzeptionen gedeckt wird (Kreuzer 1975 und 1976; Hamann/Hermand 1972). Dennoch ist es im Hinblick auf Freud wichtig zu differenzieren. Welche Position nimmt in der Tendenz zur Psychologisierung der Literatur das *Junge Wien* ein? Kann man von der Entwicklung einer literarischen Psychologie[38] im 19. Jahrhundert sprechen, und wo steht in diesem Prozeß die Psychoanalyse?

---

37 Cremerius (1979) geht sogar soweit zu behaupten, *nach* Freud habe sich der pschologische Roman der psychoanalytischen Psychologie bedient, oder er habe aufgehört zu existieren *(Nouveau roman).* Musils Dilemma als Autor des *Mann ohne Eigenschaften* habe gerade in der Verdrängung dieser Problematik bestanden. Von daher seine Arbeitsschwierigkeiten, sein Nicht-fertig-werden-können.

38 Nach Wellek/Warren (1972: 244) ist die »Geschichte dieser Darstellungsmittel und ihrer Vorwegnahmen in allen modernen Literaturen [. . .] noch im Anfangsstadium der Untersuchungen«. Dies gilt – trotz einiger Arbeiten zur Erlebten Rede und zur Vorgeschichte des Inneren Monologs – meines Wissens noch heute. Eine Geschichte der literarischen Psychologie ist bislang noch nicht geschrieben!

Eine Notiz Hofmannsthals zum Roman *Niels Lyhne* (1888) des Dänen Jens Peter Jacobsen führt direkt in die angesprochene Problematik:

> »Was er zuerst dargestellt hat: das Doppeltsehen, gleichzeitig real und stilisiert.
> In den alten psychologischen Romanen (›Werther‹, ›Adolphe‹, ›Manon Lescaut‹) wird der Inhalt des Seelenlebens dargestellt, bei Jacobsen die Form davon, psychiatrisch genau beobachtet; das Sichdurchkreuzen, das Aufflakkern und Abirren der Gedanken, die Unlogik, das Brodeln und Wallen der Seele.
> Der schnelle Ekel, das Verwelken und Glanzloswerden der Dinge, die Farbenfreude und Farbensehnsucht – neuropathischer Idealismus« (A: 100).

Hofmannsthal hebt hervor, daß die Geschichte des psychologischen Romans *Niels Lyhne* eine Zäsur markiert, und setzt ihn von älteren Vorbildern ab. Die von ihm angeführten Vorläufer decken sich weitgehend mit jenen, die Hermann Bahr in der zwei Jahre zuvor veröffentlichten Essaysammlung *Die Überwindung des Naturalismus* im Zusammenhang mit den psychologischen Romanen Paul Bourgets erwähnt. »Alle seine Romane sind› alt‹«, heißt es da, »nach dem traditionellen Modell des psychologischen Romanes, wie es sich von der *Manon Lescaut* des *Prévost,* dem *paysan parvenu* des *Marivaux* und dem *paysan perverti* des *Restif de la Bretonne* über Benjamin Constants »Adolphe« und der »Volupté« des Saint-Beuve entwickelt hat« (Bahr 1968: 50 f.). Bahr erläutert auch, warum er sie für veraltet hält, und seine Ausführungen können als Kommentar zu Hofmannsthals Beobachtung verstanden werden, »in den alten psychologischen Romanen [. . .] wird der Inhalt des Seelenlebens dargestellt, bei Jacobsen die Form davon«:

> »Alle [d. h. traditionellen psychologischen Romane] haben dieses unserem gesteigerten, verwöhnten, leicht argwöhnischen Wirklichkeitssinn geradezu Unerträgliche, daß nichts gezeigt, sondern jedes bloß erzählt und zwischen uns und die Wahrheit immer der vermittelnde, ergänzende und kommentierende Autor eingeschoben wird, welcher, gerade indem er es verdeutlichen will, alles erst recht verdeckt. Alle vermeiden die Folge der Bilder, welche wir heute als den natürlichen, unentbehrlichen Verlauf des Epischen empfinden, und statt an die Anschauung, adressieren sie sich immer nur an den Verstand; statt auf die Sinne, wirken sie immer bloß durch die graue Logik« (ebd.: 51).

Bourget hatte demnach gegen ein zentrales Prinzip naturalistischer Poetik verstoßen, indem er den Autorerzähler, der ja doch lediglich Experimentator, Demonstrator des Wirklichen sein darf, erläuternd zwischen seinen Helden und den Leser stellte. Jacobsen hatte demgegenüber versucht, diesen Anachronismus zu vermeiden. Nachdrücklich hatte er sich nämlich gegen die Auffassung gewandt, »›Niels Lyhne‹ sei sein Ideal oder sei als Muster zur Nachahmung aufgestellt: die Leute hätten noch nicht gelernt, daß es für die Naturalisten gleichwie für die Kammerdiener (sans comparaison) keine Helden gebe« (nach Rehm 1947: 231). Der Fehler Paul Bourgets ebenso wie der Mangel des traditionellen psychologischen Romans nach Bahr und Hofmannsthal besteht also darin, durch die Wiedereinführung des kommentierenden Erzählers von der Abschilderung der objektiven, unverstellten Wirklichkeit abgewichen zu sein.[39] Er hatte bei der Ausweitung des Blicks über die äußere Wirklichkeit hinaus auf die innere Wirklichkeit seiner Helden nicht die Objektivität der Naturalisten erreicht, sondern die innere Wirklichkeit nur kommentierend beschrieben, aber nicht zum Ausdruck bringen können. Damit waren die Laborbedingungen des *roman experimental* aufgehoben und ein Axiom naturalistischer Poetik verletzt. In diesem Sinne ist es zu verstehen, wenn Bahr über Bourget schreibt, ihm komme zwar das Verdienst zu, die Forderung nach einer neuen Psychologie gestellt zu haben (von ihm übernimmt Bahr die Stichworte der »*états de choses,* der Sachenstände«, gegen die nunmehr die »*états d'âmes,* [. . .] die Seelenstände« (Bahr 1968: 49) ihr Recht zu behaupten hätten), aber Bourget habe dies im Rahmen des traditionellen Romans getan, er sei hinter Zola zurückgefallen und habe »seine übernaturalistische Revolution innerhalb der vornaturalistischen Tradition zu verrichten« gesucht. Diese Bemerkung verdient, festgehalten zu werden. Denn bezeichnenderweise kommen die ersten Versuche einer *neuen Psychologie* im Sinne Hermann Bahrs und Hofmannsthals aus dem Lager der Naturalisten selbst, das sich doch der wissenschaftlich-exakten Abschilderung der äußeren Wirklichkeit gewidmet hatte. Dies gilt für Jacobsen, den Übersetzer Darwins und Mitstreiter Georg Brandes, für Joris Karl Huysmans, der dem Umkreis Zolas entstammt und zunächst in dessen Manier schrieb, bis er sich mit *A rebours* vom Naturalismus abwandte[40], und auch für Bourget selbst, der sich in seinen einflußreichen *Essais de psychologie contemporaine* (1883) noch als Anhänger Hyppolite Taines gezeigt hatte und 1889 bereits in seinem berühmtesten Roman *Le Disciple* in der Gestalt des atheistischen modernen Philosophen Adrien Sixte, dem »französischen Spencer« (Bourget 1908: 11), den positivistischen Wissenschaftler auf die Anklagebank setzte. Eine analoge Entwicklung wiesen auch Gerhart Hauptmann und Arthur Schnitzler auf. Genau besehen, war die Wende nach innen bereits bei Autoren des Naturalismus vorbereitet: Man denke an Strindberg, der bereits in seinem Drama *Der Vater* Naturalismus mit subjektiver Dramatik verband, und an Ib-

39 Dies ließe sich etwa für Bourgets Roman *André Cornelis* (1887) zeigen, der neue Psychologie in traditionellem Gewand bringt.

40 Direkt gegen den Naturalismus wandte sich Huysmans erst in dem 1891 veröffentlichten Roman *Là-bas:* der Roman beginnt mit einer Polemik gegen den Naturalismus. Huysmans sah aber als den entscheidenden Schnitt in seiner Entwicklung zu Recht den Roman *A rebours* (1884) an. Mit ihm löste er sich aus dem Gefolge Zolas, unter dessen Einfluß er *Soeurs Vatard, En Ménage* und *A Van-l'Eau* geschrieben hatte. Dies sah auch Zola, der – Huysmans (1965:44) zufolge – *A Rebours* für einen »tödlichen Schlag gegen den Naturalismus« hielt.

sens analytische Dramatik, in der die »als erinnerte und im Innern weiterwirkende«[41] Vergangenheit dramatisiert wird.

Exkurs: Maeterlincks Dramatik der vie intérieure

An Ibsen knüpften nicht nur – wie erinnerlich – Hofmannsthal und Bahr an, sondern auch der in Paris lebende Belgier Maurice Maeterlinck, dessen Bedeutung für die Dramatik der Jahrhundertwende kaum zu unterschätzen ist.[42] In dem 1896 erschienenen *Trésor des Humbles,* einem Kompendium und Schatzkästlein des Seelenkults im Fin de siècle, beschreibt Maeterlinck Hilde und Solneß (in Ibsens *Baumeister Solneß*) als »die ersten Helden, die einen Augenblick empfinden, daß sie im Dunstkreise der Seele leben« (Maeterlinck 1923: 105). In Ibsens »somnambulem Drama« (ebd.: 107) vernimmt er neben dem »notwendigen Dialog« noch einen »anderen Dialog« (ebd.: 102), den er als »Dialog zweiten Grades« (ebd.: 104) faßt. Dieser evoziert die nicht sagbaren, jenseits der Vernunft liegenden Bereiche der *vie intérieure* durch dramaturgisch eingesetzte Pausen (»Schweigen«), Andeutungen und szenische Anweisungen.

Maeterlincks Dramaturgie zielt auf das Sichtbarwerden der Seele, »eine eigensinnige und verborgene Sache« in mystischen Augenblicken. Dem stehe das »gewöhnliche Bewußtsein« gegenüber, eine »Pflanze der Oberfläche [. . .] seine Wurzeln fürchten das große Feuer im Kern unseres Wesens« (ebd.: 87). Um das Unsagbare sagbar zu machen, Psychologie nicht auf das Wahrscheinliche zu beschränken (Huysmans), Psychologie nicht auf Bewußtseinspsychologie zu beschränken, sondern auch den unbewußten Kern der Person dramatisch darstellen zu können, greift Maeterlinck auf eine säkularisierte Mystik zurück: Das Unbewußte steht bei ihm in mystischen *correspondances* zum Kosmos. Maeterlincks »transzendentale Psychologie« (ebd.: 18) greift im Versuch einer Dramatisierung des Unbewußten auf die vorrationalistischen Traditionen zurück.

Hermann Bahr hielt Maeterlincks »Kunst der Nevrose für die wahre Kunst der Moderne« (Bahr 1968: 102), sie sei die »Reaktion der inneren Menschlichkeit gegen die äußere Sachlichkeit des Naturalismus« (ebd.: 99), Hofmannsthal übersetzte 1892 *L'Intruse*, der Einfluß Maeterlincks ist noch in dem 1904 erschienenen Aufsatz *Die Bühne als Traumbild* deutlich[43], und auch Arthur

---

41 Vgl. Szondi (1975 a: 40 ff.) Strindbergs *Vater* wird zum Vorbild für Hermann Bahrs Drama *Die Mutter* (1891), in dem an die Stelle von rationalistischer Auflösung der Lebenslüge Äußerungen des Unbewußten treten. Die dramatis personae sind nicht mehr aktiv Handelnde, sondern von unbewußten Kräften Getriebene.

42 »Von allen Autoren symbolistischer Poesie ist Maeterlinck derjenige, dessen Ruhm um die Jahrhundertwende am meisten europäische, ja universelle Dimensionen angenommen hatte. Gerade im deutschen Sprachgebiet, in Wien so gut wie in München und Berlin, übte er eine Zeitlang eine kaum abzuschätzende Wirkung aus« (Gsteiger 1971: 33). Diese Aussage gilt mehr noch für die Dramatik.

43 Bayerndörfer (1976: 519) hält Hofmannsthal für den »Kronzeugen« der Wirkung Maeterlincks in Deutschland und sieht sein Frühwerk »eindeutig im Zeichen Maeterlincks« stehend. Vanhelleputte (1971), der insbesondere die äußeren Beziehungen Hofmannsthals zu Maeterlinck untersucht, veranschlagt diesen aufgrund des Fehlens dramatischer Spannung und aufgrund historistischer Züge als gering. Demgegenüber kann Bayerndörfer überzeugend die Verwandtschaft zwischen Maeterlincks Welttheater des Todes und Hofmannsthals Dramen *Der Tor und der Tod* und *Jedermann* sowie seiner Neugestaltung des Welttheaters Calderons darstellen. Peter Altenberg bekannte sich ausdrücklich zu Maeterlinck in *Prodromos* (Berlin 1905: 25).

Schnitzler zeigte sich beeindruckt (Schnitzler-Brandes, 1956: 207). Für die das Land der Seele suchenden Wiener Schriftsteller war der in Paris lebende Belgier ein wichtiges Vorbild.

Freuds Lösung vom naturwissenschaftlichen Materialismus

In diesen Zusammenhang fügt sich, daß der Spannungsbogen Naturalismus – Antinaturalismus nicht nur in äußerer chronologischer Parallelität zu Freuds Anfängen stand, sondern als der Bewegung der Psychoanalyse immanent erscheint. Sie entstand in Auseinandersetzung mit dem naturwissenschaftlichen Materialismus als Emanzipation der Psychologie von der Physiologie, an die der Positivismus sie hatte binden wollen.

Freud kam ursprünglich unter dem Einfluß der auf Schelling zurückgehenden Naturphilosophie zum Medizinstudium. Ein Vortrag des Goethe zugeschriebenen Aufsatzes *Die Natur* brachte die Entscheidung, das anfänglich angestrebte Jurastudium zugunsten des Studiums der Natur fallen zu lassen.[44] Gleichzeitig aber gibt Freud in seiner *Selbstdarstellung* bereits »die damals aktuelle Lehre Darwins«[45] als die Wahl des Medizinstudiums motivierend an. In seinen ersten Studienjahren wurde er dann rasch Anhänger eines radikalen Materialismus:

---

44 Vgl. Freud (1971: 41) und dort die editorische Anm. 8, sowie Hermann (1974): Der Text stammt in Wahrheit von dem Schweizer Theologen Tobler. Anzieu (1975: 145) sieht einen Einfluß der romantischen Naturphilosophie Toblers auf Freud, und auch Starobinski (1973: 89) sieht »viele Übereinstimmungen [. . .] zwischen der lyrischen Begeisterung dieses Textes von 1780 und den ›metapsychologischen‹ Spekulationen Freuds«. Er charakterisiert den Text Toblers folgendermaßen: »Die Naturschau, die hier entwickelt wird, hat mythischen Rang; [. . .]. Wir finden hier das Bild einer allgegenwärtigen Natur, die sich dem Menschen aber verweigert; ihre Zeugungskraft ist von höchstem Sinn und höchster Vernunft, aber unsere Vernunft hat zu ihr keinen Zugang. Die Natur verwirrt und erleuchtet uns mit einer Offenbarung, die uns dunkel bleibt. Sie setzt uns für ihre Zwecke ein«. Starobinski zitiert die Auffassung Ludwig Binswangers (*Mein Weg zu Freud,* in: *Der Mensch in der Psychiatrie;* Pfullingen 1957), für den »das Denken Freuds trotz seines ›positivistischen‹ Anstrichs insgeheim dem Einfluß der großen Bilder der Naturenergie unterworfen bleibt, die die Philosophen und Dichter der ›Geniezeit‹ (und ihre Nachfolger in der Romantik) schwärmerisch gepriesen hatten« (ebd.: 89 f.). Bezeichnend ist hierfür die Bewunderung Freuds für Diderot, auf die Starobinski in diesem Zusammenhang hinweist.
Zur Naturphilosophie vgl. auch Jones (I: 64), der sich in seiner Darstellung an Bernfeld (1944: 353-355 und 1949: 173) orientiert. Die Verbindung zwischen Freuds *Traumdeutung* und Schellings *System des transzendentalen Idealismus* analysiert Marquard (1963); zur Naturphilosophie ebd.: 29 f. Ähnlich wie Starobinski sieht Harry Trosman *(Freud's Cultural Background,* in: Gedo/Pollock 1976: 46-70) Freud in der Tradition von Naturphilosophie und Romantik, deren Beginn er bei Goethes *Werther* und Diderots *Rameaus Neffe* ansetzt.
Aufschlußreich ist der Hinweis Pestalozzis (1958: 14), daß auch Hofmannsthals Lebensphilosophie, von der sein Frühwerk geprägt ist, in der Tradition der Naturphilosophie, für die der Text Toblers steht, anzusiedeln ist.

45 Vgl. Freud (1971: 41). Den Einfluß Darwins auf Freud rekonstruiert aufgrund neuer Quellen Ritvo (1973 a+b). Eine ältere Darstellung der Bedeutung der Evolutionstheorie für Freud gibt Jones/III: 355 ff.; vgl. auch Anzieu (1975: 63-65 und 176).

»In einem deutschen Studentenverein«, schreibt er in der *Traumdeutung*, »gab es eine Diskussion über das Verhältnis der Philosophie zu den Naturwissenschaften. Ich grüner Junge, der materialistischen Lehre voll, drängte mich vor, um einen höchst einseitigen Standpunkt zu vertreten« (Stud II: 222).

Die Szene fand in dem von deutschnationalen und kommunitären Bestrebungen geprägten *Leseverein der deutschen Studenten Wiens* statt, Freuds Gegner war Victor Adler, der spätere Führer der österreichischen Sozialdemokratie. 1876 hatte vor diesem Verein Franz Brentano, der in Wien Philosophie lehrte und den Freud ungemein bewunderte[46], sich gegen den unter den Studenten sich ausbreitenden Einfluß Schopenhauers und Nietzsches gewandt, indem er die akademische Gelehrsamkeit verteidigte und behauptete, die Philosophie habe vom Einfluß der Naturwissenschaften profitiert (McGrath 1974: 74).

In den siebziger Jahren des vorigen Jahrhunderts war der naturwissenschaftliche Materialismus populär geworden durch die Arbeiten von Jacob Moleschott, Karl Vogt, Emil Du Bois-Reymond und Ludwig Büchner. Gemeinsam ist ihnen das Suchen nach der physiologischen Basis mentaler Funktionen. Endlose Erörterungen über das physiologische Substrat psychischer Vorgänge bestimmten ihre Publikationen. Ludwig Büchner, dessen Hauptwerk *Kraft und Stoff* (1855) zu den populärsten Produkten der Epoche gehört und seinem Autor den Spitznamen »Kraftstoffel« eintrug, zählt zu den Wegbereitern des Naturalismus (Cowen 1973: 21). Er lehnte es zwar ab, wie Karl Vogt das Denken mit den Sekreten der körperlichen Organe zu vergleichen, aber auch für ihn war es ein Teil der allgemeinen natürlichen Bewegung. Immerhin stand für ihn eine genaue Erklärung des Bewußtseins noch aus. Arthur Schnitzler bemühte sich in den ersten Jahren seines Medizinstudiums unter Berufung auf Büchner, die »Entstehung unserer Vorstellungen, Begriffe, Gedanken, Gefühle [. . .] auf vollkommen materielle Vorgänge«[47] zurückzuführen. Sigmund Freud schrieb noch 1896 begeistert von der Lektüre von Hippolyte Taines *De l'intelligence* (Anf: 138 f.), dessen radikal materialistischen Satz »Le vice et la vertu sont des produits comme le vitriol et le sucre« Zola einem seiner Romane als Programm voranstellte.[48] Freuds Wiener Lehrer, der Psychiater und Gehirnanatom Theodor Meynert, dessen Assistent er wurde, sah Psyche und Hirn eng verbunden;

46 Bei ihm las Freud Feuerbach. Vgl. Stanescus Bericht (1971) über die vor einigen Jahren gefundenen Jugendbriefe Freuds an seinen rumänischen Freund Silberstein. Der Einfluß Brentanos auf den jungen Freud kann kaum überschätzt werden. Beeinflußt von dem Philosophen plante er sogar in Philosophie und Zoologie zu promovieren (Stanescu 1971: 200; vgl. auch Ricoeur 1974: 388).

47 Arthur Schnitzler, Nachlaß: *Ding an sich,* dat. 13. 9. 1880. (Im Freiburger Nachlaß Nr. F. IV. 3 des Nachlaßverzeichnisses Neumann/Müller 1969: 112).

48 Hippolyte Taine: *Histoire de la Litérature Anglaise,* 1. Bd., Paris 1863: XV; vgl. Bourget (1903: 154 f.).

sein Ziel war es, »der Psychiatrie durch anatomischen Grundbau den Charakter einer wissenschaftlichen Disziplin aufzuprägen« (nach Lesky 1965: 374).

Um die Entwicklung von Freuds Ansichten über das Verhältnis von Seele und Materie zu verstehen, ist es wichtig, den entscheidenden Einfluß der Helmholtzschule zu sehen, die ab der Mitte des 19. Jahrhunderts die bis dahin die Medizin beherrschende Naturphilosophie abgelöst hatte. Der bereits erwähnte Emil Du Bois-Reymond, der neben Hermann Helmholtz und Ernst Brücke zu ihren führenden Vertretern zählte, formulierte 1842 ihre Zielsetzung folgendermaßen:

> »Brücke und ich haben uns verschworen, die Wahrheit geltend zu machen, daß im Organismus keine anderen Kräfte wirksam sind als die gemeinen physikalisch-chemischen; daß, wo diese bislang nicht zur Erklärung ausreichen, mittels der physikalisch-mathematischen Methode entweder nach ihrer Art und Weise die Wirksamkeit in konkreten Fall gesucht werden muß, oder daß neue Kräfte angenommen werden müssen, welche, von gleicher Dignität mit den physikalisch-chemischen, der Materie inhärent, stets auf nur abstoßende oder anziehende Componenten zurückzuführen sind«.[49]

Im Physiologischen Institut Brückes arbeitete Freud sechs Jahre, vornehmlich mit mikroskopischen und experimentellen Untersuchungen des Nervensystems beschäftigt – Psychologie, wie sie am Institut verstanden wurde (Bernfeld 1944: 356). Das Postulat einer physiko-physiologischen Erklärung des Psychischen hat er niemals aufgegeben. Noch 1938 schreibt er:

> »Die Zukunft mag uns lehren, mit besonderen chemischen Stoffen die Energiemengen und deren Verteilungen im seelischen Apparat direkt zu beeinflussen. Vielleicht ergeben sich noch ungeahnte andere Möglichkeiten der Therapie; vorläufig steht uns nichts besseres zu Gebote als die psychoanalytische Technik« (GW XVII: 108).

Jürgen Habermas (1973: 300 ff.) spricht daher vom »szientistischen Selbstmißverständnis der Metapsychologie«: Während die therapeutische Praxis die Psychoanalye zu einer hermeneutischen Disziplin gemacht habe, halte Freud in der Theorie am Ideal der Naturwissenschaftlichkeit fest und bleibe hierin den szientifischen Anfängen verhaftet. Es waren die klinischen Erfahrungen seiner Praxis, die ihn zu einer psychologischen Erklärung der Geisteskrankheit und weiter zu einer neuen Psychologie führten.

Ein erster Schritt zur Emanzipation der Psychologie im Freudschen Denken war die Anwendung der Theorie des psycho-physischen Parallelismus des englischen Neurologen Hughling Jackson auf eine Theorie der Sprachstörungen in

49 Estelle du Bois-Reymond: *Jugendbriefe von Emil du Bois-Reymond an Eduard Harlmann*, Berlin: Dietrich Reimer, 1918: 108; nach Jones I: 62.

seiner 1891 veröffentlichten Arbeit *Zur Auffassung der Aphasie,* die als das erste freudianische Buch angesehen wird (Bernfeld 1944: 357). In deutlicher Kritik der »Hirnmythologie« Meynerts nimmt Freud von einer genauen anatomischen Lokalisierung psychischer Funktionen Abstand:

> »Die Kette der physiologischen Vorgänge im Nervensystem steht ja wahrscheinlich nicht im Verhältnis der Kausalität zu den psychischen Vorgängen. Die physiologischen Vorgänge hören nicht auf, sobald die psychischen begonnen haben, vielmehr geht die physiologische Kette weiter, nur daß jedem Glied derselben (oder einzelnen Gliedern) von einem gewissen Moment an ein psychisches Phänomen entspricht. Das Psychische ist somit ein Parallelvorgang des Physiologischen (›a dependent concomitant‹)« (Stud III: 166).[50]

Freud nimmt damit für das Verhältnis Psyche – Materie eine epiphänomenologische Beziehung an: das Bewußtsein wird als ein abgeschattetes Phänomen cerebral-physiologischer Vorgänge aufgefaßt, das die physikalisch-chemischen Prozesse im Gehirn begleitet, aber auch fehlen kann, ohne daß sich an der Natur des Vorganges Entscheidendes ändert. Die Analogie zum Höhlengleichnis Platos liegt auf der Hand.[51]

Der entscheidende Gewinn dieser Auffassung war, daß damit die Erklärung psychopathologischer Erscheinungen ohne die Annahme eines Unbewußten auf rein neurologische Weise möglich wurde, indem die fehlende Kontinuität im Psychischen (verstanden als ausschließlich bewußt) im Somatischen angenommen wurde. Der Psychoanalytiker Freud wird den entgegengesetzten Weg gehen.

Von hier aus führt ein direkter Weg zum *Entwurf einer Psychologie* aus dem Jahre 1895, in dem Freud die gewaltige Anstrengung unternimmt, mittels der Hirnphysiologie eine neurologische Erklärung normaler und anormaler psychischer Vorgänge zu geben. Seine Zielsetzung war, wie er Fließ schrieb, »eine naturwissenschaftliche Psychologie zu liefern, d. h. psychische Vorgänge darzustellen als quantitativ bestimmte Zustände aufzeigbarer materieller Teile, und sie damit anschaulich und widerspruchsfrei zu machen« (Anf: 305).

Der Fragment gebliebene *Entwurf* zieht einen Schlußstrich unter Freuds voranalytische Arbeiten, indem er ex negativo den Beweis antritt, daß die Zielset-

---

50 Anderson (1962: 106 ff.) nimmt an, daß Freud bereits 1888 sich die Auffassung Jacksons zueigen machte, also lange, bevor sie von der Wiener Medizin rezipiert wurde.

51 Die entsprechende Passage aus der Aphasiestudie lautet: »Was ist nun das physiologische Korrelat der einfachen oder der für sie wiederkehrenden Vorstellung? Offenbar nichts Ruhendes, sondern von der Natur eines Vorganges. Dieser Vorgang verträgt die Lokalisierung, er geht von einer besonderen Stelle der Hirnrinde aus und verbreitet sich von ihr über die ganze Hirnrinde oder längs besonderer Wege. Ist dieser Vorgang abgelaufen, so hinterläßt er in der von ihm affizierten Hirnrinde eine Modifikation, die Möglichkeit der Erinnerung. Es ist durchaus zweifelhaft, ob dieser Modifikation gleichfalls etwas Psychisches entspricht; unser Bewußtsein weist nichts dergleichen auf, was den Namen ›latentes Erinnerungsbild‹ von der psychischen Seite rechtfertigen würde. Sooft aber derselbe Zustand der Rinde wieder angeregt wird, entsteht das Psychische als Erinnerungsbild von neuem . . .« (Stud III: 167).

zung, eine »Funktionslehre des Psychischen« nach den Gesetzen der Chemie und Physik zu verbinden mit seinen Erfahrungen aus der Psychopathologie, für die Normalpsychologie unmöglich ist. Freud trieb mit verbissener Energie die Widersprüche einer neurophysiologischen Erklärung des Psychischen so weit, bis die »Maschine« (Anf: 115) zersprang. Paul Ricoeur hat in einer subtilen Untersuchung des *Entwurfs* nachgewiesen, wie bereits in diesem Text hermeneutisch-interpretative, qualitative Momente sich gegen die der Physik entlehnte quantitative Auffassung durchsetzen, und bezeichnet diesen letzten Versuch Freuds, »seine Entdeckungen anatomisch zu umschreiben«, gleichzeitig als »ersten Emanzipationsakt der ›Psychologie‹; die Pointe des Textes ist psychologisch, nicht neurologisch«.[52] Die Konsequenz, die Freud aus dem Scheitern zog, ist einem Brief an Fließ aus dem Jahre 1898 zu entnehmen:

> »Ich bin [. . .] gar nicht geneigt, das Psychologische ohne organische Grundlage schwebend zu erhalten. Ich weiß nur von der Überzeugung aus nicht weiter, weder theoretisch, noch therapeutisch, und muß also mich so benehmen, als läge mir nur das Psychologische vor« (Anf: 227).

Diese Selbstbeschränkung auf das Psychologische aus heuristischen Gründen, ohne doch das Postulat einer Verknüpfung mit der Physiologie aufzugeben, bestimmte fortan Freuds Auffassungen.

Freud sah die Bewußtseinstheorie seiner »naturwissenschaftlichen Psychologie« in einer mittleren Position zwischen dem psycho-physischen Parallelismus Hughling Jacksons und der physiologischen Reduktion der Psyche nach Brükkes Denkweise:

> »Bewußtsein ist hier die subjektive Seite eines Teiles der physischen Vorgänge im Neuronensystem, nämlich der Wahrnehmungsvorgänge (ω-Vorgänge), und Wegfall des Bewußtseins läßt das psychische Geschehen nicht ungeändert, sondern schließt den Wegfall des Beitrages aus dem W (ω) System in sich ein« (Anf: 320).

Freud hat von jetzt an zwischen drei Neuronenarten unterschieden – neben der »quantitativen Auffassung« psychischer Vorgänge als »quantitativ bestimmte Zustände aufzeigbarer materieller Teile« (Anf: 305) war die zweite Hauptidee des Entwurfs, verschiedene Neuronen als materielle Teilchen anzunehmen. Dadurch war es möglich geworden, das Bewußtsein als ein spezifisches Moment des psychischen Geschenens zu beschreiben. Nach dem Zerspringen der »Maschine« deutete Freud seine Neuronenlehre psychologisch und ordnete den einzelnen Neuronen die drei psychischen Qualitäten bewußt, vorbewußt, unbewußt zu.

So erstaunlich es heute erscheint, daß Freud noch Ende 1895 mit solcher

52 Ricoeur (1969: 95); so kann Derrida (1976: 302 ff.) den *Entwurf* von seiner Metaphorik her lesen, ohne Rücksicht auf die ursprüngliche Bedeutung der verwendeten neurologischen Begrifflichkeit.

Hartnäckigkeit versuchte, seine klinisch gewonnenen Entdeckungen auf dem Gebiet der Psychopathologie im Rahmen einer naturwissenschaftlich verstandenen Psychologie neurophysiologisch zu erklären, so macht doch gerade dieser letzte, mit ungeheurer Energie unternommene Versuch, die klinisch gefundenen Tatsachen noch einmal ins Schema der Neurophysiologie zu pressen, deutlich, daß für einen Wissenschaftler, der Ende des 19. Jahrhunderts im Geiste des Positivismus und Szientismus sein wissenschaftliches Handwerk gelernt hatte, eine Alternative zunächst überhaupt nicht denkbar war.

Die Entwicklung der literarischen Psychologie II

Von hier aus können die Beobachtungen Bahrs und Hofmannsthals über den Gegensatz des neueren psychologischen Romans *(Niels Lyhne)* zum traditionellen psychologischen Roman *(Werther, Adolphe, Manon Lescaut)* neu aufgenommen werden. Was die neueren Versuche der literarischen Psychologie von den älteren trennt, ist der Siegeszug der Naturwissenschaften im 19. Jahrhundert. So fordert Hermann Bahr in dem 1890 zuerst veröffentlichten Essay *Die neue Psychologie* für den Roman eine neue literarische Darstellungsweise psychologischer Sachverhalte – mit expliziter Berufung auf die Naturwissenschaften: »[. . .] weil der naturwissenschaftliche Wandel überall alle Methoden gewechselt hat«.[53] Obwohl auch die älteren Versuche bereits von der Vorstellung einer doppelten Wirklichkeit, von einer der Oberflächenwirklichkeit zugrunde liegenden tieferen, eigentlich bestimmenden Wirklichkeit ausgehen und sich damit von dem Modell einer eindimensionalen Wirklichkeitserklärung des älteren Realismus des 18. Jahrhunderts abheben, so fehlt diesen frühen Exkursionen zum Innenleben doch die (vorgängige) Auseinandersetzung mit dem mechanistischen Erklärungsmodell der Naturwissenschaften und die sich daraus ergebende experimentelle Einstellung zur Psychologie. Ein Beispiel für die älteren Versuche ist der psychologische Roman Stendhals, dessen Rezeption bezeichnenderweise erst im Fin de siècle einsetzt, wesentlich gefördert durch Bourgets Plädoyer in den *Essais de Psychologie contemporaine* (1883-86). Bei Stendhal war die Innerlichkeit der dargestellten Personen bereits zum eigentli-

53 Bahr 1968: 54. Wie sehr das kulturelle Leben vom naturwissenschaftlichen Denken beeinflußt war, zeigt folgende Äußerung des positivistischen Germanisten Wilhelm Scherer: »Dieselbe Macht, welche eine unerhörte Blüte der Industrie hervorrief, die Bequemlichkeit des Lebens vermehrte, mit einem Wort die Herrschaft des Menschen über die Natur um einen gewaltigen Schritt vorwärts brachte – dieselbe Macht regiert auch unser geistiges Leben: sie räumt mit den Dogmen auf, sie gestaltet die Wissenschaft um, sie drückt der Poesie ihren Stempel auf. Die Naturwissenschaft zieht als Triumphator auf dem Siegeswagen einher, an den wir alle gefesselt sind«. Wilhelm Scherer, *Vorträge und Aufsätze zur Geschichte des geistigen Lebens*, Berlin 1874: 411; nach Hermand ^{3}1971a: 25.
Erst um die Jahrhundertwende wird sich das geistige Leben wieder aus der Abhängigkeit von den Naturwissenschaften lösen. Ein Indiz dafür ist das Werk Diltheys – und auch das Freuds.

chen Thema geworden, ohne daß aber das traditionelle Gegenüber von Epiker und Gegenstand aufgegeben wurde: »se dit-il« gehört zu den häufigsten Redewendungen in *Le Rouge et le Noir* (Szondi 1975a: 78 f.). Hier fehlten noch die formalen Mittel, um den neuen Inhalt darzustellen.

In Rücksicht auf die Geschichte des psychologischen Romans ist die These von Mario Praz (1965: 2), der Neurotiker und mit ihm die Neigung, sein Nervensystem öffentlich zu zeigen, tauchten mit Beginn der romantischen Periode auf, zu differenzieren. Nach Praz setzt die Romantik bereits im 18. Jahrhundert ein (in Frankreich mit Rousseau und Diderot, in Deutschland mit dem Sturm und Drang) und erstreckt sich bis zum Fin de siècle, das so als eine Steigerung bestimmter romantischer Motive gesehen wird. Im Hinblick auf die Darstellung psychischer Prozesse entsteht jedoch im Fin de siècle eine neue Qualität – gerade in Reaktion auf das Mißlingen einer lückenlosen, naturwissenschaftlichen Erklärung der Wirklichkeit, in Reaktion auf Programme, wie sie in Emile Zolas *Roman expérimental* (1880) und Wilhelm Bölsches *Naturwissenschaftlichen Grundlagen der Poesie* (1887)[54] vertreten worden waren. Aufschlußreich ist Joris Karl Huysmans' Kritik an der Psychologie des Naturalismus aus der Vorrede zu *A rebours:*

> »Man muß gestehen, daß niemand die Seele weniger erfaßte als die Naturalisten, die sie beobachten wollten. Sie sahen die Existenz in einem Stück; sie

---

54 Ähnlich wie für den voranalytischen Freud ist für Bölsche die Psychologie ein Parallelphänomen des Physischen: »Die Seele im Volkssinne ist für sie lebend wie todt ganz gleichmäßig ein Gespenst. Das, was wir so nennen, ist ein Complex von Erscheinungen höchst verwickelter Art, die wir unabänderlich als Parallelphänomene gewisser molecularer Vorgänge finden und zwar so parallel, daß jeder molecularen Verschiebung auch eine Verschiebung des Psychischen entspricht und das so genau, daß [. . .] schematische Bilder des psychischen Mechanismus auf den molecularen passen und umgekehrt« (Bölsche 1887: 38 f.).
Bölsche muß allerdings einräumen, daß man bisher nicht in der Lage sei, »jenen Parallelismus von Psychischem und Molecularem [. . .] irgendwie zu verstehen. [. . .] wir können lediglich den nie wechselnden Parallelismus constatiren« (Bölsche 1887: 43).
Genau an diesem Punkt setzt – wie bereits ausgeführt – die psychoanalytische Theorie des Unbewußten und damit die Emanzipation der Psychologie von der Physiologie ein. Von der Gewißheit der Beschränkung des menschlichen Erkenntnisvermögens, von der Unmöglichkeit des Naturforschers, »das echte Cosmische, das eigentlich Wahre und Seiende« (Bölsche 1887: 45) zu erblicken, letztlich also von der kantischen Vorstellung der Unerkennbarkeit des »Ding an sich« ausgehend, bereitet Bölsche selbst der »Überwindung« der Naturwissenschaften den Weg: »Hinter dem ewig verschlossenen Vorhang wandelt ein Anderes, ein Größeres, als wir. Indem der Forscher uns unerbittlich versagt, unsere Unsterblichkeitsträume in Bilder der sichtbaren Welt zu kleiden, eröffnet er uns zugleich durch die Feststellung von Grenzen die Ahnung einer Welt, an die jene Träume sich ungestört heften dürfen« (Bölsche 1887: 45 f.). Für Bölsche liegt hierin gerade die Daseinsberechtigung der Poesie *neben* den Naturwissenschaften: »Für sie [i. e. die Poesie], die stets das Ganze, das Allgemeine im Auge hat, ist das Resultat des Naturforschers, das hinter der physischen Welt eine andere, wenn auch unbekannte, nachweist, ein gewaltiger Gewinn« (Bölsche 1887: 46).
Diese Argumentation ist lediglich ein wenig in ihrer Konsequenz weiter zu verfolgen und auszubauen, und man ist bei dem mystischen Seelenkult Maurice Maeterlincks angelangt!
Zu Bölsches *Neue Mysterien,* seiner »poetischen Naturwissenschaft« im *Liebesleben in der Natur* (1898-1902) vgl. Sternberger 1976: 134 ff.

akzeptierten sie nur als von wahrscheinlichen Elementen bedingt; seither hat mich die Erfahrung gelehrt, daß das Unwahrscheinliche in der Welt nicht immer die Ausnahme ist und daß Rocamboles Abenteuer bisweilen eben so wahr sind wie die von Gervaise und von Copeau. / Aber der Gedanke, Des Esseintes könnte ebenso wahr sein wie seine eigenen Gestalten, brachte Zola aus der Fassung« (Huysmans 1965: 46).

Für Zola war, der positivistischen Auffassung entsprechend, Psychologie eng mit Physiologie verknüpft; sie wurde in Abhängigkeit von physisch-biologischen Gegebenheiten erklärt. Auguste Comte, der Begründer des französischen Positivismus, verstand unter Psychologie die Naturphilosophie, die ›deutsche Metaphysik‹ und sah in ihr eine Bedrohung der neuen Unabhängigkeit der Physiologie (Lepenies 1976: 180 f.). Er schätzte Broussais' *Physiologie pathologique,* die den kranken wie den gesunden Menschen betraf, weil sie damit »den Psychologismus tötete« (ebd.: 181).

Bei Zola wird das Denken und Fühlen seiner Figuren aus der Distanz des die objektive Wahrheit noch verbürgenden Erzählers geschildert. Die *erlebte Rede* ist hierfür das bevorzugte Stilmittel. Das Schweben und Schweifen der Gedanken, die sprunghaften Assoziationen, der Rhythmus des Bewußtseins wird damit geglättet, bleibt außerhalb der Darstellung. Versetzt die erlebte Rede sich aber doch ins *Bewußtsein* der Romanfiguren, dann *expliziert* und verdeutlicht sie, was diese latent bewegt, ihre nicht immer klaren und reflektierten Gefühle. Huysmans dagegen, der Objektivität nicht mehr verbürgen will und dessen Interesse der Innenwelt eines Exzentrikers gilt, setzt auf »das Unwahrscheinliche in der Welt«. Die Seele hat für ihn durchaus etwas Spiritualistisches, Mystisches, eben nicht materiell Bestimmbares, und durch sie unterscheiden sich seine Helden von den trieb- und instinktgeleiteten Menschen in Zolas Romanwelt.

In den Gegenbewegungen zum Naturalismus, insbesondere im Wiener Fin de siècle, war die Auffassung verbreitet, daß man nicht hinter diesen zurückfallen dürfe (wie Paul Bourget), sondern vielmehr über ihn hinauszugehen habe, indem man seine Beschränkung auf die Darstellung der äußeren Wirklichkeit aufhebe und den bisher ausgesparten Bereich des Seeleninnenlebens ebenfalls »wissenschaftlich« beschreibe. Dies ist die Auffassung von Hermann Bahr in der *Neuen Psychologie.* Der moderne Geschmack wolle »nur noch mehr: er will, was nur immer der Naturalismus jemals zu bieten vermag, und obendrein noch den vom Naturalismus versagten Genuß der *intérieurs d'âme*« (Bahr 1968: 59).

Daß die »Überwindung des Naturalismus« nicht »gegen unanfechtbare Forderungen naturalistischer Kunsttheorie« verstoßen dürfe, war auch die Ansicht des jungen Hofmannsthal. In seiner Rezension von Bahrs Drama *Die Mutter* forderte er die »Synthese von [. . .] Zolaismus und Romantik, [. . .] Epik der Straße und [. . .] Lyrik des Traums« (PI: 19).

An diesem Punkt gewann die Psychiatrie eine erhöhte Bedeutung, denn sie bot die Gewähr, bei der Reise ins Innere nicht hinter der »Wissenschaftlichkeit« des Naturalismus zurückzustehen. Die Zweideutigkeit dieses Übergangs von einer Beschreibung der äußeren Wirklichkeit hin zu einer der Innenwelt hat schon die Wiener Literaturkritikerin und Übersetzerin Marie Herzfeld in ihrem Essay *Fin de siècle* am Schluß ihrer Betrachtungen über Huysmans, Barrès, Bourget, Maeterlinck und Verlaine erkannt:

> »Ihre Kunst ist Auflehnung gegen den Naturalismus, ihre Philosophie ein Protest gegen die exacte Wissenschaft. Und doch ist das einzig Dauernde in ihrer Kunst die Anwendung der Methode des Naturalismus auf seelische Probleme und die Überführung der Methode exacter Wissenschaft auf eine spiritualistische Weltbetrachtung. Und das fühlt die französische Decadenz selbst; sie kann nicht aufhören ein Kind unserer Zeit zu sein.«[55]

Die Modewissenschaft des Naturalismus, die Biologie, wird abgelöst durch die Psychologie.[56] Symptomatisch für diesen Wandel ist auch die um 1890 in Deutschland und bald auch in Frankreich und Italien beginnende Wirkung Nietzsches, der plötzlich vom »Unzeitgemäßen« zum »Modephilosophen« avanciert. Nietzsches Wissenschaftskritik, seine Kritik an Positivismus und Darwinismus, seine Eingenommenheit für die französische Kultur wie seine psychologische Betrachtungsweise kamen den Intentionen entgegen, die der *Überwindung des Naturalismus* zugrunde lagen.[57] Bezeichnend ist, daß Nietzsche, dessen Wirkung in Wien schwächer war als im Deutschen Reich, nach

---

55 Marie Herzfeld: *Menschen und Bücher. Literarische Studien,* Wien: L. Weiß 1893: 171; nach Marbach: 238. Zu einem analogen Ergebnis kam auch Johannes Schlaf, der darauf hinweist, daß die »neuromantische Psychologie« nicht ohne die analytische Technik des französischen Naturalismus auskommen konnte. Schlaf: *Maurice Maeterlinck. Die Literatur,* hg. v. Georg Brandes, Bd. 22, Berlin o. J.: 5 ff.; nach Wagner 1965: 33.

56 Schon Huysmans folgt in der Schilderung des Verlaufs der Neurose des Duc Des Esseintes den Ausführungen der Psychologen Bonchut und Axenfeld. Brandell (1976b: 132) schreibt: »Einen Weg zur Lyrik, Mystik und zum Subjektivismus bot bei Wahrung des Anspruchs auf Wissenschaftlichkeit die Psychologie. Sie trat in den achtziger Jahren an die Stelle der über ganz Europa verbreiteten Modewissenschaft Biologie. Durch die Suggestions-Forschungen der Nancyer Schule und Charcots klinische Untersuchungen der Hysterie wurde ein mondänes und populäres Interesse an dem geweckt, was man mit einem romantischen Ausdruck ›die Nachtseite der Seele‹ nannte: Hypnose, Persönlichkeitsspaltung, verschiedene pathologische Zustände. Alte romantische Motive wie Gedankenlesen und Magie kamen, mehr oder minder mit moderner Wissenschaftlichkeit drapiert, zu neuen Ehren – so beispielsweise bei dem Philosophen Eduard von Hartmann, der den Begriff ›das Unbewußte‹ zu einem Schlagwort machte.«

57 Zur Rezeption Nietzsches in den 90er Jahren des vorigen Jahrhunderts schreibt Deesz (1933: 10): »Die eigentliche Ursache des schnellen In-die-Mode-Kommens und Berühmtwerdens Nietzsches liegt in dem Erwachen eines neuen Interesses an den Fragen des geistigen Lebens überhaupt. [. . .] Das Interesse löst sich ab von den Naturwissenschaften, vom Darwinismus, Entropismus, Mechanismus, kurz von der Betrachtung der äußeren Natur und richtet sich wieder mehr auf den menschlichen Geist und seine Erzeugnisse.«
Material zur Nietzsche-Rezeption Hofmannsthals, Schnitzlers, Leopold von Andrians und Bahrs bis 1900 bietet Krummel (1974: 95 f. und 119) und umfassend Hillebrand (1978). Für die Nietzsche-Rezeption in der Literaturkritik des Jungen Wien siehe die Dokumentation von Wunberg (1976) sowie Schmidt-Dengler (1980).

einem kurzen »Nietzsche-Rummel«, der 1892 seinen Höhepunkt fand (Schmidt-Dengler 1980: 426), in Wien als Psychologe akzeptiert wurde. »Die psychologische Auslegung ist seine Waffe« (JW: 1129), heißt es in dem Nachruf Alfred von Bergers, der im übrigen Nietzsches Thesen und Einsichten nur oberflächlich streift. Noch deutlicher wurde Moritz Necker: »Wir sind gute Psychologen und verehren daher Nietzsche, den Meisterdekadent, der sich in der Zerfaserung seines Innern selbst aufgerieben hat« (JW: 709). In der Auseinandersetzung mit dem französischen Naturalismus konnten Hermann Bahr und Hugo von Hofmannsthal bei Nietzsche Bestätigung finden, der die Psychologie der *Pariser romanciers* als »Kolportage-Psychologie ablehnte:

> »*Das* lauert gleichsam der Wirklichkeit auf, *das* bringt jeden Abend eine Handvoll Kuriositäten mit nach Hause [. . .] Aber man sehe nur, was zuletzt herauskommt – ein Haufen von Klecksen, ein Mosaik bestenfalls, in jedem Falle etwas Zusammen-Addiertes, Unruhiges, Farbenschreiendes. Das Schlimmste darin erreichen die Goncourts: sie setzen nicht drei Sätze zusammen, die nicht dem Auge, dem *Psychologen*-Auge einfach weh tun. – [. . .] dies Im-Staubeliegen vor *petits faits* ist eines *ganzen* Künstlers unwürdig« (Nietzsche 1956 II: 994).

Nietzsches Entlarvungspsychologie, die verborgene Handlungsmotive aufdekken möchte, ist keine Bewußtseinspsychologie, sondern, wie die Psychoanalyse, gerichtet auf die Auslotung unbewußter Motive. Nietzsche wie Freud betrachten das Bewußtsein im ganzen als »falsches« Bewußtsein und versuchen, den Weg für eine authentischere Sprache frei zu machen.[58] Freud selbst bemerkte, daß Nietzsches »Ahnungen und Einsichten sich oft in der erstaunlichsten Weise mit den mühsamen Ergebnissen der Psychoanalyse decken« (Freud 1971: 87), gerade darum aber habe er – »an der Priorität lag mir ja weniger als an der Erhaltung der Unabhängigkeit« (ebd.) – ihn lange gemieden.[59]

---

58 Vgl. hierzu Ricoeur (1974).

59 Diese aus dem Jahre 1924 stammende Äußerung wird ergänzt durch eine ähnlich gelagerte aus dem Jahre 1914 (Freud 1971: 152) sowie durch folgende Stellungnahme vor der Psychologischen Mittwoch-Gesellschaft am 1. April 1908 im Anschluß an ein Referat über den 3. Abschnitt der *Genealogie der Moral:* »[. . .] Nietzsche kenne er nicht; ein gelegentlicher Versuch, ihn zu lesen, sei an einem Übermaß von Interesse erstickt. Trotz der von vielen Seiten hervorgehobenen Ähnlichkeiten könne er versichern, daß Nietzsches Gedanken auf seine eigenen Arbeiten gar keinen Einfluß gehabt hätten« (Protokolle II: 338). Über diese späten Äußerungen hinaus geht aus einem erst jüngst bekannt gewordenen Brief an Wilhelm Fließ vom 1. Feb. 1900 hervor, daß Freud Nietzsches Werke erst nach Veröffentlichung der *Traumdeutung* erworben hat: »Ich habe mir jetzt den Nietzsche beigelegt, in dem ich Worte für vieles, was in mir stumm bleibt, zu finden hoffe, aber ihn noch nicht aufgeschlagen. Vorläufig zu träge« (abgedruckt in Schur 1973: 644). Dennoch muß er bereits vor der Lektüre einiges von Nietzsche erfahren haben, denn schon um 1890 lag Nietzsche »in der Luft« (PI: 10). Diese Annahme findet Bestätigung in einem Brief Freuds an Arnold Zweig vom 12. 5. 1934: »In meiner Jugend bedeutet er [Nietzsche] eine unzugängliche Vornehmheit, ein Freund von mir, Dr. Paneth, hatte im Engadin seine Bekanntschaft gemacht und mir viel von ihm geschrieben. Ich stand auch später so zu ihm wie ungefähr in der *Bilanz* (*Briefwechsel Freud – Arnold Zweig* 168: 89; vgl. dazu Marquard 1963: 25 u. 1968: 376).

Wahrscheinlich ist Freud zuerst durch seine Mitgliedschaft im Leseverein der deutschen Studenten Wiens mit der Philosophie Nietzsches in Berührung gekommen.[60] Der dort aktive Pernerstorfer-Kreis, dessen bedeutendste Mitglieder Victor Adler und Gustav Mahler waren, hatte bereits in den siebziger Jahren, beeinflußt durch Nietzsche, Wagner und Schopenhauer eine komplexe Auffassung des Verhältnisses von Vernunft und Gefühl entwickelt, die in vielerlei Hinsicht ein Vorgriff auf die Lehre Freuds war, auch wenn sie sich einer eher religiösen oder ästhetischen als wissenschaftlichen Terminologie bediente (McGrath 1974: 246 f.). Nicht zufällig konnte Freud von Mahler nach seiner Konsultation im Jahre 1910 sagen, er habe die Psychoanalyse »schneller als sonst jemand zuvor« (nach Jones II: 103) erfaßt.

Freuds Kritik an der Psychiatrie

Freuds Auftreten auf dem Gebiet der Psychiatrie setzte neue Akzente, denn sein Neurosenkonzept weicht in wenigstens drei Punkten von dem traditionellen entscheidend ab. Freud lehnte schon früh die Bedeutung der Vererbung und der Degeneration als notwendige Bedingungen in der Ätiologie der Neurosen ab und betonte an ihrer Stelle die Rolle der Sexualität. Er war ursprünglich Schüler Charcots gewesen und galt ab 1886 in Wien als dessen Propagandist.[61] Bereits in den Anmerkungen zu seiner 1892-94 erschienenen Übersetzung von Charcots *Leçons du mardi* aber äußerte er scharfe Kritik an dem Gewicht, das jener der Heredität beimaß. In dem 1893 veröffentlichten Nachruf auf seinen Lehrer heißt es dann deutlich:

> »Charcot stellte eine einfache Formel für diese [die Ätiologie der Hysterie] auf: als einzige Ursache hat die Heredität zu gelten, die Hysterie ist demnach eine Form der Entartung, ein Mitglied der *famille névropathique;* alle anderen ätiologischen Momente spielen die Rolle von Gelegenheitsursachen, von *agents provocateurs*« (GW I: 33).
>
> »Charcot überschätzte die Heredität als Ursache so sehr, daß kein Raum für die Erwerbung von Neuropathien übrig blieb [. . .] und er trennte weder für die Ätiologie, noch sonst hinreichend scharf die organischen Nervenaffektionen von den Neurosen« (GW I: 35).

Unter der erwähnten »famille névropathique« verstand Charcot Krankheiten,

---

Wie groß der Einfluß Nietzsches im einzelnen in dieser frühen Zeit ist, ist bislang ungeklärt (vgl. Marquard 1968: 377 und Kaufmann 1978).

60 Die Implikationen, die sich aus Freuds Mitgliedschaft im Leseverein für die Kontroverse um den Einfluß Nietzsches auf sein Denken ergeben, hat McGrath in seiner Dissertation *Wagnerism in Austria: The Regeneration of Culture through the Spirit of Music* (University of California at Berkeley, 1965: 278-79) diskutiert, die mir leider nicht zugänglich war.

61 Die Entwicklung der Freudschen Theorie der Psychoneurosen hat auf breiter Quellenbasis Anderson (1962) chronologisch in ihren Wandlungen nachgezeichnet.

die untereinander verwandt waren, durch »hérédité dissimilaire« oder »hérédité similaire«. Je mehr Freud die Bedeutung der Vererbung einschränkte, desto wichtiger wurde zum Verständnis der Neurosen das, was bei Charcot noch »agents provocateurs« waren. In den *Studien über Hysterie* etwa betont Freud verschiedentlich, daß es sich bei den von ihm dargestellten Fällen um akquirierte Hysterie handele.[62] Mit der Zurückweisung der Vererbungstheorie fiel auch die Doktrin der Degeneration, Freud glaubte vielmehr, daß die psychischen Prozesse, die er bei den Neurotikern entdeckte, sich in nichts von jenen bei den Gesunden unterschieden. Der Weg der Psychoanalyse war damit vorgezeichnet: durch das Studium des Anormalen Einsicht in das Normale zu gewinnen.

1896 wandte sich Freud dann in dem für eine französische Zeitschrift geschriebenen Aufsatz *L'Hérédité et l'Etiologie des Nevroses* direkt an die französischen Psychopathologen und setzt an die Stelle der Vererbung spezifische Formen sexueller Erfahrung, die jeweils eine bestimmte Neurosenart hervorrufen. Man habe zwar immer schon die sexuellen Störungen zu den Ursachen der Nervosität gerechnet, »mais on les a subordonnés à l'hérédité, coordonnés aux autres agents provocateurs« (GW I: 414); man habe zudem ihre ätiologische Bedeutung auf eine begrenzte Menge der beobachteten Fälle beschränkt. Für Freud dagegen wird das Sexualleben des Individuums zur gemeinsamen Quelle der Neurosen. Mit der Einführung der sexuellen Ätiologie der Neurose konnte er die Heredität außer acht lassen[63], da eine lebensgeschichtliche, von

62 So schreibt Freud in der Epikrise zum Fall Miß Lucy R.: »Ihre Hysterie darf also eine akquirierte genannt werden und setzt nichts weiter voraus als die wahrscheinlich sehr verbreitete Eignung – Hysterie zu akquirieren, deren Charakteristik wir noch kaum auf der Spur sind« (GW I: 181). Der hereditäre Faktor wurde also nicht völlig negiert, aber – da bislang unzugänglich – in der Untersuchung ausgeklammert. An seine Stelle tritt als verursachendes Moment das »Trauma«, das bei Charcot noch unter »agents provocateurs« lief: »In solchen Fällen fällt aber das Hauptgewicht auf die Natur des Traumas, natürlich im Zusammenhalte mit der Reaktion der Person gegen das Trauma« (GW I: 181). Anders als Charcot, der dem traumatischen Ereignis auch schon eine wichtige Rolle in der Ätiologie der Hysterie beimaß, legt Freud den Akzent aber weniger auf die passiv erlebte traumatische Situation, als vielmehr auf die Reaktion des Subjekts.

63 Wenn Freud den hereditären Faktor in seiner Betrachtung vernachlässigte und die Degenerationshypothese als Erklärung psychopathologischer Erscheinungen fallen ließ, so bedeutet dies jedoch nicht, daß er deren theoretische Basis, die vormendelsche Vererbungslehre: die Theorie der Vererbung erworbener Eigenschaften, über Bord geworfen hätte. Eine »besondere Eignung« (GW I: 181) galt auch ihm als Voraussetzung für die Hysterie.
Wie unsicher sich Freud anfangs über das Verhältnis der sexuellen Ursachen zur hereditären Disposition war, zeigt der Fließ-Briefwechsel. Besonders aufschlußreich ist das Manuskript B vom 8. 2. 1893 (›Die Ätiologie der Neurosen‹). Bei der Angstneurose, die er in einer Reihe von Fällen auf den Coitus interruptus zurückführen konnte, kann er nicht entscheiden, ob » es hier wirklich hereditäre Formen ohne sexuelle Ursachen« gibt, oder »ob hier nur Coitus interruptus anzuschuldigen, ob hier hereditäre Disposition jedesmal zu entbehren ist« (Anf.: 66). In dem wenige Monate zuvor formulierten Manuskript A hatte er als ungeklärtes Problem formuliert: »Ist die Heredität etwas anderes als ein Multiplikator?« (ebd.: 61). Freud hält hier sogar die Degeneration für möglich und fürchtet die mit ihr verbundenen pessimistischen Konsequenzen für das Menschengeschlecht. Denn er hielt die Angstneurosen für unheilbar. Einen Ausweg konnte nur die schadlose Beherrschung der Konzeption, die Entwicklung neuer Antikonzeptiva

der Krankengeschichte ausgehende Deutung der Neurose als in einem konflikthaften Prozeß erworbene Krankheit das Konzept der Heredität als Erklärungsmuster nicht mehr bedurfte.

Dieser Paradigmenwechsel innerhalb der Neurosenlehre setzte Freud nicht nur in bezug auf die vermeintliche Rolle der Degeneration bei den Hysterischen in Gegensatz zur Psychiatrie. Mit dem Verständnis der Hysterie als einer erworbenen Krankheit fiel auch die von Psychiatrie und Psychologie errichtete Mauer zwischen Anormalität und Normalität, Wahnsinn und Vernunft. Die Geisteskrankheit wird zum Grenzfall des Gesunden, Einsicht in diese vermittelt Verständnis von jenem. Der Unterschied von normal zu anormal im Psychischen reduziert sich auf den quantitativen, ist nicht länger ein qualitativer. Damit ist ein scharfer Trennungsstrich zur Psychologie Wundts wie zur Psychiatrie Krafft-Ebings gezogen, dessen *Psychopathia sexualis* ein Bestseller der Jahrhundertwende war. Im Grunde hatte Freud, Schüler des Physiologen Ernst Brücke, die ›quantitative‹ Normalitätskonzeption, die gleichrangige Einschätzung pathologischer und physiologischer Phänomene, wie sie die Physiologie des 19. Jahrhunderts von Reil bis Du Bois-Reymond beherrschte (Lepenies 1976: 194 u. 1978a: 446), auf die Neurosenlehre übertragen und so den ontologischen Krankheitsbegriff der Psychiatrie aufgelöst. Damit war der Weg von der Psychiatrie zur Psychologie, von der Psychopathologie zur Psychoanalyse als Allgemeinpsychologie geebnet.

Hermann Bahrs Neue Psychologie

Wie stellt sich nun die Position des *Jungen Wien* innerhalb der sich im 19. Jahrhundert entwickelnden Möglichkeiten, psychologischen Sachverhalten adäquaten Ausdruck zu verleihen, dar? In dem bereits erwähnten Essay *Die neue*

---

bringen: »Beim Ausbleiben dieser Lösung zeigt sich die Gesellschaft bestimmt, den unheilbaren Neurosen zu verfallen, welche den Lebensgenuß auf ein Minimum herabsetzen, das eheliche Verhältnis zerstören und die ganze Generation durch Heredität ruinieren. Die tieferen Volksschichten, die Malthusianismus nicht kennen, drängen nach, um naturgemäß, angekommen, demselben Verhängnis zu verfallen« (ebd.: 67). Freud sah das Verhältnis von Heredität zu erworbenen (»akquirierten«) Faktoren als zwei sich ergänzende Reihen, ohne jedoch deren quantitatives Verhältnis zu erforschen. Seine eigenen, eben psychologischen Forschungen galten ausschließlich den akquirierten Neurosen. Daß bei seinen gebildeten, den höheren Ständen entstammenden Hysterica die erbliche Belastung und eine daraus ableitbare Degeneration keine Rolle spielte, war seine Entdeckung, die er, vom Erklärungsmuster der damaligen Biologie her, nicht hatte erwarten können. – Im übrigen hat Freud sich jedoch vom Lamarckismus niemals distanziert. Er blieb unangefochtene Voraussetzung seiner psychologischen Forschung, seine Gültigkeit wurde stillschweigend vorausgesetzt. Freud hielt am Lamarckismus noch fest, als dieser lange schon von der biologischen Forschung ins Reich der Legende verwiesen worden war (Jones III: 365). Bedeutung gewann er für ihn aber erst in einer späteren Phase seiner Entwicklung, als er nämlich – angeregt von den mythologischen Forschungen C. G. Jungs – die ontogenetische Erklärung der Neurose durch die phylogenetische ergänzte, also etwa ab ›Totem und Tabu‹ (1912-13).

Abb. 3 Emil Orlik: Hermann Bahr (1905)

Psychologie fordert Hermann Bahr eine neue Methode, ohne jedoch angeben zu können, wie sie sich in der literarischen Praxis zu gestalten habe. Er nennt aber drei Bedingungen, denen sie gerecht werden müsse: Sie solle *deterministisch* sein, »wie der Naturalismus verfahren müßte, wenn er überhaupt psychologisch verführe«; – *dialektisch:* »Wir müssen die Gefühle nicht bloß im Zusammenhange auseinander, wir müssen sie auch in der Bewegung ineinander, durcheinander, gegeneinander erfassen [. . .]«; und insbesondere *dekompositiv,* »indem [. . .] alle Umarbeitungen des Bewußtseins ausgeschieden und die Gefühle auf ihre ursprüngliche Erscheinung vor dem Bewußtsein zurückgeführt werden.« Denn das Bewußtsein, »welches von der alten Psychologie niemals mit der Forschung verlassen wurde, faßt bloß eine Minderheit der Gefühle« (Bahr 1968: 56 f.). Bahr fordert hier, offensichtlich angeregt von der *Kritischen Grundlegung des transcendentalen Realismus* Eduard von Hartmanns, des Philosophen des Unbewußten, und von bestimmten Erfahrungen aus der Beschäftigung mit der zeitgenössischen französischen Literatur, eine Abkehr von der Bewußtseinspsychologie, wie sie zur gleichen Zeit von Sigmund Freud vollzogen wurde.[64]

Als – begrenzt – anwendbares Medium stellt sich ihm die »Ich-Form« dar, denn »den Bekenntnissen, welche eine Seele von sich selbst aussagt, ist unser Vertrauen geneigt« (ebd.: 60). Das erinnert an eine Äußerung Strindbergs, die nach Peter Szondi den Schlüssel zum Verständnis seiner subjektiven Dramatik liefert: »Man kennt nur *ein* Leben, sein eigenes«.[65] Für Bahr war die »Ich-Form« durch die »naturalistische Verborgenheit des Künstlers« »eine Methode zur Objektivierung der inneren Seelenstände« (ebd.). Auf höchst einfache Weise fallen hier Epiker und Erzählgegenstand in eins. Aber Bahr sieht auch die Grenzen dieser Methode: nur der »durch lange Übung und [. . .] gefährliche Zerspaltung des Ich in ein handelndes und ein beobachtendes [. . .] auf Nervenerforschung eingedrillte Psychologe allein« (ebd.: 60 f.), kann es dahin bringen, das täuschende Netz des Bewußtseins zu durchdringen und Unbewußtes

64 »Die Sensationen allein sind Wahrheit, [. . .] das Ich ist immer schon Konstruktion« (Bahr 1968: 84). Den Begriff des »Unbewußten« machte vor Freud Eduard von Hartmann mit der zuerst 1869 erschienenen *Philosophie des Unbewußten* populär. Zu von Hartmann als Vorläufer Freuds vgl. Ellenberger 1973: 683/296 f. und Riese 1958: 38-40. Sternberger (1974: 206 f.) hebt richtig hervor, daß Hartmanns *Unbewußtes* als Deus ex machina »die Lücken der Welt von Kraft und Stoff« zu stopfen habe, »damit die Welt der festen Dinge vollständig werde«. Darin ist v. Hartmann weit vom romantischen Begriff des Unbewußten – etwa in C. A. Carus' *Psyche* – entfernt, nicht aber von dem Freuds. Barrès vor allem beeindruckte Bahr. Dieser wiederum bezog sich auf Eduard von Hartmann. – Wie sehr Hermann Bahr hier lediglich Repräsentant einer über die Grenzen der Nationalliteraturen hinweg sich artikulierenden Zeitströmung ist, die den Realismus des herrschenden Naturalismus nach *innen* erweitern möchte, macht Knut Hamsuns Aufsatz *Vom unbewußten Seelenleben* aus dem Jahre 1891 sowie sein Vortrag über *Psychologische Literatur* (Hamsun 1964: 82-93 und 36-58) deutlich.

65 In: C. E. Dahlström: *Strindberg's Dramatic Expressionism.* Ann Arbor 1930: 99; nach Szondi 1975: 40 f.– Ganz ähnlich übrigens Barrès: »Il n'y a qu'une chose que nous connaissions [. . .]. Cette seule réalité tangible, c'est le Moi, et l'univers n'est qu'une fresque qu'il fait belle ou laide« (1966: 23).

bewußt werden zu lassen. Als Beispiele für solche mit Recht von ihm als »lyrisch« bezeichneten psychologischen Kunstwerke nennt er Werke von Baudelaire, Stendhal, Bourget, Barrès und Rosny – »Leute vom Metier« (ebd.: 61), Psychologen also. Aber die »Ich-Form« sei doch nicht das, wonach die neue Psychologie verlange, sie benötige vielmehr einen »Protokollführer« im Gehirn der darzustellenden Person, der psychische Vorgänge gleichsam wie mit einer photographischen Platte festhalte, bevor sie den umformenden, glättenden, rationalisierenden Filter des Bewußtseins passiert haben.

Die literarische Form, die Bahr zu fassen sucht, ohne doch ein überzeugendes Muster anführen zu können, ist der *innere Monolog*, wie er etwa zehn Jahre später mit Arthur Schnitzlers *Leutnant Gustl* in die deutsche Literatur eingeführt wurde – zum gleichen Zeitpunkt, als Sigmund Freud seine assoziative Methode der Traumdeutung vorlegte. Dujardin (1931) definiert den inneren Monolog als »Ausdruck der innersten Gedanken, die dem Unbewußten am nächsten sind«. Schnitzlers *Leutnant Gustl*, dem gerade im Vergleich zu späteren Ausformungen des inneren Monologs – etwa in Brochs *Tod des Vergil* – die Abkunft aus der radikalisierten Ich-Erzählung noch anzumerken ist (Miller 1958: 219), steht somit am Schluß jener von Bahr als lyrisch bezeichneten psychologischen Epik des 19. Jahrhunderts und stellt nach dieser Seite hin deren Höhepunkte dar.

Schnitzler gab als Vorläufer Dostojewskis Novelle *Krotkaja* (1876) an, die »die gleiche Technik des Gedankenmonologs«[66] aufweise. Stellt man neben diesen Hinweis noch Äußerungen Hofmannsthals, die seine Verehrung Dostojewskis bezeugen, so erweitert sich die Traditionslinie, in die der Kritiker Bahr das *Junge Wien* gerade im Hinblick auf die Entwicklung einer »neuen Psychologie« stellte, um den Namen des russischen Dichters. Am 26. September 1894 schrieb Hofmannsthal an Richard Beer-Hofmann: »Ich les' einen wunderschönen Roman er heißt: ›Die Brüder Karamasow‹, ist von Dostojewsky und berührt, ganz im Unterschied von den sogenannten naturalistischen Büchern, völlig wies wirkliche Leben, gesteigert und tiefsinnig angeschaut« (HvH-RBH: 39).

Bezeichnend ist die Kontrastierung Dostojewskis mit dem Naturalismus: Für das Wiener Fin de siècle nimmt innerhalb der großen Romanliteratur Dostojewski den Platz ein, den für den deutschen Naturalismus Zola innehatte. Wenn in der Urfassung der *Brüder Karamasow* zu lesen ist: »Die höchste Schönheit liegt nicht außen, sondern innen«[67], so leuchtet ein, daß eine auf das Erforschen des Seeleninnenlebens abzielende Literatur in Dostojewski und nicht in Zola ihr Vorbild sehen mußte.

---

66 Briefwechsel: Schnitzler – Georg Brandes (1956: 88). Dostojewskis Novelle kannte Schnitzler nur vom Hörensagen. Als »erste[n] Anlaß zu der *Form*« (ebd.) nennt er Dujardins *Les Lauriers sont coupés* (1887). Bei Dostojewski ist die Überarbeitung der Assoziationen wesentlich stärker als bei Schnitzler.

67 Nach Markwardt 1967: 50; das Manuskript wurde erst 1928 unter dem Titel *Die Urgestalt der Brüder Karamasow* veröffentlicht.

Eine Vorstufe in dieser Entwicklung ist der von Bahr im Zusammenhang mit der *Neuen Psychologie* als Kronzeuge angeführte, auch von Hofmannsthal und Leopold von Andrian außerordentlich geschätzte Roman *Un homme libre* (1889) aus der Trilogie *Le Culte du Moi* von Maurice Barrès, in dem »immer nur einsame, weltflüchtige Selbstgespräche des in sich versunkenen, in seine Gründe hinab lauschenden und die ungekannten, schaurigen Bezirke der eigenen Empfindung erforschenden Ich; bald in der ersten, bald in der dritten Person ausgedrückt« (Bahr 1968: 82) vorherrschen. Der Roman stellt den Gang einer Selbstanalyse dar, die der auf sein Ich konzentrierte Egotist unternimmt, um sich in einer als barbarisch empfundenen Umwelt behaupten zu können, um »véritablement Homme libre« (Barrès 1966: 271) zu werden. Alle objektiven Gegebenheiten haben sich für ihn relativiert, so daß sich ihm das eigene Ich als einzig verbliebener Bezugspunkt darstellt. Um dessen Schwächen zu überwinden, wird eine Selbstanalyse unternommen, die auf der materialistischen Lehre des Physiologen Cabanis von der gezielten Beeinflussung der seelischen Fähigkeiten (ebd.: 163) durch Ausnutzung der »rapports du physique et du moral« (ebd.: 18) und auf dem Glauben an die willkürliche Beherrschung und Beeinflussung des Innenlebens beruht (ebd.: 174). Auch im *homme libre* ergibt sich psychologische Analyse aus naturwissenschaftlich-materialistischen Voraussetzungen. Hermann Bahrs *Neue Psychologie* ist hier in einer Vorform gegeben.

Sigmund Freud kann 1907 in einem Vortrag in den Räumen des Wiener Verlagsbuchhändlers Hugo Heller » vor etwa neunzig Personen«, darunter »zahlreiche Dichter«[68], die skizzierte Entwicklungsline resümieren:

> »Der psychologische Roman verdankt im ganzen wohl seine Besonderheit der Neigung des modernen Dichters, sein Ich durch Selbstbeobachtung in Partial-Ichs zu zerspalten und demzufolge die Konfliktströmungen seines Seelenlebens in mehreren Helden zu personifizieren« (Stud X: 177).

Freuds Analyse deckt sich mit der Auffassung Hofmannsthals, der in der »Seele des Buches« – auch in dem »naturalistisch vollendetsten Kunstwerk« – nur die Individualität des Autors zu erkennen vermochte, »die der dargestellten Personen nur insofern, als der Dichter ein mehr oder minder unwahrscheinlich losgerissenes Werk seiner Individualität in sie gelegt hat« (PI: 7).

Dies sei neben den von Hermann Bahr in der *Neuen Psychologie* »angeführten technischen Vorteilen« der Grund, »weshalb die modernen, analytischen Novellisten sich mit Vorliebe in ihren Romanen der Ichform bedienen« (PI: 7 f.). Der Mikrokosmos des Autors wird für die Stunden der Lektüre zum Makrokosmos, »dem zu Gefallen andere Menschen – die Statisten – nach Bedürfnis auf die Welt kommen, schwatzen, fluchen, sterben oder gemein sein

68 In einem Brief vom 8. 12. 1907 an C. G. Jung (Briefwechsel: Freud – C. G. Jung 1974: 114) berichtet Freud über seinen Vortrag *Der Dichter und das Phantasieren*.

werden, während die Staffage – Sonne, Sterne, Milieu, Religion, Liebe, soziale Frage – die Ehre haben wird, ihm als Thema für Gespräche, Gefühle oder Nerveneindrücke zu dienen. [. . .] Die Seele ist unerschöpflich, weil sie zugleich Beobachter und Objekt ist« (PI: 8).

Auf der Suche nach Beispielen für seine *Neue Psychologie* ist Hermann Bahr erstaunlicherweise entgangen, daß der Versuch, psychologische Sachverhalte zu objektivieren, bereits inmitten des realistischen Romans des 19. Jahrhunderts enthalten war: In *Madame Bovary* (1857) war es Flaubert gelungen, unbeteiligtes Erzählen (impersonnalité) mit dem von ihm erstmals konsequent gehandhabten Stilmittel der *erlebten Rede* zu verbinden, so daß er ohne kommentierende Einmischung des Erzählers (impartialité) die inneren Empfindungen seiner Heldin völlig unbeteiligt mitteilen konnte.

In der deutschen Literatur wird die *erlebte Rede* seit Mitte des 19. Jahrhunderts verwendet und spielt eine besondere Rolle »in den psychologischen Erzählungen Schnitzlers, Bahrs und Beer-Hofmanns, wo sie schon am Ende der 80er und in den 90er Jahren manchmal fast die ganze Erzählstruktur bestimmt«.[69]

Als Grund für die ungemein rasche Verbreitung der *erlebten Rede* seit der Mitte des 19. Jahrhunderts gilt das »Interesse an der Gestaltung seelischer Vorgänge«. So werden »sinnliche Wahrnehmungen der Personen erst seit dem 19. Jahrhundert und besonders seit seiner zweiten Hälfte häufig dargestellt«.[70]

Arthur Schnitzler hat von seinen ersten Erzählungen an das Stilmittel der *erlebten Rede* zur Darstellung des Innenlebens seiner Helden verwendet (Neuse 1934) und erweist sich damit auch als Erbe jener auf Flaubert zurückgehenden Kunst psychologischer Analyse.

Die Bedeutung der Literatur für Freud

Während in der zweiten Hälfte des 19. Jahrhunderts die literarischen Mittel zur Darstellung psychischer Vorgänge sich ungemein verfeinert haben, gewann nach dem Scheitern des *Entwurfs* die Literatur ihrerseits eine erhöhte Bedeutung für die neue Wissenschaft der Psychoanalyse. Bereits in den Hysteriestudien war Freud aufgefallen:

69 Steinberg (1971: 56). Er stützt sich hier auf die Untersuchung von Helene Bissinger: Die »erlebte Rede«, der »erlebte innere Monolog« und der »innere Monolog« in den Werken von Hermann Bahr, Richard Beer-Hofmann und Arthur Schnitzler. Diss. Köln 1953 (masch.); nach Wagner (1972: 151) ist Flaubert »der erste, der diese Form der Rededarstellung [die Erlebte Rede] durchgängig häufig und in echter Konkurrenz mit den beiden anderen Formen, der Direkten und der Indirekten Rede, benutzt.« Ähnlich bereits Neuse (1934), vgl. insbes. *Zur Geschichte der erlebten Rede,* in: Steinberg 1971: 55-65.

70 Steinberg 1971: 56 und 59.

»Ich [. . .] bin bei Lokaldiagnosen und Elektroprognostik erzogen worden wie andere Neuropathologen, und es berührt mich selbst noch eigentümlich, daß die Krankengeschichten, die ich schreibe, wie Novellen zu lesen sind, und daß sie sozusagen des ernsten Gepräges der Wissenschaftlichkeit entbehren. Ich muß mich damit trösten, daß für dieses Ergebnis die Natur des Gegenstandes offenbar eher verantwortlich zu machen ist als meine Vorliebe; Lokaldiagnostik und elektrische Reaktionen kommen bei dem Studium der Hysterie eben nicht zur Geltung, während eine eingehende Darstellung der seelischen Vorgänge, wie man sie vom Dichter zu erhalten gewohnt ist, mir gestattet, bei Anwendung einiger weniger psychologischer Formeln doch eine Art von Einsicht in den Hergang einer Hysterie zu gewinnen. Solche Krankengeschichten wollen beurteilt werden wie psychiatrische, haben aber vor letzteren *eines* voraus, nämlich die innige Beziehung zwischen Leidensgeschichte und Krankheitssymptomen« (GW I: 227).

Freud befand sich 1895 in einer ambivalenten Situation: Noch dem Denkmodell naturwissenschaftlicher Erklärung verhaftet, wird er plötzlich gewahr, wie weit er sich in seiner klinischen Praxis bereits einem »dichterischen« Verstehen seiner Patienten genähert hat. Das Scheitern herkömmlicher Methoden hatte ihn gelehrt, daß Einsicht und Heilungschance im Falle der Hysteriker nur durch eine lebensgeschichtlich gewendete Analyse zu erlangen war – ein hermeneutischer Prozeß der Sinnfindung also, der in der weiteren Entwicklung der psychoanalytischen Praxis sich zu einem dialektischen Prozeß zwischen Analytiker und Analysand als methodisch in Gang gesetzter Selbstreflexion konstituieren wird. Eine Folge davon ist, daß die traditionelle Form der Krankengeschichte *literarisiert* wird und sich an die »eingehende Darstellung der seelischen Vorgänge, wie man sie vom Dichter zu erhalten gewohnt ist«, annähert. Freud mußte sich in der nächstfolgenden Publikation der Krankengeschichte einer Hysterica gegen das Ansinnen mancher seiner – Wiener – Kollegen verwahren, eine solche »nicht als einen Beitrag zur Psychopathologie der Neurose, sondern als einen zu ihrer Belustigung bestimmten Schlüsselroman lesen zu wollen« (Stud IV: 88).

So steht es in der sogenannten *Dora-Analyse*[71], der ersten Veröffentlichung der Krankengeschichte einer Hysterica nach den *Studien über Hysterie,* die Freud bereits 1901 niederschrieb, aber erst 1905 nach leichter Überarbeitung herausgab. Im Vorwort rechtfertigt er die Ausführlichkeit der Darstellung mit der Natur der Hysterie und der den komplizierten Verästelungen der Erkrankung folgenden Analyse. Ihren literarischen Charakter erhält diese Krankengeschichte durch das Bestreben, neurotische Erkrankungen lebensgeschichtlich

---

71 Diese Krankengeschichte – ihres unabgeschlossenen Charakters wegen von Freud *Bruchstück einer Hysterieanalyse* genannt – ist jüngst von Hélène Cixous als *Portrait de Dora* dramatisiert und in der Inszenierung der *Compagnie Rennaud-Barrault* dem staunenden Wiener Publikum – dem Freud immer noch fremd ist – als eleganter französischer Reimport im *Théâtre français de Vienne* 1978 – also nach fast 80 Jahren – vorgeführt worden. (Siehe die Theaterkritik von Hilde Spiel in der FAZ, Nr. 289 vom 29. Dez. 1978 (S. 23): *Traum und Hysterie als Theaterabend.*)

zu klären und mit der Aufdeckung der »Geheimgeschichte«[72] des Patienten den Heilungsprozeß einzuleiten:

> »Aus der Natur der Dinge, welche das Material der Psychoanalyse bilden, folgt, daß wir in unseren Krankengeschichten den rein menschlichen und sozialen Verhältnissen der Kranken ebensoviel Aufmerksamkeit schuldig sind wie den somatischen Daten und den Krankheitssymptomen. Vor allem anderen wird sich unser Interesse den Familienverhältnissen der Kranken zuwenden, und zwar, wie sich ergeben wird, auch anderer Beziehungen wegen als nur mit Rücksicht auf die zu erforschende Hereditát« (Stud VI: 97).

Die Analyse bezieht das soziale Umfeld des Analysanden in die Rekonstruktion seiner Biographie mit ein, so daß die Form einer schriftlich festgehaltenen psychoanalytischen Krankengeschichte sich der von Hermann Bahr als »lyrisch« bezeichneten Tradition des psychologischen Romans nähert oder – nach Hofmannsthal – der Mikrokosmos des Autors/Analysanden für die Dauer der Lektüre der Krankengeschichte zum Makrokosmos wird, denn das gesamte Material der rekonstruierten »Geheimgeschichte« des Analysanden ist einzig aus dessen Erinnerungsmaterial zusammengesetzt, in einem gleichsam psychoarchäologischen Verfahren.

Der »lyrische« psychologische Roman kann mit der psychoanalytischen Krankengeschichte trotzdem nicht gleichgesetzt werden. Der Unterschied liegt in der Rolle des Analytikers. Der psychologische Roman, der sich der Ich-Form bis hin zum inneren Monolog bedient, bleibt auch in seinem geglücktesten Entwurf *Autoanalyse*. Die psychoanalytische Krankengeschichte wird erst dann möglich, wenn zu dem sich erinnernden Analysanden/Autor (im ursprünglichen Sinne von »Urheber«) der Analytiker/Erzähler tritt, der den Erinnerungsprozeß mit Hilfe seiner analytischen Erfahrung kontrolliert, Verdrängungen lösen, Erinnerungslücken aufheben hilft. Der Analytiker wirkt gleichsam als Katalysator und führt die Analyse in tiefere Schichten, in die auch die ehrlichste Autoanalyse nicht vorzudringen vermag. »Eigentliche Selbstanalyse ist unmöglich, sonst gäbe es keine Krankheit«, schrieb Sigmund Freud an Wilhelm Fließ: »Ich kann mich nur selbst analysieren mit den objektiven Erkenntnissen (wie ein Fremder)« (Anf: 202). Freuds Selbstanalyse, die Uranalyse, wurde ermöglicht durch Wilhelm Fließ, mit dem er in dieser Zeit in regem Gedankenaustausch stand und der virtuell die Rolle des Analytikers übernahm.[73] Der Analytiker ist es, der die Krankengeschichte erzählt – wenn er auch nichts anderes als die im analytischen Prozeß freigelegten Erinnerungen des Analysanden wiedergibt. Die von ihm vorgeschlagenen Konstruktionen müssen zwar in der Erinnerungsarbeit des Analysanden Bestätigung finden,

72 Stud VII: 300; vgl. dazu Dahmer 1973: 76 ff.
73 Zur Selbstanalyse im allgemeinen und Freuds Selbstanalyse im besonderen vgl. Anzieu (1975).

aber ohne ihn würden gerade wichtige Knotenpunkte in der Biographie des Analysanden für immer versunken bleiben.

Nach dieser Seite hin kommt die psychoanalytische Krankengeschichte dem objektiven psychologischen Roman Flauberts nahe, in dem der Autor unparteiisch, unpersönlich und sachlich gleichsam als Vivisekteur seine Helden analysiert. Der Auffassung Freuds, der Analytiker habe idealiter der bloße Spiegel seiner Patienten zu sein, entspricht die *impartialité* als Prinzip der Romanästhetik Flauberts. Daß der Analysand gegen Ende der Analyse sich seiner Geschichte vergewissert hat, »Geheimgeschichte« zur bewußt erinnerten, verfügbar gemachten Biographie geworden ist, macht den Unterschied der psychoanalytischen Krankengeschichte zum Roman Flauberts aus, in dem der Held nicht über die Schärfe und die Einsicht des Erzählers, des experimentellen Experimentators verfügt. »Flaubert tut nichts«, fand Erich Auerbach, »als das Material, das sie [Emma Bovary] bietet, in seiner vollen Subjektivität sprachreif zu machen. Könnte Emma dies selbst, so wäre sie nicht mehr, was sie ist, sie wäre sich selbst entwachsen und damit gerettet« (1971: 451). Der Autor und seine Heldin, Epiker und Erzählgegenstand, Analytiker und Analysand blieben im Fall Bovary unvermittelte Sphären.

Die psychoanalytische Krankengeschichte steht zwischen objektivem und lyrischem psychologischem Roman. Mit ersterem hat sie gemeinsam, daß das Schicksal des Helden von einem Fremden erzählt wird, mit letzterem, daß das Erzählte aus nichts als dem vom Erinnerungsprozeß selbst zutage geförderten Material besteht. Von ersterem trennt sie die Vermittlung beider Sphären, von letzterem die Aufspaltung des erinnernden Ich in zwei Personen.

Die verwunderte Bemerkung Freuds, seine Krankengeschichten läsen sich wie Novellen, war schon dem »feinsinnigen Berger«[74], wie Freud ihn nannte, aufgefallen. Alfred Freiherr von Berger, Professor für Ästhetik an der Universität Wien, zeitweiliger Burgtheaterdirektor und bewunderter Lehrer Hofmannsthals, kommentierte in seiner für die Wiener *Morgen-Presse* vom 2. Februar 1896 verfaßten Rezension die von Freud gemeinsam mit Josef Breuer verfaßten Hysteriestudien wie folgt:

> »Seltsames Zeichen der Zeit! Während unsere Poesie sich geflissentlich mit dem Anschein der wissenschaftlichen Strenge umgibt und sich mit Jodoform parfumiert, errötet die Wissenschaft, wenn sie sich darüber ertappt, daß sie unwillkürlich der Poesie nahegekommen ist. In der Sache trifft jene Entschuldigung das Richtige«.[75]

74 Wörtlich heißt es in einem Brief Freuds vom 6. 2. 1896: »Unser Buch hat von *Strümpell* in der Deutschen Zeitschrift für Nervenheilkunde eine niederträchtige Besprechung erfahren, ist dafür Gegenstand eines feinsinnigen Artikels in der alten *Presse* 2.2.96 von Freiherr v. Berger gewesen« (Anf: 138). Strümpell hielt insbesondere das Eingehen auf sexuelle Verhältnisse für bedenklich (vgl. Anf: 414). Die positive Rezension durch den Schöngeist und die negative durch den Wissenschaftler ist paradigmatisch für die frühe Rezeption der Psychoanalyse.

75 Alfred Freiherr von Berger: *Chirurgie der Seele.* In: *Morgen-Presse,* Wien, 49. Jg./Nr. 32, 2. 2. 1896, S. 1 f.; zu diesem Artikel existieren neben der *richtigen* Angabe Freuds zwei falsche:

Berger geht sogar noch weiter und erklärt im folgenden die Studien der »zwei bekannten, allverehrten Wiener Ärzte« für »ein Stück uralter Dichterpsychologie« – unter Hinweis auf die »Abwehrneurose« der Lady Macbeth und der »Katharsiskur« des Orestes bei Goethe.

Hatte sich bisher die Literatur um eine Annäherung an strenge Wissenschaftlichkeit bemüht, so erfolgte nun im Bereich der Wissenschaft selbst die Gegenbewegung. Freud zog die Konsequenz aus dem notwendigen Scheitern des Versuchs, psychologische Vorgänge szientistisch erklären zu wollen.

Grundsätzlich gab es für Freud zwei Möglichkeiten, der sich ergebenden Sprachnot zu entrinnen: Die ihm geläufigen Begriffe der Wissenschaft waren der Logik der Deutung in der psychoanalytischen Situation anzupassen, oder er mußte auf außerhalb der Wissenschaft entwickelte Metaphern zurückgreifen, um seine klinisch gewonnenen Erfahrungen überhaupt sprachlich strukturieren zu können. Freud ist beide Wege gegangen.

Die der Neurophysiologie entnommene physikalistische Begrifflichkeit erfährt im Sinne einer autonomen, von der Rückbindung an physiologische Prozesse freien Psychologie eine »mentalistische Uminterpretation« (Habermas 1973: 303): aus Energie wird Triebenergie, an die Stelle des physikalischen Begriffes der Quantität tritt eine hypothetische »Besetzung« psychischer Energie, das physikalische Trägheitsprinzip wird zum Lust-Unlust-Prinzip (Jones I: 460).

Daneben gewinnt die literarische Bildung, die Freud als Musterschüler des alten humanistischen Gymnasiums besaß und die sich bisher logisch getrennt, ja im Gegensatz zu seiner wissenschaftlichen Arbeit entwickelte, eine besondere Bedeutung: Er greift auf sie zurück, um bestimmte klinische Erfahrungen formulieren zu können. Dabei verleiht er ihnen den Status allgemeingültiger theoretischer Aussagen. Musterbeispiel dafür ist die Deutung des *König Ödipus* des Sophokles. Die notwendig begrenzte Erfahrung aus Selbstanalyse und psychoanalytischer Praxis wird in den Mythos projiziert und erhält dadurch überpersönliche Gültigkeit. Nicht nur der Ödipuskomplex als begriffliche Fassung des Kernkomplexes, sondern auch Narzißmus, Sadismus, Masochismus sind der Literatur entlehnte Konzepte. Jean Starobinski spricht daher mit Recht vom »literarischen Komplex« (1973: 99) der Psychoanalyse, der zu ihren Ursprüngen selbst gehöre. Im Verlaufe des 19. Jahrhunderts hatte die Psychologie im Kampf um die universitäre Anerkennung den Ursprung ihres Diskurses, bei dem die Grenze zur Literatur offen war, verleugnet. Karl Philipp Moritz noch übernahm Abschnitte seines autobiographischen Romans *Anton Rei-*

In der *Psychoanalytischen Bewegung* 4, 1932: 73, wo Bergers Artikel teilweise abgedruckt wurde, wird die Wiener *Morgenpresse* als Quelle genannt – eine Zeitung, die unter diesem Titel nicht existiert hat; Ernest Jones gibt in seiner Freud-Biographie als Druckort die *Neue Freie Presse* an (Jones I: 299). Diese verwirrenden Quellenangaben haben dazu geführt, daß diese häufig diskutierte Rezension bis dato ohne Kenntnis des Originals geführt wurde. – Eine Besprechung des Artikels bei Kris (1974: 265 ff).

ser (1785) in sein ungemein erfolgreiches *Magazin der Erfahrungsseelenkunde* und reihte sie ungeniert neben die dort abgedruckten »Fälle« ein. Im 19. Jahrhundert überlebten die Felder des Wahnsinns, des Unbewußten und der Entwicklung in dem von der wissenschaftlichen Psychologie abgetrennten Bereich der Literatur, in der Dichtung eines Hoffmann, Tieck, Novalis, Hölderlin, Chamisso und Jean Paul, um gegen Ende des Jahrhunderts mit dem Entstehen einer alternativen Psychologie in der Psychoanalyse wieder in den akademischen Diskurs zurückzugelangen.[76] Die Dichtung der Romantik hatte so für die aus dem psychologischen Diskurs ausgesparten Bereiche eine konservierende Funktion; die literarische Psychologie verband sich in Freud mit dem Szientismus, der im 19. Jahrhundert den Wahrheitsanspruch monopolisiert hatte, zu einer neuen Disziplin, die sich von Literatur wie Positivismus gleichermaßen unterschied.

Freud faßte das Ineinandergreifen literarisch-philosophischer Vorformulierung und psychoanalytischer Ausdeutung des Unbewußten, das die Wissenschaft in ihrem Sieg über Naturphilosophie und Romantik jenseits des wissenschaftlich Greifbaren gedrängt hatte, folgendermaßen:

> »Der Begriff des Unbewußten pochte schon seit langem um Aufnahme an die Pforten der Psychologie. Philosophie und Literatur haben oft genug mit ihm gespielt, aber die Wissenschaft wußte ihn nicht zu verwenden. Die Psychoanalyse hat sich dieses Begriffs bemächtigt, ihn ernst genommen, ihn mit neuem Inhalt erfüllt« (GW XVII: 147).

Freud hatte der Wissenschaft bisher ausgeklammerte, dunkle Gebiete erschlossen und damit im Namen der Wissenschaft einen Sieg über mythisches Denken errungen – so jedenfalls sah er selbst es. Starobinski sieht darin eher positivistische Härte, und die Derrida-Schülerin Sarah Kofmann versteht die Haltung, die Freud Philosophie und Literatur gegenüber einnahm, sogar als eine Form der »maîtrise« (Kofmann 1974), der Bemächtigung, eines Herrschaftsanspruchs, wie Freud selbst es ja ganz deutlich in dem zitierten Text ausspricht. Gewöhnlich ist es die Intuition, die Freud zur Erklärung der zahlreichen Vorgriffe auf seine Einsichten heranzieht. Die Distanz des Wissenschaftlers zum Dichter und Philosophen hat er nie aufgegeben und eine gleichwertige Erkenntnisweise neben der wissenschaftlichen niemals geduldet. So heißt es unmißverständlich in der 35. Vorlesung zur Einführung in die Psychoanalyse *(Über eine Weltanschauung):*

> »Es ist unzulässig zu sagen, die Wissenschaft ist ein Gebiet menschlicher Geistestätigkeit, Religion und Philosophie sind andere, ihr zumindest gleichwertig, und die Wissenschaft hat diesen beiden nicht dreinzureden; [. . .] Es ist nun einmal so, daß die Wahrheit nicht tolerant sein kann [. . .]« (Stud I: 588).

76 Vgl. Obermeit (1978) u. Lepenies (1978b: 141 ff. u. 1980: 66 ff.).

Und in *Die Zukunft einer Illusion* schreibt er:

> »Die wissenschaftliche Arbeit ist [. . .] für uns der einzige Weg, der zur Kenntnis der Realität *außer uns* [Herv. d. Verf.] führen kann. Es ist wiederum nur Illusion, wenn man von der Intuition und der Selbstversenkung etwas erwartet; sie kann uns nichts geben als – schwer deutbare – Aufschlüsse über unser eigenes Seelenleben [. . .]« (Stud IX: 165 f.).

Die Intuition kann also nach Freud bestenfalls zu ungewisser Selbsterkenntnis führen, eigentliche Realitätserkenntnis ist ihr nicht möglich. Dies trifft sich mit der bereits diskutierten Auffassung Hofmannsthals von der Erkenntnisqualität des psychologischen Romans.

»Philosophie und Literatur«, sagt Freud, haben oft genug mit dem Begriff des Unbewußten *»gespielt«,* die Psychoanalyse »hat sich dieses Begriffs *bemächtigt,* ihn ernstgenommen«. Diese Äußerung in dem das Lebenswerk zusammenfassenden *Abriß der Psychoanalyse* aus dem Jahre 1938 bringt Freuds Stellung zu Literatur und Philosophie prägnant auf den Begriff. Trotz aller Beschäftigung mit den seit der Aufklärung ausgeklammerten Bereichen des »Irrationalen« hat er doch den Rationalismus der Aufklärung nie aufgegeben: »Es ist unsere beste Zukunftshoffnung, daß der Intellekt – der wissenschaftliche Geist, die Vernunft – mit der Zeit die *Diktatur* [Herv. d. Verf.] im menschlichen Seelenleben erringen wird« (Stud I: 598).

Freuds doppeldeutige Stellung zur Literatur wird vor allem von zweierlei bestimmt: Aus dem Versagen positivistischer Wissenschaft gegenüber zur Erklärung drängenden psychopathologischen Erscheinungen bestimmte sich die Bedeutung, die er fortan der Literatur beimaß. Die Dichter werden zu »Bundesgenossen« gegenüber der zeitgenössischen Wissenschaft, »denn sie pflegen eine Menge von Dingen zwischen Himmel und Erde zu wissen, von denen sich unsere Schulweisheit noch nichts träumen läßt« (Stud X: 14).

Schon ein flüchtiger Blick in die chronologisch aufgebauten Gesammelten Werke zeigt dies: Während im Ersten, bis 1899 reichenden, die voranalytische Periode repräsentierenden Band sich nur vereinzelte Eintragungen von Dichtern, Philosophen finden, ist im Band II/III, der die *Traumdeutung,* also das erste psychoanalytische Werk im engeren Sinne umfaßt, plötzlich die gesamte Bildungswelt des 19. Jahrhunderts präsent: allem voran antike Mythologie und Dichtung, Shakespeare und die deutsche Klassik, ferner der realistische Roman mit Fontane, Keller, C. F. Meyer, der französische Naturalismus mit Zola und Daudet.

Es wäre sicherlich reizvoll, das Profil des literarischen Geschmacks Freuds im Hinblick auf seine Bedeutung für die Entstehung der Psychoanalyse genauer zu beschreiben.[77] In unserem Zusammenhang genügt es, einige Aspekte zu beleuchten.

---

77 Freuds Lektüre im Entstehungszeitraum der Psychoanalyse (bis 1902) hat Anzieu (1977: 146 ff.) rekonstruiert. Zu Freuds Privatlektüre siehe Brückner (1975). In einer Rezension hebt Michael

Das schöngeistige Interesse teilt Freud mit nahezu allen großen Ärzten des späten 19. Jahrhunderts. Dies gilt ohne Zweifel für die medizinischen Lehrer Freuds. Josef Breuer stand über fünfundzwanzig Jahre lang im Briefwechsel mit Marie von Ebner-Eschenbach[78] und war als Hausarzt gern gesehener Gast im Salon der Josephine von Wertheimstein, den Hofmannsthal für das geistige Zentrum Wiens hielt.[79] Hier sprach Ernst von Fleischl über Hypnose und Katalepsie und führte entsprechende Experimente vor (Marbach: 60). Der Psychiater Theodor Meynert stand mit Makart, Lenbach und Ferdinand von Saar in Beziehung, der Chirurg Theodor Billroth – von Hofmannsthal als »Mensch in großem Stil«, »Arzt der Renaissance« (A: 107) bewundert – war ein Duzfreund von Johannes Brahms.[80] Zusammen mit Eduard Hanslick bestimmten diese drei das Wiener Musikleben. Johann Schnitzler wurde als Knabe prophezeit dereinst der »ungarische Shakespeare« (J: 27) zu werden. Er wurde Arzt und hatte – bedingt durch sein Spezialgebiet, die Laryngologie (Kehlkopfkunde) seine Klientel vorwiegend in Sänger- und Schauspielerkreisen. Sein besonderes Verhältnis zum Theater wurde zum bestimmenden Jugenderlebnis seines Sohnes Arthur. Der im Verlaufe des 19. Jahrhunderts – nach einer These Odo Marquards – innerhalb der Philosophie sich vollziehende »Wachwechsel zwischen Ästhetik und Therapeutik« – von Schellings *System des transzendentalen Idealismus* (1800) hin zu Freuds *Traumdeutung* (1899)[81] – deutete sich in Wien in der zweiten Hälfte des Jahrhunderts in der gemilderten Form einer »Wechselwirtschaft« zwischen den beiden konkurrierenden Bereichen an, die in den Gelehrten- und Literatensalons konkrete Wirklichkeit wurde. Für Billroth

---

Rutschky (*Psyche* 32/1978: 274-276) zu recht den unsystematischen Charakter und die Zufälligkeit der Auswahl Brückners hervor. Literarische Assoziationen in der *Traumdeutung* rekonstruiert und analysiert Grinstein (1968). Einen Katalog der Bibliothek Freuds geben Trosman/Simmons (1973). Da diese jedoch lediglich über die Lektüre des alten Freud Auskunft gibt, kann sie nur wenig über seine Lesegewohnheiten um die Jahrhundertwende aussagen. Spector (1973) versuchte, Freuds ästhetische Vorstellungen in den kulturgeschichtlichen Kontext einzuordnen.

78 Der Briefwechsel wurde 1969 von Robert A. Kann herausgegeben. Zu Breuer vgl. die auf breitester Quellenbasis gearbeitete monographische Darstellung von Hirschmüller (1978).

79 Hofmannsthal verkehrte als einziger *Jung-Wiener* im Salon der J. v. Wertheimstein. In seinen Skizzen zum Bauernfeld-Essay von 1893 notiert er: »Wo ist *dieses* Wien?/nicht die Caféhäuser unheimlich grell modern/nicht der Donnerbrunnen:/nein die alte Frau: Gespräch über die Hand/kleiner Kreis, ein paar junge Frauen, ein paar lächerliche Figuren, ein/paar rührende, Verläumdung, Klatsch, hübsche Worte [. . .]« (nach Marbach: 62).

80 Zu *Meynert* vgl. Lesky (1965: 373-381), ferner Johnston (1974: 238 f.) Zu *Billroth* vgl. Lesky (1965: 435-447).

81 Marquard begründet seine These aus der seit Schelling sich ihrer Schwäche bewußten geschichtsphilosophischen Position, die die vernünftige »Geschichte in weltbürgerlicher Absicht« nicht verwirklichen kann: »zur philosophischen Kompetenz der Ärzte kommt es im Zusammenhang einer philosophischen Konjunktur der Therapeutik, und zu dieser kommt es dort, wo die Philosophie zur Natur als der entscheidenden Macht sich wendet, und wo zugleich die Ästhetik als Philosophie des Lebens mit dieser Natur unzureichend wird und versagt« (1963: 48). Der Weg von Schelling zu Freud sei als »Vollzug eines Wachwechsels zwischen Ästhetik und Therapeutik

schöpften, wie er 1886 an Brahms schrieb, »Wissenschaft und Kunst aus derselben Quelle« Das »wachsende ästhetische Interesse fürs Medizinische« fand sein »Gegenstück in dem wachsenden medizinischen Interesse fürs Ästhetische« (Marquard 1963: 48 f.). Die Ästhetik rückte unter medizinischen Aspekt.

Jean-Martin Charcot schrieb zusammen mit seinem Schüler Richer über *Les Difformes et les Malades dans l'Art*[82] und *Les Démoniaques dans l'Art*[83], worin er unter Hinweis auf die Verwandtschaft des Dämonismus mit der Geisteskrankheit eine rationale Erklärung des Übernatürlichen, der angeblich Besessenen, des Exorzisten und des Hexenjägers geben wollte (Veith 1965), eine Deutung, die auf Freuds Umgang mit dem »Irrationalen«, insbesondere auf seine Abhandlung *Eine Teufelsneurose im siebzehnten Jahrhundert* (1923), vorausweist, in der er die Dämonen und den Glauben an sie als Projektion verdrängter Triebregungen in die äußere Welt auffaßt (vgl. Stud VII: 285 ff.). In dem großbürgerlichen Salon Charcots, der das Zeichnen gelernt hatte, als er einen reichen Patienten auf die Italienreise begleitete, begegnete Freud während seines Studienaufenthaltes in Paris dem südfranzösischen Dichter Alphonse Daudet, dem italienischen Maler Emile Toffano, der 1880 im Pariser Salon vertreten war, und dem Bildhauer der gerade eingeweihten Statue von Claude Bernard, dem berühmten Physiologen, auf den Zola sich in seinem *roman expérimental* berief.

Ernst Brücke, einer der vielseitigsten Physiologen des 19. Jahrhunderts und neben Charcot der wichtigste unter Freuds Lehrern, unternahm eine »naturwissenschaftliche Untersuchung der Verse« (nach Lesky 1965: 263), *Die physiologischen Grundlagen der neuhochdeutschen Verskunst* (Wien 1871), die Philologen, Sänger, Schauspieler und Dichter – darunter den Freund Friedrich Hebbel – interessierte. Sie alle waren angezogen von dem vielversprechenden Unternehmen, »mit den Verssilben wie mit den Pulsschlägen zu verfahren, um die ästhetische Wirkung beispielsweise des alkäischen Rhythmus zu analysieren« (Lesky 1965: 263). Brückes physiologische Optik lieferte die theoretische Begründung des Pointillismus.[84] Von der Physiologie der Wahrnehmung geprägt sind auch seine zahlreichen kunsttheoretischen Arbeiten, so etwa die *Bruchstücke aus der Theorie der bildenden Künste* (Leipzig 1877), in denen er sich mit der Malerischen Perspektive, der Luftperspektive, Reliefperspektive,

---

zu begreifen, der unter den Bedingungen einer fortdauernden Schwäche der Vernunft und Resignation der Geschichtsphilosophie – also einer fortdauernden Macht der Natur unvermeidlich wurde« (ebd.: 52).

82 Paris: Lecrosnier et Babé 1889.

83 Paris: Delahaye et Lecrosnier 1887.

84 Brückes physiologische Optik ist den Theorien zur Physiologie des Sehvorgangs von Helmholtz u. a. verwandt, die für den Pointillismus bestimmend waren. Vgl. Faust (1977: 40). Er untersuchte auch die Synästhesie, die *audition colorée* Rimbauds, die Huysmans mit der Likörorgel in *A Rebours* so eindringlich veranschaulicht hat. Auch Hofmannsthal beschäftigte sich mit der Synästhesie. Vgl. Marie Herzfeld, *Blätter der Erinnerung,* in: Fiechtner (1963: 52).

Schattenkonstruktion und Beleuchtung auseinandersetzte, um – ähnlich wie Helmholtz (vgl. Sternberger 1974: 184 f.) – gerade mit den Erkenntnissen der Naturwissenschaft die Illusion als Illusion herauszustellen und zu bewahren.

Brücke wußte um die Kluft, die die moderne Erfahrungswissenschaft von der Kunst trennte. Dennoch sah er seine Aufgabe gerade darin, für die Kunst die Brücke zur Wissenschaft zu schlagen. Dem Kunsthandwerk wollte er den Stand der Optik als Wissenschaft vermitteln.[85] »Leonardo da Vinci«, schreibt er im Vorwort zu den *Bruchstücken aus der Theorie der bildenden Künste,* »verfügte über den ganzen Schatz der Kenntnisse seiner Zeit; er wußte alles aus der Geometrie, Mechanik, Physik, Physiologie und Anatomie, was auf seine Kunst Bezug hatte. Heutzutage ist ein solches Wissen unmöglich bei der Entwicklung, welche die genannten Disziplinen erlangt haben« (1877: VIII). Gleichwohl hielt er – wie Freud – an den klassischen Schönheitsidealen fest. Der heutige Künstler würde auch mit einem geringeren Wissen als das Leonardos auskommen, »wenn er vom Geiste der alten Meister beseelt wäre«. Obwohl Brücke die theoretischen Grundlagen des Pointillismus bereitstellte, stand er doch der Moderne ablehnend gegenüber – eine Konstellation, die sich bei Freud wiederholen wird. Noch sein spätes Werk, *Schönheit und Fehler der menschlichen Gestalt* (1892) setzte er dem modernen Realismus entgegen. Er war in Berlin als junger Dozent und »später in Wien wie auf seinen italienischen Reisen mit der Frage der Determinierung des klassischen Schönheitsideals beschäftigt« (Lesky 1965: 267). Unerreichbare und nicht zu übertreffende Objektivation menschlicher Körperschönheit waren ihm die »Ideale der griechischen Bildhauer, die nicht sterben werden, so lange es eine plastische Kunst gibt«.

Welche Blüten das physiologische Interesse an der Kunst auch treiben konnte, läßt der Vortrag von Freuds geschätztem Kollegen Sigmund Exner über das scheinbar so freudianisch anmutende Thema *Die Physiologie des Fliegens und Schwebens in den bildenden Künsten,* am 5. Januar 1882 im österreichischen Museum für Kunst und Industrie gehalten, ahnen. Als ein Beispiel fliegender Gestalten in der Kunst waren ihm die Amoretten auf Raffaels Galathea in der römischen Villa Farnesina genannt worden:

> »Fassen wir eine dieser Kindergestalten näher in's Auge, z. B. die welche dem Beschauer den Rücken zukehrt. Sie ist wie die Mehrzahl der fliegenden Gestalten stark nach vorne übergeneigt, so daß die Körperachse mit der Vertikallinie einen Winkel von circa 75 Grad einschlägt. Was kann die Ursache dieser Schiefstellung sein? Offenbar nur, oder doch fast nur, der Luftwiderstand, welchen die Gestalt im Vorwärtsfliegen findet. An die Stelle, an welcher die Flügel aufsitzen, zieht eine Kraft nach vorwärts und der Körper bleibt zurück, so wie ein oben angefaßter Papierbogen mit einer gewissen Geschwindigkeit durch die Luft geführt, an seinem unteren Ende zurückbleibt. Nun läßt sich freilich annähernd berechnen, wie schnell sich die in

85 Vgl. Ernst Brücke, *Die Physiologie der Farben für die Zwecke der Kunstgewerbe.* Auf Anregung der Direction des Kaiserlich Oesterreichischen Museum für Kunst und Industrie. Leipzig 1866. (Anm. 86 entfällt.)

Abb. 4 Raffael, Galathea

> Rede stehende Putte vorwärts bewegen muß, damit die ihr von Raphael ertheilte Stellung physikalisch begründet sei« (Exner 1882: 18).

Exners Berechnung führt zu dem Resultat, daß die Putten sich mit einer Geschwindigkeit von 54 Metern pro Sekunde bewegen müßten, was immerhin der doppelten Geschwindigkeit eines Sturmes entspreche. Da dies kaum angehe, bliebe nur die Annahme, daß die Amoretten vom normalen menschlichen Gewichte befreit seien. Von dem Eindruck ausgehend, daß die Putte sich nicht mehr als zwei Meter pro Sekunde bewege, führt ihn die gleiche Rechnung zu dem Ergebnis, daß das Gewicht der ganzen Knabengestalt, »auf der Wage bestimmt«, zwei Gramm ausmache: »Man würde ihn also mit Leichtigkeit in die Luft blasen können« (ebd.: 20). Exner kommt zu dem Schluß, »daß wir es mit einem Fliegen im mechanischen Sinne durchaus nicht zu thun haben«. Auf die Kunst könnten keine mechanischen Vorstellungen übertragen werden; um die Schwerelosigkeit darzustellen bedürfe es anderer als der naturwissenschaftlichen Mittel. Der Künstler sei doch kein »consequent und bewußt nach naturgeschichtlichen Kenntnissen vorgehender Mann« (ebd.: 13). Er rufe vielmehr durch eine Reihe von Kunstgriffen in dem Beschauer Ideenassoziationen wach, welche ihm die Vorstellung des Fliegens nahelegen. Vor den Mitteln der künstlerischen Illusion streckte der Arzt und Physiologe ehrfurchtsvoll die Waffen.

Bei Exner offenbart sich wie bei seinem berühmteren Kollegen Helmholtz der »Ehrgeiz solcher Wissenschaft, mit dem Schönen wenigstens von der ›Grenze‹ her zu tun zu haben« (Sternberger 1974: 179). Exners Versuch, ersonnen, »wenn sich in drückender Julihitze die Thüre des Laboratoriums zum letztenmale im Schuljahr hinter mir geschlossen hat« (1882: 6), verweist bei aller unbeabsichtigten Komik auf ein noch in Freuds Verhältnis zur Kunst nachwirkendes Moment, auf den von der Klassik sich herleitenden emphatischen Kunstbegriff, der innerhalb des Bildungsbürgertums im späten 19. Jahrhundert noch weithin Gültigkeit besaß.

Freuds Kunstverständnis

In den einleitenden Bemerkungen zu seiner Studie über den Moses des Michelangelo hat Freud in zurückhaltender Bescheidenheit sein persönliches Verhältnis zur Kunst mit folgenden Worten charakterisiert:

> »Ich schicke voraus, daß ich kein Kunstkenner bin, sondern Laie. Ich habe oft bemerkt, daß mich der Inhalt eines Kunstwerkes stärker anzieht als dessen formale und technische Eigenschaften, auf welche doch der Künstler in erster Linie Wert legt. Für viele Mittel und manche Wirkungen der Kunst fehlt mir eigentlich das richtige Verständnis.

[. . .]

Aber Kunstwerke üben eine starke Wirkung auf mich aus, insbesondere Dichtungen und Werke der Plastik, seltener Malereien. Ich bin so veranlaßt worden, bei den entsprechenden Gelegenheiten lange vor ihnen zu verweilen, und wollte sie auf meine Weise erfassen, d. h. mir begreiflich machen, wodurch sie wirken. Wo ich das nicht kann, z. B. in der Musik, bin ich fast genußunfähig. Eine rationalistische oder vielleicht analytische Anlage sträubt sich in mir dagegen, daß ich ergriffen sein und dabei nicht wissen solle, warum ich es bin und was mich ergreift« (Stud X: 197).

Gemäß den Traditionen des 19. Jahrhunderts stellt Freud den geistigen Gehalt eines Kunstwerkes über seine Form (Gombrich 1967) – eine Inhaltsästhetik also, die es ihm kaum erlaubt haben dürfte, den Formexperimenten der Symbolisten Verständnis entgegenzubringen. Dies um so mehr, als er eine »klare und unzweideutige Schreibweise» liebte: Hinter »gezwungenem und gewundenem Ausdruck« vermutete er »den Anteil eines nicht genugsam erledigten, komplizierenden Gedanken«, »die erstickte Stimme der Selbstkritik des Autors« (GW IV: 112). Sein Stilideal rechtfertigte er mit Hinweis auf die *Art poétique* des französischen Klassizisten Nicolas Boileau[87], die vom Naturalismus wieder ausgegraben und als stilbildend propagiert worden war. Die Verrätselung des Sinns und die verdunkelnde Knappheit des Ausdrucks in Mallarmés Dichtung war – sollte er sie überhaupt zur Kenntnis genommen haben – sicherlich nicht nach seinem Geschmack.

Freud hebt ferner seine rationalistische Haltung hervor, die ihm ein passives Genießen, ohne zu begreifen, was ihn ergreift, unmöglich macht. Nietzsche hätte in dieser Selbstdarstellung den Sokratiker, den Feind einer ästhetischen Kultur erkannt.

Der alte Freud konnte den Surrealisten, die ihn doch zu ihrem Schutzheiligen erkoren hatten und vermittels der *écriture automatique* das Unbewußte zum Sprechen bringen wollten, wenig Bewunderung entgegenbringen. Nach einem Gespräch mit Dali meinte er skeptisch, »der Begriff der Kunst verweigere sich einer Erweiterung, wenn das quantitative Verhältnis von unbewußtem Material und vorbewußter Verarbeitung nicht eine bestimmte Grenze einhält.«[88]

Freud geht von einem vorgefaßten, normativen Kunstbegriff aus, der die

---

87 Freud zitiert aus der *Art poétique* folgende Verse, um seine Auffassung des richtigen Stils zu belegen:
»Ce qu'on conçoit bien
S'annonce clairement
Et les mots pour le dire
Arrivent aisément.
(GW IV: 112).
Zum Stilideal Freuds vgl. hier die Anm. 93.

88 Briefe: 46; vgl. Breton (1973). Pontalis (1978) stellte die Beziehung Breton – Freud unter das Bild der nicht kommunizierenden Gefäße.
Freud lehnte auch den *Expressionismus* ab (vgl. seinen Brief an Oskar Pfister vom 21. 6. 1920). Er vertrat von Jugend an bis ins Alter ein klassizistisches Kunstprogramm (vgl. den Brief vom 22. 8. 1874 an den Jugendfreund Silberstein mit jenem vom 19. 1. 1930 an Romain Rolland).

übermäßige Ausweitung des unbewußten Anteils bei der Entstehung eines Kunstwerks nicht zuläßt. Unbewußte Komponenten sollten von der »poetischen Ökonomie [. . .] gedeckt bleiben«, denn sonst würden sich beim Zuschauer im Theater oder beim Leser »schwere Widerstände« (Stud X: 249) erheben.

In dem vermutlich 1906 verfaßten Aufsatz *Psychopathologische Personen auf der Bühne* akzeptiert Freud den Neurotiker als Bühnenheld nur unter der Bedingung, »daß die zum Bewußtsein ringende Regung, so sicher sie kenntlich ist, so wenig mit deutlichem Namen genannt wird« (Stud X: 167).

Paradigma ist ihm hierfür Shakespeares *Hamlet:* »Ist doch der Konflikt im *Hamlet* so sehr versteckt, daß ich ihn erst erraten mußte« (Stud X: 167). Wird nicht analog dem *Hamlet* verfahren, so wären Abneigung und Unlustgefühle beim Zuschauer die Folge. Gegen diese Regel werde »von neueren Dichtern besonders oft gefehlt« (Stud X: 164): »Wo uns die fremde und fertige Neurose entgegentritt, werden wir im Leben nach dem Arzt rufen und die Figur für bühnenunfähig halten« (Stud X: 167).

Dies führt Freud zur Ablehnung von Bahrs Drama *Die Andere* (1905), in dem die Heldin plötzlich ihr Ich verliert und als neues Wesen eine andere Existenz beginnt. Interessanterweise ist gerade dieses Stück nach einem psychiatrischen Werk gestrickt, nach Ribots *Maladies de la personnalité,* einer Darstellung von Bewußtseinsspaltungen und Doppelpersönlichkeiten, die auch Hofmannsthal faszinierte[89]. Die Annäherung der Literatur an die Psychiatrie und ihre Beschäftigung mit von der Wissenschaft beschriebenen Krankheitsbildern wird von Freud nicht gutgeheißen. Sein persönliches Kunstverständnis hindert ihn, Neurotiker, die spätestens seit dem Fin de siècle so zahlreich in der Literatur zu finden sind und für deren Verständnis er so viel geleistet hat, als literarische Sujets zu akzeptieren. Man muß daher von einem Gegensatz zwischen Freuds persönlichem Kunstverständnis und seinen psychoanalytischen Entdeckungen sprechen. Seine revolutionäre Konsequenz im wissenschaftlichen Bereich, die Unnachgiebigkeit, mit der er jeden Kompromiß mit der »kompakten Majorität« ablehnte, findet ihre Balance in einer *konservativen* Kunstauffassung – Starobinski (1973: 99) zufolge eine Maske, angelegt zum Schutz seiner Erkenntnisse.

Mario Praz (1965: 3) hat darauf hingewiesen, daß vor der romantischen Periode der Neurotiker sich unter dem Mantel des Melancholikers *(Hamlet)* oder auch Wahnsinnigen *verbarg.* Es ist daher anzunehmen, daß Freuds an der älteren Literatur gewonnene Kunstauffassung ihm das Verständnis gerade für jene Entwicklungen in der modernen Literatur versperrte, die mit seinen wissenschaftlichen Erkenntnissen so sehr konvergieren, ja von ihnen beeinflußt sind.

---

89 Vgl. Br. II: 155; eine ähnlich gelagerte psychiatrische Quelle, *The Dissociation of a Personality* von Morton Prince, diente Hofmannsthal als Vorlage für seinen späten Roman *Andreas oder die Vereinigten,* wie Richard Alewyn (1967: 131-167) nachgewiesen hat.

Freud kannte den Naturalismus, der um 1900 schon in der Defensive war, ziemlich gut und schätzte Ibsen und Zola, während er Symbolismus, Neuromantik, Décadence kaum Beachtung schenkte. Wenn seine Lösung vom naturwissenschaftlichen Materialismus tatsächlich in der Überwindung des Naturalismus seine Parallele hat und die Psychoanalyse (insoweit sie auf Introspektion gerichtet ist), ihre Wurzeln im Fin de siècle hat, dann muß Freuds Verhalten erstaunen.[90] Denn *Seele,* ein Begriff, der im Naturalismus kaum vorkommt, war doch »vor allem [. . .] gemeint, wenn etwas ›fin de siècle‹ war« (Wunberg 1969: 704). An die Stelle von Milieu und Vererbung war hier das zu einer Chiffre gewordene *Ich* getreten. Gotthart Wunberg hält von der Literaturgeschichte her gesehen die Schöpfung der Psychoanalyse in diesem Zeitraum für »nicht unbedingt überraschend«. Jean Starobinski, der »Freuds ›Romantik‹ in eine kräftige Rüstung von positivistischem Rationalismus eingezwängt« sieht, glaubt »dieses sonderbare Nebeneinander von Entdecker*freude* und dem *tragischen* Gefühl, das angesichts des entdeckten Objekts [i. e. das Unbewußte] erwacht ist, [. . .] nicht so weit entfernt von einem pessimistischen Quietismus – einer ohnmächtigen Betrachtung des Übels in der Welt –, der eine große Anzahl von Werken des ›Fin de siècle‹ kennzeichnet und verweist auf das Klima des literarischen Naturalismus.[91]

Derlei Urteile, die die Entstehung der Psychoanalyse aus der Stimmung des Fin de siècle plausibel machen, ließen sich mühelos vermehren – und dennoch: bei Freud scheinen sie keine Stütze zu finden. Sein Werk scheint wie ein erratischer Block ohne Verbindung mit den Zeittendenzen dazustehen.

Eine Möglichkeit, diesen Widerspruch zu mildern, ja ihn als einen Scheinwiderspruch erscheinen zu lassen, deutet Starobinski an. Faßt man mit ihm

---

90 Tatsächlich ist Introversion nicht nur eine Tendenz der Literatur, sondern auch in der Kunst des Fin de siècle, was angesichts der Annäherung der Künste im Ästhetizismus nicht verwundern muß. Über das Gemälde *I lock my door upon myself* von Fernand Khnopff – für Hofmannsthal neben Mallarmé Vertreter des »Ästhetismus« (A: 124) – bemerkt Günter Metken: »Ecarter les influences extérieures – mourir au monde, comme disaient les mystiques –, pour se connaître soi-même par les rêves présage évidemment l'entreprise de Freud« (1979: 38).
Eine der wenigen Arbeiten über das Verhältnis von Literatur und bildender Kunst in der Jahrhundertwende ist Jost Kirchgraber, *Meyer, Rilke, Hofmannsthal und die bildende Kunst* (Bonn 1971). Eine vergleichende Untersuchung über die für den Ästhetizismus konstitutive wechselweise Spiegelung und Annäherung der Künste, von der schon Hofmannsthal sprach (A: 123), steht jedoch noch aus.

91 Starobinski (1973: 86 f.). Ähnlich gelagert – wenn auch nicht so schlüssig begründet wie gerade Wunbergs Urteil – ist die Ansicht Koopmanns (1976: 312), der in der Tendenz zur Entgrenzung der neuen nicht-naturalistischen Literatur von 1900 das »Interesse an der Darstellung seelischer Verhaltensweisen« begründet sieht: »Georges *Das Jahr der Seele* deutet derartige Möglichkeiten schon im Titel an; Rilkes *Stunden-Buch* handelt nicht weniger von neuen seelischen Erfahrungen. Ebensowenig will es als Zufall erscheinen, daß im letzten Jahrzehnt vor der Jahrhundertwende sich Sigmund Freud mit dem zu beschäftigen begann, was er Psychoanalyse nannte; mit Freud begann [. . .] die Erforschung auch der Tendenz, die sich im literarischen Bereich als ›Entgrenzung‹ so nachdrücklich abzeichnete: Sehnsüchte, Wünsche, vor allem aber Träume wurden ihm als die eigentlichen Äußerungsformen interessant.«

(entgegen Wunberg) den Begriff Fin de siècle als Epochenbegriff, der die gesamte Kunst gegen Ende des 19. Jahrhunders – naturalistische wie gegennaturalistische Strömungen – gleichermaßen umfaßt[92], dann zeigt sich Freud wenn nicht als Kenner, so doch als jemand, der auch die Modernismen zur Kenntnis nimmt; dann wäre auf Jacob Julius David, Theodor Herzl, Fontane, Nietzsche, Oskar Panizza und Arthur Schnitzler, auf Swinburne und Tennyson (als Vorläufer), auf Zola, Maupassant, Daudet, France, Paul Bourget, Alexandre Dumas fils sowie Victorien Sardou, auf Ibsen und Jens Peter Jacobsen, auf Richard Wagner und nicht zuletzt auf Arnold Böcklin hinzuweisen.[93] Aber selbst ein in so weitem Sinne verstandenes Fin de siécle wäre nicht gerade charakte-

---

92 Kreuzer (1976: 22). Eine ausführliche Darlegung dieser neuen Epochenkonzeption gibt Kreuzer (1975: insbes. 62). Im Grunde knüpft er hier an die schon von Arnold Hauser und Jost Hermand gemachte Beobachtung an, daß die Übergänge von Naturalismus zu Antinaturalismus fließend waren, so daß die Gegensätze objektiv nicht so stark waren, wie sie subjektiv den Beteiligten erscheinen mußten.

93 Diese Angaben nach Anzieu (1975: 146-149), der Freuds Privatlektüre bis 1901 zusammengestellt hat.

Schönau (1968) glaubt – an eine gelegentliche Äußerung Freuds anknüpfend –, Lessing als Freuds Stilmuster nachweisen zu können, wobei er allerdings eine gewisse Unsicherheit seiner Konstruktion nicht verschweigt. Er hat etwa 150 Schriftsteller in Freuds Werken zitiert gefunden und hält seinen Stil für traditionsverbunden: Freud habe zukunftsweisende Gedanken im Sprachgewand des 18. Jahrhunderts vorgetragen (S. 40 ff.). Demgegenüber kommt Schröter in einer weitläufig recherchierten Untersuchung zu folgendem Ergebnis: »Es ist das Stil- und Denkmuster des in der Renaissance ausgebildeten, der gesellschaftlichen Konkretheit zugewandten Realismus, der tiefer auf den jungen Freud eingewirkt hat als die Abstraktionen weit zugänglichere Denkweise des Rationalismus des achtzehnten Jahrhunderts« (Schröter 1974: 147). Zu demselben Ergebnis kommen Gedo/Wolf in Gedo/Pollock (1976: 11-45 und 87-111). Schröter kann seine These allerdings nur nach einer gewaltsamen Eskamotierung der romantischen Tradition, in der Freud doch auch – weniger im Stilistischen als im Inhaltlichen – steht, durchhalten. (Schröters Kritik ist vor allem gegen Thomas Manns Vortrag aus dem Jahre 1929, *Die Stellung Freuds in der modernen Geistesgeschichte*, gerichtet.) Für Schröter ist »Freuds autobiographische Äußerung, der Aufsatz ›Die Natur‹ habe seine Berufswahl bestimmt [. . .], bloß anekdotisch [. . .]« (Schröter 1974: 171). Zur Bedeutung dieses Aufsatzes vgl. Anm. 44 in diesem Kapitel. Kesting (1976) sieht Coleridge, Quincey, Strindberg als Vorläufer Freuds in der Entdeckung des Unbewußten. Zu Freuds Metaphorik auch Pörksen (1978).

Angesichts der immensen Lektüre Freuds wie auch der unterschiedlichen geistesgeschichtlichen Tendenzen, die in der Psychoanalyse sich vereinigen, dürfte es überhaupt schwer fallen, Freuds Werk geistesgeschichtlich auf *einen* Nenner zu bringen. Jede Hervorhebung der einen Tendenz geht auf Kosten der anderen, ganz nach persönlichem Geschmack des Interpreten. M. E. ist gerade die Vereinigung von Gegensätzen, von Romantik und Positivismus, von »Irrationalem« und Aufklärung, von Introspektion und Realismus für dieses Werk charakteristisch, wobei – und das sei Schönau zugestanden – Freuds Intention zufolge dem Rationalismus der Vorrang gebührt.

Für den von mir im Text diskutierten zeitgenössischen Kontext ist die von Schmidt-Dengler (1970: 498) in seiner Rezension von Schönaus Buch gegebene Anregung, Freuds Stil sollte »mehr in Beziehung zur Sprachwelt des ausgehenden 19. Jahrhunderts verstanden werden«, wichtiger. Einen ersten Schritt in Richtung auf diese bislang noch ausstehende Untersuchung hat Kurt R. Eissler (1974b: 90 ff.) getan, der Freuds Jugendstil von dem »Wiener Spaziergänger« Daniel Spitzer beeinflußt sieht. Schmidt-Denglers Anregung scheint mir deswegen so wertvoll, weil doch auch historisch abgeleitete Stilformen aus dem Bewußtsein der eigenen Zeit heraus rezipiert und anverwandelt werden. Freuds wissenschaftliche Prosa wäre mit der anderer großer Wissenschaftler des ausgehenden 19. Jahrhunderts zu vergleichen, und es wäre herauszuarbeiten, ob sie noch dem bis weit ins 19. Jahrhundert hinein gültigen goetheanischen Stilideal verpflichtet ist.

ristisch für Freuds literarischen Geschmack. Bezeichnend ist, daß er innerhalb des deutschsprachigen Bereichs die Romane und Novellen C. F. Meyers über die gesamte Gegenwartsliteratur stellte. Seine Privatlektüre war um die Jahrhundertwende durch die Weimarer Klassik, die Aufklärung des 18. Jahrhunderts, Heine und Shakespeare, nicht durch Hauptmann und Hofmannsthal gekennzeichnet.

Offenkundig ist, daß Freud innerhalb der Literatur des Jahrhundertendes die naturalistische bevorzugte. Daß er bei einer 1906 vom Wiener Verlagsbuchhändler Hugo Heller veranstalteten Rundfrage nach »zehn guten Büchern«[94] unter den Romanen Emile Zolas gerade das weltanschaulich befrachtete Spätwerk *Fécondité,* mit dem der Naturalist Frankreich aus »Marasmus und Dekadenz«[95] führen wollte, nennt, sowie zusätzlich den *Docteur Pascal,* Schlußstein des Romanzyklus über die Rougon-Macquart, der die Ideologie dieser Romane – Vererbungslehre und Degeneration, »wissenschaftlich« abgedeckt durch die Namen Darwin, Haeckel, August Weismann und Eduard Lucas – erwähnt, ist noch für den gerade sich vom Geiste des Positivismus lösenden Wissenschaftler charakteristisch. Doch seine Vorliebe für Zola[96] läßt sich noch ganz anders erklären. Am 27. April 1900, in der Zeit der *splendid isolation* (Anf: 273), hatte er vor der jüdischen Loge B'nai-B'rith einen Vortrag über den im Jahr zuvor erschienenen Roman *Fécondité* gehalten; zwei Jahre zuvor, im Februar 1898, hatte er Zola angesichts seiner Haltung in der Dreyfus-Affäre einen »braven Kerl« (Anf: 210) genannt. Für den Juden Freud, der sich in Wien einem zunehmend erstarkenden Antisemitismus ausgesetzt sah, mußte Zola eine Identifikationsfigur bilden, jemanden, »mit dem man sich verständigen könnte« (Anf: 210). Die weitgehende Ignoranz der gegen den Naturalismus sich durchsetzenden Literatur und Kunst war für den liberalen jüdischen Bürger Sigmund Freud angesichts der unpolitischen, ja reaktionären Haltung vieler »décadents« (d'Annunzio!)[97] durchaus politisch motiviert. Nicht nur Zola, sondern auch den Propagandisten der Moderne (in weitestem Sinne) Georg Brandes rezipierte er aus der Opposition gegenüber der sich zunehmend verengenden politischen und geistigen Situation Wiens heraus.

Freuds programmatische Sichtweise dessen, was die »gleichzeitig Lebenden« (B II: 70) in der Literatur und Kunst schufen, ist auch dadurch bestimmt, daß er – wie Paul Ricoeur treffend gesagt hat – »bei all seiner Sympathie für die

94 Die Rundfrage, die auch an Hugo von Hofmannsthal, Arthur Schnitzler, Hermann Bahr, Peter Altenberg und J. J. David ergangen war, wurde 1907 bei Hugo Heller & Co., Wien, unter dem Titel *Vom Lesen und von guten Büchern* veröffentlicht. Freuds Antwort ist wieder abgedruckt in Briefe: 267 f.

95 Nach Kindlers *Literaturlexikon,* Ergänzungsband, Zürich 1974: 926.

96 Schröter (1974: 139) weist noch die Identifizierung Freuds mit dem ehrgeizigen Ovide Faujas aus *La Conquête de Plassans* (1874) nach. Zahlreiche Anspielungen auf Zolas Werk in der *Traumdeutung* hat schon Grinstein (1968) nachgewiesen.

97 Hofmannsthal schreibt 1897 an den Vater in bezug auf d'Annunzio, der sich als Abgeordneter für eine konservative Gruppierung wählen ließ: »[. . .] eine merkwürdige Zeit, wo die Dichter reaktionär sind, eigentlich alle!« (Br I: 230).

Kunst keinerlei Bereitschaft zu einer ›ästhetischen Weltsicht‹ zeigt«.[98] Der »positivistische Rationalismus«, den Freud bei aller Beschäftigung mit dem »Irrationalen« stets bewahrt hat, ließ ihn davon Abstand bewahren. Denn seine Leistung bestand ja, seiner eigenen Einschätzung nach, weniger darin, die Existenz des Unbewußten angenommen zu haben – das war Ende des 19. Jahrhunderts auch in Medizinerkreisen wenig originell – als vielmehr darin, den Begriff des Unbewußten »ernstgenommen, ihn mit neuem Inhalt erfüllt« zu haben: Die Konstruktion einer *Mechanik* des Unbewußten – Verschiebung, Verdichtung, Symbolisierung –, die es ermöglicht, mit den – schwachen – Mitteln der Vernunft, dem Bereich des Unbewußten Terrain abzugewinnen, was Freud mit Goethe als »Kulturarbeit etwa wie die Trockenlegung der Zuydersee« (Stud I: 516) beschrieb, war sein spezifischer Beitrag zur Wissenschaft.

Freud und die Schriftsteller des Fin de siècle standen gleichermaßen vor dem Problem, der Enge eines Weltbildes zu entkommen, das auf das Feld exakt meßbarer Tatsachen eingeschränkt war und damit weite Bereiche des Lebens aus dem Bezirk des rational Erklärbaren (als *Metaphysik*) verwiesen hatte. Die Konsequenz der positivistisch eingeschränkten Vernunft war, daß sich hinter ihrem Rücken die scheinbar erledigte *Metaphysik* in Form des wissenschaftlich nicht Erklärbaren wieder durchsetzte. Der Einengung der Vernunft entsprach eine *Irrationalisierung* weiter Lebensbereiche. Hofmannsthal wollte bezeichnenderweise aus »Zolaismus und Romantik [. . .] die große, die neue, die mystische Einheit« (PI: 19) schaffen. Nicht zufällig ist Freuds hartnäckiges Interesse an Phänomenen des Okkulten, seine Neigung zu mystischen Zahlenkombinationen und Spekulationen über sein Todesdatum (Jones III: 437-483).

Die Fin-de-siècle-Literatur bei Freud

Trotz des konservativ eingeengten Profils seiner Kunstrezeption hat sich in Freuds Arbeiten über bildende Kunst und Literatur der Psychoanalytiker gegenüber der Ästhetik Goethes und Schopenhauers durchgesetzt. Freuds Untersuchungen über den Witz und das Unheimliche erschließen Randgebiete der Ästhetik. Sie beschreiben Zerfallsprozesse in denen sich unbewußtes, primärprozeßhaftes Denken gegen das darübergezogene Netz der Logik durchsetzen. Und war es nicht Freud, der in Hamlet den Hysteriker erblickte und den Künstler überhaupt neben den Neurotiker stellte?

Geht man mit Mario Praz davon aus, daß in »keiner literarischen Epoche [. . .] der Sexus [. . .] so sichtbar im Mittelpunkt der Dichtung gestanden« hat wie in der romantischen (1963: 11) und daß die Literatur des Fin de siècle eine

---

98 Ricoeur (1965: 342). Vgl. auch das Unwienerische an Freuds Lebenswandel in Wien (nach der Schilderung von Hanns Sachs) im Abschnitt I.

bestimmte Sexualität, nämlich die verschiedensten Arten sexueller »Perversion« wie Sadismus, Lesbiertum etc. besonders stark hervorkehrt, so scheinen Freuds die Sexualität betonende Interpretationen – wie er dies selbst am Verhältnis von Hebbels Judith zum biblischen Vorbild zeigte (Stud V: 226 f.) – dem Geist des Fin de siècle gar nicht so fremd. Freuds in den zwanziger Jahren neuformulierte Triebtheorie – die Annahme von Eros und Thanatos als die conditio humana bestimmende Pole, das Leben als Umweg zum Tode – erscheint als die Wiederaufnahme einer zentralen Position des Fin de siècle. Die neuromantische Poetisierung des Todes, die Lust zum Tode gehört zu den charakteristischsten Denkmustern der Jahrhundertwende.[99]

Wenn bisher von der Verkennung gerade *der* zeitgenössischen Literatur gesprochen wurde, die Freud aufgrund ihrer psychischen Dimensionen doch hätte anziehen müssen, so bedarf dieses Bild doch einer Korrektur.

Der bereits erwähnte Georg Brandes war nicht nur der Propagandist Darwins, sondern auch, nicht viel später, derjenige, der Nietzsche zu einer vielzitierten Berühmtheit machte. Auf Nietzsche spielt Freud an einer Stelle in der *Traumdeutung* an, wenn er die Veränderungen, die der Traum am Traummaterial vornimmt, als »völlige *Umwertung aller psychischen Werte*« (Stud II: 327) beschreibt. Und auch Ibsen, der nicht nur Geburtshelfer des naturalistischen, sondern auch des symbolistischen Dramas war, findet sich in der *Traumdeutung*, deren reiches Assoziationsmaterial auch Freuds literarische Bildung widerspiegelt. In dem 1916 veröffentlichten Aufsatz *Einige Charaktertypen aus der psychoanalytischen Arbeit* nannte er Ibsen zu Beginn einer Analyse von *Rosmersholm* einen »großen Dramatiker, der die Aufgabe der psychologischen Rechenschaft mit unnachsichtiger Strenge zu verfolgen liebt« (Stud X: 244).

Ibsens Dramen haben Freud persönlich stark berührt. Der Psychoanalytiker sah sich – mit den Worten aus *Ein Volksfeind* – der »kompakten Majorität«[100] gegenüber, und der alte Freud gestand Arthur Schnitzer, bei dessen Besuch in der Berggasse 19 im Jahre 1922, »Solneßgefühle«.[101]

Schließlich sei auf ein Buch des Fin de siècle verwiesen, das wie kaum ein anderes Freud angerührt hat und von dem kaum ein Schriftsteller der Jahrhundertwende unbeeinflußt blieb; Rilke lernte Dänisch, um es in der Originalfassung lesen zu können; es wurde die entscheidende Anregung für seinen *Malte Laurids Brigge*; von Hofmannsthal und Schnitzler sind Aufzeichnungen bekannt, die den starken Eindruck bezeugen, den es auf sie gemacht hat: es ist der *Niels Lyhne* des Jens Peter Jacobsen. Freud schrieb nach der Lektüre am

---

99 Hinweis von Peter Sprengel, der Freud hier in einer Traditionslinie sieht, die von Novalis' *Hymnen an die Nacht* über *Tristan und Isolde* bis hin zum frühen Hofmannsthal, zu Th. Mann, Rilke und Hauptmann reicht. Für Hinterhäuser (1977: 175 f.) ist Villiers de l'Isle-Adams Überdrama *Axel* geradezu eine »Exemplifikation« von Freuds später Trieblehre.

100 Vgl. Briefe: 382. Anspielungen auf Ibsen auch in der *Traumdeutung* (Stud II: 297 und 262).

101 Dies notierte Arthur Schnitzler nach einer langen Aussprache mit Freud am 16. 6. 1922 in sein Tagebuch.

16. Oktober 1895 an Fließ: »Der Jacobsen (Niels Lyhne) hat mir tiefer ins Herz geschnitten als irgendeine Lektüre der letzten neun Jahre. Die letzten Kapitel anerkenne ich als klassisch« (Anf: 114).

Freud hat sich mit diesem Buch in der Zeit, als das Scheitern der im *Entwurf* vertretenen Intentionen langsam sichtbar wurde, geradezu identifiziert: Als psychologischer Entwicklungsroman aus darwinistischer Sicht mit einer Zusammenschau von Psychologischem und Physiologischem, von Traumszenen und in Erbe und Milieu begründetem Determinismus, naturalistischer wie auf Jugendstil und Impressionismus weisender Stilelemente verbindet *Niels Lyhne* charakteristische Elemente des Fin de siècle in einem doppelgesichtigen Übergangsstadium.[102]

Freuds »imaginäres Porträt« Leonardo da Vincis

Mit einer seiner Arbeiten auf ästhetischem Gebiet hat Freud sogar an einen klassischen Topos des Fin de siècle angeknüpft. Es ist die 1910 erschienene Studie *Eine Kindheitserinnerung des Leonardo da Vinci,* die er zu seinen Lieblingsschriften zählte.[103] Mit seiner Deutung der »rätselhaften« Persönlichkeit Leonardos, eines »der größten Männer der italienischen Renaissance« (Stud X: 91), gab Freud seinen Beitrag zur Interpretation einer Epoche, die wie kaum eine andere das Fin de siècle angezogen hat. Kaum einer der Dichter, der um 1900 geschrieben hat, der sich nicht in der Renaissance gespiegelt hätte: sie verbindet wie ein gemeinsamer Nenner die Werke von Hofmannsthal, Schnitzler, Rilke, Thomas und Heinrich Mann. Freuds Studie erschien zu einem Zeitpunkt, da die eigentliche Renaissance-Mode ihren Höhepunkt erreicht hatte[104], und sie beschäftigt sich mit einem Maler der Hochrenaissance, der gerade im *Jungen Wien* besonders bewundert wurde als vollendete Verkörperung des

102 Eine andere Deutung von Freuds *Niels Lyhne*-Rezeption bei Brückner (1975: 45 ff.).

103 Freud hielt den Leonardo für »die einzig hübsche Sache«, die er je geschrieben habe (nach Jones II: 410). Bloße Seitenangaben im Folgenden beziehen sich auf die Wiedergabe in Stud X.

104 Eine erste gründliche Darstellung der Renaissance-Mode um 1900 stammt von Walter Rehm (1969: 34 ff.): *Der Renaissancekult um 1900 und seine Überwindung,* [1]1929. Den entscheidenden Hinweis auf die Bedeutung Walter Paters für Freuds Leonardo-Studie, die im folgenden diskutiert wird, verdanke ich Gerd Uekermann, der in seiner Magisterarbeit – *Die italienische Renaissance in der deutschen Dramatik der letzten Jahrhundertwende,* Berlin 1978 – die Untersuchung Rehms einer Revision unterworfen hat.
Nach Uekermann ist die eigentliche Domäne der Renaissance-Mode das Drama. Die literarisch bedeutsamen Renaissancedramen, die die Mode zu überleben eine Chance hatten oder noch haben – Hofmannsthals *Gestern* (1891) und *Der Tod des Tizian* (1892), auch das postum veröffentlichte Dramenfragment *Ascanio und Gioconda* (1892), Schnitzlers *Die Frau mit dem Dolche* (1901) und Thomas Manns *Fiorenza* (1905), am Rande des Tragbaren, aber noch nicht modetypisch: Gabriele d'Annunzios *Francesca da Rimini* (1903) und Maurice Maeterlincks *Monna Vanna* (1902) – sie alle entstehen in der Zeit vor oder kurz nach der Jahrhundertwende. Zwischen

»uomo universale«, als auf allen Gebieten hervorragender Künstler, der durch seine technischen und naturwissenschaftlichen Talente in einem produktiven, nicht entfremdeten Verhältnis zur Gesellschaft stand. Folgende Charakterisierung Leonardo da Vincis durch die emsige Förderin der Fin-de-siècle-Literatur, Marie Herzfeld, ist eine Wunschprojektion dessen, was jenseits des Vermögens gerade der müden und willenlosen Dichtern des Wiener Fin de siècle lag:

> »Wir haben alle Anspruch, teilzunehmen an diesem ungeheuren Wesen Leonardos; wir dürsten nach Schönheit und wir haben jener satt, die in aller Kreatur nur das Gewürm bemerken. Es ist nun lang genug Morsches in uns eingerissen worden: nun wollen wir unser Inneres und dessen zerstörten Glauben an den Menschen am Großen emporrichten und neu aufbauen. Und von wem mehr als von Leonardo ginge belebend ein Strom jener adeligen Kraft aus, die, ein harmonisches Zwischenspiel hohen Wollens und Könnens, zu seinen Zeiten Tugend genannt ward!« (Herzfeld 1904: CVIII)[105].

Freuds Analyse Leonardo da Vincis, die erste psychoanalytische Biographie, nimmt ihren Ausgang von dem Skandal, den Leonardo bereits für seine Zeitgenossen bedeutete. In Castigliones *Cortegiano* heißt es:

> »Un altro de' primi pittori del mondo, sprezza quell' arte dove è rarissimo, ed éssi posto ad imparar filosofia, nella quale ha cosí strani concetti e nove chimere, che esso con tutto la sua pittura non sapría depingerle« (1528: II 39).[106]

1905 und 1910 liegt der quantitative Höhepunkt der Mode, vor allem im Deutschen Reich, während sie in Österreich schon zu Beginn des neuen Jahrhunderts abgeebbt war.

105 In dem wenige Jahre zuvor erschienenen Essay *Lionardo da Vinci* (*Wiener Rundschau,* Band 4, Nr. 4, 14. Feb. 1900, S. 84-87; und Nr. 6, 15. März 1900, S. 135-138. Abgedruckt in Wunberg 1976: 1068-1078) sieht auch Otto Sachs den Meister der Renaissance als vollkommene Verwirklichung des »uomo universale«.
Aber anders als bei Marie Herzfeld wandelt sich bei Otto Sachs Leonardo vom »uomo universale« zum Typus des »*fremden* Künstlers«. Da er der suchende, fragende Künstler gewesen sei und bereits als Zwanzigjähriger das Höchste seiner Zeit erreicht hatte, konnte er – nach Otto Sachs – an den Grenzen des Ideals seiner Zeit nicht stehen bleiben; gerade seine Suche nach nützlicher Verbindung mit dem Leben, seine zahlreichen mechanischen, technischen, architektonischen, ja politischen Projekte, die er am Hofe Ludovico il Moros zu verwirklichen suchte, mußten ihn vom Ideal der Renaissance, von Florenz als geistiger Metropole, entfremden. In den Aufzeichnungen des jung verstorbenen Verfassers, in denen er den Fortgang des Essays andeutete, findet sich folgende Notiz: »Lionardos *Christus* (scheint mir) der vorbildlich geahnte Typus des modernen Cerebral-Denk-Menschen; seine *Mona Lisa* der Typus der *femme serpent* etc. etc.« (ebd.: 1069).
Dieser »moderne Cerebral-Denk-Mensch« hat tatsächlich viel mit den Menschen in Hofmannsthals frühen Werken, »früh gereift und zart und traurig«, mit den Menschen in Bourgets Romanen – etwa mit Robert Greslou, Egotist frei nach Stendhal, in dem Erfolgsroman *Le Disciple* – gemein, wenig mit dem Christus auf Leonardos *Abendmahl.* Hier ist aus einer Wunschprojektion des Wiener Fin de siècle unversehens ein Spiegelbild geworden!

106 In der deutschen Übersetzung von Fritz Baumgart (*Das Buch vom Hofmann,* Bremen 1960: 163) lautet diese Stelle: »Einer unter den ersten Malern der Welt verachtet die Kunst, in der er einzigartig ist, und beginnt, Philosophie zu treiben; in ihr hat er so seltsame Begriffe und neuartige Hirngespinste, daß er sie mit seiner ganzen Malerei nicht darzustellen vermöchte.«

Erst im neunzehnten Jahrhundert hatte man begonnen, Leonardos wissenschaftliche Arbeiten – diese waren mit »filosofia« gemeint – ernst zu nehmen, seine Manuskripte zu veröffentlichen und ihren Rang zu würdigen. In diese Aufarbeitung eines jahrhundertelangen Versäumnisses reiht sich auch Freuds Beitrag ein. Sein Ziel war es, *zugleich* »die Erklärung der Hemmungen in Leonardos Sexualleben und in seiner künstlerischen Tätigkeit« (Stud X: 153) zu geben. Die rätselhaften Züge, die sein Charakter schon für die Zeitgenossen hatte, kulminieren in Freuds Augen in seiner ungeheuren »Wißbegierde« (104), die zeitweise wie ein fremdes Interesse seine künstlerische Tätigkeit lähmte. Diesen prägenden Zug seiner Persönlichkeit führt er – psychoanalytischer Erfahrung folgend – auf die *infantile Sexualforschung* zurück, die, durch die Sublimation einer Homosexualität, von der bereits die Zeitgenossen sprachen, sich in den »übermächtigen Forschertrieb« (107) transformiert habe:

> »Daß es ihm nach infantiler Betätigung der Wißbegierde im Dienste sexueller Interessen dann gelungen ist, den größeren Anteil seiner Libido in Forscherdrang zu sublimieren, das wäre der Kern und das Geheimnis seines Wesens.«

Den Beweis für diese Konstruktion sieht Freud in der einzigen von Leonardo erinnerten Szene aus seiner frühen Kindheit, einer »Geierphantasie«. In der von Freud benutzten Übersetzung Marie Herzfelds lautet die Kindheitserinnerung des Leonardo da Vinci:

> »Es scheint, daß es mir schon vorher bestimmt war, mich so gründlich mit dem Geier zu befassen, denn es kommt mir als eine ganz frühe Erinnerung in den Sinn, als ich noch in der Wiege lag, ist ein Geier zu mir herabgekommen, hat mir den Mund mit seinem Schwanz geöffnet und viele Male mit diesem seinen Schwanz gegen meine Lippen gestoßen« (109).

Mit Hilfe der an der Enträtselung des Traums geschärften psychoanalytischen Technik, das »Verborgene ans Licht zu ziehen« (112), versucht Freud die latente Persönlichkeitsstruktur, die Geheimgeschichte Leonardos, seine Jugend, über die das ihm zur Verfügung stehende Material fast nichts Gesichertes auszusagen vermag, zu rekonstruieren. Unter Hinzuziehung der wenigen bekannten Daten über seine Jugend, von Tagebuchaufzeichnungen, von mythologischen Parallelen und »urzeitlicher Analogien« (112) sowie klinischer Erfahrung vermag er mehrere »Übersetzungen« (131 u. ö.) der Kindheitserinnerung Leonardos zu geben und aus diesen verborgenen Schichten die sein Schicksal bestimmende Kindheitsgeschichte zu erhellen. Freud erschließt, zunächst, »daß Leonardo [der von illegitimer Geburt war] die entscheidenden ersten Jahre seines Lebens nicht bei seinem Vater und seiner Stiefmutter, sondern bei der armen, verlassenen, echten Mutter verbrachte, so daß er Zeit hatte, seinen Vater zu vermissen« (117). Diese Konstellation habe bei ihm die infantile Sexualforschung verstärkt, so daß er »frühzeitig ein Forscher wurde, den die großen Fragen quälten, woher die Kinder kommen und was der Vater mit ihrer Entstehung zu tun habe« (118).[107]

Nach Entdeckung von Spuren sexuellen Interesses im Tagebuch Leonardos schließt er – in Übereinstimmung mit der psychoanalytischen Theorie der Homosexualität – auf seine Sexualobjekte: die »Mutter und die Schüler, Ebenbilder seiner eigenen knabenhaften Schönheit« (131). Als wichtigste Übersetzung glaubt er nun folgendes Bekenntnis gefunden zu haben: »Durch diese erotische Beziehung zur Mutter bin ich ein Homosexueller geworden« (131).

Im Anschluß an die analytische Auflösung der Kindheitserinnerung, über deren Gewagtheit Freud sich klar war, führt er sich das Werk Leonardo da Vincis vor Augen, auf der Suche nach einem Zeugnis dafür, »was seine Erinnerung als den stärksten Eindruck seiner Kindheit bewahrt hat« (132) und hält bei der Erinnerung an ein »merkwürdiges, berückendes und rätselhaftes Lächeln« inne, das seit dem Porträt der Mona Lisa del Giocondo die späten Meisterwerke Leonardos kennzeichne und ihnen so eigentümlich sei, daß es »leonardesk« genannt werde. Freud zitiert an diesem Punkt die Kunsthistoriker seiner Zeit – so etwa Richard Muther, der namentlich in dem »dämonischen Zauber dieses Lächelns« den Grund für den Bann sieht, den »dieses Weib« (133) ausübt – und erachtet es als »unzweifelhafte Tatsache, daß ihr Lächeln den Künstler nicht minder stark fasziniert hat als alle die Beschauer seit vierhundert Jahren« (134). Nun läßt sich eben diese Kontinuität in der Rezeptionsgeschichte des Bildes nicht belegen. Für über drei Jahrhunderte orientierte sich die Auffassung der Mona Lisa an der Interpretation Vasaris, der das Porträt – entsprechend der Mimesis-Theorie der Renaissance – wegen seiner Lebenswahrheit, des Höchstmaßes an Naturnachahmung, dessen die Kunst fähig sei, rühmte. Zwar erwähnt auch Vasari das Lächeln, nennt es aber »un ghigno tanto piacevole, che era cosa più divina che umana a vederlo«[108], der Versuch aber, die Psychologie dieses Lächelns zu deuten, ist in der Zeit vor der Romantik, der eine Erlebnisästhetik fernsteht, niemals unternommen worden. Erst gegen Ende des neunzehnten Jahrhunderts haben – wie Muther es in den bei Freud zitierten Worten sagt – »hunderte von Dichtern und Schriftstellern [...] über dieses Weib geschrieben, das bald verführerisch uns anzulächeln, bald kalt und seelenlos ins Leere zu starren scheint«, ohne daß »das Lächeln enträtselt, [...] ihre Gedanken gedeutet« worden seien. Eben dies zu versuchen, wäre ein der Renaissance zutiefst fremdes Unterfangen; es setzte erst um die Mitte des 19. Jahrhunderts, mit Theophile Gautier, ein. *Seitdem* hatten – wie Freud richtig bemerkte – zahlreiche Beurteiler die Ahnung verspürt, »daß sich in dem Lächeln der Mona Lisa zwei verschiedene Elemente vereinigen [...] Sie erblikken [...] in dem Mienenspiel der schönen Florentinerin die vollkommenste

107 Auch Freud hatte in seiner frühen Kindheit »zwei Mütter«! Vgl. hierzu Clark 1980: 5 ff.

108 Nach Eduard Hüttinger, »Leonardo- und Giorgione-Kult. Materialien zu einem Thema des Fin de Siècle« in Bauer u. a. 1977: 146 (»ein so liebliches Lächeln, daß es eher ein göttlicher denn ein menschlicher Anblick war«).

Darstellung der Gegensätze, die das Liebesleben des Weibes beherrschen [. . .] der hingebungsvollen Zärtlichkeit und der rücksichtslos heischenden, den Mann wie etwas Fremdes verzehrenden Sinnlichkeit« (ebd.). Die Gioconda wird jetzt – Freuds Worte machen es deutlich – zur vollkommenen Verkörperung der femme fatale, der dämonischen Frau, die – wie Mario Praz (1963: 145 und passim) gezeigt hat – in der zweiten Hälfte des neunzehnten Jahrhunderts zum herrschenden Frauentypus in der Kunst wurde. Das Lächeln der Gioconda wird im Fin de siècle, das die Motive der Romantik ins Grelle und Abgeschmackte übersteigert, zum Gemeinplatz der Literatur. Wenn Freud die Deutung dieses Lächelns zum Ausgangspunkt seiner psychoanalytischen Ausleuchtung der Kunst Leonardo da Vincis macht, radikalisiert er den Psychologismus des Fin de siècle und vertieft die Erlebnisästhetik der Romantik weit über deren Möglichkeiten hinaus. Er verleiht ihr den Schein der Wissenschaftlichkeit und überhöht so mit den Mitteln der Psychoanalyse ein zentrales Motiv, ja eine spezifische Denkweise der Jahrhundertwende. An keiner Stelle seines Werkes läßt sich so eindrücklich zeigen, wie sehr Freuds Denken im Fin de siècle vorbereitet war und einen Aspekt desselben, Introversion und Psychologie, mit Hilfe der Wissenschaft systematisiert und so bis weit ins zwanzigste Jahrhundert hinein verlängert hat. So hintergründig wie er hatte bislang noch niemand das Lächeln der Mona Lisa zu enträtseln versucht.

Den entscheidenden Hinweis für seine Deutung fand Freud in der berühmten Beschreibung der Gioconda in den Renaissance-Studien des »aesthetic critic« Walter Pater, dessen Arbeiten nicht nur für Oscar Wilde von großer Bedeutung waren, sondern gerade auch das Renaissancebild des Wiener Fin de siècle prägten[109]:

> »W. Pater, der in dem Bilde der Mona Lisa die ›Verkörperung aller Liebeserfahrung der Kulturmenschheit‹ sieht und sehr fein ›jenes unergründliche Lächeln, welches bei Leonardo stets mit etwas Unheilverkündendem verbunden scheint‹, behandelt, führt uns auf eine andere Spur, wenn er äußert: ›Übrigens ist das Bild ein Porträt. Wir können verfolgen, wie es sich von Kindheit auf in das Gewebe seiner Träume mischt, so daß man, sprächen nicht ausdrückliche Zeugnisse dagegen, glauben möchte, es sei sein endlich gefundenes und verkörpertes Frauenideal . . .‹«. (Stud X: 135)

Freud erwähnt die verwandte Ansicht Marie Herzfelds[110] Leonardo sei »in der Mona Lisa [. . .] sich selbst begegnet« und fährt fort:

109 Dies ist ein Ergebnis der Arbeit Uekermanns (1978: 80 ff.). Der als Cesare Borgia drapierte nietzscheanische Übermensch ist bei den Dichtern des *Jungen Wien* nicht zu finden, auch die Renaissance-Szenen Gobineaus dürften keine entscheidende Rolle gespielt haben. Man nahm vielmehr – wie allgemein üblich – das historische Material aus Jacob Burckhardts *Kultur der Renaissance in Italien,* gefiltert durch die Optik Paters.
Freud benutzte die deutsche Übersetzung von Walter Paters *Studies in the History of the Renaissance* (London 1873) von Wilhelm Schölermann: *Die Renaissance* (Leipzig ^{2}1906).

110 Die Stelle, auf die sich Freud bezieht, lautet: »Dieses ganz individuelle Porträt einer bestimmten Person [. . .], diese Züge haben in rätselhafter Sympathie von jeher schemenhaft in Leonardos Seele gelegen. Wer sich an die Madonna von der Felsengrotte, die hl. Anna Selbdritt erinnert,

»Versuchen wir, diese Andeutungen zur Klarheit zu entwickeln. Es mag also so gewesen sein, daß Leonardo vom Lächeln der Mona Lisa gefesselt wurde, weil dieses etwas in ihm aufweckte, was seit langer Zeit in seiner Seele geschlummert hatte, eine alte Erinnerung wahrscheinlich. Diese Erinnerung war bedeutsam genug, um ihn nicht mehr loszulassen, nachdem sie einmal erweckt worden war; er mußte ihr immer wieder einen neuen Ausdruck geben. Die Versicherung Paters, daß wir verfolgen können, wie sich ein Gesicht wie das der Mona Lisa von Kindheit auf in das Gewebe seiner Träume mischt, scheint glaubwürdig und verdient wörtlich verstanden zu werden« (135).

»Die Versicherung Paters [. . .] scheint glaubwürdig« – die Wortwahl Freuds verrät, daß er (vor dem Hintergrund seiner Analyse der Biographie) seine Thesen zum Werk auf Paters Assoziationen stützt oder doch wenigstens die Richtung seiner Überlegungen und den Charakter seiner Hypothesen von diesen bestimmen läßt. Eben weil Paters Assoziationen, die tatsächlich auf die Dichtung der französischen und englischen Romantik, auf Swinburne vor allem, zurückgehen (Praz 1963: 174 f.), sich Freuds Analyse der Kindheitserinnerung von Leonardo da Vinci einfügen, ja im Hinblick auf das Werk konsequent fortsetzen, ist er ohne Zögern bereit, Pater zu folgen. Seine Analyse der Kindheitserinnerung ist aber – was heute kaum noch bestritten werden dürfte – auf Grund gravierender Fehler in den von ihm benutzten Quellen[111] in ihrer Gültigkeit stark eingeschränkt.

Als Indiz für die Richtigkeit der Assoziationen Paters führt Freud die Überlieferung Vasaris an, Leonardos erste künstlerische Versuche hätten in der Formung »einiger lachender weiblicher Köpfe [. . .] und [. . .] einiger Kinderköpfe, so schön, als ob sie von Meisterhand gebildet wären« (Stud. X: 135) bestanden. Freud fühlt sich hierbei an die beiden Sexualobjekte Leonardos erinnert, die er aus der Kindheitserinnerung erschlossen zu haben glaubt. Von dieser Annahme ausgehend expliziert er, was bei Pater lediglich angedeutet wird. Der Hinweis auf diese Stelle bei Vasari findet sich nämlich schon bei Pater; dieser führt sie auf der gleichen Seite, der Freud das längere Zitat entnahm, ebenfalls an und hatte sie bereits zu Anfang seiner Studie erwähnt. Nun könnte diese wie zahlreiche andere Übereinstimmungen, die sich zwischen Paters und Freuds Leonardostudie finden lassen[112], auch zufällig sein und eben-

kommt zu dem Gefühl, daß Leonardo in der Mona Lisa sich selbst begegnet sei« (Herzfeld 1904: LXXVI; Freud selbst zitiert nach der mir nicht zugänglichen 2. Auflage, LXXXVIII).

111 Marie Herzfeld sind bei der Übersetzung der Geierphantasie zwei Fehler unterlaufen, von denen der eine allerdings für Freuds Konstruktion verhängnisvoll ist: Das italienische nibio hat sie fälschlich mit Geier statt Milan übersetzt. Vgl. Meyer Schapiro 1956: 150-157. Auch der deutsche Übersetzer von Mereschkowskis Leonardo Roman, der eine wesentliche Quelle Freuds darstellte, beging den gleichen Irrtum.

112 Freud zitiert aus Pater noch neben den im Text diskutierten Stellen: »Doch sicher ist es, daß er in einem gewissen Abschnitt seines Lebens beinahe aufgehört hatte, Künstler zu sein« (Stud X: 95). Auch Pater betont das »unlösbar Rätselhafte« Leonardos, das ihn bei seinen Zeitgenossen in den Verdacht setzte, »er sei im unerlaubten Besitz eines verborgenen Wissens« (127). Pater geht auch

sogut in Übereinstimmung mit der übrigen von Freud benutzten Literatur stehen, wenn nicht auch Pater diese frühen Kunstübungen Leonardos in Beziehung zu jenem unergründlichen Lächeln setzte. Paters Andeutung folgend, daß »hier der erste Keim des Rätsels eingehüllt sei« (1906: 157), leitet Freud, vor dem Hintergrund seiner Analyse der Geierphantasie, die Entzauberung Leonardos ein:

> »Waren die schönen Kinderköpfe Vervielfältigungen seiner eigenen kindlichen Person, so sind die lächelnden Frauen nichts anderes als Wiederholungen der Catarina, seiner Mutter, und wir beginnen die Möglichkeit zu ahnen, daß seine Mutter das geheimnisvolle Lächeln besessen, das er verloren hatte und das ihn so fesselte, als er es bei der Florentiner Dame wiederfand« (Stud X: 135 f.).

So wird die Analyse der Kindheitserinnerung in Freuds biographisch orientierter Interpretation des Werkes von Leonardo da Vinci zum Schlüssel für die wissenschaftliche Begründung der Assoziationen Walter Paters.

Den Schlußstein für seine Konstruktion, den eigentlichen Beweis für seine Enträtselung des Lächelns der Mona Lisa del Giocondo findet Freud in dem nächstfolgenden Bild Leonardos, der *Heiligen Anna selbdritt,* von dem er – irrtümlicherweise[113] – annimmt, daß diese Darstellung von allen damals bekannten abweiche. Dies führt ihn – wiederum in Analogie zur Biographie – zu dem Schluß, nur Leonardo habe dieses Bild malen können, »wie nur er die Geierphantasie dichten konnte« (137). Er habe in dieses Bild »die Synthese seiner Kindheitsgeschichte eingetragen; die Einzelheiten desselben sind aus den allerpersönlichsten Lebenseindrücken Leonardos zu erklären«. Leonardo, der Anna und Maria als gleichaltrig darstellte, habe dem Jesusknaben im Grunde zwei Mütter gegeben, was wiederum genau der eigentümlichen Kindheitssituation des Malers entspreche. Von daher sei es auch zu erklären, warum das Lächeln nunmehr »seinen unheimlichen und rätselhaften Charakter verloren« (137) habe: »Mit dem seligen Lächeln der heiligen Anna hat der Künstler wohl den Neid verleugnet und überdeckt, den die Unglückliche verspürte, als

---

auf Leonardos Zuneigung zu seinen Schülern ein (148 f.) und erklärt wie Freud die Tatsache, daß der Maler für sein Mailänder Abendmahl Ölfarben verwandte, mit seiner langsamen, zögernden Malweise (152). [Die Seitenangaben beziehen sich auf die 2. Auflage, 1906, von Schölermanns Übersetzung.]
Eine Parallele hierzu findet sich noch in dem Roman *Leonardo da Vinci* von dem russischen Symbolisten Dmitry Mereschkowski, einer der wichtigsten Informationsquellen Freuds neben Marie Herzfeld. Mereschkowski wie auch Herzfeld sind darin von Pater abhängig. Bei beiden fehlt aber der explizite Hinweis in diesem Zusammenhang auf Vasari (Mereschkowski 1903: 481 f.; Herzfeld 1904). Auch wenn Freud in Berufung auf Vasari eher an Herzfeld und Mereschkowski gedacht haben sollte, im Ergebnis kommt es auf dasselbe hinaus: Freud übernimmt hier Patersches Gedankengut.

113 Entgegen der von Freud zur Stützung seiner Annahme herangezogenen Auffassung R. Muthers *(Geschichte der Malerei,* Leipzig 1909, Bd. 1, 309) hat Meyer Schapiro gezeigt, daß Anna und Maria schon lange vor Leonardo als junge Heilige zusammen dargestellt wurden (Meyer Shapiro 1956: 161). Freuds Erklärung ist daher nicht zwingend.

Abb. 5 Leonardo da Vinci, Heilige Anna selbdritt

sie der vornehmen Rivalin wie früher den Mann, so auch den Sohn abtreten mußte« (138).

Vergleicht man die Rezeption der berühmten Deutung der Mona Lisa durch Walter Pater, die diese für lange Zeit auf den Typus der Medusenschönheit festlegte, bei Freud und in der Dichtung des Fin de siècle, etwa bei Joséphin Péladan, Gabriele d'Annunzio, Oscar Wilde, Jean Lorrain und Hugo von Hofmannsthal[114], so fällt auf, daß Freuds Analyse an einer Stelle bei Pater einsetzt; die in der Dichtung keine Fortsetzung gefunden hat. Für ihn war die Versicherung Paters wichtig, die Mona Lisa »sei sein endlich gefundenes und verkörpertes Frauenideal«, das Bild der Gioconda habe sich »von Kindheit auf in das Gewebe seiner Träume«[115] gemischt. Von hier aus nämlich konnte Freud die Entstehung des Gemäldes nach dem wenige Jahre zuvor (1907) in *Der Dichter und das Phantasieren* dargelegten Schema aufschlüsseln. Diesem zufolge liegt der *manifesten* Struktur eines Kunstwerkes eine *latente* Struktur als eigentlich bestimmende zugrunde, die auf ein im Leben des Künstlers weit vor der Entstehung des Kunstwerkes zurückliegendes Erlebnis, meist aus der Kindheit, verweist. Diese frühe Szene war über Jahre hin im Unbewußten des Dichters, Malers oder Komponisten abgelagert und wird plötzlich durch ein aktuelles, *rezentes,* dem Ursprünglichen gleichendes Erlebnis wieder wachgerufen, drängt sich in das Bewußtsein, mischt sich mit der gestaltenden Phantasie und bewirkt so eine doppelte Struktur des Kunstwerkes[116]. Von der Versicherung Paters, daß die Gioconda sowohl Porträt als auch das wiedergefundene Frauenideal aus Leonardos Kindheit sei, war dann der Weg zu der oben dargelegten Deutung Freuds nicht mehr weit.

Die berühmte *Beschreibung* Paters, die die Mona Lisa mit der hl. Anna und zugleich mit einem Vampyr vergleicht und damit die Florentiner Dame in die romantische Tradition der *femme fatale* einreiht – deren späte Verkörperungen noch Wildes Salomé und Hofmannsthals Elektra sind –, hat Freud im Gegensatz zu vielen Dichtern nicht zum Weiterphantasieren angeregt. Hofmannsthal hat sie in einem Aufsatz *Über moderne englische Malerei* aus dem Jahre 1894, also knapp 10 Jahre vor der ersten deutschen Übersetzung der Renaissance-Studien, in einer nicht ganz korrekten, aber den poetischen Reiz des Originals bewahrenden Weise übertragen:

> »Wir alle kennen das Gesicht und die Hände dieser Frau, auf ihrem marmornen Stuhl, von einem phantastischen Felsenkreis umgeben, in einem

114 Vgl. hierzu die Darstellung bei Praz 1963: 132 ff.

115 Pater 1906: 157, nach Stud X: 135. An anderer Stelle (147) bestimmt Pater »Leonardos Urbild weiblicher Schönheit« als »Töchter der Herodias«, was schon auf die Quellen seiner Inspiration hindeutet.

116 Diese Idee Freuds lebt übrigens in der Arno Schmidtschen Theorie des *Längeren Gedankenspiels* (vgl. *Zettels Traum,* Stuttgart 1970, sowie *Der Triton mit dem Sonnenschirn,* Karlsruhe 1969) weiter. Eine fruchtbare Anwendung dieser Theorie gibt Norbert Miller, *Traum-Architektur: G. B. Piranesi und das Theater der Phantasie: Sprache im technischen Zeitalter* Heft 66/1978: 166 ff.

matten Licht wie auf dem Grund des Meeres. Das Wesen, das so rätselhaft da neben dem Wasser aufgetaucht ist und dasitzt, ist der konzentrierte Ausdruck dessen, wonach die Menschen während tausend Jahren sich zu sehnen gelernt hatten. Es ist eine von innen heraus dem Körper angeschaffene Schönheit, der langsame Niederschlag, Zelle für Zelle, von seltsamen Gedanken, phantastischen Träumereien und adeligen Leidenschaften. Stellen Sie dieses Wesen einen Augenblick neben eine jener weißen Göttinen oder schönen Frauen der Antike; wie würden Sie verwirrt von dieser Schönheit, die von der Seele und allen ihren Krankheiten durchtränkt ist! Alle Erfahrung und alles Denken der Welt hat hier daran geformt und gefeilt, soweit dergleichen Macht hat, menschliche Form suggestiv und ausdrucksvoll zu machen: die vegetative Naivetät von Griechenland, die römische Orgie, die Sehnsucht, und die asketische Ehrsucht und die platonische Liebe des Mittelalters, das Wiedererwachen des Heidentums und die Sünden der Borgia. Sie ist älter als die Felsen um sie; wie ein Vampir war sie mehr als einmal schon tot und kennt das Geheimnis des Grabes; und ist untergetaucht in Meerestiefen, und immer schwebt davon um sie dieses fahle Licht; und hat mit Kaufleuten aus dem Osten um seltsame Gewebe gehandelt; und war Leda, die Mutter der Helena, und Anna, die Mutter der Jungfrau; und alles dies war ihr nur wie Schall von Leiern und Flöten und lebt nur fort in der seltsamen Feinheit, die es ihren Zügen verliehen hat, und in der Farbe ihrer Hände und Augenlider« (PI: 198 f.).

Die Hofmannsthalsche Übertragung folgt eben der Passage, auf die sich Freuds Deutung vornehmlich stützt, jener also, in der Pater der Genese des Gemäldes nachgeht und diese bis auf Träume in Leonardos Kindheit zurückführt. Freud spielt auf diese in der Literatur um 1900 häufig gespiegelte Stelle nur knapp mit den Worten an, Pater sehe »in dem Bilde der Mona Lisa die ›Verkörperung aller Liebeserfahrung der Kulturmenschheit‹« (Stud X: 135).[117]

Freuds Studie zeigt aber deutlich, daß er Walter Paters Deutung der Mona Lisa, deren literarische Quellen die Schilderung der dämonischen Frau in der Dichtung Gautiers, Flauberts und vor allem Swinburnes sind (Praz 1963: 174 f.), fraglos übernimmt und als unbestritten seiner analytischen Deutung einfügt. Daß sich in einem Individuum bestimmte Erfahrungen der Menschheitsentwicklung kristallisieren, war Freud als Anhänger der Evolutionstheorie[118] ebenso wie Pater eine vertraute Vorstellung. Ein – aus der Biologie abgeleitetes – Axiom seiner Geschichtsphilosophie ist die Wiederholung

117 In Schölermanns Übersetzung heißt es allerdings: »... drückt die Erfüllung eines tausendjährigen Begehrens des Mannes aus« (Pater 1906: 158), was bereits eine Vergröberung des englischen Originals darstellt: »... is expressive of what in the ways of a thousand years men had come to desire« (Pater 1912: 124).

118 Bei Pater heißt es (im Anschluß an die von Hofmannsthal übersetzte Passage): »Der Wahn eines ewigen Lebens, das zehntausend Erfahrungen zusammenschweißt, ist schon alt, und die moderne Philosophie hat die Idee des Menschseins als Auswirkung und Inbegriff aller Arten des Denkens und Lebens konzipiert. Mona Lisa könnte gewiß als Verkörperung des alten Wahns wie als Sinnbild der modernen Idee verstanden werden.« (Nach Praz 1963: 174 f.). Es zeigt sich hier wiederum, wie in der »Dekadenz« die dem Naturalismus vertraute Vererbungslehre für völlig entgegengesetzte Zwecke umgedeutet und zur »wissenschaftlichen« Absicherung spekulativer Ideen verwandt wird.

der Phylogenese in der Ontogenese. In der Leonardo-Studie selbst kommt er darauf zu sprechen, um die Analogie zwischen dem phallischen Geier in Leonardos »Geierphantasie« und der geierköpfigen, ebenfalls phallischen Göttin Mut aus der ägyptischen Mythologie zu erklären: »Wir sind durch gewichtige biologische Analogien darauf vorbereitet, daß die seelische Entwicklung des Einzelnen den Lauf der Menschheitsentwicklung abgekürzt wiederhole« (Stud X: 123).

Die Ambivalenz (Leda – Anna etc.), auf die Pater die Gioconda festlegte, hat Freud übernommen, ihr aber von seiner analytischen Deutung der Lebensgeschichte Leonardos her eine neue Interpretation gegeben, sie recht eigentlich erst zu »erklären« versucht:

> »Wenn es Leonardo gelang, im Angesicht der Mona Lisa den doppelten Sinn wiederzugeben, den dies Lächeln hatte, das Versprechen schrankenloser Zärtlichkeit wie die unheilverkündende Drohung (nach Paters Worten), so war er auch darin dem Inhalte seiner frühesten Erinnerung treugeblieben. Denn die Zärtlichkeit der Mutter wurde ihm zum Verhängnis, bestimmte sein Schicksal und die Entbehrungen, die seiner warteten« (139).

Nach freudianischer Ansicht ist es nämlich Leonardos intensive libidinöse Bindung an die Mutter Catarina in den ersten Jahren seiner Kindheit, die die Intensität seiner infantilen Sexualforschung bedingte, ihn zum Homosexuellen werden und, nach anfänglichen Erfolgen als Maler, seine ursprüngliche Wißbegierde und Forscherneigung seine Kunst verdrängen ließ. Erst die Begegnung mit Mona Lisa del Giocondo, als er die Fünfzig überschritten hatte, habe in ihm wieder die Erinnerung an das Glück der Symbiose mit seiner Mutter in den ersten Lebensjahren geweckt.

> »Er malt die Mona Lisa, die heilige Anna selbdritt und die Reihe der geheimnisvollen, durch das rätselhafte Lächeln ausgezeichneten Bilder. Mit Hilfe seiner urältesten erotischen Regungen feiert er den Triumph, die Hemmung in seiner Kunst noch einmal zu überwinden« (156).

Von hier aus vermag Freud auch einen Verdacht zu äußern, wie die *androgynen* Gestalten seiner letzten Bilder, die – etwa im Bildnis des heiligen Johannes des Täufers – das Fin de siècle so sehr faszinierten (Praz 1963: 225), entstanden sein mögen:

> »Möglich, daß Leonardo in diesen Gestalten das Unglück seines Liebeslebens verleugnet und künstlerisch überwunden hat, indem er die Wunscherfüllung des von der Mutter betörten Knaben in solch seliger Vereinigung von männlichem und weiblichem Wesen darstellte« (Stud X: 141).

Hat Freud also die eigentliche Beschreibung der Gioconda durch Pater nicht weiter ausgemalt, so hat er ihr doch eine monumentale Begründung gegeben, die diesen Fin-de-siècle-Mythos – dank des säkularen Erfolgs der Psychoanalyse im 20. Jahrhundert – bis in die heutige Zeit weitergetragen hat.

Freilich – nicht nur die auf fehlerhaften und ungenauen Quellen beruhende Analyse der Biographie, sondern auch die Annahmen, die Freud für das Werk Leonardos machte, sind – da er den historischen und sozialen Bedingungen, unter denen Leonardos Kunst sich entwickelte, nicht genügend Aufmerksamkeit schenkte – fragwürdig. Das Thema der Anna Metterza hätte, so der Kunsthistoriker Meyer Schapiro (1956: 160 f.), gerade in den Jahren, als Leonardo den Londoner Karton entwarf und das heute im Louvre befindliche Bild schuf, eine ungewöhnliche Verbreitung gefunden, die, unabhängig von der besonderen Konstellation der Persönlichkeit Leonardos, auf soziale Bestrebungen und eine hierauf antwortende theologische Doktrin zurückgeführt werden muß. Das berühmte Lächeln war ein schon Jahrzehnte, bevor Leonardo das Bildnis der Mona Lisa schuf, in der Kunst der Renaissance (durch Verrocchio, Donatello und Desiderio da Settignano) verbreitetes Motiv. Nicht einfach das Lächeln, sondern nur die persönliche Nuance, die Leonardo diesem bereits konventionalisierten Motiv verleiht, kann daher auf seinen Charakter bezogen und individualpsychologisch gedeutet werden. Aber in Freuds Theorie gibt es gerade für die Entwicklung des künstlerischen Stiles keine Erklärung, er hielt ihn der psychologischen Deutung für unzugänglich (Stud. X: 157).[119]

Ist es also wenig wahrscheinlich, daß Freud die Phantasiewelt eines Malers der italienischen Renaissance gedeutet hat, so verstärkt sich in gleichem Maße der Verdacht, er habe vielmehr ein Phantasma des Fin de siècle interpretiert. Freud wäre demnach – wie Hofmannsthal über Walter Pater sagte – einer jener »geistreichen und schöpferischen Kritiker«, der der »komplizierten Psychologie, die man hinter den seltsam, spöttisch und resigniert lächelnden Köpfen Leonardos in bebender Faszination vermutete« (PI: 197), erlegen ist und in dem Meister der Hochrenaissance Phantasmen erblickt hat, die vielmehr für seine eigene Zeit typisch sind. Der Gedanke, angesichts der wenigen unsicheren Daten, die ihm über das Leben des Leonardo da Vinci zur Verfügung standen, einen »psychoanalytischen Roman« (Stud X: 156) geschrieben zu haben, war auch Freud gekommen: »Es ist übrigens auch halb Romandichtung. Ich möchte nicht, daß Sie die Sicherheit unserer sonstigen Ermittlungen nach diesem Muster beurteilen« (Briefe: 318), schrieb er am 7. November 1914 an den Maler Hermann Struck, und im Schlußkapitel nimmt er – gleichsam im voraus auf die zu erwartende Kritik der Kunsthistoriker und Fachleute antwortend – alle Schuld für wissenschaftliche Unzulänglichkeiten auf sich, der er die

119 Meyer Schapiro 1956: 166. Eissler (1962) hat mit einer monumentalen Studie auf Meyer Schapiros Kritik geantwortet und Freuds Studie zu sichern gesucht, ihr dabei aber einen Grad an Objektivität unterstellt, den ihr Autor selbst nicht in Anspruch genommen hatte. Für meine Darlegungen genügt es anzunehmen, daß Freuds Interpretation nicht zwingend ist und es von daher – ohne auf die Frage einzugehen, wie es »wirklich« war – als möglich erscheint, daß sich zwischen den historischen Leonardo und Freuds analytischem Blick eine Zwischenschicht – das Leonardo-Bild Paters nämlich – geschoben hat, auf die sich Freuds Interpretation nun allerdings mit Sicherheit beziehen läßt.

Psychoanalyse genötigt habe, »auf so unzureichendes Material hin ein Gutachten abzugeben« (Stud X: 157).

Von der *Entstehungsgeschichte* der Studie her gesehen lassen sich einige Anhaltspunkte gewinnen, die Freuds vorsichtige Selbsteinschätzung unterstreichen. Sein Verhältnis zu den über Pater hinaus verwandten Quellen kann dies erhärten. Seiner analytischen Biographie kommt der biographische Roman *Leonardo da Vinci* (1903) des russischen Dichters Mereschkowski am nächsten. Seine Gioconda-Deutung ist – wie könnte es anders sein – von Pater abhängig (Praz 1963: 392). Auch er stellt das leonardeske Lächeln als eine Projektion des Malers dar. Allerdings ist bei Mereschkowski das Lächeln der Mona Lisa nicht das der Catarina, Leonardos Mutter, sondern Leonardos eigenes[120] was Freud zurückweist (Stud X: 136). Der Roman, immerhin mit dem Anspruch wissenschaftlicher Genauigkeit geschrieben, war eine der wichtigsten Informationsquellen Freuds.[121] Nur Mereschkowski brachte die Eigenart von Leonardos Gefühls- und Geschlechtsleben in der gleichen Weise wie Freud in Zusammenhang mit seiner »Doppelnatur als Künstler und Forscher« (100). Da Mereschkowski Freuds eigenen Assoziationen so sehr entgegenkommt, ist er – ähnlich wie bei Pater – nur zu bereit, ihm zu folgen, auch wenn er sich der Vagheit der Rekonstruktionen des Dichters bewußt ist. So kommentiert er Mereschkowskis Konjektion, eine gewisse Katharina im Tagebuch sei die Mutter gewesen, die Leonardo im Krankenhaus untergebracht und ehrenvoll zu Grabe gebracht habe, mit folgenden Worten: »Erweisbar ist diese Deutung des seelenkundigen Romanschreibers nicht, aber sie kann auf so viel innere Wahrscheinlichkeit Anspruch machen, stimmt so gut zu allem, was wir sonst von Leonardos Gefühlsbetätigung wissen, daß ich mich nicht enthalten kann, sie als richtig anzuerkennen« (130). Tatsächlich hatte Mereschkowski eine der Stellen, auf die sich seine Konjektur bezog, falsch übersetzt: mit »Katharina« meinte Leonardo nicht seine Mutter, sondern das Krankenhaus Santa Catarina in Mailand (nach ed. Anm. in Stud X: 130).

Nicht unwichtig ist, daß Freud sich an verschiedenen Stellen seiner Konstruktion auf die Kunstgeschichtsschreibung Richard Muthers, des nach Walter Pater wohl kongenialsten Kunstkritikers des Fin de siècle stützte.[122] Innerhalb der strengen Kunstwissenschaft war seine Stellung nicht unumstritten. Noch in

120 »Mit unerklärlichem Erstaunen erinnerte er [i. e. Giovanni Boltraffio] sich, daß er dasselbe Lächeln bei Thomas dem Ungläubigen, der seine Finger in die Wunden des Heilands legte, dem Bildwerke Verrocchios, zu dem der junge Leonardo Modell gestanden hatte, bei der Stammutter Eva vor dem Baume der Erkenntnis, dem ersten Gemälde des Meisters, beim Engel der Madonna in den Felsen, bei der Leda mit dem Schwan und in vielen anderen Antlitzen von Frauen, die der Meister gemalt oder geformt, noch lange bevor er die Mona Lisa kennen gelernt hatte, gesehen habe – als ob er sein ganzes Leben lang in allen seinen Schöpfungen den Abglanz seiner eigenen Schönheit gesucht und sie endlich im Antlitze der Mona Lisa gefunden habe« (Mereschkowski 1903: 480 f.).

121 Freud rechnete ihn bereits in seiner Antwort auf eine 1906 an Wiener Dichter und Wissenschaftler ergangenen Rundfrage zu seinen zehn Lieblingsbüchern (Freud 1968: 267 f.). Vgl. die editorische Vorbemerkung zur Leonardo-Studie in Stud X: 89.

122 Siehe Stud X: 133/136 f./141/147.

den entferntesten Renaissancegemälden entdeckte er Vorahnungen Dante Gabriel Rossettis oder Edward Burne-Jones. Einer seiner Arbeiten fügte er mehrere Seiten aus Jens Peter Jacobsens *Niels Lyhne* ein, ohne dies ausdrücklich als Zitat zu kennzeichnen, was ihn in den Geruch des Plagiators brachte, vor allem jedoch deutlich macht, wie sehr er die Kunst im Zeichen des Fin de siècle interpretierte. Hofmannsthal rühmte an seinem bedeutendesten Werk, der *Geschichte der Malerei im neunzehnten Jahrhundert,* das Fehlen »einer gleichförmigen Kruste akademischer Leblosigkeit« (PI: 141). In dem Nachruf auf Muther (1909) hebt Hofmannsthal das »persönliche Pathos« (P II: 359) hervor, mit dem Muther sich, wegweisend für die Generation der Jahrhundertwende, der Kunst genähert habe. Nicht »in dürren Aphorismen oder historischen Formeln, sondern in der schmeichelnden, sehnsuchtserregenden Form verklärter Spiegelbilder« (P II: 360) habe er seiner Epoche ihr innerstes Anliegen vor Augen gebracht. Gerade diese zutiefst subjektive Weise der Kunstkritik galt Hofmannsthal als vorbildlich. Muther ist – wie Pater – gebannt von dem »dämonischen Zauber dieses Lächelns« (nach Stud X: 133), und wenn Freud mit Muther rühmt, Leonardo habe die »Dekadenzstimmung« überwunden »und den Menschen das Recht auf Sinnlichkeit und frohen Lebensgenuß« (147) wiedergegeben, so stimmt dies mit dem Leonardo-Bild des *Jungen Wien* nur zu gut überein und ist – mit Marie Herzfeld – als Wunschprojektion gegen die morose Stimmung des Fin de siècle zu verstehen.

Paters Studie für eine analytische Leonardo-Biographie zu verwerten, schien Freud selbstverständlich gewesen zu sein.[123] Das von Pater fixierte Leonardobild war ihm bereits vor dem Entschluß, sich auf dem gleichen Gebiet zu versuchen wie der englische Kunstkritiker, vertraut: es war das seiner Zeit. Nach Mario Praz wurde aufgrund von Paters Beschreibung das Lächeln der Gioconda (als das der dämonischen Frau) »so populär, daß es während der achtziger Jahre in bestimmten Kreisen bei den Animierdamen Mode wurde, das rätselhafte Lächeln zur Schau zu tragen. [. . .] Die dämonische Frau in Péladans *Vice suprême* (1884) [. . .] pflegt einer Liebeserklärung durch ein ›Lächeln der Mona Lisa‹ kurzerhand ein Ende zu bereiten« (Praz 1963: 175).[124]

Freuds psychologisches Interesse an Leonardo ging, wie schon Ernest Jones (II: 408) nach einem Brief an C. G. Jung zu berichten weiß, auf einen Patienten zurück, der dieselbe psychische Konstitution, wenn auch nicht das Genie, wie Leonardo habe. Es war also nicht die Geierphantasie, die, wie der Text vermuten läßt, Freud zur Ausarbeitung einer Studie über Leonardo drängte, sondern, umgekehrt, ein bestimmtes psychologisches Problem – die Wirkung ge-

123 Als Ernest Jones ihm »Walter Paters berühmte Beschreibung der Mona Lisa« schickte, antwortete Freud in einem Brief vom 15. 4. 1910: »Vielen Dank für die Seite von Pater, ich kannte sie und hatte einige Zeilen aus der schönen Stelle zitiert« (nach Jones II: 409). Bei Jones findet sich eine Darstellung nach der Entstehungsgeschichte der Studie.

124 Vgl. auch die Satire auf die Giocondamode in Karl Kraus' monumentalem Weltkriegsdrama *Die letzten Tage der Menschheit* (*Die Fackel,* Band 12, Aktausgabe bei Zweitausendeins: Frankfurt/M. 1977), S. 321; vgl. auch Werke Bd. 8: 41-45: *Mona Lisa und der Sieger.*

hemmter sexueller Neugier in der Kindheit –, das ihn an Leonardo da Vinci denken ließ – Leonardo, wie er ihn von Pater kannte. Über diesen schrieb Hugo von Hofmannsthal in einer kritischen Notiz über den »Ästhetismus«, die zugleich ein Stück Distanzierung bedeutet: ». . . schon morbide Ausschreitung der Kritik, dieses Verfolgen in die vagen, dem Kunstschaffen zugrundeliegenden Emotionen« (A: 123 f.). Diese *poetische* Vagheit Paters suchte Freud mit den Mitteln seiner Wissenschaft zur Gewißheit zu machen.

Freud als »impressionistischer« Kritiker

Dem Künstler und Kunstverständigen der Jahrhundertwende war es durchaus klar, daß der »aesthetic critic« Walter Pater seine eigenen Assoziationen in die Darstellung der Gioconda hineinprojiziert hat. So sagt beispielsweise Claudio in *Der Tor und der Tod* vor dem Bild der Gioconda: »Gerad so viel verrietest du mir vom Leben,/Als fragend ich vermocht dir einzuweben« (GLD: 203) Aber bereits vor Hofmannsthal stellte Oscar Wilde in dem Dialog-Essay *Der Kritiker als Künstler* aus dem 1891 erschienenen Sammelband *Intentions* die Frage: »Wen aber kümmert es, ob Mr. Pater in das Bild der Mona Lisa etwas hineingelegt hat, von dem Leonardo nicht einmal träumte?« Durch das Netz poetischer Assoziationen, die Pater über das Bild gelegt habe, werde es »wunderbarer als es in Wirklichkeit ist«, es enthülle uns jetzt »ein Geheimnis, von dem es in Wahrheit nichts weiß« (1891: 156-158). Und auch Marie Herzfeld fragte sich – in der von Freud benutzten Einleitung zu Leonardos Handschriften – ob »diese Frau mit [. . .] dem wundersamen, von den Augen über die Wangen huschendem Lächeln, in dem alle hingebende Hoffnung und alle spöttische, wissende Entzauberung so nah beieinanderliegen . . . uns heute noch die Gioconda Leonardos« (1904: LXXV) sei.

Für Oscar Wilde war der subjektiv-impressionistische Charakter von Paters Interpretation durchaus kein Anlaß zur Kritik, sondern galt ihm gerade als deren »Gipfel« – »criticism of the highest kind« (1891: 158): Diese Kritik

> »nimmt das Kunstwerk einfach als Ausgangspunkt für eine neue Schöpfung. Sie beschränkt sich nicht drauf, . . . die wirkliche Absicht des Künstlers aufzudecken und als endgültig hinzunehmen. Und da tut sie recht, denn die Bedeutung eines jeden schön geschaffenen Dinges ist wenigstens so sehr in der Seele des Betrachters wie sie in der Seele dessen war, der es verfaßte« (Wilde 1891: 158).

Der hier anklingende Platonismus in Wildes Position, der Freud sicherlich fremd war, wird an anderer Stelle noch deutlicher. Dort heißt es von der höchsten Form der Kritik, sie kritisiere nicht nur das einzelne Kunstwerk, sondern »die Schönheit selbst«, sie fülle »mit Wundern eine Form, welche der Künstler vielleicht leer ließ oder nicht verstand oder unvollständig verstand« (160). Dies führt ihn zu der scheinbar paradoxen Formulierung, das oberste Ziel der Kritik sei es, ihren Gegenstand zu sehen, »wie er in Wirklichkeit nicht ist«. Dieses Aperçu ist gegen den bis Pater führenden englischen Kritiker Matthew Arnold gerichtet, der erklärt hatte, das Ziel der Kritik sei, »den Gegenstand zu sehen, wie er an sich in Wirklichkeit ist« (nach Pater 1912: VIII). Für Wilde dagegen wird das Kunstwerk schlicht »Anregung für ein neues Werk des Kritikers, das nicht notwendigerweise irgendeine Ähnlichkeit mit dem Kritisierten haben muß« (1891: 161). Ohne Zweifel übernimmt Wilde hier die Ansicht Walter Paters.[125] Wilde rechtfertigt diese Position, indem er auf die bis zu Pater hin ausgeklammerte Rolle des Interpreten aufmerksam macht. Der Kritiker dürfe sich nicht darauf beschränken, etwas bereits Gesagtes in anderer Form bloß zu wiederholen, im Gegenteil, nur durch ein Vertiefen seiner eigenen Persönlichkeit (by intensifying his own personality, 172) könne es ihm gelingen, Persönlichkeit und Werk Anderer zu verstehen. Je mehr die eigene Persönlichkeit in die Interpretation eingehe, um so überzeugender werde sie. Wer andere verstehen wolle, müsse seinen eigenen Individualismus verstärken.

Sieht man von Wildes Neigung zu paradoxen Formulierungen, der Ironie und »wittiness« seines im Konversationsstil dahinfließenden Dialog-Essays einmal ab, so fällt von seiner Position aus ein bezeichnendes Licht auf Freuds Art der Literatur- und Kunstkritik. Marthe Robert schreibt:

> »Freud [. . .] wendete sich nur Werken oder Schriftstellern zu, die durch irgendeine Seite ihrer Arbeiten ihm zu gegebenem Zeitpunkt halfen, einen Teil seines Ichs sichtbar zu machen. [. . .] [er schrieb] seine literarischen Essays in der gleichen Weise wie er seine *Traumdeutung* oder die *Psychopathologie des Alltagslebens* geschrieben hatte. Er verfolgte seine Selbstanalyse« (Robert 1970: 245).

Freuds »außerordentliche Subjektivität«, insbesondere bei seiner Literatur- und Kunstbetrachtung, stelle »die erste Stufe psychoanalytischer Erkenntnis dar«.[126] Auch bei seiner Studie über Leonardo da Vinci habe er über sich selbst geschrieben. Schon Freuds Biographen Ernest Jones war das große persönliche

125 Vgl. Wuthenow 1978, Kap. 4: »Kunst und Leben im englischen Ästhetizismus«.

126 Robert: 257. Spector (1973: 68) hebt neben Freuds Subjektivität als für die Verläßlichkeit der Leonardo-Studie schwerer wiegend »seine ganz persönliche Betroffenheit« hervor und unternimmt es, von dieser ausgehend, die sehr großzügige und z. T. willkürliche Art, wie Freud mit dem ihm zur Verfügung stehenden Material umgeht, mit dem von Freud selbst entwickelten Begriff des »Familienromans«, also von Freuds eigener Geschichte her, zu erklären. Spector sieht den Wert der Studie eher in der Möglichkeit begründet, daß sie »wertvolle Einsichten in bezug auf Freud selber und auf seine Einstellung zur Kunst« böte. Denn sie spiegele »in bezeichnender Weise die Probleme des Verfassers«, und man könne so »darangehen aufzudecken, wo es bedeutsame Berührungspunkte zwischen den beiden Männern gibt, um so vielleicht zu einem besseren Verständnis beider zu gelangen« (ebd.: 69 f.).

Interesse des Meisters an der Leonardo-Studie aufgefallen: »Man hat sehr den Eindruck, daß Freuds Interesse an Leonardo zum Teil persönlicher Art war, da er bei manchen Aspekten verweilt, wie zum Beispiel der Leidenschaft für die Erkenntnis der Natur, die auch für ihn Geltung hatten« (Jones II: 408). Freud selbst gestand, »der Anziehung, [. . .] die von diesem großen und rätselhaften Manne ausgeht«, »unterlegen« (Stud X: 156) zu sein. Jones nennt als einen Freud verwandten Konflikt Leonardos dessen Schwanken zwischen Literatur und Wissenschaft (II: 505)

Freuds »psychoanalytischer Roman« ist kein Einzelfall geblieben. In seiner kurze Zeit später, 1914, veröffentlichten Deutung des »Moses des Michelangelo« versuchte er – ähnlich wie bei der Gioconda – wiederum die *Psychologie* eines Kunstwerkes zu ergründen; wiederum Erlebnisästhetik mit psychoanalytischer Fundierung, diesmal aber ohne jeglichen Rekurs auf die Biographie, allein vom Werk und dem Eindruck ausgehend, den es auf den Betrachter, Freud, macht. Er suchte nach einer »Beziehung zwischen dem Seelenzustand des Helden und dem in seiner Haltung ausgedrückten Gegensatz von ›scheinbarer Ruhe‹ und ›innerer Bewegtheit‹« (Stud X: 207). Sein Ergebnis: »[. . .] die gewaltige Körpermasse und kraftstrotzende Muskulatur der Gestalt wird nur zum leiblichen Ausdrucksmittel für die höchste psychische Leistung, die einem Menschen möglich ist, für das Niederringen der eigenen Leidenschaft zugunsten und im Auftrage einer Bestimmung, der man sich geweiht hat« (ebd.: 217) Daß Freud sich hier selbst gespiegelt hat, ist keine allzu kühne Vermutung. Diese Deutung ist eine Projektion seiner Kulturphilosophie in eine berühmte Figur der Hochrenaissance, die ihn nicht nur wegen seines mosaischen Glaubens anzog. Auch hier ist wieder – wie bei der Gioconda – die Fragestellung typisch für das späte neunzehnte Jahrhundert: die Renaissance hat sie sich nicht gestellt. Die Frage nach dem Moment, in dem Moses von Michelangelo dargestellt wurde, nach dem inneren Zustand des Helden, ist – die von Freud ausführlich herbeizitierten Kunsthistoriker seiner Zeit lassen dies schon ahnen – der Renaissance fremd gewesen.

Wie aber rechtfertigt Freud den subjektiven Charakter seiner Deutungen? Sicherlich beruft er sich nicht – wie Wilde – auf eine hinter den Dingen befindliche Schönheitsidee, zu deren Emanation der Kritiker genau wie der Künstler berufen sei. Dies kann Freud schon deswegen nicht tun, da der Psychoanalyse – wie er zu Ende seiner Leonardo-Studie selbst einräumt – das »Wesen der künstlerischen Leistung [. . .] unzugänglich« (Stud X: 157) bleiben müsse. Im Grunde gibt er keine Rechtfertigung.

Am 11. November 1909 schreibt er an C. G. Jung: »Ein erlauchter Geist, Leonardo da Vinci, hat mir seither für eine kleine ΨA stillgehalten« (Freud 1974: 287). In dem letzten Wort ist die Problematik von Freuds *Leonardo-Roman* wie der (biographisch orientierten) frühen psychoanalytischen Kunstinterpretation überhaupt enthalten. Leonardo kann auf Freuds Deutung nicht antworten, die psychoanalytische Situation, der im Wechselspiel von Assoziationen des Analysanden und Konstruktion des Analytikers sich entspinnende Erkenntnisprozeß ist nicht herstellbar, die genuin psychoanalytische Erkenntnisweise muß bei Leonardo wie bei allen nicht gegenwärtigen Künstlern versagen. Das korrigierende Moment der *Gegenübertragung* fehlt, der Phantasie des Analytikers, seiner *Übertragung* auf den Analysanden, ist jeder Spielraum offen. Hier kommt es dann – wie Meyer Schapiro gezeigt hat – sehr auf die Materiallage wie auch darauf an, die Erkenntnisse der Nachbarwissenschaft (etwa der Kunstgeschichte) über die historischen Lebensbedingungen des Künstlers angemessen zu berücksichtigen.

Über Marthe Robert hinaus haben andere Untersuchungen zu Freuds Ästhetik, etwa die des amerikanischen Kunsthistorikers Jack J. Spector[127] oder die subtile Arbeit Sarah Kofmanns, *Quatre Romans Psychoanalytiques*, die Subjektivität als das Charakteristikum der Vorgehensweise Freuds herausgestellt. Akzeptiert man dies, so verdichtet sich der hier am Beispiel von Freuds Leonardo-Studie dargestellte Zusammenhang der Literatur- und Kunstkritik des Begründers der Psychoanalyse mit der des Fin de siècle.[128] Freud stützte sich nicht zufällig, lediglich in einem Detail, in einer seiner ästhetischen Schriften auf einen Vertreter der impressionistischen Kritik, sondern seine Vorgehensweise insgesamt ist der der impressionistischen Kritik, wie sie Pater, Wilde, Hofmannsthal, Muther und Herzfeld gegen die des Positivismus und Naturalismus gesetzt hatten, verwandt. Auch Freud hätte – mit Hofmannsthal – von sich sagen können: »ich [. . .] bin vielleicht kein Kritiker, sondern für gewisse mir verwandte Dinge ein Interpret« (Hofmannsthal 1967: 33).

Auch Freud war ein »schöpferischer Kritiker« im Sinne Hofmannsthals. Wenn Hofmannsthal Paters »ausgezeichnetes Bestreben« mit den Worten kennzeichnet: »Es handelt sich darum, aus dem verirrten Bruchstück durch eine große Anspannung der Phantasie für einen Augenblick eine Vision dieser fremden Welt hervorzurufen« und dann fortfährt: »wer das kann und dieser großen Anspannung und Verdichtung der reproduzierenden Phantasie fähig ist, wird ein großer Kritiker sein« (PI: 203), dann läßt dies an die imaginative Kraft Freuds denken, aus dem »verirrten Bruchstück« einer Kindheitserinnerung, mit spärlichen Informationen über die Jugend und unsicheren Angaben über das Leben eine psychoanalytische Biographie Leonardo da Vincis zu konstruieren.

---

127 Spector (1973: 154 f.) leitet letztlich doch aus der Subjektivität, die Freuds ästhetische Schriften prägt, deren Wertlosigkeit für die Kritik ab und sieht seine Bedeutung eher in den großen, genuin psychoanalytischen Schriften, mit denen er auch auf Kritiker, bildende Künstler und Schriftsteller anregend gewirkt habe.

128 Freud hat – indirekt – mit der neben der Leonardo-Studie umfangreichsten ästhetischen Schrift – »*Der Wahn und die Träume* in W. Jensens *Gradiva* (1907)« – an einen anderen Vorläufer des Fin de siècle, *Théophile Gautier* nämlich, sich angeschlossen. Wilhelm Jensens Novelle ist – wie Mordell (1962: 27) vermutet – von Gautiers *Arria Marcella* (1852) inspiriert.

III. Literatur und Psychoanalyse im Wien der Jahrhundertwende

1. Die Wiener Szene

Die Welten des a. o. Professors für Nervenkrankheiten an der Universität Wien, Dr. Sigmund Freud, und die der Jungwiener Dichter waren verschiedene. In den Salons – Hofmannsthal hielt sie für den innersten Mittelpunkt Wiens (Marbach: 62) und Arthur Schnitzler hat ihnen in dem Zeitroman *Der Weg ins Freie* (1908) mit dem Salon Ehrenberg ein sie selbst überdauerndes Denkmal gesetzt –, in denen sich das liberale, von jüdischen Elementen stark geprägte Großbürgertum mit der geistigen Elite der Stadt, mit Schriftstellern, Malern, Komponisten, anerkannten Ärzten und Wissenschaftlern traf, war Freud nicht präsent. Zwar gab es Verbindungen zu diesem inneren Kreis Wiens – so etwa durch den Freud-Förderer und Mitbegründer der Psychoanalyse, den Arzt Dr. Josef Breuer, der wie viele Vertreter der berühmten Wiener medizinischen Schule Zugang zu den Salons der Wertheimsteins und Gomperz' hatte, Freud selbst aber blieb, anders als Hugo von Hofmannsthal, außerhalb. Zwar stand er mit der Familie des Altphilologen Theodor Gomperz in freundschaftlicher Beziehung, zwar wurde er von dem Wiener Großbürgertum – wie Hugo Wolf – großzügig finanziell unterstützt[1], die Aufnahme in diese großbürgerliche Gesellschaftsschicht hat er aber niemals erreicht. Auf die Hysterieforschung und das Gebiet der Neuropathologie spezialisierte er sich, weil er – nach anderen gescheiterten Versuchen – hoffte, hier das eine bürgerliche Existenz und die Heirat Marthas ermöglichende Geld durch große Entdeckungen verdienen zu können. Mitte der neunziger Jahre zog er sich in einer schöpferischen Krise, die die Entdeckung der Psychoanalyse hervorbrachte, in die selbstgewählte Isolierung zurück, die erst im neuen Jahrhundert durch die Versammlung von Schülern und Gleichgesinnten durchbrochen wurde, was jedoch nur eine *Verstärkung* seiner Außenseiterposition bedeutete.

Freuds Wien war nicht die von gründerzeitlichen Monumentalbauten, barokken Palais und Residuen mittelalterlicher Bebauung geprägte Innere Stadt, wo sich in der Herrengasse nahe der Hofburg berühmte Literatencafés wie das Café Griensteidl und das Café Central befanden und wo in der Wollzeile, nahe dem Stephansdom, Richard Beer-Hofmann wohnte[2]. Er war auch nicht in den ländlichen Villenvororten wie Döbling zuhause, wo die Villa Wertheimstein (der wichtigste Salon der Jahrhundertwende) steht, oder in Ober-St.-Veit, wo Hermann Bahr 1901 das von J. M. Olbrich, dem Mitbegründer der Wiener Secession, erbaute Haus bezog.

1 Hirschmüller 1978: 51; Jones I: 195 f. und passim.

2 Vgl. das autobiographische Fragment *Paula*, in: Richard Beer-Hofmann (1963: 677-871; insbes. 679 ff.).

Von Freud, dem Verächter Wiens, ist kaum ein ästhetisch überhöhtes Bild der Metropole der Donaumonarchie zu erwarten, wie es sich Hugo von Hofmannsthal eingeprägt hat. In Anlehnung an ein Gemälde des österreichischen Stimmungsimpressionisten Rudolf Ribarz, *Wien vom Belvedere aus gesehen,* das den durch eine Vedute Canalettos berühmten Blick vom Gartenpalais des Prinzen Eugen auf die Kuppeln und Dächer Wiens einfängt und im Geiste des französischen Impressionismus, der Schule von Barbizon, gemalt ist, gab Hofmannsthal in einem Essay Anfang der neunziger Jahre eine Beschreibung Wiens von einer harmonischen Schönheit, die jede Andeutung der sozialen Spannungen, hervorgerufen durch den dynamischen Expansionsprozeß der Gründerjahre, vermissen läßt:

»Die wundervolle, unerschöpflich zauberhafte Stadt mit dieser rätselhaften, weichen, lichtdurchsogenen Luft! Und unterm traumhaft hellen Frühlingshimmel diese schwarzgrauen Barockpaläste mit eisernen Gittertoren und geschnörkelten Moucharabys, mit Wappenlöwen und Windhunden, großen, grauen, steinernen! Diese alten Höfe, angefüllt mit Plätschern von kühlen Brunnen, mit Sonnenflecken, Efeu und Amoretten! Und in der Vorstadt, diese kleinen, gelben Häuser aus der Kaiser Franz-Zeit, mit staubigen Vorgarterln, diese melancholischen, spießbürgerlichen, unheimlichen kleinen Häuser! Und in der Abenddämmerung diese faszinierenden Winkel und Sackgassen, in denen die vorübergehenden Menschen plötzlich ihr Körperliches, ihr Gemeines verlieren und wo von einem Stück roten Tuchs, vor ein schmutziges Fenster gehängt, unsäglicher Zauber ausgeht! Und dann, später abends, die Dämmerung der Wienufer: über der schwarzen Leere des Flußbettes das schwarze Gewirre der Büsche und Bäume, von zahllosen kleinen Laternen durchsetzt, auf einen wesenlosen transparenten Fond graugelben Dunstes aufgespannt und darüber, beherrschend, die drei dunklen harmonischen Kuppeln der Karlskirche!« (PI: 184)

Das Elternhaus, in dem der Dicher als Sohn des Bankdirektors Dr. jur. Hugo August Peter Edler von Hofmannsthal bis 1901, bis zu seiner Heirat mit Gertrud Schlesinger und der Übersiedlung in das kleine theresianische Barockpalais in Rodaun bei Wien wohnte, steht in der Salesianergasse, in einer von Aristokratie und Großbürgertum geprägten Gegend nicht unweit des Unteren Belvedere.

Freuds Wien war das jenseits der Ringstraße, dem Symbol der Gründerzeit, gelegene Medizinerviertel zwischen Alserstraße und Währingerstraße, wo sich das Allgemeine Krankenhaus, medizinische Universtitätsinstitute wie das Physiologische Institut (in der »Alten Gewehrfabrik«) des Freudlehrers Ernst Brücke, die Poliklinik des Laryngologen Johann Schnitzler, kurz, das Zentrum der Wiener medizinischen Schule befand. Im Einzugsbereich dieses Viertels steht das Haus Berggasse 19, in dem Praxis und Wohnung bis zur Emigration nach London 1938, also während eines Zeitraums von 47 Jahren, zu finden waren.

Die Niederlassung in diesem Viertel, von der Profession her naheliegend, ist nicht ohne Symbolik für die Stellung Freuds in Wien. Aus dem Mährischen im

Abb. 6 Bernardo Bellotto, gen. Canaletto: Blick auf Wien vom Oberen Belvedere

Osten der Donaumonarchie stammend, hatte sich die Familie – anders etwa als die Schnitzlersche – nur mühsam, nach ersten Jahren im Ghetto, in der explosionsartig sich entwickelnden, vom Bündnis der aufstrebenden Bourgeoisie mit der eingesessenen Aristokratie bestimmten Stadt durchsetzen können. Sigmund Freud war es erst nach Jahren entbehrungsreicher Arbeit gelungen, das bürgerliche Klassenziel zu erreichen. 1902 wurde ihm – ungewöhnlich spät nach der bereits 1885 erfolgten Habilitation – aufgrund seiner umfangreichen neurologischen, *nicht* aufgrund seiner psychoanalytischen Arbeiten, von Kaiser Franz Josef I. der Titel eines a. o. Professors verliehen[3]. Freud konnte jetzt über Psychoanalyse lesen und so erste Schüler um sich scharen. An der universitären Selbstverwaltung war er nicht beteiligt, und bezahlt wurde seine akademische Tätigkeit ausschließlich von dem Geld seiner wenigen Hörer.[4]

Mit 9 km Länge und 60 m Breite umgürtet die Ringstraße, mit den wichtigsten öffentlichen Gebäuden, die Innere Stadt. Vom Ring her, in dessen historistischer Repräsentationsarchitektur[5] sich das Bürgertum der Franz-Josef-Zeit das die Gründer überdauernde Denkmal gesetzt hatte, ist das Medizinerviertel durch die neugotische, noch zur Architektur des Ring gehörige Votivkirche angeschlossen. Durch Arbeit legitimiert, hatte Freud sich in einem noch zum bürgerlichen Wien gehörigen Quartier niedergelassen, nicht in der von Aristokratie und Nouveaux Riches bevorzugten Inneren Stadt.

Freuds Wien ist dem des Arztes Dr. med. Arthur Schnitzler am nächsten. Bis zum Tode des Vaters, Professor Johann Schnitzler, im Jahre 1893 wohnte er noch in der Wohnung, die sein Vater als erfolgreicher Bürger der Gründerzeit am Burgring gemietet hatte (J: 32), dann aber eröffnete er eine Privatpraxis und zog in die Frankgasse an der Votivkirche, fünf Minuten von der Berggasse entfernt, und blieb dort bis zu seiner Heirat im Jahre 1903. Schon als Assistent im Allgemeinen Krankenhaus und in der Poliklinik seines Vaters war ihm dieser Teil Wiens vertraut.

Schnitzer und Freud sahen Wien ohne die Neigung, es zu verklären. Aus Schnitzlers Werk ist die Stadtgeographie und das sich in ihr widerspiegelnde soziale Gefüge bis in die Details zu entnehmen.[6] Es steht damit im Gegensatz zu dem Werk Hugo von Hofmannsthals, in dem sich Stadterfahrung und Wahrnehmung der historischen Situation nicht in dieser Direktheit niedergeschlagen haben.

Freud übersah nicht den sozialen Ort der Neurosen. »Unsere Erfahrungen entstammen der Privatpraxis in einer gebildeten und lesenden Gesellschafts-

3 Vgl. Anf: 294 ff., sowie Gicklhorn 1960 und Eissler 1966 und 1974.

4 Zwischen 1886 und 1918 hatte Freud lediglich 269 Hörer, der größte Teil zwischen 18 und 26 Jahre alt (Gicklhorn 1960: 178).

5 Schorske interpretiert sie eindrucksvoll als »an iconographic index to the mind of ascendant Austrian liberalism« (1980: 27), »die bildliche Summe der Geisteshaltung des aufsteigenden österreichischen Liberalismus« (1982: 25).

6 Vgl. Rolf-Peter Janz in Janz/Laermann (1977).

Abb. 7 Franzens Ring nach Vollendung der Monumentalbauten, Photographie 1888

klasse« (GWI: 77), heißt es im Vorwort zu den *Studien über Hysterie*. Deutlicher noch wird Freud in den *Vorlesungen zur Einführung in die Psychoanalyse* (Stud I: 345 f), wo er ausgehend von der Nestroyschen Posse *Zu ebener Erde und im ersten Stock* schildert, wie unterschiedlich in den unteren Gesellschaftsklassen und in der Oberschicht sexuelle Erfahrungen aus der Kindheit verarbeitet werden. Das zu ebener Erde wohnende Hausmeisterkind wird vermutlich ein normales, vielleicht sogar erfolgreiches Leben führen, während das Kind des Hausherrn bald vom Schuldgefühl, etwas Unrechtes getan zu haben, bedrückt werden und eine Neurose entwickeln wird, für Ehe und Lebensglück unfähig. Hier scheint bei Freud die soziale Wirklichkeit des spätbürgerlichen Wiens durch, wenn auch die Konturen sich nicht so deutlich wie in Schnitzlers Werk abzeichnen.

In der Phäakenstadt Wien mußten Freuds strenge Lebensauffassung und sein Arbeitsethos wie Fremdkörper erscheinen. In einer der Theaterleidenschaft und der Schauspielerei verfallenen Stadt, in der die Kunst für weite Teile des Bürgertums zur Ersatzwirklichkeit geworden war (Zweig 1975; Schorske 1982), wo man in den letzten Tagen der Monarchie die »fröhliche Apokalypse« (Broch 1974) lebte, stand er abseits. Er verbrachte, wie sein Schüler Hanns Sachs berichtet (1950: 63), kaum »je einen Abend im Theater«. Nur bei der Aufführung der Hofmannsthalschen Bearbeitung des *König Ödipus* durch Max Reinhardt machte er eine Ausnahme und war begeistert.

Gelegentlich ging auch Freud ins Kaffeehaus (Jones II: 450), bezeichnend aber ist, daß man ihn in dem nahe der Oper gelegenen Café Museum sah (Graf: 163), eingerichtet von Adolf Loos, dem puristischen Architekten, Kritiker der hybriden Ringarchitektur und Freund von Karl Kraus. An diesem Punkt nähern sich die Positionen Freuds und der Dichter des Wiener Fin de siècle wieder. Die Architektur des Ring ist die steinerne Selbstdarstellung der Gründer und Parvenus aus der Blütezeit des Liberalismus, der Vätergeneration von Schnitzler, Hofmannsthal, Freud und Karl Kraus. Letzterer bekannte: »Ich habe kein Gefühl für den stolzen Besitz der Ringstraße an sich selbst« (nach Marbach: 11). Freuds Lebenswerk ist – genau wie das des Wiener Ästhetizismus – Ausdruck des Protests gegen die spätbürgerliche Wiener Gesellschaft. Es reagiert ebenso wie die ichbezogenen Jungwiener Dichter auf die Krise des Liberalismus in Österreich, wenn es auch nicht – wie namentlich Hugo von Hofmannsthal, Leopold von Andrian, Richard Beer-Hofmann und Hermann Bahr – bei der Diagnose des zerfallenden Liberalismus die ursprünglichen Werte des Liberalismus selbst aufgab. »Ich blieb ein Liberaler vom alten Schlag« (Freud/A. Zweig 1968: 33), bekannte Freud noch 1930. Bei der Analyse des sich hinter der Fassade des Ich verbergenden Triebgrundes, bei der Aufdeckung der vom Rationalismus des Bürgertums verdrängten Sexualität, der Entlarvung der vom Firnis der Zivilisation nur schlecht verdeckten anarchischen Natur des Menschen hat Freud doch stets an den Idealen der Aufklärung aus der frühen Zeit des Bürgertums festgehalten. Als in den Jahren des

Ersten Weltkrieges in den vergangenen Jahrzehnten bürgerlicher Sekurität und Fortschrittsglaubens lange überwunden geglaubte Triebkräfte explosionsartig zum Ausbruch kamen, zeigte sich Freud nicht überrascht. Das »Böse, Dumme, Unsinnige [kann mich] nicht aus der Fassung« bringen, schreibt er 1915 an Lou Andreas-Salomé[7], »weil ich's von vorneherein in die Zusammensetzung der Welt aufgenommen habe«. Zu einem Engagement für den Weltkrieg und für den Bestand der Monarchie – wie Hofmannsthal, Bahr, Andrian und die Mehrzahl der Intellektuellen – ließ er sich nicht hinreißen. Nur in der Aufbruchstimmung der ersten Kriegsmonate hatte auch er patriotische Gefühle. In der Abstinenz von Kriegspropaganda kommt ihm Arthur Schnitzler am nächsten, der öffentlich keine Stellungnahme zum Krieg abgab und damit seine Distanz zum Geschehen bekundete.

Die Hoffnung auf die leise Stimme der Vernunft (Stud IX: 186) hat Freud bis zu seinem Tode am 23. September 1939 nicht aufgegeben – angesichts einer politischen Entwicklung, die einen in der Stabilität des 19. Jahrhunderts Aufgewachsenen zur Resignation führen sollte. Die Psychoanalyse Freuds trotzt einer zerfallenden Wirklichkeit. Sie ist der Versuch, die neurotischen Verstrikkungen des Bürgers zu lösen und ihn mit den ursprünglichen Idealen des kämpferischen Bürgertums, wie sie im 18. Jahrhundert entstanden waren, zu versöhnen. Nichts wirkt daneben befremdlicher als die Figur des *Dilettanten*, der zum aktiven Eingreifen in das Leben unfähig war, sich in den verschiedensten Bereichen ohne Erfolg versuchte und dem der Zusammenhalt mit der Wirklichkeit verloren gegangen war. Der *Dilettant* ist die für das Fin de siècle typische Figur, wie man sie in den Werken Schnitzlers (etwa in der Gestalt des Baron Georg von Wergenthin in dem Zeitroman *Der Weg ins Freie*), bei Hermann Bahr, aber auch schon bei Bourget oder in den frühen Erzählungen Thomas Manns antreffen kann. Der *Dilettant* war Patient, nicht Gesinnungsgenosse Freuds.

Zur Rezeption der Psychoanalyse in Wien nach 1900

Wie wurde bei den Dichtern des *Jungen Wien* die Psychoanalyse, die eine Therapie anstatt einer Bestätigung des eigenen Narzißmus anbot, aufgenommen? Auf welche Weise wurde die Erforschung des Seelenlebens der liberalen, vielfach jüdischen Oberschicht in den letzten Tagen Kakaniens wahrgenommen? Erkannte man seine eigenen Probleme wieder, sah man einen Ausweg aus der Kreisbewegung, in der man sich befand, wurde die Psychoanalyse als eine Hoffnung aufgegriffen, die die Trennung vom Leben aufheben konnte, den verlorengegangenen Zusammenhang mit dem Sozialen wieder herzustellen

7 Freud/Andreas-Salomé 1966: 36.

half? Für Freuds Schüler bestand diese Hoffnung. Anders als in der verwissenschaftlichten, zunehmend akademisierten Psychoanalyse heute, wurde Freuds Werk von seinen ersten Schülern noch wie ein Schlüssel zum Verständnis der Menschheitsentwicklung und als völlig neuer Weg zur Bewältigung des Lebens begeistert aufgenommen (Sachs 1950). Freud hatte sich nie auf den rein medizinisch-therapeutischen Aspekt seiner Lehrer beschränkt, sondern sehr früh bereits den Anspruch angemeldet, eine Neuinterpretation der Kulturentwicklung leisten zu können.

Ein eindeutiges Bekenntnis zu Freud hat – von einer frühen, bald abgebrochenen Koalition Karl Kraus' abgesehen – aus dem Kreis der Wiener Dichter niemand gewagt oder gewollt. Der erste Schriftsteller, der sich offen zu Freud bekannte, kam nicht aus Wien, sondern nach Wien. Es war die Freundin Nietzsches und Rilkes, Lou Andreas-Salomé, die 1912 zu Freud kam, um ein Jahr die neue Lehre zu studieren, Freuds Vorlesungen zu besuchen und an den Diskussionen im Kreis seiner Schüler teilzunehmen. Sie blieb Freud weiterhin durch einen ausgedehnten Briefwechsel verbunden und beteiligte sich an der psychoanalytischen Diskussion.[8] Durch Andreas-Salomé kam auch Rainer Maria Rilke mit Freud zusammen, am Rande des IV. Psychoanalytischen Kongresses 1913 in München. Vermutlich knüpft Freud an diese Begegnung an, wenn er in seinem Essay über *Vergänglichkeit* (1916) von einem Spaziergang im Sommer 1913 in Begleitung »eines jungen, bereits rühmlich bekannten Dichters« (Stud X: 225) spricht und dessen melancholische Äußerungen über das Schicksal der Vergänglichkeit zum Ausgangspunkt seiner Überlegungen macht (F/J: 611). Rilke spielte eine Zeitlang mit dem Gedanken einer Analyse bei Freud, verwarf ihn jedoch wieder, in der Furcht, mit den »Teufeln« auch die »Engel«, mit seiner Neurose auch seine Kreativität zu verlieren:

> Das Tötliche hat immer mitgedichtet:
> nur darum war der Sang so unerhört.[9]

Am 17. Februar 1916 schrieb Rilke an Freud:

> »Öfters war ich daran, mir durch eine Aussprache mit Ihnen aus der Verschüttung zu helfen. Aber schließlich überwog der Entschluß, die Sache al-

8 Mit ihrem Aufsatz *Narzißmus als Doppelrichtung* (1921), in den ihre Erfahrungen mit Rilke eingegangen sind, legte sie ihren wichtigsten Beitrag zur Psychoanalyse vor. 1931 veröffentlichte sie ihren *Dank an Freud* zu dessen 75. Geburtstag. Das Tagebuch der Jahre 1912/13 wurde postum unter dem Titel *In der Schule bei Freud* herausgegeben.

9 Nach Pfeiffer (1976: 318). Für Rilkes Verhältnis zur Psychoanalyse vgl. neben der grundlegenden Untersuchung Pfeiffers auch Storck (1975: 169-174). Die Entscheidung gegen die Analyse war von Rilke durchaus mit Unterstützung Lou Andreas-Salomés getroffen, die für Rilke bis zu seinem Tode die Rolle des Analytikers aus der Distanz einnahm und so verhinderte, daß ein Dritter sich an ihm versuchte. Die Begegnung mit Freud fand ihren Niederschlag in der ersten und dritten Duineser Elegie. Das Interesse für Freud war in Rilke im Frühwinter 1909, in der Schaffenskrise des *Malte Laurids Brigge* erwacht, also noch bevor dies bei Lou Andreas-Salomé der Fall war.

lein durchzumachen, soweit einem eben noch ein trüber Satz Alleinseins bleibt. Wenn ich es nach und nach zu etwas Fassung bringe, so frag ich mich sicher bei Ihnen an und komme; ich weiß, das wird gut sein« (nach Freud 1976: 215).

Die Furcht Rilkes, die »Normalität« mit der Schöpfungskraft zu bezahlen, ist eine typische, in der Begegnung von Dichtern mit der Psychoanalyse immer wieder auftauchende Berührungsangst, und sie mag auch ein Grund für die vorsichtige Zurückhaltung sein, mit der man im *Jungen Wien*, bei allem Interesse, der Analyse begegnete. Bezeichnend etwa ist, daß Hofmannsthal zeitweilig bei dem Berliner Arzt Wilhelm Fließ und nicht bei dem Arzt Prof. Freud in Behandlung ging.[10] Ende März 1915 hatte er bei Schnitzler angefragt, ob dieser ihm einen »guten Nervenarzt (Psychiater)« empfehlen könne, mit dem er »vertrauensvoll über meine wirklich absurden Nerven sprechen könne. Hier könnte allerdings noch ein anderer Grund ausschlaggebend gewesen sein, der eine Konsultation Freuds ausschloß: Von dem Arzt erwartete er nämlich, daß er »auch für's Militär eine *Autorität* wäre, womöglich selbst im Dienste, so daß sein Gutachten eventuell zur Anbahnung eines längeren Krankheitsurlaubes bei einer (sehr wohlwollenden) Militärstelle dienen könnte« (HvH-AS: 277). Dennoch hat Hofmannsthal auch unabhängig von seinen Urlaubsabsichten in diesem und in den folgenden Jahren während seiner Berlin-Aufenthalte Fließ aufgesucht.

Der einzige Dichter des *Jungen Wien,* mit dem Freud schon um die Jahrhundertwende persönlichen Kontakt hatte, war eine Randfigur im Café Griensteidl, der heute vergessene Jakob Julius David. Dem Berliner Freund, Wilhelm Fließ, schrieb Freud am 6. August 1899: »In Wien habe ich einige Male J. J. David zu Gast gehabt, einen unglücklichen und nicht unansehnlichen Dichter« (Anf: 250). Diese Freundschaft ist außerordentlich charakteristisch für Freuds Beziehung zur zeitgenössischen Wiener Literatur.

Der *Traumdeutung*, die ja nicht nur wissenschaftliche Abhandlung, sondern zugleich Autobiographie ist, ist zu entnehmen, daß er David durch seinen Bruder Alexander Freud kennengelernt hatte (Stud II: 300). Wie Freud war David Jude, aus den östlichen Provinzen der Monarchie stammend, nicht aus Freuds Geburtsstadt Freiberg, wie Freud irrtümlich annahm, sondern aus Mährisch-Weißkirchen. Sie waren nahezu gleichaltrig. David lebte als Journalist und freier Schriftsteller und war im bürgerlichen Leben wenig erfolgreich; Schwerhörigkeit hinderte ihn an der Ausübung des Lehramtes. Er verstarb 1906 im Alter von 44 Jahren. Möglicherweise war David bei Freud in Behandlung (Anzieu 1975: 512). Freud gehörte mit Richard Beer-Hofmann, Otto Brahm, Marie von Ebner-Eschenbach, Theodor Gomperz, Josef Kainz, Max Burckhard, Ar-

10 Nach Lunzer (1978: 126 f., 164 u. 350), der sich auf die nur z. T. veröffentlichten Briefe Hofmannsthal – E. und D. Bodenhausen bezieht. Vgl. auch Urban (1978: 134), der sich hierbei auf einen Hinweis von Rudolf Hirsch beruft.

thur Schnitzler, Stefan Zweig u. a. zu den Subskribenten seiner 1908/09 von Ernst Heilborn und Erich Schmidt herausgegebenen *Gesammelten Werke*. Das *Verzeichnis der Subskribenten* (Werke Bd. 6, Anhang), macht nicht nur Davids damalige Anerkennung bei den in Wien tonangebenden Dichtern, Theaterleuten und Wissenschaftlern deutlich, sondern bezeichnet auch eindrucksvoll den kulturellen Umkreis Freuds.

Zur Wiener Literatur der Jahrhundertwende stand David merkwürdig quer. 1898 schrieb Paul Wertheimer, der ihn neben den frühen Gerhart Hauptmann stellte, in dem Berliner Naturalistenblatt *Die Gesellschaft* über seine Rolle in Wien:

> »Von dem, was man ›Jung-Wiener‹ Kunst nennt, wird man bei J. J. David wenig finden, abgesehen etwa von seiner nahen Beziehung zu Malerei und Plastik. Man denke nur den Gegensatz: J. J. David und Altenberg oder Hermann Bahr! Alle Merkmale der jungen Wiener [. . .] Schule fehlen bei ihm: die tiefe Sensibilität, die Grazie, die alle Schwere des Lebens vermeiden möchte, die Leichtfüßigkeit der Gedanken und Verse. So darf es nicht wunder nehmen, daß er in Wien weniger wirkt, als das vielleicht in irgend welcher norddeutschen Centrale der Fall wäre. Auch der starke ›soziale Zug‹ seiner Werke, die Trotz-Rufe des verarmten dritten und vierten Standes, kämen dort wohl ebenso zur Geltung, wie seine nahe Beziehung zur Gegenwarts-Stimmung. In Wien, in dem Geister-Capua, das freilich auch auf J. J. David, so fest er noch immer an der heimatlichen Scholle, seinem Kuhländchen in der Hanna haften mag, die Wirkung zu üben beginnt, wird es ihm nach seiner dem Wienertum so entgegen gesetzten, wirklich engen, aber echten Richtung schwer, breitere Leserschichten zu gewinnen«.[11]

David verfaßte Dramen in der Nachfolge Anzengrubers und Romane und Erzählungen in der Tradition des Realismus, Turgenjews und C. F. Meyers. Der modernen Lyrik stand er skeptisch gegenüber, in Rilkes Talent aber sah er – trotz einiger »Entgleisungen« – Möglichkeiten für die Moderne.[12] Erzählstoff boten ihm seine mährische Heimat, z. B. für *Das Höferecht* (1890) und *Die Hanna* (1904), und Wien, z. B. für den sozialen Roman *Der Übergang* (1903), der den Niedergang einer Fabrikantenfamilie darstellt. Mähren und Wien – das dürften die Anknüpfungspunkte Freuds gewesen sein.

Auch wenn David ein Außenseiter im Wiener Fin de siècle war, haben doch – wie Wertheimer schon andeutete – einige Moden der Jahrhundertwende auch bei ihm ihren Niederschlag gefunden. So etwa in der Erzählung *Die Tochter Fortunats* aus der Sammlung *Die Wiedergeborenen,* die den morbiden Renaissancismus des Wiener Fin de siècle anklingen läßt, oder in dem Roman *Blut*, der an die damals aktuelle Vererbungslehre anknüpft.

---

11 Paul Wertheimer: *J. J. David. Ein litterarisches Profil.* In: *Die Gesellschaft,* Jg. 1914, Heft 7 (1. April) S. 446; nach Wunberg 1976: 844.

12 Vgl. Davids Essay *Neue Lyrik*, in: *Moderne Rundschau,* Bd. 4, Heft 2, 15. Okt. 1891, 54-57 (eine Zusammenfassung in Wunberg 1976: 275) sowie *Zur Technik der Lyrik*, in: *Die Zeit,* Bd. 23, Nr. 290, 21. April 1900: 42 f (wiederabgedruckt bei Wunberg 1976: 1092-1096).

Am 27. Januar 1900 – zu Anfang seiner Bekanntschaft mit Freud also – verfaßte er für die Berliner Zeitung *Die Nation*, deren Mitarbeiter er war, eine wohlwollende, aber oberflächliche Rezension der wenige Monate zuvor veröffentlichten *Traumdeutung*. Dies konnte auch Freud nicht übersehen. Am 1. Februar 1900 berichtete er an Fließ: »Eine liebenswürdige und feinsinnige, etwas verschwommene, Kritik des Traumbuches findet sich in No. 17 der ›Nation‹ von J. J. David, einem persönlichen Bekannten« (nach Schur 1973: 644).

Auch wenn David in seiner Rezension behauptete, »in Zustimmung und Ablehnung manche Anregung« empfangen zu haben, so heißt dies nicht, daß dies für sein Schreiben Folgen gehabt hat. In den wichtigsten seiner letzten Werke, *Der Übergang* und *Hanna*, ist eine Veränderung durch die Psychoanalyse nicht festzustellen. Eine Ausnahme bilden lediglich die bereits im Fieber seiner tödlichen Krankheit niedergeschriebenen *Halluzinationen* (1905), in denen es eingangs heißt, »daß ähnliche Beobachtungen selten sind und somit vielleicht einen psychologischen Wert für sich in Anspruch nehmen können« (David 1908/09, Band 6: 333). Er stellt bei sich »eine vollkommene Spaltung des Bewußtseins« (ebd.: 341) fest und resümiert seine Erfahrungen in folgenden Sätzen:

> »Es scheint mir merkwürdig, wie die Einbildungskraft, die wir sonst zu meistern wähnen, sich selbstherrlich aufreckt, dem gebietenden Verstand fast feindselig gegenübergestellt und uns Widerstrebende gewalttätig Pfade führt, die zu betreten uns anders mit gutem Grund schaudern würde. Die Wogen des Unbewußten haben einmal über mir zusammengeschlagen, daß ich ihnen kaum mehr zu entrinnen hoffen durfte« (ebd.: 346).

So hat auch er, allerdings in einem kleinen, unter besonderen Umständen geschaffenen Werk, die Mode der Seelenzergliederung mitgemacht.

Freuds Beziehung zu David, dem Außenseiter der literarischen Szene Wiens, paßt zu seiner Reserviertheit gegenüber der von Hermann Bahr propagierten Moderne, dem *Jungen Wien*. Freud bevorzugte einen skeptischen Realismus ohne grelle Töne, obwohl seine Forschungen bei dieser Richtung wenig Resonanz fanden. Arthur Schnitzler bewunderte er zwar, hier aber verhinderte seine »Doppelgängerscheu« eine persönliche Annäherung (Vgl. S. 179).

Immerhin gab es einen einflußreichen Förderer der Wiener Moderne, der frühzeitig auf Freuds *Traumdeutung* hinwies. Max Burckhardt, der Arthur Schnitzler mit *Liebelei* zum Durchbruch verhalf und um die Jahrhundertwende gemeinsam mit Hermann Bahr die für den Jugendstil der Wiener Sezession programmatische Zeitschrift *Ver Sacrum* herausgab, widmete der *Traumdeutung* nur wenige Monate nach ihrem Erscheinen eine ausführliche Besprechung.[13] Freud hielt seine Rezension allerdings für ein »blödes Referat«, »we-

13 Max Burckhardt: *Ein modernes Traumbuch*. In: *Die Zeit*, Bd. 22, Nr. 275, 6. Januar 1900: 9-11 u. ebd., Nr. 276, 13. Januar 1900: 25-27; wiederabgedruckt bei Wunberg 1976: 1047-1059.

nig schmeichelhaft, ungemein verständnislos« (Anf: 264). (Burckhardt hatte Zweifel angemeldet an der Allgemeingültigkeit der zentralen Annahme Freuds, die Wunscherfüllung sei das Movens eines jeden Traumes, das auf Infantiles und Unbewußtes zurückgeführt werden könne.)

In Wien hat die Psychoanalyse nie den Einfluß erlangt, den sie seit den zwanziger Jahren auf die amerikanische Dramatik, etwa auf Eugene O'Neill und Tennessee Williams, hatte. In den zwanziger Jahren ging er dort so weit, daß Dramatiker mit ihren Manuskripten zu Psychoanalytikern gingen und sie mit ihnen durchsprachen, um sicher zu gehen, daß die dramatis personae auch klinisch korrekt agierten (Sievers 1955). Eine so weitreichende, bis zur Selbstaufgabe des Dichters gehende Zusammenarbeit mit dem Psychoanalytiker hat es in Wien niemals gegeben.

Wenn Freud angesichts des schnellen und umfassenden Erfolges der Psychoanalyse in Amerika sagte, »daß der Kampf um die Analyse dort seine Entscheidung finden muß, wo sich die größere Distanz ergeben hat, auf dem Boden der alten Kulturzentren« (GW X: 71), so weist dies auch auf die erhöhte Bedeutsamkeit der literarischen Auseinandersetzung in Europa hin, zumal in Wien, wo die Psychoanalyse entstand.

1930 gab Sigmund Freud einem amerikanischen Interviewer zu Protokoll: »Thomas Mann and Hugo von Hofmannsthal owe much to us. Schnitzler parallels to a large extent . . .« (nach Urban 1978: 10). Thomas Mann begann erst 1909, sich mit der Analyse auseinanderzusetzen[14], was auf die Besonderheit der Wiener Situation rückverweist. Trotz der Isolierung in Wien, trotz der Sperren gegen sie, drang sie rascher durch als in den anderen ›aufgeschlosseneren‹ Kulturzentren im Deutschen Reich, in München oder Berlin. Auf welchen Wegen geschah dies?

Die Psychologische Mittwoch-Gesellschaft *bei Prof. Freud*

Wie kam es zu der so raschen Wahrnehmung der Ideen Freuds, so daß Wien vor allen anderen literarischen Zentren zur ersten Begegnungsstätte von Dichtung und Psychoanalyse wurde?

14 Thomas Mann äußerte 1925 gegenüber der Turiner *Stampa,* daß »mindestens eine meiner Arbeiten, die Novelle *Tod in Venedig* unter dem unmittelbaren Einfluß von Freud entstanden« (nach Storfer 1973: 57) sei. Früheste Freud-Lektüre (es handelte sich um die *Drei Abhandlungen zur Sexualtheorie* wird – ohne hier schon literarische Folgen zu zeigen – für 1909, zur Zeit der Abfassung von *Königliche Hoheit,* angenommen (Finck 1973: 57). Sein späterer Weg zu Freud – erinnert sei neben zwei Vorträgen an den Dr. Krokowski im *Zauberberg,* den Hypnotiseur in *Mario und der Zauberer*, an die Neuinterpretation einer mittelalterlichen Vorlage im *Erwählten* – braucht hier nicht weiter zu kümmern. Bezeichnend aber ist, daß auch Thomas Mann – wie vor ihm schon Hofmannsthal – über den Psychologismus der Décadence zur Psychoanalyse gekommen war: Sein Frühwerk stand im Zeichen Huysmans', und Bourgets, Schopenhauers und Nietzsches, früher Beschäftigung mit voranalytischer Psychiatrie (Finck 1973: 15-23 u. Schröter 1975: 31-62).

Neben Artikeln in der Wiener Presse[15] sowie den Salons und Kaffeehäusern als typisch wienerischen Formen von Öffentlichkeit ist hierbei in erster Linie an die Schüler Freuds, die bereits kurz nach der Jahrhundertwende einsetzende psychoanalytische Bewegung selbst, zu denken. Freud erinnert sich in seiner Schrift *Zur Geschichte der psychoanalytischen Bewegung* (1914):

> »Vom Jahre 1902 an scharte sich eine Anzahl jüngerer Ärzte um mich in der ausgesprochenen Absicht, die Psychoanalyse zu erlernen, auszuüben und zu verbreiten. Ein Kollege, welcher die gute Wirkung der analytischen Therapie an sich selbst erfahren hatte, gab die Anregung dazu. Man kam an bestimmten Abenden in meiner Wohnung zusammen, diskutierte nach gewissen Regeln, suchte sich in dem befremdlich neuen Forschungsgebiete zu orientieren und das Interesse anderer dafür zu gewinnen« (GW X: 63).

Damit ging die Periode der *splendid isolation*, wie Freud die Zeit zwischen dem Zerwürfnis mit der akademischen Psychiatrie und dem Beginn der eigenen Schule nannte, ihrem Ende entgegen. Man traf sich gewöhnlich Mittwoch abends, nach der Vorlesung in Freuds Wartezimmer in der Berggasse 19, woher sich bald der Name *Psychologische Mittwoch-Gesellschaft* ergab. Das Anwachsen der Schülerzahl ermutigte dann, vom 15. April 1908 an den offiziösen Namen *Wiener Psychoanalytische Vereinigung* anzunehmen. Die Zusammenkünfte mußten bald in den Sitzungssaal der Gesellschaft der Ärzte verlegt werden.

Die ersten Schüler waren entweder ehemalige Patienten Freuds – wie Wilhelm Stekel[16], auf dessen Anregung hin im Oktober 1902 die regelmäßigen Zusammenkünfte begannen – oder Hörer Freuds, die durch seine Vorlesungen an der Wiener Universität mit der Psychoanalyse in Berührung kamen. Aus den Erinnerungen jener ersten Schüler geht hervor, wie umgrenzt die Wirkung dieser Vorlesungen war. Nach Fritz Wittels waren in den Jahren vor 1910 »kaum die ersten drei Bänke des Hörsaales [. . .] gefüllt« (Wittels 1924: 113). Vom Studienjahr 1886/87 bis zu dem von 1918/19 hatte Freud gerade 269 eingeschriebene Hörer![17] Folgender Bericht von Emil Lorenz zeigt, unter welchen

---

15 Siehe die in der *Sigmund-Freud-Konkordanz und -Gesamtbibliographie* auf Seite 84 zusammengestellten Artikel Freuds (1903/a, 1904/b-e sowie 1905/f) in der *Neuen Freien Presse*. In der *Neuen Freien Presse* erschien auch eine Würdigung Freuds zu seinem 50. Geburtstag am 6. Mai 1906. Die publizistischen Aktivitäten, die Freud in dieser Zeit über die hier angeführten hinaus entfaltete, gingen nicht über das Fachpublikum hinaus. – Einige Rezensionen Freudscher Werke in der Wiener Tagespresse führt Jones (II: 398, 405) an. Der einschlägige Abschnitt bei Decker (1977: 257 ff) – *The Educated German Public and Psychoanalysis* – ist leider dürftig und bietet für Wien kaum Material.

16 Nach Ernest Jones (II: 21) veröffentlichte Stekel in der Sonntagsausgabe des *Neuen Wiener Tagblattes* die mit Freud geführten Diskussionen. Peter Michael Braunwarth (Wien) hat freundlicherweise in der Österreichischen Nationalbibliothek nach diesen Berichten recherchiert – ohne Erfolg. Nach Auskunft der Sigmund-Freud-Gesellschaft (Wien) ist diese Angabe Jones' »eine berühmte Ente«. Tatsache ist, daß Stekel ab 1901 *sporadisch* Feuilletons im *Neuen Wiener Tagblatt* veröffentlichte, die sich mit allem Möglichen, aber nicht mit der *Mittwoch-Gesellschaft* befaßten.

17 »Alphabetische Liste der Hörer von S. Freud in den Studienjahren 1886/87 – 1918/19«, in: Gicklhorn 1960: 169-172.

Vorsichtsmaßnahmen, welchen Abschottungen nach außen Freud seine Wirkung nur entfalten konnte:

»Die Vorlesungen fanden im Allgemeinen Krankenhaus auf der psychiatrischen Abteilung statt. Sie unterschieden sich von den sonstigen dort gehaltenen zunächst dadurch, daß sie auch von Angehörigen anderer Fakultäten besucht wurden und daß sie eine besondere Anmeldung bei Freud erforderten, der den Teilnehmern einen eigenhändig unterschriebenen Ausweis ausstellte. Diese Vorsichtsmaßregel hatte sich als notwendig erwiesen, nachdem gelegentlich Zuhörer mit den für sie sonderbar, ja aufreizend klingenden Ausschnitten aus Krankheitsgeschichten (und mit den dazugehörigen Formulierungen) Unfug getrieben hatten. In die souveräne Rücksichtslosigkeit, mit der hier die Dinge beim richtigen Namen genannt und diskutiert wurden, fand sich nicht jeder sogleich hinein« (Lorenz 1956: 178).

So nahmen – trotz bald gegründeter Zeitschriften – in Wien damals »nur wenige [. . .] gebührlich Kenntnis« (ebd.) von der sich in ihrer Mitte entwickelnden Lehre, die bald – außerhalb Österreichs – eine so rasche Verbreitung finden sollte.

Freud berichtet jedoch, daß an den Mittwochabenden »nicht nur Ärzte, sondern auch andere Gebildete, welche in der Psychoanalyse etwas Bedeutsames erkannt hatten, Schriftsteller, Künstler usw.« (GW X: 64) teilnahmen. Hat Freud hierbei auch an die Dichter *Jung-Wiens* gedacht? Ernest Jones schreibt:

»Es ist wohl kaum nötig zu sagen, daß mir nichts bekannt ist, was die Behauptungen Bottomes[18] in Bezug auf Karl Kraus, Hugo von Hofmannsthal, Arthur Schnitzler und Jakob Wassermann bestätigen könnte: sie hätten sich dem psychoanalytischen Kreis angeschlossen und verschiedene Beiträge zu seinen Theorien geliefert. In Wirklichkeit war der Erstgenannte einer von Freuds erbittertsten Gegnern« (Jones II: 21).

Tatsächlich findet sich unter den ordentlich eingeschriebenen Hörern Freuds kein Name, der über den engeren medizinischen Bereich sowie den seiner Schüler von der »Mittwoch-Gesellschaft« hinausweist.[19] Doch hat dies allein noch wenig zu besagen. Denn auch der Name Lou Andreas-Salomé, die bekanntlich die Vorlesungen Freuds über ein Jahr verfolgte, taucht nicht in den Beleglisten der Wiener Universität auf. So läßt sich etwa nachweisen, daß Karl Kraus, der spätere Gegner, noch 1907 ein Hörer Freuds war (vgl. S. 158). In der *Mittwoch-Gesellschaft* ist er aber nicht aufgetaucht, genau so wenig wie die anderen von Jones erwähnten Schriftsteller. Mit Sicherheit läßt sich jedoch auch dies nur für den auf den 10. Oktober 1906 folgenden Zeitraum ausschließen, denn erst von diesem Datum an liegen uns die von Otto Rank geführten *Protokolle der Wiener Psychoanalytischen Vereinigung* vor, die zu den wöchent-

---

18 Phyllis Bottome: Alfred Adler, 1939: 90.

19 Alphabetische Liste der Hörer von S. Freud in den Studienjahren 1886/87 -1918/19 in: Gicklhorn 1960: 169-172.

lichen Zusammenkünften Anwesenheit, Vortragsthema und Diskussionsverlauf festhalten. Karl Kraus aber war durch Fritz Wittels, Freud-Schüler und 1907/08 Mitarbeiter der *Fackel*, vertreten.

Ein Dichter, an den Freud vielleicht gedacht haben mag, war der heute weitgehend vergessene Christian Freiherr von *Ehrenfels*, der im Dezember 1908 mit zwei Vorträgen zu Gast in der *Mittwoch-Gesellschaft* war. Ehrenfels war wie Freud ein Schüler von Franz von Brentano, seit 1899 Professor der Philosophie in Prag und schrieb, vom Gesamtkunstwerk Richard Wagners inspiriert, Chordramen, im Aufbau den antiken Tragikern folgend, für die er zeitlebens vergeblich einen Komponisten suchte. 1895 veröffentlichte er in Wien *Allegorische Dramen für musikalische Composition gedichtet* (acht Libretti)[20]. In Freuds Bibliothek befand sich ein Widmungsexemplar von *Die Stürmer. Drei Chordramen* (Prag 1912)[21]. Dieser Band enthält auch das Drama *Die Sternenbraut*, in dem der vielseitige Ehrenfels eine seiner Lieblingsideen propagierte: die Sexualreform. Beide Vorträge in der Berggasse 19 galten diesem Thema, was deutlich macht, daß er weniger als Dichter, denn als Sexualreformer in den Einzugsbereich der frühen Psychoanalyse geraten war.

Von den Nicht-Medizinern, die zu dem Kreis um Freud gestoßen waren, ist heute nur noch Lou Andreas-Salomé bekannt, die – wie bereits erwähnt – 1912/13 Gast der *Wiener Psychoanalytischen Vereinigung* war. Daneben wäre noch der Musikwissenschaftler und Schriftsteller Max *Graf* zu erwähnen. Er war wie die Dichter *Jung-Wiens* Gast im Café Griensteidl gewesen – als Kritiker setzte er sich für die Musik Mahlers ein[22] – und gehörte zu den ersten Mitgliedern der *Mittwoch-Gesellschaft.* Freud hatte er über eine Bekannte, die Patientin der Psychoanalyse war, kennengelernt. Er traf Freud mitunter im Café Museum und wurde von ihm aufgefordert, an der wöchentlichen Diskussionsrunde teilzunehmen. Freud gab an: »Hermann Bahr hätte ihm bereits zugesagt zu kommen« (Graf o. J.: 163).

Hermann Bahrs Entdeckung der Studien über Hysterie

Es ist nicht belegt, ob Hermann Bahr tatsächlich in den ersten Jahren der *Mittwoch-Gesellschaft* an den Diskussionen teilgenommen hat.[23] In seinem 1904 erschienenen *Dialog vom Tragischen* aber hat er sich mit den *Studien über Hysterie* auseinandergesetzt. Eine Fortsetzung fanden Bahrs Überlegungen in

20 Ein Auszug aus der programmatischen Nachschrift der Chordramen nach Marbach: 368. Über Ehrenfels vgl. Johnston (1974: 304-310).

21 Das Exemplar ist heute im Besitz der Sigmund-Freud-Gesellschaft (Wien). Vgl. Lobner (1975: 26).

22 Marbach: 291. Max Graf war Vater des »kleinen Hans«, dessen Krankheitsgeschichte Freud in *Analyse der Phobie eines fünfjährigen Knaben* 1909 veröffentlicht hat.

23 Clark (1980: 214) nimmt dies an, bleibt den Beweis hierfür aber schuldig.

dem bislang noch unveröffentlichten *Dialog vom Laster*, an dem er vom 14. Aug. 1904 bis zum 21. Jan. 1914 gearbeitet hat. Das Gros der Notizen ist zwischen 1904 und 1907 entstanden.[24]

Am *Dialog vom Tragischen*, der zunächst unter dem Titel *Dialog über den Schauspieler* im unveröffentlichten Tagebuch Bahrs auftaucht, hat er bereits 1903 zu arbeiten begonnen. In seinem Tagebuch sind zwischen dem 7. und dem 29. April in dichter Folge Notizen und Entwürfe enthalten. Die Zielsetzung gibt folgende Notiz vom 7. April 1903:

> »Ich muß jetzt aber doch endlich den ›Dialog über den Schauspieler‹ niederschreiben, in welchem ich, an Freud anknüpfend, die κάθαρσις der Tragödie aus dem Entladen verbotener Leidenschaften erklären will«.

Für den Zeitraum von 1903 bis 1907 läßt sich eine Auseinandersetzung Hermann Bahrs mit der Psychoanalyse, die sich allerdings auf die *Studien über Hysterie* beschränkt, nachweisen. 1903, als Bahr zum erstenmal auf die *Studien* zurückgreift, ist auch das Jahr, in welchem Hugo von Hofmannsthal und Arthur Schnitzler dieses Werk lesen. Dies kann angesichts des regen Gedankenaustausches zwischen den Dreien keine zufällige Übereinstimmung sein.

Anläßlich einer Aufführung von Ibsens *Die Frau vom Meere* am Burgtheater (Premiere am 24. April 1903) schildert Bahr die Hauptfigur Ellida als einen »schönen Fall von Hysterie«, lehnt seine Kritik bis in die Begrifflichkeit an Breuer und Freud an und verweist schließlich auf das »wunderbare Buch unserer beiden Gelehrten, *Studien über Hysterie*« (Bahr 1963: 33 f.).

Der Wiener Theaterwissenschaftler Heinz Kindermann (1954: 186) hat darauf aufmerksam gemacht, daß Bahr – neben solchen direkten Anlehnungen – »mit fast schon freudianisch anmutenden Argumenten [. . .] oft das Gelingen oder Mißlingen der dramatischen Linienführung und der dichterischen Menschengestaltung« begründet. Dies geht sicher nicht nur auf seine Auseinandersetzung mit den *Studien über Hysterie* zurück, sondern auch auf sein frühes Interesse an der Psychologie, für die schon der Essay *Die neue Psychologie* aus dem Jahre 1890 ein Zeugnis ablegt.

1905 erscheint sein Schauspiel *Sanna*, in das »viel Psychoanalytisches eingegangen« ist:

> »Die Charaktere sind vor allem von ihren ›Verdrängungen‹ her sichtbar gemacht. Ja, die inselhafte Charaktergestaltung wirkt fast stärker als die handlungsmäßige Verknüpfung der Gestalten. Manches ist hier unter Freuds und Breuers Einfluß ätzender geformt, als man es bei Bahr sonst gewöhnt ist« (Kindermann 1954: 323).

Die ätzende Formung der Figuren ist – über den Einfluß der Hysteriestudien Breuers und Freuds hinaus – auf die tiefe persönliche Krise zurückzuführen, in

24 Das Manuskript liegt im Hermann-Bahr-Archiv der Theatersammlung der Österreichischen Nationalbibliothek.

der Bahr sich damals befand. Nach einer schweren Operation 1903 hatte ihm sein Arzt noch ein halbes Jahr Lebensfrist gegeben. In einer von Todesahnungen bestimmten Periode begann er im Jnauar 1904 die Arbeit an *Sanna* (Widder 1963: 36).

Für diese Zeit gibt es einen direkten Hinweis darauf, daß Hermann Bahr Kontakt mit dem Kreis um Freud aufgenommen hat. Am 9. September 1904 notiert er in seinem Tagebuch:

> »Sehr nervös. Schmerzen in allen Nerven, Würgegefühle, zerschlagen u. müd, schlafsüchtig, ohne schlafen zu können – es fängt wieder an. [. . .] Abends mit Dr. Wilhelm Stekel[25] im Ottakringer Bräu, der mir viel von Freuds ›psychischen Curen‹ erzählt und, wie dieser sein Lehrer, geneigt ist, alles auf die Sexualität zurückzuführen«.

Es ist augenscheinlich, daß Bahrs vorübergehendes Interesse für die Psychoanalyse in die Zeit seiner Krankheit fällt und vielleicht auch von ihr ausgelöst wurde. Eine Analyse bei Stekel oder Freud selbst scheint er aber nicht begonnen zu haben.

Für eine weitergehende, kontinuierliche Beschäftigung mit der Psychoanalyse gibt es keinen Anhaltspunkt. Im Gegenteil: spätere, in der Rückschau auf die Jahrhundertwende getane Äußerungen machen es sehr wahrscheinlich, daß seine Kenntnisse sich auf die *Studien über Hysterie* beschränkten, daß seine Beziehung zur Psychoanalyse zu Beginn des neuen Jahrhunderts nur eine rasch überwundene Liebschaft war. In seinem 1923 erschienenen *Selbstbildnis* bekundet er ein »tiefes Mißtrauen« gegenüber den von Freud-Schülern behaupteten, »so merkwürdigen, ja fürchterlichen inneren Erlebnissen, die sich in frühester Jugend begeben sollen« (Bahr 1923: 44). In den wenig später herausgegebenen Tagebüchern der Jahre 1921/23 konstatiert er mit Verwunderung, daß Freud nunmehr der im Ausland berühmteste Österreicher sei. Anfangs sei die Psychoanalyse nur »ein [. . .] an israelitischen Stammtischen Wiens witzig gehegter Zeitvertreib« gewesen, heute jedoch sei »das psychoanalytische Verfahren [. . .] ein Bestandteil des englischen Flirts geworden« (Bahr 1925: 82): »Seit Darwin hat kein Mann der Wissenschaft auf das allgemeine Denken der Menschen und besonders unwissenschaftliche, so stark gewirkt wie Freud« (ebd.: 83). Die Psychoanalyse sei – so der neugläubige Hermann Bahr – zum Religionsersatz für Ungläubige geworden. Und da kann er nicht umhin, auch in diesem Fall sein Entdeckertalent zu rühmen:

> »Vor fünfundzwanzig Jahren erschienen seine ›Studien über Hysterie‹ (mit

25 Diese Transkription ist nicht sicher, es könnte auch »Soukal« heißen; ein Freud-Schüler dieses Namens ist jedoch nicht nachweisbar, ein Dr. Wilhelm Stekel dagegen bekannt. Vielleicht wird die systematische Auswertung des Nachlasses, wie es im Rahmen einer historisch-kritischen Ausgabe von Heinz Kindermann geplant ist, hier Genaueres und Zusätzliches bringen.

Breuer zusammen), ich war unter den Ersten, die die bewegende Kraft darin spürten, mein ›Dialog vom Tragischen‹ bezeugt es« (ebd.: 81 f).[26]

Es ist zwar nicht mehr mit Sicherheit auszumachen, wer innerhalb des *Jungen Wien* zuerst auf die *Studien über Hysterie* stieß, sicher aber ist, daß Bahr der einzige war, der dieses Werk öffentlich in die literarische Diskussion brachte.

Da Hermann Bahr als Kritiker und Organisator in Wien eine höchst einflußreiche Instanz war, der unentdeckten Talenten zum Erfolg verhelfen konnte, ist es nicht verwunderlich, daß nach seinem öffentlichen Eintreten für die *Studien über Hysterie* verschiedene Freud-Schüler sich mit der Bitte um Vermittlung in publizistischen Angelegenheiten an ihn wandten. So schrieb am 22. Januar 1906 Otto Rank, Protokollant der *Mittwoch-Gesellschaft,* Lieblingsschüler Freuds und für die Anwendung der Analyse auf die Geisteswissenschaften zuständig, an Bahr:

> »Ich erlaube mir, Ihnen ein Manuscript von mir zu schicken und bitte Sie, ermutigt durch den Umstand, dass Sie der einzige ›*literarische*‹ Mensch im ›weiten deutschen Reich‹ sind, der ähnliche Probleme, wie ich sie in meiner Arbeit behandle, auf ähnliche Weise zu lösen versuchte, das kleine Manuscriptchen einer Durchsicht zu würdigen.
>
> Ich habe die Arbeit heuer im Sommer geschrieben, habe im Herbst an einem der Gesellschaftsabende bei Professor *Freud* über das Thema einen Vortrag gehalten und kann nun keinen Verleger dafür finden.
>
> Meine eigentliche Bitte betrifft also die Frage, ob Sie die Güte haben wollten, mir die Publikation meiner Arbeit durch Ihren Rat oder durch Ihren Beistand zu ermöglichen.«[27]

Das diesem Brief beiliegende Manuskript war vermutlich *Der Künstler, Ansätze zu einer Sexual Psychologie,* die Arbeit eines 21jährigen, der – von Schopenhauer und Nietzsche her zu Freud gekommen – glaubte, in der Psychoanalyse den Schlüssel zum Verständnis der Welt gefunden zu haben.[28] Mit diesem Manuskript in der Hand war er 1905 bei Sigmund Freud erschienen und sofort in den Kreis der Schüler aufgenommen worden.[29]

---

26 In den 1926 unter dem Titel *Der Zauberstab* in Hildesheim erschienenen Tagebücher 1924-26 führt Bahr die Psychoanalyse noch an zwei Stellen an (S. 277 und S. 324), die aber keine Änderung seiner Haltung erkennen lassen.

27 Otto Rank am 22. Januar 1906 an Hermann Bahr (ThSa 22197 BaM).

28 So heißt es in Ranks Tagebuch am 13. Mai 1905, nach Abschluß der Arbeit (in der Übersetzung Jessie Tafts): »Now I see everything clearly: the world process is no longer a riddle; I can explain the whole culture, yes, I can explain everything. What shall I be able to do with the remainder of my life?« (nach Taft 1958: 52). – In dem Manuskrift selbst heißt es im letzten Abschnitt: »And now as the conditions for the cure of neurosis have been given, there is opened up a broader outlook on the future of human race. Humanity may face hysteria, the inevitable end of every cultural development, with hope, for now, if it can surmount this ending, it may be able to construct a way out« (nach Taft 1958: 53).

29 Freud (1971: 160) schreibt in *Zur Geschichte der psychoanalytischen Bewegung:* »Eines Tages führte sich ein absolvierter Gewerbeschüler durch ein Manuskript bei uns ein, welches außerordentliches Verständnis verriet. Wir bewogen ihn, die Gymnasialstudien nachzuholen, die Uni-

Aus einem zweiten Brief Ranks an Bahr geht hervor, daß dieser der Bitte entsprochen hatte, wenn auch ohne den erhofften Erfolg.[30] Freud hatte daraufhin zusammen mit Rank das Manuskript durchgesehen, und bei seinem Verleger Hugo Heller ist es dann 1907 unter dem Titel *Der Künstler* als eine der ersten psychoanalytischen Arbeiten zur Ästhetik erschienen.

Daß aber Rank 1906 sich an Bahr als einen Gleichgestimmten wendet, zeigt, welchen Eindruck sein öffentliches Eintreten für die *Studien über Hysterie* bei den ersten Anhängern der Psychoanalyse hinterlassen hatte. Man hatte sich wohl für einen Augenblick der Hoffnung hingegeben, in Hermann Bahr einen einflußreichen Mentor gefunden zu haben.

Mit den verschiedensten Fragen wandten sich weiterhin Mitglieder der *Mittwoch-Gesellschaft* wie Paul Federn, Fritz Wittels und David Bach an Bahr.[31] Anders als Otto Rank spielten sie in ihren Briefen aber nicht mehr auf ein gemeinsames Interesse an der Psychoanalyse an. Daß in den auf das Jahr 1906 folgenden Briefen nur noch der einflußreiche Kritiker, nicht mehr der Sympathisant angesprochen wird, zeigt, daß Bahr von nun an von der *Mittwoch-Gesellschaft* nicht mehr als potentieller Verbündeter angesehen wurde.

Der Kunstsalon des Verlegers Hugo Heller

Ein anderes Bindeglied zwischen der literarischen und der psychoanalytischen Szene in Wien war der Buchhändler und Verleger Hugo Heller. Obwohl Laie, war er Mitglied der *Mittwoch-Gesellschaft* und einer der treuesten Anhänger Freuds. Er nahm regelmäßig an den Diskussionen teil und hielt auch einmal, am 27. Januar 1909, einen Vortrag – *Zur Geschichte des Teufels* –, der die historischen Aspekte der Neurose thematisierte. Freud regte er zu Ausführungen über die psychologische Motivation des Glaubens an die Teufel an, die er später in der Arbeit *Eine Teufelsneurose im siebzehnten Jahrhundert* ausführte. Seit wann Heller zu dem Kreis um Freud gehörte, ist nicht bekannt. Belegt ist seine Teilnahme an den wöchentlichen Diskussionen seit dem 10. Oktober 1906 durch die seitdem geführten Protokolle. Seine rasch das künstlerische Leben Wiens beeinflussende Buch- und Kunsthandlung gründete er 1905.[32] Er wurde

---

versität zu besuchen und sich den nichtärztlichen Anwendungen der Psychoanalyse zu widmen. Der kleine Verein erwarb so einen eifrigen und verläßlichen Sekretär, ich gewann an Otto Rank den treuesten Helfer und Mitarbeiter«.

30 Otto Rank am 17. Februar 1906 an Hermann Bahr (ThSa 22198 BaM).

31 Paul Federn im November 1910 an Bahr. Von Bach liegen drei Briefe vor (15. Aug. 1912; 6. Juni 1913; 17. Juli 1922). Zu Wittels' Briefen vgl. den Abschnitt über Karl Kraus (S. 149 ff.). Von geringer Bedeutung ist ein Telegramm Ernst Oppenheims (19. Aug. 1919). Von Max Graf gibt es noch einen Brief vom 30. Juli 1919, aus einer Zeit also, da er nicht mehr aktiv im Kreis der Freud-Schüler arbeitete. (Alle Briefe in der Theatersammlung der Österreichischen Nationalbibliothek).

32 Vgl. das *Offizielle Adressbuch des deutschen Buchhandels* (72. Jahrg., 1910, I. Abt.: 208): »Hel-

der Verleger Freuds, zwei psychoanalytische Zeitschriften – *Imago* und *Internationale Zeitschrift für Psychoanalyse* – erschienen mit seinem Impressum, bis 1918 der *Psychoanalytische Verlag* gegründet wurde.

1906 veranstaltete er eine Rundfrage nach zehn guten Büchern bei Schriftstellern und Wissenschaftlern, deren Antwortschreiben 1907 unter dem Titel *Vom Lesen und von guten Büchern* in seinem Verlag, eingeleitet durch einen Brief Hugo von Hofmannsthals veröffentlicht wurde.[33] In dieser Publikation finden sich repräsentative Vertreter des Wiener Kulturlebens versammelt, die man anderswo kaum so vereint antraf: neben Hofmannsthal u. a. Hermann Bahr, Peter Altenberg, Arthur Schnitzler, Jakob Julius David, sowie Sigmund Freud und Ernst Mach, deren Einfluß auf das *Junge Wien* später immer wieder vermutet wurde. Karl Kraus hat sich bewußt an diesem Unternehmen nicht beteiligt und beschränkte sich auf einige spöttische Anmerkungen in der *Fakkel*.[34] So präsentierte sich Sigmund Freud dank der Initiative des rührigen Buchhändlers in der Öffentlichkeit Hand in Hand mit *Jungem Wien* und *Empiriokritizismus*.

Heller wußte auch Offerten des Wiener Buchhandels »richtig« einzuschätzen. Freud war im Jahre 1909 auf Einladung des in der Nähe der Berggasse 19 residierenden Buchhändlers Paul Sonnenfeld Mitglied des Dürerbundes geworden (Eissler 1979: 11). Am 2. Dezember 1909 meldete er C. G. Jung, »daß wir Dürerbundfähig geworden sind« (F/J: 299). Trotz der Freude, die ihm »jedes Stückchen Anerkennung« (ebd.: 300) verursachte, konnte er allerdings den schwülstigen Charakter[35] jenes von dem Herausgeber des *Kunstwarts*, Ferdinand Avenarius, mit Unterstützung von Hermann Muthesius gegründeten Unternehmens, das dem Bürgertum ein vertieftes Kunstverständnis gewinnen wollte, nicht verkennen:

---

ler, Hugo & Cie., Buch- u. Kunsthandlung, Wiener Dürerhaus, Wien I, Bauernmarkt 3. [. . .] gegr. 1905«.

33 *Vom Lesen und von guten Büchern*. Eine Rundfrage veranstaltet von der Redaktion der *Neuen Blätter für Literatur und Kunst*. 32 Originalbriefe von Peter Altenberg, Hermann Bahr, J. J. David, Marie v. Ebner-Eschenbach, Prof. Forel, W. Fred, Prof. Freud, Robert Gersuny, Ferd. Gregori, Herm. Hesse, Prof. Mach, J. Meier-Graefe, Anna v. Mildenburg, Arthur Schnitzler, Hans Thoma, Ludwig Thoma, Jakob Wassermann u. a. Eingeleitet durch einen Brief von Hugo von Hofmannsthal, Wien: Hugo Heller & Cie. 1907. Erneut in: *Jahrbuch Deutscher Bibliophilen* 1931.

34 212: 14 und 213: 15; vgl. auch B II: 251 f.

35 In der Annonce des Dürerbundes, erstmals herausgegeben im November 1905, hieß es über die Zielsetzung des Unternehmens: »Eine gesunde bodenwüchsige Kultur, deren Erscheinung wahr, klar und erfreulich ausdrückte, was ist, und eben durch ihre flitter- und schminkelose Wahrhaftigkeit beständig nachprüfen lasse, ob das, was ist, auch *gut* ist. Denn so verstehen wir ›ästhetische Kultur‹. Der Dürerbund ist ein Erzeugnis und eine Vereinigung wirkender Kräfte im Kulturleben der Gegenwart. Das Endziel aller Kultur, den Einzelmenschen innerhalb und mit Hilfe des Gemeinschaftslebens harmonisch zu entwickeln, gab ihm das Leben. [. . .] An unzähligen Punkten und auf unzähligen Wegen setzt diese Entwicklung des ästhetischen Inhalts in unserem Volksleben ein, und all dieses Verlangen gibt dem Dürerbund die Aufgaben. Von tatbereiten Einzelnen aus in breitere Kreise und so in die Gesamtheit hineinwirken, ein Mehrer der besten Güter im kleinen und im großen, ordnen, fördern, befriedigen, das Gute, das die Eigenhilfe des Einzelnen fand, an viele weitergeben, das alles ist der Sinn der Arbeit des Dürerbundes.«.

»Im diesjährigen Weihnachtskatalog [des Dürerbundes] sind meine Schriften, speziell die zur ›angewandten Seelenkunde‹, ausführlich besprochen und wohlwollend empfohlen, allerdings in so schwülstig-unkenntlicher Weise, daß meine kleine Sophie äußern konnte: es ist gut, daß Du weißt, was Du willst, denn daraus könntest Du es nicht erfahren. Immerhin soll nach Hellers Urteil eine solche Würdigung durch den Dürerbund einen großen Fortschritt in der Gunst des deutschen Volkes bedeuten« (ebd.: 299 f).

Angesichts des bemühten Charakters von Hugo Hellers Engagement in Sachen Freudsche Analyse konnte es nicht ausbleiben, daß eine dieser Unternehmungen von Karl Kraus aufs Korn genommen wurde. Am 28. März 1914 veröffentlichte *Die Fackel* eine Glosse, die eine erneute Initiative des *betriebsamen* »Kulturheller« für den *nachdenklichen* Freud karikiert. Bezeichnend für Karl Kraus' damalige Stellung zu Freud ist, daß dieser nicht direktes Opfer des Satirikers wird, sondern daß als Zielscheibe der *Betrieb* um Freud herhalten muß:

»Von den Nachdenklichen und den Betriebsamen.

Soll ich das Porträt des Professor Freud auf Kaiserlich Japan oder auf van Geldern Bütten kaufen, das mir Hugo Heller offeriert, der mir bald als Buchhändler, bald als Kunstsalon, eben noch als Literaturverein, jetzt wieder als graphisches Kabinett entgegentritt? Versuch' ich wohl ihn diesmal festzuhalten? Fühl' ich mein Herz nach jenem Wahn geneigt? Er drängt sich zu! nun gut, so mag er walten, wie er aus Dunst und Nebel um mich steigt. Er bringt mit sich die Bilder froher Tage. Eins kostet 100, hundert Kronen sage.

Max Pollak hat den Forscher in seinem Arbeitszimmer an seinem Schreibtisch sitzend, porträtiert. Der Vordergrund wird durch die auf dem Schreibtisch stehenden antiken und archaischen Figuren seltsam belebt. Aus dem Helldunkel des Arbeitszimmers hebt sich kräftig der durchgeistigte Kopf des Gelehrten ab mit jenem gewissermaßen nach innen gekehrten nachdenklichen Blick, der die konzentrierte geistige schöpferische Arbeit kennzeichnet« (F 395: 57).

Hugo Heller bemühte sich nicht nur verlegerisch um Freuds Werk, sondern gab ihm auch die Gelegenheit, in seinem Kunstsalon zu sprechen. Einen Eindruck von der Bedeutung, die der *Hellersche Kunstsalon* für das Wiener Kulturleben hatte, gibt sein Brief an die (seit 1909 mit Hermann Bahr verheiratete) Sängerin Anna Bahr-Mildenburg vom 1. August 1910, mit dem er sie zu einem Vortrag einladen will:

»In dem Kunstsalon meiner Buchhandlung veranstalte ich in den letzten drei Jahren jeden Winter einige intime Dichter-Abende vor geladenen Gästen. Rilke, Hofmannsthal, Wassermann, Thomas Mann, Stehr, Ginzkey, Heinrich Mann, Hermann Bang, Hesse u. a. haben mir die Ehre erwiesen, meiner Einladung zu folgen und in meinem kleinen intimen Saale eigene Dichtungen vorzutragen«.[36]

36 Hugo Heller an Anna Bahr-Mildenburg am 1. August 1910 (ThSa 18353 BaM).

Freud berichtete C. G. Jung am 8. Dezember 1907 über sein Auftreten im Salon Hellers:

»Die letzte Woche verging mir mit der Vorbereitung und Niederschrift eines Vortrages, den ich dann am 6. dieses Monats in einem kleinen Saal beim Verleger Heller vor etwa neunzig Personen gehalten habe. Es lief ohne Unfall ab, was ja hinreicht; für die zahlreichen Dichter und ihre Damen wird es schwere Kost gewesen sein. Im ganzen war es nur eine Vorspeise, um Appetit zu machen. Die ›Neue Rundschau‹ hat sich den Vortrag noch im fötalen Zustande gesichert, er wird wahrscheinlich dort abgedruckt werden. Immerhin war es ein Einbruch in ein von uns bisher kaum gestreiftes Gebiet, auf dem man sich bequem niederlassen könnte. Ich merke, daß ich unterlassen habe, Ihnen den Titel des Vortrages anzugeben! Er hieß also: ›Der Dichter und das Phantasieren‹, es war mehr vom Phantasieren als vom Dichter die Rede; ein nächstes Mal soll das aber ausgeglichen werden« (F/J: 114).

Ein ausführlicher Bericht über diesen Vortrag erschien am folgenden Tage in der Wiener Tageszeitung *Die Zeit*, und die *Neue Revue* druckte eine überarbeitete Fassung des Vortrages ab.[37]

Ein »nächstes Mal« fand nicht statt, der Vortrag *Der Dichter und das Phantasieren* in Hellers Kunstsalon war der einzige öffentliche Vortrag Freuds vor einem Publikum, das nicht unbedingt aus Kollegen und Anhängern bestand. (Jones II: 406). Im allgemeinen verhielt er sich der Öffentlichkeit gegenüber zurückhaltend und beschränkte sich auf Reden vor den ab 1908 stattfindenden psychoanalytischen Kongressen, denn der »Nutzen öffentlicher oder literarischer Diskussion erschien mir unter den besonderen Bedingungen des Streites um die Psychoanalyse sehr zweifelhaft« (Freud 1971: 174). Freud war der Auffassung, daß sich hinter den »Widerständen gegen die Psychoanalyse« affektive Momente verbargen, die nämlichen, die er bei seinen Patienten kennengelernt hatte, so daß mit öffentlicher Argumentation nicht viel zu erreichen sei. Er beschränkte sich darauf, seine Lehre weiterzuentwickeln und die von ihm initiierte Bewegung auszubauen, und hoffte, auf diese Weise langfristig den größeren Erfolg erzielen zu können. Die Vertretung der Psychoanalyse auf Fachkongressen überließ er gern Schülern wie Ernest Jones oder C. G. Jung. Bis zu seinem Bruch mit Freud im Jahre 1913 eilte Jung in Sachen Prof. Freudscher Analyse von Kongreß zu Kongreß, von Vortrag zu Vortrag.

Insofern kommt dem öffentlichen Vortrag *Der Dichter und das Phantasieren* im *Hellerschen Kunstsalon* eine besondere Bedeutung für die Wirkung Freuds in der Wiener literarischen Szene zu. Er kann als ein Werben um den Dichter als »Bundesgenossen« (Stud X: 14) im Kampf der Analyse gegen die Fachwissenschaft verstanden werden. Leider ist nicht bekannt, welche Dichter sich unter das Publikum gemischt hatten.

---

37 Die überarbeitete Fassung des Vortrages erschien in Berlin in der neugegründeten literarischen Zeitschrift *Neue Revue*, Bd. 1 (10) März: 716-24; diese Angaben beruhen auf dem ed. Vorwort zu *Der Dichter und das Phantasieren*, in Stud X: 170.

Folgt man Freuds Angaben in der *Geschichte der psychoanalytischen Bewegung*, so ist das Jahr 1907 überhaupt das entscheidende Datum für die Durchsetzung der Analyse: »Von 1907 an änderte sich die Situation gegen alle Erwartungen und wie mit einem Schlage. Man erfuhr, daß die Psychoanalyse in aller Stille Interesse erweckt und Freunde gefunden habe, ja, daß es wissenschaftliche Arbeiter gebe, welche bereit seien, sich zu ihr zu bekennen« (GS X: 65).

Von nun an gewannen die Arbeiten seiner Schüler und Mitarbeiter zunehmend an Bedeutung. Entscheidend war, daß in diesem Jahr zum ersten Mal ein Vertreter der offiziellen Psychiatrie, Eugen Bleuler, Direktor der Züricher Klinik Burghölzli, sich zu Freud bekannte. Mit ihm stieß auch dessen bedeutendster Schüler, C. G. Jung, zur Psychoanalyse. In einem der ersten Briefe Freuds an Jung (1. Jan. 1907) spiegelt sich diese Umbruchsituation wider:

> »Wenn ich versuchen darf, Sie zu beeinflussen, so möchte ich Ihnen nahelegen, dem Widerstand, dem Sie wie ich begegnen, keine besondere Bedeutung und nicht soviel Wirkung auf Ihre Publikationen einzuräumen. Die großen Herren in der Psychiatrie bedeuten doch sehr wenig; die Zukunft gehört uns und unseren Anschauungen, und die Jugend nimmt – wahrscheinlich allerorten – lebhaft für uns Partei. Ich merke es in Wien, wo ich von den Kollegen, wie Sie ja wissen, systematisch totgeschwiegen, dazwischen von Zeit zu Zeit von irgendeinem Handlanger vernichtet werde, und wo ich doch 40 andächtige Hörer aus allen Fakultäten habe. Nachdem Bleuler und Sie, einigermaßen auch Löwenfeld [= Psychiater in München], mir in der Literatur Gehör geschafft haben, wird die Bewegung zugunsten unserer Neuheit trotz alles Sträubens der zum Aussterben bestimmten Autoritäten nicht aufzuhalten sein« (F/J: 19).

Mit Jung und Bleuler hatte Freud Unterstützung außerhalb seines Wiener Schülerkreises gefunden, den er übrigens nicht sehr hoch einschätzte. Jung gegenüber äußerte er mehrfach Spott über die Mittelmäßigkeit seiner Wiener Gefolgschaft. Jung war ihm besonders deshalb wichtig, weil er die Analyse davor bewahren konnte, »eine jüdisch-nationale Angelegenheit zu werden.[38]
Die Jahre vor dem Weltkrieg brachten nicht nur Freud die ersten Zeichen der Anerkennung, sondern sind auch für Hofmannsthal und insbesondere Schnitzler Jahre großer Erfolge. Die Wirkung der Psychoanalyse auf das *Junge Wien* begann vor dieser Zeit. Sie hatte ihren Schwerpunkt vor dem langsam einsetzenden Erfolg Freuds in der Fachwissenschaft und fand danach keine rechte Fortsetzung mehr. Dies gilt nicht nur für Hermann Bahr, sondern auch für Karl Kraus und – mit Einschränkung – für Arthur Schnitzler und Hugo von Hofmannsthal.

Bezeichnend aber für die zurückhaltende und ambivalente Einstellung der

---

38 Sigmund Freud am 3. Mai 1908 an Karl Abraham nach Jones II: 67. Vgl. auch den Brief Freuds an denselben Adressaten vom 26. Dezember 1908: »Unsere arischen Genossen sind uns doch ganz unentbehrlich, sonst verfiele die Psychoanalyse dem Antisemitismus« (nach Jones II: 70).

Jung-Wiener Dichter gegenüber Freud ist, daß – sieht man einmal von dem früh verstorbenen J. J. David ab – vor dem Ersten Weltkrieg keine persönlichen Beziehungen mit ihm entstanden sind. Erst nach dieser Zäsur machten Arthur Schnitzler und Richard Beer-Hofmann seine Bekanntschaft. Letzterer wird dann sogar zu einem häufigen Gast in der Berggasse 19.[39] Lediglich Karl Kraus, Außenseiter wie Freud in der Kultur der Wiener Jahrhundertwende, trat direkt mit ihm in Verbindung, angezogen von der Schrift, die Freud für lange Zeit von ernsthafter Diskussion mit den gebildeten Kreisen ausschloß (Jones II: 25 f): die *Drei Abhandlungen zur Sexualtheorie* von 1905.

39 Die persönlichen Beziehungen Richard Beer-Hofmanns zu Freud begannen Anfang 1930 durch Vermittlung von Max Schur, Freuds Hausarzt. Freud schätzte insbesondere das 1918 erschienene Drama *Jaákobs Traum* (Schur 1973: 251 f). In einem Brief vom 10. Juli 1936 gestand Freud Beer-Hofmann: es gibt »viele bedeutsame Übereinstimmungen zwischen Ihnen und mir« (Briefe: 446). Ein wichtiger Bereich dieser Übereinstimmungen dürfte das Judentum gewesen sein. Aus Freuds *Kürzester Chronik* geht hervor, daß Beer-Hofmann häufiger zu Gast war (Freud 1976: 270 u. 288).

2. Karl Kraus und die psychoanalytische Bewegung

»Es gibt zwei Dinge, gegen die man nicht kämpfen kann, weil sie zu lang, zu dick sind keinen Kopf und Fuß haben: Karl Kraus und die Psychoanalyse.«

Robert Musil

Sittlichkeit und Kriminalität

»›Ein Leser, der nicht sehr oft Ihr Anhänger sein kann, beglückwünscht Sie zu der Einsicht, zu dem Mute und zur Fähigkeit, im Kleinen das Große zu erkennen, die Ihr Artikel über Hervay kundgibt‹, schrieb mir Professor Freud, den ich nicht kannte« (F 257:40).

Diese schon etwas verjährte Leserpost – sie ist auf den 2. Oktober 1904[1] datiert – veröffentlichte Karl Kraus am 19. Juni 1908 in Auseinandersetzung mit Maximilian Harden in seiner Zeitschrift *Die Fackel*, in der er von der Position des jenseits der Parteiungen – Liberalismus, Nationalismus, Zionismus, Antisemitismus . . . – stehenden Außenseiters das untergehende Kakanien mit beißender Satire überzog – eine Zeitschrift, die zwar zeitweilig Bündnisse mit oppositionellen Bewegungen – Sozialdemokratie, Psychoanalyse – einging, die aber aufgrund des extremen Individualismus und moralischen Rigorismus ihres Herausgebers niemals von anhaltender Dauer sein konnten.

Auf Sigmund Freud berief sich Karl Kraus, als er mit Maximilian Harden brach, dessen Zeitschrift *Die Zukunft* ursprünglich Vorbild der 1899 gegründeten, in grell rotes Papier eingeschlagenen *Fackel* war, die Licht in die verrotteten Zustände Österreichs bringen sollte. »Kein tönendes ›Was wir bringen‹, aber ein ehrliches ›*Was wir umbringen*‹« (F 1: 1) war das Leitwort der im April 1899 begonnenen Zeitschrift, deren erstes Heft eine Sensation war und mehrfach wieder aufgelegt werden mußte. Hauptgegner dieses auf »eine Trockenle-

1 Sigmund Freud: 8 eigenhändige Zeilen auf seiner Visitenkarte. *Archiv der Fackel,* Wien: Heinrich Hinterberger 1973 (hektographiert). [Im folgenden wird diese Quelle mit *Archiv der Fackel* zitiert]. – Freuds Brief ist also drei Monate nach Erscheinen der *Fackel* Nr. 165, in der Kraus sich zum Fall Hervay geäußert hatte, verfaßt, was angesichts des spontane Zustimmung in einem konkreten Fall formulierenden Inhalts verwundern mag, aber mit den ausgedehnten, häufig sich über Monate erstreckenden Sommerferien Freuds erklärt werden muß – eine Gewohnheit, die er mit weiten Teilen des Wiener Bürgertums teilte. Auch *Die Fackel* hielt sich an diesen Rhythmus, die auf die Nr. 165 folgende Ausgabe erschien erst am 6. Oktober.

gung des weiten Phrasensumpfes« (F 1: 1) zielenden Unternehmens war das in Kultur und Gesellschaft immer noch tonangebende liberale Bürgertum, das im politischen Bereich allerdings bereits seine Macht an die antisemitisch gefärbten Christlich-Sozialen hatte abtreten müssen. Gegner waren aber auch die *jungwiener* Literaten, an ihrer Spitze Hermann Bahr, mit denen Kraus noch Anfang der neunziger Jahre die Nächte im Café Griensteidl am Michaelerplatz verbracht hatte.

Die öffentliche Distanzierung von Harden hatte 1904 begonnen, ausgelöst durch dessen Stellungnahme zum Fall der in einen Sittlichkeitsprozeß verwikkelten Leontine von Hervay, was Kraus an der »Echtheit dieses publizistischen Charakters« (SuKri: 116) zweifeln ließ – ein Fall, der ihm (nach dieser Enttäuschung) erstmals breiten Zulauf brachte. Auch Sigmund Freud, der sich eben anschickte, seine Sexualtheorie niederzuschreiben, war von seinem Artikel beeindruckt worden, in dem es hieß:

> »Nie wird – im Sexualbereich – freies Gewähren die Menschheit so tief herunterbringen wie Verbieten, was heimlich dennoch geschieht. [. . .] Fort mit der sexuellen Heuchelei! Nur wenn wir aufhören, unser Menschlichstes als eine geheimnisvolle Welt zu scheuen, können wir uns vor ihren Gefahren schützen. Fort mit der menschenmörderischen Lüge von den ›geheimen‹ Krankheiten! Das Wort hat nicht ihrer Unterdrückung, sondern ihrer Verbreitung gedient; nur öffentlichen Krankheiten vermöchte man beizukommen« (F 165: 10).

Der Artikel zum Fall Hervay gehört zu einer Serie von Aufsätzen, im wesentlichen 1904 bis 1906 veröffentlicht, in denen sich Kraus gegen die Einmischung von Staat, Justiz, Presse und Moral in das Sexualleben wandte. Dieses sei reine Privatsphäre des Einzelnen. Er ging dabei von einzelnen Sittenskandalen und Sexualaffären aus – seine Satire war stets konkret, persönlich, niemals allgemein gegen »die Gesellschaftsordnung« – mit der von Freud bewunderten Fähigkeit, »im Kleinen das Große zu erkennen«, was in der Tat einen Grundzug seines Werkes ausmacht, das sich der banalen Alltäglichkeit des einzelnen Falles auslieferte und noch aus der Glosse ein literarisches Meisterstück machte, den Schmutz der verhaßten Zeitungen fraß und sich daran hocharbeitete.

Das Pathos jener Artikel, die Kraus – soweit sie ihm über den Tagesanlaß hinaus bedeutsam erschienen – 1908 in leicht überarbeiteter Form in den Band *Sittlichkeit und Kriminalität* versammelte, ist getragen von der Überzeugung, daß eben jene beiden Bereiche »nicht bruchlos ineinander aufgehen« (Adorno 1966 b: 58). Die Sexualität gehörte für Kraus zu einem von der Sozietät widerrechtlich eingeschränkten Element des Individuellen, das er im Namen »einer archaischen und geschichtslosen« (Benjamin 1977: 371) Natur verteidigte. Von daher Kraus' Kult der Prostituierten, dem »das Hurentum das letzte Heroentum einer bankrotten Kultur bedeutet« (ChinM: 14). Die Hure setzt die Natur des Weibes – polygam und vom Sexus bestimmt – gegen die Schranken von christlicher Sexualmoral und bürgerlicher Gesetzgebung durch. Der Sittlichkeitsprozeß war daher Eingriff »in Privatleben und Selbstverfügungsrecht der Frauen« (SuKri: 37). Pervers ist, schreibt Karl Kraus im *Fall Hervay,* »ein System, wonach Männer, deren Leben eine prolongierte Gymnasialzeit ist – mit guter Sittennote, vielen Büchern und einem Weib – Sexualgesetze schaffen und auslegen, als Familienväter verkappte Vorzugsschüler zu Ordnern im Chaos des Geschlechtsverkehrs bestellt sind« (F 165: 9).

Verständlich ist, daß diese mutige Sprache Freud anzog, zu ahnen aber auch, daß in dieser Auffassung der Sexualität bereits der Keim für das spätere Zerwürfnis mit Freud angelegt war. Auch für Freud sind – übrigens ebenso wie für Schnitzler[2] – Natur und Kultur, Sexus und Sozietät antagonistisch gegenüberstehende Sphären, deren Spannungsverhältnis die innere Gefährdung jeder Zivilisation ausmacht. Einen Kult anarchischer Sexualität wird man deshalb aber keineswegs in Freuds Schriften finden können. Allerdings hat Freud – entgegen der von Kraus heftig attackierten Psychiatrie vom Schlage Krafft-Ebing, Wagner von Jauregg (vgl. *Irrenhaus Österreich*, SuKri: 75 ff.) – die Relativität des Begriffes *Perversität* (seine innere Verwandtschaft mit der Normalität) gezeigt, und so ist es nicht verwunderlich, daß jene beiden Außenseiter im Wien der Jahrhundertwende, die ihre Position in Ablehnung von Kulturheuchelei, Dekadenz und Ästhetizismus definierten, für einige Jahre zusammengingen. Freud, der mit Jugendstil und *Jungem Wien* nicht allzuviel anzufangen wußte, und Karl Kraus, der die Zöglinge Hermann Bahrs bespöttelte, im Ornament eine Verflachung des Geistes sah und die Verbindung von Kunst und Gewerbe ablehnte, hatten auch über *Sittlichkeit und Kriminalität* hinaus gemeinsame Zielsetzungen.

Nicht zufällig war Freud in dieser kurzlebigen Koalition der werbende Teil. 1904 begann er langsam, aus der Isolierung herauszutreten, die ersten Schüler um sich zu versammeln und zu sondieren, wer ihm seine Stellung der *kompakten Majorität* gegenüber erleichtern konnte. Ein Zusammengehen von *Fackel* und Psychoanalyse mußte ihm verlockend erscheinen. Sein Interesse für Kraus zu diesem Zeitpunkt bezeugt – über den eingangs zitierten Brief hinaus – die etwa im Mai 1905 veröffentlichte Studie (Stud IV: 11) *Der Witz und seine Beziehung zum Unbewußten*, in der er – vom Thema her fast zwingend – sich krausianischer Beispiele bedient und ihn einen »geistreichen und kampflustigen Schriftsteller« (ebd.: 75) nennt.

Konkrete Schritte der Annäherung scheint er aber zunächst nicht unternommen zu haben. Hingegen nahm *Die Fackel* in ihrem Kampf gegen »die schiefe und lächerliche Beziehung zwischen Criminalität und Sittlichkeit« (F 115: 23) mehrfach den Professor Freud in Anspruch. Am 26. Okt. 1905 berief sich Otto Soyka in einer dezidierten Kritik an der Psychiatrie auf die erst wenige Monate

2 In einem 1890 in der von ihm redigierten medizinischen Zeitschrift *Internationale Klinische Rundschau* veröffentlichten Essay schreibt Schnitzler: »Über den Widerspruch in den Gesetzen, welche einerseits die Natur und andererseits die Gesellschaft fordert, können wir niemals endgültig schlüssig werden« (Schnitzler 1890 c: 142).

zuvor erschienenen *Drei Abhandlungen zur Sexualtheorie.* Soyka sprach der Psychiatrie die Wissenschaftlichkeit ab: »Die Grenzen zwischen gesund und krank können von dieser Wissenschaft nicht mit Gewißheit bestimmt werden« (F 186: 20). Die Psychiatrie begehe »ein Verbrechen an der Natur« in ihrer Herabsetzung des nicht normal Sexuellen, sie habe es verabsäumt, »ihre Logik zu untersuchen« (ebd.: 22):

»Die Schlußworte der Freud'schen Abhandlung sprechen es aus: ›daß wir von den biologischen Vorgängen, in denen das Wesen der Sexualität besteht, lange nicht genug wissen, um aus unseren vereinzelten Einsichten eine zum Verständnis des Normalen wie des Pathologischen genügende Theorie zu gestalten‹« (ebd.).

Von demselben Autor erschien dann am 21. Dez. 1905 eine ausführliche Besprechung der Freudschen Abhandlung unter der Überschrift *Zwei Bücher*, in der das Lob Freuds gegen den Verriß eines einschlägigen Werkes Auguste Forels gestellt wird: Auf dem Wege von der *Metaphysik* der Liebe zu ihrer *Physik*, zur wirklich wissenschaftlichen, weil voraussetzungslosen Erforschung der Liebe bezeichne »das Buch Forels kaum den Anfang und das wenige Monate später erschienene Freuds bereits das Ziel« (F 191: 9). Soyka hebt Freuds vorsichtige, aber sichere Destruktion des herkömmlichen Begriffs von Sexualität hervor und zitiert die Einsicht Freuds, »daß die Anlage zu den Perversionen die ursprüngliche allgemeine Anlage des menschlichen Geschlechtstriebes sei, aus welcher das normale Sexualverhalten infolge organischer Veränderungen und psychischer Hemmungen im Laufe der Reifung entwickelt wird« (nach ebd.: 10).[3] Von der herkömmlichen Metaphysik übernehme Freud nur die Terminologie von *Normal* und *Pervers.* Es fehlt auch nicht ein Hinweis auf den klaren und verständlichen Stil Freuds.

Sich zu diesem Werk Freuds zu bekennen, das – wenn man Ernest Jones Glauben schenken darf[4] – »großes Aufsehen erregte und Freud fast überall unbeliebt machte« (Jones II: 25), bedeutete 1905 einigen Mut. Die Relativierung der herkömmlichen Scheidung von *normal* und *pervers* und die Entdekkung der infantilen Sexualität wurden als schockierend empfunden. Es waren die *Drei Abhandlungen zur Sexualtheorie*, die in akademischen Kreisen eine ernsthafte Diskussion der Psychoanalyse für lange Zeit verhinderten. Nicht die Darstellung der Sexualität und ihrer »Perversionen« brachte Freud in Verruf – darüber konnte man sich besser in der *Psychopathia sexualis* (1886) des gefeierten Psychiaters Krafft-Ebing und ähnlichen Werken informieren, deren Ma-

3 Soyka hob damit den Kern der *Drei Abhandlungen* hervor, den Freud selbst in der Unifizierung sah, »die hergestellt werde zwischen dem normalen Sexualleben, der Perversion und der Neurose, also in der Annahme einer polymorph-perversen indifferenten Anlage, aus welcher sich dann durch die Lebensereignisse die verschiedenen Gestaltungen des Sexuallebens entwickeln« (Protok. II: 44).

4 Decker (1977: 112, 321 ff.) sieht hingegen – im *wissenschaftlichen* Bereich – andere Faktoren als die Einstellung zur Sexualität als ausschlaggebend für die zögernde Rezeption der Psychoanalyse an.

terial Freud sich übrigens gern bediente (vgl. Stud V: 47) –, provokativ war vielmehr die Auflösung der geltenden Vorstellung von der Natur des Geschlechtstriebs:

»Er soll der Kindheit fehlen, sich um die Zeit und im Zusammenhang mit dem Reifungsvorgang der Pubertät einstellen, sich in den Erscheinungen unwiderstehlicher Anziehung äußern, und sein Ziel soll die geschlechtliche Vereinigung sein oder wenigstens solche Handlungen, welche auf dem Wege zu dieser liegen. – Wir haben aber allen Grund, in diesen Angaben ein sehr ungetreues Abbild der Wirklichkeit zu erblicken« (Freud nach F 191: 10).

Zeitlich parallel zu dem Hinweis auf die begründeten Zweifel Freuds an der weithin akzeptierten Auffassung von der Sexualität, die das, was sich in ihr Bild nicht fügt, als Perversion deklariert, setzte »der moralische Niedergang der Fackel« (F 185:1), den Karl Kraus 1905 konstatierte, ein. Er geht zurück auf »die ästhetische Wendung« (ebd.) der *Fackel*, auf den Wechsel von Bekämpfung der Korruption hin zur Werbung »um die schlimme Frau« (ebd.) auf den Kampf für die Auflösung der unseligen Verbindung von Sittlichkeit und Kriminalität.

Daß hinter Otto Soyka Karl Kraus steht, daß seine Berufung auf Freud nicht isoliert von dem Kampf der *Fackel* ist, macht das Heft Nr. 187 vom 8. November 1905 deutlich. Es ist ganz dem Fall des Universitätsprofessors Dr. Theodor Beer gewidmet, der der Verführung zweier Knaben beschuldigt wurde. Zu diesem Prozeß war auch Freud als Sachverständiger gehört worden (SuKri: 181).

In dem unter dem Titel *Die Kinderfreunde* publizierten Essay – seine Pointe ist es, daß die wahren Kinderfreunde eben nicht die klagenden Eltern sind – heißt es: »Mit Professor Sigmund Freud habe man die Einsicht und den Mut, zu bekennen, daß der Homosexuelle weder ins Zuchthaus noch in den Narrenturm gehört« (F 187: 21). Der Angeklagte war nämlich nicht wegen Kinderschändung, sondern wegen Homosexualität verurteilt worden. Weiter schreibt Kraus:

»Mit Professor Freud muß man der Ansicht sein, daß die Tat, deren Herr Dr. Beer bezichtigt wird, nicht unter dem Gesichtspunkt der Homosexualität zu beurteilen ist und daß die Verurteilung in solchem Falle aus demselben Grunde erfolgen müßte, wie wenn ein Mädchen unter vierzehn Jahren geschlechtlich mißbraucht worden wäre« (ebd.: 21 f.).

Der Gesetzgeber habe im Geschlechtsleben nur »drei Rechtsgüter zu schützen: die Gesundheit, die Willensfreiheit und die Unmündigkeit« (ebd.: 19). Diese Berufung auf Freud wurde in die Buchausgabe von *Sittlichkeit und Kriminalität* übernommen und auch in der erneuten Auflage von 1924, als Kraus längst zum Gegner der Psychoanalytischen Bewegung geworden war, nicht getilgt.

Trotz der Reverenz, die Karl Kraus in *Sittlichkeit und Kriminalität* Sigmund Freud erwiesen hat, steht hinter diesem Buch der – namentlich nicht erwähnte –

Otto Weininger (Kraft 1956: 79 f.), dessen Hauptwerk *Geschlecht und Charakter* (1903) nach dem spektakulären Selbstmord des erst 23jährigen Autors eine ungemein rasche Verbreitung fand, in rascher Folge wiederaufgelegt werden mußte und bis über den Weltkrieg hinaus von Strindberg bis Doderer eine Wirkung zeitigte, die Freud lange Zeit verdeckte. Seine Darstellung von Weib und Sexualität haben das Denken von Karl Kraus nachhaltig geprägt. Für Kraus lag Weiningers Verdienst darin, »daß er das ›Bedürfnis‹, von allem ethischen Ballast befreit, in gleichem wenn nicht höherem Maß der Frauennatur als der des Mannes zubilligt« (F 157:19). Von ihm übernahm er den Kult der Prostituierten, die der Frauenverächter Weininger in seinem Schema von Mama und Hure über die Mutter stellte (Weininger 1923: 291). Für Weininger wie für Kraus ist die Frau ausschließlich durch Sexualität bestimmt, für Karl Kraus ist dies allerdings kein Grund zur Geringschätzung, sondern im Gegenteil zur Verehrung:

> »Man könnte sich denken, daß einer die Schlüsse Weininger's (Minderwertigkeit der Frau) verpönt und seinen Erkenntnissen (Anderswertigkeit der Frau) zujauchzt. (So habe ich, als ich das Werk nach seinem Erscheinen las, dem mir damals persönlich unbekannten Verfasser zugerufen, ›ein Frauenverehrer stimme den Argumenten seiner Frauenverachtung begeistert zu‹.)« (F 169: 7).

Hier lag ein Unterschied zwischen Kraus und Freud, der die Entwicklung der Frau *zunächst* (Stud II: 262) in Analogie zu der des Mannes dachte, für den die Frau im Grunde der kastrierte Mann war und eine Anderswertigkeit der Frau im positiven Sinne nicht existierte. Im Grunde war ihre Position aber eine verwandte, lediglich die Wertung differierte. Für Kraus wie für Weininger wie für Freud hat die Frau keinen Sinn für Logik, Ethik und Moral. In *Freuds* System wird dies mit einer – im Vergleich zum Manne – mangelhaften Ausbildung des Über-Ich erklärt (Stud V: 265 f.). Daß Freud damit ein traditionelles, die damalige Stellung der Frau in der männlichen Gesellschaft widerspiegelndes Frauenbild – dem sogar der Vorkämpfer weiblicher Freiheit (auf sexuellem Gebiet!), Karl Kraus, anhing – in psychoanalytische Termini kodifizierte, darf angenommen werden. Alle drei waren erklärte Gegner der Frauenemanzipation.

Die Fließ-Affäre

Karl Kraus hat in der bald nach dem Tode Weiningers einsetzenden Diskussion, in der versucht wurde, das Werk, seinen Frauen- und Judenhaß rasch (im Gefolge Lombrosos und Nordaus) mit der Pathologie des Autors zu erklären, wiederholt das Gewicht der *Fackel* zugunsten Weiningers in die Waagschale geworfen. Dies sowie die Einbeziehung der Psychoanalyse in die Strategie der

Fackel legten es Freud nahe, sich, als er selbst in der Auseinandersetzung um Weiningers Werk in eine Plagiatsaffäre hineingezogen wurde, an Kraus mit der Bitte um publizistische Unterstützung zu wenden. Am 12. Jan. 1906 schrieb er einen vierseitigen Brief an den Herausgeber der *Fackel*, der mit folgenden Worten beginnt:

> »Hochgeehrter Herr
> Die teilweise Übereinstimmung zwischen Ihren Anschauungen und Bestrebungen und den meinen, ist wohl die Ursache gewesen, daß ich meinen Namen wiederholt in der ›Fackel‹ erwähnt finden konnte. Auf diese unpersönliche Bekanntschaft gestützt, erlaube ich mir, Ihre Aufmerksamkeit für einen Vorfall in Anspruch zu nehmen, dessen Weiterungen wahrscheinlich bald die Beiträger Ihrer Zeitschrift in Miterregung versetzen werden« (Briefe: 265).

Wilhelm Fließ, der sich im Sommer 1901 mit Freud überworfen hatte (Jones II: 366), hatte ihn beschuldigt, daß er Weininger die von ihm, Fließ, stammende Entdeckung der Bisexualität, auf der Weiningers Werk wesentlich fußt, übermittelt habe. Freud räumte in dem Brief zwar ein, »die in der ›Fackel‹ vertretene Hochschätzung Weiningers« nicht teilen zu können, doch diesmal müsse er »mit den Freunden Weiningers gemeinsame Sache machen«. In einer im Auftrag von Fließ verfaßten Broschüre R. Pfennigs (1906) war zu Recht, wie Freud schreibt, behauptet worden, »daß Weininger seine Grundidee der Bisexualität nicht selbst gefunden, sondern auf einem Umweg, der über Swoboda und mich zu Fließ leitet, erfahren« (Briefe: 265 f.) habe. Swoboda war Patient Freuds gewesen und hatte so von der Idee der Bisexualität erfahren. Freud wollte diese kleinliche Streiterei »aus dem Tempelbezirk der Wissenschaft« (ebd.: 266) heraushalten – schließlich ist die Annahme ursprünglicher Bisexualität bis auf Plato zurückzuführen – und bat Kraus um Unterstützung.

Kraus hat in dieser Affäre zunächst nichts unternommen; auf das in dem Brief bekundete Angebot Freuds, in der *Fackel* »mit Äußerungen, die für die Öffentlichkeit bestimmt sein sollen, zu Gebote« (ebd.) zu stehen, scheint er nicht eingegangen zu sein.[5] Vermutlich war Freud die Affäre wichtiger als dem nur mittelbar betroffenen Kraus. Noch Jahre später (1924) sprach Freud von »der Fließepisode, die mir wirklich nahegegangen« (Briefe: 370). Schließlich wurde er durch die öffentlichen Anschuldigungen von Fließ in äußerst unangenehmer Weise an eine Freundschaft erinnert, die ihm während der *splendid isolation* außerordentlich viel bedeutet hatte. Sie war in die Brüche gegangen – trotz der Rettungsversuche von Freud: 1901 noch hatte er, vergebens, vorgeschlagen, »gemeinsam ein Buch über Bisexualität – Fließ' Lieblingsthema – zu schreiben« (Jones I: 367).

---

5 Leider sind die Briefe von Kraus an Freud verschollen, vermutlich wurden sie von Freud selbst vernichtet (siehe Anm. 2 zum Vorwort) – so daß über dessen unmittelbare Reaktion nichts ausgesagt werden kann.

In den auf Freuds ersten Brief an Karl Kraus folgenden Monaten schlug die Affäre weitere Wellen. Der mitbeschuldigte Hermann Swoboda antwortete im März 1906 in einer Broschüre auf die in dem Opusculum Pfennigs im Namen von Wilhelm Fließ erhobenen Vorwürfe, worauf dieser im Juni desselben Jahres mit einer eigenen Veröffentlichung zurückschlug. Nach der von Freud autorisierten Darstellung Swobodas war der Kommunikationsfluß Fließ – Weininger folgendermaßen verlaufen:

»Im Oktober des Jahres 1900 [. . .] bemerkte [Freud gesprächsweise Swoboda gegenüber], daß die von mir beobachtete Duplizität – bald incubus bald succubus gegenüber den Ereignissen – in der bisexuellen Anlage jedes Menschen eine ausreichende Erklärung finde und daß diese Duplizität wieder durch das vorhin erwähnte anatomische Faktum [– daß sich bei jedem Geschlecht die rudimentären Zeugungsorgane des anderen Geschlechtes nachweisen lassen –] sehr plausibel gemacht werde. [. . .] Das interessierte mich und davon hab ich Weininger noch am selben Abend erzählt« (Swoboda 1906: 6 f.).

Im Sommer 1901 schrieb Weininger sein folgenreiches Werk nieder und erschien dann im Herbst des gleichen Jahres (Swoboda 1906: 21) – wie einige Jahre später Otto Rank – mit dem Manuskript unter dem Arm bei Freud in der Hoffnung, durch seine Unterstützung einen Verleger zu finden. Anders als Rank mußte Weininger aber feststellen, daß Freud mit dem Werk überhaupt nicht einverstanden war. Freud riet ihm von einer Veröffentlichung ab, »weil der Inhalt Unsinn sei« (nach Fließ 1906: 21). Fließ gegenüber bestätigte Freud dies, allerdings sei das ihm vorliegende Manuskript von »ganz anderen Wortlaut als das heute gedruckte Buch« gewesen (nach ebd.: 22) – es war der Text der Dissertation vor der Umarbeitung für den Druck. Er habe sich »wesentlich über das Kapitel Hysterie geschreckt, das ad captandam benevolentiam meam geschrieben war« (nach ebd.). Im übrigen »äußerte er Bedenken gegen die [. . .] zu spekulative, zu kühn deduzierende Methode« (nach Swoboda 1906: 22).

Weininger war zu Freud gekommen, um sich diesem als Schüler zu präsentieren. Bloße Verstellung – wie es Freud in einem Brief an Fließ vom 27. Juli 1904 (nach Fließ 1906: 22 f.) darstellt – kann dies nicht gewesen sein. Schließlich hatte er eine wesentliche Anregung zur Abfassung seines Werkes von Freud erhalten. In seinem voraufgegangenen Brief an Fließ (vom 23. Juli 1904) gab Freud an, gerüchteweise vernommen zu haben, daß Weininger, mit sexuellen Problemen beschäftigt, das Wort Bisexualität auffing: »W. schlug sich darauf auf die Stirn und lief nach Hause, sein Buch niederzuschreiben«[6]. Das Kapitel über Hysterie, das sich wesentlich auf die Arbeiten Freuds und Breuers

6 Nach Fließ 1906: 20. Auf eine Anfrage im Jahre 1938 wiederholte Freud diese Version: »I was the first one to read through his manuscript – and the first to give an unfavorable opinion of it. His principal idea he also got through me indirectly, and in a quite inaccurate way« (nach Abrahamsen 1946: 202).

stützt, ist auch in die Druckfassung des Werkes eingegangen (Weininger 1923: 350 ff.) und dient dort dem – mit Freud geführten – Nachweis, daß auch die frigide, scheinbar asexuelle, eben hysterische Frau ganz von der Sexualität bestimmt sei. War Freud von der Weiterführung seiner Gedanken durch Weininger wenig angetan, so müssen doch seine Person, seine Bildung und sein frühreifes Wissen einen großen Eindruck auf ihn hinterlassen haben: »[. . .] I could not help feeling that I stood in front of a personality with a touch of the genius« (nach Abrahamsen 1946: 55).
In einem zweiseitigen Brief vom 7. Okt. 1906 machte Freud Kraus aufmerksam auf den »Aufsatz von Hirschfeld ›Die gestohlene Bisexualität‹ in der Wiener Klin. Rundschau No. 38, in dem das Sachliche der fliess'schen Affaire in nach meinem Urteil endgültig abschliessender Weise behandelt wird [. . .]«.[7] In der *Fackel* Nr. 210 vom 21. Oktober 1906 hat Kraus dann – unter dem Stichwort *Bisexueller* in der Rubrik *Antworten des Herausgebers* – »zu dem lächerlichen wissenschaftlichen Markenschutzstreit, den die Herren Dr. Fließ und Pfennig in Berlin vom Zaun gebrochen haben« (F 210: 26) Stellung genommen, und zwar in einer Weise, die Freud völlig zufriedenstellte. Noch am selben Tag antwortet er ihm: »Ich danke Ihnen. Eine andere als solche wegwerfende Behandlung hat die Sache gewiss nicht verdient [. . .]«.[8]

Kraus hatte abschließend aus zwei Briefen Freuds an Magnus Hirschfeld[9] zitiert und insgesamt die Affäre aus der Sicht Freuds dargestellt, das Problem Weiningers dabei völlig ausklammernd.[10] Ihm mußte klar geworden sein, daß Freud die Angelegenheit über den eigentlichen Kern des Streits hinaus persönlich außerordentlich nahegegangen war, ohne doch selbst Stellung nehmen zu können. Der Artikel schließt mit einem Briefzitat Freuds: »[. . .] es ist auch nicht angenehm, einem Menschen, mit dem man 12 Jahre lang intimste Freundschaft gepflogen hat, öffentlich harte Worte sagen zu müssen und ihn zu weiteren Schmähproduktionen zu veranlassen« (F 210: 27).

7 *Archiv der Fackel.*

8 Ebd.

9 Freud hatte sich nicht nur an Kraus, sondern auch an Magnus Hirschfeld in Berlin, den Herausgeber des *Jahrbuchs für sexuelle Zwischenstufen* mit der Bitte um Unterstützung in der Fließaffäre gewandt (Jones I: 369).

10 Am 9. Jan. 1907, als durch eine Klage Swobodas für ein Wiener Journal die Affäre, der sich zunächst Freud und ihn unterstützend, Kraus gestellt hatten, zur *Plagiataffaire Weininger* geworden war, nahm Kraus nochmals Stellung (Die Klage Swobodas gegen Fließ war aus formalen Gründen abgewiesen worden.): »Weiningers Andenken und Swobodas Reputation werden durch den Berliner Gerichtsbeschluß, der eine rein juristisch-technische Wendung bedeutet, gewiß nicht berührt« (F 216: 24). Hier endlich trat Kraus für die direkt betroffenen Weininger und Swoboda, nicht für den nur mittelbar, eher persönlich berührten Freud ein.

Freud versuchte, den einmal zu Karl Kraus angeknüpften Kontakt zur Bekanntschaft auszubauen. Schon am 25. September 1906 schrieb er an ihn:

»Die elende Fliess'affaire soll das Erwünschte für mich bringen, daß ich in die Lage komme, Ihre persönliche Bekanntschaft zu machen. Wollen Sie mir freundlichst angeben, wann und wo ich Sie treffen und sprechen kann«.[11]

Am 2. Oktober desselben Jahres vereinbarte er einen (weiteren?) Termin für eine Besprechung[12] vermutlich, um für Kraus' Stellungnahme in der *Fackel* weitere Informationen zu liefern. Sie tauschten auch ihre Meinung über einzelne Artikel in der *Fackel* aus. So heißt es in dem Brief Freuds vom 7. Oktober, dankend sich auf die zugesandte vorige Nummer der *Fackel* beziehend: »Sie haben Recht, der Aufsatz von Hauer ist wiederum glänzend, von einigen gewaltsamen Analogiebildungen abgesehen scheint er mir auch Recht zu haben.«[13]

Das, wenn auch nicht uneingeschränkte, Lob für Karl Hauer, der auf dekadente Behandlung der Erotik abonniert war – vom *Lob der Hetäre* (18. Nov. 1905) über *Erotik der Kleidung* (12. März 1906) zur *Erotik der Grausamkeit* (12. April 1907) –, stimmt merkwürdig zu dem herkömmlichen, strengen Freudbild. In dem Aufsatz, auf den Freud sich bezog – *Spiegel sterbender Welten* (23. Juli 1906) – stellte Hauer den kulturpsychologischen Zusammenhang zwischen dem *Satyrikon* des Petronius, Gilles de Rais in Huysmans *Là-bas* und der *Juliette* des Marquis de Sade her. Hauer – gleichsam ein früher Georges Bataille – rühmte Sade als »wunderbaren Psycholog der Leidenschaften«: »[. . .] neben seiner umfassenden und durchdringenden Kenntnis der sexuellen Psychopathie sind alle modernen Werke über dieses Gebiet, speziell Krafft-Ebing, dilettantisch [. . .]« (F 207: 20).

Es scheint, als ob zu diesem Zeitpunkt Kraus und Freud einander nahegekommen waren oder noch nahekommen wollten. So ist man kaum noch erstaunt, in dem siebenten und – soweit bekannt – letzten Brief Freuds an Kraus (vom 18. Nov. 1906) zu lesen:

»Ich danke Ihnen herzlich für die Übersendung des Separatabdruckes. In der Fackel hatte ich den Prozeß ›Riehl‹ natürlich schon gelesen. Einiges ist wirklich ›zum Schreien schön‹. Die Leute werden wieder einmal Ihren Stil loben und Ihren Witz bewundern, aber schämen werden sie sich nicht, was *Sie* doch eigentlich erreichen wollen. Dazu sind es zu viele und fühlen sich zu sicher in ihrer Solidarität. Wir wenigen sollten darum auch zusammenhalten.«[14]

Das Koalitionsangebot ist nunmehr unüberhörbar. Freud zeigt sich als auf-

11 Karl-Kraus-Archiv der Wiener Stadtbibliothek. IN 109.723.
12 *Archiv der Fackel.*
13 Ebd.
14 Ebd.

merksamer Leser der *Fackel*: Der Prozeß Riehl, später ein Glanzstück in der Sammlung *Sittlichkeit und Kriminalität*, in dem sich wie in kaum einem der anderen Beiträge Kraus' Kampf gegen die Doppelmoral von Polizei, Justiz und Presse, sein Bild der Frau, deren einziger Sinn der Geschlechtssinn ist, »an dem sich der Geist des Mannes Erneuerung hole« (SuKri: 249), profiliert hat.

Kraus seinerseits hat Freuds Werben um eine Koalition zwischen *Fackel* und Psychoanalyse ernst genommen, und ein Stück Weges sind diese beiden Kritiker *Kakaniens* gemeinsam gegangen. Aus kürzlich entdeckten Briefen von Karl Kraus an eine »heißgeliebte Freundin« geht hervor, daß er die Vorlesungen Freuds besuchte. In einem undatierten, vermutlich aus dem Jahre 1907 stammenden Brief heißt es: »Da werden stundenlang Träume gedeutet (meist in erotischem Sinn) [. . .] das würde Dich interessieren«.[15] Bei Freud selbst also hatte er gehört.

Bislang war unklar, wie weit Kraus' Kenntnisse der Psychoanalyse reichten und aus welchen Quellen seine spätere Kritik an der Psychoanalyse gespeist war. Aus den Erwähnungen Freuds in der *Fackel* konnte angenommen werden, daß er *Die Traumdeutung*, die *Drei Abhandlungen zur Sexualtheorie* und *Der Witz und seine Beziehung zum Unbewußten* kannte[16] und darüber hinaus sich nicht mehr über das Fortschreiten der Freudschen Lehre informiert hat. Aber auch dies war nicht sicher, denn in den Jahren 1905 und 1906 erwähnt Kraus Freud nur im Zusammenhang mit dem Prozeß Beer, wo er ihn ja als Sachverständigen vernommen hatte, und der Fließaffäre, in der er von Freud selbst eingehend informiert worden war. Die Rezension der *Drei Abhandlungen* von 1905 stammte von Otto Soyka – Kraus kokettierte gern mit seiner geringen Belesenheit. Auch wenn sie in Tendenz und Inhalt sicherlich vom Herausgeber gebilligt war, so läßt dies noch nicht auf tatsächliche Lektüre schließen. Erst 1907 beginnt Kraus in produktiver Weise, losgelöst vom Tagesanlaß, die Psychoanalyse in seine Schreibstrategie einzubeziehen – zunächst als Mittel, bald aber als Gegenstand der Satire.

Am 12. April 1907, als Kraus das Kolleg Freuds in der alten psychiatrischen Klinik im Allgemeinen Krankenhaus besuchte, erschien in der *Fackel* Der Aufsatz *Freundschaft mit Ibsen*, in dem Kraus einen in der *Neuen Freien Presse* abgedruckten Artikel Fräulein Emilie Bardachs, jugendliche Freundin des alten Ibsen, die sich rühmte, das Vorbild für Hilde Wangel im *Baumeister Solneß* abgegeben zu haben, zum Gegenstand einer Satire machte. (Sie hatte ihn übrigens bei jener Ibsenfeier 1891 zu Wien kennengelernt, bei der Hofmannsthal

---

15 Karl Hartung: *Auktionskatalog 1977*, S. 252, Posten 1689: *43 Briefe von Karl Kraus*, 15. 12. 1905 bis ca. 1911. Der Brief, gerichtet an Berthe Maria *Denk*, befindet sich mittlerweile im *Deutschen Literaturarchiv im Schiller-Nationalmuseum*, Marbach, a. N., Inv. Nr. 78.45715; vgl. Wagner 1982: 244.

16 Vgl. Hartl 1977: 153. So heißt es am 2. Juli 1907: »F. hat die Beziehung von Witz und Traum nachgewiesen. Er kann nichts dafür, wenn unter den Schätzen, die er aus dem Unbewußten zutage gefördert hat, sich hin und wieder ein Saphir befindet« (F. 299: 4).

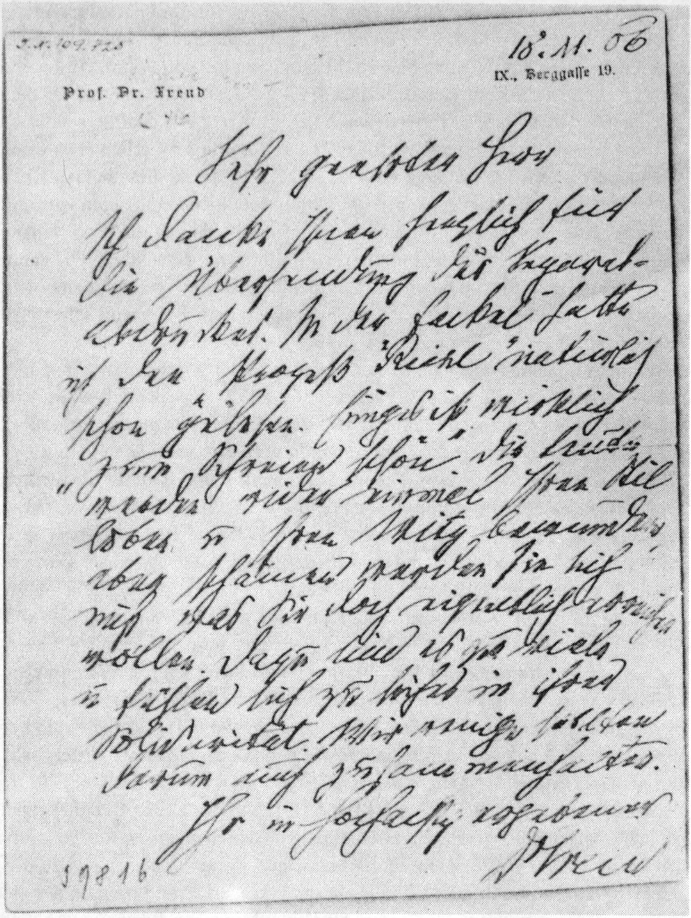
Prof. Dr. Freud

18. 11. 06
IX., Berggasse 19.

Sehr geehrter Herr

Freud

Abb. 8 Zwei Briefe Sigmund Freuds an Karl Kraus

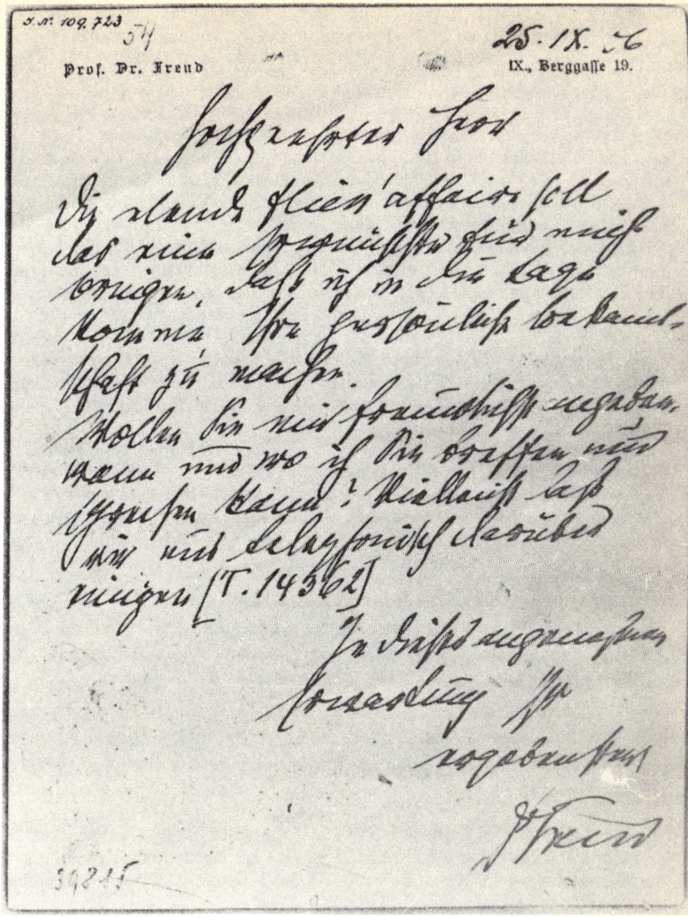

Prof. Dr. Freud

IX., Berggasse 19.

25. IX. 06

[T. 14362]

ihm als Vorreiter der Moderne huldigte.) Kraus sah in diesem Ausplaudern einen unerlaubten Eingriff in die Privatsphäre des Dichters, was er als um so peinlicher empfand, als es sich um »einen Vorwurf gegen einen Menschen« handele, »der sich nicht mehr verteidigen kann« (F 223: 7). Wie stets in solchen Fällen reagierte Kraus scharf:

»Aus den Gesprächen mit Ibsen hat sie sich bloß das eine gemerkt, das er mit ihr über die ›Eröffnung des Suez-Kanals‹ führte. Wäre dieses Gespräch ein Traum, Professor Freud, der die Wünschelrute des Geschlechts an die verschütteten Quellen der Hysterie führt, wüßte ihn zu deuten. Und bei der Neigung des Traumes, schlechte Wortwitze zu machen, würde der Neurologe die Häufung eines bestimmten Wortes in den Bekenntnissen des Fräulein Bardach, ›ganz Anfang Mai‹ habe sie Herr Brandes besucht, im Sommer sei sie ›in einem Schloß ganz im schottischen Hochland‹ gewesen, die sensationelle Wirkung der Publikation sei ›ganz gegen ihr Gefühl‹ gegangen und Frau Ibsen sei ihr ›mit ganz besonderer Liebenswürdigkeit entgegengekommen‹, verdächtig finden. Und er käme vielleicht auch hinter die wahre Meinung Ibsens, der die Bekanntschaft mit dem Fräulein Bardach jenem Konzert verdankte, nach dem sich alles an ihn herangedrängt hat; er brauchte bloß das schlechte Deutsch der Dame als eine jener versunkenen Glocken zu deuten, die aus dem Unterbewußtsein herauftönen, und auf den Satz verweisen: ›Auf einem unserer Spaziergänge bückte er (Ibsen) sich plötzlich in seiner ganzen Schwerfälligkeit, und als ich ihn nach der Ursache fragte – meinte er – er hätte nur einen Stein vom Boden entfernt, denn er könnte mich verletzen.‹ Er, nämlich der Stein selbst, nicht Ibsen . . .« (ebd. 7 f.).

Streng genommen ist dies das einzige Mal, daß Kraus sich bewußt der Psychoanalyse als Mittel der Satire bediente. Noch – am 10. Juni 1907 – wird Freud (in einem Aufsatz von Karl Hauer) zusammen mit Frank Wedekind genannt, die beide auf ihre Weise – in den *Drei Abhandlungen zur Sexualtheorie* und in *Frühlings Erwachen* – die Lüge von der »Unschuld« des Kindes entlarvt haben, bald aber schon klingt in den Aphorismen, mit deren Produktion Kraus in diesem Jahr begann, erste Skepsis an, beginnend bereits am 2. Dez. 1907 mit folgendem:

»Traumdeutung: Das Unbewußte macht schlechte Witze. Aber erklärt werden sie durch das bewußte Denken F's. Das ist verdächtig. Ich werde erst daran glauben, wenn das Unbewußte F's die Kalauer erklärt, die das Unbewußte seiner Patienten macht« (F 237: 9).

Wenige Wochen später (am 15. Jan. 1908) wird dieses Motiv weitergeführt, und die *Skepsis* gegenüber Freud wird zur *Kritik* an den Freud*schülern*:

»Das Unbewußte macht aber wirklich schlechte Witze, erwiderte der Traumdeuter. Das Unbewußte ist nun einmal so. Was kann denn die ernste Wissenschaft dafür? Gewiß, sie behält in jedem Falle Recht. Auch wenn sich – und bei manchen jungen Traumdeutern mag's gelingen – am Ende nachweisen ließe, daß die schlechten Witze nicht aus dem Unbewußten des Träumers, sondern aus dem Unbewußten des Deuters kommen, gleichsam als eine Schuld, die er überwälzt. Nun, das Unbewußte macht also doch schlechte Witze« (F 241: 21).

Liest man die beiden Aphorismen im Zusammenhang, so erwecken sie den Eindruck, Reflex der in Freuds Kolleg gemachten Erfahrungen zu sein: Stellungnahme zu Freud und Antwort auf die hieran geübte Kritik von Freudschülern. Bereits hier deutet sich an, in welcher Weise Karl Kraus' Kritik an der Psychoanalyse – nach anfänglicher Begeisterung – die Jahrgänge der *Fackel* in steter Kontinuität durchziehen wird: Harte Kritik ohne Bandagen an der Psychoanalytischen Bewegung, an der Freud*schule*, an der *Praxis* der Psychoanalyse, gepaart mit vorsichtiger Skepsis Freud gegenüber, dem die theoretische Erkenntnis nicht bestritten wird. Seine Kritik galt der »Praxis, die ich für das jüdische Dürrkräutlein halte« (F 847: 53), heißt es noch 1931. Freud gegenüber hielt er eine Respektdistanz, die er auch Hofmannsthal oder Schnitzler gegenüber gewahrt hat. Zur völligen Vernichtung eines Gegners, wie er sie etwa bei Harden angestrebt hat, ist er Freud gegenüber auch später nicht angetreten.

Besonders deutlich wird diese nun eingeschlagene Linie im Heft Nr. 256 vom 5. Juni 1908 fortgesetzt. Da wird zunächst – verbunden mit wehmütiger Kritik am Rationalismus der Analyse – die Bedeutung der Entdeckung des bestimmenden Einflusses sexueller Kindheitseindrücke hervorgehoben – nicht ohne hinzuzufügen: »Aber man soll nichts übertreiben« (F 256: 20). Dann folgt ein frontaler Angriff auf die psychoanalytische Künstlerdeutung, die damals in der Psychologischen *Mittwoch-Gesellschaft* so rasch ins Kraut wuchs:

> »Mir hat einmal einer den ›Zauberlehrling‹ als einen handgreiflichen Beweis für die masturbatorischen Neigungen seines Schöpfers gedeutet. [...] Ich fühlte, wie sich zum legitimen Schwachsinn der literarhistorischen Kommentatoren allmählich ein neuer Wahnsinn geselle. Die wissenschaftlich fundierte Stimmung eines Herrenabends reklamiert den Besen des Zauberlehrlings – »oben sei ein Kopf« – für ihre besonderen Zwecke [...] (F 256: 21).

Die psychoanalytische Kunstinterpretation, die damals vorwiegend biographisch orientiert war, hat wesentlich zu Kraus' Distanzierung von der Analyse beigetragen.[17] Mit der Kunstinterpretation geriet die Psychoanalyse in seinen Augen in die Nähe jener Psychiatrie, die – popularisiert durch die Herren Nordau und Goldmann – von der inbeirrbaren Sicherheit gesunder Normalität aus den Künstler zum Degenerierten stempelte: »Nervenärzte, die uns das Genie verpathologisieren, soll man mit dessen gesammelten Werken die Schädeldecke einschlagen« (ebd.). Kraus – wie übrigens auch Arthur Schnitzler – warf den psychoanalytischen Deutern Willkür und, was für ihn ausschlaggebend war, mangelnden Respekt vor Wehrlosen vor.

Sein Pathos im Kampf um *Sittlichkeit und Kriminalität* hatte ganz auf dem

---

17 Auch Hofmannsthal war ein Gegner psychoanalytischer Literaturinterpretation – insbesondere, wenn er selbst seziert werden sollte: »Ich bin [...] unvermögend mich gegen Interpretationen der vagsten Art zu wehren [...], wenn morgen ein Freudianer meine sämtlichen Arbeiten bis aufs I-tüpferl als infantil-erotische Halluzinationen ›erkennt‹« (Hofmannsthal – Haas, Briefwechsel, S. 47; nach Urban 1978: 120. Vgl. auch A: 172.

Glauben an die Unantastbarkeit und Integrität des Privatlebens beruht. In dem Kampf gegen die mit der Justiz kooperierende Psychiatrie hatte er nicht zu Unrecht einen Verbündeten in dem gegen die Psychiatrie opponierenden Sigmund Freud gesehen, der die Abgrenzung des Normalen vom Anomalen für konventionell erkannt und damit die Voraussetzung zum Verständnis des Künstlers, Strindbergs wie Weiningers, geliefert hatte. Nun mußte er – ebenfalls nicht zu Unrecht – erkennen, daß die sich formierenden Schüler in die Nähe Lombrosos gerieten. Zu erinnern wäre an die platte Gleichsetzung von Künstler und Neurotiker bei Stekel (vgl. Urban 1973: XXX f.), die in dieser Form bei Freud nicht zu finden ist. Stekel hatte sich schon in die psychiatrische Diskussion um den »Fall« Weininger eingeschaltet (Stekel 1904), gegen die Kraus den ganzen Einfluß der *Fackel* gesetzt hatte. So wird für Karl Kraus die Psychoanalyse zum Racheakt der Inferiorität am Genie (vgl. F 376: 20), der Psychoanalytiker zum geilen Rationalisten, der sich in das Land des Traumes und der Phantasie eingeschlichen hat. »Den Weg zurück ins Kinderland«, wird es einige Jahre später heißen, »möchte ich, nach reiflicher Überlegung, doch lieber mit Jean Paul als mit S. Freud machen« (F 381: 73).

Den Freudianern schlägt Kraus eine solidere Deutung des *Zauberlehrlings* vor:

> »In Abwesenheit eines verdienstvollen Lehrers und Finders sexualpsychologischer Erkenntnisse, versucht einer seiner Schüler die Methode selbst anzuwenden. [. . .] Kein Klassikerwort, das einen greifbaren Gegenstand bedeutet [. . .] ist mehr vor Deutung sicher. ›Welch entsetzliches Gewässer!‹ Endlich kommt der Professor Freud zurück. ›Herr, die Not ist groß! Die ich rief, die Geister, werd' ich nun nicht los.‹ Der Professor sieht, wie die Schüler die Lehre kompromittieren, und beschließt, dem groben Unfug eine [sic!] Ende zu machen. Es war die höchste Zeit. In die Ecke mit allem, was wie ein Besen aussah und etwas anderes bedeuten sollte!«(F 256: 23).

Das war eine deutliche Forderung. Freud hat sich nicht distanziert, obwohl er privat (C. G. Jung gegenüber) seine Wiener Zauberlehrlinge ob ihrer Mediokrität so gern belächelte (genau wie die Aktivitäten des »Kulturheller«). Das taktische Interesse überwog seine sachlichen Vorbehalte. In die zwischen 1909 und 1919 publizierten Aphorismenbände, die aus den in der *Fackel* veröffentlichten Gedankensplittern komponiert sind, hat Kraus diesen Aphorismus nicht übernommen, während die sarkastischen Äußerungen zur Analyse einen breiten Raum einnehmen – wie etwa jener, bald zum geflügelten Wort gewordene Aphorismus: »Psychoanalyse ist jene Geisteskrankheit, für deren Therapie sie sich hält« (BWgen: 351).

Kraus selbst hat sich distanziert. Er trennte sich von Fritz Wittels, der von Anfang 1907 bis Mitte 1908 ein bevorzugter Mitarbeiter der *Fackel* und zugleich Mitglied der Psychologischen *Mittwoch-Gesellschaft* war.

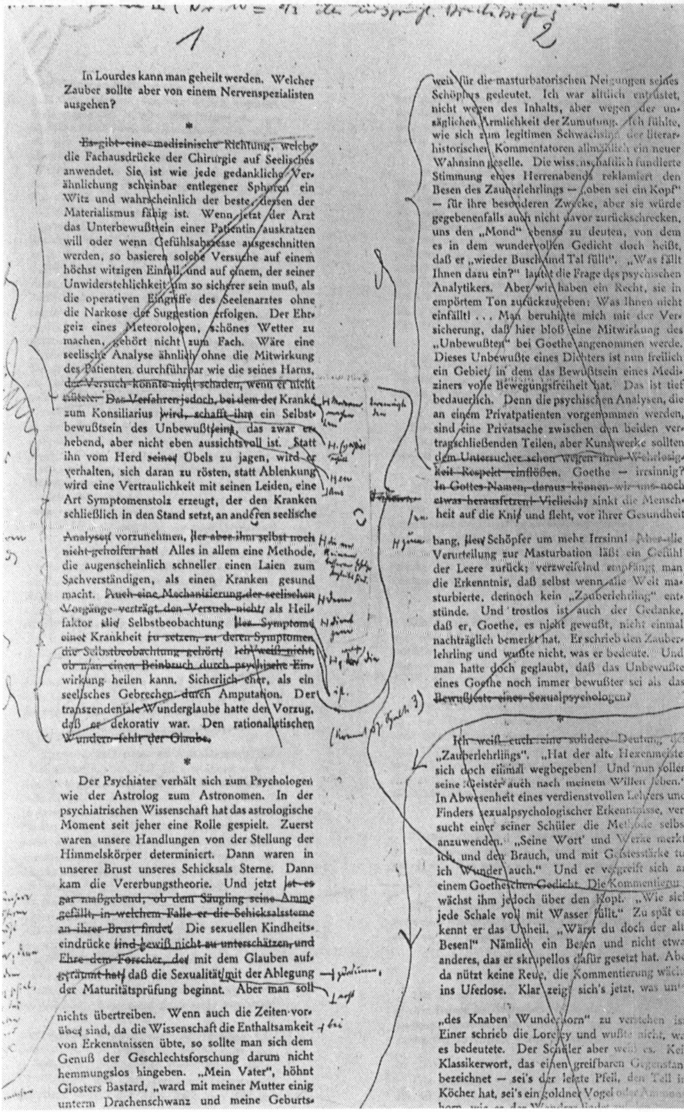

In Lourdes kann man geheilt werden. Welcher Zauber sollte aber von einem Nervenspezialisten ausgehen?

*

Es gibt eine medizinische Richtung, welche die Fachausdrücke der Chirurgie auf Seelisches anwendet. Sie ist wie jede gedankliche Verähnlichung scheinbar entlegener Sphären ein Witz und wahrscheinlich der beste, dessen der Materialismus fähig ist. Wenn jetzt der Arzt das Unterbewußtsein einer Patientin auskratzen will oder wenn Gefühlsabszesse ausgeschnitten werden, so basieren solche Versuche auf einem höchst witzigen Einfall, und auf einem, der seiner Unwiderstehlichkeit um so sicherer sein muß, als die operativen Eingriffe des Seelenarztes ohne die Narkose der Suggestion erfolgen. Der Ehrgeiz eines Meteorologen, schönes Wetter zu machen, gehört nicht zum Fach. Wäre eine seelische Analyse ähnlich ohne die Mitwirkung des Patienten durchführbar wie die seines Harns, der Versuch könnte nicht schaden, wenn er nicht nützte. Das Verfahren jedoch, bei dem der Kranke zum Konsiliarius wird, schafft ihm ein Selbstbewußtsein des Unbewußtseins, das zwar erhebend, aber nicht eben aussichtsvoll ist. Statt ihn vom Herd seines Übels zu jagen, wird er verhalten, sich daran zu rösten, statt Ablenkung wird eine Vertraulichkeit mit seinen Leiden, eine Art Symptomenstolz erzeugt, der den Kranken schließlich in den Stand setzt, an anderen seelische Analysen vorzunehmen, der aber ihm selbst noch nicht geholfen hat. Alles in allem eine Methode, die augenscheinlich schneller einen Laien zum Sachverständigen, als einen Kranken gesund macht. Auch eine Mechanisierung der seelischen Vorgänge verträgt den Versuch nicht, als Heilfaktor die Selbstbeobachtung des Symptoms einer Krankheit zu setzen, zu deren Symptomen die Selbstbeobachtung gehört. Ich weiß nicht, ob man einen Beinbruch durch psychische Einwirkung heilen kann. Sicherlich eher, als ein seelisches Gebrechen durch Amputation. Der transzendentale Wunderglaube hatte den Vorzug, daß er dekorativ war. Den rationalistischen Wundern fehlt der Glaube.

*

Der Psychiater verhält sich zum Psychologen wie der Astrolog zum Astronomen. In der psychiatrischen Wissenschaft hat das astrologische Moment seit jeher eine Rolle gespielt. Zuerst waren unsere Handlungen von der Stellung der Himmelskörper determiniert. Dann waren in unserer Brust unseres Schicksals Sterne. Dann kam die Vererbungstheorie. Und jetzt ist es gar maßgebend, ob dem Säugling seine Amme gefällt, in welchem Falle er die Schicksalssterne an ihrer Brust findet. Die sexuellen Kindheitseindrücke sind gewiß nicht zu unterschätzen, und Ehre dem Forscher, der mit dem Glauben aufgeräumt hat, daß die Sexualität mit der Ablegung der Maturitätsprüfung beginnt. Aber man soll nichts übertreiben. Wenn auch die Zeiten vorüber sind, da die Wissenschaft die Enthaltsamkeit von Erkenntnissen übte, so sollte man sich dem Genuß der Geschlechtsforschung darum nicht hemmungslos hingeben. „Mein Vater", höhnt Glosters Bastard, „ward mit meiner Mutter einig unterm Drachenschwanz und meine Geburts-

weis für die masturbatorischen Neigungen seines Schöpfers gedeutet. Ich war sittlich entrüstet, nicht wegen des Inhalts, aber wegen der unsäglichen Ärmlichkeit der Zumutung. Ich fühlte, wie sich zum legitimen Schwachsinn der literarhistorischen Kommentatoren allmählich ein neuer Wahnsinn geselle. Die wissenschaftlich fundierte Stimmung eines Herrenabends reklamiert den Besen des Zauberlehrlings — „oben sei ein Kopf" — für ihre besonderen Zwecke, aber sie würde gegebenenfalls auch nicht davor zurückschrecken, uns den „Mond" ebenso zu deuten, von dem es in dem wundervollen Gedicht doch heißt, daß er „wieder Busch und Tal füllt". „Was fällt Ihnen dazu ein?" lautet die Frage des psychischen Analytikers. Aber wir haben ein Recht, sie in empörtem Ton zurückzugeben: Was Ihnen nicht einfällt! . . . Man beruhigte mich mit der Versicherung, daß hier bloß eine Mitwirkung des „Unbewußten" bei Goethe angenommen werde. Dieses Unbewußte eines Dichters ist nun freilich ein Gebiet, in dem das Bewußtsein eines Mediziners volle Bewegungsfreiheit hat. Das ist tief bedauerlich. Denn die psychischen Analysen, die an einem Privatpatienten vorgenommen werden, sind eine Privatsache zwischen den beiden vertragschließenden Teilen, aber Kunstwerke sollten dem Untersucher schon wegen ihrer Wehrlosigkeit Respekt einflößen. Goethe — irrsinnig? In Gottes Namen, daraus können wir uns noch etwas herausfetzen! Vielleicht sinkt die Menschheit auf die Knie und fleht, vor ihrer Gesundheit bang, den Schöpfer um mehr Irrsinn! Aber die Verurteilung zur Masturbation läßt ein Gefühl der Leere zurück; verzweifelnd empfängt man die Erkenntnis, daß selbst wenn alle Welt masturbierte, dennoch kein „Zauberlehrling" entstünde. Und trostlos ist auch der Gedanke, daß er, Goethe, es nicht gewußt, nicht einmal nachträglich bemerkt hat. Er schrieb den Zauberlehrling und wußte nicht, was er bedeute. Und man hatte doch geglaubt, daß das Unbewußte eines Goethe noch immer bewußter sei als das Bewußteste eines Sexualpsychologen?

*

Ich weiß euch eine solidere Deutung des „Zauberlehrlings". „Hat der alte Hexenmeister sich doch einmal wegbegeben! Und nun sollen seine Geister auch nach meinem Willen leben." In Abwesenheit eines verdienstvollen Lehrers und Finders sexualpsychologischer Erkenntnisse, versucht einer seiner Schüler die Methode selbst anzuwenden. „Seine Wort' und Werke merkt' ich, und den Brauch, und mit Geistesstärke tu' ich Wunder auch." Und er vergreift sich an einem Goetheschen Gedicht. Die Kommentierung wächst ihm jedoch über den Kopf. „Wie sich jede Schale voll mit Wasser füllt." Zu spät erkennt er das Unheil. „Wärst du doch der alte Besen!" Nämlich ein Besen und nicht etwa anderes, das er skrupellos dafür gesetzt hat. Aber da nützt keine Reue, die Kommentierung wächst ins Uferlose. Klar zeigt sich's jetzt, was unter

„des Knaben Wunderhorn" zu verstehen ist. Einer schrieb die Loreley und wußte nicht, was es bedeutete. Der Schüler aber weiß es. Kein Klassikerwort, das einen greifbaren Gegenstand bezeichnet — sei's der letzte Pfeil, den Tell im Köcher hat, sei's ein goldner Vogel oder Ammons-

Ab.. 9 Karl Kraus: Korrektur des ersten Abzugs von »Sprüche und Widersprüche« (1909) mit Aphorismen zur Psychoanalyse

In der Diskussion um das Verhältnis von Karl Kraus zur Psychoanalyse hat die *Affäre Wittels* immer eine zentrale Rolle gespielt. Ernest Jones (II: 148) nahm an, daß Kraus' Gegnerschaft auf den am 12. Jan. 1910 vor der Psychologischen Mittwoch-Gesellschaft gehaltenen Vortrag *Die Fackel-Neurose* zurückging, in dem Wittels Kraus psychoanalytisch zu erledigen suchte. Für Jones ist Kraus' Gegnerschaft die Reaktion auf einen persönlichen Angriff. Tatsächlich begann seine Kritik schon zwei Jahre früher, worauf erstmals Edwin Hartl und Thomas Szasz (beide 1977) hingewiesen haben. Beide möchten daher Kraus' Kritik von der Affäre Wittels unabhängig entstanden sehen. Daß dies nicht der Fall ist, kann die Chronologie der Ereignisse zeigen.

Der 1880 in Wien geborene Arzt und Schriftsteller Dr. Fritz Wittels lernte Sigmund Freud 1905 persönlich kennen, nachdem er bereits »beträchtlich früher« (Wittels 1924: 7) sich mit dessen Arbeiten vertraut gemacht hatte.[18] Am 27. März 1907 wurde er auf Vorschlag seines Onkels Isidor Sadger, einem der ersten Anhänger Freuds, in die Psychologische Mittwoch-Gesellschaft aufgenommen (Protokolle I: 138/145). Seit dem 5. Feb. des gleichen Jahres erschienen Essays und Erzählungen von ihm in der *Fackel.* Als er zu Kraus kam, galt er schon als Freud-Anhänger. Denkbar ist, daß er seine Mitarbeiterschaft an der *Fackel* Freud verdankte, der Kraus ja kurz zuvor als potentiellen Verbündeten entdeckt und umworben hatte. Freud hatte »schon vor der Mitarbeiterschaft Wittels' [an der *Fackel*] die Idee [. . .], daß in Kraus der Sache ein wirklicher Helfer erstehen könnte« (Protokolle II: 355).

In den 13 Beträgen, die Wittels zwischen dem 5. Februar 1907 und dem 22. Mai 1908 in der *Fackel* veröffentlichte, versuchte er, freudianische und krausianische Gedanken – insbesondere zum Sexus – zu verknüpfen. Er schrieb gegen *Das Verbot der Fruchtabtreibung,* über *Die Lustseuche* (Syphilis), für *Sexuelle Aufklärung* u. a. m. Einige seiner Aufsätze sind vor endgültiger Drucklegung oder auch direkt nach ihrer Veröffentlichung in der *Fackel* an den Mittwochabenden bei Freud vorgetragen und diskutiert worden. Fritz Wittels war der Verbindungsmann zwischen Kraus und Freud. Durch ihn vornehmlich dürfte Kraus seine Informationen über die psychoanalytische Bewegung, den Betrieb, den er so stark kritisierte, erlangt haben. Briefe von Wittels aus dem Jahre 1907 zeigen, wie eng und persönlich der Kontakt mit Kraus in diesem Zeitraum war.[19]

Das Heft der *Fackel*, in dem Kraus sich erstmals massiv gegen die Psychoanalyse wendete und Freud aufforderte, sich von seinen Schülern zu distanzie-

---

18 Eine biographische Notiz zu Wittels gibt der Nachruf von René Spitz (1951). Die Bibliographie des psychoanalytischen Schrifttums von Alexander Grinstein (1956 f.) verzeichnet immerhin – ohne Rezensionen – 80 Arbeiten von Wittels.

19 Sie befinden sich im Karl-Kraus-Archiv der Wiener Stadtbibliothek. Zwei davon sind publiziert in Freimann (1978: 168-170).

ren, enthält zugleich – in der Form eines fiktiven Leserbriefs (F 256: 9 ff.) – eine erste Kritik seines Mitarbeiters Fritz Wittels, der im Mai 1908 seinen letzten Beitrag veröffentlicht hatte. Eine ausdrückliche Distanzierung – ohne Namensnennung, aber doch deutlich erkennbar (Weigel 1972: 145) – erfolgte im November desselben Jahres in einer langen Aphorismenreihe unter dem Titel *Persönliches* (F 266: 14-28). Im Herbst dieses Jahres konnte noch bei Jahoda & Siegel, dem Verleger von Karl Kraus, Wittels' erstes Buch *Alte Liebeshändel* (Weigel 1972: 145) erscheinen, sein nächstes, eine Sammlung vorwiegend bereits in der *Fackel* publizierter Arbeiten, kam im folgenden Jahr bereits bei einem anderen Verleger heraus.

Was hier Ursache und was Folge war – der Bruch mit Wittels und der mit der psychoanalytischen Bewegung – ist kaum zu sagen. Die Parallelität der Ereignisse legt vielmehr nahe, daß beides eng miteinander verknüpft war, daß zwischen beiden Ereignissen gar nicht zu trennen ist. In Wittels waren für Kraus lebendig und unmittelbar die Freudschüler vertreten. An seinem Beispiel und durch die von ihm leicht zu erlangenden Informationen hat sich sein Urteil über die Anhänger Freuds gebildet.

Die weiteren Aktivitäten von Wittels waren geeignet, Kraus zu verletzen und seinen Spott herauszufordern. Am 12. Januar 1910, also knapp zwei Jahre nach dem Bruch mit Kraus, holte Fritz Wittels zum Gegenschlag aus. Nachdem Karl Kraus in der *Fackel* Wittels abgeurteilt hatte – zwar ohne den Namen zu nennen, aber für Eingeweihte doch verständlich –, nutzte dieser seinerseits die begrenzte Öffentlichkeit der Psychologischen Mittwoch-Gesellschaft, um Kraus zu desavouieren. In seinem Vortrag *Die Fackel-Neurose* wollte er »an einem allen wohlbekannten Fall zu zeigen versuchen«, »wie Kunst und Neurose zusammen« hängen (Protokolle II: 346). Karl Kraus' »neurotische Stellung zu einem bestimmten Blatt« (ebd.: 348) führte Wittels – originellerweise – auf das Ödipus-Motiv, auf den ungelösten Vaterkomplex zurück: Die *Neue Freie Presse* gehöre »zum Bestand der bürgerlichen Familie, sie ist gleichsam die Zeitung des Vaters. [. . .] die *Presse* ist das Organ des Vaters, das die ganze Welt korumpiert. Die *Fackel* ist nur ein kleines Organ, welches aber imstande ist, das große Organ zu vernichten« (ebd: 347).

In Kraus' ungelöstem Ödipuskomplex sah Wittels die Ursache eines sich stets wiederholenden Motivs: »daß er sich nämlich an jemand in heftiger Freundschaft anschließt, die später in die heftigste Feindschaft umschlägt« (ebd.: 349). Wie sehr Wittels hier pro domo sprach, *seinen* Fall einbrachte, wird an seiner *Wertung* der Entwicklung der *Fackel* deutlich. Der zweiten Periode der *Fackel*, die sich nach anfänglicher Konzentration auf Antikorruptionismus dem Kampf für Freiheit der Sexualität widmete – hier war er zu ihrem Ende hin selbst beteiligt! –, wird bescheinigt, Kunst zu sein, »von der Neurose ist fast gar nichts mehr übriggeblieben« (ebd.: 350), mehr noch: »In dieser Zeit hat er vieles, was Freud auf wissenschaftlichem Weg gefunden hatte, gewissermaßen selbst erlebt und in einer künstlerischen Form dargestellt« (ebd.) In der folgenden dritten

Periode, nach Wittels durch den Aphorismus – deren erstes Opfer er wurde! – charakterisiert, sah er »die Zeit künstlerischer Sterilität, die zur Neurose führt und mit einer Verarmung an Gedanken und Temperament einhergeht« (ebd.).

Freud äußerte sich in der anschließenden Diskussion vorsichtig und zurückhaltend, aber insgesamt doch zustimmend zu dem »Opfer« (ebd.: 354), das Wittels in diesem heiklen Fall auf sich genommen hatte. Opfer war ihm vor allem, daß Wittels sich an einem Lebenden versucht hatte: »Die Analyse soll ja tolerant machen, und eine solche Vivisektion würde mit Recht der Vorwurf der Inhumanität treffen. Das zweite Opfer sei, daß er soviel Eigenes und Persönliches überwinden mußte [. . .] (ebd.)«. Freud warnte Wittels, diese Analyse weiteren Kreisen, die für die wissenschaftliche Sicht kein Verständnis haben, bekannt zu machen. Trotz der Diskretion, mit der Wittels vorgegangen sei, habe er »das Peinliche der Sache nicht vollkommen überwunden« (ebd.). Die Abrechnung war ihm zu billig, die Gleichsetzung von Künstler und Neurotiker zu glatt: »[. . .] wir vergessen zu leicht, daß wir kein Recht haben, die Neurose dort in den Vordergrund zu stellen, wo es sich um eine bedeutende Leistung handelt« (ebd.: 355).

Aus dem gesamten Duktus von Freuds Stellungnahme klingt die Ambivalenz, mit der er der Angelegenheit gegenüberstand. Ihm war das Prekäre dieser Analyse wohl bewußt, verdammen aber mochte er sie nicht. Er versuchte vielmehr, den Vortrag genau wie jeden anderen in dieser Runde als ein rein wissenschaftlichen Zwecken dienendes Unternehmen zu betrachten. Aber eben dies war nicht der Fall, war angesichts der persönlichen Betroffenheit der Beteiligten nicht durchzuhalten.[20] Auch Freud war in diesem Fall Partei, und er nahm denn auch zu seinem persönlichen Verhältnis zu Kraus ausdrücklich Stellung. Anfangs hatte er gehofft, in Kraus einen Bündnispartner gefunden zu haben, was er später aber »als einen Urteilsirrtum« erkannt habe:

> »Kraus habe ein außerordentliches Talent in Verbindung mit einem wenig hoch entwickelten Charakter. Es fehlt ihm jede Spur von Selbstüberlegenheit, und er scheint seinen Trieben ohne jeden Halt preisgegeben [. . .] Persönlich unsympathisch sei ihm die intellektuelle Abhängigkeit von Peter Altenberg, der das Ästhetentum des Impotenten repräsentiere« (ebd.).

In der Ablehnung Altenbergs schlägt deutlich Freuds Verachtung der Décadence durch, die es ihm so schwer machte, sich mit der Moderne nach Ibsen anzufreunden. Sein Urteil über Kraus dürfte wohl kaum von der Kritik an den

---

20 Die *Fackel*-Neurose ist ein Beispiel für jene Unsitte, zu der Freud C. G. Jung gegenüber, kurz vor dem Bruch ihrer Beziehung folgendermaßen Stellung nahm: »Die Mißbräuche der ΨA, auf die Sie hindeuten, in der Polemik und zur Abwehr des Neuen, machen mich selbst seit längerer Zeit nachdenklich; ich weiß nicht, ob sie ganz zu verhüten sind, und kann vorläufig nur das Hausmittelchen dagegen empfehlen, daß sich jeder von uns mit der eigenen Neurose eifriger beschäftige als mit der des Nächsten« (F/J: 587).

Freudschülern unbeeinflußt sein, die Kraus knapp zwei Jahre zuvor parallel zum Hinauswurf Wittels' vorgetragen hatte.

Kraus selbst hatte sich seitdem in der *Fackel* nicht mehr zur Psychoanalyse geäußert. Lediglich in der 1909 publizierten Aphorismensammlung *Sprüche und Widersprüche* hatte er einige der zuvor in der *Fackel* veröffentlichten Aphorismen zur psychoanalytischen Bewegung aufgenommen. Das Gleichnis von den Zauberlehrlingen war verständlicherweise, da Freud nicht darauf eingegangen war, nicht darunter. Vergleicht man aber die Druckfahnen dieses Bandes mit der endgültigen Fassung, so zeigt es sich, daß Kraus zu einer gewissen Zurückhaltung entschlossen war. Ursprünglich wollte er die Mehrzahl der kritischen Aphorismen zur Psychoanalyse aus dem Steinbruch der *Fackel* brechen und sie der Aphorismensammlung eingliedern. In der für Kraus' Arbeitsweise außerordentlich wichtigen Phase der Korrektur und Überarbeitung (Wagenknecht 1974), die sich bei den Fahnenabzügen zu *Sprüche und Widersprüche* in auffälligem Maße auf die Seiten über Psychoanalyse konzentrierte, wurden sie aber bis auf einige wenige reduziert.

Kraus hatte jedoch von Wittels' Vortrag Wind bekommen[21], und von nun an gab er endgütlig jede Zurückhaltung auf.
Am 9. April 1910 erschienen in der *Fackel* Aphorismen zur Psychoanalyse, in denen er zum ersten Mal – allerdings in versteckter Form – Freud selbst angriff.[22] Eine erneute Kritik psychoanalytischer Künstlerdeutung richtete er gegen zwei Versuche von Isidor Sadger, dem Onkel von Fritz Wittels.[23] Freud gab in zwei Briefen an den ungarischen Analytiker Sandor Ferenczi (12. und 17. April 1910) an, »es sei nicht der Mühe wert, darauf zu antworten« (nach Jones II: 148). Kraus war für ihn seit einiger Zeit tabu.

Die Affäre Wittels fand ihre Fortsetzung und Höhepunkt in dem ebenfalls 1910 erschienenen Roman *Ezechiel der Zugereiste,* in dem Kraus auf ebenso simple wie unverhüllte Weise verspottet wurde. Er tritt dort als der von der

---

21 Dies geht aus einem Brief an Sidonie Nádherný vom 6. 1. 1923 hervor, in dem es heißt, »ein Symptomjäger, dem ich den Laufpaß gegeben, führt dort [in einer psychoanalytischen Zeitschrift] das große Wort, ein Kerl, der einmal meine Verabscheuung der Neuen Freien Presse auf meinen ›Vaterkomplex‹ zurückgeführt hat – öffentlich!« (Kraus 1974:I, 569).

22 Dort heißt es u. a.: »Kinder psychoanalytischer Eltern welken früh. Als Säugling muß es zugeben, daß es beim Stuhlgang Wollustempfinden habe. Später wird es gefragt, was ihm einfällt, wenn es auf dem Weg zur Schule der Defäkation eines Pferdes beigewohnt hat. Man kann von Glück sagen, wenn so eins noch das Alter erreicht, wo der Jüngling einen Traum beichten kann, in dem er seine Mutter geschändet hat« (F 300: 27). Dies kann sich nur auf die ein Jahr zuvor, 1909, von Freud veröffentlichte Krankengeschichte des »Kleinen Hans« (Stud VIII: 9 ff.) beziehen, in dessen Phobie ein Pferd die zentrale Rolle spielt. Seine Eltern waren »seit mehreren Jahren Anhänger von Freud« (Jones II: 307). Der Vater war Musikwissenschaftler, Mitglied der Mittwoch-Gesellschaft (Protokolle: XXXVI). Die Analyse des »Kleinen Hans« stellt »die erste therapeutische Anwendung der Psychoanalyse bei einem kleinen Kinde« (Jones II: 308) dar. Wenn auch diese Kritik an Freud nur den mit dem psychoanalytischen Schrifttum Vertrauten erkennbar ist, so macht sie deutlich, daß Kraus nun auch Freud in seiner Kritik an der Psychoanalyse nicht mehr ausnahm.

23 Kraus spielte in seiner Kritik (F 300: 27) auf Sadgers Vortrag über *Lenau und Sophie Löwenthal* vom 28. 11. 1906 (Protokolle I: 59 ff.) und über *Heinrich von Kleist* (Protokolle II: 198 ff.) an.

»Aphorismenwut« (Wittels 1910: 108) gepackte Herausgeber der Zeitschrift *Das Riesenmaul,* Benjamin Eckelhaft, auf, mit »fünf bis sechs regelmäßigen Lesern, die er durch seine übermäßigen Reklameanstrengungen zusammenbrachte« (ebd.); seine Anhänger sind von ihm ausgehaltene Claqueure. Der Roman trug dazu bei, daß es zwischen Wittels und Freud zu einer (vorläufigen) Trennung kam (Protokolle I: XXXIX). Kraus versuchte, gerichtlich ein Verbot des Romans durchzusetzen – ohne Erfolg. Wittels seinerseits hatte sogar Bahr und Schnitzler bemüht[24] und sich nach dem Prozeß in zwei in der Berliner *Schaubühne* (Wittels 1911 a und b) publizierten Aufsätzen zu rechtfertigen versucht. Kraus hatte geplant, in einem »Dokumentenwerk« (F 484: 140) die Hintergründe der gesamten Affäre Wittels, die in den »Gerichtsakten wie in den vor und nach der Entstehung an mich gerichteten Liebesbriefen seines [i. e. des Romans, M. W.] hochwertigen Schöpfers bezeichnet« (ebd.) seien, zu veröffentlichen und so »den furchtbaren Einklang der Zwitterseele mit allen Berufen und Instanzen unseres Lebens [...] darzustellen« (ebd.; vgl. auch F 311: 56). Aufgrund der Peinlichkeiten, in die ihn jede Abwehrreaktion in dieser höchst persönlichen Affäre bringen mußte, blieb dieser Plan jedoch unausgeführt.[25] Aus den im Karl-Kraus-Archiv bewahrten Briefen von Wittels ist aber zu vermuten, daß Eifersucht um eine von Wittels und Kraus geliebte Frau, eine Schauspielerin, die 1905 in der von Kraus geleiteten Wiener Aufführung der *Büchse der Pandora* aufgetreten war, Irma Karczewska, Ursache für Wittels' Streit mit Kraus war.[26] In dem Roman war sie als große Hetäre erschienen.

In den folgenden Jahren wurde die Psychoanalyse kontinuierlich Zielscheibe der Karl Krausschen Satire. Einen nicht autorisierten Nachdruck seiner Aphorismen über Psychoanalyse im September 1913, der unter der Ägide des gerade von Freud abgefallenen Wilhelm Stekel veranstaltet wurde, nahm er zum An-

---

24 Brief an Hermann Bahr vom 3. 11. 1910 (ThSA 25337 BaM). Schnitzler notiert am 2. 11. 1910 im Tagebuch: »Zu lesen begonnen Wittels, ›Ezechiel‹ – das mir der Autor gesandt, um ein Gutachten meinerseits zu provociren, ob es als Schlüsselroman oder als Kunstwerk zu gelten habe. (Karl Kraus als spiritus rector eines Prozesses gegen Wittels. –)« Am 3. 11. 1910 heißt es: »Wittels ›Ezechiel‹ ausgelesen; nicht uninteressant.« Mit Wittels hat Schnitzler in den folgenden Jahren eine rege Auseinandersetzung geführt und zahlreiche seiner Manuskripte und Bücher gelesen.

25 Die Gerichtsakten waren mir nicht zugänglich. Sofern sie nicht inzwischen vernichtet wurden, müssen sie sich im Stadtgericht von Groß-Berlin befinden. Vgl. jedoch die Berichterstattung in der Berliner Presse: *Nationalzeitung* vom 2. 11. und 15. 12., sowie ausführlich die *Vossische Zeitung* vom 2. 11. 1910.

26 Hinweis von Frau Sophie Schick, die das Kraus-Archiv betreut. Eifersucht auf eine Dame, nicht Haß auf Kraus sei der Grund für Wittels' Roman gewesen. Irma Hasenlow (wie die Karczewska 1910 hieß) sei – neben Ludwig Janikowski und dessen Kurator Rosner (Angestellter des Bahnministeriums) – von Kraus als Kläger vorgeschickt worden. Diese Darstellung wird indirekt durch die o. a. Zeitungsmeldungen bestätigt.

In einem (unveröffentlichten) Brief des Verlags *Die Fackel* vom 13. Oktober 1932 bezeichnete Kraus den Roman als einen »publizistischen Racheakt, der auf unerwiderte Liebesbriefe gefolgt war«. Der Brief (an Mieczlaw R. Frenkel) liegt im Karl-Kraus-Archiv der Wiener Stadtbibliothek.

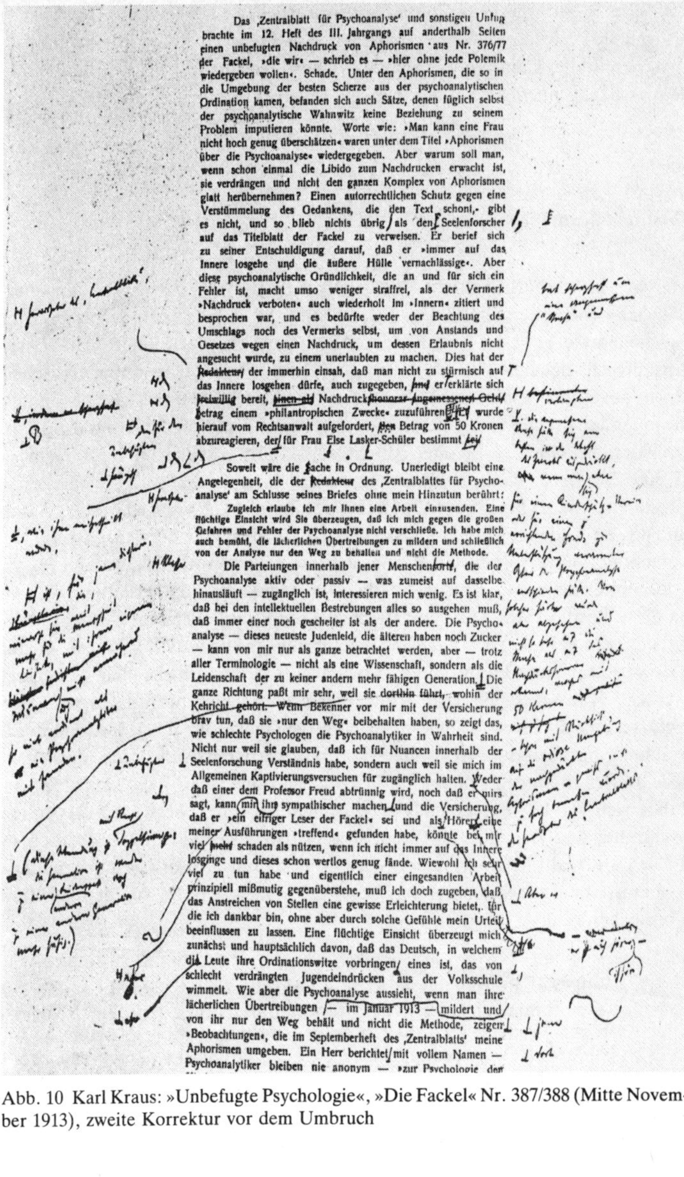

Das ‚Zentralblatt für Psychoanalyse' und sonstigen Unfug brachte im 12. Heft des III. Jahrgangs auf anderthalb Seiten einen unbefugten Nachdruck von Aphorismen aus Nr. 376/77 der Fackel, »die wir« — schrieb es — »hier ohne jede Polemik wiedergeben wollen«. Schade. Unter den Aphorismen, die so in die Umgebung der besten Scherze aus der psychoanalytischen Ordination kamen, befanden sich auch Sätze, denen füglich selbst der psychoanalytische Wahnwitz keine Beziehung zu seinem Problem imputieren könnte. Worte wie: »Man kann eine Frau nicht hoch genug überschätzen« waren unter dem Titel »Aphorismen über die Psychoanalyse« wiedergegeben. Aber warum soll man, wenn schon einmal die Libido zum Nachdrucken erwacht ist, sie verdrängen und nicht den ganzen Komplex von Aphorismen glatt herübernehmen? Einen autorrechtlichen Schutz gegen eine Verstümmelung des Gedankens, die den Text schont, gibt es nicht, und so blieb nichts übrig als den Seelenforscher auf das Titelblatt der Fackel zu verweisen. Er berief sich zu seiner Entschuldigung darauf, daß er »immer auf das Innere losgehe und die äußere Hülle vernachlässige«. Aber diese psychoanalytische Gründlichkeit, die an und für sich ein Fehler ist, macht umso weniger straffrei, als der Vermerk »Nachdruck verboten« auch wiederholt im »Innern« zitiert und besprochen war, und es bedürfte weder der Beachtung des Umschlags noch des Vermerks selbst, um von Anstands und Gesetzes wegen einen Nachdruck, um dessen Erlaubnis nicht angesucht wurde, zu einem unerlaubten zu machen. Dies hat der Redakteur der immerhin einsah, daß man nicht zu stürmisch auf das Innere losgehen dürfe, auch zugegeben, und er erklärte sich freiwillig bereit, einen als Nachdruckhonorar angemessenen Geld-betrag einem »philantropischen Zwecke« zuzuführen. Er wurde hierauf vom Rechtsanwalt aufgefordert, den Betrag von 50 Kronen abzureagieren, der für Frau Else Lasker-Schüler bestimmt sei.

Soweit wäre die Sache in Ordnung. Unerledigt bleibt eine Angelegenheit, die der Redakteur des ‚Zentralblattes für Psychoanalyse' am Schlusse seines Briefes ohne mein Hinzutun berührt:

Zugleich erlaube ich mir Ihnen eine Arbeit einzusenden. Eine flüchtige Einsicht wird Sie überzeugen, daß ich mich gegen die großen Gefahren und Fehler der Psychoanalyse nicht verschließe. Ich habe mich auch bemüht, die lächerlichen Übertreibungen zu mildern und schließlich von der Analyse nur den Weg zu behalten und nicht die Methode.

Die Parteiungen innerhalb jener Menschensorte, die der Psychoanalyse aktiv oder passiv — was zumeist auf dasselbe hinausläuft — zugänglich ist, interessieren mich wenig. Es ist klar, daß bei den intellektuellen Bestrebungen alles so ausgehen muß, daß immer einer noch gescheiter ist als der andere. Die Psychoanalyse — dieses neueste Judenleid, die älteren haben noch Zucker — kann von mir nur als ganze betrachtet werden, aber — trotz aller Terminologie — nicht als eine Wissenschaft, sondern als die Leidenschaft der zu keiner andern mehr fähigen Generation. Die ganze Richtung paßt mir sehr, weil sie dorthin führt, wohin der Kehricht gehört. Wenn Bekenner vor mir mit der Versicherung brav tun, daß sie »nur den Weg« beibehalten haben, so zeigt das, wie schlechte Psychologen die Psychoanalytiker in Wahrheit sind. Nicht nur weil sie glauben, daß ich für Nuancen innerhalb der Seelenforschung Verständnis habe, sondern auch weil sie mich im Allgemeinen Kaptivierungsversuchen für zugänglich halten. Weder daß einer dem Professor Freud abtrünnig wird, noch daß er mirs sagt, kann mir ihn sympathischer machen und die Versicherung, daß er »ein eifriger Leser der Fackel« sei und als Hörer eine meiner Ausführungen »treffend« gefunden habe, könnte bei mir viel mehr schaden als nützen, wenn ich nicht immer auf das Innere losginge und dieses schon wertlos genug fände. Wiewohl ich sehr viel zu tun habe und eigentlich einer eingesandten Arbeit prinzipiell mißmutig gegenüberstehe, muß ich doch zugeben, daß das Anstreichen von Stellen eine gewisse Erleichterung bietet, für die ich dankbar bin, ohne aber durch solche Gefühle mein Urteil beeinflussen zu lassen. Eine flüchtige Einsicht überzeugt mich zunächst und hauptsächlich davon, daß das Deutsch, in welchem die Leute ihre Ordinationswitze vorbringen, eines ist, das von schlecht verdrängten Jugendeindrücken aus der Volksschule wimmelt. Wie aber die Psychoanalyse aussieht, wenn man ihre lächerlichen Übertreibungen — im Januar 1913 — mildert und von ihr nur den Weg behält und nicht die Methode, zeigen »Beobachtungen«, die im Septemberheft des ‚Zentralblatts' meine Aphorismen umgeben. Ein Herr berichtet mit vollem Namen — Psychoanalytiker bleiben nie anonym — »zur Psychologie der

Abb. 10 Karl Kraus: »Unbefugte Psychologie«, »Die Fackel« Nr. 387/388 (Mitte November 1913), zweite Korrektur vor dem Umbruch

laß, seine Verachtung der Zauberlehrlinge in aller Schärfe zum Ausdruck zu bringen »[. . .] weder daß einer dem Professor Freud abtrünnig wird, noch daß er mirs mitteilt, kann ihn mir sympathischer machen« (F 387: 19), heißt es in dem Artikel *Unbefugte Psychologie.*

Geist und Sexus

Margarete Mitscherlich glaubt, daß der Vortrag *Die Fackel-Neurose* »nur oberflächlich« (Mitscherlich 1974: 31) der Grund für Kraus' Zerwürfnis mit der Psychoanalyse gewesen sein könne. Auch wenn ihr der Hintergrund dieser Affäre nicht bekannt war, so lassen sich doch – von der psychoanalytischen *Praxis* abgesehen – *sachliche* Differenzen zwischen Freud und Kraus benennen, die einer anhaltenden Koalition im Wege standen. Eine liegt in Kraus' Bild vom Künstler als Genie, – Kraus spricht sogar vom »Mysterium des Genies« (F 300: 27) –, vor dem die wissenschaftliche Analyse des Alltagsmenschen – Psychoanalytiker, Psychiater, Jurist, Literaturhistoriker – halt zu machen habe, und dessen Andenken durch indiskrete Analyse nicht zerstört werden dürfe. So berechtigt und verständlich dies angesichts damals von Medizinern und Psychiatern unternommener Versuche, »das Genie [zu] verpathologisieren«, war, so ist diese Position von Karl Kraus – nach Freud (und Nietzsche) – nicht mehr aufrechtzuerhalten. Daß auch die sublimsten geistigen Schöpfungen in der Triebstruktur ihres Produzenten verwurzelt sind, kann nicht mehr geleugnet werden. Wahrscheinlich hätte Kraus dies grundsätzlich nicht geleugnet, jede Erforschung der Hintergründe eines Kunstwerks war für ihn jedoch ein unerlaubter Eingriff in die Privatsphäre von zumeist bereits wehrlosen Menschen: »Sie greifen in unsern Traum, als ob's unsere Tasche wäre« (BWgen: 352). Er fühlte sich von der Psychoanalyse persönlich bedroht: Die Kunstanalyse, die »schlechte Analyse«, die »an Toten, an Schriftstellern und Künstlern« (Ricoeur 1974: 180), bedroht ihn in seiner Verehrungshaltung Autoritäten gegenüber.

Kraus lehnte die Sublimierungstheorie ab – so, wie er sie von den Schülern Freuds her kannte:

> »Der Wille der Psychoanalyse ist: die Urkraft von dem Punkt, wohin der Künstler gekommen ist, den Weg zurückzuführen bis zu dem Punkt, von wo er nach analytischem Dafürhalten ausgegangen sein muß: bis zum Abort. [. . .] Ist der Schwache dort angelangt, von wo der Starke hergekommen ist, so darf er sich selbständig machen. Er darf mit besseren Chancen weiter onanieren, seitdem er gehört hat, daß Goethes Zauberlehrling aus diesem Punkte zu kurieren sei. [. . .] der Außenstehende weiß nicht, was gemeiner ist: die Reduzierung des Kunstwerkes auf den physiologischen Rest oder die Reduzierung der Erotik auf das pathologische Maß. Denn die Wissenschaft-

ler wissen nur eines nicht: daß von allem, was das Geschlecht angeht, und selbst von der Onanie das si duo faciunt gilt. Und daß Kunst in jedem Falle non est idem« (BWgen: 348).

Zu Recht kritisierte Kraus, daß mit der Rückführung des Kunstwerkes auf *universelle* Komplexe ihre Besonderheit als Kunst, nicht Neurose, von den Psychoanalytikern nicht erklärt werden können. Freud war in seinen Kunstanalysen wesentlich vorsichtiger als seine Schüler. »Leider muß die Analyse vor dem Problem des Dichters die Waffen strecken« (Stud X: 271), bekannte er 1928 (in einem Nachtrag zu seiner Leonardo-Analyse), ohne daß dies noch von Kraus registriert worden wäre.

Dennoch wird von Kraus der Zusammenhang von Sexus und Kunst keineswegs geleugnet. Mitnichten! *Weib, Phantasie* heißt die erste Abteilung in der Aphorismensammlung *Sprüche und Widersprüche* (1909). Sie beginnt mit einem Gedanken, der in zahllosen Wendungen variiert das gesamte Aphorismenwerk von Karl Kraus durchzieht: »Des Weibes Sinnlichkeit ist der Urquell, an dem sich des Mannes Geistigkeit Erneuerung holt« (BWgen: 13). Etwas später heißt es: »Der Mann hat fünf Sinne, das Weib bloß einen«. Das ist stark Weiningerisch gedacht. Das Weib ist bloße Sinnlichkeit, zu intellektueller Leistung unfähig, die Intellektualität konzentriert sich beim Manne, dessen Kreativität aber der Sinnlichkeit des Weibes bedarf: »Der Mann gebiert, was das Weib erzeugte«. Kraus sieht – wie Freud – den Zusammenhang von Eros und Kunst, nur ist er eher ein früher Reichianer denn Freudianer. Kunst entsteht nicht aufgrund sublimierter, also gehemmter und umgeleiteter Sexualität, sondern sie entsteht an der Sexualität. Der (männliche) Geist bedarf ihrer, sie ist *Voraussetzung*, nicht Ersatz seines Schaffens. An Freuds – auch bei Analytikern umstrittener – Sublimierungstheorie hingegen haftet noch ein Stück jener puritanischen Erziehung, die ihn als Bürger des viktorianischen 19. Jahrhunderts geprägt hat. Diese Differenzen reichen jedoch keineswegs hin, um den zwischen Kraus und Freud entstandenen Bruch zu erklären. Mit Strindberg und Weininger stimmte Kraus ebenfalls in wichtigen Punkten nicht überein, ohne sich deshalb in brüsker Form von diesem zu distanzieren.

Die Denkweise von Karl Kraus war Freud näher, als er sich einzugestehen später noch bereit war. Schon seine Suche nach Druckfehlern, falsch gesetzten Kommas, ungenauen Zitaten war nicht so sehr in einem Sprachpuritanismus als in der satirischen Enthüllung ungewollter Bekenntnisse, Freudscher Fehlleistungen avant la lettre begründet. Hinter der auf den ersten Blick geradezu manisch wirkenden Jagd nach eben nur scheinbar zufälligen Schlampigkeiten in der feuilletonistischen Sprache der Wiener Presse stand sein Glaube an die mystische Einheit von Wort und Sinn, Wort und Wesen und daher an die unbewußte Enthüllung geistiger und sittlicher Mißstände durch korrumpierten Sprachgebrauch.

In der schwarzen Revue *Die letzten Tage der Menschheit*, die etwa zur Hälfte aus dialogisierten und dramatisierten Zeitdokumenten besteht, wird die Doppelbödigkeit der Sprache zum Mittel der Satire. Redewendungen wie »einrükkend machen« oder »Auffüllen« der Lücken enthüllen plötzlich ihren Sinn. Karl Kraus, der wie ein Materialkünstler Vorgefundenes montierte und darin den Stil der Zeit fand, verstand sein Werk als Muschel, in der die Musik der Zeit tönt. Wenn es etwa von einem schlemmenden Generalstäbler aus den Hungerjahren des Weltkrieges heißt, er sei ein »eingefleischter Patriot«, so enthüllt dies schlaglichtartig etwas von dem, was politische Analyse kaum ähnlich pointiert und einleuchtend vermitteln kann. Im Grunde steht hinter diesem Mittel der Satire Freuds Modell offenen und verborgenen Wortsinns (innerhalb derselben sprachlichen Einheit), auch wenn Kraus dies sicherlich anders begründet hätte. Eine sprachliche Verschleifung, wie das Wort vom »chlorreichen Sieg« hätte auch in Freuds *Psychopathologie des Alltagslebens* erscheinen können, wäre der Bruch zwischen ihm und Karl Kraus nicht so frühzeitig eingetreten.

Am 16. Oktober 1908 ging Freud auf die Differenzen zwischen ihm und Kraus ein. Im Anschluß an einen Vortrag über Fritz Wittels' Buch *Die sexuelle Not*, das zu großen Teilen aus in der *Fackel* Veröffentlichtem zusammengesetzt ist, deutete er zwei Quellen der in diesem Buch gemachten Reformvorschläge an:

> »Die eine, die der *Fackel*, gehe ein Stück weit mit uns, indem sie auch behaupte, die Unterdrückung der Sexualität sei schuld an den Schäden. Wir aber setzen hier fort, indem wir sagen: Durch die Kur befreien wir die Sexualität, aber nicht damit sich nun der Mensch von ihr beherrschen lasse, sondern wir ermöglichen eine Unterdrückung, Verwerfung der Triebe von einer höheren Instanz aus. *Die Fackel* trete für das Ausleben ein. Wir unterscheiden zwischen einem pathologischen Prozeß der Verdrängung und einem normal zu heißenden. Die pathologische suchen wir zu ersetzen durch Verwerfung. So aber können wir es auch nur in der Gesellschaft versuchen, und auch sie muß ihre Unterdrückungen aufheben, um sie dann neuerlich zu verwerfen. – Am unsympathischsten sei ihm daher das Motto des Buches gewesen« (Protokolle II: 81).

Vielleicht war Freud mit dieser Kritik nicht so weit von Kraus entfernt, wie er glaubte. In den Aphorismen, mit denen Kraus zwei Wochen zuvor seinen Bruch mit Wittels besiegelte, heißt es:

> »Wer auf das Titelblatt eines Buches als Motto setzt: ›Die Menschen müssen ihre Sexualität ausleben, sonst verkrüppeln sie‹, ist ein grader Michel, dem es um die Aufklärung ernst ist und dem über den Sexus auf der weiten Welt nichts geht als höchstens der Succes« (F 266: 20).

Fritz Wittels, der Diener zweier Herren, dürfte eher das gegenseitige Verständnis von Kraus und Freud gehindert denn gefördert haben.

Am 2. Dezember 1927 schrieb Sigmund Freud verärgert an Arnold Zweig, der in seinem Buch *Caliban oder Politik und Leidenschaft* Freud gehuldigt und zugleich vor Karl Kraus eine Verbeugung gemacht hatte, daß jener »auf der

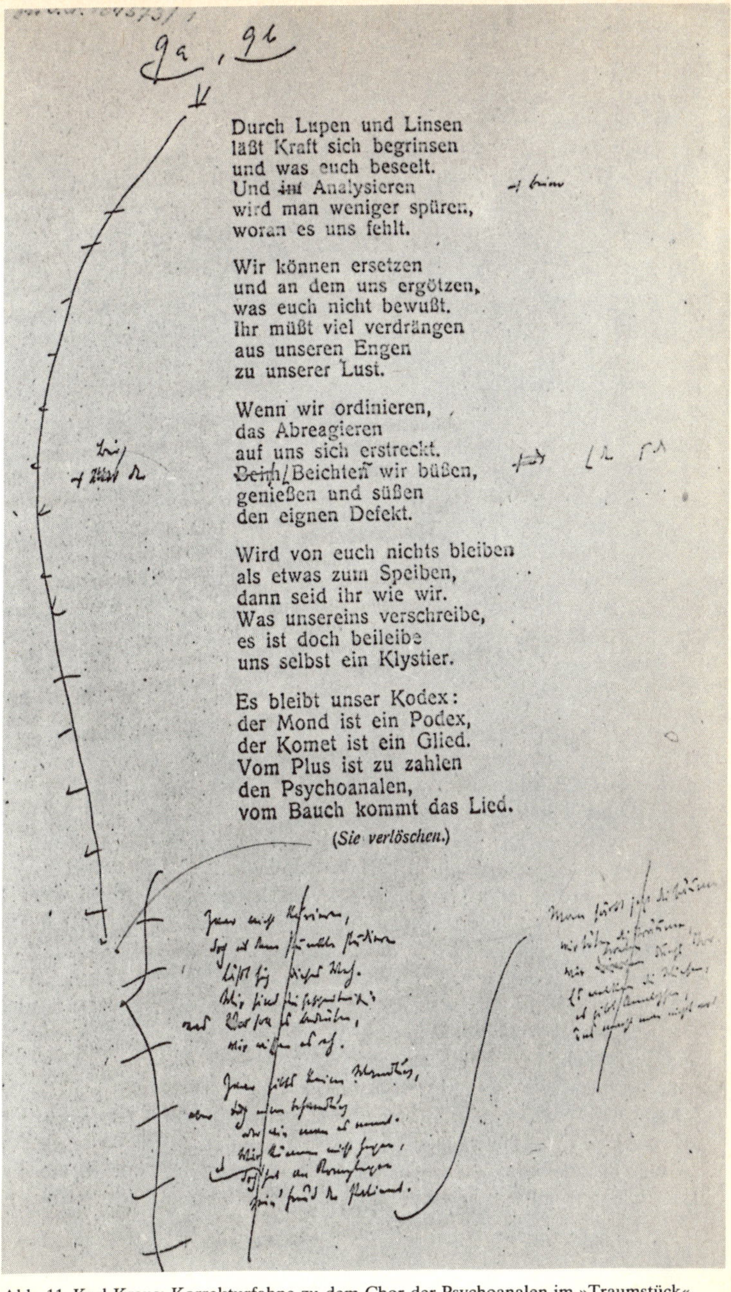

Durch Lupen und Linsen
läßt Kraft sich begrinsen
und was euch beseelt.
Und im Analysieren
wird man weniger spüren,
woran es uns fehlt.

Wir können ersetzen
und an dem uns ergötzen,
was euch nicht bewußt.
Ihr müßt viel verdrängen
aus unseren Engen
zu unserer Lust.

Wenn wir ordinieren,
das Abreagieren
auf uns sich erstreckt.
Beichten wir büßen,
genießen und süßen
den eignen Defekt.

Wird von euch nichts bleiben
als etwas zum Speiben,
dann seid ihr wie wir.
Was unsereins verschreibe,
es ist doch beileibe
uns selbst ein Klystier.

Es bleibt unser Kodex:
der Mond ist ein Podex,
der Komet ist ein Glied.
Vom Plus ist zu zahlen
den Psychoanalen,
vom Bauch kommt das Lied.

(Sie verlöschen.)

Abb. 11 Karl Kraus: Korrekturfahne zu dem Chor der Psychoanalen im »Traumstück« (1923)

Skala meiner Hochachtung eine unterste Stelle einnimmt« (Freud/Zweig 1968: 11). Kraus hatte inzwischen in seiner Werfel-Persiflage, der Magischen Operette *Literatur oder man wird doch da sehn* (1921), die literarische Verwertung der Psychoanalyse (in Werfels *Der Schweiger*) aufs Korn genommen; im ein Jahr später entstandenen *Traumstück* war der Chor der *Psychoanalen* – die Schüler Freuds, die Traum und Kunst analytisch zerstören – aufgetreten:

> Man färbt jetzt die Bäume,
> wir töten die Träume,
> wir treten durchs Tor.
> Es welken die Wiesen,
> es gibt Analysen,
> uns macht man nichts vor.
> [. . .]
> Man glaubt, daß Gedichte
> der Genius verrichte,
> das ist blauer Dunst.
> Privat onanieren
> und für die Welt sublimieren
> no ist das eine Kunst?
> Die dichterischen Nöte,
> ich bitt Sie der Goethe,
> Sie ahnen es nicht!
> Was da schlecht verdrängt ist,
> aber gut eingezwängt ist –
> und das nennt man Gedicht.
> (Dramen: 87 f.)

Überblickt man die hier skizzierten Positionen Freuds und Kraus', so muß man zu dem Schluß kommen, daß diese Entfremdung nicht notwendig in ihnen angelegt war. Im Kampf gegen die viktorianische Entstellung der Sexualität hatten sie ein gemeinsames Ziel. Die zentrale Rolle der Sexualität in ihrem Denken zeigt sie – neben Weininger, Schnitzler, Altenberg, Klimt, Wedekind, Strindberg . . . – als typische Vertreter der Jahrhundertwende.

Kraus wurde erst mit dreißig Jahren zum Künstler. An diesem Wendepunkt seiner Entwicklung mußte er wie ein Erwachsenwerdender seine Vorbilder wegstoßen und damit auch die Psychoanalyse. 1911 machte er tabula rasa: Er kann nur noch allein weiter kommen. Die *Fackel* ist von jetzt an ganz sein Werk. »Man sagt mir oft, daß manches, was ich gefunden habe, ohne es zu suchen, wahr sein müsse, weil es auch F. gesucht und gefunden habe«, schreibt Kraus 1912 – und fährt fort: »Solche Wahrheit wäre wohl ein trostloses Wertmaß. Denn nur dem, der sucht, ist das Ziel wichtig« (F 360: 7).

Kraus wie Freud forderten unbedingte Anerkennung oder Ablehnung heraus. Von Karl Kraus sagte Walter Benjamin: »Nichts trostloser als seine Adepten, nichts gottverlassener als seine Gegner« (nach Hartl 1977: 145). Von Freud haben sich nicht zufällig die begabtesten seiner Schüler, C. G. Jung und Alfred

Adler, getrennt. Freud wie Kraus duldeten keine Götter neben sich. Eine Koalition war da, trotz gemeinsamer Zielsetzungen, auf die Dauer unmöglich. In seinem ersten Brief an Karl Kraus bezeichnete sich Freud als einen »Leser, der nicht zu oft Ihr Anhänger sein kann«. Krausianer zu werden, war nicht Freuds Absicht, das Umgekehrte – Kraus als Freudianer – undenkbar (auch ohne Fritz Wittels). Einen Mittelweg gab es nicht.

3. Arthur Schnitzler – Sigmund Freud: Doppelgänger?

»Wir gleichzeitig Lebenden sind für einander von einer geheimnisvollen Bedeutung.«
Hugo von Hofmannsthal
(B II: 70)

Freuds Geständnis

Als Sigmund Freud seinem »Collegen« Arthur Schnitzler am 14. Mai 1922 in einem langen Brief zu dessen 60. Geburtstag gratulierte und sich damit in die »unübersehbare Schar von Zeitgenossen, die am 15ten Mai Ihrer gedenken wird«, einreihte, fühlte er sich bemüßigt, ihm ein »Geständnis« abzulegen:

> »Ich habe mich mit der Frage gequält, warum ich eigentlich in all diesen Jahren nie den Versuch gemacht habe, Ihren Verkehr aufzusuchen und ein Gespräch mit Ihnen zu führen (wobei natürlich nicht in Betracht gezogen wird, ob Sie selbst eine solche Annäherung von mir gerne gesehen hätten).
>
> Die Antwort auf die Frage enthält das mir zu intim erscheinende Geständnis. Ich meine, ich habe Sie gemieden aus einer Art von *Doppelgängerscheu*[1]. Nicht etwa, daß ich so leicht geneigt wäre, mich mit einem anderen zu identifizieren oder daß ich mich über die Differenz der Begabung hinwegsetzen wollte, die mich von Ihnen trennt, sondern ich habe immer wieder, wenn ich mich in Ihre schönen Schöpfungen vertiefe, hinter deren poetischen Schein die nämlichen Voraussetzungen, Interessen und Ergebnisse zu finden geglaubt, die mir als die eigenen bekannt waren. Ihr Determinismus wie Ihre Skepsis – was die Leute Pessimismus heißen –, Ihr Ergriffensein von den Wahrheiten des Unbewußten, von der Triebnatur des Menschen, Ihre Zersetzung der kulturell-konventionellen Sicherheiten, das Haften Ihrer Gedanken an der Polarität von Lieben und Sterben, das alles berührte mich mit einer unheimlichen Vertrautheit.
>
> [. . .] So habe ich den Eindruck gewonnen, daß Sie durch Intuition – eigentlich aber in Folge feiner Selbstwahrnehmung – alles das wissen, was ich in mühseliger Weise an anderen Menschen aufgedeckt habe« (Freud 1955: 97).

Schnitzler, der der »feiernden Mitwelt« durch eine Reise nach Holland entgangen war, vermerkte am Tage der Wiederkehr nach Wien in seinem Tagebuch unter dem 19. Mai: »Las die Briefe; manche schöne (Freud) [. . .]«. Neben Freuds Brief fand keiner Eingang in des Dichters Tagebuch.

1 Hervorhebung d. Verf.

Der Brief ist um den Begriff »Doppelgängerscheu« zentriert, in dessen Zusammenhang er im weiteren Verlauf des Briefes eine »unheimliche Vertrautheit« assoziiert. Das Motiv des Doppelgängers war Schnitzler und Freud aus der Romantik bekannt. Schnitzler zählt in seiner Autobiographie *Jugend in Wien* E. T. A. Hoffmann, in dessen Erzählungen das Motiv des Doppelgängers in all seinen Facetten sich spiegelt, zu den Lieblingsschriftstellern seiner Jugend.[2] Freud selbst analysiert in der drei Jahre zuvor erschienen Schrift *Das Unheimliche* zwei Motive aus den Dichtungen E. T. A. Hoffmanns, dem »Meister des Unheimlichen« (Stud IV: 257), darunter das des Doppelgängers. Dem Doppelgänger mißt Freud in seiner Schrift u. a. eine seinem Gegenpart gleichsam kompensatorisch gegenüberstehende Bedeutung bei: Er verkörpert »alle unterbliebenen Möglichkeiten der Geschicksgestaltung, an denen die Phantasie noch festhalten will, und alle Ich-Strebungen, die sich infolge äußerer Ungunst nicht durchsetzen konnten, sowie alle die unterdrückten Willensentscheidungen, die die Illusion des freien Willens ergeben haben« (ebd.: 259). Der Charakter des Unheimlichen liege nun darin, »daß der Doppelgänger eine den überwundenen seelischen Urzeiten angehörige Bildung ist, die damals allerdings einen freundlicheren Sinn hatte« (ebd.).

Denn für Freud ist das Unheimliche »jene Art des Schreckhaften, welche auf das Altbekannte, Längstvertraute zurückgeht« (ebd.: 244). Das Unheimliche des Erlebens (im Gegensatz zu dem der Dichtung) ließe »jedesmal die Zurückführung auf altvertrautes Verdrängtes zu«: Es ist »das Heimliche-Heimische, das eine Verdrängung erfahren hat und aus ihr wiedergekehrt ist« (ebd.: 268 f.).

Versucht man Freud freudianisch zu verstehen, so kann dies doch nur folgendes bedeuten: Freud sieht in Schnitzler Anlagen der eigenen Person verwirklicht, die er nicht zur Entfaltung bringen konnte, da seine Lebensumstände ihm dies nicht erlaubten. Die begreifliche Scheu, die ihn bis ins hohe Alter davon abgehalten hatte, sein alter ego zu treffen, liegt in jenem Moment des déjà vu begründet. Schnitzler repräsentiert der Verdrängung anheimgefallene Ich-Strebungen, die ihm nur zu vertraut vorkommen. Hieran wird er nur ungern erinnert, denn dies stellt ja seine persönliche Entwicklung in Frage: Unbequeme, längst verdrängte Entscheidungen werden wieder zur Diskussion gestellt.

So liegt die Frage nahe, welche in des Psychoanalytikers Ich »schlummernden Strebungen« durch den Dichter des Wiener Fin de siècle möglicherweise verkörpert werden. Läßt sich das Doppelgängermotiv aus der Biographie beider erhellen? Läßt sich anhand ihres Lebensganges nachweisen, daß er in verschiedenen, alternativ zu verstehenden Bahnen verläuft, so daß der eine des anderen verborgene Möglichkeiten darstellen kann? Die »nämlichen Voraus-

---

2 So ist Schnitzlers im Nachlaß noch aufbewahrtes Jugenddrama *Aegidus* (1878-80 – die Geschichte eines Mönches, der das Kloster verläßt, um sich irdischen Genüssen hinzugeben – offensichtlich eine sensualistisch-impressionistische Paraphrase der *Elixiere des Teufels*.

setzungen und Interessen«, die Freud in ihrer beider Werk zu finden glaubt, sollen also ganz wörtlich genommen und im folgenden vom Standpunkt der Biographie aus geklärt werden.[3]

Judentum

Die Familien Freud und Schnitzler ließen sich in der zweiten Hälfte des vorigen Jahrhunderts aus der Provinz kommend in Wien nieder, um sich dort eine neue Existenz aufzubauen. Schnitzlers Vater Johann (1835-1893) war der Sohn eines Tischlers in Groß-Kanizsa, einer ungarischen Mittelstadt, wo er 1860 promovierte. Er arbeitete dort als Universitätsprofessor und leitete von 1880 bis 1893 die allgemeine Wiener Poliklinik. Johann Schnitzler, dessen Frau Louise aus einer alten, wohlhabenden Familie stammte (ihr Vater, Dr. med. et phil. [!] Philipp Markbreiter, verspielte allerdings seinen ganzen Besitz), gehörte zu den zahlreichen Juden, die in der Zeit des wirtschaftlichen Aufstiegs gerade aus den wirtschaftlich und sozial zurückgebliebenen Gebieten wie Galizien oder Ungarn nach Wien kamen und dort von der raschen wirtschaftlichen Entwicklung nach oben getragen wurden und eine gesellschaftlich bedeutende Stellung einnahmen: Im Handel und Bankwesen und besonders in Kunst und Wissenschaft waren sie an ihrer zahlenmäßigen Bedeutung (6-10 Prozent der Gesamtbevölkerung) gemessen überrepräsentiert: Um 1890 waren 61 Prozent der Inskribierten der medizinischen Fakultät und 43 Prozent der Promovierten jüdischer Herkunft.[4]

Die jüdische Tradition wurde im Hause des Professors Schnitzler wenig gepflegt.[5] Sein Sohn Arthur vermerkt in seiner Autobiographie, daß »– bei allem, oft trotzigen Betonen der Stammeszugehörigkeit – gegenüber dem Geist jüdischer Religion eher Gleichgültigkeit, ihren äußeren Formen gegenüber Widerstand, wenn nicht gar spöttisches Verhalten zutage trat« (J: 16 f.). Schnitzlers eigene Haltung zum Judentum erhellt folgende Passage seiner Autobiographie:

> »Alles Dogmatische, von welcher Kanzel es auch gepredigt und in welchen Schulen es gelehrt wurde, war mir durchaus widerwärtig [. . .]. Und ich hatte zum sogenannten Glauben meiner Väter – zu dem, was in diesem Glauben eben wirklich *Glaube* war – nicht Erinnerung, Tradition und Atmosphäre – so wenig innere Beziehung als zu einem anderen« (J: 84).

3 Für eine Diskussion der Doppelgängerthese, die mehr an Schnitzlers Werk orientiert ist, vgl. Politzer (1968). Eine psychoanalytische Interpretation gibt Kanzer (1976).

4 Nach H. Tietze: *Die Juden Wiens*. Wien 1933: 203; nach Aspetsberger 1970: 416. Da den Juden in dieser Zeit der Zugang zu den öffentlichen Ämtern verwehrt war, lag die akademische Laufbahn als Berufsperspektive nahe.

5 Eine kurze Darstellung von Schnitzlers Verhältnis zum Judentum gibt Eckert (1973). Vgl. auch Kohn (1962).

Mit dem Problem, einer diskriminierten rassischen Minderheit anzugehören, wurde Schnitzler erstmals während seiner Universitätszeit konfrontiert. Da sich der Antisemitismus besonders in Studentenkreisen immer rascher ausbreitete, wurde ihm diese Erfahrung aus unmittelbarer Nähe aufgezwungen: Die rassistische Ideologie zeigte sich in dem Waidhofener Beschluß von 1896, der in dem Satz »Dem Juden auf keine Waffe mehr Genugtuung geben, da er deren unwürdig ist!« (nach Urbach 1974: 192) kulminierte.

Schnitzler erinnert sich in seiner Autobiographie, daß der Nährboden, aus dem dieser Beschluß hervorging, schon während seiner Studienzeit im Anfang der achtziger Jahre zu bemerken war (J: 139). Mit dem Problem des Antisemitismus hat er sich in seinem Werk immer wieder auseinandergesetzt, insbesondere in seinem großen Roman *Der Weg ins Freie,* in dem der Judenfrage lange Diskussionen gewidmet sind, und in dem parallel entstandenen Drama *Professor Bernhardi*, auf dessen Beziehung zu seiner Studienzeit Schnitzler selbst hingewiesen hat (J: 140).

Den Weg Theodor Herzls vom Dichter und Dandy zum Kämpfer für die Rechte der Juden verfolgte Schnitzler anfangs mit einer Mischung von Neid und Bewunderung.[6] 1894 bat Herzl ihn, sein Theaterstück, *Das neue Ghetto*, am Burgtheater unterzubringen. Schnitzler, dessen Drama *Märchen* gerade am Deutschen Volkstheater einigen Skandal verursacht hatte, Herzl aber außerordentlich gefiel und den Anstoß zu ihrer Beziehung gab, entsprach Herzls Wunsch, versuchte aber, ihm in einer eingehenden Kritik eine gewisse Phrasenhaftigkeit auszureden.[7] Das epochemachende Werk *Der Judenstaat*, an dem Herzl schon arbeitete, als deutlich wurde, daß Schnitzlers Bemühungen gescheitert waren, ging ihm allerdings zu weit. Der Errichtung eines Judenstaates in Erez Israel stand er – ebenso wie Freud[8] – ablehnend gegenüber. »Als moralisches Prinzip und als Wohlfahrtsaktion wolle er den Zionismus gelten lassen«, heißt es vom Schriftsteller Heinrich Bermann in dem Roman *Der Weg ins Freie*, aber »die Idee der Errichtung eines Judenstaates auf religiöser und nationaler Grundlage erscheine ihm wie eine unsinnige Auflehnung gegen den Geist aller geschichtlichen Entwicklung« (ES: I, 789).

Auch Sigmund Freud blieb die Erfahrung des Antisemitismus nicht erspart. Die Wege seines Vaters Jakob Freud (1815 bis 1896) aus Tysmenitz, einer in Galizien befindlichen Ortschaft, führten ebenso nach Wien wie die Johann Schnitzlers. Aufgrund des Niedergangs der Weberindustrie, bei der er als Wollhändler in Freiberg (Mähren) beschäftigt war, verließ er mit seiner Familie im Jahre 1860 die Stadt: In Wien führten sie im Gegensatz zu der Familie Schnitz-

---

6 Vgl. Schnitzlers Brief an Herzl vom 5. 8. 1892, in: Jüdischer Almanach, Wien 1910, S. 102 f. Ein Teil des Briefwechsels Schnitzler – Herzl findet sich in O. Schnitzler (1962). Zu Herzl vgl. die Darstellung bei Schorske (1980): Politics in a new key: An Austrian Triptych.

7 Vgl. Schnitzlers Brief vom 17. 11. 1894, in O. Schnitzler (1962).

8 Über Freuds Beziehung zu Herzl und dem Zionismus siehe Falk (1977) und Klingsberg (1973).

ler ein relativ bescheidenes und beengtes Dasein. Der Vater, der noch den Talmud im Original las, war seiner Erscheinung nach eine authentische jüdische Gestalt. Dennoch wurde in seiner Familie der Haushalt nicht mehr in streng orthodoxer Form geführt. In der liberalen Großstadt konnte auch er sich dem Sog der Assimilation nicht entziehen. Ähnlich wie Schnitzler lehnte Freud, der bei seiner Geburt den hebräischen Namen Shlomo erhalten hatte, den jüdischen Glauben und seine Rituale ab. Um dem Zeremoniell einer jüdischen Hochzeit zu entgehen, spielte er eine Zeitlang sogar mit dem Gedanken der Konversion. Den hebräischen Lesern von *Totem und Tabu* offenbarte er, »der väterlichen Religion – wie jeder anderen – völlig entfremdet« (Stud IX: 293) zu sein. Dennoch hat er sein Judentum nie verleugnet. »Meine Eltern waren Juden, auch ich bin Jude geblieben« (GW XIV: 34), bemerkt er lakonisch zu Beginn seiner Autobiographie. An der emotionalen Bedeutung des Judentums für seine innere Identität hat er, etwa Schnitzler gegenüber (1955: 100), keinen Zweifel gelassen. Mit dem Judentum verbänden ihn, schrieb er 1926 an die jüdische Loge B'nai B'rith, »viele dunkle Gefühlsmächte, [. . .] ebenso [. . .] die Heimlichkeit der gleichen seelischen Konstruktion« (Briefe: 381). Ernst Simon (1957: 291 ff.) hat auf die Verwandtschaft der psychoanalytischen Technik der freien Assoziation mit der Denkweise des Talmud aufmerksam gemacht. Wie bei der Talmud-Folie ein knappes Stück Text links und rechts von ausufernden Kommentaren umgeben ist, so wird der Traumrest, der manifeste Traum, in seiner Länge durch die Assoziationen, die er produziert, um ein vielfaches multipliziert. Der Gedankenstrom des Talmud ist assoziativ, er ist, wie die analytische Technik, eine mündliche Aufgabe. Beide enthüllen manche Geheimnisse, beide sind aber auch von exzessiver Phantasie gekennzeichnet. Die erste Generation von Analytikern habe, so Simon, die Technik der Talmudstudien auf andere Gebiete übertragen. Es ist hier an die »wilde« Analyse der ersten Schüler Freuds zu erinnern, die gerade bei Schnitzler auf skeptische Ablehnung stieß. Trotz mancher inneren Verwandtschaft verspürte Schnitzler, dessen Ablösung vom Judentum sicherlich weiter ging als bei Freud, »doch immer wieder Monomanisches in seiner [i. e. Freuds, M. W.] Betrachtungsweise« (Tb: 16. 8. 1922). Hierauf wird zurückzukommen sein. Simon weist auch auf die freimütige Einstellung zur Sexualität hin, die bei Freud wie im Talmud mit einer antiliberalen, strikten Sexualethik kombiniert ist. In Freuds paradoxer Synthese von Pessimismus in kurzer und Optimismus in langer Sicht erkennt Simon die geheime Formel der jüdischen Verheißung wieder. Auch wenn es falsch wäre, Freud als Scholastiker und Talmudisten zu bezeichnen, so sind doch die Parallelen zum traditionellen jüdischen Denken offensichtlich. Schon Kafka schrieb über die Psychoanalyse: »Das Judentum bringt seit jeher seine Leiden und Freuden fast gleichzeitig mit dem zugehörigen Raschi-Kommentar hervor, so auch hier«[9].

9 Nach Robert (1975: 11 f.). Marthe Robert, die dem jüdischen Element in der Entstehung der Psychoanalyse nachgespürt und in einer eingehenden Untersuchung dargelegt hat, daß der Kon-

Die »talmudische Denkweise kann ja nicht plötzlich aus uns verschwunden sein« (nach Robert 1975: 9), schrieb Karl Abraham 1908 an Freud vor dem Hintergrund der Auseinandersetzung mit C. G. Jung, um auf seine natürliche Zusammengehörigkeit mit Freud hinzuweisen. Freud ließ es bei dieser Anspielung bewenden. Er hat sich niemals positiv, qualifizierend über Gemeinsamkeiten von Psychoanalyse und Judentum geäußert. Für ihn beschränkten sie sich auf die eisernen Bande, die sich aus der Zugehörigkeit zu einer rassischen Minderheit, der in der auseinanderbrechenden k. u. k. Monarchie zunehmend eine Sündenbockfunktion[10] zukam, ergaben. Er berichtet von einigen »fühlbaren Enttäuschungen« (GW XIV: 34) bei Beginn seiner Universitätsstudien im Jahre 1873, als ihm bald der Antisemitismus der Studentenschaft ins Gesicht schlug. Die Erfahrung, als »minderwertig und nicht volkszugehörig« betrachtet zu werden, sah er später als Vorbereitung auf eine Rolle, die er fast bis an sein Lebensende zu spielen hatte, die des Außenseiters. Genauso wie sich die »Widerstände gegen die Psychoanalyse« zu einem beträchtlichen Teil aus der Quelle des Antisemitismus speisten, so ist es, wie Freud in dem so betitelten Aufsatz schrieb, »vielleicht auch kein bloßer Zufall, daß der erste Vertreter der Psychoanalyse ein Jude war. Um sich zu ihr zu bekennen, brauchte es ein ziemliches Maß von Bereitwilligkeit, das Schicksal der Vereinsamung in Opposition auf sich zu nehmen, ein Schicksal, das dem Juden vertrauter ist als einem anderen« (GW XIV: 110). Schon in den achtziger Jahren hatte er seiner Braut bekannt, er habe all die Leidenschaft seiner Ahnen, wenn sie ihren Tempel verteidigten, geerbt und könne daher sein Leben für eine große Sache hingeben.

Freud wie Schnitzler hielten – im Gegensatz etwa zu Karl Kraus – trotz des Verlustes ihres Glaubens am Judentum fest. Beide gehörten zu jenem Judentum des Wiener Fin de siècle, das auf die Krise der liberalen Kultur besonders empfindlich reagierte und in der in Verfall und Auflösung begriffenen, durch Tradition nur noch mühsam zusammengehalten k. u. k. Monarchie wie ein geistiges Ferment wirkte.

Die Krise des Liberalismus in Österreich

Schnitzler und Freud sind von einer »gesunden« Wissenschaft oft als typische Vertreter einer Wiener Verfallskultur bezeichnet worden: Damit sollte die Aussagekraft ihrer Werke relativiert und auf das dekadente Kakanien, mit dem man nun ja nichts mehr gemein habe, beschränkt werden. Stellvertretend für viele soll hier das Urteil des Germanisten Josef Körner stehen:

---

flikt zweier Kulturen die gesamte innere Biographie Freuds durchzieht, bemerkt dazu: »Das Werk von Freud ist [. . .] in gewisser Weise der neueste Kommentar zum Talmud« (11).

10 H. Bahr nannte den Antisemitismus den »Morphinismus der kleinen Leute« (nach Marbach: 202).

Abb. 12 Carl Schuster: Der Ringstraßencorso um 1895

»Das übertriebene oder ausschließliche Interesse an erotischen und sexuellen Fragen war schon immer und überall das Kennzeichen politisch toter oder gebundener Zeiten gewesen. [. . .] Hier wären die kulturhistorischen Voraussetzungen für die erstaunliche Tatsache zu suchen, daß die letzte Dekade des vorigen Jahrhunderts in Wien neben Schnitzlers Sexualpoesie *Weiningers* Sexualphilosophie und Sigmund *Freuds* Sexualbiologie erstehen ließ; nicht zufällig sind diese Männer sämtlich jüdischer Herkunft« (Körner 1921: 14).

Auch Schnitzler ist als der Repräsentant Wiens zur Zeit der k. u. k. Monarchie dargestellt worden: Egon Friedell bezeichnet ihn als Darsteller der »Topographie der Wiener Seelenverfassung um 1900«[11], und Hofmannsthal schrieb:

»[. . .] die eigentliche Welt seiner Stücke ist die Welt eines bestimmten gebildeten, oder um es richtiger zu sagen intellektuellen Bürgertums: [. . .] es handelt sich um eine ganz bestimmte soziale und mentale Nuance zugleich –, die sehr charakteristisch bleiben wird für die Zeit zwischen 1890 und dem großen Krieg, und die man vielleicht später einmal kurzweg die Schnitzlersche Welt nennen wird, wie man eine gewisse Gesellschaft der Louis-Philippe-Zeit, die nie genau so in der Realität existiert hat, die Balzacsche Welt nennen muß« (A: 273).

Schnitzler hat solche Urteile nicht immer gern gehört, denn er wollte die Gültigkeit seines Werkes nicht beschränkt wissen. Nach dem Ersten Weltkrieg, als er vielfach als Dichter einer »versunkenen Welt« abgetan wurde und der Erfolg der Vorkriegsjahre sich nicht mehr so recht einstellen wollte, stieß er mit der in der Tat verblüffenden Kontinuität seines Werkes vielfach auf Unverständnis (vgl. A: 17).

Auch wenn sich Freud und Schnitzler immer wieder gegen eine allzu enge Verknüpfung ihres Schaffens mit Kakanien, insbesondere gegen die oft dahinter verborgenen Vorwürfe des Unsittlichen und des Jüdischen mit Recht zur Wehr gesetzt haben, so sollte man doch die gemeinsamen Wurzeln ihrer Werke, die in der Krise der liberalen Kultur Österreichs im ausgehenden 19. Jahrhundert liegen, nicht verkennen. Ihre Jugend, also jene Zeit der entscheidenden Bildungseinflüsse, die den Menschen prägen, fällt in die Periode der kurzen, unvollendeten Blütezeit des österreichischen Liberalismus, der nach seiner ersten Niederlage 1848 in der Schwächeperiode der traditionellen Kräfte nach dem verlorenen Krieg gegen Preußen 1866 wieder auflebte. Nicht durch eigene Stärke, sondern durch die Niederlage der alten Ordnung im Kampf mit einem äußeren Feind war dem Liberalismus die Macht zugefallen.[12]

Kennzeichnend für jene Ära ist ein ungeheurer wirtschaftlicher Aufschwung, verbunden mit tiefgehenden sozialen Umwälzungen, die eingeläutet wurden

11 *Neue Rundschau* 33/1, 1922: 504.

12 Im politischen Raum läßt sich die liberale Ära für die Jahre 1867-1878 festmachen, während derer die die Interessen des Großkapitals vertretende Deutsch-Liberale Verfassungspartei unter Plener die Kabinette stellte.

Abb. 13 Hauptbau der Weltausstellung 1873, von Scott Russel und Karl Hasenauer (zerstört)

mit der bereits vor der Niederlage von 1866 begonnenen Stadterneuerung Wiens: Die Festungsumwallungen und mit ihnen das alte Wien fielen der Spitzhacke zum Opfer, und an ihrer Stelle entstand die Ringstraße, Stolz der Vätergeneration Schnitzlers und Freuds, Symbol der Gründerjahre, für die die Söhne oft kein Verständnis mehr hatten: »Ich habe kein Gefühl für den stolzen Besitz der Ringstraße an sich selbst«, meinte Karl Kraus (nach Marbach: 11). Der Ring wurde zum »Denkmal einer Monarchie, deren staatstragende Kraft das Bürgertum geworden war« (ebd.: 42). Die Welt des »Ring« war die Welt der Jugend Arthur Schnitzlers: Im Herbst 1871 siedelte Professor Schnitzlers Familie über auf den »Burgring Numero eins« (J: 32), zur gleichen Zeit, als der junge Arthur in das zur Ringarchitektur gehörige Akademische Gymnasium eintrat.[13] Das Übersteigerte der liberalen Ära, ihre untergründigen Gefahren wurden allen Zeitgenossen zum ersten Mal deutlich in dem zeitlichen Zusammenfallen der Weltausstellung in Wien, jenem Schaufenster der Leistungen der aufstrebenden Bourgeoisie, jener Manifestation des neuen, industriellen Zeitalters mit dem »großen Krach«, dem »schwarzen Freitag« der Wiener Börse am 9. Mai 1873, durch den neben vielen anderen auch Jakob Freud und Johann Schnitzler ihr Vermögen verloren.[14] Die Oberflächlichkeit und Hohlheit dieses »Friedensfestes der Civilisation«[15] beschreibt Sigmund Freud:

> »Ein großes zusammenhängendes Bild des menschlichen Treibens, wie's die Blätter sehen wollen, finde ich nicht, ebensowenig wie ich aus einem Herbarium die Züge einer Landschaft herausfinden kann. Es ist im ganzen ein Schaustück für die geistreiche, schönselige und gedankenlose Welt, die sie auch zumeist besucht«.[16]

Die *Neue Freie Presse*, die Zeitung des liberalen Bürgertums, resümiert nach Beendigung der Ausstellung: »Die große Börsen-Katastrophe vom 9. Mai – ein Dies nefastus in dem zur Neige gehenden Jahre – verbündete sich so recht zur Unzeit mit der Weltausstellung« (nach Zeller 1974: 32). Als einziges politisches Ereignis hat sich dieses symptomatische Zusammentreffen den Erinnerungen eingeprägt:

> »Näher berührte mich zwei Jahre später die ökonomische Katastrophe, die unter dem Namen ›Der große Krach‹ berüchtigt geblieben ist, [. . .] und die mich, [. . .] sogar zu fünf, wahrscheinlich humoristisch gedachten Szenen begeisterte. Wenige Tage vor dem schwarzen Freitag, der als solcher in der Wiener Lokalgeschichte weiterlebt, am 1. Mai 1873, war die Wiener Weltausstellung eröffnet worden, und ich sehe mich noch meinen Eltern gegenüber in einem geschlossenen Wagen sitzen, der sich langsam dem Tor der

---

13 Dieses war auch das Gymnasium seiner späteren Dichterkollegen und Freunde Peter Altenberg, Richard Beer-Hofmann und Hugo von Hofmannsthal. Vgl. Urbach 1974: 60.

14 Vgl. Jones I: 52 u. J: 44; auch die Eltern Hofmannsthals verloren ihr Vermögen. Vgl. Zeller 1974: 24.

15 F. Gregorovius, *Römische Tagebücher*, 1892: 573 f.; nach Zeller 1974: 31.

16 Freud: *Jugendbriefe an Emil Fluß* (Brief vom 16. Juni 1873). In: Freud 1971: 120.

Rotunde nähert und an dessen Scheiben die Regentropfen klatschen« (J: 44).

Die Börsenkatastrophe war ein wichtiger Einschnitt in der Geschichte Österreichs und in der Lebensgeschichte Schnitzlers und Freuds. Auch wenn sie durch den sich bald wieder einstellenden Wohlstand überdeckt und »durch eine liebenswürdige, in Musik gebrachte phäakische Lebensphilosophie überspielt wurde« (Zeller 1974: 33), begründete sie eine tiefwurzelnde Unsicherheit, die Schnitzler in folgenden Worten zum Ausdruck bringt:

> »Nicht ungestraft habe ich meine Kindheit und meine erste Jünglingszeit in einer Atmosphäre verbracht, die durch den sogenannten Liberalismus der 60er und 70er Jahre bestimmt war. Der eigentliche Grundirrtum dieser Weltanschauung scheint mir darin bestanden zu haben, daß gewisse ideelle Werte von vornherein als fix und unbestreitbar angenommen wurden [. . .] Man glaubte damals zu wissen, was das Wahre, Gute und Schöne war und das ganze Leben lag in großartiger Einfachheit da«[17].

In den achtziger und neunziger Jahren erlebte der Liberalismus unter dem Anstürmen christlich-sozialer, antisemitischer, nationalistischer und sozialistischer Bewegungen, kurz, alles dessen, was dem klassischen Liberalismus verhaßt war, seine endgültige Niederlage. 1895 noch verweigerte der Kaiser die Bestätigung der Wahl des antisemitischen, christlich-sozialen Karl Lueger zum Bürgermeister von Wien: Sigmund Freud, vom Arzt zu mäßigem Rauchen verdammt, leistete sich zur Feier des Tages einen »Exzeß« (Anf: 118). Doch zwei Jahre später fiel auch das liberale Bollwerk Wien, und Karl Lueger begann eine dreizehnjährige Herrschaft, die durch Antisemitismus, Klerikalismus und städtischen Sozialismus gekennzeichnet war. Die tragende Schicht des Liberalismus, die Deutschen der Mittelklasse und Juden der städtischen Zentren waren von den anstürmenden Wellen der anderen Nationalitäten, der Arbeiterschaft und des Kleinbürgertums überrannt worden. Liberale Juden wie Schnitzler und Freud waren von der skizzierten Entwicklung besonders stark betroffen: Im Vielvölkerstaat Österreich waren sie als der deutschen Kultur verpflichtete Liberale einer nationalen Minderheit und als Juden innerhalb dieser einer rassischen Minderheit zugehörig. Freud bezeichnete Schnitzler und sich als Kritiker »sogenannter kulturell-konventioneller Sicherheiten« (1955: 97): Es waren die Juden, die im wissenschaftlichen und künstlerischen Leben der Jahrhundertwende eine herausragende Rolle spielten, sie waren die Seismographen der in die Krise geratenen Habsburger Monarchie.

Die brisante Situation der österreichisch-ungarischen Doppelmonarchie hat bezeichnenderweise keine realistisch-engagierte Literatur hervorgebracht, sondern eine Literatur, die gekennzeichnet ist durch Abwendung von der äußeren

---

17 J: 291; vgl. hierzu auch folgenden Tagebucheintrag: »Man wird traurig dieser Unsicherheit allen Wertbestimmungen gegenüber« (Tb 23. 11. 1907).

Realität und Hinwendung zur inneren, psychischen Realität. Der Naturalismus hatte in Wien nie eine feste Position errungen, so daß die Dichtergruppe des *Jungen Wien* direkt an die austriakische Tradition (Grillparzer, Raimund, Stifter, Saar) anschließen konnte. Karl Kraus schrieb 1892 in der Polemik gegen Hermann Bahrs Proklamation einer postnaturalistischen Moderne: »Doch bei uns in Österreich an eine Überwindung des Naturalismus zu denken, wäre schneidende Ironie, ein lustiges Paradoxon. Den Naturalismus, den wir *noch nicht* haben, *schon nicht mehr* haben [. . .]«. (FS: 16)

Carl E. Schorske (1982) erklärt die Wendung der Wiener Schriftsteller zur Psyche als eine Folge der politischen Resignation des Bürgertums, das damals einziger Produzent und Träger von Literatur war. Die Kunst wird zur Ersatzwirklichkeit einer ganzen Klasse und erhält dadurch eine völlig neue Bedeutung, die Karl Kraus treffend auf die politische Entwicklung bezieht, »die den Wirkungskreis des Wiener Liberalismus auf ein Premierenpublikum beschränkt hat« (F 1: 15). Auch der mit Schnitzler befreundete Hugo von Hofmannsthal bezieht die vermehrte Hingabe an die Kunst auf die Angst, die aus dem bürgerlichen Versagen erwuchs: »Wir müssen von einer Welt Abschied nehmen, ehe sie zusammenbricht. Viele wissen es schon und ein unnennbares Gefühl macht Dichter aus vielen« (P II: 231).

Die das damalige Bürgertum kennzeichnende introvertierte, narzißtische[18] Haltung findet ihren Ausdruck in einer Selbstanalyse Schnitzlers, die die Situation des 25jährigen zwischen Kunst und Brotberuf Schwankenden wiedergibt:

> »Und schaute in dieses hundertfach zerstreute Dasein eines jungen Arztes, Dichters und Lebemanns, [. . .] der, umgeben von Dutzenden von Freunden, deren keinem er ganz, zwischen vielen Mädchen und Frauen, deren keine ihm völlig gehörte, der zwar zweifellos unzufrieden, aber nicht ohne selbstgefällige Regungen, sich fast ausschließlich mit sich selber beschäftigte, – fiel in dieses [. . .] Dasein ein mächtiger Schein von draußen [. . .]? Freilich gab es all das, aber die Heimat war eben nur Tummelplatz und Kulisse des eigenen Schicksals; das Vaterland, ein Gebilde des Zufalls [. . .] und das Weben und Walten der Geschichte drang doch nur [. . .] in der mißtönigen Melodie der Politik ans Ohr [. . .]« (J: 247).

Die Distanzierung von den »ewigen Fragen« des Lebens, die ihn zu Beginn seiner Universitätszeit (J: 85) durchaus beschäftigt haben, bedeutet für Schnitzler einen Rückzug auf das Private, getrieben von der »mißtönigen Melodie der Politik«. Eine intensive und gerade deshalb oft folgenlose, das Handeln zurückdrängende Selbstbeobachtung setzte ein: Die Autobiographie – genuines Instrument der Selbstreflexion – durchziehen Passagen der Eigenanalyse, Zwischenbilanzen geprägt vom Zweifel über seinen Lebensweg, selbstquälerischen

18 Vgl. Hamann/Hermand 1972: 151 – »Man schließt sich ab, beschränkt sich auf seinen ästhetischen Innenraum und gerät so in eine Landschaft der Seele, die fast ausschließlich auf dem Prinzip der autistischen Bezogenheit beruht.«

Vorwürfen über seinen »Dilettantismus« in Kunst und Leben, Klagen über seine hypochondrischen Neigungen.[19] In seinem Tagebuch, dem wichtigsten Mittel der Selbstbeobachtung, findet sich folgende Selbstanalyse:

> »[. . .] die Disharmonie, der Kampf zwischen zwei direct entgegengesetzten Lebensanschauungen, der mein Wesen charakterisirt und mich zu einer ewigen inneren Unruhe verdammt. Revolutionär ohne Muth, Abenteuerlustig ohne die Fähigkeit Unbequemlichkeiten zu ertragen – Egoist ohne Rücksichtslosigkeit – und endlich ein Künstler ohne Fleiss – ein Selbsterkenner ohne Tendenz zur Besserung – ein Verächter des allgemeinen Urtheils mit der kleinlichsten Empfindlichkeit – so einer ist dazu geboren, *alles* zu bereuen, was er angefangen – denn er setzt nie sich selber ein, und es gibt kein Glücksgefühl ohne diese Entschlossenheit« (TB 19. 2. 1903).

Das Tagebuch wurde über fünfzig Jahre (1879-1931) mit pedantischer Genauigkeit geführt und war von äußerst privater Natur. Schnitzler verbarg es sogar vor seiner Frau (Tb 10. 9. 1905). Neurotische Störungen waren es vielleicht auch, die ihn zur Führung des Tagebuchs nötigten:

> »Ich habe ein sonderbares Bedürfnis, mich psychologisch festzuhalten. Warum? Um ein wenig Ruhe in mein gequältes Nervensystem zu bringen? Aus Eigenliebe? Aus literarischem Interesse?« (TB 10. 8. 1890; vgl. Urban 1974: 205).

Ist auch Schnitzlers Schreibstrategie von dieser Haltung beeinflußt? Auf Bezüge seines Werkes zum eigenen Erleben hat er verschiedentlich hingewiesen.[20]

Auch Freud unterzog sich bereits früh intensiver Selbstbeobachtung[21]; seit dem Sommer 1897 mit methodischer Zielstrebigkeit und eiserner Disziplin durchgeführt, getrieben von »neurotischen« Beschwerden, die er seinem Freunde Fließ gegenüber offen als seine »kleine Hysterie« bezeichnete:

> »[. . .] es ist ja peinlich für den Medicus, der sich alle Stunden des Tages mit dem Verständnis der Neurosen quält, nicht zu wissen, ob er an einer logischen [i. e. organisch bedingt, M. W.] oder an einer hypochondrischen Verstimmung leidet« (Freud 1971: 10).

Die Eigenanalyse wurde bald ein notwendiges Zwischenstück seiner wissenschaftlichen Arbeiten, als deren Ergebnis er Ende 1899 die *Traumdeutung* vorlegen konnte.[22]

---

19 Vgl. J: 114/115/194/261/274/276.

20 Vgl. J: 88/100/136 f./157/205/211/234/243,246.

21 Vgl. das Vorwort der Herausgeberin Grubrich-Simitis in: Freud 1971: 9 ff.; zur Selbstanalyse vgl. ferner Jones I: 373 ff. und Anzieu (1975).

22 »Für mich hat dieses Buch [i. e. *Die Traumdeutung*] [. . .] eine [. . .] subjektive Bedeutung [. . .]. Es erwies sich mir als ein Stück meiner Selbstanalyse, als meine Reaktion auf den Tod meines Vaters, also auf das bedeutsamste Ereignis, den einschneidensten Verlust im Leben eines Mannes« (Stud II: 24).

Schnitzlers tiefes Eindringen in die Seelenlandschaft[23] macht es wahrscheinlich, daß er den Entdeckungen Freuds außerordentlich aufnahmebereit gegenüberstand. Freud selbst sah hier ein beiden gemeinsames Interesse: »[. . .] im Grunde Ihres Wesens sind Sie ein psychologischer Tiefenforscher, so ehrlich und unerschrocken wie nur je einer war [. . .]« (1955: 97).

In dem Plädoyer für eine »Psychologische Literatur« macht sich Schnitzler dieses Urteil des Psychoanalytikers zu eigen, indem er geradezu eine Korrektur der Erkenntnisse der Psychoanalyse durch die Literatur zu einer wesentlichen Aufgabe des Dichters macht: »Die Begrenzungen zwischen Bewußtem, Halbbewußtem und Unbewußtem so scharf zu ziehen, als es überhaupt möglich ist, darin wird die Kunst des Dichters vor allem bestehen« (A: 455).

Schnitzler beansprucht als Dichter, wissenschaftliche Aussagen über die psychische Struktur des Menschen in literarischer Gestaltung faßbar machen und korrigieren zu können. Er meint, gerade der Dichter sei hierzu in der Lage.

Verhältnis zur Medizin

Die von Zola inaugurierte Auffassung vom Dichter als wissenschaftlichen Experimentator erfüllte Arthur Schnitzler in geradezu idealtypischer Weise, denn er war auch Naturwissenschaftler, er verkörperte beides – Dichtung und Wissenschaft – in einer Person. Innerhalb des *Jungen Wien* stand er sicherlich positivistischem Denken am nächsten. Wie Sigmund Freud war er ein Zögling der berühmten Wiener medizinischen Schule, so daß beide unter dem Einfluß und Eindruck gemeinsamer Lehrer Teile ihrer Studienzeit verbrachten und darüber hinaus von dem Psychiater Theodor Meynert und dem Physiologen Ernst Brücke geprägt wurden, ferner von dem Anatomen Langer, dem Chemiker Ludwig, dem Zoologen Claus und wahrscheinlich auch von Breuer, dem Lehrer Freuds aus den Anfängen der Psychoanalyse.[24] »Unterhaltung über Spitals und Militärzeiten, gemeinsame Chefs«, vermerkte Schnitzler nach seinem abendlichen Besuch in der Berggasse 19 am 16. Juni 1922 im Tagebuch als Ausgangspunkt ihres ersten ausführlichen Gesprächs.

Besonders einflußreich für das Denken beider waren Ernst Brücke und Theodor Meynert. Freud war Schüler Brückes und hielt ihn für die größte Autorität, die je auf ihn gewirkt habe.[25] Im physiologischen Labor Brückes arbeitete er von 1876 bis 1882, mit Aufgaben aus der Histologie des Nervensystems beschäftigt (GW XIV: 35). Nach seinem aus ökonomischen Gründen notwendig gewordenen Wechsel von der reinen Wissenschaft an das Allge-

---

23 Auch zum Judentum (J: 84), zur Arbeiterbewegung (A: 234) sowie zu den zwischenmenschlichen Beziehungen (J: 283) nahm er vom psychologischen Standpunkt aus Stellung.

24 Urban 1974: 200; vgl. ferner Jones I: 57 u. 79; J: 83 u. 236.

25 Erg: 344; vgl. ausführlich S. 70 dieser Arbeit.

Abb. 14 Die Wiener Universität, Photographie um 1900

meine Krankenhaus im Juli 1882 war Freud ein halbes Jahr Assistent des Psychiaters und Hirnanatomen Theodor Meynert, dessen Vorlesungen er schon während seiner Studienzeit gehört hatte. Seine wissenschaftlichen Arbeiten setzte er nun in Meynerts gehirnanatomischem Institut fort.

Wenn auch Freud sich im Laufe seiner wissenschaftlichen Tätigkeit schrittweise von der Physiologie gelöst und eine Psychologie entwickelt hat, welche auf eine hirnphysiologische Untermauerung ihrer Annahmen verzichtet, so hat er das Ziel einer organischen Grundlegung doch nie aus den Augen verloren:

> »Das Lehrgebäude der Psychoanalyse, das wir geschaffen haben, ist in Wirklichkeit ein Überbau, der irgendeinmal auf sein organisches Fundament aufgesetzt werden soll; aber wir kennen dieses noch nicht« (Stud I: 377).

Freud hielt zeitlebens in Anlehnung an Brücke an der Priorität der physiologischen Vorgänge fest (Jones I: 425). So hat er nie bezweifelt, daß die Psychoanalyse eine Naturwissenschaft sei

> »Unsere Annahme eines räumlich ausgedehnten, zweckmäßig zusammengesetzten, durch die Bedürfnisse des Lebens entwickelten psychischen Apparates, der nur an einer bestimmten Stelle unter gewissen Bedingungen den Phänomenen des Bewußtseins Entstehung gibt, hat uns in den Stand gesetzt, die Psychologie auf einer ähnlichen Grundlage aufzurichten wie jede andere Naturwissenschaft, z. B. wie die Physik« (GW XVII: 126)

Sein Ziel war es gewesen, die exakte naturwissenschaftliche Methodik der Physiologie zunächst auf das Studium der Nervenkrankheiten und später auf das der Seele anzuwenden.

Freud besaß einen unbedingten Glauben an die Allgemeingültigkeit der Naturgesetze und an die Determiniertheit allen Geschehens. Auch Phänomene wie Fehlleistungen, die gemeinhin dem Zufall zugeschrieben werden, suchte er in die wissenschaftliche Erklärung von Welt einzubeziehen, denn: »Wenn jemand so den natürlichen Determinismus an einer einzigen Stelle durchbricht, hat er die ganze wissenschaftliche Weltanschauung über den Haufen geworfen« (Stud I: 52; vgl. auch ebd.: 121).

Die damit verbundene Kritik an der »Illusion des freien Willens« (Stud IV: 259) wurde schon von seinem Lehrer Meynert vertreten, der behauptet hatte, daß der »freie Wille, den wir in uns fühlen, nur scheinbar ist«[26]; denn für ihn waren Psyche und Hirn auf das engste verbunden, ja begrifflich nahezu austauschbar. Freud hielt am Determinismus seines Lehrers fest, versuchte ihn jedoch nicht mehr hirnphysiologisch, sondern zunächst psychologisch zu erklären, indem er das System des Unbewußten einführte das auch belanglose, scheinbar freie Entscheidungen determiniert, so daß er den Nachweis »der

26 Vortrag *Über die Gesetzmäßigkeit des menschlichen Denkens und Handelns*, gehalten im Jahre 1881; nach Jones I: 422 f.

Abb. 15 Das Wiener Allgemeine Krankenhaus

Determinierung im Psychischen doch lückenlos« (GW IV: 282) führen konnte. Es zeigt sich hier, wie Freud wichtige Überzeugungen seiner Lehrer übernimmt[27], sie jedoch auf eine neuartige Weise begründet. Nicht unbescheiden stellte er seine Entdeckung, daß das Ich »nicht einmal Herr ist im eigenen Hause«. (Stud I: 284), neben die des Kopernikus und Darwins. Die Entfremdung von seinen Lehrern begann, als Freud sich ab 1886 dem Studium der Hysterie widmete und feststellen mußte, daß die hysterische Lähmung sich verhalte, als ob es eine Gehirnanatomie nicht gäbe (Freud 1888 b: 888). Mit der

27 Auf die weitreichenden strukturellen Ähnlichkeiten von Meynerts Psychologie mit der Freuds hat Jones (I: 434) hingewiesen: Dualistisches Prinzip (zwei Richtungen des Affekts), Unlustprinzip, Summierung der Erregungen, Gehirn und Seele empfangen von Körper und Außenwelt Reize, die von ihr gleichbehandelt werden, das primäre Ich ist unbewußt und gehört der frühesten Lebensperiode an (Freud: Das Unbewußte ist infantil).

Behauptung, »der Hysterische leide größtenteils an Reminiszenzen« (Studien: 10) und der Entdeckung der sexuellen Ätiologie der Hysterie brachte er sich in Gegensatz zu den akademischen Kreisen Wiens.

Auch Arthur Schnitzler war aus der damals einflußreichen Wiener medizinischen Schule hervorgegangen. Er hatte Brückes Vorlesungen (J: 83) über Physiologie gehört und wurde von ihm während des ersten Rigorosums im Fach Physiologie geprüft. Etwa vier Jahre nach Freud arbeitete er für ein halbes Jahr am Allgemeinen Krankenhaus als Sekundararzt auf der psychiatrischen Abteilung von Professor Meynert. Nach Beendigung seiner Ausbildung am Allgemeinen Krankenhaus (1885-1888) war er fünf Jahre lang (1888-1893) Assistent seines Vaters, eines Kehlkopfspezialisten auf der allgemeinen Poliklinik. Während bereits seine ersten Gedichte und Aphorismen erschienen, verfaßte er Artikel und Rezensionen in der vom Vater gegründeten *Internationalen Klinischen Rundschau*, deren Redakteur er seit dem 1. Januar 1887 war und die er über den Tod des Vaters im Jahre 1893 hinaus noch bis zum 9. September 1894 weiterführte.[28] In diesem Zeitraum hat er zahlreiche Berichte und Rezensionen verfaßt, deren Anzahl und Umfang wesentlich größer ist, als bisher angenommen wurde, und er hat sehr genau die medizinische Diskussion, insbesondere auf dem psychiatrischen Gebiet, beobachtet.[29] Nach dem Tode des Vaters verließ er die Poliklinik und eröffnete eine Privatpraxis, die er jedoch mit zunehmenden Erfolg als Dichter vernachlässigte. Ganz hat er allerdings nie auf die Ausübung seines Arztberufes verzichtet. Auch als anerkannter und gut verdienender Dichter hat er Freunde und Schriftstellerkollegen behandelt[30] und sich durch Lektüre medizinischer Werke über die Fortschritte der Wissenschaft informiert. Kennzeichnend für diese Haltung ist folgende Äußerung: »Wer je

---

28 In der Nr. 37 der *IKR* (1313) heißt es: »Herr Dr. Arthur Schnitzler hat die Redaktion dieses Blattes niedergelegt. Privatdozent Dr. Heinrich Paschkis ist an seine Stelle getreten.« Die letzte von Schnitzler als verantwortlichem Redakteur betreute Ausgabe der *IKR* war die Nr. 36 v. 9. September 1894.
Schnitzlers Tätigkeit für den Medizinjournalismus seines Vaters reicht sogar noch wesentlich weiter zurück. Sein erster Artikel erschien bereits nach der Matura (Schnitzler 1879), seit 1880 war er als Korrektor für die vom Vater herausgegebene *Wiener medizinische Presse* tätig, in der 1886 auch einige seiner Artikel erschienen sind. Vgl. auch J: 239 f.

29 Vgl. seine in der Bibliographie S. 352 ff. zusammengestellten medizinischen Schriften. Bareikis (1969: 27) glaubt, Schnitzler sei für die *Internationale Klinische Rundschau* auch der Berichterstatter des »Vereins für Psychiatrie und Neurologie« gewesen, wofür ich allerdings keinen positiven Beweis finden konnte. Auch wenn dies keineswegs auszuschließen und durchaus wahrscheinlich ist, so muß man doch nach Ausweis des Tagebuchs zu dem Schluß kommen, daß er seinen Berichtspflichten nur unregelmäßig nachgekommen sein kann.

30 Noch 1921 schickte ihm der Freud-Schüler Theodor Reik einen schriftstellernden Patienten, damit er bei Schnitzler ein heilsames Gespräch suche. Namentlich Leopold von Andrian, aber auch Hofmannsthal, konsultierten ihn verschiedentlich.
Diese Aussage Schnitzlers wurde überliefert durch Olga Schnitzler (1962: 53); ähnlich äußerte sich Schnitzler (1889 d: 35): »Derjenige, der anthropocentrische Naturwissenschaft treibt, der *Arzt*, den seine ganze Studienrichtung zur *Anschauung* führt, der *sehen* lernen muß, wie kein Anderer, in das Geheimnis des Organischen sich am tiefsten einschleicht, gerade der müßte, wenn er das Zeug hat, seinen Beruf richtig aufzufassen, in den Reihen der Vorurtheilslosen am weitesten vorangeschritten sein.«

Mediziner war, kann nie aufhören es zu sein. Denn Medizin ist eine Weltanschauung«. Der Begriff »Weltanschauung« ist dabei ganz wörtlich zu nehmen und als die objektive, nüchterne Einstellung des Naturwissenschaftlers dem zu erkennenden Objekt gegenüber zu verstehen.

Im Seziersaal, wo die emotionsfreie Haltung des Anatomen dem menschlichen Leichnam gegenüber, »die Gleichgültigkeit gegenüber dem nun einmal zur Sache gewordenen Menschenbild« (J: 113) herrscht, ist seine »Weltanschauung« geprägt worden, von der seine dichterische Tätigkeit nicht unberührt blieb. »Ich schreibe Diagnosen« (nach Schnitzler 1964: 198), bekannte Schnitzler einmal. Den Naturalismus hat er nie ganz überwunden, der Empirismus des modernen Mediziners hat ihn geprägt.

Ohne bewußt auf die Analogie der ärztlichen und dichterischen Betrachtungsweise Schnitzlers anzuspielen, bringt Freud dieses Verhältnis plastisch in der Wiedergabe eines Witzes zum Ausdruck:

> »Ein als Witzbold bekannter ärztlicher Kollege sagte einmal zum Dichter Arthur Schnitzler: ›Ich wundere mich nicht, daß du ein großer Dichter geworden bist. Hat doch schon dein Vater seinen Zeitgenossen den *Spiegel* vorgehalten.‹ Der Spiegel, den der Vater des Dichters [. . .] gehandhabt [und selbst erfunden hat], war der *Kehlkopfspiegel*« (Stud IV: 38).

Das Zusammenfallen der sachlichen und metaphorischen Bedeutung des Wortes Spiegel, das heißt die Verbindung von Arzt und Dichter in Schnitzlers Person findet Ausdruck sowohl in seiner Arbeitsweise[31] – Schnitzler sprach von der »Physiologie des Schaffens« (AuB: 379 f.) – als auch in seinem Selbstverständnis, das sich aber bezeichnenderweise primär nicht am Dichter, sondern am Naturforscher orientiert. In seiner 1927 veröffentlichten Schrift *Der Geist im Wort und der Geist in der Tat. Vorläufige Bemerkungen zu zwei Diagrammen* schreibt er: »[. . .] es gibt auch dichterische Begabungen (besonders solche mit vorwiegend psychologischer Einstellung), die der Geistesverfassung nach dem Typ *Naturforscher* [. . .] angehören« (AUB: 155).

Daß er sich hiermit selbst charakterisiert hatte, beweist folgende Tagebuch-Eintragung vom 5. Oktober 1925: »Wir kamen auf das Diagramm; und sie wußte gleich, wo ich hingehörte (nicht unter ›Dichter‹, sondern unter ›Naturforscher‹)«.

---

31 Dies ist besonders deutlich an seiner Novelle *Sterben* abzulesen, die Rey (nach Urbach 1974: 95) eine »Krankengeschichte, dargestellt mit geradezu klinischem Realismus« nennt; Nesbit (1935: 542) schreibt: »The works of Schnitzler, with few exceptions may, in truth, be looked upon as the diagnoses of a physician-case histories of a trained psychiatrist, recorded with a perfection of language, style and technique rarely found among the masters of the world's literature«.
Schnitzlers Arbeitsweise beschreibt Körner (1921: 20): »Ein erlebter, noch besser: ein aus dem Erlebnis ergrübelter ›Fall‹ ruft den Psychologen in unserem Dichter auf. Er ersinnt eine Anzahl von Figuren, die ihm den ›Fall‹ gleichsam vorspielen, und so erhalten jene nur sekundäre Bedeutung. [. . .] Arthur Schnitzler, Mediziner von Beruf, steht zu den Gestalten seiner Dichtung wie der Arzt zu seinen Patienten, als welcher er für seine Anamnesen ja auch nicht vollständiger Biographien bedarf.«

Freud zeigt sich mit der »Weltanschauung« Schnitzlers vertraut, wenn er ihm als »Forscher den Vorrang« (Freud 1955: 97) gibt. Wie stark das Denken Schnitzlers auch in späteren Jahren von der Helmholtzschule und ihren Versuchen, Psyche und Hirn zu korrelieren, geprägt war, macht folgende Bemerkung aus der oben genannten Schrift deutlich:

»Es ist nicht unwahrscheinlich, daß die *Geistesverfassungen* an bestimmte, anatomisch-histologische Verhältnisse gebunden sind; [. . .] die *Seelenzustände* jedoch [. . .] sind höchstwahrscheinlich durch physikalisch-chemische, größtenteils wohl innersekretorische Vorgänge regelmäßiger oder wechselnder Natur bedingt, zu denen eine Disposition angeboren zu sein pflegt« (AuB: 152).

Im Determinismus, dem Glauben an den gesetzlich bestimmten Ablauf des Lebens, begründet in der Zuversicht der Wissenschaft seiner Zeit, »*vollendete* Einsicht in den Causalzusammenhang der Naturprocesse«[32] und damit auch in die des Menschen zu erlangen, sah Freud mit Recht einen Berührungspunkt mit Schnitzler (Freud 1955: 97). Die Determinierung menschlichen Verhaltens erfüllte Schnitzler jedoch mit Unbehagen, insofern das positivistische Weltbild, worin sich nicht zuletzt der Verfall des klassischen Liberalismus artikulierte, die Frage nach dem Sinn menschlichen Daseins offen ließ. Moralische Kategorien wie Schuld und Sühne, die Verantwortung des Einzelnen, jegliche wertenden Begriffe sind damit hinfällig geworden. Der freie Wille, »der ja nichts anderes ist, als die für die Dauer der persönlichen Existenz in das Individuum gesperrte Kausalität« (AuB: 30), wird zur Chimäre, die Schnitzler lediglich als fiktive Größe noch anerkennen will, »da wir andernfalls unsere Arbeit, unser Streben, unsere Gesetze, unsern Haß, unsere Liebe, unser Gewissen, ja eigentlich uns selbst völlig aufgeben müßten« (ebd.: 343).

Der Negation menschlicher Freiheit konfrontiert, flüchtet sich Schnitzler zum moralischen Pragmatismus des »Als ob«: »I [. . .] must act *as if* my will were free, or human society would crumble into fantastic ruins« (nach Viereck 1972: 10 f.). Wider besseres Wissen[33] verhält er sich so, *als ob* die Existenz eines freien Willens, eines autonomen, sein Denken und Handeln rational bestimmenden Individuums angenommen werden könne, um sein Dasein nicht in völliger Absurdität versinken zu lassen. Dies ist auch, wie Segar nachgewiesen hat (1973: 117 f.), die Position Helmholtz' gewesen.[34] Daß Schnitzler das Unbefriedigende dieses Pragmatismus gespürt hat, geht aus den zahlreichen, das Problem umkreisenden Aphorismen hervor.[35] Im Zwiespalt zwischen den liberalen Ideen seiner Jugend und ihrer Liquidierung durch den auf naturwissen-

32 H. Helmholtz: *Das Denken in der Medizin.* Berlin 1877: 52; nach Segar 1973: 114.

33 »If you ask me to prove that the will is free, I must confess my inability« (nach Viereck 1972: 11).

34 Über die Bedeutung Helmholtz' für den jungen Arthur Schnitzler siehe Lederer (1961: 276 f.).

35 Vgl. AuB: 32/206/219/242/282/342/353/367/378.

schaftlicher Grundlage aufgebauten Positivismus hat Schnitzler keine (ihn selbst) befriedigende Lösung finden können.

Zwischen Kunst und Wissenschaft

Ungeachtet der großen Bedeutung der Medizin für Schnitzler und für sein Werk[36] – die häufig als Ärzte auftretenden Gestalten geben davon über das Weltanschauliche hinaus Zeugnis[37] – verspürte er doch über lange Jahre seiner Jugend geradezu eine Abneigung gegen Medizinstudium und Medizinerdasein. Der Weg zur Medizin war vom Vater geebnet und wurde von Schnitzler zunächst akzeptiert, obwohl er während seiner Gymnasialzeit ein Interesse an der Naturwissenschaft nicht hatte entdecken können:

»Zur Natur als solcher verhielt ich mich [. . .] mehr in einer vagen, poetisch-sentimentalen, als in einer naiv-betrachtenden Weise, und meine Wißbegierde ging eher aufs Ideelle, Historische und Psychologische [. . .]« (J: 81).

Der Erzählfluß seiner Autobiographie wird immer wieder unterbrochen durch Zwischenbilanzen, die vom Zweifel über seinen Lebensweg, vom Schwanken zwischen Medizin und Literatur zeugen.[38] Schnitzler weiß, daß »man nicht zu gleicher Zeit ein ganzer Poet und ein ganzer Mediziner sein kann« (Tb 15. 12. 1880). Ein ausgeglichenes Verhältnis zur Medizin stellte sich erst ein, als sich der Dichter in ihm durchgesetzt hatte, und frei vom Zwang, die Medizin als Brotberuf zu handhaben, seine Beziehung zur Medizin sich »in einer fast experimental zu nennenden Reinheit entwickeln durfte [. . .]« (J: 170; vgl. ebd.: 83), was letztlich wiederum dem Dichter zugute kam.[39]

Gerade die Tatsache, daß dem »Doktors- und Professorensohn« der Weg zum Arztberuf geebnet schien, verursachte ihm Unbehagen, Angst, als *Der Sohn des Berühmten* – so der Titel eines Jugendwerkes[40] – durchs Leben zu spazieren, denn auf dem Gebiet der Medizin war es ungleich schwerer, eigenständige Leistungen zur Anerkennung zu bringen als auf dem Gebiet der Kunst. Schnitzlers poetische Versuche reichen bis in seine frühe Jugend zurück: Er begann mit ihnen im Alter von neun Jahren (Schinnerer 1933: 115).

---

36 Der Einfluß der Medizin auf Schnitzlers Dichtungen ist Karl Kraus (Werke 6: 163) nur Anlaß zu Spott: »[. . .] so hat sein Werk doch Anteil an der Banalität einer Auffassung, die es mit der zweifelhaften Geistigkeit der Medizin zu verklären sucht. [. . .] Ein Rachenkatarrh ist die Gelegenheit, um alles zu erfahren, und wenn man den Leuten tief in den Mund hineinsieht, so weiß man auch, was sich im Herzen tut«.

37 Zu den Arztgestalten in Schnitzlers Werk vgl. Nesbit (1935: 545 f.) sowie Heindl 1973 und Beetz 1974.

38 Vgl. J: 82 f./89/171 f./236/247/261 f.

39 »My medical training helps me to understand the problem of human conduct«; nach Viereck (1972: 10).

40 J: 82; an anderer Stelle (ebd.: 240): »[. . .] und schien so [. . .] verdammt, als der ›Sohn meines Vaters‹ meine Erdenbahn durchlaufen zu müssen«.

Durch die ärztlichen und freundschaftlichen Beziehungen des Vaters zum Theater – der Vater behandelte als Kehlkopfspezialist viele Sänger und Schauspieler – war er bereits früh mit der Kunst in Berührung gekommen. Auf dem Gebiet der Dichtung, auf dem der Vater dilettierte – ihm war in seiner Jugend prophezeiht worden, er werde der »ungarische Shakespeare« (J: 96; vgl. J: 27) –, konnte Schnitzler sich dem als Arzt anerkannten Vater gegenüber behaupten. In der Furcht vor einem Schattendasein gegenüber dem Vater sehen Kupper/Rollman-Branch (1925: 123) eine aus dem ödipalen Konflikt resultierende Motivation für den Entschluß, Dichter zu werden.

Wie Schnitzler hatte auch Freud ein ambivalentes Verhältnis zum Arztberuf. Er gestand offen, nie ein »richtiger Arzt«[41] gewesen zu sein: »Eine besondere Vorliebe für die Stellung und Tätigkeit des Arztes habe ich in jenen Jugendjahren nicht verspürt, übrigens auch später nicht« (GW XIV: 34). Sein Interesse galt eher »menschlichen Verhältnissen« als »natürlichen Objekten« (ebd.), und er nannte es später den Triumph seines Lebens, »nach lebenslangem Umweg über die Naturwissenschaften, Medizin und Psychotherapie zu jenen kulturellen Problemen zurückgekehrt [zu sein], die dereinst den kaum zum Denken erwachten Jüngling gefesselt hatten« (GW XVI: 32).

Wahrscheinlich spielten für seine Berufswahl realistische Überlegungen über die Aufstiegschancen eines Juden im damaligen Wien eine Rolle. Freuds Biograph Ernest Jones weist ferner auf seine Wißbegierde hin, die zum einen angeregt sei durch seine komplizierten Familienverhältnisse[42] und zum anderen eine Kompensation jugendlicher Machtphantasien sei. Sein früher Biograph Fritz Wittels (1924: 20) vermutete, daß Freud seine Neigung zu philosophischer Spekulation und dichterischer Phantasie durch das Studium einer konkreten Naturwissenschaft vor dem Ausufern bewahren wollte. Noch in einem seiner letzten Briefe bekannte er seine »Scheu vor meiner subjektiven Neigung, in der wissenschaftlichen Forschung der Phantasie zuviel einzuräumen (nach Freud 1971: 106).

Hier scheint der Grund für seine »Doppelgängerscheu« Schnitzler gegenüber verborgen zu sein. Lassen sich Belege für die Wittelssche Hypothese finden, dann erscheint seine Scheu begreiflich, einem Menschen zu begegnen, der diese in ihm angelegte, jedoch verdrängte Möglichkeit wahrgenommen und sich dazu als Dichter – wie Freud annahm – mit den gleichen Problemen beschäftigt hat; jener mußte allerdings in Freud das Gefühl einer »unheimlichen Vertrautheit« (Freud 1955: 97) hervorrufen.

Jones nimmt an, daß Freud, hätte er sich nicht der Naturwissenschaft verschrieben, Schriftsteller geworden wäre, wozu seine Phantasie und seine Bega-

41 Nach Jones I: 48; vgl. Freud 1971: 145 – »[. . .] ich war nur ungern Arzt geworden [. . .]«.

42 Freud war in einer großen Familie aufgewachsen und hatte seine auf Eifersuchtsgefühlen beruhenden feindseligen Regungen gegen den Vater auf seinen Halbbruder Philipp verschoben. Die Erkenntnis, daß der Ödipuskomplex »ein allgemeines Ereignis früher Kindheit« ist, wurde mächtig gefördert durch seine »ungewöhnlichen Familienverhältnisse, die seine Neugier erregten und die Gelegenheit zu vollständiger Verdrängung boten« (Jones I: 28 f.).

bung zum Schreiben ihn befähigt hätten (Jones II: 505 f.). Er habe als junger Mann mit dem Gedanken gespielt, Schriftsteller zu werden. Die einzige Äußerung Freuds, die dies belegen kann, findet sich in einem Brief an seine Braut Martha Bernays vom 1. April 1884:

> »Nun eine Überraschung. Zu wiederholten Malen sind mir – und ich weiß nicht wieso – mehrere Geschichten in den Kopf gekommen, von denen sich unlängst eine – eine in orientalischem Gewand – ziemlich bestimmt herausgearbeitet hat. Du wirst doch erstaunt sein zu hören, daß ich dichterische Regungen verspüre, nachdem ich selbst nichts ferner von mir geglaubt habe.« (Nach Jones III: 485).

Freud zeigte sich völlig erstaunt über die Entdeckung »seiner dichterischen Regungen«, obwohl es nicht das erste Mal gewesen sein kann, daß ihm diese zu Bewußtsein kamen. Bereits sein Gymnasialprofessor machte ihn darauf aufmerksam, daß er das hätte, »was Herder so schön einen *idiotischen* Stil nennt, das ist ein Stil, der zugleich korrekt und charakteristisch ist« (Freud 1971: 119). Auch damals gab Freud sich verwundert und nannte sich ironisch »einen deutschen Stilisten«, dessen Briefe man aufbewahren müsse (ebd.). Ganz ist ihm allerdings die »Verdrängung« seiner »dichterischen Regungen« nicht gelungen. Seine Prosa stellt ihn in die Tradition der großen Wissenschaftler des 19. Jahrhunderts, die – wie Theodor Mommsen oder Ferdinand Gregorovius – zugleich bedeutende Stilisten waren. Thomas Mann nannte ihn deshalb »einen Künstler des Gedankens« und einen »europäischen Schriftsteller« (Th. Mann 1936: 218), und Walter Jens einen »jüdischen Faust« (nach Schönau 1968: 3), dessen Briefe ihn als großen Schriftsteller zeigen.

Freud selbst hat die Verwandtschaft seiner Darstellungsweise mit der des Dichters gespürt und fürchtete, daß man deswegen die strenge Wissenschaftlichkeit seiner Darlegungen bezweifeln könnte, wie dies tatsächlich verschiedene Kritiker – so Havelock Ellis (nach Schönau 1968: 10) – getan haben. Es waren denn auch Dichter wie Alfred von Berger, Hugo von Hofmannsthal und Arthur Schnitzler und nicht seine Fachgenossen, die die Bedeutung der *Studien über Hysterie* als erste erkannten. Freud sah in den Dichtern »Bundesgenossen«, deren »Zeugnis hoch zu veranschlagen sei, denn sie pflegen eine Menge von Dingen zwischen Himmel und Erde zu wissen, von denen sich unsere Schulweisheit nichts träumen läßt« (Stud X: 14).

So sehr er die Kunst bewunderte, so war sie ihm doch »Illusion« (Stud I: 588), »Narkose« (Stud IX: 212), ähnlich der Religion, jedoch »harmlos und wohltätig« (Stud I: 588), denn ihre Daseinsberechtigung finde sie in ihrer kompensatorischen Funktion gegenüber den unerbittlichen Forderungen des Lebens. Angesiedelt zwischen Lust- und Realitätsprinzip im Bereich der Phantasie biete sie eine Möglichkeit, dem Anspruch des Realitätsprinzips auszuweichen, ohne Neurotiker zu werden; ihr Ursprung liege im Scheitern eines Ausgleichs von Lust- und Realitätsprinzip begründet.[43] In solchen Gedankengängen spiegelt sich die vom Positivismus geprägte Wissenschaft Freuds. Jean Starobinski erklärt diese, die Distanz des Wissenschaftlers (und Psychoanalytikers) zum Dichter betonende Auffassung als Abwehrhaltung, begründet im Ringen um eine feste Position innerhalb der strengen Wissenschaft:

> »Seine scheinbare Verachtung für die Kunst wäre damit nichts anderes als ein Abwehrmechanismus, der dazu bestimmt ist, den ›literarischen Komplex‹ zu verschleiern und zu verdrängen, der zu den Ursprüngen der Psychoanalyse selbst gehört« (Starobinski 1973: 99).

Auch dies eine Erklärung seiner »Doppelgängerscheu«? Nicht zufällig hatte sich Freud mit Leonardo da Vinci beschäftigt, in dem er den Konflikt zwischen Naturwissenschaft und Kunst in einer kaum je eindrucksvoller zur Erscheinung gekommenen Gestalt sah. Freud zufolge siegte schließlich der Wissenschaftler Leonardo über den Künstler.

Wenn auch die Frage nach den in Freud verborgenen, nicht zum Ausdruck gekommenen Möglichkeiten letztlich spekulativ ist, so kann ihm doch eine innere Affinität zum Schriftsteller nicht abgesprochen werden. Er faßte sein – des Wissenschaftlers – Verhältnis zum Dichter prägnant in folgendem Satz zusammen:

> »Wir schöpfen wahrscheinlich aus der gleichen Quelle, bearbeiten das nämliche Objekt, ein jeder von uns mit einer anderen Methode, und die Übereinstimmung im Ergebnis scheint dafür zu bürgen, daß beide richtig gearbeitet haben« (Stud X: 82).

Diese Übereinstimmung konnte Freud gerade in Schnitzler bestätigt sehen, der wie wohl kaum ein anderer Dichter die »nämlichen Voraussetzungen und Interessen« (Freud 1955: 97) mitbrachte. Schnitzler selbst bekannte sich hierzu in einem 1930 veröffentlichten Interview:

> »In some respects I am the double of Professor Freud. Freud once called me his psychic twin. I treat in literature the same part which Freud explores with amazing audacity in science. [. . .] Both the poet and the psycho-analyst look through the window of the soul« (Viereck 1972: 10).

Dieses Bekenntnis klingt wie ein Echo Freuds. Pointiert läßt sich über das Verhältnis Schnitzler – Freud sagen: Der Wissenschaftler Freud sah in dem Dichter Schnitzler den verkörpert, zu dem auch er hätte werden können.

---

43 Vgl. GW VIII: 237; Stud I: 365 f.; Adorno spricht von dem »Kultus, den die Psychoanalyse mit dem Realitätsprinzip treibt: was diesem nicht gehorcht, sei immer nur ›Flucht‹, Anpassung an die Realität wird zum summum bonum« (Adorno 1970: 21).

War die Beziehung Schnitzler – Freud persönlicher oder literarischer Art? Handelte es sich um die Freundschaft zweier Männer, die sich wahlverwandt fühlten, oder um eine sich auf das Geistige beschränkende Beziehung, geprägt vom wechselseitigen Respekt des aus der Distanz beobachteten Werks des anderen? In der Tat waren beide Elemente vorhanden. Um jedoch die literaturhistorische Frage zu klären, ob Schnitzler von Freud beeinflußt wurde, müssen das literarische Element der Beziehung sowie Kontakte mit den Schülern Freuds untersucht werden. Denn ein gegenseitiges Kennenlernen, das über Zufallsbegegnungen hinausging, fand erst im Jahre 1922 statt, nachdem Freud mit dem Geständnis seiner Doppelgängerscheu den Bann gebrochen hatte. Zu diesem Zeitpunkt waren beide bereits über sechzig Jahre alt, Freud hatte sein Lebenswerk nahezu vollendet und Schnitzler den überwiegenden Teil seiner Dramen und Erzählungen bereits geschaffen. Die Darstellung ihrer Beziehungen wird daher besonderes Augenmerk auf die Rezeption der Psychoanalyse durch Schnitzler zu richten haben, sei diese durch Lektüre Freudscher Arbeiten oder durch persönlichen Kontakt mit Freud-Schülern oder Freud selbst vermittelt.

Die erste Phase ihrer Beziehungen fällt in das letzte Viertel des vorigen Jahrhunderts. Die obere Grenze markiert das Erscheinen der *Traumdeutung* im November 1899, auf Freuds Wunsch vom Drucker ins neue Jahrhundert vordatiert: Die *Traumdeutung* ist das erste umfangreiche Werk der Psychoanalyse, »Erstlingsfrucht« (GW X: 57) jener technischen Neuerung der freien Assoziation, die die voranalytische Hypnosetechnik als Methode zur Erforschung des Unbewußten ablöste und mit deren Anwendung Freud den Beginn der Psychoanalyse setzte (GW X: 54). Entwickelt wurde sie auf verschiedenen Wegen zwischen 1892 und 1898 (Laplanche/Pontalis 1973: 77). Bei der Betrachtung der Beziehung Schnitzlers zu Freud muß unterschieden werden zwischen Schnitzlers Beziehung zum analytischen und voranalytischen Freud. Die ersten Kontakte Schnitzlers mit Freud fallen in die Entstehungszeit psychoanalytischer Grundgedanken.

Zur Geschichte der Psychoanalyse schrieb Freud: Sie »ist auf einem eng begrenzten Boden erwachsen« (GW XIII: 405). Neben der Wiener medizinischen Schule waren es die Schule von *Nancy* (Bernheim, Liébault) und die *Salpêtrière*-Schule in Paris (Charcot), die Freud beeinflußt haben. Freud, gerade zum Dozenten für Neuropathologie ernannt, hatte im Winter 1885/86 – gefördert durch ein Reisestipendium der Universität (vgl. Freud 1971: 127-138) – einen Studienaufenthalt in Paris bei Charcot verbracht und sich dem Studium der Hysterie gewidmet. Diese damals häufig auftretende Krankheit (Veith 1965: 209 f.) wurde von den orthodox-physiologischen Ärzten nicht ernst genommen. Als Krankheit ohne erkennbare organische Ursache paßte sie nicht ins Helmholtzsche System. Man sprach daher entweder von Einbildung oder versuchte, sie operativ – durch Exstirpation der Klitoris – zu behandeln (Jones I: 269 f.). Freud rechnete es Charcot als sein höchstes Verdienst an, die Hysterie zum Gegenstand wissenschaftlicher Behandlung gemacht zu haben (GW I: 21 ff.). Bei ihm lernte er die Hypnosetechnik kennen, die den Versuch unternahm, die Symptomatik der »Anfälligen« zu heilen; umgekehrt konnte die Symptomatik ebenso sehr suggeriert werden – ein Beweis für ihre von der Physiologie weithin unabhängige Ätiologie. Um sich in ihrer Auslegung zu verbessern, ging er einige Jahre später (1889) nach Nancy zu Bernheim. Fasziniert von den Forschungen der französischen Schule, übersetzte er wichtige Arbeiten Charcots und Bernheims ins Deutsche – die allesamt von Arthur Schnitzler rezensiert wurden:

a) Charcot, *Neue Vorlesungen über die Krankheiten des Nervensystems, insbesondere über Hysterie* (Freud 1886 f.) [Schnitzler 1886 b; 1887 a]
b) Bernheim, *Die Suggestion und ihre Heilwirkung* (Freud 1888-89) [Schnitzler 1889 b]
c) Bernheim, *Neue Studien über Hypnotismus, Suggestion und Psychotherapie* (Freud 1892 a [Schnitzler 1892 h]
d) Charcot *Poliklinische Vorträge*
(Freud 1892-94) [Schnitzler 1892 l]

Charcots Arbeiten stellte Freud ein Vorwort voran, und die berühmten *Leçons du Mardi* (d) versah er zusätzlich noch mit 62 Anmerkungen, in welchen seine frühesten Ansichten über Psychopathologie zu finden sind. Hieraus mag Schnitzler die ersten Gedanken der im Entstehen begriffenen Psychoanalyse erfahren haben.

Nachdem der junge Dozent Dr. Sigmund Freud von seinem Aufenthalt an der Pariser Salpêtrière zurückgekehrt war, trat er vor seine Wiener Lehrer und Förderer als begeisterter Anhänger Charcots. Am 15. Oktober 1886 hielt er vor der angesehenen k. k. Gesellschaft der Ärzte in Wien den berühmten Vortrag *Über männliche Hysterie*, von dem her seine Entfremdung von der Wiener medizinischen Schule datiert. Unter den zahlreichen Berichten über die Geschehnisse an diesem Abend, die in den medizinischen Zeitschriften veröffentlicht wurden – das Original des Vortrages ist nicht erhalten –, ist einer, der vermutlich von Arthur Schnitzler stammt.[44] Dort heißt es, der Vortragende habe versucht, »einen geringen Theil der Ansichten Charcot's über Hysterie

44 Dies glaubt Ellenberger (1973: 598), sicher erweisen läßt sich dies nicht; der Bericht ist lediglich mit »S.« signiert, Schnitzlers ansonsten so penibel genau registrierendes Tagebuch verzeichnet den Oktober 1886 nur ungenau. Daß Schnitzler das hier Vorgefallene aber gut bekannt war, wird aus dem Folgenden ersichtlich werden und ist angesichts der zahlreichen Berichte, die in allen wichtigen medizinischen Periodika erschienen, auch nicht verwunderlich. Die Literatur über Freuds denkwürdigen Vortrag ist zahlreich: Bernfeld 1973 [[1]1952]; Jones I: 273 ff.; Bry Rifkin 1962: 9-12; Sablik 1968; Ellenberger 1973; Eissler 1971: 351 ff.
Der Bericht von Freuds späterem Vortrag *Über Hysterie* (1895 x) stammt entgegen der Behauptung Ellenbergers (1973: 645) mit Sicherheit nicht von Schnitzler, denn dieser war, dem äußerst genau geführten Tagebuch zufolge, am Abend des 1. Vortrages, am 14. Okt. 1895, »Mit Mz. im Prater«. Auch an den übrigen Vortragsabenden war Schnitzler mit der gleichen Dame (es handelt

mitzuteilen, die er während seines Aufenthaltes auf dessen Klinik zu hören Gelegenheit hatte« (Schnitzler 1886 a: 1407).

Die Reaktion der Götter der Wiener Medizin war kühl und reserviert. Sie gaben zwar vor, die Existenz auch männlicher Hysterie nicht grundsätzlich zu bestreiten, bezweifelten aber ihre Häufigkeit sowie ihre »Entstehung in Folge von Trauma« (ebd.: 1409), »psychischen Shoks« (ebd.: 1408), die Typologie der *grande hystérie*, mit der erstmals Charcot eine systematische Beschreibung der Hysterie gegeben und ihr damit ein festumschriebenes Krankheitsbild zugewiesen hatte. Für die Wiener Medizin blieb diese Krankheit eine im wesentlichen auf Frauen beschränkte, sie war – namentlich für Theodor Meynert – eine erblich bedingte und daher physiologisch, nicht psychologisch zu erklärende Krankheit. Meynert forderte Freud auf, Charcots Thesen an »Material seiner Klinik« (ebd.: 1409) zu demonstrieren. Freud führte daraufhin am 26. November der *Gesellschaft der Ärzte* die *Beobachtung einer hochgradigen Hemianästhesie bei einem hysterischen Manne* (Freud 1886 d) mit Erfolg vor, ohne jedoch überzeugen zu können: »[. . .] ich fand mich mit der männlichen Hysterie und der suggestiven Erzeugung hysterischer Lähmungen in die Opposition gedrängt« (GW XIV: 39).

Was dies für ihn bedeutete, geht aus den *Lebenserinnerungen* des ihm nicht gerade wohlgesonnenen Psychiaters (und späteren österreichischen Nobelpreisträgers) Julius Wagner-Jauregg hervor:

> »Nach Wien zurückgekehrt hielt er [sc. Freud] einen Vortrag in der Gesellschaft der Ärzte, in dem er nur von Charcot sprach und ihn in den höchsten Tönen pries. Dies vertrugen aber die Wiener Größen schlecht. Bamberger und Meynert wiesen Freud in der Diskussion schroff zurück, und damit war er quasi bei der Fakultät in Ungnade gefallen. Er war also ein neurologischer Praktiker ohne Krankenmaterial« (nach Sablik 1968: 107).

Von diesem Ereignis her datiert Freuds Isolation innerhalb der Wiener Medizin. Enttäuscht zog er sich »aus dem akademischen und Vereinsleben zurück« (GW XIV: 39) und hoffte, auch ohne die »hohen Herren« (Briefe: 230) seinen Weg gehen zu können.

Schnitzler hat sich in dieser Situation auf die Seite Freuds gestellt. Im Januar 1887 veröffentlichte er in der *Internationalen Klinischen Rundschau* eine ausführliche Besprechung der gerade von Freud übersetzten *Neuen Vorlesungen* Charcots, in der er – ähnlich wie Freud in seinem Vortrag – verständnisvoll Charcots Theorie referiert und auch das heiße Eisen der männlichen Hysterie anspricht. Insbesondere hierzu habe Charcot anregende Beobachtungen gemacht und auf häufiges Vorkommen, auf die ätiologische Bedeutung von Trauma und psychischem Shok hingewiesen. Ein Hauch Skepsis erscheint dennoch in seiner Rezension. Schnitzler verhehlt nicht, daß Charcots Ansichten

sich um Marie Reinhard) zusammen. Ellenbergers Behauptung muß schon deswegen verwundern, weil Schnitzler sich zu diesem Zeitpunkt bereits von seiner medizinischen Tätigkeit weitgehend zurückgezogen hatte.

noch heftig umstritten seien, es habe sich »auch faktisch, als Dr. Freud kürzlich in der k. k. Gesellschaft der Aerzte zu Wien das Thema zur Sprache brachte, eine lebhafte Diskussion entwickelt« (Schnitzler 1887 a), bringt aber dennoch Bewunderung für »den Geist der Auffassung, die Klassizität der Darstellung« des »großen Pariser Nervenpathologen« zum Ausdruck (ebd.) und hebt schließlich die Arbeit des Herausgebers und Übersetzers hervor (was in anderen Besprechungen zumeist auf Kosten des Übersetzten geschah):

> »Dr. Freud hat das Buch in so ausgezeichneter Weise übertragen, daß man kaum irgendwo daran erinnert wird, eine Übersetzung vor sich zu haben; er hat ein Werk in die deutsche Literatur eingeführt, welches eine Bereicherung für dieselbe bedeutet, und hat sich solchermaßen ein Verdienst erworben, für das ihm der Dank der deutschen Ärzte und die Anerkennung der Kritik in gleichem Maße gebührt« (ebd.).

Schnitzler nutzte seine Redakteurstätigkeit bei der Zeitschrift seines Vaters, um sich in den innerhalb der Wiener Medizin entstandenen Streit einzuschalten und die Partei Charcots und damit Freuds zu ergreifen. Ein Jahr später, im Januar 1888, publizierte er in der *Internationalen Klinischen Rundschau* die jüngste Arbeit Charcots, *Über hystero-traumatische Paralysen beim Manne*, und stützte so Position und Glaubwürdigkeit Freuds.[45]

Freud ist dieses Engagement nicht entgangen. 1893 notierte er sich in sein Tagebuch Arthur Schnitzlers Namen als Kritiker seiner Übersetzung von Charcots *Leçons du Mardi* (Politzer 1968: 111). Zu einem persönlichen Kontakt ist es damals dennoch nicht gekommen, obwohl Freud jeden Samstag mit dem Bruder, dem Chirurgen Julius Schnitzler, Tarock spielte (Schur 1973: 402). In dem Streit um das Kokain, das Freud für die Medizin entdeckt und zur Behandlung des Morphinismus empfohlen hatte, brach Schnitzler allerdings keine Lanze für Freud.[46] Sein Engagement blieb eines in der Sache – für die Hysterieforschung – nicht für die Person Freuds.

Schnitzler selbst hatte sich nämlich, wie Freud, zunehmend auf das Gebiet der Nervenkrankheiten spezialisiert, insbesondere auf Hysterie und Neurasthenie, die Freud zu den »allerhäufigsten Erkrankungen in unserer Gesellschaft«

---

45 Schnitzler, der zu diesem Zeitpunkt verantwortlicher Redakteur war, kommentierte den Artikel im Namen der Redaktion: »In den letzten Dezembertagen demonstrirte *Charcot* an der Salpêtrière einen neuen Fall von *traumatischer Hysterie beim Manne*. Dieser Fall bot in ausgezeichnetster Weise das Bild jener interessanten Form von Hysterie beim Manne, die der geniale französische Kliniker zuerst erkannt und so meisterhaft beschrieben hat. Das große Interesse dieses Falles und die meisterhafte Behandlung des Themas veranlaßt uns, den Vortrag *Charcot's* ausführlich nach der ›Semaine Medicale‹ zu veröffentlichen. Unsere Leser werden die lebhafte Darstellung wie die geistvollen Betrachtungen *Charcot's* mit gleichem Interesse verfolgen« (IKR 2, 1888: 11).

46 Das Gegenteil ist von Jones I: 120 behauptet worden. In Schnitzlers Rezension von Albrecht Erlenmeyers Buch über Morphinsucht, auf die Jones sich beruft, heißt es vielmehr: »Mit besonderer Schärfe wendet sich der Verfasser gegen die Cocainbehandlung; und die Bemerkungen von Freud [. . .] finden in diesem Abschnitt Beurteilung, Zurückweisung, Widerlegung« (Schnitzler 1888 a: 23). Auch war Schnitzler nicht »zu jener Zeit der berühmteste Schriftsteller Österreichs« (Jones I: 120), sondern noch nahezu unbekannt.

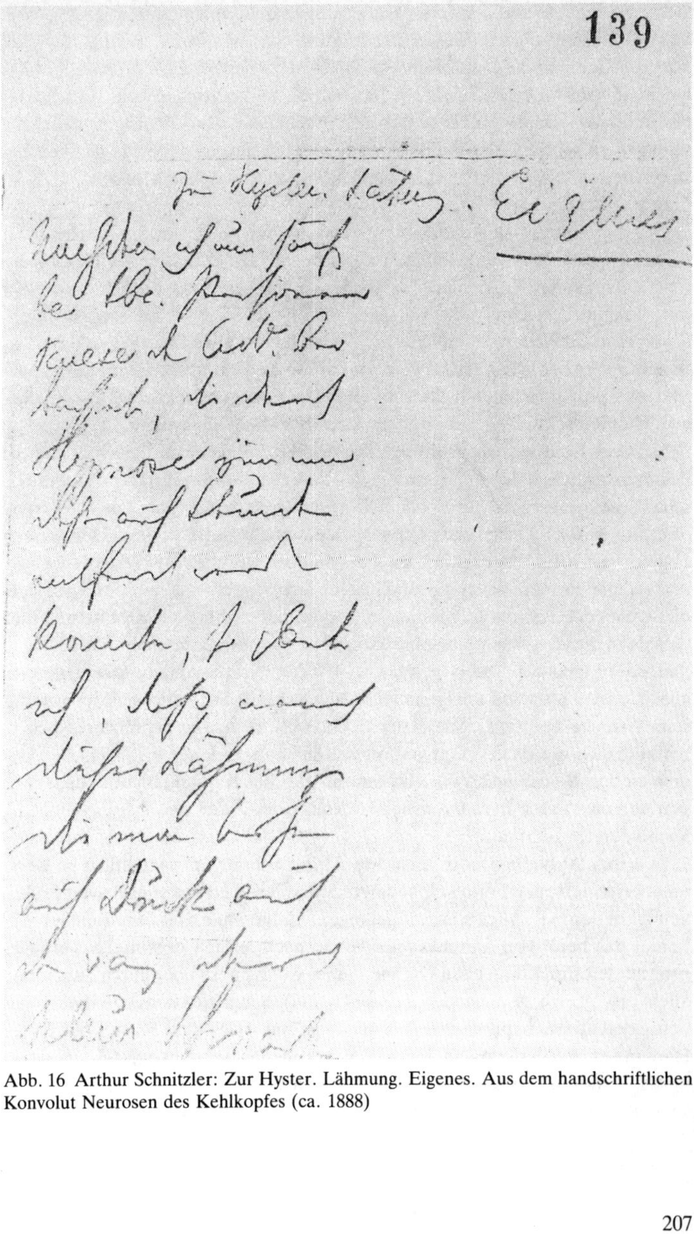

Abb. 16 Arthur Schnitzler: Zur Hyster. Lähmung. Eigenes. Aus dem handschriftlichen Konvolut Neurosen des Kehlkopfes (ca. 1888)

(1887 a) rechnete und dennoch der traditionellen Medizin unzugänglich geblieben waren. Das einzige Gebiet der Medizin, das Schnitzler wirklich fesselte, war das der Nerven- und Geisteskrankheiten, ein Interesse, das allerdings »nicht so sehr im eigentlich Medizinischen als im Poetischen oder doch Belletristischen wurzelte« (J: 170). Von der Psychiatrie aus ließ sich eine Brücke schlagen zu seinen literarischen Ambitionen, so daß hier die Möglichkeit bestand, den so schmerzhaft empfundenen Zwiespalt zwischen Medizin und Dichtung zu überwinden.

Deutlich spiegelt sich dies in der Thematik der Aufsätze und Rezensionen wider, die er für die medizinischen Zeitschriften seines Vaters verfaßte. Während anfangs der Themenkatalog noch ziemlich breit und ungezielt angelegt war, beginnt er, sich ab 1887 auf das psychiatrische Gebiet zu konzentrieren. Kaum eine der Neuerscheinungen auf diesen Gebiet zwischen 1887 und 1894 ist seinem kritischen Blick entgangen. So konnte es nicht ausbleiben, daß er parallel zu dem auf gleichen Gebiet arbeitenden Kollegen Dr. Freud über dieselben Themen schrieb (vgl. z. B. Schnitzler 1887 b mit Freud 1887 b).
Schnitzlers Beitrag ging allerdings kaum über die kritische Berichterstattung des medizinischen Journalisten hinaus. Lediglich eine selbständige medizinische Arbeit, *Über funktionelle Aphonie und deren Behandlung durch Hypnose und Suggestion*, wurde von ihm vorgelegt. In ihr hatte er sein Hobby, den Hypnotismus, für das er durch die Forschungen Bernheims, Charcots und deren Wiener Propagandisten Freud interessiert worden war, auf das Spezialgebiet seines Vaters, die Laryngologie, angewandt. Schnitzler sah offensichtlich damals in dieser Verbindung eine Möglichkeit, seinen Interessen wie auch den Anforderungen des Vaters gerecht zu werden. Schon Johann Schnitzler, ein alles Neue sich schnell aneignender Mediziner (J: 179), hatte die Hypnose für seine Zwecke benutzt (J. Schnitzler 1873; 1888). In Arthur Schnitzlers Nachlaß befindet sich ein dickes Konvolut etwa 1888 entstandener medizinischer Studien zu den *Neurosen des Kehlkopfes*, ein gleiches Kapitel taucht in dem noch von seinem Vater herausgegebenen *Klinischen Atlas der Laryngologie* (J. Schnitzler 1891-95) auf.[47]

In seiner Aphonie-Studie versuchte Arthur Schnitzler, namentlich an Bernheim orientiert, psychologisch bedingte Stimmlosigkeit mit suggestiven Praktiken zu heilen: »[. . .] es war mir gelungen, einige Fälle von funktioneller Aphonie, das heißt von Stimmlosigkeit ohne nachweislich organische Veränderung an den stimmbildenden Organen, mittelst Hypnose oder durch Suggestion allein erfolgreich zu behandeln [. . .]« (J: 285). Schnitzler benutzte die damals heftig diskutierte hypnotische Technik auch, um »nach dem Muster bekannter Hypnotiseure, allerlei psychologische Experimente« (ebd.) vorzuführen, die er in der Poliklinik vor einer größeren Öffentlichkeit demonstrierte, bis er diese spektakulären Versuche aufgrund laut werdender Kritik einschränken mußte.

47 Zur Autorschaft dieses *Atlas'* vgl. aber auch Allen (1965: 84) sowie J: 238 f.

Felix Salten, der Freund aus dem Café Griensteidl, wurde Zeuge einiger dieser Experimente:

> »Ich stand dabei, als er eine Nasenoperation an einem jungen Mädchen ausführte, die furchtbar schmerzhaft gewesen sein muß. Das Mädchen saß, von Schnitzler in hypnotischen Schlaf versenkt, und während er ihr mit glühendem Draht in die Nase fuhr, suggerierte er ihr: ›Sie halten jetzt ein Veilchenbukett und atmen den starken Duft‹. Das Mädchen, das heftig blutete, zog gehorsam den Atem ein und seufzte entzückt ein ›Ah‹ um das andere« (Salten 1932/33: 34).

Ein andermal inszenierte Schnitzler durch posthypnotischen Befehl an sein Medium einen Mordversuch gegen sich selbst – ein »anregender« (J: 285) Versuch, in dem die Möglichkeit suggestiver Persönlichkeitsveränderung deutlich wurde.

Schnitzler betonte wiederholt, daß seine Experimente vom wissenschaftlichen Standpunkt aus nichts Neues boten.[48] Auch hier fehlte ihm, wie überhaupt in der Medizin, ganz im Gegensatz zu Freud, die nötige Konsequenz und Wißbegierde, die für wissenschaftliche Arbeit notwendig ist. Trotz einiger Erfolge bei hypnotischer Behandlung der Aphonie räumte Schnitzler ein:

> »So würde ich nicht wagen, unter einem meiner Fälle das kühne Wort ›geheilt‹ zu setzen, obwohl im Augenblicke, da diese Zeilen geschrieben werden, fast alle Patienten in ihrer funktionellen Aphonie durch die suggestive Behandlung beeinflußt erscheinen« (IKR 3: 586).

Schnitzler mußte feststellen, daß die Hypnose ein durchaus unzuverlässiges Instrument ist: Nicht jeder ist ein geeignetes Medium. Wo er nicht weiter untersuchte, forschte Freud weiter, der ab Dezember 1887 (vgl. Jones I 279), also etwa gleichzeitig mit Schnitzler, die hypnotische Suggestion anwandte. Freud nahm von suggestiven Methoden mehr und mehr Abstand und benutzte sie vielmehr zur Ausforschung der Kranken über die Entstehungsgeschichte ihrer Symptome (GW XIV: 43). Bereits 1892 ersetzte er die Hypnose durch die Technik der freien Assoziation, so daß – wie Bernd Urban[49] richtig feststellte – von einer Vorwegnahme Freudscher Theorien durch Schnitzler keine Rede sein kann.

Im selben Jahr, da Schnitzler zum Dr. med. promovierte, 1885, machte sich der sechs Jahre ältere Privatdozent für Neuropathologie Dr. Freud schon auf den Weg nach Paris zu Charcot, um den neuesten Stand der Hysterieforschung zu erkunden. 1888, im Jahr von Schnitzlers Aphoniestudie, erschien in einem

---

48 »Sie [i. e. die folgenden Fälle – d. Verf.] treten nicht mit der Prätension auf, wesentlich Neues zu bringen, sondern sie wollen nur an einigen Beispielen den Einfluß der Hypnose und Suggestion, dieses weiterer Aufklärung noch immer bedürftigen Heilmittels zeigen« (Schnitzler 1889 a: 405).

49 Urban (1974: 211 f.); die These von der Vorwegnahme Freudscher Theorien durch Schnitzler stellte Beharriell (1953; 1967) auf.

medizinischen Wörterbuch ein Artikel Freuds über Aphasie und einer über Hysterie, in dem er auch Schnitzlers Spezialgebiet der »hysterischen Aphasie« (Freud 1888 b: 888) behandelt. In dem sehr ausführlichen Artikel *Hysterie*, der den damaligen Erkenntnisstand präzise zusammenfaßt, erwähnt Freud erstmals auch Breuers Verfahren, »den Kranken in der Hypnose auf die psychische Vorgeschichte des Leidens« (ebd.: 892) zurückzuführen, an das sich in den folgenden Jahren die Entdeckung der Psychoanalyse anschließen sollte.

Arthur Schnitzlers medizinische Arbeiten und Versuche sind aber aus einem anderen Grunde höchst interessant. Sie zeigen, daß er den Stand der Hysterieforschung, ihre verschiedenen therapeutischen Instrumente, darunter Hypnose und Suggestion, genauestens kannte und ihre Entwicklung bis 1895, also bis kurz vor der Veröffentlichung der Breuer/Freudschen *Studien über Hysterie* aufmerksam verfolgt hat. Den wesentlichen Kern der *Studien* mag er noch aus der bereits 1893 veröffentlichten *Vorläufigen Mitteilung* dieses Werkes erfahren haben. Bedeutsam ist dies, weil viel von jener Freud später so unheimlichen – weil scheinbar intuitiven – Erfassung psychoanalytischer Erkenntnisse in Schnitzlers *literarischem* Werk auf seine *medizinischen* Arbeiten, die die Anfänge der Psychoanalyse begleiteten, zurückgeführt werden kann. Schnitzler ist tatsächlich jener unheimliche Revenant, als den Freud den Doppelgänger beschrieben hat: Er nahm – von Freud kaum bemerkt – am Entstehungsprozeß der Analyse teil und stand um die Jahrhundertwende – nunmehr als berühmter Dichter – plötzlich wieder vor Freuds Augen.

Zu Beginn des neuen Jahrhunderts waren sich Schnitzler und Freud räumlich am nächsten. Von 1900 bis 1903 wohnte Schnitzler in der Frankgasse an der Votivkirche (Hausner 1967: 49), am Rande des Medizinerviertels, nur wenige Schritte von der Berggasse entfernt. Beide mögen einander damals flüchtig begegnet sein. Ein persönlicher Kontakt hat sich daraus aber keineswegs entwickelt, obwohl Schnitzler damals, wenige Monate nach ihrem Erscheinen, das erste in genuinem Sinne psychoanalytische Werk Freuds, *Die Traumdeutung*, las, die damals kaum Beachtung fand. Die erste Auflage von gerade 600 Stück benötigte acht Jahre zum Verkauf[50]; als Schnitzler das Buch las, dürften gerade 150 Exemplare abgesetzt worden sein. Dieser direkte Zugriff zu einem Werk, dessen Gegenstandes im noch vom Positivismus geprägten Wien des Jahres 1900 als unwissenschaftlich und obskur erscheinen mußte, geht sicherlich auf Schnitzlers eigene Faszination vom Traum zurück. Bereits als Student hatte er begonnen, eigene Träume zu notieren, eine Angewohnheit, die er bis wenige Jahre vor seinem Tode beibehielt. Sein Nachlaß enthält über 400 Seiten Traum-

50 »Es wurden 600 Exemplare gedruckt, und es dauerte acht Jahre bis sie verkauft waren. In den ersten sechs Wochen wurden 123 Stück und in den folgenden zwei Jahren 228 abgesetzt« (Jones I: 417); in Fachzeitschriften wurde sie gar nicht rezensiert, lediglich in der Wiener *Zeit* vom 9. Jan. 1900 erschien die Rezension des ehemaligen Burgtheaterdirektors M. Burckhardt (*Ein modernes Traumbuch*), die Freud nicht gefiel. Zur Rezeption der *Traumdeutung* vgl. T. Schmidt (1972).

aufzeichnungen mit eingestreuten Deutungsversuchen, datiert aus den Jahren 1875 bis 1927 (Neumann/Müller 1969: 157). Er nutzte sie als Steinbruch für seine literarische Arbeit (nach Viereck 1930: 10). Hat Schnitzlers gelegentliche Bemerkung »I anticipated the Freudian theory of the dream in my plays« (ebd.) angesichts des frühen Beginns seiner Traumstudien eine legitime Grundlage? Beharriell nahm dies an. In einer frühen Erzählung des Dichters, *Frühlingsnacht im Seziersaal* (1880) sah er die Hauptelemente der Freudschen Traumdeutung vorweggenommen.[51] Schnitzler selbst hätte sich mit seiner Behauptung auf sein Renaissance-Schauspiel *Der Schleier der Beatrice* (1899) berufen können, in der analog Freuds Theorie der Traum als Wunscherfüllung charakterisiert wird. Dort sagt der eifersüchtige Dichter Filippo Loschi zu seiner Geliebten, die sich im Traum zusammen mit dem Herzog Bentivoglio gesehen hat:

»Doch Träume sind Begierden ohne Mut,
Sind freche Wünsche, die das Licht des Tags
Zurückjagt in die Winkel unserer Seele,
Daraus sie erst bei Nacht zu kriechen wagen«
(DrW: 576).

Theodor Reik jedenfalls, der 1913 eine umfangreiche psychoanalytische Untersuchung zu Schnitzlers Werk vorlegte und damit die wissenschaftliche Auseinandersetzung mit ihm einleitete, schloß aus dieser seither vielzitierten Passage: Schnitzlers »Auffassung der Traummotive deckt sich [. . .] mit der Freuds« (Reik 1913 c: 219). Freud, der den Dichtern soviel Hochachtung entgegenbrachte, hätte Schnitzlers Behauptung sicher nicht rundweg abgelehnt, denn ihm war der Dichter »jederzeit der Vorläufer der Wissenschaft und so auch der wissenschaftlichen Psychologie« (Stud X: 43). So war er bei der Analyse der Novelle W. Jensens, *Gradiva* (ebd.: 82 f.), zum Ergebnis gekommen, der Dichter habe mehrere artifizielle Träume, ohne von der *Traumdeutung* Kenntnis zu haben, korrekt gebildet. Schnitzler gehört damit in die Reihe der Dichter, die die später von Freud formulierte Theorie über den Traum in bildhafter Form zum Ausdruck brachten. Freud hätte jedoch auf der entscheidenden Differenz bestanden, die den Dichter von Wissenschaftler trennt: Was ersterer intuitiv erfaßt, erarbeitet letzterer exakt und formuliert es in Gesetzen, die Allgemeingültigkeit beanspruchen und jederzeit nachprüfbar sind (Stud X: 82). Die *dif-*

51 So neu ist dieses Motiv in der austriakischen Literaturgeschichte allerdings nicht. So sagt Massud in Grillparzers *Der Traum ein Leben*:

Doch vergiß es nicht, die Träume,
Sie erschaffen nicht die Wünsche,
Die vorhandenen wecken sie;
Und was jetzt verscheucht der Morgen,
Lag als Keim in dir verborgen,
Hüte dich, so will auch ich. (IV, 2700)

Die Bedeutung Grillparzers für die psychologische Sensitivität der österreichischen Literatur ist kaum zu unterschätzen. Vgl. auch S. 301.

ferentia specifica, die beide trennt, ist allemal eine der Form, die eine Unterscheidung derart notwendig macht, daß von einer Vorwegnahme nicht die Rede sein kann.

Schnitzlers Interesse an dem Phänomen des Traumes wurde durch die Lektüre des »Traumdeutungsbuches« angeregt: Sie führte zu ungewöhnlichen Träumen.[52] Daß »das Interesse am Traum bei allen Menschen die Anzahl der nach dem Erwachen erinnerten Träume erheblich steigert« (Stud II: 545), war ein auch Freud bekannter Vorgang. Nicht nur Schnitzlers Fähigkeit der Erinnerung, sondern auch die »Präzision«[53] der Träume steigerte sich im Zusammenhang mit der Lektüre der *Traumdeutung*, aus der er sogar einen als »typisch« bezeichneten Traum fast identisch reproduzierte:

> »Traum, dass ich in Uniform mit Civilhosen (wie im Traumdeutungsbuch von Freud gelesen) aber doch unentdeckt von Kaiser Wilhelm II. (dem ich begegne) von einem Thor (unter den Linden) ins andre gehe« (TB 26. 3. 1900).

Er spielt hier auf eine Passage der *Traumdeutung* an, die von dem Traummaterial und den Traumquellen handelt. Dort werden unter anderem die typischen Träume vorgestellt, Träume, »die fast jedermann in der selben Weise geträumt hat, von denen wir anzunehmen gewohnt sind, daß sie auch bei jedermann dieselbe Bedeutung haben« (Stud II: 247). Freud vermutet, daß sie auch bei fast allen Menschen aus den gleichen Quellen stammen. Als erstes wird *Der Verlegenheitstraum der Nacktheit* vorgestellt:

> »Für den, der den Rock des Kaisers getragen hat[54], ersetzt sich die Nacktheit häufig durch eine vorschriftswidrige Adjustierung. ›Ich bin ohne Säbel auf der Straße und sehe Offiziere näher kommen, oder ohne Halsbinde, oder trage eine karierte Zivilhose‹ u. dgl.« (Stud II: 248).

Um unter die Kategorie der »typischen Träume« eingereiht werden zu können, fehlen dem Schnitzlerschen Traum zwei Momente: Die Empfindung von Scham (des Träumers) und der daraus resultierende, vergebliche Versuch, den Augen der (des) Zuschauer(s) zu entkommen. Diese Momente sind in der kurzen Notiz Schnitzlers nicht ausdrücklich aufgeführt. Nach Freud repräsentiert der »Nacktheitstraum« exhibitionistische Neigungen, die sich auf frühe Kindheitserinnerungen zurückführen lassen, als man noch ohne Scham vor den Augen Fremder herumtollen durfte.

Am 6. Februar 1903 vermerkte Schnitzler die Lektüre eines weiteren Freud-Werkes, der in Zusammenarbeit mit Breuer entstandenen *Studien über Hyste-*

---

52 »[...] sowie ich ungewöhnlich viel träumte, als ich 1900 seine Traumdeutung las« (Tb 18. 11. 1924).

53 Tb 23. 6. 1922; die Bemerkung ist eine Reaktion auf die Lektüre der *Vorlesungen*, die u. a. Träumen gewidmet waren.

54 Schnitzler diente 1882 bis 1883 als Einjährig-Freiwilliger.

rie (1895), die noch acht Jahre nach Erscheinen nicht die ihnen zukommende Aufmerksamkeit gefunden hatten. Die Lektüre wird bemerkenswerterweise wieder in Zusammenhang mit einem Traum mitgeteilt:

> »Böser Traum von einem Lehrbuch der Ohrenheilkunde, wo ich mein Leiden mit Düsterkeit geschildert finde und es sozusagen erst ganz fasse. – (Veranlassung: Ich lese jetzt ein medic. Buch (Hysterie, Freud Breuer) und sah gestern Gomperz im Konzert)« (Tb 6. 2. 1903).

Daß Schnitzler im Traum die Hysteriestudien durch ein Lehrbuch der Ohrenheilkunde ersetzt, läßt zweierlei Erklärungsmöglichkeiten zu: Entweder brachte er, beeindruckt durch die Lektüre, sein Ohrenleiden[55] mit seiner selbst eingestandenen inneren Disharmonie und seinen Depressionen in Verbindung, oder die Vertauschung der beiden Werke läßt sich auf eine Zensurleistung des Traumes zurückführen. Die Zensur ersetzte die Darstellung des für den Träumer beunruhigenden psychischen Leidens durch die bildliche Erinnerung an das schon vorhandene körperliche.

1906 gestand Schnitzler Freud anläßlich dessen 50. Geburtstag, aus seinen Schriften Anregungen erhalten zu haben[56], die sich, von Freuds Übersetzungsarbeiten abgesehen, nur auf die *Traumdeutung* und die *Hysteriestudien* beziehen konnten. Freud wies in seinem Antwortschreiben auf die bereits in *Bruchstück einer Hysterie-Analyse* (Stud VI: 119) öffentlich bekannte »weitreichende Übereinstimmung« hin, die beide in der Auffassung »mancher psychologischer und erotischer Probleme« verbinde, und fuhr fort:

> »Ich habe mich oft verwundert gefragt, woher Sie diese oder jene geheime Kenntnis nehmen könnten, die ich mir durch mühselige Erforschung des Objektes erworben und endlich kam ich dazu, den Dichter zu beneiden, den ich sonst bewundert« (Freud 1955: 95).

Der Neid des Wissenschaftlers gegenüber dem Dichter, der es aufgrund einer geheimnisvollen Gabe soviel einfacher habe, ist eine Freud verfolgende Vorstellung.[57] Von Goethe sagte er, er habe mit zwei Gedichtzeilen spielend vor-

---

55 »Manchmal scheint mir, daß die Verdüsterung meiner Existenz eigentlich vom Herbst 1896 an datirt, von der Zeit, da das Ohrensausen begonnen, das mich seither kaum Sekunden lang verlassen hat« (Tb 4. 12. 1902); Klagen über das »Ohrensausen« finden sich immer wieder im Tagebuch vermerkt, so z. B. am 19. 4. 1900, 31. 12. 1902, 19. 3. 1906, 15. 11. 1906 etc.

56 Dies geht aus Freuds Antwort hervor; Schnitzlers Briefe gelten als verloren. Vgl. Freud (1955: 102). Der Leiter des Sigmund Freud-Archivs in New York, K. R. Eissler teilte dem Verf. am 11. 1. 1980 mit, daß das Archiv vermutlich nicht über Briefe aus dem Kreis des ›Jungen Wien‹ an Freud verfügt. Eine tatsächliche Überprüfung des Sachverhalts mußte jedoch unterbleiben, da – wie Eissler brieflich bestätigte – ein Zugang zu dem in New York verwalteten Freud-Nachlaß vor dem Jahre 2000 aus rechtlichen Gründen nicht möglich ist!

57 Z. B.: »Und man darf wohl aufseufzen bei der Erkenntnis, daß es einzelnen Menschen [i. e. den Dichtern] gegeben ist, aus dem Wirbel der eigenen Gefühle die tiefsten Einsichten doch eigentlich mühelos heraufzuholen, zu denen wir anderen uns durch qualvolle Unsicherheit und rastloses Tasten den Weg zu bahnen haben« (Stud IX: 259).

weggenommen, was der Wissenschaftler »mit plumpen Händen« erarbeitet, und ein von ihm oft zitiertes Wort, sein Verhältnis zum Dichter charakterisierend, stammte aus Rückerts *Makamen des Hariri*: »Was man nicht erfliegen kann/Muss man erhinken« (nach L. Marcuse 1956: 86). Freud bewunderte die Dichter nicht nur wegen ihrer Intuition, sondern auch wegen ihrer Wirkung auf das weibliche Geschlecht, ein Gedanke, der in Freuds Kunsttheorie als wichtiger Bestandteil enthalten ist (Stud I: 366; Stud IX: 26). Der Ursprung dieser Auffassung darf mit Schönau (1968: 11) im Biographischen vermutet werden. Während seiner Verlobungszeit hatte Freud zwei Künstler als Nebenbuhler.[58] Im Falle Schnitzler aber hat Freud zuviel der Erklärung gegeben, denn vieles von dem, was Freud so unbedenklich in neidvoller Bewunderung der Intuition des Dichters zumaß, findet seine Erklärung in Schnitzlers medizinischen Kenntnissen (vgl. S. 196).

1912, als Schnitzlers Ruhm auf dem Zenit stand, schrieb Freud zu dessen 50. Geburtstag – der Briefwechsel bedurfte offensichtlich des konventionellen Anlasses – wiederum von seiner Anteilnahme an dessen Werk und hob seine Darstellung der Erotik hervor (Freud 1955: 95 f.). Zu jenem Zeitpunkt begann Schnitzlers intensivste Beschäftigung mit der Psychoanalyse. Das Tagebuch der Jahre 1912 und 1913 zeugt von kontinuierlicher Auseinandersetzung mit der Psychoanalyse; Diskussionen und Lektüre ergänzten sich. Er las Freuds *Drei Abhandlungen zur Sexualtheorie* (Tb: 30. 12. 1912), die 1912 gegründete Zeitschrift *Imago* (Tb: 11. 4., 6. 6. u. 10. 6. 1912; 22. 6. 1913), er beobachtete die Trennung Adlers von Freud und las dessen Werk *Der nervöse Charakter* (Tb: 11. 10., 13. 11. 1913). Hinzu kamen Wilhelm Stekels Buch über *Nervöse Angstzustände und ihre Behandlung* (Tb: 23.-26. 9. 1912) – seine kleine Tochter Lili rief aus, nachdem er ihr einige Sätze daraus vorgelesen hatte: »Das kenn ich! Das kenn ich« – Traumanalysen von Havelock Ellis (Tb: 10. 1., 16. 2. 1913) und Hanns Sachs, die ihn wieder – wie schon 1900, als er *Die Traumdeutung* gelesen hatte – zu »auffallend viel und lebhaft« (Tb: 23. 3. 1912) träumen und seinen Traumprotokollen ausführliche psychoanalytische Deutungen anfügen ließ. Mit Lou Andreas-Salomé, die gerade *In der Schule bei Freud* war, sprach er über den Meister (Tb: 15. 11. 1912). Im Gegensatz zu ihr hatte er sich zwar nicht unter die Gäste der *Psychologischen Mittwoch-Gesellschaft* gemischt[59],

58 Vgl. Brief v. 24. 6. 1882, nach Jones I: 139: »Ich glaube es besteht eine generelle Feindschaft zwischen den Künstlern u. uns Arbeitern im Detail der Wissenschaft. Wir wissen, daß jene in ihrer Kunst einen Dietrich besitzen, der alle Frauenherzen mühelos aufschließt, während wir gewöhnlich vor den seltsamen Zeichen des Schlosses ratlos dastehen u. uns quälen müssen, auch erst für uns den passenden Schlüssel zu finden.«

59 Hausner (1970: 53) behauptete dies unter Berufung auf Lou Andreas-Salomé. In deren Tagebuch (1958: 112) findet sich unter dem 5. 3. 1913 folgende Eintragung: »Helene Stöcker als Gast. Reik über Kunst. Schnitzler.« Reik hatte an diesem Abend einen Vortrag über Schnitzler gehalten mit dem Titel *»Die Allmacht der Gedanken« bei Arthur Schnitzler* (veröffentl. in: *Imago* II/1913: 319-335), das erste Kapitel seines Buches über Schnitzler (1913 c). Lediglich auf das Thema seines Vortrages bezieht sich m. E. der Vermerk von Schnitzlers Namen: In den Protokollen der *Wiener Psychoanalytischen Vereinigung* ist Schnitzler weder an diesem Abend (Protokolle IV: 172) noch

war aber in den Kreis der Freud-Schüler, darunter Ernest Jones, Theodor Reik und Alfred von Winterstein, geraten und selbst Objekt psychoanalytischer Dichtungsinterpretation geworden. Reik publizierte über sein Werk, ebenso Hanns Sachs und Alfred von Winterstein. Obwohl sich Schnitzler wie niemand sonst innerhalb des *Jungen Wien* mit der Psychoanalyse auseinandergesetzt hat, hat er zentrale Thesen Freuds doch nie akzeptieren können. E. Jones erinnert sich:

> »Trotz seiner bemerkenswerten psychologischen Intuition und auch seiner Bewunderung für Freuds Schriften, mit denen er sich früh vertraut machte, konnte er Freuds Hauptschlußfolgerungen nicht zustimmen. Mit Reik, Alfred von Winterstein und mir und noch anderen Analytikern hatte er viel darüber diskutiert; aber er ging von seinen Einwendungen gegen die Ideen des Inzests und der kindlichen Sexualität einfach nicht ab« (Jones III: 107).

Hierauf wird im Anschluß an diese chronologische Darstellung noch einzugehen sein. Winterstein kannte Schnitzler bereits aus dessen voranalytischer Zeit. Bevor sich dieser der Pschoanalyse widmete, erschien er bei Schnitzler, um sich Rat zu holen[60], was für die von Jones behauptete frühzeitige Vertrautheit Schnitzlers mit Freuds Schriften spricht. In den Jahren 1912/13 finden sich häufige Eintragungen über Diskussionen mit ihm im Tagebuch, z. B: »Winterstein; psychoanalytisches; Traumdeutung. Er erkannte die dritte Figur in meinem letzten Traum als Tod« (Tb: 4. 3. 1913).

Wichtigstes Bindeglied zwischen Schnitzler und dem Kreis um Freud war *Theodor Reik*, seit 1910 Jünger des Psychoanalytikers.[61] Ähnlich wie bei Karl Kraus wurde der Kontakt zu Freud hergestellt durch einen Dritten. Der Psychoanalytiker Theodor Reik verehrte Schnitzler, seinen ersten Sohn taufte er nach ihm, sein Buch *Arthur Schnitzler als Psycholog*, in dem er Übereinstimmungen zwischen dem Schriftsteller und der Psychoanalyse nachzuweisen und so beide Seiten wechselweise zu bestätigen suchte, wollte er Schnitzler widmen; als dieser offenbar ablehnte, widmete er es seinem »verehrten Lehrer« Professor Freud. Anders als im Fall Wittels nahm Reik mit dieser Mittlerrolle nicht eine doppeldeutige Stellung ein, sondern vermittelte loyal nach beiden Seiten, seine eigene Person hintansetzend.

Freud, der sich mit Reik viel über Schnitzler unterhielt und der von der Faszination wußte, die dessen Werk auf seinen Schüler ausübte, fragte ihn

---

an irgendeinem der anderen als Gast erwähnt. Auch in dessen Tagebuch findet sich unter diesem Datum keine Eintragung, die Hausners Interpretation stützen könnte. Vor einer Einreihung Schnitzlers unter die Freud-Schüler kann jedenfalls nicht die Rede sein.

60 Tb: 8. 3. 1909: »Baron Winterstein zu Besuch, der nun Jus beendet und Philosophie (Psychologie) studieren will und einigen Rath erbat. Über Freud, Traumdeutung, Stendhal, über die letzten mir von W. übersandten Gedichte und die kleine Casanovanovelle usw.«.

61 Der Briefwechsel zwischen Schnitzler und Reik wurde von Bernd Urban (1975) und Jeffrey B. Berlin/Elizabeth J. Levy (1978) herausgegeben. Ausführlich informiert über das Dreieck Reik-Schnitzler-Freud Murray H. Sherman (1978).

während einer Analysestunde unvermittelt: »Kennen Sie die Novelle *Der Mörder* von Schnitzler?« Die Frage hatte eine unmittelbar heilende Wirkung. Reik konnte im Spiegel der Schnitzlerschen Phantasiewelt ein eigenes Problem plötzlich erkennen, das er sich unvermittelt nicht einzugestehen vermocht hatte: Wie Alfred in Schnitzlers Erzählung seiner Gattin gegenüber unbewußte Todeswünsche hegte, so Reik seiner Gattin gegenüber. Während dieser sie allerdings in die Tat umsetzte, hatte Reik sie verdrängt. Die rhetorisch geschickt gesetzte Frage Freuds ließ ihn plötzlich den Stillstand seiner Analyse überwinden.

Schnitzler verhielt sich der Huldigung Reiks gegenüber reserviert, trotz mancher Sympathie, die er für ihn, den Autor der ersten ernstzunehmenden Studie über sein Schaffen, empfand. Die Hilfe des einflußreichen Autors in Reiks schwieriger beruflicher Situation hat er ihm jedoch nicht versagt. Für Reik blieb er der aus gebührlicher Distanz verehrte Dichter, der 1912, bei ihrer ersten Begegnung, auf dem Gipfel seines Ruhmes stand. Von dem von Schnitzler bewahrten Abstand aus aber hat er Reiks Arbeiten mit skeptischem Wohlwollen verfolgt – bis hin zu dessen Studie über *Freud als Kulturkritiker*, die er ein Jahr vor seinem Tode las (Tb: 14. 7. 1930).

Am Anfang seiner Auseinandersetzung mit dem wohlwollend zur Kenntnis genommenen Werk des Psychoanalytikers Reik stand die »kleine Broschüre über Richard« (Tb: 5. 3. 1912), die Arbeit über Richard Beer-Hofmann, in der die Traumstruktur der Novelle *Der Tod Georgs* mit der auf dasselbe Jahr datierten *Traumdeutung* verglichen wird (Reik 1912 b).[62] Hier schon zeigt sich sein eigentümliches Bestreben, *Junges Wien* und Psychoanalyse wechselweise zu spiegeln und in diesem Prozeß Wertschätzung und Gültigkeit beider Seiten zu begründen. Es folgte die Lektüre der ersten psychoanalytischen Deutung seines eigenen Werkes: *Arthur Schnitzler vor dem »Anatol«* (Reik 1912 a), die stärker psychoanalytisch argumentiert als die Schrift über Beer-Hofmann. Bezeichnenderweise ist es gerade dieser Teil, der ihm mißfällt: »[. . .] eine nicht uninteressante Studie [. . .] – nur gegen Schluß in die fixen psychoanalytischen Ideen auslaufend« (ebd.: 27. 6. 1912).[63] Dann zeigte er sich jedoch trotz fortbestehender Vorbehalte zur Kooperation bereit:

> »Dr. Theodor Reik (Psychoanalytiker, hatte mir allerlei, auch über mich, voll Sympathie, geschickt). Anregendes Gespräch über Traumdeutung und

---

62 Mit Beer-Hofmann ergab sich auch ein kleiner Briefwechsel und – vor allem im amerikanischen Exil – persönlicher Kontakt (Berlin/Levy 1978: 112-115). Nach F. Whyatt jedoch, der sich im amerikanischen Exil mit Beer-Hofmann unterhielt, »sprach er von der Psychologie sowohl wie von der Psychoanalyse ›wie der Blinde von der Farb‹, wie man in Wien gesagt hätte; eben so wie es einem kleinen Dichterfürsten in seiner eigenen Sicht zukam, aber – und ich erinnere mich genau, daß ich das damals intensiv erlebte – eben *nicht mehr zukommt*« (Brief an den Verf. vom 4. 4. 1977).

63 Von *›Alkandis Lied‹* hatte Reik behauptet, unbewußt stelle »der Dichter den Konflikt der eigenen Kindheit dar« (1912: 904). Schnitzlers Dichtung hatte Reik als »angewandte Seelenkunde« (ebd.: 903) bezeichnet und festgestellt, daß Schnitzler den psycho-analytischen »Forschungen aufmerksam und verständnisvoll gefolgt« sei (ebd.).

Psychoanalyse. Überschätzung des ›Oedipuscomplexes‹ von Seiten der Freud Schule (der Reik angehört.) Wir analysirten gemeinsam Georgs Traum (Weg ins Freie, 7. Cap)« (Tb: 17. 9. 1912).

Die Ambivalenz, die in diesem Verhalten Schnitzlers der Psychoanalyse gegenüber zum Ausdruck kommt, wird er auch späterhin nicht verlieren. Er kann die Anregungen, die von ihr ausgehen, nicht ignorieren, er kann aber noch weniger grundsätzliche Vorbehalte ihr gegenüber ausräumen. Zum ersten Heft der *Imago* notierte er: »Muß alles zur fixen Idee werden; auch der geniale Einfall?« (Tb: 11. 4. 1912).

Immerhin war jener erste Besuch Theodor Reiks bei Schnitzler (in der Sternwartestraße 7) der Beginn einer vorsichtigen Kooperation. Die gemeinsame – psychoanalytische – Interpretation von Georgs Traum ging in Reiks Buch *Arthur Schnitzler als Psycholog* ein (Reik 1913 c: 235 ff.). Ein Vorabdruck dieses Buches – *Die »Allmacht der Gedanken« bei Arthur Schnitzler* – erschien bald zusammen mit einem Aufsatz von Hanns Sachs – *Die Motivgestaltung bei Arthur Schnitzler* – in der *Imago* (1913). Die mit Macht einsetzende psychoanalytische Kunstinterpretation[64], für die Karl Kraus nur bitteren Spott übrig hatte, traf bei Arthur Schnitzler auf ein waches Interesse und fand durchaus seine Zustimmung: »Imago: Aufsätze von Sachs und Reik über mich, an sich sehr erfreulich von dem üblichen Literatengeschwätz unterscheidend, ins Tiefere deutend« (Tb: 22. 6. 1913).[65]

Bald erschien auch Reiks – innerhalb der Literaturwissenschaft heftig umstrittenes – Buch über Schnitzler, nach Allen (1966: 106) »the cornerstone of the ›psychoanalytic school‹ of AS [Arthur Schnitzler]-criticism«.

Schnitzler, dem »feindselige« (Tb: 25. 12. 1913) Reaktionen nicht entgangen waren, schrieb am 31. Dezember 1913 an den Autor, er hoffe, bald mit ihm über das »Buch« reden zu können, das er »mit wirklichem starken Interesse, gar nicht selten auch mit sachlicher Zustimmung natürlich keineswegs ohne lebhaften Einwand gelesen habe«, und fährt fort:

»Sie haben insbesondere Beziehungswerthe in meinen Arbeiten gesehen, geschaut, erkannt, an denen die meisten Berufskritiker achtlos vorbeigegangen sind; und wo Sie innerhalb des Bewussten bleiben, gehe ich oft mit Ihnen. Über mein Unbewußtes, mein halb Bewußtes wollen wir lieber sagen –, weiss ich aber noch immer mehr als Sie, und nach dem Dunkel der Seele gehen mehr Wege, ich fühle es immer stärker, als die Psychoanalytiker sich träumen (und traumdeuten) lassen. Und gar oft führt ein Pfad noch mitten

64 »Zweifellos war diese intensive Beschäftigung eine Art *Kompensation* im Hinblick auf die starken Anfeindungen der Lehre; [. . .] Dennoch war die Rezeption der literarischen Interpretationen psychoanalytischer Provinienz genauso durch Ab- und Verdrängung charakterisiert wie auf dem eigentlichen Gebiet der Psychoanalyse, der Medizin« (Groeben 1972: 122).

65 Schnitzler hatte bereits zuvor die Korrekturbogen erhalten und schrieb am 25. 5. 1913 an Reik: »[. . .] bin ich auch in gewissen Details nicht ganz ihrer Meinung, so find ich den Aufsatz doch sehr schön und freue mich bald Gelegenheit zu haben, bald mehr über die Sache zu reden« (nach Urban 1975: 237). Das Gespräch fand am 30. Mai 1913 statt.

durch die erhellte Innenwelt, wo sie – und Sie – allzufrüh ins Schattenreich abbiegen zu müssen glauben.«[66]

Auch Schnitzler konnte jenem Werk, das ja durch seine Dichtung hindurch auch auf sein eigenes Unbewußtes schließen wollte, nicht ganz zustimmen. Die damals einhellige Ablehnung konnte er aber nicht billigen. Eine solche hätte auch seinem vorsichtigen, endgültigen Urteilen abgeneigten Wesen widersprochen. Was in seinem Brief an Theodor Reik noch als höfliche Skepsis einer vorschnell auf das Unbewußte rekurrierenden psychoanalytischen Deutung gegenüber formuliert wird, radikalisiert und verschärft sich in den zwanziger Jahren zum stereotyp wiederholten Vorwurf der Monomanie, von dem auch Freud nicht ausgenommen wird. Nach einem Gespräch mit Freud über Gustav Mahler urteilte er über Ansichten Freuds: »Wird jeder Entdecker zum Masochisten seiner Idee?« (Tb: 18. 8. 1922). Dieser hatte ihm erzählt, Mahler habe seine Frau Alma nur geheiratet, weil sie wie Mahlers Mutter Maria hieß. Er billigte Freud zwar zu, ein Genie zu sein, »who has laid the cornerstone of the new science of man« (nach Viereck 1972: 10), aber man dürfe ihn nicht zu wörtlich nehmen, noch seine Schlußfolgerungen verallgemeinern. Der Psychoanalyse wird er dann generell diesen Vorwurf machen:

> »Die psychoanalytische Methode biegt ins Unbewusste oft ohne Nötigung, lange ehe sie es dürfte, ein. Manchmal aus Bequemlichkeit, manchmal aus Borniertheit, manchmal aus Monomanie« (Schnitzler 1976: 282).

Auch von Reik wird er dann sagen: »ein kluger und höchst unterrichteter Mensch«, jedoch »wie alle Psychoanalytiker etwas monomanisch« (Tb: 8. 12. 1923).[67] In jener Zeit persönlicher, direkter Auseinandersetzung um

---

66 Nach Urban 1975: 240 f. Ähnlich äußerte sich Schnitzler in einem Brief vom 2. 4. 1914 (abgedr.: ebd.) an Dr. Hans Henning, der Reiks Buch mit der Begründung angegriffen hatte, »daß es einen Präzedenzfall darstelle, ›lebende Dichter in pseudo-wissenschaftlicher Manier zur sexuellen Neurose umzudichten‹«: »Über Schriften, die mich selbst betreffen, rede ich [. . .] nicht gern. Diesmal wird es mir umso schwerer, [. . .] weil ich [. . .] ihm [Reik] sowohl vor als nach Erscheinen seines Buchs aus meinen Bedenken gegenüber der Einseitigkeit der von ihm und anderen Freud-Schülern geübten psychoanalytischen Methode, zu so interessanten und gelegentlich auch richtigen Resultaten sie führen mag, kein Hehl gemacht habe«. Swales (1971: 124) und Derré (1966: 486) zitieren bezeichnenderweise nur diesen Teil. Schnitzler fährt aber fort: »So lassen Sie mich [. . .] aussprechen, was mir an Theodor Reik's Untersuchungen von meinem Autorenstandpunkt aus sympathisch und wohl auch in weiterem Sinne wertvoll erscheint: daß hier nämlich, was von Seiten einer gewissen zünftigen Kritik so selten geschicht, auf meine Darstellung menschlicher Beziehungen nicht-erotischer Art, wie zwischen Geschwistern, zwischen Eltern und Kindern, zwischen Freunden, und auf allerlei tiefere seelische Zusammenhänge hingewiesen wird, über die nun freilich nicht das letzte und manchmal wohl auch nicht das absolut richtige Wort gesprochen sein dürfte. Auch habe ich aus Gesprächen mit Reik [. . .] die Überzeugung (er selbst allerdings noch nicht), daß ihm später einmal die Freud'schen Deutungsmethoden (aus einer so tiefen Kenntnis der menschlichen Natur in ihren Grundeinfällen sie auch entstanden sein mögen) nicht den einzigen und allein selig machenden Weg, sondern einen unter anderen bedeuten wird, der in das Geheimnis dichterischen Schaffens, zuweilen aber auch daran vorbei in Vagheit oder Irrtum führt.«

67 Über Winterstein klagte er ähnlich, er habe einen »monomanischen Artikel über ›Spiel im Morgengrauen‹« (Tb: 13. 5. 1927) verfaßt.

1912/13 hoffte er von Reik noch, er werde der »nächste große Mann [. . .] sein, der der Psychoanalyse ihre Grenzen anweist« (Tb: 8. 7. 1913)[68] – ein Wunsch, der ihm im Traum offenbar wurde.

Nach Freuds zweitem Brief an Schnitzler aus dem Jahre 1912 vergingen zehn Jahre, bis durch dessen berühmten *Doppelgänger*-Brief vom 14. Mai 1922 ein Kontakt zwischen ihnen wiederhergestellt wurde. Schnitzler schlug hierauf ein Treffen vor[69], das am Abend des 16. Juni 1922 in Freuds Wohnung zustande kam. Neben Freud waren dessen Frau und Tochter Anna anwesend. Schnitzler berichtet:

> »Er war sehr herzlich. Unterhaltung über Spitals u. Militärzeiten, gemeinsame Chefs etc. – Dann zeigte er mir seine Bibliothek – eigenes, Übersetzungen, Schriften seiner Schüler; – allerlei kleine antike Bronzen etc; ordinirt nicht mehr, sondern bildet nur Schüler aus, die sich – zu diesem Zweck von ihm analysiren lassen. Schenkt mir eine schöne neue Ausgabe seiner Vorlesungen.[70] – Begleitet mich in später Stunde von der Berggasse bis zù meiner Wohnung[71]. – das Gespräch wird wärmer und persönlicher über Altern und Sterben; er gesteht mir gewisse Solneßgefühle ein (die mir völlig fremd sind).«

Mit dem Wort »Solneßgefühle« spielte Freud auf Ibsens Drama *Baumeister Solneß* an, das die Situation eines alternden Baumeisters darstellt, der an Glück und Erfolg, die er nicht verarbeiten konnte, seelenkrank geworden ist. Die Lektüre der von Freud überreichten Vorlesungen ließ Schnitzler »mehr und praeciser« träumen (Tb: 23. 6. 1922); am 16. 8. 1922 träumte er gar vom Psychoanalytiker:

> »[. . .] genau an derselben Stelle traf ich (heute? vor einer halben Stunde?) Prof. Freud – und sehe zugleich – nicht wie ich ihn treffe, sondern wie er sich entfernt (Absicht ihn zu besuchen – Stellung zur Psychoan!) [. . .]« (Tb: 16. 8. 1922).

Schnitzler deutet seinen Traum in Freudscher Manier, indem er auf »Tagesreste«[72], also Erlebnisse des Vortages, in diesem Falle innere (Gedanken, Wün-

---

68 Ähnliches erhoffte er von F. Wittels, der zeitweilig mit Freud im Streit lag, dem er vorschlug: »[. . .] es wäre eine schöne Aufgabe, sage ich ihnen, die Methode von ihren Übertreibungen, zwangshaften Vorstellungen (– und insbesondere von ihren schwindelhaften Adepten) zu reinigen« (Tb: 14. 1. 1923).

69 Freud hatte, wie bereits 1912, bedauert, mit Schnitzler kein Wort gewechselt zu haben (Freud 1955: 96 f.), was jedoch nicht ganz wörtlich zu nehmen ist, denn dem Tagebuch (16. 6. 1922) des Dichters zufolge haben sie sich bereits »ein paar Mal flüchtig gesprochen«. Im Jahr zuvor hatte zudem Freuds Tochter Anna Schnitzlers Tochter Lili »ein paar Monate unterrichtet« (ebd.).

70 *Vorlesungen zur Einführung in die Psychoanalyse*, 1916/17 (Stud I: 34-445).

71 Nach Heinrich Schnitzler ein Weg von über einer Stunde; Schnitzler wohnte in der Sternwartestraße 71; Freud (1955: 104).

72 »[. . .] daß in jedem Traum eine Anknüpfung an die Erlebnisse des *letztabgelaufenen Tages* aufzufinden ist [. . .] In Kenntnis dieser Tatsache kann ich etwa die Traumdeutung damit beginnen, daß ich zuerst nach dem Erlebnis forsche, welches den Traum angeregt hat« (Stud II: 179).

sche), zurückgreift und erkennt auf diese Weise die Ambivalenz seines Verhältnisses zu Freud.

Am Tage danach kam es zum träumend vorweggenommenen Treffen: Auf dem Salzberg bei Berchtesgaden, wo beide zur Sommerfrische weilten, trafen sie sich am Vormittag des 16. August 1922, und Schnitzler berichtete seinen jüngsten Traum. Freud erzählte von seiner neuesten Arbeit *Das Ich und das Es* (erstveröffentl. 1923), seinem letzten bedeutenden Beitrag zur Psychoanalyse.[73] Am Nachmittag setzen sie ihre Unterhaltung fort:

> »[. . .] er erzählt mir von Mahlers Consultation in Leiden (Holland)[74]; ich kann ihm bestätigen, wie nach dieser (durch sie?) das letzte Ehe- u. Lebensjahr Mahlers sehr glücklich gewesen. – Ich erzähle von der Rolle, die Teiche (Weiher) in meinen letzten Productionen spielen; – er sagt: ›das ist der Kinderteich.‹ –; ich bezweifle die Notwendigkeit dieser Determination (wie ich doch immer wieder Monomanisches in seiner Betrachtungsweise, auch spielerisches herauspüre –) [. . .]« (Tb: 16. 8. 1922)

Der hier nun direkt auf Freud bezogene Vorwurf der Monomanie geht auf die von Wilhelm Stekel in die Psychoanalyse eingebrachte feste Symbolik, die in der Erstauflage der *Traumdeutung* noch keine Rolle spielte, bald aber als Freudsche Symbolik zu den bekanntesten und umstrittensten Teilen seiner Lehre gehörte, zurück.[75] Freud hat die Dichtung – Schnitzlers »letzte Productionen« – in Analogie zur *Traumdeutung* interpretiert, wogegen Schnitzler prinzipiell keine Bedenken hatte, er bezweifelte allerdings die allseits auftretende Notwendigkeit dieser Determination. Die zitierte Passage aus den *Vorlesungen* war Schnitzler bekannt. Wenige Tage nach deren Lektüre (23. 6. 1922) diskutierte er mit Wittels (7. 7. 1922) über seine Bedenken gegenüber der *Traumdeutung*, z. B. »dass Wasser, – Badträume stets Geburtstraum bedeuten« (Tb: 7. 7. 1922). Das Problem hat ihn noch über das Gespräch mit Freud hinaus beschäftigt: Gegen Ende des Jahres notierte er einen Traum, in dem bildlich »die Badgasse in Rodaun, wo Hugo [v. Hofmannsthal] wohnt« (Tb: 7. 11. 1922) in assoziativer Verknüpfung mit Wasser, einem Schwimmbad oder Dorftümpel erscheint:

> »(Lauter Träume erotischen Charakters mit Kindheitserinnerungen – nach Freud (Wasser . . . *Bad*gasse!) sogar Geburtserinnerungen (was ich für falsch halte).« (ebd.).

Trotz der von Schnitzler reklamierten Überinterpretation notiert er das Gespräch im nachhinein resümierend:

73 Vgl. Freud (1971: 98); Freud trifft hier die Zerlegung der psychischen Persönlichkeit in Ich, Überich und Es.

74 Vgl. Jones II: 103 f.; Reik 1972: 169-172.

75 Zu dem zwischen Freud und Schnitzler Diskutierten folgende Passage: »Die Geburt wird im Traume regelmäßig durch eine Beziehung zum Wasser ausgedrückt; man stürzt ins Wasser oder kommt aus dem Wasser, das heißt: man gebärt oder wird geboren« (Stud I: 169).

»In seinem gesamten Wesen zog er mich wieder an, und ich verspüre eine gewisse Lust, über allerlei Untiefen meines Schaffens (und Daseins) mich mit ihm zu unterhalten – was ich aber lieber unterlassen will« (Tb: 16. 8. 1922).

Eine wirkliche Annäherung haben diese Begegnungen mit Freud nicht gebracht. Im Gegenteil: Am 14. Januar 1923 sprach er gegenüber Fritz Wittels von der »Spitzfindigkeit seiner letzten Sachen« (Tb). Die nie ganz aufgegebene Distanz, möglicherweise auf eine Scheu zurückzuführen, sich vom Psychoanalytiker »in die Karten sehen zu lassen«, entsprach aber auch einem ›Grundzug‹ seines Wesens. Über seine Jugendfreundschaft mit Hugo von Hofmannsthal, Richard Beer-Hofmann und Felix Salten, oft als »Clique« (Tb: 9. 10. 1891; nach Urbach 1974: 24) betrachtet, äußerte er: »Freunde? Freunde sind wir ja eigentlich nicht – wir machen einander nur nicht nervös« (überliefert von Salten 1932/33: 45). In seiner Autobiographie bekannte er, in einem Freundschaftsverhältnis kaum je »der werbende Teil« gewesen zu sein, was er auf eine Besonderheit seines Wesens, eine Mischung von »Kühle und Mit-sich-selbst-beschäftigt-Sein« (J: 62), zurückführte. Daß dieser Wesenszug ihn allerdings keineswegs leidlos kennzeichnete, spricht sich in dem Eingeständnis »einer gewissen Impotenz des Entgegenkommens« (nach Urbach 1974: 28) aus, die wohl auch hinter der Klage steht, die er knapp einen Monat nach seinem Gespräch mit Freud seinem Tagebuch anvertraut, »dass ich niemanden habe, mit dem ich mich über meine Arbeit so eigentlich unterhalten kann« (Tb: 2. 10. 1922). In der Beziehung zu Freud war denn auch jener der werbende Teil. Der Freud-Schüler Dr. Asch berichtete ihm einige Zeit nach dem Treffen, »Freud spreche soviel« von ihm, er solle »ihn wieder besuchen« (Tb: 28. 12. 1922). Am 18. 11. 1924 sandte Freud ihm einige Aufsätze, gewidmet »mit geziemender Schüchternheit« (1955: 104).

Zu weiteren Besuchen kam es zunächst nicht – Schnitzler notierte lediglich die Absicht, Freud zu besuchen, was ihn wieder zu lebhaftem Träumen anregte (ebd.) – es ergaben sich nur einige Zufallsbegegnungen: am 19. Dezember 1923 in der Inneren Stadt (Tb) und zwei Jahre später im Hotel Sacher, wo Schnitzler sich mit Georg Brandes aufhielt: »[. . .] sie sahen sich zum ersten Mal; Freud sah sehr krank aus. Br. erzählte eine Geschichte von Bourget und Maupassant – die er eben vor Freuds Kommen abgebrochen hatte. Ich ging etwas ermüdet.«[76]

Erst als Freud sich für einige Wochen im wenige Minuten von Schnitzlers Haus entfernten Cottage Sanatorium[77] – Freud schrieb an den Dichter: »Ich

76 Tb: 15. 4. 1925; am Tage darauf kam es zu einem zweistündigen Gespräch zwischen Freud und Brandes (vgl. Jones III: 141), in dem ihm eine rasche Bekehrung des alten Mannes zur Psychoanalyse gelang (vgl. Stud I: 569), was Schnitzler am Tage zuvor nicht erreichen konnte (»Z[u] N[acht] Brandes, [. . .] über Freud (den er wenig kennt); ich versuchte ein wenig zu erklären – er: »man liebt nicht seine Mutter und liebt nicht den Tod« (Tb: 11. 4. 1925)).

77 Es befand sich wie Schnitzlers Haus in der Sternwartestraße.

war Ihnen noch nie so nahe« (1955: 99) – aufhielt, kam am 12. März 1926 der von Freud erwünschte Besuch zustande:

»Bei Prof. Freud, der wegen Herzzuständen im Sanatorium (Cottage). Das anfangs etwas mühselige Gespräch entwickelte sich besser. Seine Tochter, sein schweres Leiden, nach Operationen, vor zwei (?) Jahren, bagatellisirt er bewußt« (Tb: 12. 3. 1926).

Nach einem vergeblichen Versuch (zwischen dem 12. und 24. März) besuchte Schnitzler den Kranken nochmals am 26. März 1926:

»Bei Prof. Freud im Cott[age] Sanat. Über Productionsfragen (Krankheiten der Production), Gf. Keyserling[78], den Philosophen und seine Verworrenheit« (Tb: 26. 3. 1926).

»Productionsfragen« waren natürlich ein wichtiges Anliegen[79] des Schriftstellers, der die Vorarbeiten seiner zu Lebzeiten veröffentlichten Werke – allesamt mit pedantischer Genauigkeit aufbewahrt – für wichtige »Beiträge zur Physiologie (auch Pathologie!) des Schaffens«[80] hielt.

An Freud gerichtete Äußerungen Schnitzlers über die »Krankheiten der Production« sind womöglich aus dem Zusammenhang der im Nachlaß gefundenen *Materialien zu einer Studie über Kunst und Kritik* zu erhellen. Dort begreift er die Kunst als »Resultat einer Angstneurose«, sie entspringe »dem Drang, der Vergänglichkeit zu entfliehen« (A: 367). Schnitzler glaubte, daß die in der menschlichen Natur steckenden Fehler »gerade beim Künstler ins Krankhafte auszuarten« (ebd.: 374) drohten.

Nach den Krankenbesuchen Schnitzlers im Cottage Sanatorium hat – der Ironie Freuds, »es soll doch nicht ein Vorrecht des Kranken bleiben, Sie öfters zu sehen« (Freud 1955: 100) ungeachtet – kein weiterer Besuch mehr stattgefunden. Ihre letzte Begegnung am 27. Dezember 1926 war wiederum eine zufällige und kam während eines Aufenthaltes in Berlin zustande.

»Im Hotel Begegnung mit Freud u. Frau. Heini [Heinrich Schnitzler, sein Sohn] vorgestellt. Über Schilder[81], Prinzhorn[82] – ›für alle werd ich verantwortlich gemacht!‹« (Tb: 27. 12. 1926).

---

78 Graf Hermann Keyserling, impressionistischer Philosoph, veröffentlichte 1919 das *Reisetagebuch eines Philosophen* und 1920 die *Philosophie als Kunst*; vgl. Hamann/Hermand (1972: 89).

79 So unterhielt er sich mit Benvenisti »über Production – Antheil des [›]Bewußten u[nd] Unbewußten‹ – Rolle des Mittelbewußtseins« (Tb: 7. 2. 1924); mit Reimers »über den Antheil des medizinischen in meiner Anlage u[nd] Production« (Tb: 17. 2. 1924).

80 Nach Neumann/Müller (1969: 36); dem Thema sind auch einige Skizzen gewidmet, in denen die Entstehungsgeschichte einiger seiner Werke beschrieben wird. Vgl. A: 379 ff.

81 Schilder war laut Tagebuch der Autor einer *Medizinischen Psychologie*, die Schnitzler zwischen dem 29. Nov. 1926 (also vor dem Treffen mit Freud) und dem 15. Jan. 1927 las. Schilder war Mitglied der *Psychoanalytischen Vereinigung*; vgl. Jones III: 136.

82 Der Schweizer Hans Prinzhorn war im November 1921 auf Empfehlung des Psychoanalytikers Ludwig Binswanger zu Freud gekommen; vgl. Jones III: 136. Schnitzler sah ihn zum ersten Mal am 26. Jan. 1924: »Dr. Prinzhorn (neu); über allerlei psychiatrisches u[nd] psychoanalytisches. Sein Buch über die Malerei der Geisteskranken« (Tb: o. D.). Vermutlich ist Prinzhorn auch

Hiernach beschränken sich die Kontakte zwischen ihnen auf den – seit ihrem ersten Zusammensein im Jahre 1922 zur Selbstverständlichkeit gewordenen – gegenseitigen Austausch ihrer neuesten Arbeiten. Noch wenige Tage vor seinem Tode übergab Arthur Schnitzler seinem Verlag eine Liste mit den Namen von 48 Personen, die Freiexemplare seiner Erzählung *Flucht in die Finsternis* erhalten sollten – unter ihnen die Sigmund Freuds und Theodor Reiks.[83]

Schließlich sei, die Chronik ihrer Beziehungen beschließend, eine Liste der Freudschen Schriften angeführt, die Schnitzler nachweislich kannte, eine Liste, die für die Untersuchung der Beeinflussung der poetischen Produktionen Schnitzlers durch den Psychoanalytiker von Bedeutung wäre (die in eckigen Klammern gesetzten Jahreszahlen beziehen sich auf das Jahr der Erstveröffentlichung, die in runden Klammern auf das Jahr der Lektüre durch Schnitzler):

- *Die Traumdeutung* [1900] (1900)
  (Tb: 26. 3. 1900)
- *Studien über Hysterie* [1895] (1903)
  (Tb: 6. 2. 1903)
- *Drei Abhandlungen zur Sexualtheorie* [1905] (1912)
  (Tb: 30. 12. 1912)
- *Totem und Tabu* [1912/13][84] (1912/13)
- *Jenseits des Lustprinzips* [1920][85] (1922)
- *Das Ich und das Es* [1923][86] (1922)
- *Vorlesungen zur Einführung in die Psychoanalyse* [1916/17] (1922)
  (Tb: 23. 6. 1922)
- *Hemmung, Symptom und Angst* [1926] (1926)
  (Tb: 9. 3. 1926)
- *Die Zukunft einer Illusion* [1927] (1927)
  (Tb: 29. 11. 1927)
- *Das Unbehagen in der Kultur* [1930] (1930)
  (nach Freud 1955: 106)

Die Rezeption des Freudschen Werkes (von dem des voranalytischen Freud abgesehen) könnte man folgendermaßen gliedern:

1. Zwischen 1900 und 1903 erfolgte aus persönlichem Interesse die Lektüre

derjenige, der Schnitzler – vergeblich – aufforderte, für ein biographisches Lexikon über J. Breuer, Freud, und die Psychoanalyse zu schreiben. Tb: 28. 6. 1927.

83 Nach Urbach (1974: 137; die Liste »gibt Aufschluß über die Freunde der letzten Jahre und die Kenner des Werks, die AS informieren wollte«.

84 Schnitzler las die 1912 gegründete Zeitschrift *Imago*, in der *Totem und Tabu* erschien. Vgl. Urban (1975a: o. S.).

85 Freud hatte diese Schrift Schnitzler gegenüber erwähnt. Vgl. Freud (1958: 97); jedoch keine Lektürenotiz im Tagebuch.

86 Freud hatte das Werk am 16. Aug. 1922 gesprächsweise erwähnt. Vgl. S. 219 dieser Arbeit. Es findet sich allerdings keine Lektürenotiz im Tagebuch.

wichtiger Werke Freuds vor dem Beginn der Bewegung, zu einem Zeitpunkt, da Freud alles andere als modisch war.

2. 1912/13, vermittelt durch persönliche Bekanntschaft mit Freud-Schülern, namentlich Theodor Reik, intensivste und offenste Auseinandersetzung mit der Analyse, bei der aber eine gewisse Skepsis der Sicherheit ihrer Methodik und wichtigen Axiomen gegenüber sichtbar werden.
3. Von 1922 bis zu seinem Tode durch Freud selbst initiierte kontinuierliche Reflexion auf die Analyse, die aber die grundsätzliche Reserve nicht überwinden kann und an das Engagement in den Jahren 1912/13 nicht heranreicht.

Schnitzlers lebhafte Teilnahme am Fortgang der Psychoanalyse bezeugen über die Lektüre Freudscher Werke und über Kontakte mit Freud hinaus auch – vom Tagebuch mit pedantischer Genauigkeit dokumentiert – seine zahllosen Diskussionen sowohl mit Psychoanalytikern als auch mit Laien über die Psychoanalyse und die psychoanalytische Bewegung, in denen des öfteren auch seine Beziehungen zu Freud und zur Psychoanalyse Gesprächsgegenstand sind.[87] Seinen persönlichen Eindruck von Freud beabsichtigte Schnitzler in einer Charakteristik desselben wiederzugeben, die über Vorstudien hinaus jedoch nicht gedieh.[88]

---

87 So sprach Freud-Schüler Asch von einer »Wahlverwandtschaft« zwischen Freud und Schnitzler (Tb: 22. 10. 1922); mit dem französischen Dramatiker Lenormand unterhielt er sich »über Psychoanalyse, Freud und mich« (Tb: 28. 12. 1924) und mit Fritz Eckstein »über Freud u. die inneren Beziehungen zwischen ihm u. mir« (Tb: 28. 6. 1927).

88 Freuds Charakteristik befindet sich im Nachlaß unter 64 anderen (Freiburger Nachlaß: Mappe 186: 405; vgl. Neumann/Müller 1969: 130), die Schnitzler aufgrund des in seinen Tagebüchern vorhandenen Materials zusammenstellte. Hinter dem vielversprechenden Titel *Charakteristik Freuds* verbirgt sich lediglich eine – zudem unvollständige – Sammlung seiner o. a. Tagebuchnotizen über Gespräche mit Freud: Notiert wurden die vom 19. 12. 1923, von 12. 3., 26. 3. und 27. 12. 1926. Die beiden wichtigen Gespräche aus dem Jahre 1922 fehlen merkwürdigerweise!

> Nun mögen Sie erraten, wie sehr mich die Zeilen erfreut und erhoben, in denen Sie mir sagen, daß auch Sie aus meinen Schriften Anregungen geschöpft haben.
> Sigmund Freud am 6. Mai 1906 an Arthur Schnitzler

Die Frage an das Schicksal (1889)

Angeregt durch die »damalige Beschäftigung mit dem Hypnotismus«[89] schrieb Schnitzler 1889, kurz nach Abfassung seiner *Aphonie-Studie*, den zum Anatol-Zyklus gehörigen Einakter *Die Frage an das Schicksal.* Eine deutliche Anspielung hierauf klingt aus Anatols Worten, wenn er über die Hypnose sagt: »[. . .] Das Große an der Sache ist die wissenschaftliche Verwertung. – Aber ach, allzuweit sind wir ja doch nicht« (Schnitzler 1964: 12). Anatol, der »Hypochonder der Liebe« (ebd.: 70), will in der Hypnose seiner geliebten Cora »die Frage an das Schicksal« stellen: ob sie ihm treu sei. Er bricht den Versuch jedoch ab, denn ihm ist – so sein Freund Max – die »Illusion doch tausendmal lieber [. . .] als die Wahrheit«[90]. Gleich zu Beginn des Stückes bringt Max die Hypnose zur Sprache, indem er seiner Bewunderung für Anatols Künste auf diesem »unheimlichen« Gebiet Ausdruck verleiht:

> »Nein, ich muß dir sagen, ich war erstarrt. Ich habe ja doch bisher das Ganze für ein Märchen gehalten. Wie ich nun aber sah, [. . .] wie sie vor meinen Augen einschlief [. . .] wie sie tanzte, als du ihr sagtest, sie sei eine Ballerine und wie sie weinte, als du ihr sagtest, ihr Geliebter sei gestorben, und wie sie einen Verbrecher begnadigte, als du sie zur Königin machtest [. . .]« (Schnitzler 1964: 11).

Mit ähnlichen Worten schilderte Felix Salten Schnitzlers eigene hypnotische Versuche in der Poliklinik (siehe S. 209). Max nennt den Hypnotiseur Anatol

89 Zu diesem Drama findet sich folgende Notiz Schnitzlers im Nachlaß: »Vom 26. 8. 89-30. 8. 89 [. . .] Anregungen durch die damalige Beschäftigung mit dem Hypnotismus. Praktische Versuche an der Poliklinik«. Nach Offermanns: *Texte und Materialien zur Interpretation*, in: Schnitzler 1964: 153. Es sei an dieser Stelle nochmals darauf verwiesen, daß Schnitzler zum Zeitpunkt der Abfassung des Dramas sämtliche Arbeiten Freuds auf dem Gebiet der Psychopathologie kannte! Vgl. S. 204 dieser Arbeit.

90 Schnitzler (1964: 21); Lucas (1969: 19) bezeichnet den Redewechsel Anatol/Max, in dem das innere Befinden Anatols sondiert werde, als »psychoanalytischen Dialog« (dieser Dialogtypus gelte insbesonders für folgende Einakter des Anatol-Zyklus: *Die Frage an das Schicksal, Episode* und *Agonie*): »Durch die Beweglichkeit und Variabilität der Redepositionen, die in Frage und ironischem Konstatieren das szenische Gespräch aktivieren, wirkt Max auf das Empfindungsbewußtsein des Partners ein und löst dessen Reflexionsbereitschaft aus. Dadurch entfaltet sich die Rede. In den parallel geordneten Passagen der Beobachtung des inneren Befindens verdichtet sich der psychoanalytische Dialog zu Lichtstellen der Wesensenthüllung und der Stimmungswerte« (ebd.: 22).

einen Zauberer, ein Vergleich, den dieser aufgreift – »Man könnte Zauberer sein!« (Schnitzler 1964: 14) – und den Cora nach Wiedererwachen aus der Hypnose ins Negative wendet: »Das ist ja Hexerei« (ebd.: 23). Ähnliches erfuhr auch Freud: Die Arbeit mit der Hypnose brachte ihm den schmeichelhaften »Ruf des Wundertäters« (GW XIV: 42) ein. Max würde sich »nie und nimmer« (ebd.: 11) hypnotisieren lassen, und auch Cora will von einem erneuten Versuch nichts wissen: »Oh nein! Nie wieder! Das ist ja Hexerei. Da wird man gefragt und weiß nach dem Erwachen nichts davon. – Gewiß hab' ich lauter Unsinn geplauscht« (ebd.: 23). So äußerte sich auch eine Patientin Freuds, deren hysterischen Symptomkomplex er erfolgreich mittels Hypnose behandelte: »Ich habe mich geschämt [. . .], daß so etwas wie die Hypnose nützen soll, da, wo ich mit all meiner Willenskraft machtlos war« (GW I: 8).

Sie liefert auch das Stichwort, das die Ablehnung der »unheimlichen« Hypnosetechnik erklärt. Sie alle befürchten eine Einschränkung der Willensfreiheit und ahnen, daß – wie Anatol formuliert (Schnitzler 1964: 20) – unterhalb des Bewußtseins »unbewußte Zustände« existieren, und fürchten, mittels Hypnose entlarvt zu werden. Instinktiv bringt Cora dies zum Ausdruck, wenn sie auf die Mitteilung Anatols hin, sie habe im hypnotischen Schlaf gesprochen, angstvoll fragt: »Um Gottes Willen! Doch nichts Unrechtes?« (ebd.: 22). Deshalb schreckt Anatol vor der letzten Konsequenz zurück und verkneift sich die »Frage an das Schicksal«: Er weiß, daß das Ich von unbewußten Triebkräften gelenkt wird und Treue folglich nicht möglich ist. Die Bedeutung der Vergangenheit der Triebgeschichte wird in Anatols Geständnis »Hat sie [i. e. Cora] nicht vielleicht [. . .] noch eine alte Kette nachschleppen müssen, *müssen*, sag' ich« (ebd.: 19) ausgesprochen.

Er begnügt sich mit der Illusion, es sei Treue in der Beziehung Er-Sie möglich. Befürchtet wird von der Hypnose, daß durch sie hinter Schein Sein, hinter Bewußt Unbewußt, in der Gegenwart (unbewältigte) Vergangenheit aufgedeckt werde.

Im selben Jahr, in dem Schnitzler diesen Einakter verfaßte, sieht sich Freud genötigt, den Hypnotismus gegen den Vorwurf der »Unterdrückung der freien Persönlichkeit durch den Arzt« zu verteidigen:

> »Es ist ganz interessant, die entschiedensten Deterministen plötzlich als Verteidiger der gefährdeten ›persönlichen Willensfreiheit‹ zu sehen, [. . .] kann man denn wirklich vergessen, daß [. . .] die ganze soziale Erziehung des Menschen auf einer Unterdrückung unbrauchbarer Vorstellungen und Motive und deren Ersetzung durch bessere beruht«[91].

Und im November 1890 wird in der Zeitschrift *Deutsche Dichtung*, initiiert vom Herausgeber Karl Emil Franzos, eine sich über ein gutes halbes Jahr erstrek-

91 *Wiener Medizinische Wochenschrift* 1889: 1099; nach Urban (1974: 208 f.); ähnlich auch Schnitzler in seiner *Aphonie-Studie*: [. . .] gar so selbstverständlich, als sie manche gerne darstellen möchten, ist die Lehre von der Übertragung des eigenen Willens auf eine fremde Person noch lange nicht« (Schnitzler 1889 a: 406).

Abb. 17 Jean Martin Charcot während einer Klinischen Vorlesung in der Salpêtrière; Demonstration einer Hysterica. Druck von R. Engelmann o. J.

kende Diskussion über *Die Suggestion und die Dichtung*[92] beginnen, bei der die bekanntesten Vertreter der damaligen Physiologie, Pathologie und Psychiatrie – darunter Emile Du Bois-Reymond, Helmholtz, Auguste Forel, Sigmund Exner, Krafft-Ebing, Hermann Nothnagel und auch Freuds Intimfeind Theodor Meynert – ihre »Gutachten« abgaben. Auch wenn die Mehrzahl der Wissenschaftler – ungeachtet ihrer Stellung zum Hypnotismus – eine »Einführung von Hypnotismus und Suggestion als Motive in die Dichtung [. . .] für sehr bedenklich« hielt – so Du Bois-Reymond in seiner Stellungnahme –, konnte der bigott mit dem brisanten Thema spekulierende Herausgeber doch befriedigt ein außergewöhnliches Interesse der verunsicherten Öffentlichkeit registrieren. War ihr Glaube an die Willensfreiheit durch die mit dem Naturalismus sich verbreitende Vererbungslehre schon erschüttert, so erhielt er durch die neuerdings von der Wissenschaft verbreitete Lehre einen noch subtileren Stoß. Mit *Die Frage an das Schicksal* hatte Schnitzler sich an die neueste, vom französischen Naturalismus herkommende Mode angeschlossen.

92 Franzos (1890/91); ein Hinweis auf die Diskussion bei Engelhardt 1978: 361.

Nach einem Besuch im Burgtheater Anfang März 1899 äußerte Freud verwundert: »Unlängst war ich in Schnitzlers ›Paracelsus‹ erstaunt, wieviel von den Dingen so ein Dichter weiß«[93]. Was kann Freud unter »diesen Dingen« verstanden haben? Im *Paracelsus* hat, so wird sich zeigen, die Auseinandersetzung mit der gegen Ende des vorigen Jahrhunderts in Wien in der Entstehung begriffenen Hysterieforschung, an welcher Schnitzler und – exponiert – Freud teilhatten, ihren Niederschlag gefunden.

Zur Darstellung dieses damals aktuellen Themas wählte Schnitzler einen beziehungsreichen historischen Stoff. Der vom Geist der Renaissance erfüllte Paracelsus hatte in seinem *Schreiben von den Krankheiten so die Vernunft berauben* (ca. 1567) eine Auffassung von der Hysterie vertreten, die auf das späte 19. Jahrhundert vorausweist: In dem Kapitel *Über den St. Vitus Tanz* nennt er sie *chorea lasciva*, lasziver Tanz, und betont neben der – im Grunde alten – Annahme über ihre sexuelle Komponente die des Unbewußten, wobei er sich nicht auf philosophische Spekulation, sondern auf Beobachtung berief (Veith 1965: 105 f.). Auch die hohe Suggerierbarkeit der Hysterischen war ihm bekannt.

Die Handlung von Schnitzlers Drama entwickelt sich in den Gemäuern eines Waffenschmiedehauses in Basel – eine Analogie zum faustischen Studierzimmer. Das Geschehen zentriert sich um Schnitzlers Titelgestalt Paracelsus, der, will man die Analogie zur historischen Gestalt fortsetzen, angesichts der Forschungsintention und -ergebnisse durchaus Mitstreiter und Kollege des Dr. Faustus ist – ihn trieb die Triebhaftigkeit des Erkenntnisstrebens nach dem, »was die Welt im innersten zusammenhält«, sogar bis in den Pakt mit Mephistopheles – dieser Paracelsus ist sich wie die historische Gestalt in der Überzeugung von der Richtigkeit seiner wie immer auch Empörung hervorrufenden Erkenntnisse, nicht zu schade, als herumreisender Arzt seine Künste auf Marktplätzen anzupreisen. Die Skepsis und die böse Verleumdung, seine Wissenschaft sei Ergebnis eines teuflischen Bundes, die den Lehren des Paracelsus der anbrechenden Neuzeit folgen, muß sich auch der Schnitzlersche *Paracelsus* gefallen lassen, dessen ebenfalls anrüchige und das traditionelle Weltbild in Frage stellenden Lehren nur Hohn und Abweisung ernten können. Das erste, was der Zuschauer von ihm erfährt, ist die schnippische Bemerkung von Cäcilia, der Schwester Justinas, Gattin des Waffenschmieds, er sei ein Quacksalber. Auf dem Marktplatz von Basel demonstriert er seine Zauberkünste. Mittels Suggestion und Hypnose heilt er die gelähmte Frau eines Schmieds. Cyprian, der Waffenschmied, der sich unter die gaffende Menge gemischt hat, berichtet:

93 Nach Jones I: 402, der angibt, diese Äußerung stamme vom 19. März 1898, was jedoch unmöglich ist, denn zu diesem Zeitpunkt war *Paracelsus* noch kaum niedergeschrieben (vgl. Urbach 1974: 164). Die Uraufführung fand am 1. März 1899 am Burgtheater, zusammen mit *Die Gefährtin* und *Der grüne Kakadu*, statt (Scheible 1976: 139).

»Seit heute morgen regt sie Arm und Beine,
Und was der anderen Mühe nie geglückt,
In einem Augenblick gelang es diesem«
(DrW I: 466).

Auch die stumm gewordene Tocher eines Drechslermeisters findet in Paracelsus den rettenden Arzt: »Sie redet wieder, seit es Der befahl« (ebd.: 479). Theodor W. Alexander zieht die Verbindungslinien zu Schnitzlers eigenen Versuchen[94]: In seiner *Aphonie-Studie* schilderte Schnitzler den Fall einer 16jährigen Schlossermeisterstochter, der er in Hypnose ihre Stimme wiedergab (Schnitzler 1889 a: 495 ff.). Aphonie und Lähmungserscheinungen gehören – sofern ein organischer Krankheitsbefund nicht nachweisbar ist – zum Symptomkomplex der Hysterie. Bereits in einem 1888 erschienenen Lexikonartikel über Hysterie empfahl Freud als therapeutische Methode Suggestion in Hypnose.[95] In den *Studien* erklärte er, wie körperliche Leiden ursächlich mit psychischen verknüpft sind:

»Es zeigt sich als unerläßliche Bedingung für die Erwerbung der Hysterie, daß zwischen dem Ich und einer an dasselbe herantretenden Vorstellung das Verhältnis der Unverträglichkeit entsteht.[96] [. . .] Die hysterische Art der Abwehr – zu welcher eben eine besondere Eignung erfordert wird – besteht nun in der *Konversion* der Erregung in eine körperliche Innervation, und der Gewinn dabei ist der, daß die unverträgliche Vorstellung aus dem Ichbewußtsein gedrängt ist. Dafür enthält das Ichbewußtsein die durch Konversion entstandene körperliche Reminiszenz [. . .] und leidet unter dem Affekt, der sich mehr oder minder deutlich an diese Reminiszenzen knüpft« (Studien: 98 f.).

Des Paracelsus' Gegenspieler, der Stadtarzt Doktor Copus, berichtet entsetzt über dessen Treiben:

»Er spottet Avicennas! höhnt Galen!
Begeifert all, die vor ihm gewesen
Und unsre hohe Kunst so weit gebracht.
Der Schule lacht er, der er selbst entstammt«
(DrW I: 469).

Vor 13 Jahren habe er noch zu seines Meisters Füßen gesessen: »Trithemius' Schüler war er!« (ebd.: 470). Paracelsus selbst äußert nicht unbescheiden: »Ich

94 Alexander (1965: 8); in 8 von ihm untersuchten Werken Schnitzlers von 1892-1926 fand er 6 Männer und 4 Frauen, die an Stimmlosigkeit litten: »The vocal disturbances in the literary works are the result of emotional disorders which are, for the most part, related to fear, a sudden change of mood, or extreme nervousness« (ebd.: 14).

95 »Die direkte Behandlung besteht in der Wegschaffung der psychischen Reizquelle für die hysterischen Symptome und ist verständlich, wenn man die Ursachen der Hypnose im unbewußten Vorstellungsleben sucht. Sie besteht darin, dem Kranken in der Hypnose eine Suggestion einzugeben, in welcher die Behebung des betreffenden Leidens enthalten ist. So heilt man z. B. [. . .] eine hysterische Lähmung des Armes, indem man ihn in der Hypnose zwingt, Stück für Stück des gelähmten Gliedes zu bewegen« (Freud 1888 b: 891 f.).

96 Diese Vorstellungen sind – wie Freud damals schon annahm – zumeist sexuellen Inhalts.

bin ein Arzt, nur klüger als die andern« (ebd.: 475), eine Charakteristik, die möglicherweise zugleich Schnitzlers Anerkennung gegenüber Freud und seine negative Beurteilung der »traditionellen« Mediziner indirekt ans Ohr der Öffentlichkeit bringen wollte. Freud, der mit seinen Hysteriestudien in Konflikt mit seinen Lehrern gekommen war, war von Meynert, verächtlich »ein Hypnotiseur« genannt worden. Ihm hielt er entgegen:

> »Es fällt den meisten Menschen schwer anzunehmen, daß ein Forscher, der für einige Kapitel der Neuropathologie große Erfahrung erworben [. . .], für andere Probleme jeder Eignung als Autorität angerufen zu werden, enbehren sollte [. . .] Man braucht sich nicht zu scheuen es auszusprechen, wenn man die Anlehnung an eine Autorität gegen das eigene, durch Studium der Thatsachen erworbene Urtheil, zurücksetzt«.[97]

Die traditionelle Medizin wird in der Figur des Doktor Copus lächerlich gemacht, dessen Unfähigkeit, psychisch bedingte Leiden zu therapieren, bereits zu Beginn der Handlung angedeutet wird: Cäcilia verschreibt er »Pulver« gegen Fieber und Kopfweh, Leiden, die vielmehr körperlicher Ausdruck – ins Somatische konvertierte psychische Energie nach Freud – ihres Liebeskummers sind (Cäcilia liebt glücklos den Junker Anselm, der jedoch einzig in Justina das Ziel seiner Wünsche sieht).

Ähnliche Fehlurteile seiner Wiener Kollegen beanstandete Freud verschiedentlich in den *Studien*. So berichtete er von einer jungen Hysterica, die mit einer schweren Gehstörung behaftet war:

> »Eine unserer damaligen Wiener Autoritäten hatte sich durch diesen Symptomkomplex zur Diagnose einer multiplen Sklerose verleiten lassen«[98].

Die weitere Handlung der Erzählung läßt noch mehr Analogien zu Freud finden. Schnitzler greift das Motiv der Erinnerung auf: Der als Gast bei Meister Cyprian aufgenommene »Hexenmeister« Paracelsus erweist sich als Justinas Jugendliebe Theophrastus Bombastus Hohenheim, dem gegenüber sie ihre von Erschrecken in Abneigung übergehenden Empfindungen nicht verbergen kann. Angesichts dessen hält ihr Theophrastus alias Paracelsus entgegen:

> »Scheut Ihr Erinnerung?
> Man kann ihr besser nicht die Schauer nehmen,
> Als wenn man sie zum Leben wieder weckt«
> (DrW I: 477).

Mit knappen Worten sind hier die Kerngedanken der kathartischen Methode wiedergegeben, über die Joseph Breuer und Sigmund Freud in ihrer gemeinsam verfaßten *Vorläufigen Mitteilung zu den Studien* schreiben:

---

97 *Wiener medizinische Wochenschrift* 1889/34: 1098; nach Jones I: 281.

98 Studien: 81; ebd.: 144 berichtet Freud von einer Patientin, die an heftiger Gesichtsneuralgie litt, woraufhin ihr in einer grausamen Operation sieben Zähne gezogen wurden. Ein Erfolg stellte sich allerdings nicht ein, denn die Gesichtsneuralgie war hysterisch bedingt. Vgl. ebd.: 138.

»Wir fanden nämlich [...], daß die einzelnen hysterischen Symptome sogleich und ohne Wiederkehr verschwanden, wenn es gelungen war, die Erinnerung an den veranlassenden Vorgang zu voller Helligkeit zu erwecken, damit auch den begleitenden Affekt wachzurufen, und wenn dann der Kranke den Vorgang in möglichst ausführlicher Weise schilderte und dem Affekt Worte gab« (Studien: 9 f.).

In der 1905 erschienenen Schrift *Bruchstück einer Hysterie-Analyse* hebt Freud Schnitzlers Einsicht in die Mechanismen der hysterischen Erkrankung hervor. Das Phänomen des Krankheitsgewinnes[99], jener erstaunlichen Tatsache, die den Arzt bei dem Heilungsversuch eines Patienten auf großen Widerstand stoßen läßt, welcher zeigt, »daß es dem Kranken mit der Absicht, das Leiden aufzugeben, nicht so ganz, so voll ernst ist« (Stud VI: 119), habe Schnitzler im *Paracelsus* richtig dargestellt. Auf des Paracelsus Anerbieten, die Krankheit Cäcilias zu heilen, entgegnet sie zunächst: »Ich bin gesund [...] auch hab' ich einen Arzt« (DrW I: 481). Als dieser weiter in sie dringt, ruft sie aus: »Nein, nein, ich will nicht lachen und vergnügt sein« (ebd.: 482).

Mit Paracelsus' Erscheinen wird, ähnlich wie mit Freuds Entdeckungen, die bürgerliche, scheinbar gesicherte Welt des Cyprian in Frage gestellt. Paracelsus verweist auf ein Reich hinter dem Alltag, das Verdrängte, Unbewußte:

»Bedenkt dies Eine nur: daß jede Nacht
Uns zwingt hinabzusteigen in ein Fremdes,
Entledigt unsrer Kraft und unsres Reichtums,
Und alles Lebens Fülle und Verdienst
Von weit geringrer Macht sind als die Träume,
Die unserm willenlosen Schlaf begegnen« (ebd.).

Cyprian kann hierin keine Gefährdung sehen, ihm gilt nur das Helle, Gegenwärtige; er wähnt auf »festem Grund« zu stehen, doch zeigt sich bald, wie sehr er sich getäuscht hat. Von ihm übermütig dazu aufgefordert, versetzt Paracelsus Justina in Hypnose. Sie bekennt, mit Anselm eine Liebesnacht verbracht zu haben: »Laß alles dir erzählen! So wird es gut« (DrW I: 489). Ihre Worte lassen sich im Sinne der *kathartischen Methode* verstehen, deren therapeutischer Wert darin besteht, daß sie der »ursprünglich nicht abreagierten Vorstellung« (Studien: 18) Gelegenheit gibt, ins normale Bewußtsein zu dringen. Als jedoch Anselm auftritt, verwirren sich auch für Paracelsus die Grenzen, denn Anselm hält Justinas Äußerungen für einen schlechten Scherz. Nach nochmaliger Hypnose stellt sich heraus, daß das, was Justina zunächst zu tatsächlichem Geschehen machte, in Wahrheit nur ihre unbewußten Wünsche waren. Freud selbst korrigierte die von ihm zunächst aufgestellte Behauptung der Ätiologie der neurotischen Symptome aus manifesten sexuellen Erlebnissen öffentlich erstmals 1906 dahingehend, daß er sie als bloße Phantasien der Patienten erkannte

99 Der Krankheitsgewinn ist nach Freud ein Kompromiß zweier gegenläufiger Bestrebungen: Erfüllung von Triebansprüchen einerseits und Zugeständnis an das Verbot der Ich-Instanz andererseits.

(Stud IV: 69). An dieser Stelle scheint die Intuition des Dichters tatsächlich ahnungsvoll gewesen zu sein.

In ihrem durch die hypnotische Suggestion erweiterten Bewußtsein erinnert Justina sich auch ihrer vergangenen Liebe zu Paracelsus und kann sich nun, da dies »abreagiert« ist, ohne Schuldbewußtsein Cyprian wieder zuneigen.

Das Drama ist eine dichterische Umsetzung der hinter den nahezu zur gleichen Zeit entstandenen *Hysterie-Studien* stehenden Erfahrungen Freuds und Breuers. Einige Einschränkungen sind allerdings zu machen: Die *psychoanalytischen* Elemente der *Studien*, jenes Überwechseln Freuds von der suggestiven Methode der Hypnose zur Technik der freien Assoziation, finden sich im *Paracelsus* nicht. Die Position des Aufklärers[100], die Freud für seine psychotherapeutische Tätigkeit in Anspruch nahm, kann Schnitzler nur bedingt zugeschrieben werden, denn die Verschlingungen von Bewußtem und Unbewußtem, Gegenwart und Vergangenheit, Spiel und Ernst, Schein und Sein hält er letztlich doch für unentwirrbar; seine Haltung ist eher einem mehr oder weniger resignativen Skeptizismus vergleichbar:

»Es fließen ineinander Traum und Wachen,
Wahrheit und Lüge, Sicherheit ist nirgends.
Wir wissen nichts von andern, nichts von uns;
Wir spielen immer, wer es weiß, ist klug«
(DrW I: 498).

Der Empfindsame (1895)

In der Diskussion um die von Beharriell (1956: 26; 1967: 552 f.) mehrfach vorgetragene These, Schnitzler habe wesentliche Erkenntnisse Freuds vorweggenommen, hat eine kurze Erzählung aus dem Frühwerk Schnitzlers, *Der Empfindsame*, eine wichtige Rolle gespielt. Beharriell meinte nachweisen zu können, Schnitzler habe mit dieser Kurzgeschichte die sexuelle Ätiologie der Neurosen vor Freud beschrieben, was Urban (1974: 213) zu Recht bestritt: Dies sei in jenen Jahren »in Ärztekreisen Vermutung, Andeutung, verworfene Hypothese« (ebd.) gewesen. Freud selbst berichtet, daß drei seiner Lehrer – Breuer, Charcot und Chrobak – Jahre, bevor die »scheinbar originelle Erkenntnis« in ihm erwachte, ihn gesprächsweise auf die Bedeutung der Sexualität bei der Verursachung der Neurosen hingewiesen hätten (GW X: 50 ff.).[101]

100 »Man wirkt so gut man kann, als Aufklärer, wo die Ignoranz eine Scheu erzeugt hat, als Lehrer, als Vertreter einer freieren oder überlegeneren Weltauffassung [. . .]« (Studien: 227).

101 Charcot äußerte im Gespräch mit einem Kollegen: »Mais dans des cas pareils c'est toujours la chose génitale [. . .]«; Chrobak klärte Freud über die einzig mögliche Therapie einer unter Angstanfällen leidenden Frau auf, die trotz 18jähriger Ehe *virgo intacta* sei:
Rp. Penis normalis
dosim
repetatur!
Verordnen könne man dies allerdings nicht« (GW X: 151).

In einem Lexikonartikel aus dem Jahre 1888, also sechs Jahre vor Schnitzler, betonte Freud bereits die »hohe psychische Bedeutung« (1888b: 889) des Geschlechtslebens. Gemeinsamkeit und Differenz beider läßt sich wiederum durch einen Vergleich mit den *Studien über Hysterie* aufzeigen. Zuvor soll jedoch der Gang der Handlung kurz skizziert werden:

Fritz Platen, »ein lieber junger Mensch « (ES I: 255), »bildhübsch« und »ziemlich wohlhabend«, hat zum Unverständnis all seiner Freunde Selbstmord begangen. Das Motiv für die scheinbar unerklärliche Tat wird erkennbar durch einen am Tage des Selbstmordes geschriebenen Brief einer jungen Sängerin, aus dem hervorgeht, daß sich eine Bekanntschaft zwischen ihr und Fritz Platen unmittelbar nach einem von ihr unternommenen Arztbesuch entwickelt habe; Anlaß dieser Konsultation sei ein seit dem 16. Lebensjahr sich fortschleppendes Stimmversagen gewesen.

Alle Ärzte, die sie im Verlauf von nunmehr drei Jahren aufgesucht hatte, vermochten ihr nicht zu helfen:

> »Du ahnst nicht, was ich ausgestanden habe. Ich bin gepinselt, elektrisiert, geätzt, massiert worden – massiert am ganzen Körper wegen zweier kleiner Stimmbänder, die nicht ordentlich schließen wollten« (ES I: 257)

An jenem Tage endlich gab ihr ein Arzt, dessen Name ihr schon oft genannt worden war, das Rezept gegen das Versagen der Stimme und das Ausbleiben der Karriere. In barscher, unmißverständlicher Weise schrie er sie an: »Einen Liebhaber [. . .]« (ebd.: 259). Nun erst war ihr klar geworden, daß auch die übrigen ihr das nämliche empfohlen hatten: »Aber so beiläufig, so ohne wissenschaftlichen Ernst. Und die meisten mit so schlecht verhehltem Egoismus« (ebd.).

Fritz Platen, der eine Stunde nach dieser Offenbarung ihren Weg kreuzte, wurde so zur »Medizin«. Der Erfolg blieb nicht aus: Ihr Gesangslehrer und die Agentin, denen sie vorsang, waren entzückt, und bald bekam sie ein festes Engagement an einem Theater. Dies alles war einzig und allein seinen Bemühungen zu verdanken. Darüber hinaus versicherte sie ihm, sie habe ihn beinahe gern gehabt, »wenn ich nicht immer daran hätte denken müssen, daß du mir eigentlich verschrieben worden bist!« (ebd.: 260). Das war offenbar mehr, als ihr Liebhaber, der junge, empfindsame Fritz Platen, ertragen konnte.

Empfindsamkeit, jenes »Mißverhältnis zwischen psychisch erregendem Reiz und psychischer Reaktion« (Stud VI: 76), ist ein Charakteristikum der Hysterischen, wie Freud in einem 1886 vor dem Wiener Verein für Psychiatrie und Neurologie gehaltenen Vortrag über *Die Ätiologie der Hysterie* ausführte: »Sie erinnern sich an die so häufige seelische ›Empfindlichkeit‹ der Hysterischen, die sie auf die leiseste Andeutung einer Geringschätzung reagieren läßt, als seien sie tödlich beleidigt worden« (ebd.: 77).

Freuds Metapher wird in Schnitzlers Erzählung tödliche Wirklichkeit. Menschen wie Fritz Platen waren es, auf deren Analyse Freud seine psychopathologische Theorie gründete. Psychologisch verständlich wird die Empfindlichkeit – so Freud – dadurch, daß bei den Hysterischen alte, nicht erledigte (»abreagierte«) Erlebnisse durch aktuelle Anlässe wiedererinnert werden. Der Hysterische zeichnet sich durch eine Fixierung an das Unbewußte, an psychisch nicht verarbeitete Reize aus der Vergangenheit aus. Lamprechts Begriff vom »Zeitalter der Reizsamkeit« läßt sich freudianisch in »Zeitalter der Hysterischen« umformulieren. Die entscheidende Rolle der Sexualität bei der Entstehung der Hysterie ist durchaus Freuds Erkenntnissen entsprechend dargestellt, der in den *Studien über Hysterie* von einer jungen Hysterikerin zu berichten weiß, deren Angstanfälle er »als Folge des Grausens erkannt, das ein virginales Gemüt befällt, wenn sich zuerst die Welt der Sexualität vor ihm auftut« (Studien: 102).

Die Erzählung unterstreicht Freuds Hinweis auf den in Ärztekreisen weithin vermuteten Zusammenhang zwischen unbefriedigter Sexualität und neurotischen Symptomen. Schnitzler selbst hatte dem in seiner *Aphonie-Studie* andeutungsweise Ausdruck gegeben: »Vielleicht thut die Ehe mehr, als die Hypnose vermochte« (1889a: 499). Ein Gedanke, der damals »in der Luft gelegen« haben muß. Schnitzlers Autobiographie erzählt von einer Jugendgeliebten, Charlotte, die »gemütskrank« wurde, als die Mutter ihre Hoffnung auf eine Ehe mit Arthur Schnitzler gründlich zerstörte. Monate nach dem »traumatischen« Ereignis bekam Schnitzler die der Melancholie Verfallene zu Gesicht: »Ein traurig-starres Lächeln lag auf ihren Lippen, ihre Sprache war langsam, tonlos, müde, [. . .] ihr Blick fern und leer« (J: 167).

Nach einem rasch angetretenen Urlaub kehrte sie frisch und fröhlich wieder zurück: »So hatte sie's nicht einmal nötig gehabt, sich gesundzuheiraten« (ebd), kommentierte Schnitzler »edelmütig-zynisch«. Bezeichnend für die doppelte Sexualmoral des bürgerlichen Wien der Jahrhundertwende ist der offenbare Widerspruch zwischen der weithin vermuteten ursächlichen Verknüpfung von Sexualität und Neurose und der heftigen Ablehnung Freuds, der diesem Zusammenhang mit den Methoden der Wissenschaft nachgespürt hat. »Ich bin anscheinend dazu verdammt, Selbstverständlichkeiten aufzudecken«, sagte er einmal. Daß er hierbei Schnitzler jedoch einen Schritt voraus war, indem er erklärte, wo Schnitzler beschrieb, macht ein Vergleich des *Empfindsamen* mit den parallel entstandenen *Hysterie-Studien* deutlich.

In Freuds Sprechstunde erschien eine junge Sängerin, Fräulein Rosalie H., 23 Jahre alt, die über »ein Gefühl von Würgen und Schnüren in der Kehle« (Studien: 138) klagte, so daß ihre schöne Stimme in gewissen Lagen versagte. Da eine organische Störung nicht festzustellen war, konnte Freud unschwer eine hysterische Konversion diagnostizieren, deren Determinierung durch Traumen letztlich sexualen Inhalts die Analyse ergab. Sie lebte in demütigenden Familienverhältnissen bei einem Onkel (tatsächlich ihr Vater, wie Freud in einem 1924 hinzugefügten Hinweis anmerkte), dessen Beleidigungen sie nur unter großer Selbstbeherrschung ruhig ertragen konnte. Hierbei entstand zuerst das Gefühl des Schnürens im Hals. »Der Apparat, über den sie beim Singen frei hätte verfügen sollen, zeigte sich besetzt mit Innervationsresten nach jenen zahlreichen Szenen unterdrückter Erregung« (Studien: 139). In Freuds damaliger Terminologie: eine Retentionshysterie[102], die sich in somatischen Störungen, hervorgerufen durch Hemmung des Abreagierens der Erinnerung an Traumen, äußerte. Nachdem das junge Mädchen zu der Familie eines anderen Onkels gezogen war, produzierte sie ein neues Symptom, »ein unangenehmes Prickeln in den Fingerspitzen« (ebd.: 140), das Freud als ein Erinnerungssymbol – ausgelöst durch ein bestimmtes Erlebnis in der neuen Familie – an eine sexuale Szene mit ihrem bösen Onkel aus den frühen Mädchenjahren analysierte. Hiermit war die bestimmende Ursache ihrer hysterischen Erkrankung erkannt. Im Gegensatz zu Schnitzler erklärt Freud die Verkehrungsmechanismen, welche verdrängte Sexualität (peinliche Vorstellungen) in Form körperlicher Symptome zum Ausdruck bringen: »Der Hysterische leidet an Reminiszenzen« (ebd.: 10).

Der Sohn. Aus den Papieren eines Arztes (1889)

Ein Arzt wird zu einer Frau gerufen, die im Sterben liegt. Ihr eigener Sohn hat sie mit der Axt niedergeschlagen. Wie der Arzt von den Nachbarn der armen, in einer Mietskaserne der (Wiener) Vorstadt lebenden Frau erfährt, hat sie ihren Sohn geradezu »verwöhnt, verzärtelt« (ES I: 91). Dennoch war er ein »Problemkind« von Kindesbeinen an. Er nahm der Mutter das Wenige, was sie verdiente, kam schon als Knabe abends betrunken nach Hause, mußte die Schule verlassen, wollte kein Handwerk erlernen.

In einem letzten bewußten Moment vor ihrem Tode legt die Mutter dem Arzt ein Geständnis ab: Sie habe das – uneheliche – Kind kurz nach der Geburt zu ersticken versucht, was dieses ihr nie verziehen habe. Als der Sohn sie am Morgen desselben Tages vergeblich um Geld angeschrieen habe, da sei es geschehen. Ihr letzter Wunsch ist, daß der Arzt vor Gericht tritt, um für die Unschuld des Sohnes einzutreten: »[. . .] war es nicht sein Recht?« (ebd.: 96). Nach langem Zögern entschließt sich der Arzt, diese Bitte zu erfüllen, »denn mich dünkt, es ist noch lange nicht klar genug, wie wenig wir wollen dürfen und wieviel wir müssen« (ebd.: 97).

Offensichtlich sind in diese Erzählung Erfahrungen des Arztes Schnitzler eingeflossen. Nach Charcot war ein traumatisches Ereignis Ursache hysterischer Erkrankungen. Schnitzler schrieb in seiner Rezension der *Neuen Vorlesungen* Charcots: »Er weist auf den ätiologischen Wert eines eventuellen Trau-

102 Freud gab diesen Begriff bald auf und ordnete die Retentionshysterie der Abwehrhysterie zu. Vgl. Studien: 230 f.

mas hin und sieht auch in dem einfachen psychischen Shok ein bedeutsames Moment für die Entstehung der nervösen Störung.«[103]

Auch Freud ging in seinem Vortrag *Über männliche Hysterie* (nach Schnitzler 1886 a: 1445) – Schnitzler saß im Auditorium – auf die Bedeutung traumatischer Ereignisse ein (vgl. hier S. 205). In der 1893 veröffentlichten *Vorläufigen Mitteilung* zu den *Studien* schreiben Freud und Breuer, »daß die verschiedensten Symptome [. . .] in [. . .] stringentem Zusammenhang mit dem veranlassenden Trauma stehen« (Studien: 7), und wiesen darauf hin, daß es häufig »Ereignisse aus der Kinderzeit« (ebd.: 8) sind, durch die die Krankheitsphänomene bedingt sind. Ganz in diesem Sinne äußert sich der Arzt in Schnitzlers Erzählung: »Bleiben uns selbst von den ersten Stunden unseres Daseins verwischte Erinnerungen zurück, die wir nicht mehr deuten können und die doch nicht spurlos verschwinden?« (ES I: 97) – Worte, die Schnitzlers Determinismus beleuchten. Beharriell sah in ihnen »Freuds ganze Theorie des Kindheitstraumas« (1967: 552) vorweggenommen, womit er allerdings die kleine Erzählung überfordert hat.

Als traumatisch im Freudschen Sinne läßt sich das Erlebnis des Sohnes zwar bezeichnen[104]; während jedoch für Schnitzler – ganz wie für Charcot – das Trauma ein passiv erlittenes Ereignis ist, beschreibt Freud die aktiven Mechanismen der Verdrängung, die eine Verarbeitung des Erlebnisses unmöglich machen.[105] Die Erzählung weist eher auf Charcot und den frühen Freud (als Charcot-Schüler) hin denn auf die Psychoanalyse.

Einen unvermittelten Niederschlag aber haben seine frühen medizinischen Experimente in dem unverhüllt autobiographische Züge tragenden *Theaterroman* gefunden, einem Romanfragment, in dessen Mittelpunkt der zwischen Beruf und Theaterwelt schwankende Sekundararzt im Allgemeinen Krankenhaus, Doktor Rudolf Forlan steht. Die Auseinandersetzungen mit dem Vater, einem Medizinalrat, den Kollegen, seinem Chef, einem Professor der Psychiatrie, der deutlich Meynerts Züge trägt, über seine hypnotischen Experimente, an deren Wert er selbst zweifelte (vgl. Schnitzler 1967: 165), Gespräche und Reflexionen über Charcot, den Zusammenhang von Genie und Wahnsinn werden hier in seiner Erinnerung noch einmal heraufbeschworen. In seinen letzten Lebensjahren hatte er sich den aus dem Jahre 1896 stammenden Entwurf wieder vorgenommen, um sich die Zeit, die für seinen Lebensweg so bedeutsam

103 Schnitzler 1889 a: 136; ähnlich auch Freud (1888 b: 890): »Die Zustände, die durch schwere allgemeine Traumen (Eisenbahnunfälle u. dergl.) geweckt werden [. . .], werden von Charcot als Hysterie aufgefaßt [. . .]. Dieselben haben oft den düstersten und schwersten Anschein, sind mit Depression und melancholischer Verstimmung verbunden [. . .]«.

104 Vgl. Stud I: 274 f.: »[. . .] der Ausdruck traumatisch hat keinen anderen als einen [. . .] ökonomischen Sinn. Wir nennen so ein Erlebnis, welches dem Seelenleben innerhalb kurzer Zeit einen so starken Reizzuwachs bringt, daß die Erledigung oder Aufarbeitung desselben in normalgewohnter Weise mißglückt, woraus dauernde Störungen im Energiebetrieb resultieren müssen«.

105 Siehe Laplanche-Pontalis 1973/II: 515; Stud I: 273 ff.

geworden war, im Medium der Dichtung noch einmal zu vergegenwärtigen. Die Erzählung *Der Sohn* wurde in jenen späten Jahren zum Ausgangspunkt seines großen sozialkritischen Frauenromans *Therese*.

Leutnant Gustl (1900). Zur Entstehung des inneren Monologs

Schnitzler hat – wie erinnerlich (vgl. S. 213) – in seinem Brief zum 6. Mai 1906 Freud gegenüber behauptet, aus dessen Schriften Anregungen geschöpft zu haben. War dieses Geständnis nur der Courtoisie eines Geburtstagsbriefes geschuldet? Oder läßt dies auf eine Schuld dem Psychoanalytiker Freud gegenüber schließen? Der Hinweis verdient, ernst genommen zu werden. Bei der Durchsicht des Œuvres der vorausgegangenen Jahre stößt man, auf der Suche nach freudianischen Spuren, bald auf ein Werk, das aus der Kontinuität seines bisherigen Schaffens herausfällt: Die Novelle *Leutnant Gustl*, zuerst in der Weihnachtsbeilage der *Neuen Freien Presse* im Jahre 1900 veröffentlicht. Mit ihr hat Schnitzler, so kann man es den einschlägigen Darstellungen zur Literaturgeschichte entnehmen, den inneren Monolog in die deutsche Literatur eingeführt.

Schnitzler, der bislang in der Manier Flauberts, mit der weithin eingesetzten »erlebten Rede«, das Innenleben seiner Figuren gestaltete, hat hier die ihm selbst unheimliche Fähigkeit, sich bis zur Aufgabe der eigenen Identität in fremde Personen hineinzuversetzen, umgesetzt in eine Ausweitung der Mittel, die der Epik bislang für die literarische Gestaltung des Seelenlebens zur Verfügung standen. Die Novelle gibt den Bewußtseinsstrom eines k. u. k. Leutnants während einer Nacht wider, präzise von 21.45 Uhr bis 6 Uhr. Der Erzähler tritt völlig zurück, er hat sich, gleichsam eine Idealvorstellung der naturalistischen Epik verwirklichend, auf das Ich des Leutnants zurückgezogen, fremde Stimmen werden in direkter Rede, so wie sie von außen an das Ohr dringen, notiert. Die Symbolfigur Kakaniens, der k. u. k. Leutnant, wird in scheinbar parteiloser Objektivität von innen her beschrieben. Die Objektivität jedoch wird hier zur Anklage. Die Novelle gibt eine mikroskopisch genaue Innenschau des österreichischen Offiziersstandes, der wesentlichen Stütze von Kaiser Franz Josef.

Die Handlung ist im Grunde banal und läßt sich in wenigen Worten wiedergeben. Leutnant Gustl wird beim Verlassen eines Konzertes im Foyer des Wiener Musikvereinssaals von einem einfachen Bäckermeister angerempelt, glaubt, daß dadurch seine Offiziersehre irreparabel verletzt sei – ein Bäckermeister ist nicht satisfaktionsfähig – und kann als Ausweg einzig den Selbstmord sehen. Am nächsten Morgen erfährt er jedoch, daß der Bäckermeister in der vergangenen Nacht einem Herzschlag erlegen ist, und er setzt, als wäre nichts geschehen, sein altes Leben fort. Die Kunst Schnitzlers besteht darin, innerhalb dieses einfachen Gerüsts ein Protokoll der Gedankenwirbel zu geben, die in dieser Nacht von dem Zwischenfall in ihm ausgelöst werden und ihn zur assoziativen Durchwanderung seines bisherigen Lebensweges führen. Seine Gedanken schweifen in dieser Nacht, die er im Prater und in den Straßen Wiens verbringt, immer wieder ab von der seinen Ehrvorstellungen zufolge notwendigen Tat; sie umkreisen seine jetzige Lebenssituation und ihre Vorgeschichte bis in die Kindheit. So entlarvt Schnitzler, von innen her, die Ich-Schwäche des Leutnants, die persönlichen Hintergründe seines Antisemitismus, die Oberflächlichkeit seiner sexuellen Beziehungen, seine Zwänge und Obsessionen.

Zu Recht ist verschiedentlich auf die Parallelität des Bewußtseinsstroms, der die Sprunghaftigkeit der Gedankenassoziationen wiedergibt, zum psychoanalytischen Diskurs hingewiesen worden. Nach Klaus Laermann teilt er im *Leutnant Gustl* mit ihm »neben den Assoziationen die Abwehrmechanismen des Verdrängens und Verleugnens, die Neigung, etwas ungeschehen zu machen, ebenso wie die Suche nach narzißtischem Trost angesichts äußerer und innerer Bedrohungen und Gefahren (Janz/Laermann 1977: 129). Laermann übersieht aber auch nicht die Differenzen: im Gegensatz zu den freien Assoziationen des Patienten auf der Couch des Analytikers handele es sich bei dem inneren Monolog doch um eine *Kunstform*, das scheinbare Chaos des Bewußtseinsstroms sei höchst überlegt komponiert, die Spontaneität des psychoanalytischen Diskurses sei ihm nur auf den ersten Blick zu eigen, Ziel bleibe doch eine *ästhetische* Erfahrung. Erzählzeit und erzählte Zeit fallen nicht in eins, die Novelle würde sich sonst über 8 ¼ Stunden entfalten. Die Stockungen und Wiederholungen des psychoanalytischen Gesprächs können dem Analytiker, nicht dem Leser zugemutet werden.

Wenn auch das Chaos des Bewußtseinsstroms *intendiert* ist und in geraffter, subtil komponierter, also ästhetisch geformter Weise wiedergegeben wird, so spricht dies noch nicht gegen seine Verwandtschaft mit dem psychoanalytischen Diskurs. Über die ästhetische Differenz hinweg liegt die Verbindung zur *Traumdeutung* nahe, deren methodisches Verfahren in der Deutung der freien Assoziationen des Träumers und der damit ermöglichten Interpretation aller Traumelemente im Rückbezug auf die Biographie des Träumers besteht. Sollte also die von Freud in der Behandlung der Neurotiker entwickelte Technik der freien Assoziation als Geburtshelfer am Beginn des inneren Monologs gestanden haben, der die Epik des 20. Jahrhunderts wesentlich bestimmen wird?

Zur Klärung dieser Frage kann ein Blick in die Entstehungsgeschichte von Schnitzlers berühmter Novelle einen Beitrag leisten. 1896 notiert Schnitzler die Idee zur Novelle, die auf einen realen Vorfall zurückgeht.

> Einer bekommt irgendwie eine Ohrfeige; – niemand erfährts. Der sie ihm gegeben, stirbt und er ist beruhigt, kommt darauf, dass er nicht an verletzter Ehre – sondern an der Angst litt, es könnte bekannt werden. –[106]

Von einem Leutnant ist hier noch nicht die Rede, deutlich wird, daß Schnitzler hier – typisch für das Frühwerk und in dieser Hinsicht den Intentionen Freuds durchaus vergleichbar – an dem psychologischen »Fall« interessiert ist. Gesellschaftskritik ist zunächst nicht beabsichtigt, die Situation ist noch nicht in eine bestimmte historische und soziale Realität eingebettet, vielmehr geht es um die Aufdeckung einer Lebenslüge, um die Entlarvung doppelter Moral. Schnitzler ließ den Stoff zunächst einige Jahre liegen, bis er in ihm gereift war – ein Vorgang, der für seine Schaffensweise charakteristisch ist. Ende März 1900 las er mit innerer Betroffenheit die *Traumdeutung* (vgl. S. 212) und skizzierte zwei Monate später, am 27. 5. 1900, unter dem Titel *Ehre* die Novelle. Jetzt hatte er die entscheidende Anregung erhalten, wie er den Stoff in idealer Weise umsetzen konnte. Von nun an kann man die Entwicklung des inneren Monologs genau verfolgen. Auf dem Blatt von 1896 notierte er Monologfetzen, die die Gedanken des Offiziers – er ist noch namenlos – während des Vorfalls im Foyer wiedergeben und im Grunde nichts anderes sind als eine Paraphrase der Idee im inneren Monolog. Auf wenigen Seiten formte er dann eine erste, grobe Durchführung der Idee in der neuen Schreibtechnik. Innerhalb von fünf Tagen, vom 14. bis 19. Juli 1900, erfolgte die Niederschrift im Kurhaus von Bad Reichenau. Schnitzler, der gewöhnlich seinen Werken äußerst kritisch gegenüberstand, hatte die »Empfindung, daß es ein Meisterwerk« (Tb: 19. 7. 1900) sei.

Mit der Protokollierung des Bewußtseinsstroms in experimentaler Reinheit hatte er die Möglichkeit gefunden, den hohlen Ehrbegriff, oberflächliche Moralvorstellung von innen heraus, ohne jegliche Form hinweisender Kritik durch den kommentierenden Erzähler zu entlarven. Wie der Patient auf der Couch dem Analytiker unter Aussetzung der Zensur seine innersten Gedanken freigibt, Verdrängtes ins Bewußtsein aufnimmt, Unbewußtes im ständigen Kreisen um bestimmte Kernmotive, welche allerdings selbst nicht benannt werden, anklingen läßt, so legte Schnitzler das Innenleben des Leutnants frei. Er hatte eine literarische Technik entwickelt, mit der er die Grenze, die im sozialen Leben Innenwelt und Außenwelt trennt, aufheben konnte.

Ein Tabu war verletzt worden, die deutschnationale und antisemitische Presse reagierte empört. Das Militär fühlte sich getroffen. Am 14. Juni 1901 erhielt Schnitzler den Bescheid, daß er seines »Offizierscharakters für verlustig erklärt« wurde, da er mit seiner Novelle »die Ehre und das Ansehen der österr. u. ung. k. u. k. Armee herabgesetzt« (nach Schnitzler 1959) habe.

Leutnant Gustl lernt nicht. Seine nächtliche Exkursion in die eigene Vergangenheit führt nicht, – so Laermann (1977: 129) – zur »widerständigen Reflexion

---

106 Hs. Skizze im Archiv Heinrich Schnitzler (= Nr. C/XIX im Nachlaßverzeichnis von Neumann/Müller 1969: 87). Auf dem Blatt ist rechts oben eine »96« eingetragen – »unklar ob Datierung oder Paginierung« (Müller/Neumann 1969: 87). Heinrich Schnitzler und Therese Nickel nehmen letzteres an. Der Nachlaßverwalter Reinhard Urbach hält es jedoch auf Grund einer neuerlichen Prüfung für wahrscheinlicher, daß es sich hier um eine Jahreszahl handelt.

der eigenen Biographie mit dem Ziel einer Rekonstruktion der in ihr abgespaltenen, aber krankhaft wirksam gebliebenen Erfahrungselemente«.[107] Nachdem er am Morgen im Caféhaus vom Tod des Bäckermeisters erfahren hatte, gelten seine ersten Gedanken dem Duell, das zwischen ihm und einem – wie er meint – jüdischen Arzt angesetzt ist. Die Novelle schließt mit den Worten: »Dich hau ich zu Krenfleisch! (ES 1: 366).« Im Unterschied zum psychoanalytischen Diskurs hat der innere Monolog keine therapeutische Wirkung. Dies gilt nicht nur für Gustls, sondern auch für Molly's Monolog im letzten Kapitel des *Ulysses* – es ist offensichtlich eine dieser Schreibweise inhärente Tendenz. Der innere Monolog ist, wie schon der »lyrische« psychologische Roman im Sinne Hermann Bahrs (vgl. S. 87), bestenfalls Selbstanalyse. Eine spontane Übertragung wie in der analytischen Situation und die von daher mögliche therapeutische Wirkung kann nicht stattfinden. Darin liegt zweifellos ein wichtiger Unterschied zur Situation in der Psychoanalyse. Die Ichdramatik des Leutnants kreist in sich selbst. Von daher aber, von der demonstrierten Lernunfähigkeit dieses sozialen Charakters, von der darin liegenden Provokation rührte der Protest von konservativer Seite und aus dem Militär, und es ließe sich rezeptionsgeschichtlich die psychoanalytische Situation rekonstruieren im Verhältnis von Leutnant und Öffentlichkeit, Text und Leser. Die Übertragungssituation, die dem inneren Monolog fremd bleiben muß, kam im Verhältnis von Novelle zu Rezipient zustande. Der Lernprozeß, den die Novelle hätte auslösen können, ergab sich aber nicht. An die Stelle der Gegenübertragung trat der Widerstand der betroffenen Kreise.

Nun mag man diesem Vergleich zustimmen, ohne jedoch der direkten Ableitung des inneren Monologs von der Technik der freien Assoziation in der Psychoanalyse folgen zu wollen. Nicht ohne Berechtigung, denn Schnitzler selbst gab als Vorbild seiner neuartigen Schreibweise die Novelle *Les Lauriers sont coupés* (1887) des französischen Symbolisten Edouard Dujardin an (Schnitzler las sie am 2. 10. 1898), die – man weiß es von Joyce – als erste in der Literaturgeschichte vollständig im inneren Monolog verfaßt ist.[108] Es fragt sich also, ob die Entwicklung des inneren Monologs nicht vielmehr als eine rein literarische, unabhängig von Freud, gesehen werden muß. Tatsächlich war der innere Monolog – wie zu zeigen versucht wurde (siehe Kap. II) – in der Epik des neunzehnten Jahrhunderts, im »lyrischen« psychologischen Roman lange vorbereitet. In der *Neuen Psychologie* (1890) war er von Hermann Bahr in seinen wesentlichen Eigenschaften theoretisch bereits beschrieben und der modernen Literatur als Postulat mit auf den Weg gegeben worden. Mehr noch: In nuce ist er, wie schon Werner Neuse (1934: 330 u. 353) nachgewiesen hat, von den frühesten Erzählungen an in Schnitzlers Epik vorhanden. Freuds Technik der freien Assoziation war demnach für Schnitzler keine völlige Neuheit, er konnte

107 Ähnlich Nehring 1977: 188 f.

108 Der von Alexander (1969) angestellte Vergleich beider Novellen verbleibt an der Oberfläche und läßt etwa die unterschiedliche Handhabung des Inneren Monologs außer acht.

sich vielmehr durch Freud in seiner Suche nach Ausweitung der Möglichkeiten literarischer Gestaltung des Seelenlebens bestätigt sehen, eben »Anregungen aus seinen Schriften schöpfen«. Der Schritt von Dujardin zu Schnitzler ist nämlich ein großer. Die im Inneren Monolog angelegte und von Arthur Schnitzler genial erfaßte Möglichkeit, die Überlagerung der verschiedenen Erinnerungsschichten, das assoziative Springen der Gedanken vom Gegenwärtigen zu Vergangenem und die damit in radikaler Weise ermöglichte Charakterisierung des Helden vom Innenleben her hat Dujardin fast völlig ungenutzt gelassen. In der vom Sujet her – geschildert wird die oberflächliche Liebesbeziehung eines jungen Herrn aus gutem Hause zu einer Schauspielerin aus der Pariser demimonde – so schnitzlerisch anmutende Novelle gibt es zwar wunderbar impressionistisch anmutende Schilderungen der auf den zweifelhaften Helden Daniel Prince eindringenden Eindrücke von der hektischen, brodelnden, schillernden Großstadt Paris, die an die Gemälde der impressionistischen Malerei denken lassen, aber die seit Schnitzler von Joyce bis Böll demonstrierte Fähigkeit des Inneren Monologs zu einer literarischen Psycho-Analyse wird nicht genutzt. Die Assoziationen Daniels bleiben erstaunlich geordnet, oszillieren auf der Linie des Gegenwärtigen, überschreiten – von wenigen Ausnahmen abgesehen (vgl. z. B. Dujardin 1925: 90 f.) – die zeitliche Grenze der von 6 Uhr abends bis Mitternacht spielenden Novelle kaum. Schnitzler selbst hat mit Stolz den Abstand zwischen ihm und Dujardin betont (Schnitzler/Brandes 1956: 88). Diesem sei zwar das Verdienst der Erfindung zuzuschreiben, er aber habe erstmals das neue Instrument sinnvoll einzusetzen vermocht. Daß ihm Freuds seitenlange, mit allem talmudischen Scharfsinn verfaßten Deutungen von ganzen Assoziationsnetzen für die Ausführung der Novelle Anregungen gaben, kann für außerordentlich wahrscheinlich gelten. Gerade die – im Vergleich zur Novelle Dujardins – ungemein überlegte Komposition der Assoziationen Gustls legt dies nahe. Auch die Einfälle des Träumers sind ja – wie Freud entdeckt hat – keine freien. Ihr Chaos ist ein scheinbares – wie das des Leutnants.

Warum aber hat Schnitzler dann als Vorbild seiner Monologtechnik Dujardin angegeben und Freud verschwiegen? Darf hier eine Parallele zu James Joyce gesehen werden, auf dessen *Ulysses* Schnitzlers Novelle ja vorausweist? Joyce hat als Vorbild für den ›monologue intérieur‹ beharrlich Dujardins Novelle angegeben; er veranlaßte diesen zu einer Neuausgabe der längst vergessenen Erzählung und zu einer Arbeit über den Inneren Monolog, die eine nachträgliche intellektuelle Überhöhung eines Werkes ist, das dem Autor seinerzeit als Gelegenheitsprodukt erschienen war – schlechte Verhüllung der deprimierenden Erkenntnis, den zufällig gemachten Fund in seinem Wert nicht erkannt zu haben. 1931, als Joyce wieder einmal über dieses Thema dozierte, warf eine Besucherin, Mary Colum, ein: »Haven't you had enough fun with this? [. . .] why deny your indebtedness to Freud and Jung? Istn't it better to be indebted to great originators like that than to –?«, worauf Joyce ärgerlich zurückwich und antwortete: »I hate women who know anything« (Ellmann

1959: 647). Tatsächlich hatte Joyce mit Freuds Theorie der Wortassoziationen experimentiert (ebd.: 368). Sie ist ein Vorläufer und Anreger des inneren Monologs im *Ulysses*, die für Joyce's Erzählkunst zentrale Epiphanie-Theorie ist unter Freuds Einfluß systematisiert worden (Ellmann 1977: 54 f.). Sie meint – wie Freuds Theorie der Fehlleistungen – die Evozierung verborgenen Sinns, das Aufblitzen verdeckter Zusammenhänge in unwillkürlichen Handlungen.[109] Joyce stand, wie sein Biograph Richard Ellmann annimmt, Freud viel zu nahe, als daß er sich hätte zu ihm bekennen können. Darum pries er das neben dem *Ulysses* so inkommensurable opusculum Dujardins. *Daneben* konnte auch Schnitzlers Leistung bestehen, ja jedem unvoreingenommenen Leser mußte sie durch den Vergleich nur um so deutlicher werden. Neben der *Traumdeutung* hätte ein Vergleich, der ja schon für Joyce eine Herausforderung war, kaum so eindeutig ausfallen können.

Mit der Originalität hat es nun allerdings seine eigene Bewandtnis. Freud, dem der begrenzte Wert des Begriffs Originalität bewußt war, sah gut zwanzig Jahre nach der Entdeckung der von ihm damals als so neuartig empfundenen Technik der freien Assoziation seinen Originalitätsanspruch in Frage gestellt. 1920 veröffentlichte er den Aufsatz *Zur Vorgeschichte der psychoanalytischen Technik*, in dem er einräumen mußte, daß er diese Entdeckung vermutlich der Literatur verdankte, nämlich Ludwig Börnes Artikel *Die Kunst, in drei Tagen ein Originalschriftsteller zu werden*. Dort rät Börne dem angehenden Schriftsteller, sich bewaffnet mit Papier und Tinte in einem leeren Zimmer einzuschließen und dort nichts anderes zu tun, als seine spontanen Einfälle aufzuschreiben. Nach etwa drei Tagen habe jeder seinen Originalstil gefunden. Freud konnte es nach dem Wiederlesen dieses Artikels nicht mehr ausschließen, das Stück Kryptomnesie aufgedeckt zu haben, »das in so vielen Fällen hinter einer anscheinenden Originalität vermutet werden darf« (Erg.: 255).

Frau Beate und ihr Sohn (1906/13)

> Nur das Verhältnis zum Sohn bringt der Mutter uneingeschränkte Befriedigung.
> Sigmund Freud

Fragt man sich, inwieweit Schnitzlers Schaffen auch inhaltlich, im Handlungsaufbau vom Psychoanalytiker Freud beeinflußt sein mag, so stößt man bei der Durchsicht seines Werkes ab 1900 auf die Novelle *Frau Beate und ihr Sohn*. Diese nimmt insofern eine Sonderstellung ein, als einzig in ihr das Inzestmotiv eine zentrale, vom Dichter bewußt gestaltete Rolle spielt. Lediglich in der bezeichnenderweise im gleichen Zeitraum entstandenen Erzählung *Doktor*

---

109 Zur Epiphanie-Theorie vgl. Höllerer (1961). In den hier aufgezeigten Zusammenhang paßt, daß die Epiphanie-Theorie in Joyce's Sinne auf das Fin de siècle, bis auf Paters berühmte »Conclusion« seiner Renaissancestudien zurückzuführen ist (vgl. Eco 1975).

Gräsler, Badearzt wird am Rande der Handlung dieses Motiv angedeutet. Theodor Reik (1913 c: 160 ff.) weist zwar noch einige verborgene Formen des Inzestmotivs in anderen Werken nach, die jedoch eher als dem Unbewußten entstammende Phantasien des Dichters zu charakterisieren sind, wie sie der Psychoanalytiker in den verschiedensten literarhistorischen Gattungen zu finden glaubt (Rank ^{2}1926).

Die Novelle *Frau Beate und ihr Sohn* trug ursprünglich den Arbeitstitel *Mutter und Sohn* (nach Urbach 1974: 126), ein Hinweis darauf, daß der Inzestgedanke von Anbeginn Kern der Erzählung war. Als Schnitzler am 8. November 1906 (ebd.) eine erste Skizze entwarf, kannte er die *Traumdeutung* und damit Freuds berühmte Ödipusinterpretation. Es läßt sich zwar nicht behaupten, er habe sich bewußt von Freuds Gedankengängen über den Ödipuskomplex anregen lassen[110], er mußte aber wissen, daß er mit dem Inzestmotiv den zentralen Angelpunkt der Psychoanalyse berührt hat. Die letzten Ausarbeitungen reichen in die Phase intensivster Auseinandersetzung mit der Analyse in den Jahren 1912/13, als er mit den Freud-Schülern in regem Gedankenaustausch stand. Nach Abschluß der Novelle am 1. April 1913 ist Schnitzler »nicht recht zufrieden« (nach Urbach 1974: 126): Er hat sich danach in dieser krassen Form nicht mehr an das Thema herangewagt. Dies entspricht dem Bericht von Ernest Jones, Schnitzler habe die Idee des Inzests abgelehnt (vgl. hier S. 215). Distanziert hat er sich trotz der heftigen Kritik[111] allerdings nicht. 1922 nahm er die Novelle in die Gesamtausgabe auf, und noch 1931 ließ er sie in dem Auswahlband *Traum und Schicksal* abdrucken (nach Urbach 1974: 125).

Die Novelle spielt im Milieu des gehobenen Bürgertums unter »Sommergästen« in Altaussee im Salzkammergut. Sie ist in drei Kapitel unterteilt, deren erstes, einer Disposition vergleichbar, die Konflikte aufzeigt, die im Fortgang der Handlung ausgetragen werden. Mit Beunruhigung muß Frau Beate feststellen, daß ihr 17jähriger Sohn Hugo sich von ihr zu entfremden beginnt, daß sich in ihm »irgend etwas vorbereitete oder vollzog, was sie längst erwartet und was sie doch nie für möglich gehalten hatte« (ES II: 44). Wollte sie ihm doch »nicht nur Mutter, sondern auch Freundin und Vertraute [. . .] bedeuten« (ebd.), so

---

110 Reik (1913 c: 158 f.) schreibt: »[. . .] wieviel Anteil an der Konzeption das bewußte Denken, wieviel das unbewußte hatte [. . .] entzieht sich naturgemäß unserer Kontrolle«. Als Indiz für eine bewußte Gestaltung kann folgender Tagebucheintrag vom 4. Okt. 1906, also einen Monat vor Skizzierung der Novelle, dienen: »Vorm. sprach ich nach langer Zeit den schwindelhaften Vielwisser Eckstein [ein früher Freud-Schüler] über Freuds Arbeiten.« In jener Zeit finden sich Gespräche über Freud im Tagebuch nur selten! Reik sieht insbesondere Freuds *Beiträge zur Psychologie des Liebeslebens* in Schnitzlers Novelle bestätigt, die Schnitzler »nach meinen Erkundigungen« (Reik 1913 c: 157) nicht benutzt hat.
Specht (1922: 333) nennt die Novelle eine Verirrung. Körner (1921: 16) deklariert sie zur Ausnahme, was er durchaus negativ verstanden wissen will. – Ein Überblick über die Kritik findet sich bei Berlin (1971: 111-118).

111 Stud I: 326 f.; dieser Fragestellung ist Freud in *Totem und Tabu* (1912/13) nachgegangen. Schnitzler las die Studie kurz nach Erscheinen, ein direkter Einfluß auf die Gestaltung der Novelle kann jedoch nicht angenommen werden, da Schnitzler zu diesem Zeitpunkt nur noch mit Endkorrekturen beschäftigt war.

kann sie die Veränderung ihres Sohnes nicht fassen, genausowenig wie den vor fünf Jahren unverhofft eingetretenen Tod ihres Gatten, des Schauspielers Ferdinand Heinold. Den Gedanken an eine Erneuerung der Ehe, wie sie etwa mit dem kleinen Advokaten Doktor Teichmann möglich wäre, lehnt sie ab. Sie ahnt, daß Hugo einer Schauspielerin, der Baronin Fortunata, verfallen ist, »die ihren halbvergangenen Bühnenruhm nur einer schillernden Dirnenhaftigkeit verdankt« (ebd.: 46). Wiewohl Beate, die Mutter, sich von jener »Dirne« absetzt, muß sie sich eingestehen, daß auch in ihr »das dunkle Blut [. . .] einer anderen gleichsam gesetzlosen Welt« (ebd.) fließt. Sie hat zwar seit dem Tod ihres Mannes allen Versuchungen widerstanden und war in der Ehe ihrem Manne treu, konnte dies aber nur, weil sie in ihm die verschiedensten Charaktere sah, die der Schauspieler verkörperte. Sie liebte nicht Ferdinand, sondern Hamlet, Richard, Cyrano, und so war für sie die Ehe eine Kette von Liebschaften. Beates innere Verwandtschaft mit jener Dirne, ihrer Nebenbuhlerin um die Gunst ihres Sohnes, ist in deren Namen angedeutet: Fortunata. Man ahnt bereits, daß Beate und Fortunata, Mutter und Dirne, dichterische Abspaltungen der gleichen Person sind.

Wie sie einst Ferdinand den Armen einer alternden Geliebten entrissen hatte, so tritt sie jetzt vor Fortunata, »die am Ende doch auch eine Frau war, und es irgendwo, wenn auch im verstecktesten Winkel ihrer Seele, verstehen mußte, was es bedeutete, Mutter zu sein« (ebd.: 47). Auf ihr Ansinnen, sie wolle nicht, »daß mein Sohn ihr Geliebter wird« (ebd.: 56), weicht Fortunata zunächst aus, der Gedanke sei ihr noch gar nicht gekommen, gesteht allerdings offen, für ihre Handlungen nicht einstehen zu können. Im übrigen könne sie sich ein besseres »Debüt« für Hugo gar nicht vorstellen, sie hätte geradezu das Gegenteil erwartet. Erläuternd erzählt sie, wie durch das geschickte Engagement einer ihrer ehemaligen Schauspielerkolleginnen die Verbindung zwischen einem jungen Grafen und einem Bürgermädel »vereitelt« wurde: »Eine Mesalliance wurde verhindert, eine unglückliche Ehe, vielleicht gar ein Selbstmord oder ein Doppelselbstmord« (ebd.: 58). Eine Anspielung auf den Schluß der Novelle: Zu der Verbindung zwischen Mutter und Sohn wird die den gesellschaftlichen Konventionen zuwiderlaufende Verbindung zwischen einem Mann aus der aristokratischen Oberschicht und einem Mädchen aus dem einfachen Bürgertum in Analogie gesetzt. So wie diese verpönt ist, stößt auch die Verbindung von Mutter und Sohn auf die Forderung der Gesellschaft: Inzestuöse Neigungen – nach Freud in jedem Individuum angelegt – müssen verdrängt werden, sonst ist eine kulturelle Entwicklung nicht möglich. Freud vermutet, »daß vielleicht die Menschheit als Ganzes ihr Schuldbewußtsein, die letzte Quelle von Religion und Sittlichkeit, zu Beginn ihrer Geschichte am Ödipuskomplex erworben hat«.[111] So stehen den Wünschen des Individuums die Forderungen der Gesellschaft unversönlich gegenüber.

Auf Beates Einwand, Fortunata liebe ihren Sohn ja nicht, und sie sei doch seine Mutter, gibt diese ihr das ersehnte Versprechen. Trotz des Eingehens von

Fortunata auf ihren Wunsch muß Beate sich fragen, wer »Siegerin« geblieben sei.

Das Inzestmotiv durchzieht die Novelle: So passiert Beate auf dem Heimweg von Fortunatas Villa das Anwesen des Bankdirektors Welponer und erblickt zwei Geschwisterpaare beim Tennisspielen, jenem »zwecklos holden Kampfspiel« (ES II: 61). Bald ist das Spiel beendet, und die Paare treffen sich am Netz, ihre Blicke »tauchten weich ineinander« (ebd.), und Beate fragt sich,

> »wie wohl dieser Abend endete, wenn mit einem Male [. . .] alle Gebote der Sitte aus der Welt geschafft wären, und diese jungen Leute ohne jedes Hindernis ihren geheimen, jetzt vielleicht von ihnen selbst nicht geahnten Trieben folgen dürften« (ebd.)?

Immer wieder wird in dieser Novelle die glatte Oberfläche der bürgerlichen Welt durch das jähe Hervorscheinen gesetzloser, unbewußter Triebe unterbrochen, die von Moral und Konvention nur mühsam gebändigt werden. In diesem Sinne konnte Hugo von Hofmannsthal über Arthur Schnitzler sagen, er habe die »tiefen Untergründe des Denkens und Fühlens« (A: 271) bloßgelegt.

Zunächst scheint für Beate die Welt wieder geordnet: Ein Schulkamerad Hugos, Fritz, ist eingetroffen, in dessen Gesellschaft Hugo sich wieder wie ein Schuljunge aufführt; er küßt sie seit Wochen zum erstenmal wieder auf beide Wangen.

Im zweiten Kapitel zeigt sich Beates Ambivalenz zwischen unbewußten Triebkräften und ihrem Willen, gesellschaftlichen Normen zu genügen. Sie nimmt mit Hugo und Fritz an einer Bergtour teil. Unter den Wanderern befindet sich der junge Doktor Bertram, der – wie sie wußte – nur für sie sprach und ihr »all seine interessanten Eigenschaften, Stolz und Bescheidenheit, Todesverachtung und Lebensdrang gewissermaßen zur gefälligen Auswahl vorlegte« (ebd.: 67), was zunächst keinen Eindruck auf sie macht. Ein Gefühl der Einsamkeit beschleicht sie trotz des munteren Treibens um sie herum, und sie fühlt sich an Ferdinand erinnert, mit dem sie ähnliche Touren unternommen hatte. Sie bemerkt den verzückten, durstigen Blick von Fritz, ist sich aber nicht ganz sicher, denn sie hat hastig einige Gläser Wein getrunken. Sie meint auch, Bertrams Blick schmeichle sich an ihr entlang »bis an ihren Nacken, wo sie ihn eine Weile körperlich zu empfinden glaubte, bis sie endlich merkt, daß es ein Grashalm war, der sie kitzelt« (ebd: 68).

Tatsächlich hat sie eigene Wünsche in Bertram projiziert, das Schwinden ihrer Willenskraft wird bemerkbar, unbewußte Triebregungen nehmen mehr und mehr vor ihr Besitz. Bertram schlägt ihr vor, zusammen eine Kletterpartie zu unternehmen, so hoch hinauf, daß die anderen zurückbleiben müssen:

> »›Nun, Frau Beate?‹ – ›Ich schlafe‹, erwiderte Beate. – ›So erlauben Sie mir, Ihr Traum zu sein, gnädige Frau‹, begann er und sprach leise weiter: daß es keinen schönern Tod gäbe als durch Absturz in die Tiefe; das ganze Leben ziehe noch einmal vorbei in einer ungeheueren Klarheit, und das sei natür-

lich um so vergnüglicher, je mehr Schönes man vorher erlebt habe [. . .]« (ebd.: 71).

Nach Freud ist der Traum eine Wunscherfüllung[112], er ist die Via regia (Stud II: 577) zum Unbewußten; das Fallen, Abstürzen steht in der Traumsymbolik für den Geschlechtsverkehr (vgl. ebd.: 385). Auf die kurze Szene angewandt, heißt das: Beate begehrt Bertram, ohne sich dessen bewußt zu sein, die innige Verknüpfung des Eros mit dem Thanatos in der angeführten Szene weist wiederum auf den Schluß der Novelle hin, eine Deutung, die bald durch Beates Verhalten bestätigt wird. Beate weist Bertram barsch zurück, merkt jedoch, »daß zu Doktor Bertram gegen ihren Willen sie wie ermutigend niederschaute« (ES II: 71). Es ist jedoch nicht Bertrams Person als solche, die Beate anregt, auch Fritz' Blicke beantwortet sie unwillkürlich mit einem Lächeln: »Was habt ihr nur alle? dachte sie. Und was hab' ich? Denn plötzlich merkte sie, daß sie die Linien ihres Körpers wie lockend spielen ließ. Hilfesuchend heftete sie den Blick auf ihres Sohnes Stirn [. . .]« (ebd.).

Im Zwiespalt zwischen unbewußten Wünschen und bewußtem Willen sucht sie Halt bei ihrem Sohn. Auf dem Heimweg begegnen die Ausflügler Direktor Welponer, dessen Eifersucht auf den jungen Doktor Bertram Beate bemerkt, eine Regung, die sie sich innerlich verbittet, »in unbeirrter Treue jenes Einzigen denkend« (ebd.: 72). Der Gedanke, wieder einem Manne zu gehören, erfüllt sie mit Grauen, und dies um so mehr, wenn des Nachts »unbestimmte Regungen der Sehnsucht durch ihr Blut rauschten und ziellos vergingen« (ebd.: 74). Während sie dies denkt, sieht sie den Direktor an und registriert erschreckt »ein Lächeln, das aus dem Grunde ihrer Seele gekommen war, ohne daß sie es gerufen, und das untrüglich [. . .] sprach: Ich weiß, daß du mich begehrst, und ich freue mich daran« (ebd.).

Deutlich ist Beates ambivalentes Verhalten den um sie werbenden Männern und den in ihr wieder rege gewordenen »Sehnsüchten« gegenüber zu bemerken. Beate, die nach dem Tode ihres Gatten zurückgezogen gelebt hat, wird in der Erinnerung bewußt, daß es an vielsagenden Blicken und Worten auch in den vergangenen Jahren nicht gefehlt hatte, nur hatte sie diese damals nicht – bewußt – wahrgenommen. Als sie mit zögernder Verspätung sich der Abendgesellschaft der Ausflügler im Seehotel anschließt, muß sie mit Schrecken feststellen, daß Hugo fehlt. Sie redet mit übertriebener Lebhaftigkeit, »um die drohend in ihr aufsteigenden Gedanken zu übertäuben« (ebd.: 77). Mit Freud kann man dieses Verhalten als »Reaktionsbildung« beschreiben, d. h. als eine Form der Abwehr unbewußter Elemente, an dem zwanghaften Charakter der Abwehr erkennbar. Beate ahnt, daß Hugo bei Fortunata ist, eine Ahnung, die sich verstärkt, als sie wieder zu Hause ist und sein Zimmer leer findet: »Eine Trauer umfing sie, als hätte sie eben von etwas Abschied genommen, das nie-

112 Er ist eine Leistung des Unbewußten, »welches kein anderes Ziel seiner Arbeit als die der Wunscherfüllung kennt [. . .]« (Stud II: 541).

mals wieder kommen könnte« (ebd.: 79). Sie vergleicht sich mit Fortunata, glaubt sich jünger als jene, ihre Gedanken gehen über zu Fritz: »Sie war gerade in den Jahren, um so einem grünen Jungen zu gefallen« (ebd.: 80). An dieser Stelle wird deutlich, daß Fritz psychologisch gesehen eine Abspaltung Hugos ist. Bereits nach ihrem Gespräch mit Fortunata hat sie daran gedacht, für Hugo Fritz als Ersatz anzubieten. Als sie diesen vor ihrer Schlafzimmertür kauernd entdeckt, leistet sie dessen Werben keinen ernsthaften Widerstand mehr und wird seine Geliebte.

Von nun an ist der innere Auflösungsprozeß Beates unaufhaltsam, wie es im dritten Kapitel beschrieben wird. Die Ereignisse der letzten Zeit haben ihren Blick für menschliche Beziehungen »fast schmerzlich geschärft« (ebd.: 83), von Fritz hat sie erfahren, daß ihr Gatte ein Verhältnis mit der Frau des Direktors gehabt haben soll. Sie liegt auf ihrem Bett in der »Villa Beate« (in der Freudschen Traumsymbolik steht das Haus für die Frau!), in der Fritz – wie er ihr bei ihrer Ankunft gesagt hat – seine Aufwartung machen wollte, und wie im Traum wirbeln die Gedanken durch ihren Kopf. Ferdinand erscheint ihr nun als »geckischer Komödiant« (ebd.: 85), Dutzenden von Liebschaften hinterherjagend. So, wie sich ihr Bild von Ferdinand verkehrt hat, ist auch seine Stimme in ihrer Erinnerung eine verzerrte. Vor einigen Tagen hat ein Freud Hugos und Fritzens auf ihr Drängen hin Ferdinands Stimme nachgeäfft, und diese Kopie ist es, die ihr nun die Erinnerung an dessen eigene versperrt. Mit Schrecken erkennt sie, »eine wie schwere Versündigung sie an dem Toten begangen« (ebd.: 87). Es werden nicht Hugos Haßgefühle dem Vater gegenüber – wie es der Ödipussage entsprechen würde –, sondern Beates eigene geschildert. Von Hugo erfährt man – allerdings aus Beates wirbelnder Gedankenkette –, daß er mit »irrem Blick« (ebd.) der Verhöhnung seines Vaters gelauscht habe.

Noch nimmt sie das in den letzten Tagen Geschehene trotz aller unzweifelhaften Wirklichkeit »als Traum oder doch als etwas wieder Gutzumachendes« (ebd.: 86). Als rettende Idee kommt ihr der Gedanke, mit Hugo fortzureisen, bevor ihr Ruf zerstört und ihr Sohn verdorben ist:

> »Und sie sieht sich mit ihm wandeln in irgendeiner fantastischen Landschaft [. . .]. Und dann wieder gehen sie auf einem großen Platz herum unter Bogengängen, unbekannte Menschen begegnen ihr und sehen sie an [. . .] – und denken sich: Ah, die hat sich da einen hübschen Burschen auf die Reise mitgenommen. Seine Mutter könne sie sein. Wie? Die Leute halten sie für ein Liebespaar? Nun, warum nicht?« (ebd.: 90)

Durchaus Freuds Traumtheorie entsprechend, gelangt ihr geheimster Wunsch in einer traumartigen Sequenz nahezu unverhüllt zum Ausdruck, fremden Leuten in den Mund gelegt, in der Terminologie der Traumdeutung eine Verschiebung.[113]

113 Die Verschiebung ist eine Form der Traumarbeit, die als Folge der Zensur den latenten, eigentlichen Trauminhalt in den manifesten verwandelt.

In ihren Assoziationen tauchen Fritz und Fortunata auf, denen sie und ihr Sohn verfallen sind, sie kann nicht verstehen, wie dies geschehen konnte. Plötzlich wird ihr klar, warum, der Boden, »auf dem sie jahrelang dahingewandelt, schwankte [. . .]: [. . .] ihr Ferdinand [. . .] war ein Lügner gewesen« (ebd.: 94). Jetzt weiß sie es, weil sie fühlt, nicht besser zu sein als er. Ihr wird bewußt, »daß ihre ganze bürgerliche Wohlanständigkeit eine Lüge war, daß sie um nichts besser ist als Fortunata [. . .]« (ebd.: 95).

Diese lang verdrängte Selbsterkenntnis wird ihr noch deutlicher, als sie zufällig ein Gespräch zwischen Fritz und einem anderen jungen Mann belauscht, in dem Fritz mit seinem jüngsten Liebesabenteuer prahlt und Beate preisgibt. Sie wünscht sich, wieder eine Mutter zu sein, »wert jenes Sohnes, und nicht ein Frauenzimmer, über das verdorbene Buben unflätig schwatzen durften, wie über die erstbeste Dirne« (ebd.: 102).

Reik sieht hierin eine Bestätigung der von Freud behaupteten »Psychogenese des Vergleichs zwischen Mutter und Dirne« (1913 c: 157). Dies ist soweit richtig, merkwürdig ist nur, daß es sich in der Novelle um eine Selbsterkenntnis Beates handelt, während Freud den Vergleich Mutter – Dirne als aus den »Pubertätsphantasien des Knaben«[114] gegenüber der Mutter stammend erklärt hat.

Nicht nur Beate ist von ihrem Liebhaber brutal erniedrigt worden, auch Hugo, der völlig verstört nach Hause gekommen ist, scheint ähnliches erlebt zu haben. Weinend legt er seinen Kopf in ihren Schoß, wie dies früher auch Ferdinand getan hat. Beate will das alte Vertrauensverhältnis wiederherstellen, und gemeinsam unternehmen sie einen Spaziergang an den See. Während Beate versucht, in Hugo zu dringen und ihn nach seinen Erlebnissen auszufragen, ist ihr, »als richtete sie diese Worte eigentlich an Ferdinand« (ES II: 107). Sie besteigen einen Kahn und fahren, wissend, daß es für sie keine Rückkehr in die menschliche Gesellschaft gibt, auf den See hinaus. Auf dem See gibt Hugo seinen inneren Widerstand auf und geht auf Beates Fragen ein. Andeutungsweise erfährt man, er sei von Fortunata und deren Bekannten mißbraucht worden. Beate drängt sich an ihn heran »und im verführerischen Vorgefühl der ewigen Nacht geben sie die vergehenden Lippen einander hin [. . .] Beate war es, als küßte sie in dieser Stunde einen, den sie nie gekannt hatte und der ihr Gatte gewesen war, zum ersten Mal« (ebd.: 111). Nachdem sie wieder zu Besinnung gelangt sind, bringt Beate das Boot zum Kentern: »Beate zog den Geliebten, den Sohn, den Todgeweihten, an ihre Brust. Verstehend, verzeihend, erlöst schloß er die Augen [. . .]« (ebd.: 112).

Das Tristanmotiv (ödipal) als Schluß von *Frau Beate und ihr Sohn* hat Schnitzler im Spätwerk, in der 1924 veröffentlichten Novelle *Fräulein Else* wie-

114 Stud V: 193; die Schrift *Über einen besonderen Typus der Objektwahl beim Manne*, in der Freud sich mit der Psychogenese des Vergleichs Mutter und Dirne befaßt, kannte Schnitzler nicht. Hierauf wies auch Reik hin (1913 c: 157).

der aufgegriffen. Die Schlußszene – Else hat mit Hilfe eines Schlafmittels Selbstmord begangen – gibt Elses letzte Gedanken vor ihrem Tode wieder:

> »Gib mir die Hand, Papa. Wir fliegen zusammen. So schön ist die Welt, wenn man fliegen kann. Küss' mir doch nicht die Hand. Ich bin ja dein Kind, Papa.
> ›Else! Else!‹
> Sie rufen von so weit! Was wollt Ihr denn? Nicht wecken. Ich schlafe ja so gut. Morgen früh. Ich träume und fliege. Ich fliege . . fliege . . . fliege . . schlafe und träume . . und fliege . . . nicht wecken . . . morgen früh . . .
> ›El . . .‹
> Ich fliege . . . ich träume . . . ich schlafe . . . ich träu . . . träu – ich flie . . .« (ebd.: 381).

In Freuds Traumdeutung wird Fliegen als Symbol für den Geschlechtsverkehr interpretiert. Schließt man sich dem an, so läßt sich auch hier die Verknüpfung von Liebe und Tod, verbunden mit einem inzestuösen Verlangen – Tochter liebt Vater – unschwer erkennen.

Den Handlungsablauf der Novelle *Frau Beate und ihr Sohn* vor Augen, erscheint das Urteil Ernst Jandls, daß »alle Interpretationsversuche, die sich auf Freud, den Ödipuskomplex, auf ein Inzestmotiv stützen, verfehlt« (Jandl 1950: 127) seien, unverständlich. Jandl geht sogar so weit zu behaupten, »von der Existenz eines Inzestes« könne »überhaupt keine Rede sein« (ebd.).

Vergleicht man die Struktur der Novelle mit der der Ödipussage, so fallen zunächst die Übereinstimmungen ins Auge: Die Mutter-Sohn-Beziehung, ermöglicht durch den Tod des Vaters, das ist der zentrale Inhalt der Ödipusfabel, und – nach Freud – ein zentrales Motiv jeder menschlichen Entwicklung. Bei näherem Betrachten allerdings sticht eine merkwürdige Differenz zur Ödipusfabel ins Auge. Schnitzlers Novelle ist – in der erlebten Rede – ganz aus der Sicht Beates (wie überhaupt die Handlung weitgehend in ihre Psyche hineinverlegt ist), der Mutter, erzählt, während die Ödipussage die Geschichte von Ödipus und nicht die von Jokaste ist: die Geschichte von einem Jungen, der seinen Vater erschlagen hat und seine Mutter liebt. In der Novelle werden Beates Haßgefühle gegenüber Ferdinand dargestellt, Hugos Gefühle werden lediglich – mit Beates Augen gesehen – angedeutet. Dem entspricht, daß die (von dem Jungen aus gesehene) psychische Identität von Mutter und Dirne in Schnitzlers Novelle eine Einsicht Beates selbst bedeutet.

Man könnte die Novelle allerdings doch als primäre Geschichte des Jungen auffassen, wenn man sie als Umstellung sieht. Als Hypothese wird eingeführt, daß der Autor seine ödipalen Wünsche in die Mutter projiziert: Man phantasiert nicht, daß man die Mutter lieben will, sondern umgekehrt, daß die Mutter den Sohn liebt. Damit wären die Grundbedingungen der ödipalen Situation erfüllt.[115] Daß mit dieser Verschiebung die Novelle nicht völlig an Freuds Theo-

---

115 Aus welchen Gründen diese Verschiebung stattgefunden hat, ob bewußt oder unbewußt bedingt,

rie vorbeigeschrieben ist, beweist folgende Passage aus den *Vorlesungen* Freuds:

> »Übrigens reagieren die Kinder mit der Ödipuseinstellung häufig auf eine Anregung der Eltern, die sich in ihrer Liebeswahl oft genug vom Geschlechtsunterschied leiten lassen, so daß der Vater die Tochter, die Mutter den Sohn bevorzugt oder im Falle von Erkaltung in der Ehe zum Ersatz für das entwertete Liebesobjekt nimmt« (Stud I: 211).

Das Inzestmotiv taucht in Schnitzlers Novelle in facettenartigem Reichtum auf, Variationen der Mutter-Sohn-Beziehung werden sichtbar. Bereits Theodor Reik schrieb, »daß die Baronin [i. e. Fortunata] und Beate, Fritz und Hugo nur dichterische Abspaltungen derselben Person« (Reik 1913 c: 158) sind. Die Verwandtschaft Beate – Fortunata hat sie selbst deutlich zum Ausdruck gebracht, noch auf ihrem Spaziergang mit Hugo zum See (in den Tod) fühlt sie sich als »Schwester [. . .] jener andern« (ES II: 107). Der anfänglich betonte Gegensatz zwischen der bürgerlichen Gesittung Beates und der »unbürgerlichen « Fortunatas – dieser ihr Charakter wird durch den Vergleich mit einen »Pierrot« (ebd.: 54) akzentuiert – löst sich im Fortgang der Novelle auf. So hat Schnitzler in Übereinstimmung mit Freud den im Unbewußten aufgehobenen Gegensatz zwischen Mutter und Dirne im allmählichen Bewußtwerdungsprozeß Beates dargestellt. Denn Freud schreibt in diesem Zusammenhang, »daß im Unbewußten häufig in Eines zusammenfällt, was im Bewußtsein in zwei Gegensätze gespalten vorliegt« (Stud V: 191). Wie für Hugo und Fritz Beate und Fortunata Variation der gleichen Mutter-Imago darstellen, so sind diese wiederum für Beate austauschbar: »Und wenn Fritz nicht mehr da ist, wird sie denn darum ihren Sohn wieder haben?«[116]

Auch die häufig betonte Ähnlichkeit zwischen Hugo und Ferdinand ist kaum zu übersehen. Hugo hat den Kindermund und die Kinderaugen des Vaters (ES II: 65), bereits Direktor Welponer hat Beate gegenüber diese Ähnlichkeit angedeutet, wenn er davon spricht, daß Ferdinand ein Jugendmensch gewesen sei, der immer jung bliebe, ja ein Kind (ebd.: 73). Wie seines Vaters erste Liebesbeziehung die zu einer »alternden Witwe« (vgl. hier S. 244) war, so ist es auch Hugos die zu einer alternden Frau, Fortunata. Und dann – hier schließt sich der Kreis – wie bereits beim Vater, so ist es die zu einer alternden Witwe, seiner Mutter: eine dreifache Spaltung des Inzestmotivs.

Reik äußerte die Vermutung, daß »Schnitzler anfänglich das Inzestmotiv in

---

vermag ich nicht zu erklären. Auch die im Nachlaß befindlichen Entwürfe geben hierüber keinen unmittelbaren Aufschluß. Möglicherweise wäre dies aber im Rahmen einer schaffenspsychologischen Untersuchung zu erhellen, für die sich Schnitzlers Werk aufgrund des vollständig erhaltenen Nachlasses, der ausführlichen Tagebücher, geradezu anbietet.

116 ES II: 88; vgl. ib: 86: »Es kam ein Augenblick, da sie wie in früherer Zeit, den Arm um Hugos Schultern geschlungen hielt und mit den Fingern in seinen Haaren spielte, zu gleicher Zeit aber Fritz zärtlich lockend in die Augen sah [. . .]«.

noch größerem Umfang und in noch stärkerer Ausgestaltung hervortreten ließ, und daß er diese Breite und Intensität durch die Motivdoublierung ersetzt hat« (Reik 1913 c: 158). Diese Vermutung wird durch die im Nachlaß befindlichen Entwürfe bestätigt.[117] Gerade durch diese kunstvolle Ausdifferenzierung des Motivs sind Schnitzler Intensität und Dichte gelungen. Die Struktur der Beziehungen läßt sich schematisch wie folgt aufzeichnen:

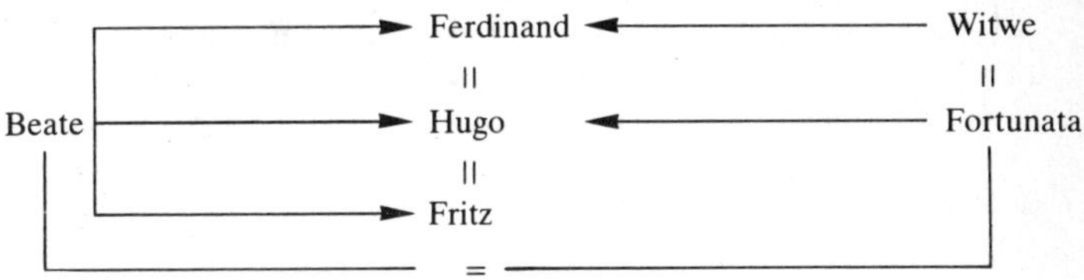

Nach Freud ist die Mutter das ursprüngliche Sexualobjekt des Kindes, welches »infolge des zweimaligen Ansatzes zur Objektwahl[118] mit Dazwischenkunft der Inzestschranke« (Stud V: 208) verdrängt wird. Freud folgert hieraus: »Wenn das ursprüngliche Objekt einer Wunschregung infolge von Verdrängung verlorengegangen ist, so wird es häufig durch eine unendliche Reihe von Ersatzobjekten vertreten, von denen doch keines voll genügt« (ebd.).

Dem entspricht das Tristanmotiv am Schluß der Novelle: In der ödipalen Beziehung finden Beate und Hugo Reinheit und Erfüllung. Beide werden von der allumfassenden, sie umschlingenden »Mutter« See aufgenommen. Ihre Liebe ist nur im Angesicht des Todes möglich, denn sie rüttelt – nach Freud – an den Grundpfeilern der Gesellschaft. Beiden ist klar, als sie auf den See hinausfahren, vorbei an der lärmenden Abendgesellschaft, daß es für sie kein Zurück mehr gibt. Deutlich wird das Regressive der Novelle – psychisch: Regression auf eine frühe Entwicklungsstufe des Menschen; gesellschaftlich: Eskapismus, Flucht in den Tod. Mit Beate meint der Autor, »die Menschen bleiben böse und gemein und die Liebe ist ein schmutziger Spaß« (ES II: 102). Dieses scheint charakteristisch für einen Autor, der zwar das »Brüchige« seiner Zeit erkennt, aber einen Ausweg, eine gesellschaftliche Kraft, die ihn finden könnte, zu erkennen nicht imstande ist. Die Zeitkritik wird entwickelt aus der Beschreibung der zwischenmenschlichen Beziehungen, vornehmlich aus der Mann-Frau-Beziehung, ein Verfahren ähnlich dem Freuds, der von seiner Individualpsychologie – insbesondere im Spätwerk – auf die conditio humana schließt. Der Kulturpessimismus, der aus Schnitzlers Werk spricht, charakterisiert auch das Werk Freuds.

117 Weder in der ersten Notiz vom 8. Nov. 1906 noch in der ersten ausführlicheren Skizze vom 3. März 1909 ist eine Ausdifferenzierung des Inzestmotivs angelegt. Sie erfolgte erst beim definitiven Niederschreiben der Novelle. Die Entwürfe konzentrieren sich noch ganz auf das Verhältnis Mutter – Sohn.

118 Erste Phase: zwischen 2 und 5 Jahren; zweite Phase: Pubertät.

Etwa in der Zeit persönlicher Bekanntschaft mit Freud entstanden die kürzlich aus dem Nachlaß veröffentlichten Bemerkungen Schnitzlers *Über Psychoanalyse* aus den Jahren 1904 bis 1925, zum überwiegenden Teil nach 1921 verfaßt. Wie Schinnerer (1933: 119 f.) berichtet, verzichtete Schnitzler auf eine Publikation, um den befürchteten Kontroversen und dem damit verbundenen Zeitaufwand aus dem Wege zu gehen.[119] Er hatte in der Tat einige wesentliche Annahmen der Psychoanalyse in Frage gestellt.

Schnitzler wandte sich gegen das Verfahren der Psychoanalyse, von der Psychopathologie auf die Psychologie des »Normalen« zu schließen, was seiner Ansicht nach einer unzulässigen Verallgemeinerung gleichkam. Er übersah allerdings, daß Freud die Berechtigung des Verfahrens gerade aus der Relativierung des Begriffes »normal« ableitete. Hinter dieser Relativierung verbirgt sich die von Freud nicht zu Unrecht erkannte, allgemein entfremdete Sinnlichkeit, die aus der Gewaltsamkeit der Triebunterdrückung resultiert. Die »Kranken« erkannte er als bloßen Ausdruck einer kranken Umgebung, die immer verantwortlich gemacht werden kann für ihr eigenes Produkt. Nicht ohne Grund lehnte Freud die Vorstellung ab, die von ihm behandelten Neurotiker seien an genetischen Determinanten erkrankt. In der Metaphorik, die Freud zur Demonstration der Begriffe Verdrängung, Zensur, Triebverzicht gebrauchte, spricht sich, besonders in frühen Schriften, die gesellschaftliche Bedingtheit (die natürlich auch für Normale zutrifft) dieser Mechanismen aus. Überdies ist es hauptsächlich die Beschäftigung mit Träumen, die Freud die Anwendung der psychoanalytischen Erkenntnisse auf allgemeine psychische »Organisationen« angemessen erscheinen läßt.[120] Die Traumanalysen stützen Freuds Behauptung von der Allgemeingültigkeit des Unbewußten, der Verdrängung, der Wiederkehr des Verdrängten, der Dynamik und Struktur des Seelenlebens.

Den Phänomenen des Vergessens, der Fehlleistung, des Witzes, die sich eines allgemeinen Daseins erfreuen, spricht er die gleichen, den neurotischen Symptomen zugrunde liegenden Mechanismen zu, die sich lediglich durch quantitative Unterschiede von jenen abheben.[121] Die therapeutische Situation

119 Im privaten Bereich hat er seine Kritik an der Psychoanalyse allerdings vorgetragen. Im Tagebuch v. 30. 5. 1927 heißt es: »Las ihnen [Dr. Horowitz u[nd] Dr. Goldstein] etliches fragmentarisches vor, das sehr interessirt; besonders über Psychoanalyse«.

120 Vgl. Stud II: 576: »Der Einwand, daß meine Träume und die meiner neurotischen Patienten nicht auf die Träume gesunder Menschen schließen lassen, dürfte wohl ohne Würdigung abzuweisen sein. Wenn wir also aus den Phänomenen auf deren Triebkräfte schließen, so erkennen wir, daß der psychische Mechanismus, dessen sich die Neurose bedient, nicht erst durch eine das Seelenleben ergreifende krankhafte Störung geschaffen wird, sondern in dem normalen Aufbau des seelischen Apparates bereitliegt. [. . .] der Traum zeigt uns einen der Wege, die zur Kenntnis der Struktur desselben führen.«

121 Stud II: 265: »Ich glaube aber nicht, daß die Psychoneurotiker sich hierin von anderen normal verbleibenden Menschenkindern scharf sondern, [. . .] Es ist bei weitem wahrscheinlicher [. . .], daß sie [. . .] uns nur durch die Vergrößerung kenntlich machen, was minder deutlich und weniger intensiv in der Seele der meisten [. . .] vorgeht.«

der Psychoanalyse setzt, wenn immer sie einen Heilungsanspruch hat, gesunde Persönlichkeitsanteile als notwendige Bedingung voraus. Diese jeweils nur eingeschränkt gültige Zerstörung der Person ermöglichte Freud gerade den Einblick in »normales« Verhalten.

Merkwürdige Kritik: Schnitzler müßte über der Bedeutungslosigkeit seiner eigenen Schriften verzweifeln. Robert O. Weiss (1968: 377 ff.; 1958: 189) konnte immerhin eine Liste von 32 Psychotikern in Schnitzlers Werken aufstellen. Daß Schnitzler der Psychopathologie in seinem literarischen Schaffen soviel Platz einräumte, zeigt, daß auch er contra se ipsum der Psychopathologie einen über das Besondere des Falles hinausgehenden Stellenwert beimaß.

Schnitzler bemängelte die Willkür der Traumsymbolik, eine Kritik, die er auch im Gespräch mit Freud äußerte (vgl. S. 220). Freud kannte zwei Methoden der Traumdeutung, von denen die eine von den Assoziationen des Träumers, die andere bei einer begrenzten, wiederholt auftauchenden Anzahl von Traumbildern von einer fixen, allgemeinen Symbolik – wie in den alten ägyptischen Traumbüchern – ausgeht. Schnitzlers Kritik richtete sich offenbar gegen den universalen, vom Erleben des einzelnen Individuums unabhängigen Charakter jener Symbolik. Während Freud die festen Traumsymbole, deren Status bis heute umstritten ist (vgl. Lorenzer 1975), noch lebensgeschichtlich eingebunden wissen wollte, wurden sie von seinen Schülern und in der breiteren Öffentlichkeit nicht zuletzt wegen der geringen Anforderungen, die sie an den Intellekt des Traumdeuters stellen, in oft willkürlicher und höchst spekulativer Weise verwandt.

Ähnliche Befürchtungen hegte Schnitzler gegenüber der behaupteten Überdeterminierung einer Bildung des Unbewußten (Symptom, Traum etc), die ebenfalls der Willkür des psychoanalytischen Interpreten Tür und Tore öffne. Freud selbst hat die Überdeterminierung einer Bildung des Unbewußten als Resultante mehrerer Ursachen bzw. als Verweis auf die verschiedensten nebeneinander wirksamen unbewußten Elemente, jedoch nicht als Möglichkeit einer völlig willkürlichen Anzahl von Deutungen gesehen.

Auch bezweifelte Schnitzler, daß das determinierende Glied in der Kette die Sexualität, nicht der Tod, Gott oder sonst etwas sei. Daß eine solche Kritik einer »impressionistischen« Einstellung entspringt, zeigt folgender Aphorismus:

> »Symbole, Abstrakta, ja schon die Pluralia – das sind ebensoviele Fluchtversuche aus der erschütternden und verwirrenden Realität der Dinge in Spekulation, Metaphysik oder zu Gott« (AuB: 27).

Er witterte hinter Freuds Verallgemeinerung das verzweifelte Scheitern an dem Chaos und der Mannigfaltigkeit der Wirklichkeit. Seine Kritik, so oberflächlich sie manchmal auch erscheinen mag, wirft ein Schlaglicht auf die Naturwüchsigkeit der Realität, die zum beschwörenden Festhalten von Identität Anlaß gibt. Aber auch hier scheint Schnitzlers Urteil in sonderbarem Gegensatz zur Stereotypie seiner Themenwahl zu stehen: der Sexualität. Die Inkommensurabilität dieses Verhältnisses würde Freuds Theorie vom künstlerischen Schaffen, das er auf freieres Fließen unbewußter Vorstellungen zurückführte, stützen. Die unbewußte Erkenntnis der Bedeutung der Sexualität läßt Schnitzlers Einspruch eher als eine Rationalisierung erscheinen. Nicht zuletzt mag dieser Einwand auf den Wunsch nach einem Reservat der freien, nicht determinierten Persönlichkeit zurückzuführen sein.

Ein wichtiger Punkt seiner Kritik richtete sich gegen den oft vorschnellen Rekurs der Psychoanalyse auf das Unbewußte, was ebenfalls Willkür und Vagheit der Deutungsergebnisse mit sich bringe:

> »[. . .] dass die Psychoanalyse so früh ins Unbewußte ausbiegt, ist ein Eingeständnis ihrer Schwäche. Sie fühlt, daß das Bewußte sie stören, ja manchmal widerlegen könnte« (Schnitzler 1976: 278).

Ähnliches hatte er bereits Theodor Reik gegenüber geäußert. Schnitzlers Kritik richtete sich jedoch nicht gegen die Annahme und Erforschung des Unbewußten, im Gegenteil: er hob ausdrücklich den Mut der Psychoanalytiker hervor, angesichts allgemeiner Ablehnung sich in die Tiefen der Seele vorgewagt zu haben. Bereits in seinem Essay *Psychologische Literatur* hatte er darauf hingewiesen:

> »Nach einer Epoche der Schalheit, des Pathos, des Bannertragens, der Phrasenherrschaft, der Feigheit und Bequemlichkeit in Hinsicht auf die dunklen Reiche der Seele entdeckten einige neuere Dichter, was die Großen aller Zeiten wußten: Daß die Seele im Grunde kein so einfaches Ding sei. Und insbesondere, daß außer dem Bewußten allerlei Unbewußtes in der Seele nicht nur vorhanden, sondern auch wirksam sei« (AuB: 454 f.).

Er war allerdings der Meinung, daß die Psychoanalyse den Fehler begangen habe, sich »in diesen Tiefen [. . .] länger aufzuhalten und unablässiger darin zu wühlen als nötig und als nützlich war« (Schnitzler 1976: 281). Schnitzler, den man cum grano salis als einen eingefleischten Deterministen bezeichnen mag, wurde offensichtlich von dem von der Psychoanalyse versuchten Nachweis der Determinierung allen Geschehens so erschreckt, daß er ihn mit dem allerdings wenig schlagkräftigen bloßen Vorwurf der Willkür um jeden Preis abwehren wollte. Für ihn war die Seele »ein weites Land«, wie es der Doktor von Aigner in der Tragikkomödie *Das weite Land* formuliert:

> »Wir versuchen wohl Ordnung in uns zu schaffen, so gut es geht, aber diese Ordnung ist doch nur etwas Künstliches [. . .] Das Natürliche ist das Chaos. Ja [. . .], die Seele ist ein weites Land«[122]

122 DrW II: 281; In einer im Nachlaß befindlichen Stellungnahme präzisierte Schnitzler diese vielzitierte Äußerung: »Die Seele ist ein weites Land – das heißt nicht absoluter Gesetzlosigkeit und Willkür [. . .], sondern daß die Grenzen der Möglichkeiten im allgemeinen viel weiter gesteckt

Der seiner Meinung nach einseitigen Beschäftigung der Psychoanalyse mit dem Unbewußten – Freud: »Sie beabsichtigt und leistet nichts anderes als die Aufdeckung des Unbewußten im Seelenleben« (Stud I: 377) – hielt Schnitzler entgegen:

»Das Mittelbewußtsein wird überhaupt im Ganzen zu wenig beachtet./Es ist das ungeheuerste Gebiet des Seelen- und Geisteslebens; von da aus steigen die Elemente ununterbrochen ins Bewußte auf oder sinken ins Unbewußte hinab./Das Mittelbewußtsein steht ununterbrochen zur Verfügung. Auf seine Fülle, seine Reaktionsfähigkeit kommt es vor allem an« (Schnitzler 1976: 283).

Mit der Einführung der Kategorie des Mittelbewußtseins, die – wie Segar (1973: 120) angenommen hat – dem System des Vorbewußten bei Freud entspricht, glaubt Schnitzler zum einen der Differenzierung des »weiten Landes« einen Dienst erwiesen, zum anderen der Gefahr der Willkür der Freudschen Theorie vorgebeugt zu haben.

Auch die zweite Topik Freuds, die Zergliederung der psychischen Struktur des Menschen in Ich, Über-Ich und Es hält er für eine unzulässige Schematisierung des »weiten Landes«:

»Die neuere Psychologic ist mehr auf Metaphern bedacht als auf psychische Realitäten. Die Trennung in Ich, Überich und Es ist geistreich, aber künstlich./Eine solche Trennung gibt es in Wirklichkeit nicht. Ein Ich ist überhaupt nicht vorhanden ohne Überich und Es./Es ist, wie wenn man von einem Ding ohne Eigenschaften sprechen wollte« (Schnitzler 1976: 283).

Für Freud waren diese Metaphern notwendige theoretische Vereinfachungen der Realität.

Anstelle der Todestriebe, die im Rahmen der 1920 entwickelten Freudschen Triebtheorie im Gegensatz zu den Lebenstrieben die Grundtendenz eines jeden Lebewesens darstellen, zum anorganischen Zustand zurückzukehren, setzte Schnitzler das Bestreben, andere zu verletzen, was sich allerdings mit der Freudschen Konzeption verbinden ließe. Die Todestriebe, ursprünglich nach innen, auf Selbstdestruktion gerichtet, werden – so Freud – mit Hilfe der Libido nach außen abgeleitet und äußern sich nun als »Destruktionstriebe«. Im Zusammenhang mit seiner Kritik an der Konzeption der Todestriebe bedauert Schnitzler, daß »die Sehnsucht Gutes zu tun und Liebe zu verbreiten [. . .] in der allgemeinen Psychologie als Macht kaum in Betracht« (Schnitzler 1976: 279) kommt. Segar (1973: 120) sieht in diesem Wunsch, ethische Bestrebungen zu berücksichtigen, den eigentlichen Grund für Schnitzlers Angriff auf die vorherrschende Beschäftigung mit dem Unbewußten in der Psychoanalyse:

---

sind als die Menschen im allgemeinen wissen oder als die Meisten aus Bequemlichkeit sich eingestehen« (Nachlaßmappe 20; Freiburger Nachlaß: N. IV: 84 f.; nach Offermanns (1973: 50/212).

daher auch seine Kritik an der zweiten Topik Freuds. Schnitzler habe diesen Anspruch jedoch nicht einlösen können, denn er machte das *amoralische Es* und das *moralische Über-Ich* zu Eigenschaften des Ich, die einmal »in bald höherem bald geringerem Maße vorhanden« sind: Es gibt Individuen (Seelenkomplexe) in denen das Überich, andere in denen das Es stärker angesprochen ist« (Schnitzler 1976: 382). Schnitzler spricht schlicht von »vorhanden«, woraus Segar folgert, daß hier angeboren gemeint sei, was den Determinismus hinterrücks wiedereinführt und gut und böse, moralisch und unmoralisch von der Vererbung abhängig macht.

Viel wichtiger aber ist ein anderer Aspekt, der den Schlüssel zu Schnitzlers Kritik an der Psychoanalyse gibt. Seine Kritik geht immer wieder auf Willkür, Monomanie, Verallgemeinerungen. Das Mißtrauen, das aus diesen Formulierungen spricht, ist das des Skeptikers gegenüber geschlossenen Erklärungsversuchen. Es ist der Empirismus des Helmholtzianischen Mediziners, dem Freud gerade mit Lösung von seinen positivistischen Anfängen, mit der Konstruktion der Psychoanalyse entgangen war. Die Psychoanalyse ermöglichte es ihm vielmehr, nach ernüchternder Arbeit in Brückes Labor wieder zu den philosophischen Träumen seiner Jugend zurückzukehren. Schnitzler dagegen war ein von Grund auf unphilosophischer Mensch[123], dem sogar naturwissenschaftliche Modelle zu trügerischen Abstrakta wurden:

> »Von der verwirrenden Vielfältigkeit der Einzelerscheinungen retten wir uns zu der trügerischen Gesetzmäßigkeit naturwissenschaftlicher Systeme; [. . .] und so sind wir stets auf der Flucht aus der chaotischen Wahrheit, die wir weder zu fassen noch zu ertragen imstande gewesen wären, in den trügerischen Trost einer willkürlich geordneten Welt« (AuB: 26).

Hinter dem Einspruch verbirgt sich auch Skepsis gegenüber Freud, deren Berechtigung sich vor allem in den Spätschriften hätte festmachen können. Da die Spätschriften Resultat der Freudschen Theorie sind, müssen seine Spekulationen folgerichtiges Ergebnis seiner sich schon in früheren Werken aussprechenden, immer wieder auf Naturwissenschaft rekurrierenden Einstellung sein. Freuds mehr oder weniger mechanistisches Weltbild gipfelt in der Vorstellung, daß eine Zivilisation ohne Triebunterdrückung nicht möglich sei. Schnitzlers Einspruch, wie sehr er auch die Erfahrungen mit seiner Zeit verabsolutieren und zu einer sowohl fatalistischen als auch kulturpessimistischen Aussage von der Welt als bloßem Willkürzusammenhang sprechen mag, öffnet zumindest in allem Chaos die Möglichkeit einer neuen Ordnung, die Freud per se ausschließt. Was für Freud notwendiges System ist, ist für Schnitzler noch Anlaß für Leiden.

---

123 »[. . .] irgendwo steckte in mir doch eine leise Angst, daß ich als philosophisch nicht geschulter nicht zu den ›Eingeweihten‹ gehörte – u. ein Geheimnis verborgen sei« (Tb: 18. 7. 1912).

Versucht man Schnitzlers Verhältnis zur Psychoanalyse in knappen Worten zu fassen, so muß man zu dem Schluß kommen, daß trotz intensiver und kontinuierlicher Auseinandersetzung, die innerhalb des *Jungen Wien* ihresgleichen nicht kennt, der *Einfluß* der Psychoanalyse gering ist. Eine chronologische Lektüre seiner Werke läßt nach 1900 keine wesentliche Änderung seiner Schreibstrategie erkennen.

Die Novelle *Frau Beate und ihr Sohn*, von der zeitgenössischen Kritik als »Verirrung« angesehen, ragt bizarr aus Schnitzlers übrigen Œuvre heraus. Diese Ausnahmestellung verweist darauf, daß für ihn die Inzestproblematik – entgegen der Psychoanalyse – keine universelle war. Diese Vermutung findet Bestätigung in einer Notiz zur Psychoanalyse, die vermutlich in der Entstehungszeit der Novelle aufgezeichnet wurde:

»Gerade dadurch, daß die Psychoanalyse ihre Theorien, zum Beispiel Oedipuskomplex, verallgemeinert, verringert sie deren Bedeutung. [. . .] Nur als Degenerationserscheinung hat der Oedipuskomplex eine psychologische Bedeutung [. . .]« (Schnitzler 1976: 278).

Die Verallgemeinerung der Ödipussituation ergäbe – so Schnitzler – lediglich eine Banalität. Von daher wird verständlich, warum eine Novelle wie *Frau Beate und ihr Sohn* in seinem Werk eine Ausnahme bleiben mußte.

Dazu stimmt die häufig beobachtete Konstanz in Motivik und Technik seines Werkes. In ihm gibt es zwar eine deutlich erkennbare Entwicklung und Vervollkommnung, aber keinen Bruch. Deutlich wird dies, wenn man neben Schnitzlers Entwicklung die Hofmannsthals sieht. Eine Umorientierung, wie sie bei diesem mit der Chandoskrise stattfand, gibt es bei Schnitzler in vergleichbarer Form nicht. Träume sind sowohl in dem frühen opusculum *Frühlingsnacht im Seziersaal* wie in dem späten Meisterwerk *Traumnovelle*[124] im Sinne der Psychoanalyse »korrekt« gebildet, wenn sie auch im ästhetischen Niveau inkommensurable Größen darstellen. Aber eben dieses ist – Freud zufolge – ein der Psychoanalyse unzugänglicher Bereich.

Der innere Monolog im Leutnant Gustl, zweifellos eine Besonderheit, wird nicht weiterentwickelt – wie etwa bei Joyce in *Finnegans Wake*. Allerdings fand er eine Fortsetzung – in der Novelle *Fräulein Else*, mit der Schnitzler nach dem

124 Die *Traumnovelle* insbesondere ist für die französische Analytikerin Nata Minor »une œuvre poétique qui avait partie liée avec la psychanalyse« (Minor 1972: 207). Für sie ist es gerade – wie eben in der *Traumnovelle*, über die sich ja schon Freud Gedanken machte (Freud 1955: 100) – »le corps maternel et les fantasmes qui y sont associés qui fondent l'étrange familiarité qui saisit Freud à la lecture des ouvrages de son ›double‹« (ebd.: 211). Vgl. auch ihre spätere Darstellung (1975). – Schrimpf (1963: 187) sieht in dieser Novelle deutlich Schnitzlers »Nähe« zur Lehre Sigmund Freuds, nicht ohne zugleich auf den »Abstand« hinzuweisen. Krotkoff (1972) will gar den Titel Traum*novelle* als eine »indirekte Stellungnahme gegen die psychoanalytische Deutung im Sinne Reiks« (72) sehen. Swales (1971) kommt in seiner Schnitzler-Monographie zu dem Schluß: »*Traumnovelle* contains perhaps the most revealing exploration of Schnitzler's relationship to psycho-analysis« (147), »*Traumnovelle* draws on the literary tradition of the Baroque and also on the insights of Freudian psycho-analysis« (149).

großen Kriege direkt an sein frühes Meisterwerk anknüpfte. Der Zeitpunkt dieser Wiederaufnahme scheint vor dem Hintergrund der hier dargestellten Beziehung zu Freud kein zufälliger zu sein. Die Entstehung der Novelle fällt in die Jahre 1921 bis 1926, da er nach langer Abstinenz in Sachen Analyse erstmals das persönliche Gespräch mit Freud suchte. Die häufig diskutierte Nähe dieser Erzählung zur Psychoanalyse[125] wäre so Zeichen seiner Wiederannäherung an Freud, – des Versuchs zur Überwindung der Doppelgängerscheu.

Daß Schnitzler der Psychoanalyse gegenüber so unempfänglich blieb, hat mehrere Gründe. Der wichtigste ist die empiristische Haltung des im Geiste von Naturwissenschaft und Positivismus gebildeten Mediziners. Von daher seine Ablehnung aller Verallgemeinerung psychoanalytischer Erfahrung. Deshalb mußte er das spekulative Element, das in der Psychoanalyse *auch* steckt und ohne das eine Systematisierung notwendig begrenzter Erfahrung zum theoretischen Konstrukt nicht auskommen kann, ablehnen. Freud baute ein System, während Schnitzler, nach Hofmannsthal »Beobachter und Skeptiker von Beruf« (A: 272), Aphorismen schrieb, in denen er unmittelbare Einzelerkenntnis festhielt.

Mit der unphilosophischen Einstellung steht seine Arbeitsweise in Zusammenhang, die stets von konkreter, sinnlicher Erfahrung ausgeht und mit Angelesenem wenig anzufangen weiß. Historisches Wissen ist oft, wie etwa im *Paracelsus* oder im *Schleier der Beatrice*, kaum mehr als Drapierung. Schnitzlers so häufig diskutierte *Verwandtschaft* zur Psychoanalyse geht auf Erfahrungen zurück, an denen er *selbst* Anteil hatte – Erfahrungen übrigens, die noch weit über die Jahrhundertwende hinaus – von *Die Frau mit dem Dolche*[125] bis hin zu *Flucht in die Finsternis*[126] ihren Niederschlag finden. So erklärt es sich, daß ein der Psychoanalyse auf den ersten Blick so fernstehender Autor wie Hugo von Hofmannsthal mit ihr wesentlich mehr anzufangen wußte als der *Doppelgänger* Sigmund Freuds: Arthur Schnitzler.

---

125 Vgl. die Diskussion bei Oswald/Pinter Mindness (1951) und Bareikis (1969). Daneben hat Schnitzler auch in *Frau Berte Garlan* (1901), *Frau Beate und ihr Sohn* (1913) und in der *Traumnovelle* (1925) den inneren Monolog in größerem Maße eingesetzt. Die ausschließliche Verwendung dieser Technik in *Leutnant Gustl* und *Fräulein Else* macht diese jedoch zu Ausnahmeerscheinungen im Werke Schnitzlers. Die gleichsam experimentelle Anlage beider Novellen läßt die Affinität zu Freud deutlich werden.

126 Zur Hypnosetechnik als Hintergrund dieses Stückes siehe Berlin (1974).

127 Zu *Flucht in die Finsternis* vgl. Weiss (1958). – Wie gut Theorie und Dichtung übereinstimmen – durchaus im Reikschen Sinne – hat Couch (1972) gezeigt.

4. Hugo von Hofmannsthal und Sigmund Freud: Antikenrezeption um 1900

> Betrachtet man die Wielandsche Auffassung der Antike und die Nietzschesche nebeneinander, ebenso die von Winckelmann und die von Jacob Burckhardt, so erkennt man, daß wir etwa noch mehr als die anderen Nationen die Antike als einen magischen Spiegel behandeln, aus dem wir unsere eigene Gestalt in fremder, gereinigter Erscheinung zu empfangen hoffen.
> Hugo von Hofmannsthal (A: 43)

> Die Geschichte ist Gegenstand einer Konstruktion, deren Ort nicht die homogene und leere Zeit, sondern die von Jetztzeit erfüllte bildet.
> Walter Benjamin, 1940

Freuds Urteil über Hofmannsthals Elektra *und* König Ödipus

Von Freud gibt es nur wenige Äußerungen zu Hofmannsthals Werk. Seine Übertragung des *König Ödipus* aber, im Erstdruck überschrieben mit *Ödipus der König. Tragödie von Sophokles mit einiger Freiheit übertragen und für die neuere Bühne eingerichtet* (D II: 545), rief bei Freud Begeisterung hervor. Er hatte sie als Gastspiel des Deutschen Theaters Berlin unter der Regie von Max Reinhardt im Zirkus Busch zwischen dem 5. und 10. Mai 1911 mit Alexander Moissi in der Titelrolle gesehen (F/J: 466). Offensichtlich war ihm nicht bewußt, daß der Erfolg dieser Inszenierung, in der Reinhardt zum ersten Mal die Massenregie erprobte, auf der Übertragung Hofmannsthals beruhte. Sie löste die bislang am Burgtheater benutzte Übersetzung Adolf Wilbrandts ab, die zwar näher am Original, aber für das Regietheater Reinhardts zu unbeholfen war.

Hanns Sachs, Schüler und Biograph, überliefert die Reaktion seines Lehrers:

> »[. . .] er war begeistert, aber es war weder die Leistung der Schauspieler noch die Regie, was einen so tiefen Eindruck auf ihn gemacht hatte, sondern eine Stelle des Dramas, deren tiefster Sinn ihm bis dahin beim Lesen ent-

Abb. 18 Sophokles/Hofmannsthal: »König Ödipus«, Szene mit dem Chor der Greise (Zirkus Beketow Budapest, 1911)

gangen und erst durch die Aufführung klar geworden war. ›Sie wissen, daß der verdrängte Inhalt immer an die Oberfläche zurückkehrt, kaum verhüllt, aber an einer solchen Stelle und so gut motiviert, daß er unkenntlich bleibt. (Wir nennen diese Erscheinung ›die Rückkehr des Verdrängten‹.) Ödipus nun, den die Verkündigung des Orakels, daß er seinen Vater töten werde, aufs tiefste erschüttert hatte, erfährt im Laufe des Stückes, daß sein Vater starb. Tatsächlich ist es nicht sein wirklicher Vater, sondern der König, der ihn adoptiert hat und den er für seinen Vater hält. Wie er die Nachricht von dem natürlichen Tod seines vermeintlichen Vaters hört, ist die furchtbare Last der delphischen Prophezeiung von ihm genommen. Er reagiert darauf mit triumphierendem Jubel. Sie sehen, die Freude über den Tod des Vaters ist ebenso deutlich zum Ausdruck gebracht wie der Mord selbst, den Ödipus unabsichtlich, in Erfüllung seines Schicksals begeht.‹« (Sachs 1950: 63 f).

Daß Freuds vertieftes psychologisches Verständnis des Dramas – das in der psychoanalytischen Theorie eine nicht unbedeutende Stellung einnimmt – gerade von der für Reinhardt übertragenen Version Hofmannsthals ausgelöst wurde und ihm eine Einsicht vermittelte, die er bei der Lektüre des Sophokles nicht gewonnen hatte, ist nicht zufällig: Denn Hofmannsthals von der Philologie noch in den fünfziger Jahren heftig kritisierte Übertragung (Steingruber 1956: 11-61; Frey 1964: 155-157) ist mehr als eine Übersetzung. Dies kann eine Gegenüberstellung der Hofmannsthalschen Übertragung mit dem Original sowie der von Freud benutzten Übersetzung zeigen. Zugleich wird hieraus deutlich, warum Freud der psychoanalytische Sinn dieser Stelle in Hofmannsthals Version aufgegangen ist.

Bei *Sophokles* heißt es:

φεῦ φεῦ, τί δῆτ'ἂν ὦ γύνα?, σκοποῖτό τις
τὴν Πυθόμαντιν ἑστίαν, ἢ τοὺς ἄνω
κλάζοντας ὄρνεις, ὧν ὑφηγητῶν ἐγὼ,
κτενεῖν ἔμελλον πατέρα τὸν ἐμόν; ὁ δὲ θανὼν
κεύθει κάτω δὴ γῆς˙ εζγὼ δ 'ὅδ' ἐνθάδε
ἄψαυστος, ἔγχους˙ **ε? τ, μὴ τὼμῶ πόθω**
κατέφθιθ. οὕτω δ ἂν θανὼν εἴη ξ ἐμοῦ.
τὰ δ οὐν παρόντα συλλαβὼν θεσπίσματα
κεῖται παρ Αιδη Πόλυβος ἄξι' οὐδενός.
(Sophokles 1963: 128/130; Vers 964–972)

In Sigmund Freuds Bibliothek befand sich als einzige Übersetzung die J. J. C. Donners – in der 6. Auflage von 1868 (Trosman/Simmons 1973: 679) –; es ist die gleiche, die er auch in der *Traumdeutung* zitiert (Stud II: 266 ff). *Donner* übersetzt die angeführte Stelle folgendermaßen:

Oedipus.
Weh, weh! Warum denn, mein Gemahl, beachten wir
Den Seherherd in Pytho, was die Vögel noch,
Die droben kreischen, die verkündet, daß ich einst
Den eignen Vater tödten soll? Ihn birgt der Schoß
Der Erde jezt als Todten, und ich weile hier,
Kein Schwert berührt' ich, – *wenn ihn nicht Sehnsucht um mich verzehrte* – so wohl kam er um durch meine Schuld.
Nein, diese Sehersprüche, die nahm Polybos
Mit sich hinab zum Hades; nichts bedeuten sie.
(Sophokles 1880: 48; Vers 937-945)

Hofmannsthal dagegen überträgt:

Ödipus.
O weh! was hat man dann,
Jokaste, noch beim pythischen Orakel
zu suchen, warum späht man noch nach Zeichen,
die mir mit maßlosem Betrug da her
gehängt den Vatermord, da übers Haupt!
Der ist nun unterm Boden, und ich hab
kein Schwert hier angerührt – *er müßte denn*
an meinem Wunsch gestorben sein. So wär ich
denn freilich schuld an seinem Tod.

Nun hat er diesen Fluch hinabgenommen,
wo er mit ihm zu Staub zerfällt.
(D II: 462 ff)
[Hervorhebungen des Verf.]

Hofmannsthal, mit psychologischen und psychoanalytischen Kenntnissen ausgerüstet, überträgt den Sophokles in einem Sinne, der eine Freudianische Sichtweise voraussetzt: Er übersetzt die entscheidende Stelle mit einem Genitivus subjectivus (»an meinem Wunsch«), während die einschlägigen Übersetzungen hier einen Genitivus objectivus (»Sehnsucht um mich«, ». . . nach mir« etc.) wählen.[1] Er individualisiert die Figur des Ödipus, obwohl es doch, wie schon Aristoteles gesagt hat, »in der Tragödie auf das Geschehen und nicht auf die Charaktere ankomme«[2]. Er verdeutlicht das, was bei Sophokles nur angedeutet ist. In der Erleichterung, ausgelöst durch die irrige Annahme, das Orakel habe sich als falsch erwiesen, gibt er in einer charakteristischen Fehlleistung kund, was er sich bislang selbst nicht eingestanden hat: den *Wunsch*, den Vater zu töten. Damit wird das Schicksal des Ödipus im Sinne Freuds psychologisiert, der religiöse Sinn des antiken Fatums, zurückgedrängt und aus der Individualpsyche des Ödipus einfühlsam für den modernen Zuschauer verstehbar gemacht. Der Kern seines Dramas liegt in ihm selbst, nicht in einem von außen verhängten Fluch. Die Bestätigung, die Freud hier fand, ist somit ein *Zirkelschluß*, denn seine Denkweise ist bereits in das eingegangen, woran sie ihre Bestätigung erfährt. Was Freud im Zirkus Busch sah, war nicht der *König Ödipus* des Sophokles, wie er 425 v. Chr. in Athen uraufgeführt wurde, sondern eine Paraphrase der antiken Tragödie im Geiste moderner Psychologie.

So erweist es sich durchaus als kurzsichtig, »weder Leistung der Schauspieler noch die Regie« noch die des Übersetzers – so wäre hinzuzufügen – gewürdigt zu haben; merkwürdig genug, denn Reinhardts Inszenierung mit über 100 Schauspielern vor 3000 Zuschauern war ein theatergeschichtliches Ereignis. Hofmannsthal versuchte eine Anpassung der ursprünglich unter freiem Himmel unter heute nicht mehr wiederholbaren Voraussetzungen gespielten Tragödie an die Bedürfnisse der modernen Bühne. Der Chor wird zurückgedrängt, dialogisch aufgelöst und hat – wie eine Projektionswand – der Vergrößerung und Verdeutlichung der Psyche der Hauptgestalt zu dienen, die großen Monologe werden aufgelöst und dramatisiert. Gesten, Schweigen und Ausruf verdrängen das überlegte Wort, die Bedeutung des Dialogs wird durch die des Lichts überlagert; Nacht und Tag, Hell und Dunkel, Lichtkontrastierungen symbolisieren in genauer Abstimmung das Geschehen. Der Aufklärungsprozeß

1 Bei Schadewaldt heißt es: ». . . – wenn er vielleicht nicht in der Sehnsucht nach mir dahingeschwunden«, bei Buschor: ». . . hat ihn Sehnsucht nicht verzehrt«, und bei Weinstock ». . . starb er nicht aus Sehnsucht nach mir«. Auch Walter Höllerer hält für *philologisch* korrekt nur die Übersetzung: ». . . es sei denn, er starb durch Sehnsucht nach mir«.

2 Nach Wolfgang Schadewaldt: *Das Drama der Antike in heutiger Sicht*, in: Schadewaldt (1970/I: 189).

Abb. 19 Sophokles/Hofmannsthal: »König Ödipus«, Ödipus und das Volk (Covent Garden London, 1912)

des Dramas wird durch Lichtregie verdeutlicht: Bei Hofmannsthal beginnt der *König Ödipus* bei »fahler Nacht« (D II: 421) und endet in »fahlem Morgen« (ebd.: 475). Zweck ist die Erzeugung von »Stimmung«, einer zentralen Kategorie in Hofmannsthals Dramaturgie:

> »Die tausendfach nuancierte Stimmung ist eigentlich das, wodurch, wenn sie ins Leben gerufen wird, die Andeutung des Dramatikers sich zur wahren Lebensatmosphäre verdichtet« (A: 331).

Dem dienen auch die ausführlichen Szenenanweisungen, die noch an den Naturalismus erinnern. Hofmannsthals Übertragung, die Pathos und Rhetorik kürzt und eine psychologische Charakterisierung der Personen herausarbeitet, ist »entfaltete Seelensprache« (P III: 477).

So positiv Freud – allerdings ohne sich dessen bewußt zu sein – einer behutsamen, mit den Mitteln zeitgenössischer Dramaturgie unternommenen Annäherung an und Einfühlung in die antike Tragödie gegenüberstand, so ablehnend war seine Haltung, wenn zu diesem Ziele die Psychoanalyse selbst in massiver Weise herangezogen wurde.

Am 31. März 1909 hatte Wilhelm Stekel vor der *Mittwoch-Gesellschaft* einen Vortrag *Zur Psychopathologie von Hauptmanns ›Griselda‹* gehalten. Das Drama war kurz zuvor, am 6. März, im Berliner Lessingtheater und im Wiener Burgtheater uraufgeführt worden. Stekel ging in seinen Ausführungen von der »affektiven Färbung der Kritiken des neuen Hauptmannschen Werkes« (Protokolle II: 166), vom Widerstand, den dieses bei den Rezensenten hervorrief, aus und fand als Grund den »sadistisch-masochistischen Charakter der beiden Hauptpersonen« (ebd.: 168). Das Drama »treffe [. . .] auf eine empfindliche Stelle der Menschen« (166). Der Graf sei ein *Neurotiker*, seine Eifersucht aber auf den Sohn als kommenden Konkurrenten sei »psychologisch vollkommen berechtigt« (169); »wir können ihm von unserem Standpunkt aus nur Recht geben« (168). Stekel nahm gerade aufgrund der in Übereinstimmung mit psychoanalytischer Anschauung gezeichneten Psychopathologie Gerhart Hauptmann gegen seine Kritiker in Schutz:

> »Man müsse also den Dichter gegen die mißverständlichen Angriffe in Schutz nehmen. Der Charakter des Neurotikers auf sadistisch-masochistischer Grundlage sei außerordentlich geschildert« (169).

Ganz anders Freud: Er anerkannte zwar die Ernsthaftigkeit des Problems, lehnte aber die offene, unverhüllte poetische Gestaltung – das Drama kannte er allerdings nur aus Stekels Ausführungen – ab:

> »Die nackte Brutalität, mit der er seine Dramen behandle, wirke, ebenso wie in *Griselda* wieder, abstoßend. Von poetischen Schönheiten des Dramas habe er nichts gemerkt. Der Held sei ein verrückter Hund, der ins Irrenhaus gehöre. Da er von Hauptmann geschaffen sei, so müsse dem Dichter der

Vorwurf gemacht werden, daß er es nicht verstehe, psychologische Probleme in der uns ergreifenden Weise vorzuführen« (169).

Von Hauptmanns *Griselda* ausgehend, kommt Freud in seinem ungewöhnlich langen Diskussionsbeitrag zu Stekels Referat auf das Feuilleton seines Schülers David Bach im Morgenblatt der *Arbeiter-Zeitung* vom 26. März 1909 anläßlich der ersten Aufführung der *Elektra* von Hofmannsthal und Strauß an der Hofoper zu sprechen. Dort hieß es:

»Freuds Schriften sind im Falle dieser ›Elektra‹ zu einem Handbüchlein der Poetik und auch der Musik geworden« (Bach 1909: 2).

Die Komposition von Richard Strauß wurde als »unfruchtbar«, als reaktionäres »Nichts-als-Aesthetentum« von einer nicht weiter ausgewiesenen sittlichen Idee her verdammt. An diesem Urteil konnte für ihn auch die weidliche Ausschlachtung der Schriften Freuds durch den Textdichter nichts ändern, im Gegenteil:

»Dem Psychologen ist es gestattet, an den Dichtern seine Theorie zu erweisen, nicht aber dem Dichter, eine Theorie über das künstlerische Schaffen sklavisch treu auszudichten. Er beweist dann nichts für die Theorie, wohl aber die Theorie gegen ihn. Wenn in dieser Psychologie wirklich alle Erkenntnis steckt, dann wird die Kunst, die uns die tiefsten Erkenntnisse bringen sollte, wahrhaftig überflüssig« (ebd.).

Mit deutlicher Anlehnung an dieses Feuilleton ließ sich Freud in seinem Diskussionsbeitrag zu einer grundsätzlichen Stellungnahme über die Verarbeitung der Psychoanalyse in der Literatur verleiten:

»Die Kunst des Dichters bestehe nicht darin [. . .], Probleme zu finden und zu behandeln. Das soll er den Psychologen überlassen. Sondern seine Kunst besteht darin, dichterische Wirkungen aus solchen Problemen zu gewinnen, und die Erfahrung zeigt, daß diese Probleme, wenn sie solche Wirkungen hervorbringen sollen, verkleidet sein müssen und daß die Wirkung nicht darunter leidet, wenn man die Probleme nur bloß ahnt und sich keiner der Leser oder Hörer darüber klar werden kann, worin die Wirkung besteht. Die Kunst des Dichters besteht also wesentlich in der Verhüllung. Das Unbewußte darf aber nicht ohne weiters bewußtgemacht werden; es muß allerdings bis zu einem gewissen Grade bewußt sein, zwar so, daß es noch auf uns wirkt, ohne daß wir uns in bewußten Gedanken damit beschäftigen können. Im Moment, wo das möglich ist, hört die Kunst auf. Wir haben wohl das Recht, ein Dichterwerk zu analysieren, aber es ist vom Dichter nicht recht, unsere Analysen zu poetisieren. Das scheine aber ein Zug der Zeit zu sein. Die Dichter dilettieren in allen möglichen Wissenschaften und bringen dann ihre Kenntnisse zur poetischen Bearbeitung. Das Publikum hat, wenn es diese Produkte ablehnt, vollkommen recht. Eher werden wir ihn, bestochen durch die psychologische Betrachtungsweise des Problems, milder beurteilen« (Protokolle II: 169 f).

Auch wenn Freud Hofmannsthals *Elektra* vermutlich genau so wenig gesehen hat wie Hauptmanns *Griselda*, so sind doch seine von diesen Stücken ausgelösten Bemerkungen über die Neigung der zeitgenössischen Schriftsteller, psychopathologische und psychoanalytische Theorien in ihren Schaffensprozeß einzubeziehen, keineswegs zufällige Gelegenheitsäußerungen, sondern stimmen nur zu gut mit seiner wenige Jahre zuvor in dem – bereits diskutierten – Aufsatz *Psychopathische Personen auf der Bühne* dargelegten Auffassung überein. Sein klassizistisches Kunstverständnis verbot es ihm, den Neurotiker unverhüllt, in klinischer Reinheit auf der Bühne zu akzeptieren. Otto Rank ging in seiner Stellungnahme sogar noch über seinen Lehrer hinaus, indem er das Bewußtmachen des Unbewußten in der Kunst für ein »notwendiges Entwicklungszeichen der Zeit, die den Verfall der Kunst unter dem Fortschreiten des Bewußtseins dokumentiere (Hofmannsthal, Wedekind u. a.)« (ebd.: 173) erklärte. Freud sah dagegen diese Tendenz nur als »eine vereinzelte Erscheinung, über die die Entwicklung bald hinweggekommen sein werde« (ebd.: 174), an. Er wies auf Ibsen hin, der für ihn den Höhepunkt moderner Kunst darstellt:

> »Ibsen, mit seiner Geschlossenheit, Einheit, Vereinfachung der Probleme, mit seiner Kunst der Konzentration und des Verdeckens, sei ein großer Dichter, während Hauptmann der Neurotiker sei, der sich selbst darstellt« (ebd.).

Ganz entgegen der sonstigen Courtoisie dem Dichter gegenüber blieb Freud bei der literarischen Verwertung der Psychoanalyse unerbittlich. Der Austausch zwischen Literatur und Psychoanalyse war für ihn ein einseitiger Prozeß. An dieser Stelle bricht die szientistische Selbstüberschätzung des Wissenschaftlers Freud, ansonsten hinter der breiten literarischen Bildung und einer von genuinem Interesse getragenen Auseinandersetzung mit der Literatur verborgen, durch und zeigt, daß für ihn innerhalb der Hervorbringungen des menschlichen Geistes die Wissenschaft den ersten Rang einnahm, eine Stellung, die auch vom hofierten Dichter nicht berührt werden darf. Geschieht dies dennoch, so ist seine Reaktion scharf und empfindlich. Für Freud sind Neurotiker »komplizierte Charaktere«, die darzustellen »Sache einer Krankengeschichte« sei:

»Der Theatermensch muß eine einfache Charakterbildung mitbringen, und der Dichter muß es verstehen, so hochkomplizierte seelische Vorgänge zu simplifizieren« (Protokolle II: 171).

Das Bündnis der Literatur mit der Wissenschaft, das – wie Freud richtig hervorhebt – »ein Zug der Zeit« war, der die Literatur der Jahrhundertwende, Naturalismus wie Gegennaturalismus, kennzeichnete, lehnte Freud ab. Er plädierte für die Eigenständigkeit des Dichters gegenüber dem Wissenschaftler. Eine zu deutliche Hervorhebung psychopathischer Krankheitsbilder auf der Bühne störte das ästhetische Empfinden – wie er es verstand:

> »Zu den Aufgaben des Dichters gehöre es [. . .], uns die Einfühlung in seine

Helden zu erleichtern, nicht aber den Menschen so abstoßend zu zeichnen, daß wir kein Interesse an seinem Schicksal nehmen können« (ebd.: 170).

Brecht hätte diese Auffassung von der Aufgabe des Dramatikers als eine aristotelische bezeichnet.

Nun mag die Einseitigkeit der Stellungnahme Freuds darauf zurückzuführen sein, daß seine einschlägigen Äußerungen sich allesamt auf die Dramatik beziehen. Denkbar wäre, daß Freud die unverhüllte Verarbeitung psychoanalytischer Erkenntnisse durch den Erzähler, der breiter und genauer schildern kann – man denke an Marcel Prousts *Recherche du temps perdu* – akzeptiert hat. Wahrscheinlich ist dies aber nicht. Eine entsprechende Äußerung ist nicht überliefert.

Vielleicht erscheint angesichts dieser Haltung Freuds, der die Beziehung zwischen Kunst und Psychoanalyse so einseitig interpretiert, folgende Äußerung Hofmannsthals – in einem Brief vom Januar 1908 an Oscar A. H. Schmitz, der ihm Freud als Mitarbeiter einer zu gründenden Zeitung vorgeschlagen hatte – nicht ganz unverständlich:

»Freud dessen Schriften ich sämtlich kenne, halte ich abgesehen von fachlicher Akribie (der scharfsinnige jüdische Arzt) für eine absolute Mediocrität voll bornierten, provinzmäßigen Eigendünkels [. . .]« (HB 7/1971: 74).

Diese Stellungnahme steht an Deutlichkeit den späteren Aphorismen von Karl Kraus über die Psychoanalyse in nichts nach und ist in ihrer Schärfe innerhalb der überlieferten Äußerungen Hofmannsthals über die Analyse eine bemerkenswerte Ausnahme.

Im Kreis um Freud hat das Werk Hugo von Hofmannsthals keine Wirkung gehabt. Gelegentlich der einzigen ausführlichen Auseinandersetzung hat es – dank des Ungeschicks des Vortragenden – nur Langeweile hervorgerufen. Am 22. Januar 1913 referierte Emil Lorenz als Gast der *Mittwoch-Gesellschaft: Die Geschichte des Bergmanns von Falun*, angeregt durch die neuerliche Bearbeitung dieses Stoffes durch Hofmannsthal in *Das Bergwerk von Falun*. Lou Andreas-Salomé berichtet über diesen Abend in ihrem Tagebuch *In der Schule bei Freud:*

»Ein Vortrag vom kleinen Dr. Lorenz, der voller Wissen, aber auch ein bißchen langweilig war. Doch machte ein Nachtrag Freuds das wieder gut, indem er ein paar Motive zu analogen Märchen wie dem vorgetragenen Bergmannsmärchen aufdeckte: und plötzlich gewannen sie brennendes psychologisches Interesse« (Andreas-Salomé 1958: 77).

1913 war nur der erste Akt von *Das Bergwerk zu Falun* (1899) unter dem Titel *Ein Vorspiel* publiziert, das ganze, fünfaktige Drama kam erst nach dem Tode Hofmannsthals heraus. Dennoch hatte Lorenz in seinem Vortrag den weiteren Verlauf richtig voraussehen können. Er hatte darzustellen versucht, wie von E.T.A. Hoffmann bis hin zu Hugo von Hofmannsthal das Hauptmotiv immer tiefer mit Motiven aus dem Unbewußten verknüpft worden sei. Hofmannsthals Bearbeitung stelle in dieser Hinsicht den Höhepunkt dar.

In der Diskussion gaben mehrere der Zuhörer jenes Vortrages – wie Lorenz sich später erinnerte –

> »der sicherlich unbedachten Meinung Ausdruck, es sei für einen Dichter nicht schwer, so tief in die unbewußten Motive einzudringen, wenn ihm die Einsichten der Psychoanalyse zur Verfügung stünden. Obwohl nun, wie ich sogleich bemerkte, die Entstehungszeit der Dichtung Hofmannsthals völlig dagegen sprach, schrieb ich an den Dichter und fragte ihn, welche Quellen ihm zur Verfügung gestanden seien. Er antwortete in einem leider nicht mehr vorhandenen Brief, seine einzige Quelle sei E. Th. A. Hoffmann gewesen; und er wundere sich, wie man behaupten könne, daß er psychoanalytische Einsichten in der Richtung auf das allzu Greifbare entwickelt habe. Denn die Schriften Freuds seien, soweit sie dieses Thema beträfen, damals noch gar nicht erschienen gewesen. Ich hatte keine andere Antwort erwartet, und in diesem Sinne habe ich auch die erwähnte literarisch-psychologische Arbeit geschrieben, die 1914 in ›Imago‹ erschienen ist« (Lorenz 1956: 179).

Auch wenn die Entstehungszeit des Dramas gegen einen Einfluß der Psychoanalyse spricht, so war doch der Eindruck in der Zuhörerschaft nicht zufällig entstanden. Isidor Sadger hatte eingewandt: »Hofmannsthal is not convincing in the role of witness because he is familiar with symbolism and translates directly« (Minutes IV: 151).

Hierfür war aber nicht Freuds Werk, sondern das des von Hofmannsthal geschätzten Mythendeuters Johann Jakob Bachofen verantwortlich, den er bereits in den neunziger Jahren las.[3] Bei ihm wie später auch bei Freud sind hohle Räume, Höhlen, Häuser etc. Muttersymbole. Bachofens Werk war für Hofmannsthal vornehmlich hinsichtlich seiner Darstellung der Symbolik wichtig (McKenzie 1970: 47). »Der Mythos ist die Exegese des Symbols«, heißt es bei Bachofen (1926). Hofmannsthals Symbolik in *Das Bergwerk zu Falun* war tatsächlich nicht naiv, aber sie ging nicht auf Freud, sondern auf Bachofen zurück.

Rechnet man zu den bislang berichteten Begegnungen zwischen Freud und Hofmannsthal noch die kurzen Erwähnungen Hofmannsthals in Otto Ranks *Das Inzestmotiv in Dichtung und Sage* (1912) und *Der Doppelgänger* (1925) sowie seine Beziehungen zu Herbert Silberer und Alfred von Winterstein (vgl. Urban 1978: 85 ff., 119 f.) hinzu, so sind bereits alle äußeren Berührungspunkte zwischen den beiden Männern genannt. Der Freud-Kreis und der Hofmannsthal-Kreis sind – wie auch Anna Freud bestätigt hat (nach Urban 1978: 109) – zwei Lebenskreise, die sich kaum berührt haben.

3 Hofmannsthal las Bachofen bereits Anfang der neunziger Jahre: »Ich war ein noch junger Mensch, als mir das gewaltige Mythenwerk ›Das Mutterrecht‹ in die Hand kam [. . .]. Es war noch ein Exemplar der völlig vergriffenen ersten Ausgabe von 1862 [. . .] der durch die Witwe veranstaltete Neudruck von 1897 existierte noch nicht. Was mir das Buch bedeutete, läßt sich kaum sagen. Ich rechne diesen Mann seit damals wahrhaft zu meinen Lehrern und Wohltätern, und ausgelesen habe ich seine Bücher bis heute nicht« (P IV: 477 f.).

Angesichts der bereits vor dem Ersten Weltkrieg vorliegenden zahlreichen psychoanalytischen Arbeiten über Arthur Schnitzler und Richard Beer-Hofmann ist diese Abstinenz im Falle Hofmannsthals auffällig. Auch heute noch sind psychoanalytische Arbeiten über sein Werk eine Rarität. Dennoch war es sein Werk, das sich – innerhalb der zeitgenössischen Wiener Literatur – am eingehendsten mit der Psychoanalyse auseinandersetzte.

Die zeitgenössische Rezeption der Elektra als Hysterica

> »Hübscher als er [Hugo von Hofmannsthal] kann man die interessanten, lehrreichen, bedeutenden Theorien des Wiener Psychiaters *Freud* nicht in Verse kleiden«.
>
> (Bach 1909:1)

Daß Hofmannsthals *Elektra* aus dem Geiste der Psychopathologie geboren wurde, war nicht nur David Bach und seinem Lehrer Sigmund Freud aufgefallen, sondern ist – unabhängig von Zustimmung und Ablehnung – ein Topos der zeitgenössischen Rezeption. Die pathologischen Züge Elektras, die sich zum Erstaunen der Kenner des bisherigen Hofmannsthalschen Werkes in einem eineinhalbstündigen Blutrausch präsentierte, waren jedoch – anders als in der Rezeption von Hauptmanns *Griselda* – nur mitunter Grund für eine ablehnende Haltung des zeitgenössischen Publikums. Man sah in dem Drama ein »Demonstrationsobjekt für ›Psychopathia sexualis‹« (Zieler 1903), »ein grausiges Gemisch von Hysterie und Perversität« (Kappstein 1904), ein »Durcheinander von Grausamkeit, Grauen und Wollust, von blutigen und ekelhaften Bildern« (Frenzel 1904). Diese negativen Urteile wie auch das Thomas Manns (1975: 150) und das von der *Neuen Freien Presse* publizierte Paul Goldmanns, der von einer »Schändung des Sophokles« (nach Wunberg 1972: 117) sprach, haben den Erfolg dieses Stückes nicht verhindern können. Rilke las »mit großer Bewunderung, mit Staunen und Hingabe an den Sturm dieses heulenden Buches« nach Butler 1938: 168). Faszination und Abscheu übte das rasende Weib aus archaischer Vorzeit auf das Theaterpublikum der Jahrhundertwende aus – eine Erfolg versprechende Mischung: Elektra als »femme fatale« ist mit Wildes *Salome* und Wedekinds *Lulu* eine typische Frauengestalt des Fin de siècle. In der Mitte zwischen Zustimmung und Ablehnung stand das Urteil Alfred Kerrs, der in *Elektra* den »privaten Rachedurst einer Epileptikerin« anstelle sophokleischer Sittlichkeit sah und »ein Blutplätschern [. . .] wie etwa beim d'Annunzio« (nach Wunberg 1972: 78; 80) wahrnahm.

Über den durchschlagenden Erfolg des Dramas berichtete Hofmannsthal am 10. November 1903 Hans Schlesinger:

»Der sogenannte große äußere Erfolg ist also eingetreten: Eine lange Reihe von Aufführungen zu erwarten, das Stück in den ersten vier Tagen von 22 Bühnen angenommen, drei Auflagen des Buchs vergriffen, ein großes Tapage in der Presse, teils enthusiastisch, teils wütend, Szenenbilder in allen illustrierten Zeitungen etc. etc.« (B II: 132).

Max Reinhardt führte bei der Uraufführung in Berlin Regie, die Elektra spielte die auf dämonische Frauenrollen spezialisierte Gertrud Eysoldt, eingestimmt wurde der Zuschauer mit Glucks Iphigenien-Ouvertüre in Richard Wagners Bearbeitung (Stümke 1903/04). Hugo von Hofmannsthal notierte in seinem Tagebuch die Uraufführung:

»Den 30. Oktober war die erste Aufführung im Kleinen Theater. – Den Erfolg bemerkte man erst im darauffolgenden Abend, als im deutschen Theater bei der Erstaufführung von ›Rose Bernd‹ von Hauptman vielfach gesagt wurde, der gestrige Abend hätte für die meisten Leute den heutigen totgeschlagen« (A: 132).

Der Triumph über Gerhart Hauptmann war eine Bestätigung des »Sieges der ›neuen Richtung‹, des poetischen Symbolismus, über den Naturalismus« (Garten 1973: 420). Mit diesem Erfolg war Hofmannsthal der Anschluß an die »wirkliche, brutale Bühne« (B I: 49) gelungen, der den Abschied von seinem lyrischen Frühwerk bedeutete und ihm zugleich die Freundschaft mit dem der Theaterpraxis ablehnend gegenüberstehenden Stefan George kosten sollte. Das Stück brachte ihm die Zusammenarbeit mit Richard Strauß, die dem Hofmannsthalschen Werk das Überleben auf der Bühne sichern sollte. Im Frühjahr 1906 trat Strauß mit dem Wunsch an ihn heran, die Tragödie zu vertonen. Am 25. Januar 1909 fand in Dresden die Uraufführung der Oper statt, die von dort aus rasch ihren Siegeszug antrat und deren Erfolg den des Theaterstückes noch weit übertreffen sollte.

Die *Elektra* steht damit an einem Schnittpunkt in Hofmannsthals Schaffen, zwischen Früh- und Spätwerk, zwischen Lyrik und Dramatik. Ihr Erfolg war im Sinne Lucien Goldmanns ein gelungenes soziologisches Experiment, das in seiner Mischung aus Dekadenz und Psychoanalyse einem Trend der Zeit entgegenkam und dessen pathologische Züge – außerhalb des Kreises der Psychoanalytiker selbst – breiten Teilen des Publikums und der Kritik ein angenehmes Grausen bereiteten.

Daß Psychoanalytisches in das Drama eingeflossen war, ist bereits zeitgenössischen Rezensenten bewußt gewesen. Der mit Hofmannsthal wie mit Freud befreundete Wiener Altphilologe Theodor Gomperz gab das Stichwort, auf das sich die Mehrzahl der zeitgenössischen Reaktionen vereinigen läßt. Am 14. Mai 1905 schrieb er nach Besuch der Wiener Aufführung an Ferdinand von Saar, er wolle »der gestrigen Aufführung der Hofmannsthalschen ›Elektra‹ mit einem Worte gedenken. Dieses *eine* Wort lautet: hysterisch. So war die Darstellung doch wohl im Sinne des Dichters« (Gomperz 1974: 393 f.). Hermann Bahr riet, in dieser Richtung weiterzuarbeiten: »Und warum nützen Sie die

Eysoldt nicht mehr? Ihren einen Ton, den hysterischen, haben Sie ihr in der Elektra wunderbar gebracht [. . .]« (Bahr 1947: 165).

Samuel Lublinski, der nach anfänglicher Bewunderung 1909 in *Der Ausgang der Moderne. Ein Buch der Opposition* ein ziemlich kritisches Bild Hofmannsthals zeichnete und ihn aufgrund seiner mit dem Anschluß an das Theater immer deutlicher hervortretenden Absicht, die über zweitausendjährige Theatertradition der Gegenwart zu vermitteln, »Museumsdirektor der Kultur« (nach Wunberg 1972: 210) titulierte, wußte auch die psychiatrische Quelle für Hofmannsthals Elektra-Bearbeitung anzugeben: »Professor Freund [sic!] aus Wien, ein Berater der dortselbst wohnenden Literaten« (nach Wunberg 1972: 227).

Ins Zentrum seiner Überlegungen aber hatte bereits 1904 Maximilian Harden in einer – groteske Züge nicht entbehrenden – Kritik der *Elektra* den Zusammenhang der Erneuerung des antiken Theaters durch Hofmannsthal mit den *Studien über Hysterie* von Freud und Breuer gestellt. Er vermutete, daß Hermann Bahr, der zugleich mit Hofmannsthal – in einer Komödie *Der Meister* (1904) und im *Dialog vom Tragischen* (1904) – von der Hysterie der Griechen gesprochen habe, und Arthur Schnitzler, in dessen *Anatol* es einmal heißt, Freundschaft habe sich aufs Stichwortgeben reduziert (DrW I: 106), die Berater Hofmannsthals gewesen seien.

»Ich habe, mag der Poet gesagt haben, eine ›Elektra‹ geschrieben, der alle Esel vorwerfen werden, daß sie nicht griechisch, sondern hysterisch sei; als ob der Typus der *hysterica* nicht auch in Hellas zu finden gewesen sein könnte, sein müßte! Sicher, erwiderte der Freund (so stelle ich mirs vor); was ist überhaupt Griechheit, was Hysterie? Schließlich sinds auch nur Begriffsgespenster. Nun konnte der Dritte sich einmischen, der Dr. med. Schnitzler, und die Freunde auf die Hysteriestudien der Nervenpathologen Freud und Breuer hinweisen. Darin wird (ich zitiere Bahrs ›Dialog‹) ›die Hysterie aus Affekten erklärt, welche ein Mensch, statt sie natürlich zu entleeren und sich dadurch abzuspannen und wieder ins Gleichgewicht zu kommen, unterdrückt und gewaltsam vergessen hat, worauf sie sich entweder in eine Trübung, häßliche Verstimmung und Bewölkung seines ganzen Wesens oder oft sogar in ein körperliches Phänomen, eine Lähmung oder einen seltsamen, ja, schauerlichen Tic verwandeln‹. Als Bahr das Buch gelesen hatte, schrieb er, es habe ihn ›die Lebensgefahr, in der jede Kultur schwebt, erst recht verstehen und wieder die ungeheure Kraft der Griechen bewundern gelehrt, denen gegeben war, bedenkliche oder unbequeme Leidenschaften, ja, Laster des Menschen, statt sie, wie wir tun, abzuleugnen, wodurch sie nicht besser werden, lieber mit weiser Hand allmählich umzubiegen, bis sie aus einer Not so zum Segen ihrer Polis wurden . . . Die ganze Kultur der Griechen war rings von Hysterie beschlichen und umstellt. Wir sehen sie überall lauern, wir hören sie überall röcheln, die Mythen sind von ihr voll; der ganze Begriff der Polis, in welchem sich der Bürger für den Genuß einer erhabenen Stunde oder für den Wahn des unter den Nachkommen fortschallenden Ruhmes mit Lust zerstört, ist hysterisch‹. Die Tragödie sei ›als eine entsetzliche Kur der Erinnerung an alles Böse‹ zu verstehen. ›Die Tragödie erinnert ein durch Kultur krankes Volk, woran es nicht erinnert sein will: an seine schlechten

> Affekte, die es versteckt, an den früheren Menschen der Wildheit, der im Gebildeten, den es jetzt spielt, immer noch kauert und knirscht, und reißt ihm die Ketten ab und läßt das Tier los, bis es sich ausgetobt hat und der Mensch, von den schleichenden Dämpfen und Gasen rein und frei, durch Erregung beschwichtigt, bildsam zur Sitte zurückkehren kann.‹ So kann es (in Hellas und in Wien) gewesen sein; aber auch anders. Einerlei.« (nach Wunberg 1972: 83)

Die Wirkung dieser Rezension war nicht unbeträchtlich. In dem von Magnus Hirschfeld herausgegebenen *Jahrbuch für sexuelle Zwischenstufen* lobte Numa Praetorius (1904), der in Elektra eine Hysterica mit lesbischen, inzestuösen Neigungen sah, Hardens Kritik als »eine der besten«. Sie trug – so Gotthart Wunberg – »nicht wenig« dazu bei, »in Hofmannsthal den künstlerischen Vollstrecker der Psychoanalyse zu sehen oder zu suchen« (1972: 21). 1914, in der ersten psychoanalytischen Arbeit über Hofmannsthal, sprach Emil Lorenz bereits von dem »sagenhaften Einfluß Freuds auf Hofmannsthal« (1914/15: 282), und K. J. Naef nannte in der ersten großen, 1938 erschienenen Gesamtdarstellung die *Elektra* eine »Hysterisierung der Griechen im Sinne von Freuds Menschendeutung oder Psychoanalyse der griechischen Tragödie im Sinne von H. Bahrs ›Marsyas-Dialog‹« (Naef 1938: 120).

Für ihn ist neben dem Empiriokritizismus Ernst Machs die Psychoanalyse »des anderen Wiener Professors Sigmund Freud« (Naef 1938: 19) für Hofmannsthal prägend gewesen. Systematisiert wurden diese Urteile erstmals durch Eliza Marian Butler (1938), die in Hofmannsthals Griechendramen einen »Graeco-Freudian Myth« sah. Erst in jüngster Zeit ist dies wieder aufgenommen worden (Politzer 1974a). Der Einfluß Freuds auf Hofmannsthal ist – so wiederum Wunberg – »meist im Zusammenhang mit Hugo von Hofmannsthals ›Elektra‹ vermutet worden« (1972: 523).

In den mittlerweile bekannt gewordenen Selbstzeugnissen Hofmannsthals haben diese Deutungen nachträglich eine gewisse Bestätigung erfahren. So schrieb er am 19. September 1904 an Eberhard von Bodenhausen über Hardens *Elektra*-Kritik, er habe dort Gedanken geäußert, die er nicht unbedingt »auf der Straße gefunden« (HvH – EvB: 51). Einige Jahre später antwortete Hofmannsthal auf die Anfrage eines Altphilologen, ob er für die *Elektra* Bücher benutzt habe, die sich mit der Nachtseite der Seele abgeben (Schubert), er habe »damals in zwei ganz verschiedenen Werken geblättert, die sich wohl mit der Nachtseite abgeben: das eine die ›Psyche‹ von Rohde, das andere das merkwürdige Buch über Hysterie von den Doktoren Breuer und Freud« (B II: 384).

Hugo von Hofmannsthals *Elektra* ist ein Nachtstück. Entstanden zwischen September 1901 und September 1903, ragt es – gemeinsam mit zwei weiteren Dramen und mehreren Fragmenten – bizarr aus dem von Diskretion, halblauten Tönen und ästhetischer Formvollendung gekennzeichneten Werk heraus, steht es zwischen Lyrik, Komödie und Libretto, die im Museum der Poesie das Bild Hofmannsthals geprägt haben. Wie die übrigen in gleicher Tonlage angesiedelten tragischen Versuche, ist das Stück weitgehend der Vergessenheit anheimgefallen, lebendig ist es nur noch durch die Musik von Richard Strauß. Nach eigener Periodisierung gehört es der zweiten Epoche seines Schaffens an, einer Übergangsperiode zwischen »vorwiegend lyrisch-subjektivem Jugendœuvre bis zirka 1899« (A: 369) und Spätwerk, »worin die Erfüllung traditioneller theatralischer Forderung deutlich als Ziel hervortritt: seit 1907 etwa« (A: 370). In der zwischen diesen beiden Polen liegenden Epoche ist das Drama zusammen mit *Das gerettete Venedig* (1904) in *Ödipus und die Sphinx* (1905) entstanden, in einer Epoche, die aus der Rückschau des Jahres 1921 der sich jetzt vornehmlich als Theaterdichter verstehende Hofmannsthal dem Bestreben, »Anschluß an große Form gesucht« (ebd.), unterordnet.

Zwischen der brutalen Dircktheit, mit der hier triebhafte, zwischen Sexualität und Vernichtung sich bewegende dramatis personac in Hofmannsthals Werk auftreten und den halben, gebrochenen Tönen seines genialen Frühwerks ist kaum ein größerer Gegensatz denkbar – und doch ist der Eindruck nicht von der Hand zu weisen, hier komme eine unter der ästhetizistischen Form der Lyrik bislang verborgene, untergründige Tendenz zutage. Eine direkte Verbindung zwischen diesen scheinbar so weit voneinander entfernten Bereichen seines Schaffens stellt das im Jahr der Vollendung der *Elektra* veröffentlichte *Gespräch über Gedichte* – über Stefan George und über symbolistische Poesie – her. Dort sucht Hofmannsthal das ästhetische Symbol vom Opferritual her zu deuten – eine »blutrünstige Theorie des Symbols, welche«, wie Adorno (1976: 278) in seinem Aufsatz über George und Hofmannsthal sagt, »die finsteren politischen Möglichkeiten der Neuromantik einbegreift.« Die Magie des Opfers, in der der Mensch aus archaischer Vorzeit sich auflöst, ist für den Modernen der des Symbols gewichen. Hier, in der Analyse der Keimzelle symbolistischer Poesie, fällt zusammen, was dem Zeitgenossen wie dem heutigen Betrachter des Hofmannsthalschen Werkes so unvereinbar scheint: Ästhetizismus und Blutmagie. Eine Ausnahme ist Hofmannsthal – im europäischen Fin de siècle – damit nicht. Bereits der auch in Wien geschätzte Maurice Barrès hatte in *Le Jardin de Bérénice* (1891), dem Schlußteil der Romantrilogie *Le Culte du Moi*, diese eigenartige Synthese von Ästhetizismus und Perversion zelebriert.

Mit der *Elektra* steht *Das Gespräch über Gedichte* noch in einem weiteren Zusammenhang. Beide greifen auf die griechische Vorzeit zurück, beide beziehen sich auf deren Beschwörung im Geiste des späten 19. Jahrhunderts durch den Religionswissenschaftler und Nietzsche-Freund Erwin Rohde, dessen Analyse von *Seelencult und Unsterblichkeitsglaube* 1894 unter dem Titel *Psyche* erschien. Die Stelle über das Opfer ist diesem Werk fast wörtlich entlehnt (Rohde 1898/II: 77 f.; vgl. Esselborn 1969: 151). Hofmannsthals Ausführungen über die Entstehung des Opfers erinnern darüber hinaus stark an die spätere Darstellung Freuds in *Totem und Tabu*[4]. Wir stoßen hier zum ersten Mal auf ein für die Antikenrezeption im 19. Jahrhundert charakteristisches Phänomen: die Selbstdeutung des Fin de siècle im Medium einer als verwandt empfundenen griechischen Vorzeit, eine Affinität, die auch Richard Beer-Hofmanns *Der Tod Georgs* (1900) und Thomas Manns *Der Tod in Venedig* (1912) belegen.[5]

Auf den Stoff der *Elektra* ist Hofmannsthal eher zufällig gestoßen. Bei der Arbeit an *Pompilia oder das Leben* las er Anfang September 1901 in der Absicht, seine dramatische Technik zu schulen, neben Shakespeares *Richard III.* die sophokleische *Elektra*, die bald die Arbeit an dem bereits vorangetriebenen Drama, das fragmentarisch bleiben, in den Hintergrund drängte. Über den ersten Einfall notierte er am 17. Juli 1904 in seinem Tagebuch:

> »Sogleich verwandelte sich die Gestalt dieser Elektra in eine andere. Auch das Ende stand sogleich da: daß sie nicht mehr weiterleben kann, daß, wenn der Streich gefallen ist, ihr Leben und ihr Eingeweide ihr entstürzen muß, wie der Drohne, wenn sie die Königin befruchtet hat, mit dem befruchtenden Stachel zugleich Eingeweide und Leben entstürzen. Die Verwandtschaft und der Gegensatz zu Hamlet waren mir auffallend. Als Stil schwebte mir vor, etwas Gegensätzliches zur ›Iphigenie‹ zu machen, etwas worauf das Wort nicht passe: ›dieses gräcisierende Produkt erschien mir beim erneuten Lesen verteufelt human‹ (Goethe an Schiller)« (A: 131).

So zufällig Hofmannsthal auf den antiken Mythos verfiel – nach dem frühen Versuch mit der Neugestaltung der euripideischen *Alkestis* im Jahre 1893 –, so bestimmt war die bei der Bearbeitung für das zeitgenössische Theater, für das Max Reinhardts in Sonderheit, zu verfolgende Absicht: Er wollte ein Gegenstück zum Antikenbild der Goethezeit schaffen, von dem Jacob Burckhardt (1930: 343) gesagt hatte, es sei »eine der allergrößten Fälschungen des geschichtlichen Urteils, welche bisher vorgekommen«.

Als Hofmannsthal an Max Reinhardt die Frage richtete, warum in dessen Repertoire das antike Drama fehle, hatte dieser »seine Unlust mit dem ›gipsernen‹ Charakter der vorhandenen Übersetzungen und Übertragungen« (B II: 384) entschuldigt. Anfang Mai 1903 sah Hofmannsthal im Kleinen Theater zu Berlin Gertrud Eysoldt in Gorkis *Nachtasyl* und versprach Reinhardt

4 Urban (1978: 156; 171) sieht als gemeinsame Quelle Nietzsches Ausführungen zum Opfer in der zweiten Abhandlung der Schrift *Zur Genealogie der Moral.*

5 In die Traumstruktur der Novelle Beer-Hofmanns ist die Vision des Tempels und des Frühlingsfestes in Hierapolis nach Lukians *De Dea Syriaka* verwoben, in die Novelle Manns die Schilderung des thrakischen Dionysos-Kultes nach Erwin Rohdes *Psyche* (Fischer 1971: 211 ff.).

gleich am nächsten Morgen, »eine ›Elektra‹ für sein Theater und für die Eysoldt zu machen« (A: 131). In der Bearbeitung der *Elektra* wie in den während der folgenden Jahre entstandenen Dramen verband sich theaterpraktische Absicht (Fiedler 1974) mit der einer Erneuerung des antiken Mythos im Geiste des seit der Goethezeit gewandelten Antikenbildes. Wie jenes durch die von der antiken Plastik abgeleitete Ästhetik Johann Joachim Winckelmanns bestimmt war, so ist das der Jahrhundertwende durch die den Mythos in den Mittelpunkt stellenden Schriften einiger in Basel lehrender, am Rande der offiziellen Wissenschaft sich bewegenden Männer bestimmt: Johann Jakob Bachofen, Friedrich Nietzsche, Erwin Rohde, Jacob Burckhardt und – in der Wiener Variante – Josef Breuer und Sigmund Freud.

Der Baseler Kreis hatte – über den Mythos – versucht, die vorhomerische Frühzeit Griechenlands, aus der selbst keine schriftlichen Dokumente überliefert sind, zu rekonstruieren und dabei die von Winckelmann noch kaum gekannte Archaik gegen das von ihm beschworene fünfte, klassische Jahrhundert – übrigens eine ungriechische, römische Vorstellung – als das eigentliche, in der perikleischen Zeit jedoch verdrängte Griechenland gestellt. Und in der Tat läßt sich mit dem blutigen Geschick des Atridengeschlechtes die »edle Einfalt und stille Größe«, worin für Winckelmann sich der Charakter der Griechen darstellte, nur schwer in Einklang bringen.

Hofmannsthal hat stets das Eigenständige seiner *Elektra* gegenüber dem sophokleischen Vorbild betont. Was er mit der Bearbeitung der *Elektra* begann, war nichts weniger als der Versuch, ein kontrapunktisch gegen die Weimarer Klassik gestelltes Griechendrama zu schaffen, das dem nach Winckelmann vom Kopf auf die Füße gestellten Griechenbild Rechnung tragen sollte.

Hatten bereits die antiken Tragiker des fünften Jahrhunderts, Aischylos, Euripides, Sophokles den aus archaischer Zeit vorgegebenen Mythos – ähnlich wie in der christlichen Kunst ist ja in der antiken die Ikonographie weitgehend festgelegt; dem Künstler verbleibt die Möglichkeit der *Interpretation* – rationalisiert und vermenschlicht, so fand diese Humanisierung ihre Fortsetzung und ihren Höhepunkt in Goethes *Iphigenie*. Die Humanisierung des Grausamen hatte in der *Iphigenie*, höchste Verwirklichung des Ideals der Weimarer Klassik, einen Punkt erreicht, wo das Tragische sich auflöste. In der Unfähigkeit zum Tragischen ist Hofmannsthal mit Goethe verwandt. Dennoch kippt bei ihm ein Prozeß, der im Zeitalter des Perikles begonnen hatte und der bei Goethe seinen Höhepunkt erreichte, in sein Gegenteil um. Er macht die von Aischylos, Euripides und Sophokles fortschreitend unternommene Bearbeitung und Milderung antiker Mythologie rückgängig und bringt sie so auf die Bühne der Jahrhundertwende, wie sie – der neueren Mythenforschung entsprechend – »eigentlich« in vorhomerischer Zeit verstanden worden war. So jedenfalls hat ein Kritiker der Uraufführung Hofmannsthals Intention interpretiert:

»Hofmannsthal hat nicht etwa moderne Menschen aus den Helden des Sophokles gemacht! Sie sind vielleicht in einem Sinne – man könnte das Paradoxon aussprechen – griechischer als die des Sophokles selbst; es sind wahrhaftigere Griechen der Urzeit! Es sind Griechen, geschaut mit moderner Psychologie und modernem kulturhistorischem Wissen« (Federn 1904: 181).

Daß gerade das ausgehende 19. Jahrhundert zu der archäologischen Rekonstruktion einer von den antiken Tragikern selbst nicht mehr gekannten, kaum noch verstandenen Archaik, sich berufen fühlen durfte, ist eine Vorstellung, die sich von Nietzsche bis Freud finden läßt.

Hugo von Hofmannsthals *Elektra* ist ein Monodrama. Der sophokleische Prolog ist gestrichen. Von der ersten bis zur letzten Szene ist Elektra auf der Bühne präsent. Es ist ihr Fall, der verhandelt wird. Wie in einem fahlen Traum tauchen Klytämnestra und Ägisth, Chrysothemis und Orest auf, in ihrer dramatischen Funktion ganz auf Elektra bezogen, der Konturierung ihrer Gestalt dienend.

Die Bühne als Traumwelt – so lautet ein Essay Hofmannsthals, der seine dramaturgischen Vorstellungen zur Zeit der Realisierung der *Elektra* zusammenfaßt, ein Essay, in dem wohl nicht zufällig der Name Maeterlincks fällt. Die Traumsituation wird hervorgehoben durch die – technisch damals gerade möglich gewordene – Lichtregie, der Hofmannsthal in den *Szenischen Vorschriften zur »Elektra«* detaillierte Ausführungen widmet.

Bereits Sophokles hatte gegenüber den *Choephoren*, der aischyleischen Orestie II. Teil, Elektra anstelle des Orest in den Vordergrund gestellt. Walter Jens hat gezeigt, »wie sich das Handlungsschwergewicht von Aischylos bis Hofmannsthal immer mehr von Orest fort und zu Elektra hin verlagert hat«[6]. Hofmannsthal radikalisiert eine bereits in der Abfolge der antiken Bearbeitungen sichtbare Tendenz und macht dabei das Problem »Elektra« so sehr zum Angelpunkt des dramatischen Geschehens, daß Orest, wie ein Kritiker der Berliner Uraufführung – Maximilian Harden – bemerkte, fast überflüssig wirkt. Hofmannsthal hat diese Inkonsequenz eingestanden:

»Über die ›Elektra‹ hat er tatsächlich das einzige sehr Treffende gesagt, das ich irgend gelesen hätte: nämlich daß sie ein schöneres Stück und ein reines Kunstwerk wäre, wenn der Orest nicht vorkäme« (HvH-EvB: 51).

Die *Elektra* des Euripides hat Hofmannsthal nicht gekannt[7], wohl aber die

6 Jens (1955: 51); »Das bedeutet für den Handlungsablauf, daß die aischyleische Frage: ›wird der Mordplan gelingen?‹ bei Sophokles zur Erwägung ›kann Elektra durch die Hilfe ihres Bruders aus der Tiefe ihres Leidens befreit werden können?‹ bei Hofmannsthal endlich zum Problem ›Elektra‹ schlechthin wird‹ (ebd.: 59).

7 Nach Newiger (1969: 140 f.) hat Hofmannsthal dies in einem in der Briefsammlung (B II: 383 f.) nicht abgedruckten Teil eines Briefes an Ernst Hladny ausdrücklich versichert. Der Brief ist vollständig abgedruckt bei E. Hladny: *Hugo von Hofmannsthals Griechenstücke I*, in: Jb. k.k. Gymnasium Leoben 1910: 23. – Diese Arbeit lag mir nicht vor.

Bearbeitung des Aischylos[8]. Unzweifelhaft verweist sein Plan einer Fortsetzung des Dramas auf Aischylos:

»[. . .] eine seltsame ›Orestie‹ in zwei Teilen, in je einem einaktigen, einstündigen Drama [. . .]: der erste Teil Orest–Elektra, mit dem Muttermord, der zweite Orest in Delphi, mit dem Verhältnis Orest–Hesione« (B II: 74).

Nur im Blick auf diesen zweiten, versöhnlichen Teil der geplanten Orestie hat Hofmannsthal den ersten »in seiner fast krampfhaften Eingeschlossenheit, seiner gräßlichen Lichtlosigkeit« (B II: 132) schreiben können. Die geplante Erneuerung der Orestie blieb jedoch Fragment; aus den wenigen Andeutungen zum zweiten Teil ist nur bekannt, daß er sich noch mehr als in der *Elektra* von den antiken Tragikern lösen wollte.[9]

Die Unterschiede der *Elektra* zur antiken Vorlage sind bekannt. Nicht nur der Prolog, auch der Chor – nach Wolfgang Schadewaldt konstitutiver Bestandteil der Tragödie im antiken Sinne, ohne den der »tragende Goldgrund« die »religiöse Bezogenheit und Gültigkeit« verloren geht[10] – fehlen bei Hofmannsthal. Auch dies dient der Konzentration auf die Person Elektras, ist ein Mittel zur Subjektivierung und Psychologisierung der Vorlage. Nur das äußere Handlungsgerüst, der einleitende Monolog der Elektra (bei Sophokles ein Wechselgespräch mit dem Chor), die vier großen Dialoge (Elektra-Chrysothemis, Elektra–Klytämnestra, Elektra–Chrysothemis, Elektra–Orest) und die Schlußszene hat Hofmannsthal übernommen.

Auf ein Ton und Stimmung seiner Bearbeitung wesentlich prägendes Element hat Hofmannsthal selbst hingewiesen:

»Ein Element werden Sie nicht übersehen haben: den Ton des Alten Testamentes, insbesondere der Propheten und des Hohen Liedes. Ich halte den Ton des Alten Testamentes für eine der Brücken – vielleicht die stärkste – um dem Stil antiker Sujets beizukommen. Ein Analogon findet sich bei Swin-

8 Newiger (1969: 141 ff.) sieht u. a. einen Einfluß der aischyleischen Orestie auf die Gestaltung der *Elektra* in ihrer Ähnlichkeit mit der Kassandra aus *Agamemnon.* Für beide ist die Antizipation kommenden Geschehens charakteristisch. Weiterhin sieht er eine oberflächliche Übereinstimmung im äußeren Handlungsablauf zwischen *Elektra* und den *Choephoren.* Wenn er allerdings auch den prägriechischen und orientalischen Charakter der *Elektra* auf Aischylos zurückführt, so ist zugleich Bachofen als Quelle zu nennen, zumal hier die Orestie in der Beweisführung für die Existenz eines Mutterrechts in der Vorzeit eine zentrale Rolle spielt. Bereits Butler (1938) sah Anleihen bei der dunklen Macht Aischylos'. Newigers Kritik an Walter Jens kann ich kaum folgen, ebenso wenig wie seiner Behauptung, Hofmannsthal habe nur bei Sophokles Angelegtes verstärkt und die Nähe sei viel größer als bisher angenommen. Hier ist der Akzent doch wohl falsch gesetzt.

9 Einige Andeutungen über die Ausgestaltung des *Orest in Delphi* enthält das Tagebuch 1904: »Den Stil des Ganzen mehr gesehen. Wald und Höhle: erhabene Stämme, dichte Finsternis bildend, draußen, unten die Welt. Die Gruppe der Amphiktyonen, die Jungfrau zur Qual der Weissagung zwingend, Klage erhebend über den Frevler« (A: 133 f.).

10 Wolfgang Schadewaldt: *Antike Tragödie auf der modernen Bühne. Zur Geschichte der Rezeption der griechischen Tragödie auf der heutigen Bühne.* In: Schadewaldt 1970: 643.
Das treffende Bild spielt auf die Kunst Byzanz' und des Frühmittelalters an.

burne, dessen ›Atlanta in Calydon‹, ›Erechtheus‹ usw. mehr alttestamentarisch als antik sind, zumindest beides vermischt (hierüber siehe Kassner, ›Die Mystik, die Künstler und das Leben‹ Kapitel Swinburne)« (B II: 384).

In dem Buch Rudolf Kassners, einem für Hofmannsthal wichtigen Werk (Volke 1974: 88), wird der Stil der Bibel als vollkommene »Vereinigung von Pathos und Sinnlichkeit«[11] beschrieben. Vieles von dem, was Kassner über die Sprache Swinburnes schreibt, gilt auch für die eruptive und sinnliche Sprache der *Elektra*, die der zarten und nuancierten von Loris so entgegengesetzt ist[12]. Auch in der fieberhaften Sprache »äußert sich die Abkehr von der ›Iphigenie‹ Goethes« (Baumann 1968: 290).

Einem japanischen Theater gab Hofmannsthal den Rat, »mehr das Altertümliche als das Okzidentalische zu suchen; denn der Dichter hat darin ein allgemein Altertümliches, Menschliches und Orientalisches, von Westen aus, darzustellen gesucht« (B II: 385). Die Antike vom Orient aus: Auch dieses Element dient der Überwindung des Klassizismus. In den *Szenischen Vorschriften zu »Elektra«* heißt es:

»Dem Bühnenbild fehlen vollständig jene Säulen, jene breiten Treppenstufen, alle jene antikisierenden Banalitäten, welche mehr geeignet sind zu ernüchtern als subjektiv zu wirken. Der Charakter des Bühnenbildes ist Enge, Unentfliehbarkeit, Abgeschlossenheit« (P II: 68).

Das Stück spielt auf dem

»Hinterhof des Königspalastes, eingefaßt von Anbauten, welche Sklavenwohnungen und Arbeitsräume enthalten. Die Hinterwand des königlichen Hauses bietet jenen Anblick, welcher die großen Häuser im Orient so ge-

11 Kassner (1900: 164 f.) schreibt dies in folgendem Zusammenhang, auf den die zitierte Äußerung Hofmannsthals zweifellos anspielt:
»Der Stil der Bibel ist das großartigste Vorbild einer vollkommenen Vereinigung von Pathos und Sinnlichkeit, und das war es ja, was Swinburne mit allen Mitteln und Mustern erreichen wollte. Man lese z. B. die Verse aus einem Chor der Atlanta:
We labour and are clad and fed with grief
And filled with days, we would not fain behold,
And night, we would not hear of.
Diese Verbindung eines ganz abstracten – sagen wir – pathetischen Objectes mit einem stark sinnlichen Verbum ist charakteristisch für den Stil der Propheten und hat Shelley schon zu seltenen Schönheiten der Sprache verholfen. Man hat vom Hellenismus Swinburnes gesprochen, und gerade da zeigt es sich, wie die Bibel zwischen ihm und den Griechen steht, wie Zeus Jehovah und Aphrodite Anadyomene zur Astarte wird. Merkwürdig, dasselbe sieht man bei fast allen Hellenisten unseres Jahrhunderts, Goethe und Walter Savage Landor allein ausgenommen, – bei Hölderlin schon, bei Shelley, auch bei Max Klinger. Sie sehnen sich alle so leidenschaftlich nach Griechenland und scheinen nicht zu wissen, daß sie diese Leidenschaft gerade der Bibel verdanken. So hilft dem Menschen sein Feind. Griechenland wäre für uns lange nicht so lebendig, wenn wir nicht die Bibel hätten. Swinburne's Chöre z. B. in der Atlanta sind nicht von Griechen, sondern von einem Propheten gesprochen.«

12 So heißt es bei Kassner (1900: 167): »Ein Arzt würde sagen, Swinburne ist kränker, nervöser; ein skeptischer Kritiker, er ist verwöhnt, für ihn ist das meiste schon abgebraucht, und er muß allem eine starke Würze beigeben.«

> heimnisvoll und unheimlich macht [. . .] In den höheren Stockwerken sind nur hie und da ein paar versteckte Fensterluken, denen die Kraft des Malers jenes Lauernde, Versteckte des Orients geben wird« (P II: 68).

Orient ist hier Stimmungselement, nicht historische Tatsächlichkeit, in das vielmehr zeitgenössische Großstadtsoziologie eingeflossen ist, wie folgende Bemerkung ahnen läßt:

> »Der Maler wird [. . .] dem Richtigen nahe kommen [. . .], wenn er sich von der Stimmung, die der bevölkerte Hof eines Stadthauses an einem Sommerabend bietet, leiten läßt [. . .]« (P II: 68).

Wenn Peter Szondi hinsichtlich Hofmannsthals lyrischem Drama *Gestern* bemerkt, »daß das Bühnenbild kein Selbstzweck ist, keine kulturhistorische Studie à part, sondern streng auf den Helden bezogen« (1975b: 163), so wird sich dies in gleicher Weise für *Elektra* als richtig erweisen. Das Gedrückte, die Enge, das Lauernde sind Sinnbilder für die psychische Situation der Titelheldin, für ihre Isolierung und Einsamkeit, aber auch für die Unheimlichkeit ihrer Neurose.

Griechenland vom Orient her: Das verweist auf das Werk Bachofens, der als erster den breit angelegten Versuch unternahm, den Okzident vom Orient, das Griechische vom Prägriechischen, das Vaterrecht vom Mutterrecht her zu verstehen. Von Bachofen heißt es in dem späten Essay *Vermächtnis der Antike* (1926):

> »Die dunklen ältesten Mythen, eingemauert in die Grundfesten der Werke der Tragiker, haben in dem wunderbaren Schweizer, dem lange verkannten, ihren Deuter gefunden; noch einmal breitet sich in seinen Werken wie einst im antiken Lebensbereich das *Ganze* dieser Geisterwelt, vom orphischen Spruch bis zur mythischen Anekdote, wie ein byzantinischer Spätling überliefert« (P IV: 317).

Mit den Augen Bachofens hat Hofmannsthal die antiken Tragödien gelesen, hat er versucht, die in der Tragödie des fünften Jahrhunderts tradierten Überreste mythischer Vorzeit zu rekonstruieren, sie vom überlagernden Mauerwerk aus historisch heller Zeit zu befreien – ein Verfahren, das von dem der Psychoanalyse Freuds so weit nicht entfernt ist. Die bevorzugte Metapher, mit der er die Erinnerungsarbeit der Analyse, das Freilegen verschütteter, versunkener Erinnerungen zu vergleichen suchte, war die der Archäologie.

So wie die Erhaltung mancher griechischer Tempel der Vermauerung und Verfremdung zu christlichen Kirchen zu verdanken ist, so konnte Hofmannsthal, an der Methode Bachofens geschult, in der Tragödie des 5. Jahrhunderts die Überreste der griechischen Vorzeit finden. So wie der Archäologe die antiken Monumente von mittelalterlicher Verfremdung befreit und das bereits Versunkene dem Auge des modernen Betrachters wiederentdeckt, so versuchte Hofmannsthal den prägriechischen Mythos freizulegen und dem Theaterpublikum des 20. Jahrhunderts zu präsentieren, freizulegen allerdings – und dies wäre die Differenz zur Tätigkeit des Archäologen – von Schichten, die sich bereits in antiker Zeit über den Mythos gelegt haben.

Hofmannsthal nannte Bachofen zusammen mit Burckhardt, Rohde und Fustel de Coulanges »unvergleichliche Interpreten des dunklen Untergrundes der griechischen Seele, starke Fackeln, die eine Gräberwelt aufleuchten ließen« (P IV: 153). In diese Bachofensche Vorwelt hat Hofmannsthal die Psychoanalyse hineingetragen.

Anna O. als Modell für Hofmannsthals Elektra

Aus einer Untersuchung von Hofmannsthals Rezeption der Psychoanalyse anhand der sich noch in seiner Rodauner Bibliothek befindenden psychoanalytischen Werke ist bekannt geworden, daß er in den *Studien über Hysterie* vorwiegend den von Josef Breuer verfaßten Teil gelesen und mit Annotationen versehen hat[13]. Liest man das Drama von daher, so fallen einige Parallelen auf zwischen Hofmannsthals Elektra und Berta Pappenheim, der Patientin Breuers zu Beginn der 80er Jahre, der eigentlichen Erfinderin des psychoanalytischen Verfahrens, die unter dem Pseudonym Anna O. (nach den Anfangs- und Endbuchstaben des griechischen Alphabets) in die Medizingeschichte eingegangen ist. Wie Anna O. ist Elektra traumatisch an die Ereignisse um den Tod ihres Vaters gebunden. Jeden Tag beschwört sie zur Abendstunde erneut die blutigen Ereignisse herauf. Sie ist Klytämnestras schlechtes Gewissen. Auf die Eingangsfrage der Ersten der Dienerinnen »Wo bleibt Elektra?« (D II: 9) antwortet ihr die Zweite:

> Ist doch ihre Stunde,
> die Stunde wo sie um den Vater heult,
> daß alle Wände schallen.
> (D II: 9).

Elektra, die in diesem Augenblick gelaufen kommt, scheut beim Anblick der versammelten Dienerinnen »zurück wie ein Tier in seinen Schlupfwinkel«

13 Urban (1978: 21): »[. . .] von den sieben Anstreichungen in Hofmannsthals Exemplar der ›Studien über Hysterie‹ (Wien 1895) finden sich fünf in Breuers Kapitel ›Theoretisches‹, eine in seiner Krankengeschichte ›Frl. Anna O . . .‹ und nur eine in Freuds Krankengeschichte ›Frau Emmy von N . . .‹. Die Popularität und fachliche Anerkennung des ›Wiener praktischen Arztes‹ (A 289), dem in der Entwicklung der psychoanalytischen Theorie eine von Freud wiederholt betonte Primärstellung zukommt, mag den Lektürezugriff beeinflußt haben [. . .]. Katharsis und Hypnose als ›unmittelbare Vorläufer der Psychoanalyse‹ (GW XIII: 409), neurologische Basis und ›Spaltung des Bewußtseins‹ bei nahezu jeder Hysterie, hypnoide Zustände und der Anteil der Sexualität bei der Ätiologie der Hysterie bilden die markanten Punkte, die sich – im Verbund mit Hofmannsthals Anstreichungen – verfolgen lassen.«

Abb. 20 Bertha Pappenheim im Alter von 23 Jahren (1882)

(ebd.): »Sie hälts nicht aus,/ wenn man sie ansieht« (ebd.). Wie unter einem Wiederholungszwang reproduziert Elektra jeden Abend in mechanischer Gleichförmigkeit die Erinnerung an die Ermordung Agamemnons, taucht ihr die Vision der Todesstunde wieder auf: »Immer, wenn die Sonne tief steht,/ liegt sie und stöhnt« (ebd.). Den Dienerinnen hält sie – wie die Erste sich erinnert – vor, die Tat vergessen machen zu wollen:

> Sie sagte: keinen Hund kann man erniedrigen,
> wozu man uns hat abgerichtet: daß wir
> mit Wasser und mit immer frischen Wasser
> das ewige Blut des Mordes von der Diele
> abspülen –
> (ebd.: 13).

Im Ritual der Reinigung wird auch von den Dienerinnen ex negativo die Erinnerung an die Mordtat festgehalten.[14] In der ersten Szene wird so in der Unterhaltung der Dienerinnen das Verhalten Elektras wie in einem Schattenriß gespiegelt, und die Bühne ist für ihren Eingangsmonolog vorbereitet. Bei den letzten Sonnenstrahlen, die »wie Blutflecke« (ebd.: 14) auf Boden und Mauern fallen, wagt sie sich hervor und beschwört das Bild des gemordeten Vaters:

> Wo bist du, Vater? hast du nicht die Kraft,
> dein Angesicht herauf zu mir zu schleppen?
> Es ist die Stunde, unsre Stunde ists!
> Die Stunde, wo sie dich geschlachtet haben,
> dein Weib und der mit ihr in einem Bette,
> in deinem königlichen Bette schläft.
> (ebd.)

In ungebrochener Frische tritt ihr die Bluttat vor Augen, sie erinnert sich der einzelnen Ereignisse am Mordtag, und sie antizipiert die von ihr und Orest zu vollbringende Blutrache. Sie redet sich in Trance und versucht, das Bild des gemordeten Vaters heraufzubeschwören:

> Vater!
> Ich will dich sehn, laß mich heut nicht allein!
> Nur so wie gestern, wie ein Schatten, dort
> im Mauerwinkel zeig dich deinem Kind!
> (ebd.: 14 f.)

Elektra befindet sich in einem alienierten, halluzinatorischen Zustand. In der Regieanweisung heißt es, der Monolog sei »Gegen den Boden« (D II: 14) zu sprechen, sie verfällt in Autohypnose. Als Chrysothemis, die Schwester, plötzlich erscheint und sie anspricht, fährt sie zusammen »wie der Nachtwandler, der seinen Namen rufen hört. Sie taumelt. Ihre Augen sehen um sich als fänden sie sich nicht gleich zurecht« (ebd.: 16).

Elektras Zustand hat sein Vorbild im *Hypnoid*, jenem von Joseph Breuer bei seiner Patientin Anna O. als Ursache hysterischer Persönlichkeitsveränderung,

14 Literarisches Vorbild dürfte die 1. Szene in Maeterlincks *Pelleas und Melisande* sein.

beschriebenen Phänomen. Auch Anna O. ist völlig auf den geliebten Vater, an die Ereignisse, die seinem Tod vorausgingen, fixiert. Der »Vater der Patientin, den sie leidenschaftlich liebte« (Studien: 21), war schwer erkrankt, und Anna O. hatte ihn über Monate hin gepflegt, bis sie wegen körperlicher Entkräftung entfernt werden mußte. In diesem Zeitraum lag der Beginn ihrer hysterischen Erkrankung, die nach dem Tod des »von ihr vergötterten Vaters [. . .], das schwerste psychische Trauma, das sie treffen konnte« (Studien: 23), voll zum Ausbruch kam. Sie zog sich ganz auf sich zurück und erkannte die Menschen nicht mehr: »Alle Menschen wurden ihr wie Wachsfiguren, ohne Beziehung auf sie. Sehr peinlich war ihr die Gegenwart einiger naher Verwandten, und dieser ›negative Instinkt‹ wuchs fortwährend« (ebd.: 24).

Aus der jüngst gefundenen originalen Krankengeschichte geht hervor, daß das Verhalten der Mutter während der Sterbestunde des Vaters – man hatte Anna O. nicht mehr zu ihm gelassen und ihr den Tod zunächst verheimlicht – »Ursprung ihres gestörten Verhältnisses zu ihrer Mutter« (nach Hirschmüller 1977: 356) gewesen sei, ein Umstand, der im publizierten Text nur angedeutet ist.

Bereits vor dem Tode des Vaters begannen sich bei ihr zwei getrennte Bewußtseinszustände zu entwickeln, »die sehr oft und unvermittelt abwechselten und sich im Laufe der Krankheit immer schärfer schieden« (Studien: 22).

Es entstand eine »Dissociation der geistigen Persönlichkeit« (ebd.: 36), »zwei Ichs« (23) existierten nebeneinander und beherrschten sie abwechselnd. Während ihrer Absencen hatte sie »ängstliche Halluzinationen« (22), »war voll Angstgefühlen, ihre halluzinatorischen Absencen erfüllt von Schreckgestalten, Totenköpfen und Gerippen. Da sie, diese Dinge durchlebend, sie teilweise sprechend tragierte, kannte die Umgebung meist den Inhalt dieser Halluzinationen« (25). Der Persönlichkeitszerfall der Anna O. ist völlig von den Geschehnissen während der Pflege des kranken Vaters geprägt. Nach Joseph Breuers Darstellung war das Alternieren der beiden Ichs, der Inhalt ihrer Assoziationen wie die entwickelte hysterische Symptomatik, von der Zeit der Pflege determiniert.

Anna O.s Bewußtseinsspaltung stabilisierte sich zu einer eigentümlichen Tagesrhythmik: Im Laufe des Tages nahmen die Absencen zu, bis sie sich gegen Abend völlig in der *condition seconde* befand. Im Sonnenuntergang verfiel sie in tiefe Hypnose (Autohypnose), während derer sie Geschichten erzählte: »[. . .] meist war Ausgangs- oder Mittelpunkt die Situation eines bei einem Kranken in Angst sitzenden Mädchens [. . .]« (26). Nach dem Tode des Vaters wandelten sich »die abendlichen Referate [. . .] in Reihen furchtbarer, schreckhafter Halluzinationen« (27). Die Tagesrhythmik leitete Joseph Breuer »aus den Umständen der Krankenpflege« (26) ab. Ihre Bewußtseinsspaltung systematisierte sich derart, daß sie in ihrem ersten Zustand in der Gegenwart, im zweiten bis in die geringsten Details hinein in der ein Jahr zurückliegenden Zeit der Erkrankung des Vaters lebte. Mit einem Teil ihrer Persönlichkeit lebte sie

Abb. 21 Gertrud Eysoldt als Elektra (1904)

in der Gegenwart, mit einem anderen verblieb sie in der traumatisch erfahrenen Zeit um Krankheit und Tod ihres Vaters. Den gegen Abend eintretenden zweiten Zustand nannte Breuer aufgrund des autohypnotischen Charakters *hypnoiden Zustand.*

In vielem läßt sich – mit einigen charakteristischen Abweichungen allerdings – die Situation der Anna O. in Hugo von Hofmannsthals Elektra wiedererkennen. Das Stück spielt »bei zunehmender Dunkelheit, die Dauer des Stückes ist genau die Dauer einer langsamen Dämmerung« (P II: 70) – zur Stunde, da Elektra in mechanischer Automatik den Mord an Agamemnon und Anna O. ihren im Sterben liegenden Vater erinnern, in der Phantasie diese Vorgänge noch einmal durchleben. Immer wenn die Sonne tief steht, liegt Elektra stöhnend, wie Anna O. um den Sonnenuntergang in den hypnoiden Zustand verfällt, sich unruhig hin und her wälzt und immer wieder »quälen, quälen« (Studien: 26) ruft. Wie Elektra das Mordgeschehen wieder heraufbeschwört, so beginnt Anna O. Geschichten zu erzählen, die sich offensichtlich auf die Pflege ihres Vaters beziehen. Beide sind in diesem Zustand kaum ansprechbar, nehmen ihre Umwelt nicht mehr wahr. Für Elektra wie für Anna O. ist – sobald sie sich in hypnotischem Zustand befinden – die Zeit stehengeblieben. Beide weigern sich, den Fluß der Zeit, mittlerweile eingetretene Veränderungen zu akzeptieren.

Demnach wäre auch Elektra eine *dissociierte Persönlichkeit*, denn so, wie sie sich auf der Bühne präsentiert, ist sie offensichtlich nicht ständig, sondern nur zu einem bestimmten Zeitpunkt, zur Abendstunde. Auch sie hat eine fixe Tagesrhythmik, die stets wiederkehrt. Tagsüber dürfte sie wie Anna O. »traurig und ängstlich, aber relativ normal« (Studien: 22) sein. Abends tritt sie in die *condition seconde* ein und beginnt zu halluzinieren. Auch Elektra ist, wie Anna O., in »zwei Persönlichkeiten zerfallen, von denen die eine psychisch normal und die andere geisteskrank« (ebd.: 39) ist.

Elektra repräsentiert damit eine psychische Struktur, die in Hofmannsthals Werk in zahlreichen Emanationen auftaucht: Vom Frühwerk, für das Gotthart Wunberg *Schizophrenie als dichterische Struktur* diagnostiziert hat,[15] bis hin zum Fragment gebliebenen Roman *Andreas oder die Vereinigten.* In dem Roman tauchen eine Dame (Maria) und eine Cocotte (Mariquita) auf, die »Spaltungen ein und derselben Person« (E: 206) darstellen, und von Andreas heißt es, er zerfalle in »zwei Hälften, die auseinanderklaffen« (ebd.: 195). Für den Andreas-Roman hat Richard Alewyn die psychiatrische Quelle ermittelt: *The Dissociation of a Personality* von Morton Prince, der wie Freud aus der Schule

15 Historisch gesehen ist die Anwendung des Schizophreniebegriffs auf das Frühwerk Hofmannsthals nicht unproblematisch, denn die »Gruppe der Schizophrenien«, wie Bleuler sie 1911 benannte, war im 19. Jahrhundert als symptomatologische Gruppe noch nicht bekannt. Erstmals wurde sie 1896 von Kraepelin unter dem Begriff dementia praecox als Krankheitseinheit aufgefaßt. Das »Spaltungsirresein«, wie man Schizophrenie übersetzt hat, war Hofmannsthal eher durch die Forschungen der französischen Psychiatrie, Breuers und Freuds zu Fällen von »double conscience« denn durch die Kraepelins und Bleulers bekannt.

Charcots stammt und zeitweilig mit der psychoanalytischen Bewegung (Jones II: 97 f. und passim) sympathisierte. (Auch hier wird die Krankengeschichte einer Frau geschildert, die wie Anna O. in zwei Persönlichkeiten gespalten ist.) Die *Studien über Hysterie*, die stärker als die spätere Psychoanalyse Freuds in den Vorstellungen der zeitgenössischen Psychiatrie verwurzelt sind, fügen sich in Hofmannsthals lebenslanges Interesse für Psychologie und Psychiatrie.

Wenn Bernd Urban (1978: 37) sagt, »daß Elektra im Unterschied zur Hysterica ja über ihre Erinnerungen *verfügt*«, so hat er eben diese Persönlichkeitsspaltung übersehen. Um sich ein Bild von der ganzen Person Elektras zu machen, muß man die vor Beginn der Dramenhandlung liegende (Tages-)Zeit berücksichtigen, wie es die Unterhaltung der Dienerinnen suggeriert. In diesem Zeitraum ist auch ihr die Mordtat nicht in der Weise präsent, wie dies zur Abendstunde der Fall ist. Es kann auch von einem souveränen Verfügen über die Erinnerung nicht die Rede sein. Diese ist vielmehr zwanghaft und mechanisch: »[. . .] *ich kann nicht vergessen!*« (D II: 21) hält sie der unheroischen Chrysothemis entgegen.[16] Für Elektra gilt, was Breuer und Freud als Kern ihrer Theorie ansahen: »[. . .] der Hysterische leide größtenteils an Reminiszenzen« (Studien: 10). Die pathogenen Erinnerungen bleiben dem Hysterischen gerade so frisch und unmittelbar erhalten, weil er sie aus dem Normalbewußtsein verdrängt hat und sie so im Unbewußten unverändert konserviert bleiben (ebd.: 12). Das Ereignis, das Elektra und Anna O. in mechanischer Folge erinnern, war traumatisch, vom Ich unverarbeitet direkt in unbewußte Regionen abgeleitet und tauchte gerade wegen der fehlenden Auseinandersetzung einem Wiederholungszwang folgend wieder auf. In der Breuer/Freudschen Terminologie entsprechen »diese Erinnerungen Traumen [. . .], welche nicht genügend ›abreagiert‹ worden sind« (ebd.). Elektras Rachedurst, bei Sophokles Auftrag der olympischen Götter, Orest ihr Werkzeug, ist bei Hofmannsthal ausschließlich aus psychologischen Zwangsmechanismen motiviert. Dem Bruder sagt Elektra:

> Ich weiß von den Göttern nichts,
> ich weiß nicht, wie sie sind, drum küß ich lieber
> dir deine Hände.
> (D II: 67)

Hofmannsthal hat Mythologie in Psychologie transponiert.

Wenn Joseph Breuer über Anna O. schreibt: »Das sexuale Element war erstaunlich unentwickelt [. . .]« (Studien: 20), so gilt dies auch für Elektra. Ich »hab langes Haar und fühle/ doch nichts von dem, was Weiber, heißt es, fühlen« (D II: 55). Elektras Leib ist wie der der viktorianischen Wienerin Anna O.

---

16 Daß dies Nichtvergessenkönnen als der Menschen bester Teil – »ich bin kein Vieh« (D II: 21) – gewertet wird, steht dieser Interpretation nicht entgegen. Auch nach Hofmannsthal ist in *Elektra* die Antinomie von Sein und Werden noch ungelöst. Vgl. *Ad me ipsum* (A: 217).

eiskalt: Ihr Motiv ist das der Unfruchtbarkeit. Das traumatisch wirkende Schicksal des Vaters hat sie – wie Anna O. – dem Leben entfremdet und ihre ursprüngliche Schönheit zerstört. Orest vermag Elektra nicht wiederzuerkennen:

> Elektra muß zehn Jahre jünger sein als du. Elektra ist groß, ihr Aug ist traurig, aber sanft, wo deins voll Blut und Haß.
> (D II: 59)

In einem an Mallarmés Hérodias erinnernden Bild beschreibt sie Orest ihre vergangene jungfräuliche Schönheit:

> »Ich glaube, ich war schön: wenn ich die Lampe
> ausblies vor meinem Spiegel, fühlte ich
> mit keuschem Schauder, wie mein nackter Leib
> vor Unberührtheit durch die schwüle Nacht
> wie etwas Göttliches hinleuchtete.
> (ebd.: 62)

Auch Anna O. war während der Pflege ihres Vaters körperlich verfallen, sie begann, die Nahrung zu verweigern und war in einem »Zustand von Schwäche, Anämie, Ekel vor Nahrung« (Studien: 21), wehrte haßvoll Fremde ab, die sich hilfreich um sie bemühten (ebd.: 24 f.).

Beide werden vom Bilde des gräßlich entstellten Vaters verfolgt. Eine der schrecklichsten Halluzinationen Anna O.s war die des Vaters mit einem »Totenkopf« (ebd.: 23). Elektra wehrt sich des noch unerkannten Orest mit den Worten:

> Dein Aug da starrt mich an und seins ist Gallert.
> Dein Mund geht auf und zu und seiner ist
> mit Erde vollgestopft.
> (D II: 57)

Ihr ist die Gegenwart mit Schreckensbildern der Vergangenheit überdeckt. Beider Entwicklung ist durch eine von Haßliebe gekennzeichnete Bindung an den Vater gehemmt. Elektra hat dem Vater ihre Scham geopfert, alles war ihr »um seinetwillen nichts« (ebd.: 65). Die Kräfte der Vergangenheit haben sie ihrem weiblichen Schicksal entfremdet. Die Erinnerung an den Toten hat ihren Körper im Stadium jungfräulicher Unfruchtbarkeit fixiert, ihre Schönheit frühzeitig verfallen, ihren Leib »dem Vater opfern« (63) lassen:

> Eifersüchtig sind
> die Toten: und er schickte mir den Haß,
> den hohläugigen Haß als Bräutigam.
> Da mußte ich den Gräßlichen, der atmet
> wie eine Viper, über mich in mein
> schlafloses Bette lassen, der mich zwang,
> alles zu wissen, wie es zwischen Mann
> und Weib zugeht. Die Nächte, weh, die Nächte,

in denen ichs begriff! Da war mein Leib
eiskalt und doch verkohlt, im Innersten
verbrannt. Und als ich endlich alles wußte,
da war ich weise, und die Mörder hielten –
die Mutter mein ich, und den, der bei ihr ist, –
nicht einen meiner Blicke aus!
(63)

»Eifersüchtig sind die Toten«, d. h. eifersüchtig ist Agamemnon – Elektra personalisiert ihr Trauma. Der Geist des ermordeten Vaters (in Wahrheit das durch den Mord ausgelöste Trauma) verbietet eine normale Entwicklung, versagt Elektra das »Weiberschicksal«. Anstelle eines Bräutigams schickt er den Haß. Die Metapher »Bräutigam« für den Haß wird fortgesetzt: er kommt »über« sie wie der Gatte im Ehebett. Und Elektra erfährt daher keineswegs, »wie es zwischen Mann und Weib zugeht«, da der »Haß« die Stelle des Bräutigams einnimmt. Anstelle von Sexualität, Zärtlichkeit, körperlicher Liebe erfährt sie die Ineinssetzung von Geschlechtlichkeit und Verbrechen. Infolgedessen ist ihr »Leib eiskalt und doch verkohlt« – eiskalt, weil äußerlich nie berührt (sie wehrt Orest ab mit den Worten »Laß mein Kleid, wühl nicht mit deinem Blick daran« [60]), und zugleich verkohlt, im Innersten verbrannt durch die Neurose.

Das Wort der »Gräßliche« ist allerdings in höchstem Maße zweideutig und könnte – wie dies Politzer (1974a: 86) annimmt – auch eine sehr konkrete Bedeutung haben: Ägisth. Die verdrängte Sexualität kehrt in entstellter Form, als Vergewaltigungsphantasie wieder. Der Mord im Ehebett läßt sie Sexualität und Mord in eins denken: »Sie kreißen oder sie morden« (22), sagt sie von Ägisth und Klytämnestra. Der Mörder Ägisth, der im Bett die Stelle Agamemnons einnahm, legt ihr diese Gedankenassoziation nahe. Aus sexueller Begierde ist Agamemnon gemordet worden. Bei Hofmannsthal führt Klytämnestra die Opferung Iphigenies nicht mehr als Rechtfertigung ihrer Tat an. In dem Augenblick, da Elektra diesen Zusammenhang begriff, halten die Mörder ihre Blicke nicht mehr aus.

Im *Ariadne-Brief* sagt Hofmannsthal, daß für Elektra »Klytämnestras Schlafgemach die Welt und die Welt Klytämnestras Schlafgemach ist« (P III: 139). Für Elektra ist Klytämnestra »das dunkle Tor, aus welchem/ich an das Licht der Welt gekrochen bin«, und »meines Vaters Grab« (D II: 27). Eros und Thanatos sind für sie unauslöschlich verbunden. Will sie die Ambivalenz des Lebens nicht akzeptieren, so bleibt ihr nichts als Verfall und Tod.

Noch ein anderes Element des Breuer/Freudschen Werkes hat seinen Niederschlag in dem Drama gefunden: Der Dialog Elektra–Klytämnestra, in dem Elektra virtuell die Rache vorwegnimmt, läßt sich lesen wie das Protokoll einer therapeutischen Sitzung, in der Klytämnestra die verhängnisvolle Tat langsam bewußt gemacht wird – mit der ironischen Pointe allerdings, daß ihr Heilung nur vom Opfer der eigenen Person erwachsen kann (Butler 1938). Klytäm-

Abb. 22 Hugo von Hofmannsthal: »Elektra«. Szenenbild der Uraufführung am Kleinen Theater Berlin mit Rosa Bertens als Klythämnestra und Getrud Eysoldt als Elektra.

nestra versucht zu vergessen, ihre Vergangenheit auszulöschen. Anders als die sophokleische Klytämnestra steht sie nicht zu ihrer Tat, denn sie kann nicht mehr den Gattenmord als Blutrache im Namen Dikes für Agamemnons Opferung der Iphigenie rechtfertigen. Das Geschick der Atriden wird nicht mehr unter dem Götterhimmel ausgetragen. Gott ist tot. Die Vermenschlichung aber bewirkt das Unmenschliche, Unerhörte, Unerträgliche. Unter dem entgötterten Himmel des Fin de siècle muß das blutige Geschehen aus dem archaischen Griechenland pathologische Züge annehmen.

Klytämnestra wird gejagt von Alpträumen, in denen ihr Orest als Rächer erscheint. Sie sucht den Schlaf zu meiden, es kostet sie eine furchtbare Anstrengung, die Augen offen zu halten, ihr Gesicht ist vom Verfall gekennzeichnet. Gegen die Träume versucht sie sich mit magischen Mitteln, mit Edelsteinen und Talismanen, zu wehren.[17] Als Elektra die Mutter auf die eigene Person als Ursache ihrer Qualen verweist, wird sie stutzig und bemerkt, daß Elektra an die Wurzel ihres Übels rührt. Sie horcht in sich hinein: »Mir klingt das so bekannt. Und nur als hätt ichs/vergessen, lang und lang. Sie kennt mich gut« (D II: 26). Klytämnestra glaubt, bei Elektra Heilung zu finden: »Sie ist heute nicht widerlich. Sie redet wie ein Arzt« (ebd.). Sie ist bereit, sich Elektra zu öffnen wie die Kranke dem Therapeuten:

> Wenn einer etwas Angenehmes sagt,
> und wär es meine Tochter, wär es die da,
> will ich von meiner Seele alle Hüllen
> ablösen und das Fächeln sanfter Luft,
> von wo es kommen mag, einlassen, wie
> die Kranken tun, [. . .].
> (ebd.: 28 f.)

Sie sucht bei Elektra ein Mittel gegen Träume, in denen ihr die verdrängte Tat wiederkehrt. In einer charakteristischen Fehlleistung rutscht ihr eine Anspielung auf das Geschehen heraus:

> Es muß für alles richtige Bräuche geben.
> Wie man ein Wort und einen Satz ausspricht,
> darauf kommt vieles an. Auch auf die Stunde.
> Und ob man satt ist, oder nüchtern. Mancher
> kam um, weil er ins Bad gestiegen ist
> zur unrichtigen Stunde.
> (ebd.: 29)

In den Worten Elektras sucht sie Heilung, denn ihre Krankheit ist keine körperliche: »[. . .] kann man zerfallen, wenn man gar nicht krank ist?« (31). In zweideutigen Bemerkungen führt sie die Mutter an das Opfer heran, das einzig ihren Träumen ein Ende setzen kann, bis sie schließlich in einer ekstatischen

17 »Die Beziehungen zwischen dem Aberglauben der Klytämnestra und dem von Freud über Aberglauben und Fetischismus entworfenen Bild – einerlei, ob sie Hofmannsthal bewußt waren oder nicht – ergeben sich von selbst« (Jens 1955: 62 f.).

Vision Heilung und Ende zugleich vorwegnimmt: »Was bluten muß? Dein eigenes Genick,/wenn dich der Jäger abgefangen hat!« (39).

Elektra nimmt das Wort anstelle der Tat, die Sprache anstelle der Rache, wie dies auch die Psychotherapie tut.[18] So kann sie die ersehnte Rache nicht selbst ausführen. Charakteristischerweise vergißt sie, Orest das über Jahre hin gehütete Beil für die Tat zu geben. Elektra ist zu reflektiert – dies stellt sie mit Hamlet gleich –, das Überborden ihrer Visionen hindert sie daran, ihre Gedanken in Wirklichkeit umzusetzen: »Das Tun setzt den Übergang aus dem Bewußten zum Unbewußten voraus« (A: 226).

Von den drei tragenden Frauengestalten – Elektra, Chrysothemis und Klytämnestra – sagt Hofmannsthal, sie seien ihm »wie die Schattierungen eines intensiven und unheimlichen Farbtones gleichzeitig aufgegangen« (B II: 384). Die Interpretationen von Grete Schaeder (1933) bis Gerhart Baumann (1968), Wolfgang Nehring (1966), H. J. Newiger (1969) und Karl Esselborn (1969) sehen einen Zusammenhang der drei weiblichen Figuren in ihrem Verhältnis zur vergehenden Zeit. Von den *Studien über Hysterie* aus läßt sich dies verständlich machen.

Elektra lebt mit einem Teil ihrer Persönlichkeit jenseits der realen Zeit. Wie die Hysterica das Trauma an die Vergangenheit fesselt, so ist auch ihr Gegenwärtiges vom Vergangenen her bestimmt. Wie Anna O. in der *condition seconde* ihre reale Umwelt nicht wahrnahm und Veränderungen in Raum und Zeit ignorierte, so fließen Elektra Gegenwärtiges und Vergangenes ineinander. In dem ersten Dialog mit Chrysothemis erhebt diese »wie abwehrend die Hände«, was bei Elektra sofort eine Assoziation an das vergangene Geschehen auslöst:

> Was hebst *du* die Hände?
> So hob der Vater seine beiden Hände,
> da fuhr das Beil hinab und spaltete
> sein Fleisch.
> (D II: 16)

Der Lärm der Opfervorbereitungen im Palast entrückt Elektra dem realen Geschehen:

> [. . .] Da drinnen gehts aufs neue los!
> Meinst du, ich kenn den Laut nicht, wie sie
> Leichen
> herab die Treppe schleifen, wie sie flüstern
> und Tücher voller Blut auswinden.
> (ebd.: 22)

18 In dem gemeinsamen Vorwort zu den *Studien über Hysterie* schreiben Breuer und Freud: »Die Reaktion des Geschädigten auf das Trauma hat eigentlich nur dann eine völlig ›kathartische‹ Wirkung, wenn sie eine adäquate Reaktion ist, wie die Rache. Aber in der Sprache findet der Mensch ein Surrogat für die Tat, mit dessen Hilfe der Affekt nahezu ebenso ›abreagiert‹ werden kann« (Studien: 11).

Die Zeit scheint zurückgedreht, der Mord am Vater scheint sich erneut zu vollziehen, Chrysothemis ruft die Schwester aus ihren Phantasien wieder in die Wirklichkeit zurück. Gegenwart ist Assoziationsfolie für das vergangene Geschehen bzw. Ausgangspunkt prophetisch vorweggenommener Rache, die in ihrer ritualisierten Beschwörung Abziehbild des traumatisch Erfahrenen ist. Dieses unbeirrbare Festhalten am vergangenen Trauma haben auch Breuer und Freud als Eigentümlichkeit ihrer Hysterica festgestellt.

Chrysothemis *will* vergessen, so wie Elektra nicht vergessen *kann*. Sie erinnert die Schwester an den Fluß der Zeit:

Mit Messern
gräbt Tag um Tag in dein und mein Gesicht
sein Mal, und draußen geht die Sonne auf
und ab [. . .].
(D II: 19)

Chrysothemis ersehnt »ein Weiberschicksal« (ebd.). Sie will eine normale Entwicklung. Dennoch hält auch sie die Vergangenheit fest. Der Versuch der Anpassung und des Vergessens hat seine Spuren hinterlassen, die Einheit ihrer Person löst sich auf:

Mein Kopf ist immer wüst. Ich kann von heut
auf morgen nichts behalten. Manchmal lieg ich
so da, dann bin ich was ich früher war,
und kanns nicht fassen, daß ich nicht mehr
jung bin.
(ebd.: 20)

Wenn sie sagt: »alles wasch ich/ mir ab, das Hohle meiner beiden Augen/wasch ich mir rein« (ebd.: 21), so erinnert dies an die Worte Breuers über den Waschzwang der Lady Macbeth (Studien: 199): Beide wollen Vergangenes ungeschehen machen.

Klytämnestra bejaht den Fluß der Zeit und die dadurch bedingte Veränderung der Person, denn so kann sie die Verantwortung für die Tat leugnen: »Bin ich denn noch,/die es getan?« (D II: 35). Die Tat hat sie völlig aus ihrem Gedächtnis gelöscht:

[. . .] und da wars geschehn:
dazwischen ist kein Raum! Erst wars vorher,
dann wars vorbei – dazwischen hab ich nichts
getan. (ebd.)

Ein Schulbeispiel der Verdrängung! Sie akzeptiert nicht den Zusammenhang zwischen ihrer Vergangenheit und ihrer Gegenwart, sie setzt einen Schnitt in der Entwicklung ihrer Person. Die Folge dieses Verdrängungsprozesses ist Identitätsverlust:

[. . .] ich weiß
auf einmal nicht mehr, wer ich bin, und das ist
das Grauen, das heißt mit lebendigem Leib
ins Chaos sinken [. . .]
(ebd.: 30)

Auch sie kommt von ihrer Vergangenheit nicht los. Das ins Unbewußte Verdrängte kehrt in den Träumen wieder.

Alle drei Frauengestalten sind von der Vergangenheit bestimmt, in der Entfaltung ihrer Persönlichkeit gehemmt. Keiner gelingt die Verarbeitung des vergangenen Geschehens.

Hofmannsthal spricht in *Ad me ipsum* in bezug auf Elektra – Chrysothemis von der eigentlichen »Antinomie von Sein und Werden« (A: 217), von den zwei Antinomien »der vergehenden Zeit und der Dauer« (ebd.: 228). In der *Elektra* findet kein Ausgleich statt: Auf der einen Seite steht Elektra, die starr die Einheit ihrer Person aufrechterhält, die Veränderung in der Zeit ignoriert und dem Vater die »Treue« (221) hält, ihre Menschlichkeit opfert; auf der anderen Seite Chrysothemis, die die Veränderung akzeptiert und dabei ihre Identität preisgibt. Erst in *Ariadne auf Naxos* ist mit Ariadne und Zerbinetta das Thema weitergeführt. In Ariadne hat der Gegensatz von Treue und Veränderung eine Lösung gefunden.

Trotz weitreichender Übereinstimmung mit dem Fall Anna O. hat Hofmannsthal mit der *Elektra* keine Illustration moderner Hysterie-Studien verfaßt. Er hat sie vielmehr benutzt, um den antiken Stoff für eine säkularisierte Epoche zu erneuern. Elektra fehlt die spezifische Symptomatik, an der Anna O. leidet: Lähmungserscheinungen, Mutismus, Sprach- und Sehstörungen etc. Allenfalls die Gesichtsfeldverengung, die Schwierigkeit, fremde Menschen zu erkennen, ließe sich bei ihr wiederfinden. Hofmannsthal selbst hat diese Differenz gewollt: »Die Tat der Pagen Alexanders war Hysterie – die der Elektra geht aus einer Art Besessenheit hervor« (A: 237)[19]. Der hysterische Anfall selbst ist – hier deckt sich Hofmannsthals dramatische Konzeption ausnahmsweise mit dem konservativen Kunstbegriff Freuds – auf der Bühne nicht darstellbar (A: 176).

Daher lassen sich nur mit Mühe die vier Stadien des großen hysterischen Anfalls bei Elektra wiederfinden, den Heinz Politzer[20] in dem berühmten Tanz

19 Vgl. Urban (1977: 30), der zudem einen Brief Hofmannsthals an Leopold von Andrian vom 28. Mai 1909 zitiert, der deutlich macht, daß Hofmannsthal den Mechanismus der Konversionshysterie, die körperliche Symptome als psychisch bedingte beinhaltet, genau gekannt hat.

20 Politzer (1974 a: 99 f.) nimmt irrtümlicherweise an, der Tanz der Elektra »sei in keiner Quelle vorgegeben, einem Einfall Hofmannsthals zu danken«, und sieht in Elektras Geisteszustand eine Vereinigung »aller vier Stadien von Charcots Symptomatologie, wobei das zweite, das der ›großen Bewegungen‹, des Tanzes also, unmittelbar in das vierte, die Phase des ›abschließenden Deliriums‹, übergeht. Noch ist sie auf sich selbst verwiesen, in ihrem Ich und dessen Wahn verhaftet. Auf die Frage der Schwester, ob sie denn das Jauchzen draußen nicht vernehme, antwortet sie:

der Elektra sehen wollte: Sie tanzt, »den Kopf zurückgeworfen wie eine Mänade« und bricht im ekstatischen Höhepunkt »nach einigen Schritten des angespanntesten Triumphes« (D II: 75) zusammen. In den *Studien über Hysterie* spielt Charcots Typologie des hysterischen Anfalls nur eine periphere Rolle. Breuer und Freud sprengen vielmehr Charcots deskriptiven Ansatz. Sie gehen in ihrer Theorie von der von Charcot als dritte (halluzinatorische) Phase beschriebenen aus, in der sie eine »halluzinatorische Reproduktion einer Erinnerung« sehen, welche »für den Ausbruch der Hysterie bedeutsam war« (Studien: 15), und entwickeln von dort aus ihre dynamische Erklärung der Hysterie. Diesen Aspekt allerdings hat – wie zu zeigen versucht wurde – Hofmannsthal übernommen.

Weniger die *Studien über Hysterie* als vielmehr Erwin Rohdes *Psyche* liefert seitenweise Material für den Tanz der Elektra.[21] Diese beiden Werke sind in ihrer Denkweise allerdings so sehr verschieden nicht. Auch Rohdes Darstellung der griechischen Religion ist mit dem Wissen moderner Psychiatrie geschrieben, die den Hintergrund für »das merkwürdige Buch [. . .] der Doktoren Breuer und Freud« (B II: 384) abgeben. Bei Rohde ist bereits angelegt, was Hofmannsthals Erneuerung des antiken Mythos kennzeichnet: seine Interpretation im Geiste der Psychiatrie des späten 19. Jahrhunderts. Da kann man gleich auf den ersten Seiten lesen, daß nach homerischer Auffassung die Seele »wie ein fremder Gast, ein schwächerer Doppelgänger, sein *anderes* Ich, als seine ›Psyche‹« (Rohde 1898: I/6) im Menschen wohne. Das »Zweite Ich« werde namentlich »im Traum, in der Ohnmacht und Ekstase« neben dem »täglich sichtbaren Ich« wahrgenommen. Woher Rohde diese Begrifflichkeit für

---

Ob ich nicht höre? Ob ich die
Musik nicht höre? Sie kommt doch aus mir
heraus (74).
Sie halluziniert (Charcots Phase drei).«

21 Bei Rohde (1898/II: 47) heißt es in einem Abschnitt, der sich mit der dionysischen Religion in Griechenland auseinandersetzt: »Wohl als eine Nachwirkung der tiefen bakchantischen Erregung [. . .] verblieb dem griechischen Naturell eine morbide Anlage, eine Neigung zu plötzlich kommenden und wieder gehenden Störungen des normalen Vermögens der Wahrnehmung und Empfindung. [. . .] Eine den Ärzten und Psychologen ganz geläufige Erscheinung war jene, nach den dämonischen Begleitern der phrygischen Bergmutter benannte, religiös gefärbte Wahnsinnsform des Korybantiasmus, in der ohne äußeren Anlaß der Leidende Gestalten seltsamer Art sah, Flötenklang hörte, in heftigste Aufregung gerieth und von unwiderstehlicher Tanzwuth ergriffen wurde.« Nach Hamburger (1964: 79) blieb bei Hofmannsthal der Tanz immer »mit orgiastischer Lust und Qual und Wahnsinn verbunden«; vgl. z. B. den Dialog *Furcht* (1907), (P II: 311 ff.). Für den Rückgriff auf Rohde sprechen auch die für Richard Strauß verfaßten Ergänzungen zum Dramentext, in denen Elektra ruft: »Ai! Liebe tötet!« (D II: 533). Vgl. hierzu den bei Rohde (1898/II: 27) zitierten Satz des persischen Mystikers Dschellaledin Rumi: »Wer die Kraft des Reigens kennet, wohnt in Gott; denn er weiß, wie Liebe tödte. Allah hu!« Zur Erklärung gibt Rohde an gleicher Stelle an: »In der Sprache dieser Mystiker bedeutet das: er weiß, wie das sehnsüchtige Streben nach der Rückkehr zu Gott, der Seele im All, die eingeschränkte Individualität der einzelnen Menschen zersprengt. ›Denn wo die Lieb‹ erwachet, stirbt das Ich, der dunkele Despot!« Nach Rohde ist dies der Sinn, der der Mystik, der mystischen Auflösung des Individuums und seiner Vereinigung mit dem All dienenden Mittel: »Musik, wirbelnder Tanz, narkotische Reizmittel«; vgl. auch Rey (1962: 85).

seine Darstellung des griechischen Seelenglaubens entlehnt, ist einem Anhang zum Kapitel über die *Dionysische Religion in Griechenland* zu entnehmen. Dort heißt es unter dem Stichwort *Spaltung des Bewußtseins – Verdoppelung der Person:*

»In jenen tief erregten Zeiten müssen die Griechen vielfach die Erfahrung von jenen abnormen, aber keineswegs seltenen Erscheinungen des Seelenlebens gemacht haben [. . .].Selbst voraussetzungslose psychologische Beobachtung unserer Zeit weiß solche bei gewissen neuropathischen Zuständen oft (freiwillig oder unter dem Zwang experimenteller Veranstaltung) hervortretende Erscheinungen nicht anders zu beschreiben, denn als eine Verdoppelung oder Vervielfältigung der Person, Bildung eines zweiten Ich, eines zweiten Bewußtseins nach oder neben dem ersten und normalen Bewußtsein, dem das Dasein seines Doppelgängers regelmäßig verborgen bleibt. (Wohl am vollständigsten und höchst besonnen stellt diese Dinge dar Pierre Janet, *L'automatisme psychologique*, Paris 1889.)« (Rohde 1898: II/413).

Pierre Janet stehen die Autoren der *Studien über Hysterie* noch nahe. Auf ihn berufen sie sich in der Annahme, »die Abspaltung eines Teils der psychischen Tätigkeit [scheine] im Mittelpunkt der Hysterie zu stehen« (Studien: 183 f.), in der Erklärung dieser Erscheinung gehen sie allerdings andere Wege.

Interessant ist, wie Rohde sich mit den Berichten über »Besessenheit« (die Pythia z. B.) auseinandersetzt. Er geht von den in den antiken Quellen berichteten Fällen von Besessenheit aus und stellt sie zeitgenössischen Berichten von Bewußtseinsspaltung an die Seite. Wenn die Griechen dies aber »als das Einfahren eines fremden Geistes in den Menschen« (Rohde 1898: II/414) ansahen, so ersetzt er diese religiöse Denkweise durch die moderne, wissenschaftliche, denn die »Willkür« liege nur in »der Auslegung der Erfahrungen« (ebd.). Was den Griechen als das Wirken fremder, dämonischer Mächte erschien, ist für Rohde Projektion psychischer Prozesse in die Außenwelt. Diese Umdeutung ursprünglich religiöser Vorstellungen in psychische Prozesse, die Ersetzung magischer Erklärungsweisen durch wissenschaftliche, gibt den Weg an, den Hofmannsthal und Freud in ihrer Auseinandersetzung mit dem Mythos gegangen sind. Für beide ist der Begriff der *Projektion* der Schlüssel zum Verständnis der griechischen Mythologie.

Das Leben ein Traum

Wie nahe Hofmannsthal während der Arbeit an der *Elektra* die *Studien über Hysterie* gewesen sein müssen, kann ein Blick auf seine Bearbeitung von Calderons *La vida es sueño* zeigen.[22] An dieser »sehr freien Bearbeitung«

22 Auf die Nähe von *Das Leben ein Traum* zu den *Studien über Hysterie* hat bereits Schaeder (1949: 321 ff.) hingewiesen. Ausführlich vgl. Urban (1977: 43-51).

(B II: 62) hat Hofmannsthal zwischen Oktober 1901 und August 1904, also parallel zur *Elektra*, gearbeitet (Erken 1962: 262-267). Clotald, der Hüter des Prinzen Sigismund, hat auf Geheiß des Königs Basilius, dem der Tod durch den eigenen Sohn prophezeit wurde, den Prinzen in einem verrotteten, abgelegenen Turm gefangengehalten. Bei Calderon ist Clotald lediglich Handlanger des Königs, bei Hofmannsthal emanzipiert er sich zu einer zentralen Figur des Stückes. Mit Hilfe des völlig unter seinem Einfluß stehenden, in der Verbannung lebenden Prinzen möchte er sich selbst in das Zentrum der Macht bringen:

> Träumen sie doch alle hin
> dumpf und mit verhängtem Sinn.
> Wie Getier sie zu gebrauchen,
> ziemt mir, der allein ich wache.
> (D III: 372 f)

Mit suggestiven und hypnotischen Praktiken gelingt es ihm, den Prinzen zu beherrschen, dem in völliger Isolation Lebenden die Grenze zwischen Innen und Außen, Wirklichkeit und Traum zu verwirren. Als Sigismund für einen Moment der Isolation des Turms entrückt und an den Hof gebracht wird, um dem zweifelnden und vom Gewissen geplagten König eine Überprüfung seiner Entscheidung zu ermöglichen, er so zum ersten Mal mit seiner wahren Identität konfrontiert wird, gelingt es Clotald, wieder zurück in der dumpfen Welt des Turms, mit dem Geschick des Hypnotiseurs dem Prinzen die erblickte Wirklichkeit zur Traumwelt und die ihn wieder umgebende Irrealität des Turms zur Wirklichkeit umzudeuten. Clotald, der sich Sigismund gegenüber als »Arzt« (ebd.: 412) bezeichnet, beherrscht die Suggestion so vollkommen, daß der Prinz den nun tatsächlich ausbrechenden Aufstand für ein »Wahngebilde« (ebd.: 424) hält. Die plötzlich in den Turm dringenden Aufständischen, die ihn zu ihrem Führer machen wollen, hält er für Produkte seiner Phantasie. Außenwelt und Innenwelt sind ihm unentwirrbar vertauscht.

Das Leben ein Traum blieb unvollendet. Hofmannsthal hat das Drama 1910 als Fragment herausgegeben, nicht ahnend, daß nach dem großen Krieg dieser Stoff erneut Bedeutung für ihn gewinnen sollte (*Der Turm*, 1925/27). Das Szenarium, zusammen mit dem Drama unter dem Titel *Aufzeichnungen und Entwürfe* publiziert, zeigt seine Gedanken im Fluß, vor der poetischen Umsetzung und offenbart deutlicher als der fragmentarische Text selbst die Tonlage der Bearbeitung. Als Idee des Dramas wird »die der wirkenden Kraft der Leidenschaften, Illusionen, Qualen« (ebd.: 426) angegeben. Für den ersten Akt ist eine unter Reinigungszwang stehende Frau des Gefängniswärters skizziert. Von Sigismund heißt es, er gerate ins

> »Stadium der Megalomanie: der Wind ist ein Stück von ihm, und die Vögel sind er, auch die Mäuse: alles, was er früher als Objekt der Qual in sich hineingeschluckt hat, assimiliert er sich jetzt. In gehobenen Stunden hat er

den Größenwahn zu glauben, daß alles nur aus ihm herausgewachsen ist« (ebd.: 429).

Sigismund verliert den Zusammenhalt seiner Person, Innen- und Außenwelt verwirren sich ihm zu einem nicht mehr trennbaren Raum. Die pathologischen Züge Sigismunds treten in den Notizen für den vierten und fünften Akt verstärkt hervor. Sigismund, mit den hereinbrechenden Aufständischen konfrontiert,

»glaubt an eine Art Dissolution seiner Person; diese gestaltgewordenen bösen Lüste wollen ihn jetzt anstiften, an Clotald Rache zu nehmen [. . .]. Er [. . .] entwickelt eine geniale Beredtsamkeit, ihnen zu zeigen, daß er ihr Sein und Tun für schattenhaft hält« (ebd.: 436).

Sigismund fehlt die Verbindung mit dem Leben, er sehnt sich nach der den Zirkel des Ich sprengenden Tat. Aufschlußreich ist, mit welchen Worten dieses für Hofmannsthal so zentrale Motiv im Szenarium skizziert wird:

»[. . .] ich bin vollgestopft mit den *eingeklemmten Reizen* des Lebens! Um mich ihrer zu *entladen* brauche ich eine ungeheure und *symbolische* Wollust, den Mord.

Er umschreibt den Begriff *»symbolisch«*: ich muß eine Handlung begehen – nur eine solche *entladet* mich –, bei der ich mich VÖLLIG hingeben kann; bei der der arme Sigismund weg und die Welt auch weg ist, und nur der der tut, der ist da, der ist da und tötet, tötet, tötet! – Ekstase! [. . .] Er ringt immerfort nach *symbolischen* Erlebnissen« (ebd.: 429 f.; Hervorhebungen des Verf.).

Durch Clotalds Erziehung kennt Sigismund die Welt sehr genau. Sein Kopf ist voll der Erzählungen und Schilderungen, ohne daß er je mit der Welt wirklich in Berührung gekommen wäre. Diese Situation hat Hofmannsthal in der Begrifflichkeit Breuers und Freuds darzustellen versucht, die hier – vor poetischer Umsetzung in Metaphern und symbolische Bezüge – ungebrochen und daher deutlicher als im Dramenfragment selbst erscheint. Die Hysteriker leiden an »eingeklemmten Affekten« (Studien: 18), die mittels symbolischer Handlungen »entladen« werden können – Funktionsweise der *kathartischen* Methode.

In der Charakterisierung des Königs, der im Dramenfragment noch kaum Gestalt gewonnen hat, tritt die Sprache Breuers und Freuds noch deutlicher hervor. Die Ursache für die Wegschaffung des Prinzen war ein furchtbarer »Wahrtraum«. Danach »ist eine (psychische?) Impotenz des Königs eingetreten. Das war eine entsetzliche, fortwährende Mahnung« (D III: 431). Er suchte die Kompensation in Grausamkeiten und Prachtentfaltungen:

»Sein wesentliches tausendmal wiederholtes psychisches Erlebnis waren eingeklemmte Affekte, verschwiegene Bilder des Grauens, unterdrückte Einsichten« (ebd.: 432).

Von der furchtbaren Prophezeiung heißt es, sie sei

»eine Art Catena magica des bösen Gewissens nach außen projiziert, er wußte, daß diese furchtbaren Dinge wahr waren – in der Idee wenigstens –, weil sie aus dem Material seiner Versündigungen gemacht waren; es waren Dinge, die zu ignorieren er gelernt hatte, die er in den Kerker des Unterbewußtseins geschickt hatte wie Sträflinge, von sich gejagt wie die Geächteten der Berge« (ebd.).

Es erübrigt sich hier, im einzelnen auf Parallelen zu den *Studien über Hysterie* hinzuweisen, die Entlehnungen gehen bis in die sprachlichen Details. Dem König werden sogar hysterische Stigmata zugeschrieben. In einer Art von »hypnoidem Zustand« sieht er den Sohn ins Zimmer treten, bringt kein Wort heraus – »Sprachaporie [. . .] (In seinem Anfall eine Fülle symbolisierender Traumata)« (ebd.: 433).

Hofmannsthals Verhältnis zu Psychologie, Psychiatrie und Psychoanalyse

Die *Studien über Hysterie* sind 1895 erschienen, die *Vorläufige Mitteilung* zu diesem Werk bereits 1893. Im Mai 1903 schreibt Hofmannsthal an Hermann Bahr:

»Können Sie mir eventuell nur für einige Tage das Buch von Freud und Breuer über Heilung der Hysterie durch Freimachen einer unterdrückten Erinnerung leihen (schicken)? Wenn nicht, so schreiben Sie mir bitte den genauen Titel davon auf, damit ich es mir kommen lassen kann.

Ich weiß, daß ich darin Dinge finden werde, die mich im ›Leben ein Traum‹ sehr fördern müssen« (B II: 142).

Anfang August 1904 wendet Hofmannsthal sich erneut in gleicher Angelegenheit an den Mentor:

»Ich möchte Sie [. . .] um ein anderes bitten: um jene ›Maladies de la personnalité‹. Es handelt sich um den Stoff, der mich jetzt am meisten lockt, in dem ›Leben ein Traum‹, ja darum, in die tiefsten Tiefen des zweifelhaften Höhlenkönigsreiches ›Ich‹ hinabzusteigen und dort das Nicht-mehr-ich oder die Welt zu finden« (B I: 155).

In einem Zusatz zu diesem Brief bittet er noch um ein anderes Buch »des gleichen Gebiets [. . .] Ich weiß, daß mir derartige Bücher bei diesem Stoff unglaublich nützlich sein können«. Wie aus Bahrs Antwort hervorgeht (Bahr 1947: 166), handelt es sich um das Werk *Maladies de la volonté*, wie erstgenanntes von dem französischen Psychiater Théodule Ribot, beide von Bewußtseinsspaltung handelnd.

Diese Briefe werfen für Hofmannsthals Verhältnis zur Psychoanalyse einige Fragen auf. Woraus resultiert die späte Rezeption des Frühwerks der Psychoanalyse? In welchem Verhältnis steht Hofmannsthals Auseinandersetzung mit der Psychoanalyse zu konkurrierenden Werken gleichen Gebiets? Waren psychologische Ansätze für Hofmannsthal nur in jener Übergangszeit, in der die *Elektra* und *Das Leben ein Traum* entstanden, von Bedeutung?

Der zuletzt zitierte Brief scheint dies nahezulegen, denn »das Nicht-mehr-ich oder die Welt zu finden«, den Anschluß an das Leben zu suchen, war Motiv für die sich nach 1900 abzeichnende Distanzierung vom lyrischen Werk und die Hinwendung zur »großen Form« (A: 370). Michael Hamburger (1964: 53) glaubt, daß Hofmannsthal »zwischen seiner Präexistenz und den ersten Prosakomödien«, also in der Zeit konzentrierten Bemühens um den antiken Mythos, um das Bühnendrama, »der Freudschen Psychologie am nächsten stand«, eine Annahme, die in der von Carl J. Burckhardt (1954: 356 f.) überlieferten Aussage des späten Hofmannsthal (vom November 1923) eine Stütze hat:

> »Auch ich habe einst versucht, auf dem Wege der Psychologie in die Mythen einzudringen. Das lag in den Jahren, die ich damals miterlebte. Den Weg bin ich später nicht mehr gegangen«.

Nach Hamburger (1964: 38) habe ihm die neue Tiefenpsychologie dazu gedient, »die Ich-Absorption zu überwinden«, »seine eigene ererbte Spezialisierung zu korrigieren und zu transzendieren, jenen entschiedenen Irrationalismus, den sich eine ganze Dichtergeneration, uneins mit der Zeit, aus Selbstschutz beigelegt hatte« (Hamburger 1964: 35). Hofmannsthal habe »zur Zeit des Chandos-Briefes bereits begonnen [. . .], den ›lyrischen Zustand‹ im Licht der Psychopathologie zu sehen« (ebd.: 33).

Hamburger lehnt sich damit an Hofmannsthals späte Selbstdeutung *Ad me ipsum* an, die den Gegensatz von Früh- und Spätwerk, Präexistenz – »glorreicher, aber gefährlicher Zustand« (A: 213) – und Existenz – »Verknüpfung mit dem Leben« (A: 213) – betont. Auf der einen Seite ein von Egotismus, Intuition und unmittelbarer Erkenntnis getragenes Frühwerk; auf der anderen Seite ein durch höhere Bewußtheit, vom Bemühen, die Spannungen der Gegenwart auszutragen, gekennzeichnetes Spätwerk. Im Grunde macht auch die sorgfältige quellenkundliche Untersuchung Bernd Urbans *Hofmannsthal, Freud und die Psychoanalyse* – im Bestreben, den Einfluß der Psychoanalyse auszugrenzen – diese Gegenüberstellung mit: vor der Chandos-Krise (1902) eine weitgehend auf Introspektion beruhende Psychologie, danach mit Hilfe der Psychoanalyse ein bewußterer Zugang zum Seelenleben.[23]

23 So schreibt Urban (1978: 35) zu *Das Leben ein Traum*: »Im Unterschied zu den [. . .] (Früh-) Werken Hofmannsthals zeigt sich im ›Leben ein Traum‹ der Beginn einer neuen Form psychologischer Auseinandersetzung: Die früher *uneigentlich* [Hervorhebung des Verf.] zur Darstellung gekommene psychoanalytische Begrifflichkeit und Inhaltlichkeit wird jetzt durch explizite und direkt nachweisbare psychoanalytische Elemente erweitert und angereichert.«
Ähnlich hieß es schon in einem im übrigen recht informativen Aufsatz Judith Ryans: »So ordnet Hofmannsthal seine Kenntnisse der Psychologie in ein Vorstellungssystem ein, das in den Umrissen schon früh entstanden war und für dessen Weiterentwicklung die Psychologie nur einen weiteren Anstoß bildet« (1970: 207).

Dem steht die Auffassung Hans Steffens (1974: 87) gegenüber: »Die Lektüre von Werken Freuds oder aus dessen Schule (1902) bedeutet keinen Einschnitt«. Die Auseinandersetzung mit der wissenschaftlichen Psychologie kennzeichnet Hofmannsthal in der Tat von seinen Anfängen bis zu seinen letzten, vom frühen Tod unterbrochenen Arbeiten. Die Beschäftigung mit wissenschaftlicher Psychologie ist ein Erbe des Fin de siècle, das über diesen Zeitraum hinaus fortgesetzt wird. Die Rezeption der Psychoanalyse ist ein – allerdings markanter – Teil eines breiteren Interesses für Psychologie, das er mit der Literatur des Fin de siècle teilt (Worbs 1979) und das ein Zeugnis für die Kontinuität seines Schaffens darstellt.

Bereits im September 1889, noch vor seiner ersten Veröffentlichung (das Sonett *Frage*, 1890) notiert er zu Lombroso: »Das gefährliche Spiel mit der Gefahr geistiger Überreizung (Ankauf der Bücher von Lombroso . . . Interesse für Psychiatrie« (nach Steffen 1974: 87). Und in einem Lektüreplan für den Winter 1891/92 kann man das Stichwort »Psychologie« (nach Steffen 1974: 87) lesen. Hofmannsthal kannte nicht nur die Bewußtseinspsychologie (Lange, Helmholtz, Wundt), die die Psychologie in enger Verbindung mit Physiologie sieht, sondern zitiert auch bereits 1891 die hypnotischen Experimente von »Forel in Zürich, Bernheim in Nancy, Richet in Paris«, deren Behandlung »hysterischer Frauen« wie »nervöser Literaten« (P I: 62), durch die der Wissenschaft die Existenz eines unbewußten Seelenlebens zu dämmern begann. Seine frühe Beschäftigung mit der wissenschaftlichen Psychologie steht im Zusammenhang mit der damaligen Begeisterung für die (Natur-)Wissenschaften, als deren Teil noch Freud die Psychoanalyse sehen wollte (GW XVII: 126 und passim). Schon im Knabenalter besuchte Hofmannsthal Vorlesungen des naturwissenschaftlichen Vereins (Steffen 1974: 88). Wie selbstverständlich damals schon die psychiatrische Denkweise in die Alltagssprache eingeflossen war, zeigt eine Notiz aus Hofmannsthals Tagebuch. In der Nacht des 13. September 1894 erzählt ihm Arthur Schnitzler im Caféhaus von seiner Geliebten, von Adele Sandrock:

> »Ihr bewußtes Ich und das traumhafte, das schauspielerische, wissen voneinander nichts. Die Äußerungen des bewußten sind sprunghaft, gemein, ohne Zusammenhang, lassen ein höchst verstümmeltes Weltbild erraten. Sie vermag sich über nichts zu wundern. Alle Eindrücke fallen und versinken lautlos wie in tiefem Wasser. Offenbar dringen die Erfahrungen in das andere Ich hinüber und kommen dort zu einem komplexen Ausdruck (ähnlich wie bei musikalischen Virtuosen). Diese Spaltung des Ich scheint die Daseinsform des reproduzierenden Genies zu sein« (A: 115).

Dieses frühe Interesse war prägend. Davon zeugen noch der *Andreas-Roman* (Alewyn 1967: 131 ff.), das Trauerspiel *Der Turm* (1925/27), in dem nicht zufällig das Motto der *Traumdeutung* erscheint (D IV: 42), und sein Libretto *Die ägyptische Helena* (1924), die letzte große Auseinandersetzung mit dem antiken Sagenkreis. Über die mythischen Elemente des Librettos schreibt er:

»[. . .] alle diese kleinen Zaubereien sind ja nur Verkürzungen – der Trank, das Vergessen, das Wiedererinnern, lauter Verkürzungen für Seelenvorgänge – die Elfen einer Ausdrucksform für die Kritik eines Unterbewußtseins [. . .]« (P IV: 457).

Allein diese 1928, ein Jahr vor dem Tode gegebene psychoanalytische Kommentierung des Mythischen läßt Zweifel an der Überlieferung Burckhardts aufkommen, Hofmannsthal habe sich später dem Mythos nicht mehr mittels der Psychologie genähert. Ja, wenige Jahre zuvor, 1922, betonte Hofmannsthal in seiner Rede auf Grillparzer, dessen Drama *Das goldene Vließ* verbinde »in einer ganz neuen Weise das Mythische mit einer Zergliederung der Seelen, die ganz der neueren Zeit angehört« [24].

Die intuitive Psychologie des jungen Hofmannsthal ist – ähnlich wie sich dies auch für das Frühwerk Arthur Schnitzlers gezeigt hat – weitgehend auf die Kenntnis der wissenschaftlichen Psychologie, aus der auch die Psychoanalyse hervorgegangen ist, zurückzuführen. Seine Fähigkeit zu Introspektion und Selbstanalyse steht dabei nicht in Frage. Dies sind einander ergänzende und wechselweise verstärkende Faktoren. Lektüre ist ein dialektischer Prozeß: Nicht wecken kann sie, was im Leser nicht schon schlummert. Hofmannsthal läßt diesen Prozeß der Erfahrung zu Eingang seiner Aphorismensammlung *Buch der Freunde* von Goethe beschreiben:

»Der Mensch wird in der Welt nur das gewahr, was in ihm liegt; aber er braucht die Welt, um gewahr zu werden, was in ihm liegt; dazu aber sind Tätigkeit und Leiden nötig« (A: 9).

Hofmannsthals Verhältnis zur Psychologie war produktiv, naiv aber war seine Psychologie zu keinem Zeitpunkt.

Hofmannsthal hat zugunsten der Psychoanalyse niemals die Auseinandersetzung mit konkurrierenden Ansätzen aufgegeben. In seiner Rodauner Bibliothek, die in etwa seine Lesegewohnheiten gegen Lebensende widerspiegelt, finden sich neben Werken Freuds auch die Abtrünniger wie C. G. Jung und Alfred Adler, aber auch W. Wundt, P. Janet, G. LeBon, L. Klages, W. James sowie einer Reihe heute vergessener Autoren.[25] Insofern bedeutet die Darstel-

24 P IV: 129. Die Bedeutung der durch Grillparzer vermittelten barocken Tradition für die besondere psychologische Sensitivität der späten habsburgischen Literatur ließe sich an der Linie Calderon – Grillparzer – Hofmannsthal zeigen.

25 Nach den Untersuchungen von Hamburger (1961) und Urban (1977) fanden sich folgende psychoanalytische Werke in der – von Verlusten gekennzeichneten – Rodauner Bibliothek Hofmannsthals:

J. Breuer/S. Freud:	*Studien über Hysterie* Wien 1895
Sigmund Freud:	*Die Traumdeutung* Leipzig/Wien 1900
	Zur Psychopathologie des Alltagslebens Berlin 1904
	Massenpsychologie und Ich-Analyse Leipzig/Wien/Zürich 1921

lung seiner Auseinandersetzung mit der Psychoanalyse ein Stück Isolierung auch innerhalb seines psychologischen Interessenbereiches.

Hinter Hofmannsthals durchgängigem Interesse an der wissenschaftlichen Psychologie – gleichviel ob Sigmund Freud oder Morton Prince – stand die Überzeugung, daß Dichtung nicht mehr möglich sei, ohne sich der konkurrierenden Wissenschaft zu stellen. Reflektiert konnten das Wunderbare[26] und das Mythische, Urelemente der Dichtung, in Hofmannsthals Werk weiterleben. Das posthum veröffentlichte Fragment des *Andreas-Romans*, das in romantischer Brechung den Stil der Goethezeit nachahmt, wirkt eben nur auf den ersten Blick als Anachronismus. »An der Oberfläche versteckt«[27] sind die Erkenntnisse der modernen Psychiatrie und – in einem weiteren Sinne – das Bewußtsein vom Untergang der im Roman heraufbeschworenen habsburgischen Epoche, die für Hofmannsthal allerdings als Mythos, als geistige Kraft noch Bestand hat. Wenn Karl Kraus Künstlernaturen und Dilettanten wie Peter Altenberg, Detlev Liliencron und Erich Mühsam favorisiert hat – »Der Künstler trägt die Lichter in sich« –, so hat er darin bewußt den Anachronismus zum Programm erhoben. Dagegen steht der intellektuelle Dichter, der *poeta doctus* des 20. Jahrhunderts, der alle Voraussetzungen für eine fruchtbare Auseinandersetzung mit der Psychoanalyse mitbringt.

Die Zeit zwischen Lyrik und ersten Prosakomödien – zwischen den Jahren 1902 und 1907 – ist ein Schnittpunkt, an dem viele Fäden zusammenlaufen. Die ersten Entwürfe zum *Andreas-Roman* und zum *Turm* liegen hier, eine Umorientierung des Werkes findet statt, in deren Zusammenhang zum ersten Mal und in einem Umfang wie später nicht mehr die Psychoanalyse in das Schaffen einbezogen wird. Will man erfahren, welche Bedeutung die neue Psychologie für Hofmannsthal erlangt hat, so ist dies der dafür aufschlußreichste Zeitraum.

Das Ich und das Es
Leipzig/Wien/Zürich 1923
Jenseits des Lustprinzips
Leipzig/Wien/Zürich 1923

Darüber hinaus fand sich das *Jahrbuch für psychopathologische Forschungen* (1909), u. a. mit Aufsätzen von Freud und Jung sowie dem Bericht Karl Abrahams über Freuds Schriften 1893-1909 und die österreichische und deutsche psychoanalytische Literatur aus dem gleichen Zeitraum. Beide Literaturberichte sind von Hofmannsthal aufgeschnitten. Ferner von C. G. Jung: *Wandlungen und Symbole der Libido*, Leipzig/Wien 1912, *Psychologische Typen*, Zürich 1925; von Alfred Adler: *Praxis und Theorie der Individualpsychologie*, München, 2. Auflage 1924; Herbert Silberer: *Probleme der Mystik und ihrer Symbolik*, Wien 1914.

26 Friedmar Apel (1978) hat am Fragment »von der verschleierten Frau« gezeigt, daß das romantische Arsenal märchenhafter Mittel der Darstellungsintention Hofmannsthals letztlich unangemessen war. Im *Märchen der 672. Nacht*, für Apel der Schwanengesang der Gattung, habe er gänzlich auf die Darstellung eines Wunderbaren im bisherigen Sinne verzichtet. Schon Schnitzler habe bemerkt, daß die Erzählung nicht einem Märchen, sondern einem Traum gleiche. (Von der Romantik sei dies noch zusammen gesehen worden.) Von diesem Diktum Schnitzlers ausgehend hat Cohn (1980) eine psychoanalytische Lektüre des Märchens versucht.

27 »An der Oberfläche verstecken« – so hat Hofmannsthal selbst die Zielsetzung seines poetischen Verfahrens beschrieben. Nach Pape (1977) konsumierte Hofmannsthal allein für den Andreas über 100 Bücher, darunter zahlreiche psychiatrische und historische Werke.

Die Gattung, für die die Psychoanalyse am bedeutsamsten wurde, ist die Tragödie, die Hofmannsthal zu Beginn des neuen Jahrhunderts zu erneuern suchte. Nach der Vollendung von *Ödipus und die Sphinx* (Dezember 1905) hat Hofmannsthal diesen Versuch nicht fortsetzen können. Erst in dem späten Trauerspiel *Der Turm* werden Impulse dieser Zeit wieder aufgenommen, bezeichnenderweise auch die Psychoanalyse (Urban 1978: 76-85).

Hofmannsthals Plan einer Ödipus-Trilogie: Antwort auf die Traumdeutung

Es gehört zu den Widersprüchen und Mißverständnissen im Wechselspiel zwischen Literatur und Psychoanalyse um 1900, daß die im Februar 1906 von Max Reinhardt in Berlin uraufgeführte Tragödie *Ödipus und die Sphinx* im Gegensatz zu der sensationellen *Elektra* in der zeitgenössischen Diskussion um Hofmannsthals Stellung zu Freud überhaupt keine Rolle gespielt hat[28] – mit einer Ausnahme: In einer vorzüglichen, im November 1910 in der *Fackel* unter dem Titel *Der tragische Mensch in der modernen Literatur* veröffentlichten Kritik Samuel Lublinskis wird auf »den Professor Freud« (F 311: 33) und seine Bedeutung für die Erneuerung der Tragödie durch Hofmannsthal hingewiesen. Allerdings erschien diese Kritik ziemlich spät und blieb völlig unbeachtet, so daß die paradoxe Situation besteht, daß hier zum ersten Mal genuine Psychoanalyse, Elemente der *Traumdeutung* eingeflossen sind und dies dennoch in der Theaterkritik völlig ignoriert wurde. Dieser Widerspruch erklärt sich aus der verzögerten Rezeption der Analyse in ihrer Anfangsphase. Während man sich 1906 von der Hysterie, einer ungemein zeittypischen, im viktorianischen Bürgertum verbreiteten Krankheit (Veith 1965) ein Bild machen konnte, auch wenn man die *Studien über Hysterie* nur vom Hörensagen kannte, war die *Traumdeutung* dem öffentlichen Bewußtsein zu diesem Zeitpunkt noch weitgehend unbekannt. Die erste Auflage von 600 Stück war 1906 noch kaum verkauft (Jones I: 417 f).

Aber auch Analytikern, die, wie Otto Rank (1912) und Theodor Reik (1920) am Rande größerer Arbeiten kurz Hofmannsthals Tragödie diskutieren, ist der Gedanke, hier könne es sich um eine Auseinandersetzung mit Freuds *Chef-d'œuvre inconnu* handeln, nicht gekommen.

Diese Zurückhaltung mag mit dem Mißerfolg des Stückes zusammenhängen, das zwar in Reinhardts Inszenierung ein großer Premierenerfolg war, sich aber

28 In der Premierenkritik hob man zwar häufig das sexualpathologische Element hervor (Goldmann 1908, Hofmiller 1906, Klaar 1906) – man nannte das Stück eine »Krankengeschichte« (Brehm 1906: 632), »Spezialfall aus einer psychiatrischen Klinik« (Goldmann 1908: 139) –, man verwies auf die Vererbungslehre (Berg 1906, Kerr 1906, Brehm 1906, Goldmann 1908, Kienzl 1907, Klaar 1906), auf die zentrale Rolle der Träume (Jacobsohn 1910), man sprach von »der modernen, zergliedernden und zerfasernden Psychologie« (Klaar 1906) – ein Hinweis auf die Psychoanalyse fehlt aber völlig.

am Theater nicht durchsetzen konnte. Nach der Premiere am Deutschen Theater in Berlin stand es noch 26mal auf dem Spielplan, wurde aber nach dem Ende der Spielzeit nicht wiederaufgenommen (Erken 1962: 269). Am 4. Mai 1906 schreibt Hofmannsthal an Gertrud Eysoldt, daß diesen Ödipus »kein anderes Theater nach ihm [i. e. Reinhardt] zu spielen wagt« (B II: 229). Dies scheint sich bis 1974 nicht geändert zu haben.[29] Erst nach dem Zweiten Weltkrieg, als Hofmannsthals Werk historisch zu werden begann, dämmerte der Verdacht, *Ödipus und die Sphinx* könne als eine Replik auf den »Urmythus der Psychoanalyse« (Schaeder 1949: 328) angesehen werden. Karl Esselborn hielt es sogar für möglich, daß die Wendung der Ödipus-Sage »zum Urbild eines biologisch-psychologischen Naturgesetzes [. . .] Hofmannsthal letztlich zur Wiederaufnahme des Stoffes bestimmt haben könnte«[30], spielt aber im übrigen – wie die meisten Interpreten – die Bedeutung der Psychoanalyse für das Verständnis des Dramas herunter.[31]

Ödipus und die Sphinx war von Hofmannsthal geplant als »Vorspiel zum Oedipus rex des Sophokles«, auf den ein einaktiger Oedipus-Greis folgen sollte, »so daß es eine Trilogie, an zwei Abenden zu spielen, wird« (B II: 165 f.). Ausgeführt hat er nur die beiden ersten Teile der Trilogie, das Vorspiel und die Neuübersetzung des *Oidipos Tyrannos*; der Schlußteil, Oedipus-Greis, ist Fragment, der Plan einer Trilogie blieb, ähnlich wie der einer zweiteiligen Orestie, unausgeführt. *Ödipus und die Sphinx* stellt die Vorgeschichte des *König Ödipus* dar, beginnend mit dem Bericht vom delphischen Orakel, endend mit der Vereinigung von Ödipus mit der Mutter. Das Stück schließt dort, wo Sophokles die Tragödie beginnen läßt. Was Hofmannsthal explizit auf die Bühne bringt, wird bei Sophokles analytisch rekonstruiert. Mit keinem anderen Werk ist Hofmannsthal so dicht an freudianischer Denkweise, in keinem anderen aber zeigen sich auch so deutlich die Differenzen zu Freud.

---

29 Dies geht aus der Kritik C. H. Bachmanns vom 10. Aug. 1974 im Berliner Tagesspiegel (S. 3) hervor. 1974 wurde in Salzburg zum ersten Mal seit der Uraufführung durch Max Reinhardt im Rahmen des von Oscar Fritz Schuh geleiteten *Festes in Hellbrunn Ödipus und die Sphinx* wieder auf einer Bühne aufgeführt.

30 Esselborn (1969: 23). Es sei allerdings darauf hingewiesen, daß Freud in der Hofmannsthal zur Verfügung stehenden Erstauflage der *Traumdeutung* noch nicht von einem Ödipus-Komplex spricht. Freuds berühmte folgenreiche Deutung des *König Ödipus* erschien bescheiden im Abschnitt *Typische Träume* unter der Rubrik *Die Träume vom Tod teurer Personen* (Stud II: 253 ff.). Der Begriff taucht in seinen Schriften erstmals 1910 auf (*Über einen besonderen Typus der Objektwahl beim Manne*, Stud V: 192), war aber offenbar bereits seit einiger Zeit in der psychoanalytischen Diskussion. Jedoch ist schon in der *Traumdeutung* ersichtlich, daß Freud im Schicksal des Ödipus das Universale sieht. Wenn Hofmannsthal sich von dieser Interpretation Freuds anregen ließ, bevor der »Ödipuskomplex« zu einem Schlagwort geworden war, so spricht dies nur für seine Originalität.

31 Walter Jens (1955: 94) etwa meint, daß psychoanalytische Gesichtspunkte eine gerechte Betrachtung des Dramas verhindert hätten. Die erste quellenkundliche Untersuchung dieses Zusammenhangs stammt wiederum von Urban (1974b, übernommen in 1978), der die Lektürespuren in Hofmannsthals Handexemplar der ›Traumdeutung‹ zum Ausgangspunkt einer Bestimmung des Freudschen Einflusses nahm. Insoweit ich mich Urban anschließe, ist dies im Text angegeben.

Abb. 23 Alfred Roller: Bühnenbilder zu »Ödipus und die Sphinx« am Deutschen Theater Berlin (1906)
- I/1: Der Dreiweg im Lande Phokis
- III: Steiles Geklüft

Als Vorlage diente Hofmannsthal *Oedipe et le Sphinx* (Paris: Mercure de France 1903) von Josephin Péladan, von dem er den Handlungsaufbau übernimmt, diesen aber charakteristisch umformt (Schrögendorfer 1955). Der erste Aufzug beginnt am Dreiweg im Lande Phokis. Ödipus trifft, zurück von Delphi, »ohne sie zu erkennen, wie schlafwandelnd« (D II: 274) seine Diener, die entgegen seinem Befehl nicht nach Korinth zurückkehren wollen. Der älteste, Phönix, wirft sich vor seine Füße. In dem sich nun zwischen den beiden entwickelnden Dialog werden langsam die jüngsten Ereignisse aufgehellt. Ödipus ist nicht Herr seiner selbst. Den ungehorsamen Dienern begründet er dann »fast lautlos« seinen Befehl: »Ich muß« (ebd.: 278). Vom Schicksal sagt er: »Erbarmungslos –/so greifts in uns« (ebd.: 279). Bereits in den ersten Worten zeigt sich Ödipus' untragische Ergebenheit in das Schicksal, von einer Behauptung des Individuums gegenüber dem Fatum kann nicht die Rede sein, die »dialektische Struktur« (Szondi 1978) des Tragischen ist aufgehoben zugunsten der Monokausalität eines mythisierten Schicksals. Langsam beginnt Ödipus, seine Umgebung wahrzunehmen, und »wie aus schwerem Traum heraus« erkennt er den alten Diener. In der Terminologie Breuer/Freuds hat Ödipus sich bislang im »alienierten Zustand« befunden und beginnt, das Normalbewußtsein zu erreichen. Ödipus gesteht unter »ungeheurer Anstrengung«: »Geredet –/durch seine Priesterin, geredet hat/der Gott mit mir!« (D II: 284).

In dem nun folgenden – dem kathartischen Verfahren verwandten (Schrögendorfer 1955: 144; Esselborn 1969: 160) – Wechselgespräch zwischen Phönix und Ödipus werden die um das Orakel zentrierten Ereignisse ans Licht geholt. Die Erzählung vom delphischen Orakel wird, wie Hofmannsthal in der für Reinhardts Inszenierung verfaßten *Instruktion über Ton, Stärke und Tempo* (1905) hervorhebt, »Ödipus' Krampf lösen. Er geht aus sich heraus, wie ein plauderndes Kind« (Hofmannsthal 1979: 479). Zunächst muß Phönix dem Gedächtnis seines Herrn aufhelfen. Ödipus hatte den Knaben Lykos ermordet, weil dieser Zweifel an der Vaterschaft König Polybos' geäußert hatte. Ödipus' Überreaktion zeigt, daß der Knabe im Grunde nur auch bei ihm bestehende Zweifel geweckt hatte. Trotz beruhigender Beteuerungen Polybos' und Meropes hatte sich Ödipus nach Delphi gewandt. Das delphische Orakel wird in Ödipus' Worten zum Deuter der Seele, die erschrocken mit den eigenen Abgründen konfrontiert wird; es legt sein Unbewußtes frei:

> [. . .] und was im tiefsten Grund
> des Wesens schläft und noch zu Fragen nicht
> erwachte, dem mit ungeheurem Mund
> antworten sie zuvor.
> (D II: 289)

Ödipus fiel von einem Traum in den anderen; seine Seele hauste bei den Vätern; »sie entsannen sich des Enkels und/ durchzogen mich« (ebd.: 291):

> Der Strom des Bluts,

das war die schwere, dunkle Flut, in der
die Seele taucht und findet keinen Grund (ebd.).

In Ödipus wirken die Ahnen. Der Traum als Manifestation des Unbewußten bringt ihm seine vorindividuelle Vergangenheit zum Vorschein. Daß die individuelle Entwicklung die der Menschheit wiederholt, die Ontogenese die Phylogenese rekapituliert, ist eine um die Jahrhundertwende verbreitete Vorstellung.[32] Freud glaubte, in der archaischen Natur des Unbewußten einen Beweis für diesen der Evolutionstheorie entstammenden Topos gefunden zu haben. Hofmannsthals Ödipus steht für diesen Zusammenhang, der erst 1913 als »archaische Erbschaft« explizit Eingang in die psychoanalytische Theorie gefunden hat.

Ödipus sank immer tiefer in sich, die Priester standen weinend um ihn, und er träumte den »Lebenstraum«[33].

Wie ein gepeitschtes Wasser
jagte mein Leben in mir hin, – auf einmal
erschlugen meine Hände einen Mann:
und trunken war mein Herz von Lust des Zornes.
Ich wollte sein Gesicht sehn, doch ein Tuch
verhüllte das, und weiter riß mich schon
der Traum und riß mich in ein Bette, wo
ich lag bei einem Weib, in deren Armen
mir war, als wäre ich ein Gott. In meiner Wollust
hob ich mich, ihr Gesicht, die meinen Leib
umrankte, wachzuküssen – Phönix! Phönix!
Da lag ein Tuch auf dem Gesicht, und stöhnend

---

32 Diese These entstammt der Biologie (Darwin, Lamarck, Haeckel) und ist von Nietzsche wie von Freud aufgegriffen worden. 1913 taucht sie – unter dem Einfluß C. G. Jungs – erstmals in *Totem und Tabu* auf. Für die Bedeutung der Evolutionstheorie für Freuds wissenschaftliches Arbeiten s. die Untersuchungen von Ritvo (1973 a, b).
Schon der englische Ästhetizismus, dessen Bedeutung für Hofmannsthal nicht zu unterschätzen ist, hat sich der Evolutionstheorie bedient. So heißt es etwa in Oscar Wilde's *Picture of Dorian Gray*: »There were times when it appeared to Dorian Gray that the whole of history was merely the record of his own life, not as he had lived it in act and circumstance, but as his imagination had created it for him, as it had been in his brain and in his passions. He felt that he had known them all, those strange terrible figures that had passed across the stage of the world and made sin so marvellous, and evil so full of subtlety. It seemed to him that in some mysterious way their lives had been his own.« (Hinweis auf diese Stelle durch Gert Uekermann.) Vgl. auch S. 58.

33 Der Begriff »Lebenstraum« verweist auf Schopenhauer (1946: 232 ff.). Vgl. Schaeder (1949: 312 f.), Esselborn (1969: 42 f.; 225). Die *Traumdeutung* war nicht die einzige Quelle für *Ödipus und die Sphinx*; neben Schopenhauer sind wiederum Rohde und Bachofen zu nennen (vgl. Esselborn 1969). So steckt die von mir verfolgte Fragestellung nicht die gesamte Problematik des Dramas ab, versucht wird vielmehr, die Inanspruchnahme der Ödipussage durch Freud und Hofmannsthal nebeneinander zu halten und zu vergleichen. In der je verschiedenen Gestaltung eines identischen Vorwurfs können Gemeinsamkeit wie Differenz beider besonders nachdrücklich zum Ausdruck kommen. Daß die Ödipussage für Freud eine zentrale Bedeutung hatte, läßt den Vergleich an diesem Punkt sinnvoll erscheinen. Daß Hofmannsthal die Ödipussage in Kenntnis der *Traumdeutung* gestaltete, erlaubt es, *Ödipus und die Sphinx* als Stellungnahme zur Psychoanalyse zu lesen.

von der Erinnerung an den toten Mann,
die jäh hereinschoß, krampfte sich mein Herz
und weckte mich.
(D II: 292)

Nicht das fremde Orakel, sondern der eigene Traum kündet Ödipus' Schicksal. Nach Sigmund Freud ist der Traum »die (verkleidete) Erfüllung eines (unterdrückten, verdrängten) Wunsches« (Stud II: 175). Dementsprechend unterscheidet die *Traumdeutung* zwischen manifestem Trauminhalt und latentem Traumgedanken. Die Traumentstellung bewirkt, daß dem Träumenden der latente Gedanke des Traums nicht unmittelbar ist, der Sinn des Traumes kann erst durch die Deutung erschlossen werden. In freudianischer Perspektive wird bei Hofmannsthal das Geschehen in Delphi in Traum und Deutung umgewandelt und solchermaßen ein nach antikem Verständnis transzendentes Geschehen in die Immanenz verwiesen.

Ödipus' Lebenstraum prophezeit entstellt sein Schicksal, seinen Wunsch. Die Gesichter des Weibes und des Mannes sind durch Tücher verhüllt – eine Metapher für die Verdrängung, Abwehr des geheimen Wunsches (Rank 1926: 239). Wie schon bei der *Elektra* zeigt sich hier, wie gut Hofmannsthal es verstand, diesen psychischen Mechanismus in poetische Bilder umzusetzen.

Daß zwischen dem Mann und dem Weib ein Zusammenhang besteht, ahnt bereits der träumende Ödipus, denn das Bemühen, das Gesicht des Weibes hinter dem Tuch zu erkennen, läßt ihn jäh an den Erschlagenen denken, und ein Schmerz, hervorgerufen durch die geahnte Bedeutung des Geträumten, weckt ihn. Wie nahe der Sinn des Traumes bereits seinem Bewußtsein ist, zeigt die Assoziation, die die nun an sein Lager tretende, in ein schleppendes Gewand gehüllte Priesterin bei ihm auslöst:

[. . .] so wie die Mutter kam es,
wenn sie ans Bett des Kindes tritt, so wie
die Braut zum Bräutigam, so trugen leise
die Füße es heran.
(D II: 293)

Die noch undeutlich Wahrgenommene löst bei ihm die Assoziation Mutter/Braut aus. Seine Scheu, den Sinn des Geträumten zu erfassen, ist so groß, daß er die Hereintretende mit dem neutralen »es« bezeichnet und auf die entsetzte Frage des Phönix zweideutig antwortet: »das Weib« (ebd.). Auf die nachfassende Frage des Phönix, ob es die Priesterin gewesen sei, antwortet er zunächst abwehrend: »Nenn keinen Namen!« und fährt dann fort:

Weib und Mann kann sich
in eins verschränken: aus dem Weibe glühte
der Gott, aus den verzerrten Zügen schaute
der Gott, die Zunge bäumte sich im Mund
und lallte, doch es redete der Gott.
(ebd.)

Der Gott, der nun das Orakel verkündet, ist nur mehr noch Traumdeuter (Rank 1926: 239; Urban 1974: 287), das Gebot Apollons: Gnothi seauton – »Erkenne dich vor dem Gott als sterblichen Menschen« – ist mit Freud in ein rein menschliches Gebot zur Selbsterkenntnis umgedeutet:

> *des Erschlagens Lust*
> *hast du gebüßt am Vater, an der Mutter*
> *Umarmens Lust gebüßt, so ists geträumt,*
> *und so wird es geschehen.*
> (ebd.: 294)

Phönix, der in diesem anamnestischen Gespräch mit Ödipus – ähnlich wie Max in Schnitzlers *Anatol* – die Rolle des Stichwortgebers spielt, dessen Fragen und Einwände lediglich Auslöser für die Erinnerungsarbeit des Ödipus sind und in diesem Sinne denen des Analytikers im therapeutischen Gespräch vergleichbar sind, hält dem berichteten Orakelspruch zu Recht entgegen: »Allein es war die Antwort nicht der Frage!« (ebd.). Ödipus' Verblendung ist jedoch so groß, daß für ihn der Zweifel nicht aufkommen mag, »von welchem Vater/und welcher Mutter da die Rede war« (ebd.: 295), denn:

> Was nach diesem Wort blieb denn
> noch übrig als wir drei: der Vater,
> die Mutter und das Kind, mit zuckendem,
> mit ewgen Ketten des Geschicks geschmiedet
> Leib an Leib.
> (ebd.: 294 f.)

Aus einem Werkstattgespräch mit Hofmannsthal vom 28. Dezember 1904 berichtet Hermann Bahr, welche Schwierigkeiten er gerade in der Gestaltung dieser Passage des ersten Aktes hatte, nämlich

> »die beiden scheinbar widersprechenden Züge des Mythos, daß Oe. zuerst erfährt, er sei vielleicht gar nicht der Sohn des Polybos, dann aber als ihm das Orakel wirklich auf diese Frage über die er Sicherheit will gar keine Antwort gibt, dafür aber den Mord seines Vaters usw. prophezeit, keinen Augenblick mehr zweifelt, mit diesem Vater sei nur Polybos gemeint [. . .]« (Bahr 1947: 186).

Die erste Fassung des ersten Aktes, die Hofmannsthal Bahr vorgelesen hatte, war noch eng an die Vorlage Péladans angelehnt. Ödipus versucht dort, unter Berufung auf seinen freien Willen, sich dem Schicksal zu stellen (D II: 534-536). Von daher war allerdings die tragische Verblendung Ödipus' schwer zu motivieren. Erst in der endgültigen Fassung hat Hofmannsthal eine Lösung gefunden – durch eine Umwandlung des Geschehens im Sinne der Psychoanalyse. Bei Hofmannsthal wirkt die tragische Verblendung Ödipus' gerade deshalb überzeugend und unausweichlich, weil das Orakel im Grunde nur latente Möglichkeiten offenlegt, die in ihm selbst angelegt waren, mit denen er in Delphi plötzlich und mit Grausen konfrontiert wird:

> Sollt ich noch nicht wissen
> am Grausens-abgrund, der in mir sich auftat,
> am namenlosen Weh, von welchem Vater
> und welcher Mutter da die Rede war?
> (ebd.: 295)

Auf die entsetzte Frage des alten Dieners: »Grauenvoller! Liebster! es sitzt in dir?« antwortet Ödipus unmißverständlich:

> es fraß sich hinab ins Mark meines Lebens.
> Da fand es Nahrung – nichts als Nahrung.
> (ebd.)

In dem auf die Erzählung vom Orakel folgenden Teil des Gespräches (295 ff.) öffnet Ödipus sich dem alten Diener, denn er will ihm »zeigen, wie alles sich verknüpft: damit mich doch einer begreift, wenn ich nicht mehr da bin« (297). Das Geständnis des in Delphi Vorgefallenen hat befreiend auf Ödipus gewirkt, der nun »zutraulich« (Hofmannsthal 1979: 497) wird. Diese durch die Anamnese bewirkte Entkrampfung kommt auch in der veränderten Sprache zum Ausdruck: An die Stelle des Blankverses treten »gereimte Reden« (ebd.).

Phönix will nicht anerkennen, daß Ödipus nicht mehr derselbe ist, der ihm als Kind zur Erziehung anvertraut worden war, daß er nach Delphi plötzlich ein anderer geworden ist. Er ist kein Kind mehr, sondern ein Mann, und dennoch hat er »noch kein Weib berührt« (D II: 296). Er spürt wohl »dies Brennen« (ebd.), dennoch war ihm »als läge ein Schwert auf der Schwelle« (197) – Metapher für die Inzestschranke. Jetzt weiß er diese Haltung zu deuten; es war der »Mutter wegen« (ebd.):

> An meiner Mutter hatte ich gesehen, wie Königinnen gehen.
> [. . .]
>
> Und ich wußte: Kinder zeug ich einst mit einer,
> die mit heiligen Händen im dämmernden Hain
> darf Bräuche üben, die allen Wesen verboten sind,
> nur ihr nicht:
> [. . .]
> Kinder *zeug ich einem solchen heiligen Schoß*
> oder ich sterbe kinderlos.
> *(297 f.)*

Das Bild vom Weibe hat sich ihm – ganz im freudianischen Sinne – nach der Mutter geprägt. So konnte er sich den Jungen nicht geben, wenn er nicht »wie ein abenteuerndes Tier eine nehmen und eine nehmen« (298) wollte. Jetzt wird ihm bewußt, welche Möglichkeiten er in sich trägt: »Waren nicht Rasende unter meinen Ahnen?« (299). Dem vom Orakel verkündeten Schicksal kann er nichts entgegensetzen: »[. . .] es waltet durch uns hindurch wie durch leeren Raum« (301).

Bei aller Nähe zu Freuds Darstellung des Ödipus-Schicksals ist nicht zu verkennen, daß Hofmannsthal mit dieser Remythisierung des Schicksals über die

Intention der Psychoanalyse hinausgeht. Bei Freud ist der Ödipus-Komplex ein anthropologisches Gesetz, das über die Unterschiede der Kulturen hinweg die Entwicklung des Menschen bestimmt. Dennoch ist er nicht – wie in Hofmannsthals Drama – unausweichliches Schicksal. *Der Untergang des Ödipus-Komplexes* (Stud V: 243 ff.) ist vielmehr Voraussetzung für die Entwicklung einer autonomen, lebensfähigen Persönlichkeit. Bereits in Freuds Interpretation des *König Ödipus* in der *Traumdeutung* heißt es:

> »König Ödipus, der seinen Vater Laios erschlagen und seine Mutter Iokaste geheiratet hat, ist nur die Wunscherfüllung unserer Kindheit. Aber glücklicher als er, ist es uns seitdem, insofern wir nicht Psychoneurotiker geworden sind, gelungen, unsere sexuellen Regungen von unseren Müttern abzulösen, unsere Eifersucht gegen unsere Väter zu vergessen« (Stud II: 267).

Hofmannsthals Ödipus ist – psychoanalytisch gesehen – auf der infantilen Stufe stehengeblieben (Urban 1974: 291). Die Ablösung von der Mutter gelingt ihm nicht, den einzigen Weg, seinem Schicksal zu entgehen, sieht er im »Opfer« (D II: 302), in selbstgewählter Einsamkeit. Sein Entschluß, die Diener zu verlassen, nicht mit ihnen nach Korinth zurückzukehren und die Einöde aufzusuchen, läßt ihn aber gerade auf Laios treffen und in dem nicht Erkannten den Vater erschlagen, was bei Hofmannsthal – antiker Tradition zuwider – auf der Bühne dargestellt wird.

Wie sehr Hofmannsthals Gestaltung des Ödipus-Mythos trotz Einbeziehung der Psychoanalyse letztlich doch Freuds Intentionen zuwiderläuft, kann ein Blick von der Exposition im ersten hin zum dritten Aufzug – dabei die im zweiten Aufzug eingeführte Kreon-Handlung und die Gegenüberstellung von Antiope und Iokaste überblendend – vor Augen führen. Ödipus, gegen Ende des zweiten Aufzuges in Theben erschienen, vom Seher Teiresias in zweideutigen Worten als Retter und Halbgott angekündigt, von Iokaste unbewußt erkannt – beim ersten Anblick ruft sie unwillkürlich: »Laios!« (ebd.: 385) –, ist zusammen mit Kreon, dem Rivalen um die Macht, den Berg zur Sphinx hinaufgestiegen, um Theben von dem unheilbringenden Wesen zu befreien. Kreon ist auf halber Höhe zurückgeblieben und harrt in »verzehrender Ungeduld« auf den »Todesschrei des Fremden«, denn er will »König sein in Theben« (297). Da »ertönt ein gräßlicher Todesschrei«, den er zuerst »mit Wollust« in sich trinkt, bis er dann entsetzt erkennen muß, daß dieser Schrei nicht von einem Sterblichen stammt. Bald kommt Ödipus verstört das Gestein hinabgetaumelt:

> Er nannte mich beim Namen! »Ödipus«,
> sprach es zu mir! »sei, Ödipus, gegrüßt,
> der du die tiefen Träume träumst«! *Gekannt!*
> (398)

Ödipus weiß, daß nur ein Traum gemeint sein kann: der »Traum vom Vater/und von der Mutter und dem Kind!« (399). Die Begegnung mit der Sphinx hat Ödipus klargemacht, daß er seinem Schicksal nicht entrinnen kann. Nach dem Mord am unerkannten Vater war ihm plötzlich so wohl geworden, er hatte Hoffnung geschöpft, daß »der unbehauste Ödipus/ von nun in seinen Taten wohnen« (315 f.) darf. In wahrem Tatenrausch war er nach Theben gekommen und hatte sich in hybrider Vermessenheit bereit erklärt, den Kampf mit dem furchtbaren Ungeheuer auf sich zu nehmen, ahnend, daß er nicht unterliegen werde, hoffend, durch diese Tat sich wieder mit der Welt verknüpfen zu können. Und obwohl er beim Anblick Iokastes »wie vom Blitz getroffen« (386) zusammengezuckt war – unbewußt ahnend, um wen es sich handelte, hatte er auf das Flehen Iokastes, auf ihre zweideutigen Worte »um deiner Mutter willen/tus nicht« erwidert: »Um meiner Mutter willen Frau? O, wohl will ich es tun«. Auch, daß diese Tat ihn zum König und zum Gatten der Iokaste machen würde, hatte er bereitwillig akzeptiert. Er hatte geglaubt, mit der Welt wieder versöhnt zu sein: »In meinen Adern halt ich die Welt [. . .]« (390). Das bisher Geschehene schien ihm lediglich inszeniert, damit die Kräfte seiner Vorfahren in ihm wirksam werden sollten. Jetzt, von der Sphinx an sein Schicksal, an den »Lebenstraum«, die in ihm schlummernden Kräfte erinnert, wünscht er nichts als den Tod, denn: »ich habe meine Tat nicht tuen können:/Das Wesen floh vor mir!« (403). Mit einer »grauenhaften Zärtlichkeit« hatte sie ihn angeblickt und sich dann mit einem Schrei, »in dem sich ein Triumph/mit einem Todeskampf vermählt« (404) rücklings in den Abgrund gestürzt. Hofmannsthals Ödipus kann nicht wie der sophokleische mit Stolz von sich behaupten:

> *Ich* kam daher, der nichts wissende Ödipus,
> Und machte stumm sie, weil ich's traf mit meinem Witz.
> (Übers.: Schadewaldt, Vers 396/97)

Nicht kraft der Vernunft wird bei Hofmannsthal die Sphinx vernichtet, selbst gibt sie sich auf, in einem Todesschrei, der zugleich Triumph ist, Triumph der durch die Sphinx symbolisierten Kräfte über Ödipus' Willen, den Lebenstraum nicht Wirklichkeit werden zu lassen. Denn damit ist der Weg frei, daß auch der zweite Teil des Traumes sich erfülle. Bei Hofmannsthal steht die Sphinx für die unbewußten Triebkräfte im Menschen, die zu beherrschen unmöglich ist. Die Sphinx war aufgetaucht, als Laios den Knaben Ödipus beiseite schaffen ließ, um dem ihm prophezeiten Tod durch Sohneshand zu entgehen. Nun macht sie Ödipus Platz, um ihn sein Schicksal erfüllen zu lassen – nicht ohne zuvor »mit einer grauenhaften Zärtlichkeit« von ihm Besitz ergriffen zu haben. In einer Notiz Hofmannsthals heißt es sogar, Ödipus habe »mit der Sphinx geschlafen« (nach Urban 1974: 300). Damit ist die Inzestschranke überwunden. Die Sphinx ist bei Hofmannsthal, was Theodor Reik (1920: 100) schon für das antike Fabeltier feststellte, »ein Angsttier, das deutliche Züge eines Mutterderivates« trägt, als welches sie auch von dem Mythendeuter Bachofen (1926: 266) gesehen wird. Schon bei Oscar Wilde taucht sie als Symbol ambivalenter Sinnlichkeit auf:

Abb. 24 Jean-Auguste Ingres: Oedipe expliquant l'énigme (1808)

Hinweg mit dir, abscheuliches Geheimnis!
Entsetzliches Tier, hinweg!
Du weckst alle tierischen Instinkte in mir!
(Oscar Wilde: *The Sphinx* (1892); nach Praz 1963: 179)

Ähnlich wie bei der Erzählung vom delphischen Orakel zeigt sich auch bei Hofmannsthals Gestaltung der Sphinx-Episode seine zweideutige Haltung zur Psychoanalyse. Ein Vergleich mit der Bedeutung, die ihr seitens der Psychoanalyse zugemessen wird, läßt die Differenz ersichtlich werden. Zum 50. Geburtstag Freuds (1906) schenkten ihm seine Schüler eine Medaille, auf der auf der einen Seite Freuds Profil, auf der anderen Ödipus vor der Sphinx eingraviert sind. Letztere ist umrahmt von dem Vers aus *König Ödipus*: »Der das berühmte Rätsel löste und ein gar mächtiger Mann war« (Jones II: 27). Freud mit Ödipus zu vergleichen, der mit seinem »Witz« die Sphinx vernichtet, hieß, eine innerste Schicht seines Denkens berühren. In seinem Arbeitszimmer hing eine Reproduktion von Ingres' *Oedipe expliquant l'énigme*; die psychoanalytische Zeitschrift *Imago*, der Anwendung der Analyse auf die Geisteswissenschaften gewidmet, schmückte eine diesem Gemälde nachempfundene Titelvignette. In einer 1907 erschienenen Schrift *(Zur sexuellen Aufklärung der Kinder)* machte Freud das Rätsel der Sphinx zur psychoanalytischen Rätselfrage, denn

> »das zweite große Problem, welches dem Denken der Kinder [. . .] Aufgaben stellt [das erste ist das des Unterschiedes der Geschlechter], ist die Frage nach der Herkunft der Kinder [. . .]. Es ist dies die älteste und brennendste Frage der jungen Menschheit; wer Mythen und Überlieferungen zu deuten versteht, kann sie aus dem Rätsel heraushören, welches die thebaische Sphinx dem Ödipus aufgibt« (Stud V: 164 f).

Freud, der das in der Selbstanalyse entdeckte Geschick, »Verliebtheit in die Mutter und die Eifersucht gegen den Vater« (Anf: 193), sofort mit dem des Ödipus in Verbindung brachte, sah in diesem nicht nur das Triebschicksal verkörpert, sondern sah in ihm zugleich den Mann des Logos.

Anders Hofmannsthal: Sein Ödipus ist nicht mehr ein Vertreter der Vernunft. Er kapituliert vor einem mythisierten Schicksal. Die Sphinx, durchaus im Sinne der Psychoanalyse als Muttersymbol gesehen – wie bei Theodor Reik wird das Rätsel als sekundärer Zug bei ihrer Deutung ausgeschaltet –, wird zugleich zu einem Wesen, vor dem Ödipus mit »Witz« nichts ausrichten kann. Hofmannsthals Sphinx-Episode gleicht der vorsophokleischen, archaischen Form der Sage, in der von einem Rätsel noch nicht die Rede war.[34] Dies entspricht der seine Antikenrezeption kennzeichnenden Tendenz, die Rationali-

34 »Wir glauben also als eine der ältesten erreichbaren Formen der Ödipussage diejenige ansehen zu müssen, in der noch keine Rede von einem Rätsel war, sondern ein furchtbares Tier das Land verwüstete, das der Held Ödipus tötete« (Reik 1920: 121 f.).

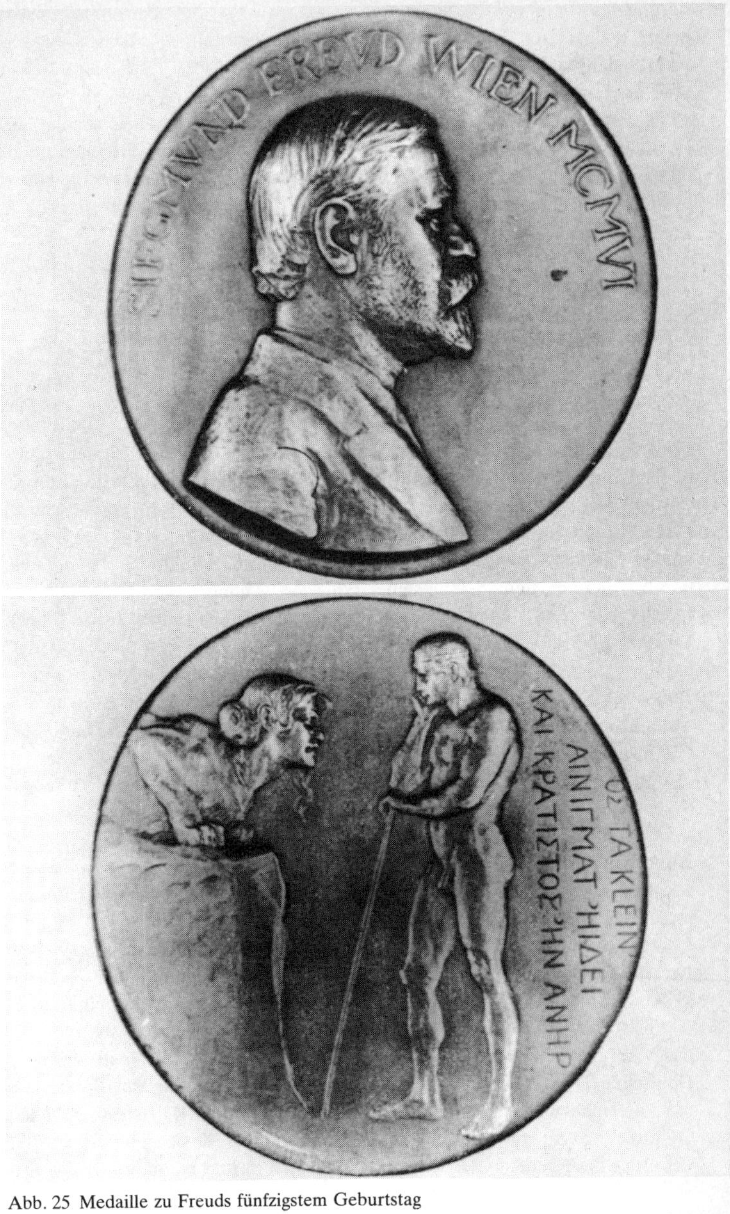

Abb. 25 Medaille zu Freuds fünfzigstem Geburtstag

sierung des Mythos durch die antiken Tragiker rückgängig zu machen und ihn, dieser mäßigenden Überarbeitung entkleidet, mit zeitgenössischer Wissenschaft – der Psychoanalyse zumal – interpretiert, in seiner archaischen Form zu präsentieren.

Vollends deutlich wird die Differenz zu Freud in dem triumphalen Schluß des Dramas. Ödipus weiß, welcher Wunsch in ihm schlummert, ein Wunsch, zu dem der Weg nun frei ist. Einzig sein Opfer könnte ihn vor der Verwirklichung bewahren. Er bittet Kreon:

> [. . .] opfre mich, solang ich selbst mich feßle:
> denn ich will leben, ich will König sein,
> ich will die Königin auf diesem Thron
> aus nacktem Stein zu meinem Weibe machen!
> Ich bin ein König und ein Ungeheuer
> in *einem* Leib, erwürge beide schnell:
> Kein Gott trennt eins vom andern, töte mich!
> (D II: 405)

Ein König und ein Ungeheuer – mit diesen Worten setzt er sich mit der Sphinx in Beziehung: König zu werden in Theben heißt zugleich, Gatte Iokastes zu werden, seine durch die Sphinx symbolisierten unbewußten Inzestwünsche zu verwirklichen. Im Grunde aber sehnt er sich bereits danach, sein Widerstand ist nur *vom Willen her, nicht vom Wollen, vom Bewußtsein, aber nicht vom Sein* gegeben. Kreon, sich am Ziel seiner Wünsche wähnend, ergreift trunken den Dolch, jedoch es »lähmt ein Etwas von innen heraus seinen Arm« (ebd.). Entsetzt wirft er den Dolch weg. Seine Tathemmung ist psychisch bedingt: »Mein Traum ists der ihn stärker macht« (ebd.). Als der Dolch klirrend zu Boden fällt, fährt ein Blitz nieder, entzündet einen tausendjährigen Baum, der weithin sichtbar auf dem Felsen steht, und Kreon ruft angstvoll: »Du bist ein Gott! verschone mich!« (ebd.: 406).

Von diesem Augenblick an ist Ödipus bereit, den Lebenstraum zu leben. »Wie aus tiefem Traume erwachend« (ebd.), betrachtet er staunend das Licht der Götter und fragt mit Ungeduld nach dem Namen der Königin. Als Kreon ihm den Namen Iokaste nennt, sagt er: »Wie seicht sind Träume: nie/hab ich den Klang geträumt« (407). Er ist nur zu gern gewillt, die geahnten Zusammenhänge zu ignorieren. Der Morgen bricht an, von Ferne ist ein dumpfes Pauken zu vernehmen, das langsam näher kommt. Vom Felsen herab erblicken Kreon und Ödipus einen von Theben her sich nähernden, riesigen Zug: das Volk, die Priester, in ihrer Mitte Iokaste, die Ödipus zunächst für ein Götterbild hält. Eine grenzenlose Apotheose der Vereinigung von Iokaste und Ödipus, von Mutter und Sohn, hebt an, von Max Reinhardt in der Uraufführung im Deutschen Theater wirkungsvoll mit choreographisch eingesetzten Sprechchören untermalt (Jacobsohn 1910: 11 f.; Dietrich 1969: 364). Iokaste geht auf Ödipus zu wie »gegen ein Götterbild« (D II: 412). Auch sie sieht sich vor der Erfüllung ihrer geheimsten Sehnsucht. Dennoch warnt sie ihn: »[. . .] ich [. . .]

bin/ein Gast von drunten aus der finstern Welt/und will das Blut aus deiner Brust« (ebd.: 413). Wenn sie sich so als Vampir charakterisiert, zeigt sie für einen Moment Züge, wie sie von der Sphinx repräsentiert werden. Noch schreckt sie vor der endgültigen Überwindung ihrer Hemmungen zurück: »Was will/das traurige Weib beim jungen Knaben« (ebd.). Beide besinnen sich für eine Weile der Leiden, die sie durchgemacht, halten inne, doch die letzten Schranken sind bereits gefallen. Mit äußerster Subtilität hat Hofmannsthal das langsame, von dumpfer Ahnung wie vom Vergessenwollen gekennzeichnete Aufeinanderzugehen von Ödipus und Iokaste gestaltet. Die Verzögerungen, die verharrenden, zurückweichenden Momente dienen nur dazu, den schließlichen Triumph um so größer erscheinen zu lassen. Ödipus reißt Iokaste an sich: »Vorbei! Vergessend leben wir!« (415). In einem wahrhaft dionysischen Rausch stellt Iokaste sich und Ödipus über die Götter:

[. . .] wir sind mehr als die Götter, wir,
Priester und Opfer sind wir, unsere Hände
heiligen alles, wir sind ganz allein
die Welt.
(416)

In einem Brief vom 15. November 1904 an Gertrud Eysoldt schreibt Hofmannsthal, die Vorstellung, daß die Duse in dem Drama »die Iokaste spielen wird, die junge Mutter des Oedipus, die sich mit dem unerkannten Sohn vermählt – es hat wirklich etwas Berauschendes« (B II: 174 f.).

Hofmannsthal hat in einer zweiten Fassung die hybride Rede der Iokaste (D II: 415 ff) gestrichen. Vielleicht – wie Wolfgang Nehring[35] vermutet –, weil er nach Aufgabe des Trilogieplanes dieses Maß an Verblendung als Überleitung zum *König Ödipus* nicht mehr nötig hatte; vielleicht aber auch, weil ihm selbst diese Verherrlichung des Unbewußten zu ekstatisch geraten erschien. Immerhin gäbe es hierzu eine Parallele bei Arthur Schnitzler, der fast zu gleicher Zeit in der Novelle *Frau Beate und ihr Sohn* den Inzest von Mutter und Sohn verklärt hat und nach Abschluß »nicht recht zufrieden« (Tb: 1. 4. 1913) war.

Wie Sigmund Freud auf *Ödipus und die Sphinx* reagiert hätte, wäre das Stück in Wien zur Aufführung gelangt, ist nicht schwer auszumalen: sicher nicht mit der Begeisterung, wie auf Hofmannsthals freie Übersetzung des *König Ödipus*, sondern mit einer Ablehnung, die die der *Elektra* weit übertroffen hätte. Eine

35 Nehring (1974: 112) glaubt, daß »die zweite, kürzere Fassung mehr Autorität« besitzt. »Iokastes Worten, die den ›König Ödipus‹ vorbereiten und durch eklatante Selbstüberhebung auf einen schlechten Ausgang des Geschehens vorausweisen, gehören dem älteren Plan an, der auf die Trilogie zählte. Im Laufe der Arbeit hat sich aber das Konzept von ›Ödipus und die Sphinx‹ gewandelt. Der Mythos erfährt eine Umdeutung, und die späte Streichung ist die letzte Konsequenz der fortschreitenden Verwandlung des Werkes« (ebd.: 118).
Auf die Unvereinbarkeit von *Ödipus und die Sphinx* mit *König Ödipus* hat als erster Max Kommerell in seiner Antrittsvorlesung über Hofmannsthal aufmerksam gemacht. Vgl. Komerell: *Hugo von Hofmannsthal. Öffentliche Antrittsvorlesung 1. 11. 1930;* in: Wunberg (1972: 399 f.).

Verherrlichung der Macht des Unbewußten widersprach seinen Absichten zutiefst. Nach Freud ist »Kultur auf Triebverzicht aufgebaut« (Stud IX: 227). »Schon die erste Kulturphase, die des Totemismus«, heißt es in *Das Unbehagen in der Kultur*, »bringt das Verbot der inzestuösen Objektwahl mit sich, vielleicht die einschneidendste Verstümmelung, die das menschliche Liebesleben im Laufe der Zeit erfahren hat« (ebd.: 233). Im Fortgang der Kultur haben sich, so Freud, weitere Einschränkungen eingestellt. Einen Höhepunkt in dieser Entwicklung stellt für ihn »unsere westeuropäische Kultur« (ebd.) dar. Er wußte nur zu gut, welche Abgründe für das »Unbehagen in der Kultur« verantwortlich sind, wie prekär das Gleichgewicht von Triebverdrängung und Kulturentwicklung ist. Dennoch war seine Entscheidung für die Kultur eindeutig, ein Zurück hinter den Sündenfall der Vergesellschaftung hielt er nicht für möglich. In Hofmannsthals Drama hätte er ein Hervorbrechen archaischer, auch in der Zivilisation schlummernder Kräfte gesehen, die ihm zwar aus seinen Analysen nur zu geläufig waren, denen er sich aber von einer aufklärerischen Position her entgegengestellt hätte. Die Anerkennung des Unbewußten, die Erforschung seiner Mechanismen galten ihm als Voraussetzung, der leisen Stimme der Vernunft – auch angesichts eines um 1900 anhebenden Kultes des Irrationalen – zum Sieg zu verhelfen, durch die Aufhebung neurotischer Verstrickungen die Macht des Unbewußten zurückzudrängen und dem Individuum – auch in Kakanien – ein Heimatrecht zu sichern.

Als Hofmannsthal *Ödipus und die Sphinx* fertiggestellt hatte, war ihm das als Vorspiel zum *König Ödipus* geplante lyrische Drama derart zu einem eigenständigen Stück geraten, daß er den Plan der Trilogie aufgab. Der *König Ödipus* wurde zwar neu übersetzt und der *Ödipus auf Kolonos*[36] begonnen, aber die Unmöglichkeit einer Zusammenfügung dieser Teile zu einer Trilogie muß ihm nach Beendigung des Vorspiels deutlich geworden sein. An eine dionysische Verherrlichung des Inzest ließ sich der Aufklärungsvorgang, die »tragische Analysis« (Schiller), der Prozeß der Selbsterkenntnis, wie ihn Sophokles dargestellt und Freud bewundert hat, schlechterdings nicht mehr anschließen. Dieses Scheitern des Trilogieplanes macht noch einmal die ganze Differenz zu Freud deutlich.

Nach Paul Ricoeur ist der *König Ödipus* nicht nur die Tragödie des Inzests und des Vatermordes, sondern auch »die Tragödie des Selbstbewußtseins, der Selbsterkenntnis«[37], Drama der Libido und Drama des Logos in einem. Gerade

36 Auszüge aus *Ödipus auf Kolonos* sind bei Hederer (1960: 157-160) abgedruckt, die allerdings nicht erlauben, ein eigenständiges Urteil über diesen Fragment gebliebenen Teil der Ödipus-Trilogie fällen zu können. Dies wird erst möglich sein, wenn demnächst der einschlägige Band der historisch-kritischen Ausgabe vorliegt. Obwohl dieser Band im Manuskript bereits abgeschlossen und druckfertig ist, wurde mir leider keine Genehmigung zur Einsicht erteilt.

37 Ricoeur (1974: 526). Mir scheint, daß diese doppelte Interpretation bereits bei Freud vorliegt und daß Ricoeur unrecht hat, wenn er sagt, daß Freud jenes zweite Drama »auf die Rolle der sekundären Verarbeitung, d. h. auf ein Mißverständnis zu reduzieren scheint« (ebd.: 528).

die Verbindung beider Elemente war es, die für Freud dieses antike Werk so anziehend machte, es zum Paradigma der Psychoanalyse werden ließ:

> »Die Handlung des Stückes besteht nun in nichts anderem als in der schrittweise gesteigerten und kunstvoll verzögerten Enthüllung – der Arbeit der Psychoanalyse vergleichbar –, daß Ödipus selbst der Mörder des Laios, aber auch der Sohn des Ermordeten und der Iokaste ist« (Stud II: 266).

Bei Hofmannsthal findet das genaue Gegenteil statt: schrittweise und kunstvoll verzögerte Verhüllung, was schon in der Natur des Stoffes (Vorspiel, nicht Analysis, gegenwärtiges Geschehen, nicht Enthüllung von Vergangenem) liegt und in Hofmannsthals Gestaltung so sehr zur Apotheose dieses Geschehens gerät, daß eine Aufdeckung der Verblendung nicht mehr möglich ist. Eine Instanz, die Ödipus und Iokaste in die Schranken weisen könnte, ist nicht sichtbar. Hofmannsthal hat nur das primäre Element des *König Ödipus* – und dies im Sinne der Psychoanalyse – gestaltet; das sekundäre, auf das es Freud auch ankam, blieb unberücksichtigt. Hofmannsthal hat mit *Ödipus und die Sphinx* den Ödipuskomplex avant la lettre – Freud gebrauchte diesen Begriff 1906 noch nicht – auf die Bühne gebracht, ihn zum ersten Mal in der Theatergeschichte mit psychoanalytischem Wissen gestaltet, jedoch zugleich das wesentliche Element der Psychoanalyse, den Aufklärungsprozeß, völlig eliminiert.

Zu der doppeldeutigen Stellung Hofmannsthals zur Psychoanalyse, wie sie sich aus seiner Gestaltung des Ödipusmythos ablesen läßt, stimmt, was Rudolf Kassner über dessen Stellung zur Analyse festgehalten hat:

> »In meiner Erinnerung lebt noch der folgende Ausspruch, die Psychoanalyse betreffend. Hofmannsthal sprach sich nicht dafür und nicht dagegen aus. Das wäre nicht seine Art gewesen: ein direktes Dafür oder Dawider. Sondern er sagte nur: ›Das, was die wissen, das wußten oder wissen wir doch schon lange.‹ Er verstand unter ›wir‹ die Dichter und die darüber hinaus sind wie der junge Lord Chandos in dem unsterblichen Brief. Hofmannsthal sah stets auf das Ganze, zum Ganzen hin, und er hatte das Gefühl, daß die Psychoanalyse das Ganze auf ihre Art aufreiße und damit die Ordnung störe, welche ihrerseits nur um des Ganzen willen und im Ganzen, zum Ganzen hin bestünde. Um dieses Ganzen willen, um der Ordnung des Ganzen willen wären dann auch die Bilder, die Metaphern wesenhaft und mehr als bloßer décor« (nach Fiechtner 1963: 245 f.).

Das analytische Element, der Reduktionismus, dem die Kritik Jungs Analyse gegenüberstellte, mußte gerade Hofmannsthal, der sich seit dem Chandos-Brief von dem analytischen Element seines Frühwerks, von Gedankenzerfaserung und Selbstanalyse, zu lösen suchte, abhold sein. In dem *Buch der Freunde* heißt es: »Situationen sind symbolisch; es ist die Schwäche der jetzigen Menschen, daß sie sie analytisch behandeln und dadurch das Zauberische auflösen« (A: 14). Da Hofmannsthal zu Beginn des neuen Jahrhunderts den Dichter in einer Welt der »Vieldeutigkeit und Unbestimmtheit«, die nur »auf Gleitendem ausruhen« (P II: 236) kann, sah, und durch die Poesie die auseinanderfallenden

Teile zusammenführen sollte, mußte er einer »zersetzenden« Wissenschaft wie der Psychoanalyse gegenüber trotz aller innerer Verwandtschaft starke Reserven haben.

Explizit wird dies in einer zwischen 1924 und 1928 entstandenen Notiz zur Theorie Josef Nadlers:

> »Bedenklich Determinismus – alles Höhere des Menschen aus seinem Niedersten entwickeln – eine Art Freudianismus – dem Bedenklichen der Zeit verwandt.
>
> Das Theorem, These, Ausgangspunkt ist fruchtbar, solange es sich um allgemeine Gesichtspunkte handelt – die anschaulich.
>
> Sobald es sich des Individuums ›bemächtigen will‹, muß die Theorie falsch und entstellend werden: Das höhere Recht des Individuums besteht in der Überwindung der Gebundenheiten« (P IV: 495).

Was hier auf Josef Nadlers Literaturgeschichtsschreibung, die Hofmannsthal im übrigen außerordentlich geschätzt hat, gemünzt ist, wird in einem Seitenblick mit der – nach Hofmannsthal – negativen Seite des Freudianismus verglichen: der Reduktion geistiger Phänomene auf biologische. Zu dieser Auffassung der Analyse konnte Hofmannsthal aber nur gelangen, weil er den aufklärerischen Impuls der Analyse, »das höhere Recht des Individuums«, in seiner Rezeption Freuds ausgespart hatte. Je mehr er sich in die goethesche Rolle eines über den Parteiungen stehenden Dichters begab, der eine auseinanderfallende Welt zusammenzuhalten sucht, desto mehr mußte ihm dieser Aspekt der Psychoanalyse zuwider sein.

Psychoanalyse und Tragödie in der Wiener Jahrhundertwende

Walter Benjamin war der Ansicht, »daß die moderne Bühne keine Tragödie, die der der Griechen ähnelt, aufweist« und hielt es für eine »Anmaßung, Tragödien müßten heut noch zu verfassen sein« (1978: 82). Das Tragische wollte er als einmalige, historische, auf Griechenland beschränkte Erscheinung verstanden wissen. In dem Trauerspielbuch hat er dargelegt, daß Mittelalter und Barock die klassische Tragödie nicht kennen und letztere von der historischen Tragik im deutschen Klassizismus und dem auf kreatürlicher Schuld aufgebauten romantischen Schicksalsdrama abgegrenzt. Die unwiederholbare Voraussetzung der Tragödie ist für Benjamin (ebd.: 103) im Mythos gegeben.[38]

38 Eine Walter Benjamins Auffassung analoge vertritt Wolfgang Schadewaldt (1970/I: 413) in *Sophokles*: »Die Tragödie des Sophokles ist weder das *fatalistische Schicksalsdrama* der Romantik, noch stellt sie den *Widerstreit von Prinzipien* (nach Hegel) dar. Auch um keine *personal-moralische Konfliktsdramatik* geht es und noch weniger um irgendeine naturalistische Charakterologie, Psychologie oder um die nervöse Pathologie des Impressionismus. Auch die Grellheit des Expressionismus [. . .] fällt vor der naturhaften Gesundheit und ›Naivität‹ des Sophokles ebenso dahin wie die existentielle Attitude der grundlosen Entschiedenheit *à tout prix*. Die Tragödien des

Abb. 26 Gustav Klimt: Tragoedie (1897)

Dagegen glaubte zu Anfang dieses Jahrhunderts der österreichische Kritiker Hermann Ubell (1905: 1), vom Erfolg der *Elektra* angeregt, Anzeichen wahrzunehmen, »daß dem Phänomen der altgriechischen Tragödie, das seit einigen Jahrfünften im Hintergrunde des allgemeinen Interesses stand, eine Art von Auferstehung bereitet sei«. Den Grund hierfür wollte er im Scheitern des Naturalismus sehen. Auch wenn die Rückwendung zur Antike so richtig gesehen wurde – man denke an Paul Ernst, der 1906 mit dem *Weg zur Form* den Weg vom Naturalismus zur Neuklassik suchte, an Wilhelm von Scholz, an Samuel Lublinski und an Gerhart Hauptmann, der 1907 im *Griechischen Frühling* der Tragödie gewahr wurde[39] –, so kann es sich bei diesen Erneuerungen der antiken Tragödie ebenso wenig wie bei der Hofmannsthals nach der streng historischen Auffassung Walter Benjamins um eine Tragödie im klassischen Sinne handeln. In bezug auf Hofmannsthal wäre vielmehr zu fragen, in welcher Weise das historische Vorbild von ihm gespiegelt wurde, und ob im Wien der Jahrhundertwende die Tragödie überhaupt möglich war.

Aufschlußreich für die Wiener Situation ist Hermann Bahrs *Dialog vom Tragischen* (1904). Während der Naturalismus, etwa mit Hauptmanns *Fuhrmann Henschel* (1898), noch der Erfüllung des traditionellen Typus nahekommt und bei Arthur Schnitzler, der in seinen Anfängen noch dem Naturalismus nahesteht, *Liebelei* (1895) Züge des bürgerlichen Trauerspiels trägt (Janz/Laermann 1977: 34-40), wird von Bahr die Tragödie zeitgemäß psychoanalytisch gedeutet und gerade von daher als überflüssig für die erstrebte neue Kultur erklärt. Beide Elemente, psychoanalytisches Verständnis der Tragödie wie Unvermögen zum Tragischen, klingen in Hofmannsthals Griechendramen an. Es scheint, als ob der Einfluß der Psychoanalyse in Wien zu Beginn des neuen Jahrhunderts die Auflösung des Tragischen – über die von Benjamin angegebenen Stufen hinaus – verstärkt hätte. Man bediente sich ihrer, weil man so die Tragödie überwinden konnte. Das tragische Lebensgefühl widersprach der Utopie des Fin de siècle. Hierin ist die Wiener Position mit der Richard Dehmels verwandt, die von Nietzsches Kult des Übermenschen bestimmt ist, mit dem sich eine tragische Haltung kaum verbinden läßt.

Sophokles sind Dokumente griechischer Religion, die für uns heute nicht mehr bloß ›Mythologie‹ oder ›Primitivismus‹ ist, und diese Religion ist der Raum, in dem man sie aufsuchen muß. Es geht in der Tragödie des Sophokles um ein *Geschehen zwischen Gott und Mensch*, in dem, in vielfachen Abwandlungen, ein hoher Mensch in unschuldigem Verschulden durch sein Leiden, seine Vernichtung in einer sich selbst entgleitenden Welt zu seinem Teil das Göttliche bewährt.«

39 Vgl. hierzu Mack (1970: 47-54). Paul Ernst war übrigens zentral für den jungen Lukács. Vgl. seine *Metaphysik der Tragödie: Paul Ernst*, in Georg Lukács: *Die Seele und die Formen*, Neuwied/Berlin 1971: 218 ff. Der Einfluß Paul Ernsts ist noch beim späten Lukács zu verspüren. Zur Dramentheorie der Jahrhundertwende vgl. die (in ihrer Wertung und Vereinfachung allerdings fragwürdige) Darstellung Hermands (1971/b: 438): Dort heißt es: »So erhob sich zwischen 1905 und 1910 ein ganzer Chor von Stimmen, die sich für das Deutsche, Klassische und Idealistische begeistern, um so dem spätimpressionistischen und jugendstilhaften Ästhetizismus einen Formbegriff entgegenzusetzen, in dem eine klar umgrenzte Tektonik des Willens zum Ausdruck kommt.«

Bahr deutet die Katharsislehre des Aristoteles, an der sich bis ins 18. Jahrhundert die poetologische Wesensbestimmung der Tragödie orientierte, im Sinne der *Studien über Hysterie* als Abreaktion eingeklemmter Affekte:[40]

> »Die Tragödie will in der Tat nichts anderes, als jene beiden Ärzte tun: sie erinnert ein durch Kultur krankes Volk, woran es nicht erinnert sein will, an seine schlechten Affekte, die es versteckt. [. . .] Verstehen wir die Tragödie so als eine entsetzliche Kur der Erinnerung an alles Böse, um dieses auszulösen und dadurch zu erschöpfen und abzuspannen, dann begreifen wir ihr Verhältnis zum Mythos erst und begreifen die Formel von ›Furcht und Mitleid‹ auch, die den Gelehrten so schwer wird. Im Mythos allein kann sie sich bewegen, weil sie ja den frühen Menschen in uns, den überwundenen, den bösen der Urzeit aufregen soll« (Bahr 1904: 23 f).

Bahr war mit seiner Theorie des Tragischen weniger originell, als er glaubte. Er selbst nennt als Vorläufer Jacob Bernays, der 1857 eine die moderne Exegese der Aristotelischen *Poetik* inaugurierende medizinische Auslegung der Katharsis gegeben und damit Lessings moralische Interpretation widerlegt hatte.[41] Die Idee, die solchermaßen bereits medizinisch verstandene Katharsis psychoanalytisch zu vertiefen, war zuerst dem Wiener Professor für Ästhetik und Lehrer Hofmannsthals, Alfred Freiherr von Berger, gekommen. Für eine Neuübersetzung der *Poetik* durch Theodor Gomperz, einen Wiener Altphilologen, zu dessen weitgespanntem Bekanntenkreis Arthur Schnitzler, Hugo von Hofmannsthal wie Sigmund Freud gehörten, schrieb er eine Abhandlung, in der er die medizinische Deutung – Gomperz hatte Aristoteles' Definition der Tragödie

40 Rudolf Borchardt (1959: 253) nannte solche Interpretationen abfällig »mißverstandenen Burckhardt«. Bezeichnenderweise konnte er mit den seit Hofmannsthals Begegnung mit der Psychoanalyse entstandenen Griechendramen nur wenig anfangen (HvH-RB: 30 et passim) und pries dafür die noch zum Jugendwerk gehörige *Alkestis*.

41 Jacob Bernays: *Grundzüge der verlorenen Abhandlung des Aristoteles über die Wirkung der Tragödie*, in: *Abhandlungen der Historisch-Philologischen Gesellschaft*. Breslau 1857/I: 135 ff. Diese Abhandlung befindet sich auch in Bernays' späterer Publikation *Zwei Abhandlungen über die Aristotelische Theorie des Dramas* (Berlin 1880), die 1969 von K. Gründer (in Hildesheim) neu herausgegeben wurde.
Bahr (1904: 20) zitiert Bernays' Übersetzung von Katharsis, »erleichternde Entladung«, die dieser – in den viel zitierten Worten – verstehe als »eine von Körperlichem auf Gemütliches übertragene Bezeichnung für solche Behandlung eines Beklommenen, welche das ihn beklemmende Element nicht zu verwandeln oder zurückzudrängen sucht, sondern es aufregen, hervortreiben und dadurch Erleichterung des Beklommenen bewirken will«. Bahr glaubt, hierbei sei es in der Wissenschaft geblieben und fügt hinzu: »Nur kommen wir dadurch auch nicht weiter, bis uns nicht gewiß geworden sein wird, welche Art von ›Beklommenheit‹ es denn sei, welche die Tragödie ›aufregen‹ und ›hervortreiben‹ und so purgieren soll«. (ebd.).
Zur aristotelischen Katharsis sei hier nur die wichtigste Literatur angegeben: Eine kurze Geschichte des Katharsisbegriffs seit Aristoteles gibt Wodtke (1958); vgl. auch Kommerell (1960: 262-272). Die heute maßgebende Deutung ist von Wolfgang Schadewaldt: *Furcht und Mitleid? Zur Deutung des Aristotelischen Tragödienansatzes*, in: Schadewaldt 1970/I: 194-236. Schadewaldt korrigiert Lessings Übersetzung zu *Schauder und Jammer*. Indirekte Kritik an Lessing äußerte auch Berger, wenn er Aristoteles kritisierend sagt: »was sich entladet, ist persönliches Leid« (Poetik: 84), nicht Mitleid – eine Kritik, die an Lessing, nicht an Aristoteles gerichtet sein sollte. Über Lessings unaristotelische Auffassung der Katharsis vgl. Martino (1972: 287-302). Eine kurze Geschichte der Philosophie des Tragischen von Schelling bis Scheler gibt Szondi (1978); über die Ansichten zum Tragischen im 20. Jahrhundert informiert Mack (1970).

bereits im Sinne Bernays' übersetzt als »eine Darstellung, welche durch Erregung von Mitleid und Furcht die Entladung herbeiführt« (Aristoteles: 11) – mit der »kathartischen Behandlung der Hysterie, welche die Ärzte Dr. Josef Breuer und Dr. Sigmund Freud beschrieben haben [. . .] verständlich zu machen« (in ebd.: 81) suchte. Das Manuskript lieferte Berger bereits im Juli 1896 ab (Gomperz 1974: 266), nur ein Jahr nach Erscheinen der *Studien über Hysterie*.

Die Schnelligkeit und Selbstverständlichkeit, mit der Berger, der bereits Anfang 1896 in einer Rezension auf die Nähe von Psychoanalyse und Dichtung hingewiesen hatte, in seiner Interpretation des Aristoteles auf die neue Wissenschaft zurückgriff, ist weniger erstaunlich, wenn man sich vor Augen hält, daß das als »kathartisch« bezeichnete Verfahren Breuers und Freuds seinerseits in Anlehnung an die – durch die Brille Jacob Bernays' gesehene – aristotelische Poetik benannt worden war (Hirschmüller 1978: 206-212). Dies ist das erste Beispiel dafür, daß die Antike für die dem Haupte des Positivismus entsprungene Wissenschaft Bilder ausleihen muß, die der physikalistischen Sprache der zeitgenössischen Medizin nicht zu entnehmen waren.

Breuer und Freud führen den Begriff *kathartische Methode* ganz selbstverständlich, ohne weitere Erörterung ein, was vermuten läßt, daß eine medizinisch als »erleichternde Entladung« verstandene Katharsis damals allgemeine Anschauung war. Und in der Tat war in den 80er und 90er Jahren des vorigen Jahrhunderts, hervorgerufen durch die revolutionär wirkende Theorie Bernays', die Katharsis »eins der am meisten erörterten Themen unter Gelehrten und das aktuelle Gesprächsthema in den Wiener Salons« (Ellenberger 1973: 665). So wird im poetologischen Bereich, am Beispiel der Tragödientheorie, am Beispiel des zwischen Medizin und Poetik changierenden Begriffs der Katharsis noch einmal die Wechselwirkung von Dichtung und Psychoanalyse im Wien der Jahrhundertwende deutlich.

Wenn auch Hermann Bahr für seinen freudianischen *Dialog vom Tragischen* in Alfred Freiherr von Berger einen Vorläufer hatte, so ist er doch in seiner psychoanalytischen Theorie des Tragischen weit über diesen hinausgegangen. Während Berger, der lediglich einen literaturwissenschaftlichen Beitrag zum Verständnis des Aristoteles geben wollte, die – psychoanalytisch verstandene – Katharsis vom Standpunkt des Ästhetikers als unzulänglich kritisieren zu müssen glaubte (denn Aristoteles »bringt das Kathartische der Tragödie in keine Beziehung zu ihren poetischen Qualitäten« [in Aristoteles 1897: 87], wird die Tragödie von Bahr, der weniger eine wissenschaftliche Abhandlung als vielmehr das dramentheoretische Programm der jungen Wiener Literatur schreiben wollte, ganz im psychoanalytischen Sinne verstanden und zugleich – dies ist die Pointe des *Dialogs vom Tragischen* – für die neue Literatur abgelehnt. Er benutzt die Psychoanalyse, um das Veralten der Tragödie zu proklamieren.

Wenn es der Sinn der Tragödie war, den Instinkten im Menschen spielerisch zum Durchbruch zu verhelfen, um das prekäre Gleichgewicht von Kulturentwicklung und Triebunterdrückung zu sichern, so wäre die Tragödie genau dann überflüssig geworden, da die »sorgsam behütete Kultur in den Erben dann endlich zur zweiten Natur geworden ist« (Bahr 1904: 30). Aus einer Freuds Pessimismus fremden, optimistischen Haltung heraus wird angenommen, daß die neuen Menschen, die tatsächlich nur noch zehn Jahre vom Weltkrieg trennten, »jene bösen tragischen Triebe gar nicht mehr mitbekommen haben« (31). In Anlehnung an Nietzsches Vision vom Übermenschen, der in einem darwinistisch verstandenen Evolutionsprozeß den instinktgeleiteten Menschen abzulösen beginne, wird die Utopie einer »neuen Kultur« programmatisch formuliert, die der Tragödie nicht mehr bedarf:

> »Soll uns aber dies gelingen, homerisch unsere Sehnsucht so zu gestalten, daß das Bild stärker als die wirklichen Menschen wird und sie nach sich allmählich umzuformen vermag, so haben wir ihnen nicht, wie die tragische Kunst tut, alte Triebe auszureißen, denn diese sind in uns abgestorben, sondern wir haben ihnen jetzt neue einzusetzen, wozu nun eine ganz andere Kunst gehören wird, für die wir noch gar keinen Namen haben und von der wir einstweilen nur das eine wissen, daß es ihr Wesen und ihre Kraft ausmachen wird, untragisch zu sein, wie ja die neue Kultur, die sie bringen soll, nur in untragischen Menschen möglich ist« (33 f.).

Da auch die neue Kultur Verbote kenne, diese anbrechende Epoche nietzscheanisch furchtloser Menschen aber nicht mehr auf Verstellung, auf Lüge aufbaue, fände »die Tragödie im Alltagsleben« (49) statt. In der Terminologie Breuers und Freuds postuliert der Meister, der in Hermann Bahrs platonischem Dialog – übrigens eine um die Jahrhundertwende bevorzugte Form dichtungstheoretischer Auseinandersetzung – der Auffassung des Autors am nächsten steht, daß Triebe, die nicht »abreagiert« werden können, nicht ängstlich »hinabgeschluckt« werden, »wodurch eben jene Hysterie der alten Kulturen entsteht, sondern mit der wunderbaren Schamlosigkeit des Freien in allen menschlichen Dingen [. . .] ruhig ›abgeredet‹ werden« (49).

Wenn im Anschluß an die frühe Psychoanalyse die Tragödie bloße Abreaktion eingeklemmter Affekte ist und mit Nietzsche eine neue Kultur von Übermenschen erstrebt wird, so kann sie nur noch im in die Alltagssituation hineingenommenen kathartischen Gespräch ein Existenzrecht besitzen. Als »hohe Tragödie« aber, als dramatische Form, von Zeit zu Zeit aus kultursichernden Gründen agiert, hat sie sich überlebt.

Bahr geht so weit, das Theater überhaupt für das anbrechende 20. Jahrhundert in Frage zu stellen, denn das Theater beruhe »auf dem Begriffe des Charakters« (59). Nietzsche habe das Individuum »eine Einheit, die nicht standhalte, genannt«, und nach Ernst Mach sei das Ich unrettbar, gehöre lediglich, »um die tausend wirren Beziehungen besser ordnen zu können« (60), zu unseren »Denknotwendigkeiten«:

> »Was soll mir da aber das Drama, das immer noch ›das Beieinander von tausend Leben‹, wie unser Hofmannsthal gesagt hat [*Über Charaktere im*

Roman und im Drama], in irgendeinen lächerlichen ›Charakter‹ zwängt und, um wirken zu können, uns zumuten muß, uns dümmer zu stellen, als wir vertragen« (61).

Dennoch wird der dramatischen Form der Bestand zugesichert: vom Schauspieler her, Verkörperung impressionistischen Lebensgefühls. Am Schluß stehen die Worte des Meisters, »daß seine Kunst der Verwandlung [. . .] die tragische der Entleerung ablösen und das neue Geschlecht beherrschen wird, das uns erfüllen soll« (78).

Verständlich, daß Hofmannsthal, der sich eben anschickte, Bühnenschriftsteller zu werden und die Tragödie erneuern wollte – und dies mit Hilfe der Psychoanalyse –, von Bahrs Dialog stark betroffen war. In einem Brief an Bahr (vermutlich bereits Ende 1903) schreibt er:

> »Wie muß ich mich freuen, so deutlich zu erkennen, daß Sie alle Gefahren, die qualvollen und mitunter entzückenden Gefahren meines Lebensweges, alle, auch die tief unter scheinbar ruhigen Wellen verborgenen Wirbel so durchblicken. [. . .] Wie mußten mich die Stellen über Goethes Verhältnis zum Tragischen erfreuen, die so schön, um so viel geformter das ausdrücken, womit ich in einem Vortrag mich abgemüht hatte. [. . .] Wie tief trifft mich ein Satz wie dieser: ›Ich wenigstens kann nicht begreifen, wie derselbe Mensch usf. noch mit den starren Puppen des Theaters spielen mag‹. Schwer zu begreifen ist es allerdings und läßt sich doch auflösen! So ist es mir wirklich in diesem Augenblick, als fühlte ich, wie Sie den Schlüssel meines Lebens in der Hand haben und ihn umdrehen« (B II: 128 f.).

Hofmannsthal hatte Anfang 1902, als er die *Elektra* zu schreiben begann, im Wiener Goetheverein einen Vortrag über *Die Auflösung des Tragischen bei Goethe* gehalten, in dem er von dem Geständnis Goethes ausgegangen war, er sei unfähig, ein Trauerspiel zu schaffen, »da es bei ihm beim Schaffen nicht ohne pathologischen Anteil abgehe und er folglich am Schaffen des Tragischen zugrunde gehen müßte«.[42]

42 Über den Inhalt von Hofmannsthals Vortrag informiert lediglich sein Brief an Freiherr Payer von Thurn, Goetheverein (B II: 64 f.). Der Bericht Stefan Zweigs (1975: 47 f.) beschränkt sich leider auf Atmosphärisches. Eine von Richard Alewyn entdeckte Besprechung des Vortrages aus dem *Neuen Wiener Tagblatt* vom 20. 2. 1902 kann dagegen Hofmannsthals Selbstrezension ergänzen (abgedruckt in HB 1970: 391 f.)
Eine Auffassung des Tragischen, der Hofmannsthals Sympathien gegolten haben mögen, bei Kassner (1900: 172 f.): »Wenn wir nun eine Cultur beurtheilen wollen, so ist es vielleicht die feinste Frage: Wie erleben die Menschen die Tragödie, können sie überhaupt eine Tragödie erleben? Die Zeit, durch die hindurch die Tragödie blüht, ist gewöhnlich kurz, – ich meine natürlich die Tragödie als Factor der Cultur –, es sind meistens Epochen, in denen Vergangenheit und Gegenwart eines Volkes in wahrnehmbarem Widerspruch stehen. Man denke an Athen in der Zeit nach den Perserkriegen, als noch Kriegerinstinkte genug da waren, um durch das Drama zur Cultur erzogen zu werden. Man denke an die Zeit Shakespeares, in der soviel unverarbeitetes Leben aus der englischen Feudalzeit in das Licht einer umschaffenden und reinigenden Phantasie trat. Man denke an das 18. Jahrhundert in Deutschland, als Goethe Bildungstragödien im edelsten und tiefsten Sinne schuf. Die Tragödie ist die Geburt einer jungen Cultur, die Waffen der Väter werden Schicksal der Söhne.«
Für Kassner war Swinburne der letzte Tragödiendichter, und bereits bei Kleist, Schopenhauer, Wagner und Nietzsche gehe das Streben nach der Tragödie oft über ihre Kraft.

Bahr hatte in Goethes Auflösung des Tragischen eine Vorwegnahme seiner Auffassung, eine Vorahnung der Neuen Menschheit gesehen und ausgeführt, Goethe habe – durchaus unaristotelisch – die Katharsis »vom Zuschauer in die tragischen Gestalten selbst versetzt und als eine ›Ausgleichung der Leidenschaft‹ in diesen erklärt« (Bahr 1904: 20).

Nach Schrögendorfer (1955: 115) kann dieser Goethesche Katharsisbegriff auf Hofmannsthals Dramatik, namentlich auf *Ödipus und die Sphinx* übertragen werden. In der Neuromantik sei keine Tragik möglich, weil keine »aus dem Kunstwerk transzendierende Tragik [. . .] die Seele des Zuschauers« läutere. Hofmannsthals *allomatische Lösung* sei die »neuromantische Prägung des Katharsisbegriffs Goethe'scher Deutung«. In der Tat können die Äußerungen Hofmannsthals über Goethe und die mit ihnen in Zusammenhang stehenden Hermann Bahrs als Selbstdeutungen verstanden werden. Esselborn (1969: 258 ff.) hat darüber hinaus gezeigt, daß Hofmannsthals Griechendramen Tragödien weder im Sinne der Antike noch der deutschen Klassik sind. Ihnen fehlt das den tragischen Konflikt erst ermöglichende metaphysische Element, im religiösen wie im ethischen Sinne. Eine konflikthafte Begegnung des Individuums mit einem äußeren Schicksal findet bei Hofmannsthal nicht statt. Gerade *Ödipus und die Sphinx* macht die passive Haltung des Hofmannsthalschen Helden gegenüber dem Schicksal deutlich. Ödipus sagt: »Erbarmungslos –/ so greifts in uns« (D II: 279). Der Einzelne ist – im Sinne der Lebensphilosophie – Teil eines mythisierten Ganzen. Der greise Ödipus aus dem dritten Teil der

---

Hofmannsthals erstes Vortasten hin zum Tragischen war das Fragment gebliebene Trauerspiel *Ascanio und Gioconda* (erstmals veröffentlicht in: Hofmannsthal 1979). Für dieses shakespearisierende Trauerspiel schärfte er seine dramatische Technik an den *Shakespeare-Studien* Otto Ludwigs. An Richard Beer-Hofmann schreibt er: »[. . .] da kann man wirklich fundamentale Sachen lernen, alte, gespensterhafte Schlagworte: ›Schuld‹, ›Wesen des Tragischen‹ etc. bekommen einen lebendigen Sinn [. . .]« (HvH-RBH: 8).

Nach Otto Ludwig (1908: 311) muß die »Tragische Schuld« »durch den Charakter des Helden motiviert werden«, der tragische Konflikt ist ein »Tragischer Charakterkonflikt« (ebd.: 298). Am *König Ödipus* kritisiert Ludwig (ebd.: 310), daß dort – im Unterschied zu den Dramen Shakespeares – »die Situation eine willkürliche ist, nicht ethisch, sondern positiv religiös gefaßt, eine Grille der Götter oder des Fatums«.

Der Nachahmung der Alten im modernen Drama stand Ludwig (ebd.: 348-352) ablehnend gegenüber. Wenn Hofmannsthal sich nach 1900 dennoch an die Nachahmung der antiken Tragödie machte, so ist klar, daß Ludwigs Auffassung des Tragischen ihm dazu nicht verholfen haben konnte. Er mußte vielmehr nach anderen Quellen und Anregungen suchen, wie er sie dann in der Psychoanalyse gefunden hat. Daß er sich ein Verständnis des Tragischen erst langsam erarbeiten mußte, ist von diesem Ausgangspunkt her offensichtlich. Verständlich ist auch, daß sein Verhältnis zum Tragischen problematisch bleiben mußte. – Auf eine andere Quelle seiner ersten Annäherung an die Tragödie, auf Friedrich Nietzsches *Geburt der Tragödie*, verweist ein während der Arbeit an *Ascanio und Gioconda* verfaßter Brief an Arthur Schnitzler. Was ihn an dieser »Renaissancetragödie« locke, sei »die eigentümlich dunkelglühende, dionysische Lust im Erfinden und Ausführen tragischer Menschen in tragischen Situationen« (HvH-AS: 23). Die Tragödie blieb jedoch Fragment, erst mit seinem Goethe-Vortrag und mit der kurz darauf beendeten *Elektra* gelingt es Hofmannsthal wieder, sich diesem Gebiet zu nähern. – Die Genese des Tragischen bei Hofmannsthal ist ausführlich dargestellt bei Schaeder (1949) und Vanhelleputte (1958).

geplanten Trilogie sagt: »Es vollzieht sich durch den Menschen hindurch das Ewige wie durch leere Luft hindurch« (nach Hederer 1960: 160). Zwischen Menschlichem und Göttlichem gibt es keine Kluft. Das Fragment *Ödipus auf Kolonos* endet in der »Idylle« (nach ebd.: 159). Und selbst in der Übersetzung des sophokleischen *König Ödipus* ist der tragische Schluß aufgelöst, so »daß an die Stelle tragischer Selbstbehauptung [. . .] eine untragische Ergebenheit ins Schicksal« (Esselborn 1969: 258) getreten ist. Auch Elektras Ende nach ekstatischem Tanz ist kein tragischer Tod, sondern vielmehr mystische Auflösung im Ganzen.

Esselborn (1969: 265 f.) hat daher – an Walter Benjamin anknüpfend[43] – Hofmannsthals Griechendramen in dem archaischen Bereich des »Vortragischen, ursprünglich Dramatischen des Rituals« angesiedelt, das durch »Auseinandertreten von Wort und dramatischer Handlung«, »pantomimisch-symbolischen Aktionen« und durch ein »Tendieren zur kultischen Feier« gekennzeichnet ist. Diese Hervorkehrung archaischer Tragik dürfte durch Hofmannsthals Rückgriff auf die Psychoanalyse – genauer: durch die Besonderheit seines Rückgriffs, gekennzeichnet durch ein Ausspielen unbewußter Kräfte gegen das Sprachlich-Rationale – verstärkt worden sein.

Hofmannsthals Umgestaltung des Mythos im Sinne der Psychoanalyse kann eine Erklärung für diese so einstimmig festgestellte Auflösung des Tragischen in seinen griechischen Tragödien geben. Denn der Mythos, psychoanalytisch aufgefaßt, kennt kein äußeres Schicksal mehr. Der Mythos wird verstanden als Projektion des Unbewußten in den Götterhimmel, ein fremdes, über den Menschen schwebendes Schicksal existiert nicht mehr, es ist als anthropomorphe Projektion entlarvt. Elektra hat die Götter nicht gekannt, sie ist vielmehr getrieben von dem zwanghaft aus dem Unbewußten her sie bestimmenden Trauma. Ödipus' Schicksal wirkt aus seinem eigenen Inneren heraus, der Lebenstraum wird zum Wahrtraum, das delphische Orakel ersetzt durch Traumdeutung, Erkenntnis gegenüber Gott zu rein menschlicher Selbsterkenntnis. Bei Hofmannsthal wird aus dem Drama der Götter das der Seele. Ist dies der Fall, ist das antike Fatum auf den inneren Konflikt zwischen Bewußtem und Unbewußtem, Rationalem und Vorrationalem reduziert, dann ist Tragik im klassischen Sinne nicht mehr möglich. Denkbar wäre allenfalls die tragische Behauptung des Individuums gegenüber den in ihm schlummernden archaischen Kräften, und genau dies findet bei Hofmannsthal nicht statt. Innere Tragik, in *Elektra* noch ansatzweise vorhanden, verschwindet in *Ödipus und die Sphinx* völlig. *Das Leben ein Traum* blieb Fragment und wurde erst nach der Zäsur des Krieges wieder aufgenommen. Hofmannsthal verhielt sich »der Tra-

43 Benjamin (1966: 378). Vgl. auch Wunberg (1972: 534-536). Nach dem Scheitern von Benjamins mit dem Trauerspielbuch angestrebter Habilitation wurde – als Erstveröffentlichung – ein Abschnitt des Werkes durch Hugo von Hofmannsthal herausgegeben: *Ursprung des deutschen Trauerspiels von Walter Benjamin*, in: *Neue Deutsche Beiträge*, München: Verlag der Bremer Presse (1927: 89-100); zweite Folge, drittes Heft.

gödie gegenüber immer mißtrauischer« (Vanhelleputte 1958: 264). Was bleibt, ist die ohnmächtige Kapitulation vor dem Unbewußten, vor der Triebnatur des Menschen, mehr noch: das im Unbewußten repräsentierte furchtbare Leben wird ohne Einspruch verherrlicht, wie die Apotheose des Inzests im rauschhaften Schluß von *Ödipus und die Sphinx* gezeigt hat. Auch hier erweist sich wieder die ambivalente Stellung Hofmannsthals gegenüber Freud, der ja das Unbewußte nicht glorifizieren, sondern beherrschen wollte.

Hatte Zola und mit ihm der Naturalismus die Schicksalsidee im Sinne naturwissenschaftlicher Psychiatrie durch das Fatum der Degeneration zu retten versucht, so wird bei Hofmannsthal das Fatum in unüberwindbare, unbewußte Triebkräfte transkribiert, und zwar so weitgehend, daß der tragische *Konflikt* in einer von *Elektra* zu *Ödipus und die Sphinx* abfallenden Kurve zunehmend eliminiert wird (ebd.: 261). Gerade in der Interpretation des Mythos zeigt sich Hofmannsthal von Freud abhängig. In der Aphorismensammlung *Buch der Freunde* heißt es:

> »Zu denken, daß alle Himmel und Unterwelten aller Religionen aus dem menschlichen Innern erbaut sind: auf die Kraft der Projektion nach außen kommt alles an« (A: 36).

Der Freund, den Hofmannsthal hier zitiert, ist Sigmund Freud. Der Aphorismus, der als Motto zu Hofmannsthals griechischen Stücken zu denken ist, ist ein verdecktes Zitat aus Freuds *Psychopathologie des Alltagslebens,* die er außerordentlich geschätzt hat.[44] Im Zusammenhang einer Erörterung des Aberglaubens heißt es dort über den Unterschied von mythischer und wissenschaftlicher Weltauffassung:

> »Ich glaube in der Tat, daß ein großes Stück der mythologischen Weltauffassung, die weit bis in die modernsten Religionen hineinreicht, nichts anderes ist als *in die Außenwelt projizierte Psychologie.* Die dunkle Erkenntnis (sozusagen endopsychische Wahrnehmung) psychischer Faktoren und Verhältnisse des Unbewußten spiegelt sich [. . .] in der Konstruktion einer *übersinnlichen Realität*, welche von der Wissenschaft in *Psychologie des Unbewußten* zurückverwandelt werden soll. Man könnte sich getrauen, die Mythen vom Paradies und Sündenfall, von Gott, vom Guten und Bösen, von der Unsterblichkeit u. dgl. in solcher Weise aufzulösen, die *Metaphysik* in *Metapsychologie* umzusetzen« (GW IV: 287 f.).

---

44 Die entsprechende Passage ist in Hofmannsthals Handexemplar – der Buchausgabe von 1904 – mit Randstrichen versehen (Urban 1978: 161). In einem Brief vom 7. Okt. 1910 an Arthur Schnitzler beruft sich Hofmannsthal auf die *Psychopathologie des Alltagslebens*, um eine arge Fehlleistung zu entschuldigen und so den aufgebrachten Freund zu beruhigen. Dort heißt es an zentraler Stelle des Briefes:
»[. . .] wenn ich schrieb ›halb absichtlich, halb unabsichtlich‹, so meinte ich einen jener Schwebezustände des Willens, zwischen Bewußt und Unbewußt, aber doch ziemlich tief im Unbewußten, dem Freud in der Psychopathologie des Alltagslebens ganze Nester und Ketten sehr geistreich nachgewiesen hat, jenes scheinbar völlig unbewußte Fallenlassen eines Bildes, weil man gegen die Person, die das Bild darstellt, etwas verborgenes Böses auf dem Herzen hat, – kurz eine Tat, die vor keinerlei Forum gezogen werden kann, kaum vor das des allerzartesten eigenen Gewissens, so sehr verbirgt sie sich ins Dunkel des Unbewußten [. . .] (HvH-AS: 258).

Transkription von Metaphysik in Metapsychologie – mit dieser Formel ließe sich Hofmannsthals Umdeutung des Mythos im Geiste eines entgötterten Zeitalters beschreiben. Hofmannsthal hat Freuds erstmals 1901 öffentlich erhobene Forderung, Mythologie als in die Außenwelt projizierte Psychologie zu erklären, ernst genommen, bevor dieser selbst sich an die Ausführung seiner Idee gemacht hatte.[45] Daneben spielen allerdings bei ihm Vererbungszusammenhänge eine Rolle – etwa in den in *Elektra* wie *Ödipus und die Sphinx* wiederholt auftauchenden Anspielungen auf den Blutzusammenhang innerhalb des Atriden- und des Labdakidengeschlechts –, die in die Psychoanalyse Freuds erst mit *Totem und Tabu* (1912/13) explizit Eingang gefunden haben. Was neben der Vererbungslehre die Psychoanalyse für seine Interpretation des Mythos so wichtig werden ließ, war die damit gegebene Möglichkeit, einem wissenschaftlichen Zeitalter, das durch das ernüchternde Bad des Positivismus gegangen war, das Geschick der Atriden und der Labdakiden glaubhaft und verstehbar zu machen. Hofmannsthal nahm mit seiner Interpretation des Mythos die Synthese von Psychoanalyse und Vererbungslehre vorweg, die Freud erst unter dem Einfluß C. G. Jungs mit *Totem und Tabu* nachschickte.

Wenn auch die Psychoanalyse bei Hofmannsthal die Auflösung des Tragischen beschleunigt und vollendet hat, so liegt es doch nahe zu fragen, ob Hofmannsthal mit *Elektra* und *Ödipus und die Sphinx* nicht gerade jene zwei Tragödien geschrieben hat, die nach Freud einzig noch auf den Menschen der Moderne eine tragische Wirkung auszuüben vermögen. Die Bezeichnung dieser Dramen wie auch seiner Übersetzung des *König Ödipus* als Tragödien läßt erkennen, daß Hofmannsthal den Anspruch, Tragödien geschrieben zu haben, ihrem untragischen Ende zum Trotz, nicht fallengelassen hat. Es bliebe die Möglichkeit, das Tragische in der *Wirkung* zu suchen, die die Besonderheit des Stoffes, der Hofmannsthal zur Vorlage diente, auch heute noch – Freud zufolge – auszuüben vermag. In seiner Bearbeitung der Ödipus-Sage hat Hofmannsthal nämlich durch die Einbeziehung der Psychoanalyse jenes Moment verstärkt, das nach Freud dem sophokleischen *König Ödipus* heute noch die erschütternde Wirkung verleiht: den »Kernkomplex« oder – wie Freud es später nannte – das ödipale Drama. Schon Otto Rank (1926: 239) fiel auf, Hofmannsthals Drama – in einer langen Tradition von Bearbeitungen der Ödipus-Sage stehend – bewege »sich an der äußersten, der Kunst noch erreichbaren Grenze der Darstellung; jenseits dieser Grenze beginnt schon die Psychoanalyse«.

Freuds Analyse des sophokleischen *König Ödipus* geht vom Gegensatz zwischen der Wirkung der antiken Tragödie und der Wirkungslosigkeit des neueren Schicksalsdramas auf den modernen Zuschauer aus:

45 Freuds populärstes Werk, die *Psychopathologie des Alltagslebens*, ist zwar erstmals in Buchform 1904 erschienen, wurde aber schon 1901 in einer kürzeren Fassung im 10. Band der *Monatsschrift für Psychiatrie und Neurologie* veröffentlicht. Freuds Postulat, von dem hier die Rede ist, findet sich dort auf Seite 135.

»Es muß eine Stimme in unserem Innern geben, welche die zwingende Gewalt des Schicksals im *Ödipus* anzuerkennen bereit ist, während wir Verfügungen wie in der *Ahnfrau* [von Grillparzer] oder in anderen Schicksalstragödien als willkürliche zurückzuweisen vermögen. Und ein solches Moment ist in der Tat in der Geschichte des Königs Ödipus enthalten. Sein Schicksal ergreift uns nur darum, weil es auch das unsrige hätte werden können, weil das Orakel vor unserer Geburt denselben Fluch über uns verhängt hat wie über ihn. Uns allen vielleicht war es beschieden, die erste sexuelle Regung auf die Mutter, den ersten Haß und gewalttätigen Wunsch gegen den Vater zu richten; unsre Träume überzeugen uns davon« (Stud II: 267).

Der Konflikt zwischen dem übermächtigen Willen der Götter und dem vergeblichen Sträuben der Menschen kann – so Freud – nicht der Grund für die anhaltende Wirkung der sophokleischen Tragödie sein. Als Beweis dafür dient ihm die neuere Schicksalstragödie, deren bekanntestes Beispiel, *Die Ahnfrau* (1817), zwar einer der größten Theatererfolge des 19. Jahrhunderts war, von der zeitgenössischen Kritik aber bereits wegen der Unglaubwürdigkeit des Fluches belächelt wurde. »Gegen jeden willkürlichen Einzelzwang wie er in der Ahnfrau etc. Voraussetzung ist, bäumt sich unsere Empfindung«, schrieb er an Fließ, »aber die griechische Sage greift einen Zwang auf, den jeder anerkennt« (Anf: 193). So bleibt für ihn als Ursache für die auch im Zeitalter des Positivismus unveränderte Wirkung des *König Ödipus* nur die Besonderheit des Stoffes – die Hofmannsthal in seiner Bearbeitung – in Kenntnis der freudianischen Interpretation – verdeutlicht und expliziert.

Hofmannsthal hat neben der *Elektra* und der Bearbeitung der Ödipus-Sage noch zahlreiche Entwürfe zu Antikendramen – *Alexander, Leda und der Schwan, König Kandaules, Pentheus, Semiramis* – skizziert und in der Ausführung mehr oder weniger weit vorangetrieben. Ausgeführt wurde keiner. Am 31. Oktober 1910 schrieb Hofmannsthal an Richard Strauß, der gern die Erfolge der *Salome* und der *Elektra* durch eine *Semiramis* fortgesetzt sehen wollte: »›Semiramis‹ ist mir meilenfern. Keinerlei geistige oder materielle Vorteile vermöchten, diesen Stoff aus mir herauszupumpen, auch mein festester Wille nicht, wie ja überhaupt Wille in solchen Dingen machtlos ist« (HvH-RS: 106). Vielleicht ahnte er – mit Freud –, daß es für die Tragödie in der Moderne, im nachmythologischen Zeitalter nur einen, im Grunde nicht wiederholbaren Stoff gibt: das ödipale Schicksal. C. G. Jung nannte das weibliche Pendant zum vom Manne her gedachten Ödipuskomplex »Elektrakomplex«. Somit hätte Hofmannsthal mit seinen ausgeführten Griechendramen die beiden nach Freud[46] für die Moderne verbleibenden Möglichkeiten der Erneuerung der Tragödie für ein Zeitalter, das an das Fatum nicht mehr glauben kann, ausgeschöpft: den »Kernkomplex« in seiner männlichen und weiblichen Form:

46 Es sei allerdings darauf hingewiesen, daß Freud spät, etwa seit *Einige psychische Folgen des anatomischen Geschlechtsunterschiedes* (1925), den Parallelismus zwischen männlichem und weiblichem Ödipuskomplex aufgegeben hat und der Weiblichkeit eine besondere Entwicklung zuerkannt hat, die nicht mehr in voller Analogie zum Manne gesehen wird. Vgl. Stud V: 253 ff. und 273 ff.

»Todeswunsch gegenüber dem Rivalen als Person gleichen Geschlechts und sexueller Wunsch gegenüber der Person des entgegengesetzten Geschlechts« (Laplanche/Pontalis 1973: 351). Diese Spekulation könnte nicht nur verständlich machen, warum die zahlreichen Entwürfe zu antiken Tragödien nie ausgeführt wurden, sondern auch den fragmentarischen Charakter der geplanten Orestie erklären, wie auch einen weiteren Grund für das Scheitern der Ödipus-Trilogie liefern. Letztlich beweisbar ist dies nicht, dennoch bringt es ein hohes Maß an Plausibilität und erklärt vieles, was ansonsten unverständlich bliebe.

Einem möglichen Einwand wäre noch zu begegnen: *Ödipus und die Sphinx* konnte sich trotz der hier postulierten Wirkung am Theater nicht durchsetzen, *Elektra* dagegen sehr wohl. Aus den zeitgenössischen Theaterkritiken ist hierfür kein eindeutiger Grund herauszulesen. Trotz zahlreicher negativer Stimmen, die in der Tragödie dekadente Psychiatrie, den pathologischen Fall sahen, ist die Mehrzahl positiv. Dennoch wagte – wie Hofmannsthal berichtet – kein anderes Theater, dieses Stück nach Max Reinhardt zu spielen.

Auf die richtige Fährte führt die Premierenkritik Siegfried Jacobsohns: »Ich glaube, es war ein Darstellungserfolg, es war ein Sieg Reinhardts und seiner Schar, aber ein Pyrrhussieg des Dichters« (nach Vanhelleputte 1958: 266).[47] Denkbar ist, daß Hofmannsthal in der Gestaltung des ödipalen Dramas zu deutlich geworden war, so daß beim breiten Theaterpublikum die Verdrängungsbereitschaft zu rasch herausgefordert wurde – Freud hätte es von seinem klassizistischen Kunstverständnis her sicher so gesehen. Einen Anhaltspunkt für diese Vermutung liefert der Essay Samuel Lublinskis (*Der tragische Mensch in der modernen Literatur*), in dem aus der Rückschau des Jahres 1910, in dem

47 Nach Vanhelleputte 1958: 266. Julius Bab bezeichnete in seiner Premierenkritik die Inszenierung als die »vielleicht höchste Leistung, die der Regisseur Reinhardt jemals an einem zeitgenössischen Dichtwerk vollbrachte« (nach Vanhelleputte 1958: 266). Einen plastischen Eindruck erhält man aus der Kritik Siegfried Jacobsohns (1910: 11 f.). Dort heißt es, Hofmannsthals Dramatik sei »eine Aufgabe für Reinhardt. Er hat sie gelöst wie keine zuvor. Alle Saiten der Lyra konnten erklingen, alle auf einmal. Alle Sinne durften schwelgen, und eine Schauspielerin sorgte sogar dafür, daß auch die Seele nicht ganz leer ausging. Alle großen und kleinen Künste der Bühne, Musik und Malerei, Wort und Geberde griffen ineinander. Es gab Kostüme von phantastischer und doch niemals aufdringlicher Pracht. Es gab Rollersche Dekorationen von fast beispielloser Stimmungskraft, die nur darum keinen Augenblick ablenkten, weil diesmal die Schauspielkunst der Reinhardtschen Bühne auf der Höhe ihrer bildenden Kunst stand. Der höchste Gipfel ist freilich selbst hier noch nicht erreicht. Das kunstvollste Stück hat die geräuschvollste Darstellung gefunden. Ein paar energische Dämpfungen würden alle Vorzüge nur deutlicher hervortreten lassen. Aber was sind das für Vorzüge! Da sind zwei Chöre: Chor der Ahnen und Chor des Volkes. Beim unsichtbaren Chor der Ahnen war das Problem nicht ganz gelöst, den Text klar vernehmen und doch wie von Geisterstimmen kommen zu lassen. Der sichtbare Chor des Volkes stand wie eine Mauer, die sich zusammenziehen und ausdehnen, öffnen und schließen konnte, von einem tiefdunkelgrünen Riesenwald bis zur steingrauen Riesenwand des Palastes quer über die Bühne. Es wurde von einzelnen Gruppen im Takt gesprochen, und zwar so, daß jede Gruppe – Sopran, Alt, Tenor, Baß – wie eine einzige Stimme klang. Die abwechslungsreiche Gliederung der Rede, das ausdrucksvolle Verstummen einer einzelnen Gruppe, das Fluten und Ebben des Tons, die Haltung und die Worte des Chorführers – das alles machte einen nie zuvor erreichten Eindruck. Möglich, daß der große Zug der ganzen Vorstellung auch die Kleinsten mitriß, möglich, daß die großen Vorzüge gegen die kaum vermeidbaren Mängel milde stimmten: gewiß ist in Berlin ein Stück von neunundzwanzig Personen kaum je so einheitlich gut gespielt worden.«

der Mißerfolg des Dramas, der damals bereits feststand, gerade aus dem dionysischen Schluß des Stückes erklärt wird:

»Plötzlich jedoch wächst dann dieser Unselige über alle Logik hinaus, in eine Atmosphäre hinein, die zwar ebenfalls irrational und vielleicht sogar religiös, nämlich tragisch ist, der sich aber mit Professor Freudscher Psychologie und mit wissenschaftlicher Analyse absolut nicht beikommen läßt. Und das kann einem großstädtischen Theaterpublikum und einer dito Kritik doch nicht mehr gefallen« (F 311/33).

Bei *Elektra* lag der Fall anders. Hier knüpfte Hofmannsthal mit seiner dämonischen Tochter aus dem Geschlecht der Atriden an einen Frauentypus der Jahrhundertwende, den der *femme fatale*, an und er konnte so seinen ersten, vielleicht sogar größten Theatererfolg erzielen.

So hätte Hugo von Hofmannsthal nicht nur, wie bereits vermutet wurde, die Bearbeitung der Ödipussage durch Freuds Interpretation begonnen, sondern er hätte sich auch von Freuds Analyse des Tragischen her – vielleicht ohne sich dessen völlig bewußt zu sein – geweigert, nach der Gestaltung des Mythos vom König Ödipus im Geiste der Psychoanalyse noch die Tragödie zu schreiben. Mit der Gestaltung der Schicksale der Elektra und des Königs Ödipus waren – ohne die Wiederholung zu riskieren – im Sinne Freuds die Möglichkeiten der Erneuerung der Tragödie für ein entgöttertes Zeitalter erschöpft.

Das Antikenbild Freuds und Hofmannsthals: Spiegelung des Fin de siècle

> Hier wird freilich nur von Erden und Mineralien gehandelt, aber der Mensch ist ein wahrer Narziß; er bespiegelt sich überall gern selbst; und er legt sich als Folie der ganzen Welt unter.
> Goethe, Die Wahlverwandtschaften

Friedrich Nietzsche sah die Antike als ein Medium, in dem nachfolgende Jahrhunderte Sachverhalte, die (noch) nicht direkt gesagt werden können, für die es noch keine Sprache gibt, zum Ausdruck gebracht haben. Diese Auffassung, die zunächst in Nietzsches Anfängen selbst (*Geburt der Tragödie*) ihren Wahrheitsgehalt hat, findet sich bei Hugo von Hofmannsthal wieder. Ihm war bewußt, daß sein Antikenbild ein vielfach gespiegeltes ist, eine Form indirekten Sprechens darstellt, in der er Eigenes zur Darstellung bringen konnte. Eine historistische Rekonstruktion der Antike war seine Sache nicht. Schon aus frühen Aufzeichnungen geht hervor, daß es ihm auf die Brechung eigenen Lebens und Erlebens in der Antike ankam. Eine Notiz vom Oktober 1893 beginnt mit den Worten: »Unser Leben gegen das der Antike gehalten [. . .]« (A: 109). Als Spätgekommenem war ihm deutlich, (vorläufig) letztes Glied einer langen Kette sich ablösender Spiegelungen zu sein: »Die Griechen Goethes. Die Griechen von Nietzsche. Die Griechen von Chénier« (A: 96), notierte er im März 1892.

Worauf es ihm in der Auseinandersetzung mit der Antike – und der Geschichte überhaupt – ankam, war, sich in ein produktives Verhältnis zu ihr zu setzen. Eine gegenüber den bisherigen Sichtweisen »wahre« Rekonstruktion zu liefern, war von seinem Geschichtsverständnis her nicht nur nicht wünschenswert, sondern unmöglich, denn er hielt dafür, »daß jede Geschichte nur Geschichte der Gegenwart sei« (A: 207). Zentral für sein Verhältnis zur Antike – und zu Überliefertem überhaupt – war der Begriff des Spiegels, die Möglichkeit, sich selbst im fremden Medium zu schauen:

> »[. . .] Es gibt strenggenommen keinen Gegenstand des Nachdenkens, denn der Gegenstand wird von der inneren Verfassung jedes Mal neu statuiert und ist jedes Mal die ganze Welt. (Insofern ist der menschliche Geist ein ›schaffender Spiegel‹)« (A: 183).

Daher seine spätestens seit der Jahrhundertwende sichtbar werdende »Art, fremde Naturen anzunehmen und sich ihnen mitzuteilen« – was Hofmannsthal in seiner Selbstanalyse *Ad me Ipsum* aus einem Brief Hölderlins vom 2. Dezember 1802 zitiert, nicht ohne hinzuzusetzen: »diesen Begriff auf mich anzuwenden« (A: 242). Dennoch war er der Meinung, daß ein wiederholtes Spiegeln von Vergangenem nicht einen Kreislaufprozeß von gleichwertigen, einander ablösenden Spiegelungen darstellt, sondern er sah in diesem Prozeß durchaus eine Höherentwicklung impliziert. In diesem Sinne zitiert er Goethe im *Buch der Freunde*:

> »Bedenkt man, daß wiederholte Spiegelungen das Vergangene nicht allein lebendig halten, sondern sogar zu einem höheren Leben emporsteigern« (A: 23).

Im Bestreben, seine lyrische Spezialisierung, seine Introversion und Isolation zu überwinden, griff er zunächst auf die Antike zurück, die sich für seine Zwecke durchaus als austauschbar mit Renaissance und Barock, Molières Komödie und Commedia dell'arte zeigt. Dennoch hat die Antike eine Vorrangstellung innerhalb der heterogenen Stoffe, aus denen er seine Stücke formte. Sie war für ihn ein magischer Spiegel, »aus dem wir unsere eigene Gestalt in fremder, gereinigter Erscheinung zu empfangen hoffen« (A: 43).

Auch für Sigmund Freud war die Antike ein naheliegendes Medium, das der Objektivierung und Verallgemeinerung seiner Anschauungen dienen konnte. Aus dem Fließ-Briefwechsel, der die Entstehung der Psychoanalyse begleitet, wird offenbar, wie unmittelbar Freud die Entdeckung des »Kernkomplexes« mit der Sage vom König Ödipus verknüpft:[48]

---

48 Ricoeur (1974: 198 f.) spricht daher von einem »überaus primitiven Parallelismus zwischen Freuds Selbstanalyse und der Interpretation des griechischen Ödipus-Mythos«. Anzieu (1975: 327) beschränkt sich auf die Feststellung dieses Parallelismus: »Dans la découverte de ce

»Ein einziger Gedanke von allgemeinem Wert ist mir aufgegangen. Ich habe die Verliebtheit in die Mutter und die Eifersucht gegen den Vater auch bei mir gefunden und halte sie jetzt für ein allgemeines Ereignis früher Kindheit [. . .] Wenn das so ist, so versteht man die packende Macht des Königs Ödipus trotz aller Einwendungen, die der Verstand gegen die Fatumsvoraussetzung erhebt [. . .] Jeder der Hörer war einmal im Keime und in der Phantasie ein solcher Ödipus, und vor der hier in die Realität gezogenen Traumerfüllung schaudert jeder zurück mit dem ganzen Betrag der Verdrängung, der seinen infantilen Zustand von seinem heutigen trennt« (Anf.: 193).

Von nun an ging seine humanistische Bildung, die er vor seiner wissenschaftlichen Tätigkeit erworben hatte, eine enge, fruchtbare Synthese mit der neuen Wissenschaft ein, ja ermöglichte diese erst. Auch der Anspruch, die Psychoanalyse über ihr medizinisches Spezialgebiet hinaus für eine Uminterpretation der Kultur einsetzen zu können, ist mit dem Anfang der Analyse da. Und so schreibt Freud am 12. Dezember 1897, wenige Wochen nach dem zuletzt zitierten Brief, an Wilhelm Fließ:

»Kannst Du Dir denken, was *endopsychische Mythen* sind? Die neueste Ausgeburt meiner Denkarbeit. Die unklare innere Wahrnehmung des eigenen psychischen Apparates regt zu Denkillusionen an, die natürlich nach außen projiziert werden, und charakteristischer Weise in die Zukunft und in ein Jenseits. Die Unsterblichkeit, Vergeltung, das ganze Jenseits sind solche Darstellungen unseres psychischen Inneren [. . .] Psycho-Mythologie« (Anf: 204).

In einer – bereits ausschnittweise zitierten – Passage der *Psychopathologie des Alltagslebens* (GW IV: 286 ff.) hat Freud diesen Anspruch, Mythologie in Psycho-Mythologie übersetzen zu können, erstmals öffentlich formuliert. In die Tat umgesetzt hat er ihn zunächst nicht, sondern dies seinen Schülern – Karl Abraham, Otto Rank und Carl Gustav Jung – überlassen. Insbesondere auf letzteren hatte er seine Hoffnungen gesetzt. Am 11. November 1909 schreibt er an ihn:

»Daß Sie sich mit der Mythologie eingelassen haben, hat mich hell erfreut. Ein Stück Einsamkeit weniger. Ich bin sehr begierig auf Ihre Entdeckungen. [. . .] Sie werden, hoff' ich, bald meine Erwartung teilen, daß der Kernkomplex der Mythologie derselbe ist wie der der Neurosen. Aber wir sind ja doch nur armselige Dilettanten. Wir brauchen dringend geschickte Hilfskräfte.

---

mythe d'Oedipe, Freud accomplit pleinement ce triple mouvement, subjectif, objectif et autofiguratif, que nous avons vu s'ébaucher dès le début de son autoanalyse. Découverte d'une vérité universelle, découverte de lui-même, découverte d'elle-même.« Tourney (1965: 85), der einen kurzen Überblick über Freuds Verhältnis zum Griechischen gibt, sieht Freud als Schöpfer eines neuen Mythos, der seine wissenschaftlichen Hypothesen durch Einkleidung in den antiken Mythos zu allgemeiner Bedeutung erhebt: »A parallel in the creation of Freud's concept of Eros and Thanatos with that of the Oedipus complex can be seen. It appears that Freud again begins with a mythical concept, molds it into a scientific hypothesis, and then extends the meaning of the hypothesis until once again it has mythical significance in its divergent and extensive explanations of complex cultural phenomena [. . .] Freud can thus be viewed [. . .] as [. . .] a creator of myths«.

>Der Teufel hat sie's zwar gelehrt,
allein der Teufel kann's nicht machen.<
[Faust I: 2376 f. (Artemis-Ausgabe)]« (F/J: 286).

Als sich abzeichnete, daß die Frucht von C. G. Jungs Beschäftigung mit der Mythologie, *Wandlungen und Symbole der Libido*, so gar nicht der Erwartung des Meisters entsprechen würde, begab Freud selbst sich mit *Totem und Tabu* auf das zunächst seinen Schülern überlassene Gebiet.

Nach dem Weltkrieg hat sich sein Interesse auf Mythologie und Kulturgeschichte konzentriert. In Empedokles erblickte er einen Vorläufer, der seine dualistische Triebtheorie, »die einen Todes-, Destruktions- oder Agressionstrieb als gleichberechtigten Partner neben den in der Libido sich kundgebenden Eros hinstellen will« (Erg: 384), vorwegnahm, mehr noch: In dem Vorsokratiker sah er eine Bestätigung für seine bei den Analytikern nur ungläubig aufgenommene Spekulation über Eros und Thanatos. Die Metapsychologie, in der die klinischen Erfahrungen des Analytikers theoretisch formuliert werden, ein Arbeitsgebiet, dem Freud sich im Alter verstärkt zuwandte, nannte er eine »Hexe« (ebd.: 366), ohne deren Spekulation und Phantasie auch die Psychoanalyse nicht auskommen könne.

In die Anfänge der Psychoanalyse fallen die großen, epochemachenden Ausgrabungen, die ein archaisches Griechenland zutage fördern, das für das 18. Jahrhundert nicht vorstellbar gewesen wäre. Dem Fließ-Briefwechsel ist zu entnehmen, mit welch begeisterter Anteilnahme Freud die Nachrichten von den Ausgrabungen verfolgt. Mit Emanuel Löwy, Professor der Archäologie in Rom, diskutierte er bei dessen Besuchen in Wien die Nächte hindurch (Anf: 198). Am 4. Juli 1901 schreibt er an den Berliner Freund:

»Hast Du gelesen, daß die Engländer auf Kreta (Knossos) einen alten Palast ausgegraben haben, den sie für das richtige Labyrinth des Minos erklären? Es scheint, daß Zeus ursprünglich ein Stier war. Auch unser alter Gott soll zuerst, vor der durch die Perser angeregten Sublimierung, als Stier verehrt worden sein. Es gibt da allerhand zu denken, worüber noch nicht zu schreiben ist« (Anf: 286).

Wie stark diese Erfahrung sich Freud eingeprägt hatte, zeigt folgende Passage aus *Über die weibliche Sexualität* (1931), in der Sir Arthur Evans' Ausgrabungen der minoischen Kultur zur Metapher werden für Freuds Entdeckung der genuin weiblichen präödipalen Phase, die bislang in Analogie zu der des Knaben gedacht worden war:

»Die Einsicht in die präödipale Vorzeit des Mädchens wirkt als Überraschung, ähnlich wie auf anderem Gebiet die Aufdeckung der minoisch-mykenischen Kultur hinter der griechischen« (Stud V: 276).

Das Interesse für das Ausgraben früher Kulturen verknüpft sich mit dem für das Ausgraben infantiler Phantasien. Die frühe Kindheit nennt er »prähistorische Lebenszeit« (Anf: 211), bei einem Patienten findet er »eine Szene aus

Abb. 27 Sigmund Freud, etwa 1912

seiner Urzeit: Es ist, als hätte Schliemann wieder einmal das für sagenhaft gehaltene Troja ausgegraben« (Anf: 263). Die Archäologie wurde in seinen Schriften zur dominanten Metapher der Psychoanalyse.[49]

Freud hat die ungemein plastische und anschauliche Metapher des Ausgrabens verschütteter Erinnerungen eingesetzt, lange bevor er sich explizit dem Altertum widmete. So verglich er 1896 vor Wiener Ärzten in dem Vortrag *Zur Ätiologie der Hysterie* das neue, von ihm und Breuer entdeckte Verfahren, die hysterischen Symptome (verstanden als »Erinnerungssymbole«) wie alte Inschriften als Zeugen für die Entstehungsgeschichte der Krankheit zu entziffern, die oft Jahre zurückliegenden traumatisch wirkenden Ereignisse durch diese Zeugen in der Lebensgeschichte der Patienten freizulegen, mit der Vorgehensweise des Archäologen (Stud VI: 54 f). So kommt lange vor Beginn der psychoanalytischen Mythenforschung in der Sprache Freuds selbst seine Vorliebe fürs Prähistorische zum Vorschein. Besonders augenfällig wurde dies Besuchern, die in Freuds Arbeitszimmer traten und einen Raum, bis in die letzten Winkel vollgestopft mit Antiken – Vasen, Terrakotten und Bronzen –, erblickten.[50] In der Rückschau rechnete es Freud zu seinen Lastern, »bei aller gerühmten Anspruchslosigkeit viel Opfer für meine Sammlung griechischer, römischer und ägyptischer Antiquitäten gebracht und eigentlich mehr Archäologie als Psychologie« (Briefe: 420 f.) gelesen zu haben.

Auf »die Rolle des Traums im Seelenleben des Urmenschen« (ebd.: 316) wurde er erstmals durch einen Vortrag – *Traumdeutung und Zauberei*[51] – des Wiener Altphilologen Theodor Gomperz, mit dessen Familie er befreundet war – Frau und Sohn gehörten zu seinen ersten Patienten[52] aufmerksam gemacht.

---

49 Schönau 1968: 176 ff. Der Vergleich kann jedoch auch zu falschen Schlußfolgerungen führen, denn in der Psychoanalyse gibt es – im Gegensatz zur Archäologie – keine Scherben, Trümmer und Ruinen, die im Sinne eines objektivierbaren Beweismittels einsetzbar sind. Die Psychoanalyse verfügt nur über versunkene Erinnerungen, die in einem hermeneutischen, nicht in einem archäologischen Verfahren naturwissenschaftlicher Provenienz ans Licht geholt werden. Eine Rekonstruktion mit Objektivitätsanspruch, wie sie die Archäologie anstrebt, ist da nicht möglich.

50 Die Wiener Archäologen Helga und Werner Jobst haben Freuds Antikensammlung beschrieben. In: *Sigmund Freud Haus Katalog*, hg. v. d. Sigmund-Freud-Gesellschaft, Wien 1975. Vgl. dazu Jobst (1978). Die Bedeutung der Archäologie für Freud beschreibt Suzanne Bernfeld: *Freud and Archeology*, in: *American Imago 8* (1951: 107-128).

51 Theodor Gomperz: *Traumdeutung und Zauberei. Ein Blick in das Wesen des Aberglaubens*, Wien: Gerold 1866. Wieder abgedr. in: ders., *Essays und Erinnerungen*, Stuttgart: Deutsche Verlagsanstalt 1905.
Freud diskutiert dieses Werk auch im ersten Kapitel der *Traumdeutung* (Stud II). Daraus geht allerdings hervor, daß er sich vorwiegend auf das von Gomperz dargebotene Material bezieht, dessen vorsichtige, skeptische, rationalistische Sichtweise er jedoch nicht übernimmt.

52 Vgl. Gomperz (1974: 17 f. und passim). Freud hatte, noch als Student, für die von Theodor Gomperz veranstaltete deutsche Gesamtausgabe der Werke von J. St. Mill den letzten Band *(Über Frauenemancipation. Plato. Arbeiterfrage. Socialismus)* übersetzt. Seine Frau, Elise Gomperz, gehörte zu den ersten Patienten Freuds; sie verwandte sich für ihn, um ihm den seit Jahren überfälligen Professorentitel zu verschaffen (vgl. Anf: 295). Bei Heinrich Gomperz, der seit 1905 an der Universität Wien Philosophie lehrte, erprobte Freud seine in der *Traumdeutung* entwickelte Methode – ohne viel Erfolg allerdings – denn Heinrich Gomperz war zu vertraut mit der Methode und entwickelte keinen Widerstand. Ein Produkt seiner Freundschaft mit Freud ist

Dessen Hauptwerk *Griechische Denker*, eine von der Erfahrungsphilosophie, von John Stuart Mills Pragmatismus und Positivismus geprägte Geschichte der griechischen Philosophie, rechnete Freud noch 1906 zu seinen Lieblingsbüchern (Briefe: 260). Wie sehr sich allerdings das Antikenbild von Gomperz zu Freud gewandelt hat, zeigt die unterschiedliche Stellung, die Plato bei beiden einnimmt. Gomperz belächelte Platon wegen seiner »naiven« Ideenlehre, pries ihn aber »als Entdecker der Gesetze der Ideen-Assoziation, als Vorkämpfer der Frauenemanzipation, als Urheber der Lehren von der Hierarchie der Wissenschaften, von der Vorzüglichkeit ›gemischter‹ Verfassungen, von der Teilung der Gewalten, ja sogar als Urheber eines Wahlverfahrens mit Minderheitsvertretung« (nach Gomperz 1974: 302). Hält man neben diese Wertung Platos, die ihn zum Vorläufer des bürgerlichen Liberalismus macht, die Freuds, die den Mythos von der Entstehung der Geschlechter aus Platos *Symposion* zur Voraussetzung seiner Spekulation über Eros und Thanatos nimmt, so wird der ganze Unterschied deutlich. Freud versuchte, die in *Jenseits des Lustprinzips* entwickelte dualistische Triebtheorie vom Mythos her zu begründen.

In Jacob Burckhardts damals gerade aus dem Nachlaß publizierten Opus, *Griechsche Kulturgeschichte*, die Freud zur Erholung neben der Arbeit an der *Traumdeutung* las, fand er »unerwartete Parallelen« zu seiner eigenen Arbeit. Verdeutlichend fügt er hinzu: »Meine Vorliebe für das Prähistorische in allen menschlichen Formen ist im gleichen geblieben« (Anf: 236). Wollte man den Punkt angeben, wo das Antikenbild Hofmannsthals und Freuds sich überschneidet, ja eine innere Verwandtschaft ihres Denkens besteht, so ist es eben dieser: *die Vorliebe für das Prähistorische*, das eigentümliche Zusammengehen von Archaik und Moderne, Mythos und Wissenschaft.[53] Für Hofmannsthal ist es – wie bereits dargestellt – der grundlegende Zug seines Griechenbildes, wie es sich aus seinen Dramen und Prosaaufsätzen rekonstruieren läßt, für Freud ist es eine charakteristische Eigenheit seines analytischen Denkens überhaupt.

Paul Ricoeur hat gezeigt (1974: 205), in welchen Formen das Gewicht, das Freud der Vorzeit beimißt, schon in den im engeren Sinne psychoanalytischen, noch nicht kulturkritischen Schriften zum Ausdruck kommt:

»›Unzerstörbarkeit des Wunsches‹ gemäß der *Traumdeutung*, ›Zeitlosigkeit‹ des Unbewußten, gemäß den metapsychologischen Versuchen; die *Drei Ab-*

Psychologische Beobachtungen an griechischen Philosophen aus dem Jahre 1904, 1924 in der psychoanalytischen Zeitschrift *Imago* 10: 1-92 erschienen. Heinrich Gomperz versucht dort in vorsichtiger Weise, die psychoanalytische Methode – vorwiegend in einer Analyse des Charakters des Sokrates – anzuwenden.

53 Auch Klimt suchte, wie Carl E. Schorske eindringlich gezeigt hat, die Modernität, indem er »die verborgenen Triebmächte des archaischen Griechenland« (1982: 254) hervorrief. An anderer Stelle bemerkt Schorske: »Ebenso wie Freud mit seiner Leidenschaft für archaische Kultur und archäologische Ausgrabung tat, benutzt Klimt antike Symbole als metaphorische Brücke zur Ausgrabung des Trieblebens und besonders des erotischen« (ebd.: 222 f.). Gerhart Hauptmann ist ihnen darin – wie Peter Sprengel in seiner demnächst erscheinenden monographischen Darstellung, *Die Wirklichkeit der Mythen. Neue Quellen zu Leben* und Werk Gerhart Hauptmanns, deutlich gemacht hat – gefolgt. Vgl. etwa CA III 63.

handlungen [*zur Sexualtheorie*] fügen diesem Hauptthema die Idee einer ursprünglichen Abirrung des Geschlechtstriebes hinzu, Abirrung in bezug auf sein Objekt und sein Ziel«.

Bezeichnenderweise erläutert Freud die kaum vorstellbare Annahme der Zeitlosigkeit des Unbewußten wieder mit einem Bild aus der Archäologie. Er vergleicht die Erinnerungsschichten, die im Unbewußten ohne Einbuße übereinanderliegen, mit den historischen Schichten der Ewigen Stadt. Im Unbewußten existieren – dies der Unterschied zu Rom – die verschiedenen Schichten vollständig und frei von Zerfall und Vergänglichkeit ineinander verschoben (Stud IX: 201-203), eine Annahme, die sich letztlich der bildlichen Verdeutlichung entzieht und die Grenze der Metapher deutlich macht.

Das Ziel von Freuds *recherche du temps perdu* ist die Freilegung einer archaischen Vergangenheit, die unterhalb der Kulturschicht weiterhin wirksam ist. In *Totem und Tabu*, das den Untertitel *Einige Übereinstimmungen im Seelenleben der Wilden und der Neurotiker* trägt, überträgt er dieses zunächst individualgeschichtlich verstandene Unternehmen auf die Menschheitsgeschichte.[54] Der »Primitive« wird zum »Bruder des Neurotikers«.[55] Dieser ist für Freud der Zeuge des Fortlebens archaischer Konstitution auch im Zivilisierten, was er durch einen Vergleich ethnologischen Materials mit den Ergebnissen der Psychoanalyse zu erweisen sucht. Der Ödipus der Phantasie aus den Träumen seiner Patienten wird zurückgeführt auf die Erinnerung an die Tat eines historischen Ödipus, der den Urvater erschlug und damit den Anfang der Geschichte setzte. Das in Reaktion auf diese Tat innerhalb der Brüderhorde, aus der der Verbrecher hervorgegangen war, entstandene Schuldgefühl setzt den Beginn der Kulturentwicklung frei, »die Anfänge von Religion, Sittlichkeit, Gesellschaft und Kunst« (Stud IX: 439). Sinn des Kulturprozesses ist, eine Erneuerung der Tat zu verhindern, von daher die Entstehung von Religion und Moral. Um das Nachwirken einer Tat über Generationsreihen hinweg erklären zu können, postuliert Freud »die Vererbung psychischer Dispositionen« (Stud IX: 441). Diese Vorstellung, später als »archaische Erbschaft« systematisiert, ist von C. G. Jung angeregt worden und von dem Mythenverständnis Bachofens so weit nicht entfernt. Alfred Bäumler schreibt in seiner Einleitung zu Bachofens *Mutterrecht*:

»Der Mythus reicht in die Urzeit nicht nur, sondern auch in die Urgründe der Menschenseele hinab. Wer in diese Gründe einen Blick getan hat, der hat

54 Es handelt sich dabei allerdings nicht um bloße Analogisierung, denn in seiner Ödipusdeutung war mit der Inzestschranke als Voraussetzung der Kulturentwicklung die Verzahnung von Individuellem und Universellem, Einzelwesen und Kultur bereits angelegt.

55 Wie unmittelbar diese Vorstellung in die Metaphorik der Freudschen Rede eindringt, zeigt noch eine seiner letzten Aufzeichnungen (vom 12. Juli 1938): »Beim Neurotiker ist man wie in einer prähistorischen Landschaft, z. B. im Jura. Die großen Saurier tummeln sich noch herum, und die Schachtelhalme sind palmenhoch (?)« (GW XVII: 151).

auch etwas vom Mythus gesehen. [. . .] Der Mythus ist schlechterdings ungeschichtlich« (Bachofen 1926: XC f.).

Analog hierzu führt Freud das Eintauchen in die Träume auch in die seelischen Altertümer zurück, und er beanspruchte für die Psychoanalyse, mit ihrer Einsicht in Traum und Neurose auch zu den Mythen, zur Vorgeschichte der Menschheit gefunden zu haben:

»Die Vorzeit, in welche die Traumarbeit uns zurückführt, ist eine zweifache, erstens die individuelle Vorzeit, die Kindheit, andererseits, insofern jedes Individuum in seiner Kindheit die ganze Entwicklung der Menschenart irgendwie abgekürzt wiederholt, auch diese Vorzeit, die phylogenetische« (Stud I: 204).

So hätte Hugo von Hofmannsthal in *Totem und Tabu* eine nachträgliche Bestätigung seiner Archaik mit Psychologie verknüpfenden Deutung des Mythos finden können, denn er hat die Psychoanalyse in die Vorzeit getragen, bevor Freud selbst sich auf den Weg zu den Anfängen der Kultur machte. In Hofmannsthals griechischen Stücken wird das Fortleben prähistorischer Triebe offenbar, für die Freud in Träumen, Neurosen und Fehlleistungen Zeugnisse gefunden zu haben glaubte.

Die Idee einer archaischen Erbschaft impliziert, daß der Einzelne ein universelles, vorindividuelles Schicksal miterlebt.

»Diese Erkenntnis«, so Herbert Marcuse, »untergräbt eine der stärksten ideologischen Befestigungen der modernen Kultur – nämlich die Vorstellung vom autonomen Individuum« (Marcuse 1969: 61).

Auch hierin formulieren Hofmannsthals griechische Dramen eine mit Freud gemeinsame Erfahrung:

»Meine antiken Stücke haben es alle drei mit der Auflösung des Individualbegriffs zu tun. In der ›Elektra‹ wird das Individuum in der empirischen Weise aufgelöst [. . .] Elektra ist nicht mehr Elektra, weil sie eben ganz und gar Elektra zu sein sich weihte. Das Individuum kann nur schemenhaft dort bestehen bleiben, wo ein Kompromiß zwischen dem Gemeinen und dem Individuellen geschlossen wird« (A: 201).

Freud allerdings hat – und dies zeigt seine unterschiedliche Stellung zum gleichen Phänomen – die Sache des Individuums so schnell nicht aufgegeben. Psychotherapie ist der Versuch, die Kräfte gegenüber archaischen Instinkten zu stärken. Dennoch trägt seine Geschichtsphilosophie, die an den Anfang der Kultur die Schuld setzt und weiß, wie leicht die schlummernden archaischen Triebe die kulturellen Fesseln zu sprengen vermögen, einen pessimistischen Zug. Sie ist in der Bewertung des Kulturprozesses außerordentlich ambivalent. Freud weiß, daß ein Zurück nicht denkbar ist, aber auch, daß die höchsten Werte der Zivilisation auf Triebunterdrückung beruhen, daß der Eintritt des

Individuums in die Kultur nur konflikthaft möglich ist. Seine Theorie ist nach Herbert Marcuse (1969: 17) »die wohl unwiderleglichste Anklage gegen die westliche Kultur und zur gleichen Zeit die unangreifbarste Verteidigung eben dieser Kultur«.

Von der neueren Ethnologie wird Freuds Darstellung von *Totem und Tabu* als ein gewaltiger circulus vitiosus angesehen, bei dem die Phantasie des Analytikers mit der des Analysierten übereinstimmt (Lévi-Strauss 1971: 563). Freud sah in der Situation der ältesten Griechentragödie eine Reminiszenz an jene große urzeitliche Tragödie, mit der die Kultur begann: den Vatermord. In raffinierter Entstellung ist die ursprüngliche Situation vertauscht. Der tragische Held ist der Urvater, der für den Chor, die Brüderhorde leidet. Nach Freud ist die griechische Tragödie aus der Totemmahlzeit hervorgegangen, ist die ambivalente Zelebrierung des ursprünglichen Verbrechens. Nach der Interpretation Paul Ricoeurs (1974: 218) trifft das Umgekehrte zu:

> »[. . .] der Freudsche Mythos ist die positivistische Transkription des tragischen Mythos in den ethnographischen Termini des beginnenden 20. Jahrhunderts. Durch diese positivistische Transkription meint Freud den Phantasien seiner Patienten und denen seiner Selbstanalyse die Präambel einer wahren Geschichte zu liefern«.

So gesehen, war für Sigmund Freud ganz wie für Hugo von Hofmannsthal die Antike ein »magischer Spiegel«, der es ihm ermöglichte, die eigene Situation zu objektivieren, ja – wie Hofmannsthal – vom Individuellen auf das Universelle zu schließen. Denn allein der Mythos gestattete es ihm, das in der Analyse seiner Patienten und in der Selbstanalyse gefundene Triebschicksal zu einem allgemeinen zu proklamieren.

Bibliographie

1. *Primärliteratur*

1.1 *Ungedrucktes*

1.1.1 Hermann-Bahr-Archiv der Theatersammlung der Österreichischen Nationalbibliothek, Wien
- Briefe aus dem Freud-Kreis an Hermann Bahr
- Tagebuchaufzeichnungen über Freud (1903/04)
- ›Dialog vom Laster‹ (1904/14)

1.1.2 Karl-Kraus-Archiv der Wiener Stadtbibliothek
- Briefe von Freud an Karl Kraus
- Briefe von Fritz Wittels
- Fahnenkorrekturen von Karl Kraus zu Aphorismen über die Psychoanalyse in der Fackel und in Aphorismensammlungen sowie zum Drama ›Traumstück‹ (1923)

1.1.3 Archiv der Akademie der Wissenschaften, Wien
- Tagebuch Arthur Schnitzlers 1879-1931

1.1.4 Archiv Heinrich Schnitzler, Wien
- philosophische Fragmente aus der frühen Studienzeit
- unveröffentlichte medizinische Arbeiten
- Entwürfe zu ›Paracelsus‹, ›Leutnant Gustl‹ und ›Frau Beate und ihr Sohn‹

1.1.5 Schnitzler-Archiv der Universität Freiburg i. Br.
- Briefwechsel und Entwürfe

1.2 *Gedrucktes*

Altenberg, Peter
(²1906). Pròdromos. Berlin
Andreas-Salomé, Lou
1921). Narzißmus als Doppelrichtung. In: Imago 7
(1931). Mein Dank an Freud. Offener Brief an Professor Sigmund Freud zu seinem 75. Geburtstag. Wien: Internationaler Psychoanalytischer Verlag
(1958). In der Schule bei Freud. Tagebuch eines Jahres 1912/1913. Aus dem Nachlaß herausgegeben von Ernst Pfeiffer. Zürich
Aristoteles
(1897). *Poetik*. Übersetzt und eingeleitet von Theodor Gomperz. Mit einer Abhandlung: *Wahrheit und Irrtum in der Katharsistheorie des Aristoteles* von Alfred Freiherr von Berger, Leipzig: Veit & Comp.
Aschaffenburg, Gustav
(1907). Die neueren Theorien der Hysterie. (Nach einem auf dem internationalen

Kongreß für Psychiatrie und Psychologie in Amsterdam am 4. September 1907 erstatteten Referat) In: Deutsche Medizinische Wochenschrift 33, 2, 1809-1813
Bach, David
(1909), ›Elektra‹ von Richard Strauß. (Zur ersten Aufführung in der Hofoper.) In: Arbeiter-Zeitung (Morgenblatt). Zentralorgan der österreichischen Sozialdemokratie. Wien, 26. 3. 1909, S. 1 f.
Bachofen, Johann Jakob
(1926). Der Mythos von Orient und Occident. Eine Metaphysik der alten Welt. Aus den Werken von J. J. Bachofen. Mit einer Einleitung von Alfred Baeumler, hg. v. Manfred Schroeter, München
Bahr, Hermann
(1904). Dialog vom Tragischen. Berlin: S. Fischer
(1905). Dialog vom Marsyas. Berlin: Bard, Marquardt & Co. (= Die Kultur, 4)
(1923). Selbstbildnis. Berlin
(1925). Liebe der Lebenden. Bd. I, Tagebücher 1921/23. Hildesheim
(1947). Meister und Meisterbriefe um Hermann Bahr. Aus seinen Entwürfen, Tagebüchern und seinem Briefwechsel mit Richard Strauss, Hugo von Hofmannsthal, Max Reinhardt, Josef Kainz, Eleonore Duse und Anna von Mildenburg. Ausgewählt und eingeleitet von Josef Gregor. Mit einer Einleitung: Die Theatersammlung der österreichischen Nationalbibliothek in den Jahren 1932-1946 von Karl Ecker. Wien
(1963). Kritiken (= Theater der Jahrhundertwende). Auswahl und Einführung von Heinz Kindermann zum 100. Geburtstag des Dichters. Wien
(1968). Zur Überwindung des Naturalismus. Theoretische Schriften 1887-1904. Ausgewählt, eingeleitet und erläutert von Gotthart Wunberg. Stuttgart/Berlin
Barrès, Maurice
(1966). Le culte du Moi (Sous l'œil des Barbares. Un homme libre. Le Jardin de Bérénice). Ed. def. Paris, Plon
Beer-Hofmann, Richard
(1963). Gesammelte Werke (Geleitwort von Martin Buber), Frankfurt/M., Fischer
Berg, Leo
(1906). ›Oedipus und die Sphinx‹. Tragödie in drei Aufzügen von Hugo von Hofmannsthal. (Deutsches Theater Berlin, 2. Februar 1906) (Das Literarische Echo, 15. März 1906). In: Wunberg 1972, 147-151
Berger, Alfred Freiherr von
(1896). Chirurgie der Seele. In: Morgen-Presse, Wien, 49. Jg., Nr. 32, 2. 2. 1896, S. 1 f.; Teilabdruck in: Psychoanalytische Bewegung 4 (1932), 73-76
Bölsche, Wilhelm
(1887). Die naturwissenschaftlichen Grundlagen der Poesie. Prolegomena einer realistischen Ästhetik. Leipzig: Meissner
Borchardt, Rudolf
(1959). Über Alkestis (1/1920). In: Gesammelte Werke in Einzelbänden. Prosa II. Hg. v. Marie Luise Borchardt unter Mitarbeit von Ernst Zinn. Stuttgart, 235-294
Bourget, Paul
(1891). Physiologie der modernen Liebe. Nachgelassene Fragmente eines Werkes von Claude Larcher, gesammelt und herausgegeben von seinem Testamentsvollstrecker Paul Bourget. (= Physiologie de l'amour moderne, dt.) (Einzig autorisierte Übersetzung von Ottmar Dittrich) Budapest: E. Grimm
(1901). Le Disciple. In: Œuvres Complètes, Romans III, Paris ([1]1889)
(1903). Psychologische Abhandlungen (Essais de psychologie contemporaine, 1883-86) (dt. v. A. Köhler). Minden i. W.: Bruns
Brehm, Ludwig
(1906). Ödipus-Hofmannsthal. In: Der Deutsche (Berlin) 3/20 (17. Feb. 1906), 631 ff.

Breton, André
(1973). Interview with Professor Freud. In: Hendrik M. Ruitenbeek: Freud as we knew him. Detroit, 63 f. (1/1924)
Brücke, Ernst
(1877). Bruchstücke aus der Theorie der bildenden Künste. Leipzig
Burckhardt, Jacob
(1930/31). Griechische Kulturgeschichte. 4 Bde., Kritische Ausgabe von Felix Stähelin und Samuel Merian. Stuttgart/Basel
Burckhard, Max
(1900). Ein modernes Traumbuch (= Rez. der Traumdeutung von Sigmund Freud). In: Die Zeit, Bd. 22, Nr. 275, 6. Jan. 1900, 9-11; und ebd., Nr. 276, 13. Jan. 1900, 25-27; wiederabgedruckt in: JW II, 1047-1059
David, Jakob Julius
(1908/09). Gesammelte Werke. Herausgegeben von Ernst Heilborn und Erich Schmidt, 7 Bde., München/Leipzig: R. Piper & Co.
(1900). Traumdeutung. (über Sigmund Freud: Die Traumdeutung. Wien 1900). In: Die Nation (Wochenschrift für Politik, Volkswirtschaft und Literatur. Hg. v. Dr. Th. Barth. Berlin) Nr. 17, Bd. 17 (= 27. 1. 1900), S. 239 f.
Dörmann, Felix
([1]1891). Neurotica. München/Leipzig. Georg Müller, 1914
(1892). Sensationen. Wien: Verlag von Leopold Weiss
Dujardin, Edouard
(1925). Les lauriers sont coupés. Ed. déf. par Jacque Emile Blanche. Préface de Valéry Larbaud. Paris, Messein
(1931). Le monologue intérieur. Son apparition, ses origines, sa place dans l'œuvre de James Joyce. Avec un index des écrivains cités. Paris, Messein
Ebner-Eschenbach, Marie v./Breuer, Josef
(1969). Ein Briefwechsel. 1899-1916. Hg. v. Robert A. Kann. Wien
Ehrenfels, Christian von
(1905). Die Stürmer. Drei Chordramen (Siegmar und Heliea; Ullrich; Agathe). Gedruckt als Manuskript bei k. u. k. Hofbuchdrucker Fr. Winiker & Schickardt, Brünn
Exner, Sigmund
(1882). Die Physiologie des Fliegens und Schwebens in den bildenden Künsten. Wien, Braumüller
Fliess, Wilhelm
(1906). In eigener Sache. Gegen Otto Weininger und Hermann Swoboda. Berlin: Emil Goldschmidt
Franzos, Karl Emil (Hg.)
(1890/91). Die Suggestion und die Dichtung. In: Deutsche Dichtung 9: 71-80, 125-130, 179-181, 207-209, 251-253, 303-305; 10: 25-27, 71-73
Freud, Ernst u. a. (Hg.)
(1976). Sigmund Freud. Sein Leben in Bildern und Texten. Herausgegeben von Ernst Freud, Lucie Freud und Ilse Grubrich-Simitis. Mit einer biographischen Skizze von K. R. Eissler. Frankfurt/M.
Freud, Sigmund
(1886/x)[1]. Über männliche Hysterie. Vortrag in der Gesellschaft der Ärzte in Wien, 15. Oktober 1886. Berichte: a. Wien. med. Bl. 9 (1886) 1292-94; b. Wien. med. Presse 27 (1886) 1407-10; c. Wien. med. Wschr. 36 (1886) 1445-47
(1886/d). Beiträge zur Kasuistik der Hysterie. I. Beobachtung einer hochgradigen He-

1 x bedeutet: Bericht eines unbekannten Verfassers über einen Vortrag (hier Freuds).

mianästhesie bei einem hysterischen Manne (vorgetragen in der k. k. Gesellschaft der Ärzte in Wien am 26. November 1886). In: Wiener Med. Wschr. 1886 (Nr. 49), Sp. 1633-38 und (Nr. 50), Sp. 1674-76 (Untersuchung des Sehorgans vom Dozenten Dr. L. Königstein)
(1886/f). Übersetzung (mit Vorwort und zusätzlichen Fußnoten) von Jean Martin Charcot: Leçons sur les maladies du système nerveux, Bd. III, Paris 1887, unter dem Titel: Neue Vorlesungen über die Krankheiten des Nervensystems insbesondere über Hysterie. Autorisierte deutsche Ausgabe von Dr. Sigmund Freud. Leipzig/Wien
(1887/a). Besprechung von Averbeck, »Die akute Neurasthenie«, Wien. med. Wschr., Bd. 37, S. 138
(1887/b). Besprechung von S. Weir Mitchell, »Die Behandlung gewisser Formen von Neurasthenie und Hysterie«, Berlin 1887 (übers. v. G. Klemperer), Wien. med. Wschr., Bd. 37, S. 138
(1888/b). ›Aphasie‹, ›Gehirn (I. Anatomie des Gehirns‹, ›Hysterie‹ und ›Hysteroepilepsie‹. In: A. Villaret: Handwörterbuch der gesamten Medizin, Bd. 1, Stuttgart (Die Autorschaft beruht auf Vermutung, da die Artikel nicht gezeichnet sind.)
(1888-89). Übersetzung (mit Einführung und zusätzlichen Fußnoten) von H. Bernheim, ›De la suggestion et de ses applications à la thérapeutique‹, Paris 1886; unter dem Titel ›Die Suggestion und ihre Heilwirkung‹, Wien (Teil II, übers. von O. v. Springer; die Übersetzung wurde in zwei Hälften veröffentlicht, die erste Hälfte mit dem allgemeinen Teil und Freuds Einführung erschien im Sommer 1888, die zweite mit den von O. v. Springer übers. Krankengeschichten Anfang 1889).
(1892/a). Übersetzung von H. Bernheim, ›Hypnotisme, suggestion et psychothérapie; études nouvelles‹, Paris 1891– unter dem Titel ›Neue Studien über Hypnotismus, Suggestion und Psychotherapie‹, Wien
(1892/x). Über Hypnose und Suggestion (Vortrag, gehalten im Wiener medizinischen Klub am 27. April und 4. Mai 1892. Originalbericht der Intern. Klinischen Rundschau). In: IKR 6 (1892), Sp. 814-18 und 853-56 (unsigniert)
(1892-94). Übersetzung (mit Vorrede und zusätzlichen Fußnoten) von J.-M. Charcot: ›Leçons du mardi à la Salpêtrière‹ (1878-8), Paris 1888, unter dem Titel ›Poliklinische Vorträge‹, Bd. 1, Wien (Bd. 2 übers. von M. Kahane, Wien 1895).
(1895/x). ›Über Hysterie‹. Drei Vorträge vor dem Wiener medicinischen Doctorencollegium (14., 21. und 28. Oktober 1885). Originalbericht der Wiener Klinischen Rundschau 9, S. 662 f. 679 f. und 696 f.
(1955). Briefe an Arthur Schnitzler, in: Neue Rundschau 66, S. 95-106
Freud, Sigmund/Andreas-Salomé, Lou
(1966). Briefwechsel. Herausgegeben von Ernst Pfeiffer. Frankfurt/M.
(1968). Gesammelte Werke (18 Bde.), London 1940-52; Bd. 18, Frankfurt/M.; seit 1960 die gesamte Edition bei S. Fischer Verlag, Frankfurt/M.
(^{2}1968). Briefe 1873-1939, herausgegeben von E. und L. Freud. Frankfurt/M.
Freud, Sigmund/Zweig, Arnold
(1968). Briefwechsel, herausgegeben von E. und L. Freud. Frankfurt/M.
(1969-75). Studienausgabe (10 Bde. sowie unnumerierter Ergänzungsband), Frankfurt/M.
Freud, Sigmund/Breuer, Joseph
(1970). Studien über Hysterie (1/1895). Frankfurt/M.
(1971). Selbstdarstellung. Schriften zur Geschichte der Psychoanalyse. Herausgegeben und eingeleitet von Ilse Grubrich-Simitis. Frankfurt/M.
(1973). Der Wahn und die Träume in W. Jensens »Gradiva« mit dem Text der Erzählung von Wilhelm Jensen. Hg. und eingeleitet von Bernd Urban und Johannes Cremerius. Frankfurt/M.
Freud, Sigmund/Jung, C. G.

(1974). Briefwechsel. Herausgegeben von William Mc Guire und Wolfgang Sauerländer, Frankfurt/M.
(1975). Aus den Anfängen der Psychoanalyse. Briefe an Wilhelm Fließ. Abhandlungen und Notizen aus den Jahren 1887-1902, Frankfurt/M.
Friedell, Egon
(1931). Kulturgeschichte der Neuzeit. Die Krisis der europäischen Seele von der Schwarzen Pest bis zum Ersten Weltkrieg. Bd. III, 5. Buch: Imperialismus und Impressionismus. München, 331-554
Friedländer, Adolf Albrecht
(1901/10). Hysterie und moderne Psychoanalyse. In: Psychiatrisch-Neurologische Wochenschrift 11, 393-96; 406-08; 424-26; 435-36; 442-45
Furtmüller, Carl
(1913). Schnitzlers's Tragikkomödie »Das weite Land«, Zentralblatt für Psychoanalyse und Psychotherapie, 4: 28-40
Goldmann, Paul
(1908). ›Ödipus und die Sphinx‹ von Hugo von Hofmannsthal. In ders.: Vom Rückgang der deutschen Bühne. Polemische Aufsätze über Berliner Theateraufführungen. Frankfurt/M: Rütten & Loening, 136-50. – Zuerst in: Neue Freie Presse, 11. Feb. 1906
Gomperz, Theodor
(1974). Ein Gelehrtenleben im Bürgertum der Franz-Josefs-Zeit. Wien
Graf, Max
(o. J.). Jede Stunde war erfüllt. Ein halbes Jahrhundert Musik- und Theaterleben. Wien/Frankfurt
Harden, Maximilian
(1906). Ödipus. In: Zukunft 54 (17. Feb. 1906) 251-63
Hart, Julius
(1903). (Rez. »Elektra«. Uraufführung.) In: Der Tag, Berlin (1. Nov. 1903)
(1906). (Rez. »Ödipus und die Sphinx«) In: Der Tag, Berlin (7. Feb. 1906)
Hamsun, Knut
(1964). Psychologie und Dichtung. Vorträge und Aufsätze zur Literaturkritik. Mit einem Vorwort von Tore Hamsun (Übersetzung aus dem Norwegischen und Nachwort von Anni Carlsson) Stuttgart, Kohlhammer
Heilborn, Ernst
(1903/04). Theater (Rez. »Elektra«) In: Nation 21, 93-95
(1906). Theater (Rez. »Ödipus und die Sphinx«) In: Nation 23, 19 (10. Feb. 1906), S. 301 f.
Herzfeld, Marie
(1904). Leonardo da Vinci, der Denker, Forscher und Poet. Nach den veröffentlichten Handschriften. Auswahl, Übersetzung und Einleitung von Marie Herzfeld. Leipzig: Eugen Diederichs
Hirsch, Friedrich E.
(1906). Ödipus auf der Bühne. In: Österreichische Rundschau 6/70 (= 1. März 1906) 223 f.
Hochdorf, Max
(1906). (Rez. »Ödipus und die Sphinx«) In: Sozialistische Monatshefte 12/4 (April 1906) 348
Hofmannsthal, Hugo von
(1935). Briefe 1890-1901. Berlin: S. Fischer Verlag
(1937). Briefe 1900-1909. Wien: Bermann-Fischer-Verlag
(1945-59). Gesammelte Werke in Einzelausgaben, 15 Bde., hg. v. Herbert Steiner. Stockholm: Bermann-Fischer; (später:) Frankfurt/M.: S. Fischer

Hofmannsthal, Hugo v./Bodenhausen, Eberhard v.
(1953). Briefe der Freundschaft. Hg. v. Dora von Bodenhausen. Düsseldorf
Hofmannsthal, Hugo v./George, Stefan
(2/1953). Briefwechsel. Hg. v. Robert Boehringer. München/Düsseldorf ([1]1938)
Hofmannsthal, Hugo v./Borchardt, Rudolf
(1954). Briefwechsel. Hg. v. Marie Luise Borchardt und Herbert Steiner, Frankfurt/M.
Hofmannsthal, Hugo v./Schnitzler, Arthur
(1964). Briefwechsel. Hg. v. Therese Nickl und Heinrich Schnitzler. Frankfurt/M.
Hofmannsthal, Hugo v./Bebenburg, Edgar Karg v.
(1966). Briefwechsel. Hg. v. Mary E. Gilbert. Frankfurt/M.
Hofmannsthal, Hugo von
(1967). Briefe an Marie Herzfeld. Hg. v. Horst Weber, Heidelberg
Hofmannsthal, Hugo v./Andrian, Leopold v.
(1968). Briefwechsel. Hg. v. Walter Perl. Frankfurt/M.
Hofmannsthal, Hugo v./Beer – Hofmann, Richard
(1972). Briefwechsel. Hg. v. Eugène Weber. Frankfurt/M.
(1979). Gesammelte Werke. Dramen II 1892-1905. Hg. v. Bernd Schoeller in Beratung mit Rudolf Hirsch, Frankfurt/M.
Hofmannsthal, Hugo v./Strauss, Richard
([5]1978). Briefwechsel. Hg. v. Willy Schuh. Zürich/Freiburg i. Br.
Hofmiller, Josef
(1910). Ödipus und die Sphinx. In: ders.: Zeitgenossen. München: Verlag der Süddeutschen Monatshefte, 277-88; – zuerst in: Süddeutsche Montashefte III, 3 (1906), 323-34
Huysmans, Joris Karl
(1903). Da unten! Roman (Là-bas, [1]1891). Leipzig-Rendnitz: J. Hegner. 2. Bde. (= Kulturhistorische Liebhaberbibliothek 6.7.)
(1965). Gegen den Strich (A Rebours, 1884) (Deutsch von Hans Jacob). Mit einer Einführung von Robert Baldick und einem Essay von Paul Valéry. Zürich: Manesse
Jacobsohn, Siegfried
(1910). Ödipus und die Sphinx. In: ders.: Max Reinhardt. Berlin: Erich Reiss, 6-13. – zuerst in: Schaubühne II, 6 (8. Feb. 1906), 160-66
Janet, Pierre
(1913). Psycho-Analyses. In: XVIIth International Congress of Medicine, London 1913, Section 12: Psychiatry Part I, S. 13-64
Kassner, Rudolf
(1900). Die Mystik, die Künstler und das Leben. Über englische Dichter und Maler im 19. Jahrhundert. Leipzig: Eugen Diederichs
Kerr, Alfred
(1906). Oedipus und der Ruf des Lebens (Neue Rundschau, April 1906). In: Wunberg 1972, 151-155
Klaar, Alfred
(1906). Hofmannsthals ›Ödipus und die Sphinx‹ im Deutschen Theater zu Berlin. In: Österreichische Rundschau 6/67 (= 8. Feb. 1906), 88-91
Kienzl, Hermann
(1907). Hugo von Hofmannsthal: ›Ödipus and die Sphinx‹ (Deutsches Theater). In: ders.: Die Bühne im Echo der Zeit (1905-1907) Berlin: Concordia. Deutsche Verlagsanstalt, 212-21; – zuerst in: Blaubuch I, 6 (1906)
Kraus, Karl
(1954-70). Werke. Hg. v. Heinrich Fischer. 14 Bde. u. 3 Supplementbände. München

(1968-76) (Hg.): Die Fackel Nr. 1-922 (1899-1936). Neuausgabe (Photomechanischer Neudruck) hg. v. Heinrich Fischer, 12 Bde., München/Frankfurt (zweitausendeins)
(1974). Briefe an Sidonie Nádherný von Bourutin, 1913-1936. Hg. v. Heinrich Fischer und Michael Lazarus, 2 Bde., München
(1979). Frühe Schriften: 1892-1900. Hg. v. J. J. Braakenburg, 2 Bde., München

Ladame, Paul-Louis
(1913). Nêvroses et Sexualité. In: L'Encéphale (= Organe officiel de la Société de Psychiatrie de Paris) 8/1, 51-72, 157-180

Landauer, Gustav
(1907). Hofmannsthals ›Ödipus‹. In: Blaubuch 2/28 (Juli 1907), 859-68

Löwenfeld, Leopold
(3/1903). Sexualleben und Nervenleiden, 4. Auflage, Wiesbaden

Lorenz, Emil
(1914). Die Geschichte des Bergmanns von Falun, vornehmlich bei E. T. A. Hoffmann, Richard Wagner und Hugo von Hofmannsthal. In: Imago 3, 250-301
(1956). Als Freud noch Einlaßscheine ausgab. In: Forum 3, 177-79

Lothar, Ernst
(1961). Das Wunder des Überlebens, Wien

Ludwig, Otto
(1908). Dramatische Studien (= Werke Bd. 4) Hg. v. Arthur Eloesser. Berlin/Leipzig/Wien/Stuttgart

Mach, Ernst
(1896). Die Principien der Wärmelehre. (Historisch-kritisch entwickelt). Leipzig

Maeterlinck, Maurice
(1923). Der Schatz der Armen (Le trésor des humbles, 1896). (Autorisierte dt. Übersetzung von Friedrich v. Oppeln-Bronikowski), Jena: Diederichs

Mann, Thomas
(1925). Mein Verhältnis zur Psychoanalyse. In: Almanach für das Jahr 1926. Internationaler Psychoanalytischer Verlag, Wien. – Wiederabgedruckt in: T. M., Miszellen (= Das essayistische Werk, hg. v. Hans Bürgin, Bd. 8), Frankfurt/M. 1968, 91 f.
(1929). Die Stellung Freuds in der modernen Geistesgeschichte. Vortrag, gehalten auf Einladung des Clubs demokratischer Studenten am 16. Mai 1929 im Auditorium maximum der Universität München. Erstmals in ›Die psychoanalytische Bewegung‹, Wien, 1. Jg., H. 1 (Mai/Juni) 1929. Jetzt in: T. M., Schriften und Reden zur Literatur, Kunst und Philosophie 1 (= Das essayistische Werk, hg. v. Hans Bürgin, Bd. 1) Frankfurt/M., 367-385
(1936). Freud und die Zukunft. Festrede in Wien bei der Feier von Sigmund Freuds achtzigstem Geburtstag am 8. Mai 1936. Erstmals in ›Imago‹, Wien, 22. Band, 1936, 22-53; – jetzt in: T. M., Schriften und Reden zur Literatur, Kunst und Philosphie 2 (= Das essayistische Werk, hg. v. Hans Bürgin, Bd. 2), Frankfurt/M. 1968, 213-231
(1975). Briefe an Otto Grautoff 1894-1901 und Ida Boy-Ed 1903-1928. Hg. v. Peter de Mendelssohn. Frankfurt/M.

Mereschkowski, Dmitry Sergewitsch
(1903). Leonardo da Vinci. Ein biographischer Roman aus der Wende des 15. Jahrhunderts (Voskressie bogi, dt.) (Übers. von Carl von Gütschow), Leipzig

Musil, Robert
(1978). Der Mann ohne Eigenschaften, Roman. In: Gesammelte Werke I-V, hg. v. Adolf Frisé, Reinbek bei Hamburg

Nietzsche, Friedrich
(1956). Werke in drei Bänden. Hg. v. Karl Schlechta, München
(1976). Du sollst werden, der du bist. Psychologische Schriften. Ausgewählt und herausgegeben von Gerhard Wehr. Mit einem einleitenden Essay des Herausgebers:

»Nietzsche als Tiefenpsychologe« sowie einer Hinführung zu den Texten und Erläuterungen. München
Nordau, Max
(³1896). Entartung. [¹1892/93.] 2. Bde., Berlin: Carl Duncker
Nunberg, Hermann/Federn, Ernst (Hg.).
(1976 ff). Protokolle der Wiener Psychoanalytischen Vereinigung. Frankfurt/M.
Bd. I: 1906-1908
Bd. II: 1908-1910
Bd. III: 1910-1911
(1970). Minutes of the Vienna Psychoanalytic Society. Bd. 4: 1912-1918. New York
Pater, Walter
(1902). Die Renaissance. Studien in Kunst und Poesie. Autorisierte Ausgabe. Aus dem Englischen übertragen von Wilhelm Schölermann. Leipzig: Eugen Diederichs
(²1906). Die Renaissance. Studien in Kunst und Poesie. (The Renaissance, deutsch) (Übers. von Wilhelm Schölermann) – Jena/Leipzig: Eugen Diederichs
(1909). Imaginary Portraits. 8th ed. London, Macmillan
(⁶1912). The Renaissance. Studies in Art and Poetry. London
Pfennig, Richard
(1906). Wilhelm Fliess und seine Nachentdecker: O. Weininger und H. Swoboda. Berlin: Emil Goldschmidt
Rank, Otto
(1926). Das Inzest-Motiv in Dichtung und Sage. Grundzüge einer Psychologie des dichterischen Schaffens. 2., wesentl. verm. u. verb. Auflage (= reprogr. Nachdruck. Darmstadt 1974)
Reik, Theodor
(1912 a). Arthur Schnitzler vor dem »Anatol«, Psychoanalytisches, In: PAN, 899-905
(1912 b). Richard Beer-Hofmann. Leipzig: Sphinx
(1913 a). Die »Allmacht der Gedanken« bei Arthur Schnitzler. In: Imago 2, 319-339
(1913 b). Das Geschlechterverhältnis bei Arthur Schnitzler. In: Die Neue Generation, 9, Berlin, 128-135
(1913 c). Arthur Schnitzler als Psycholog. Minden
(1914). Schnitzler, »Frau Beate und ihr Sohn«. In: Imago, Bd. III, 1914, 537-39
(1919). Das Werk Richard Beer-Hofmanns, Wien/Berlin: Löwit
(1920). Ödipus und die Sphinx. In: Imago 6, 1920, 96-131. Auch in: ders.: Dogma and Compulsion, Psychoanalytic Studies in Mythes and Religions, 289-32
(1934). Der Tod und die Liebe (in memoriam Arthur Schnitzler). In: Almanach der Psychoanalyse, Wien, 78-84; – auch in ders.: Nachdenkliche Heiterkeit, Wien/Leipzig/Zürich 1933
(1949). Schnitzlers »The Murderer«. In: Author's Fragments of a great confession. New York, 426-445
(1965). Fragment of a Great Confession. A Psychoanalytic Autobiography. New York (¹1949)
(1972). Variations psychoanalytiques sur un thème de Gustave Mahler (The Haunting Melody, 1953) (Traduit de l'Américain par Philippe Rousseau). Préface de Jacqueline Rousseau-Dujardin, Paris: Denoel (= Collection ›Freud et son temps‹)
(1976). Dreißig Jahre mit Sigmund Freud. Mit bisher unveröffentlichten Briefen von Sigmund Freud an Theodor Reik. München
Rohde, Erwin
(²1898). Psyche. Seelenkult und Unsterblichkeitsglaube der Griechen. Zwei Bände in einem Band. Darmstadt 1961 (fotomechanischer Nachdruck der 2. Auflage, Freiburg i. Br./Leipzig/Tübingen)

Sachs, Hanns
(1913. Die Motivgestaltung bei Schnitzler, in: Imago 2, 302-318
(1950). Freud, Meister und Freund (Freud, Master and Friend). Deutsch von Emmy Sachs. London ([1]1944)
Salten, Felix
(1932/33). Aus den Anfängen. Erinnerungsskizzen. In: Jahrbuch deutscher Bibliophilen und Literaturfreunde. Bd. 18/19, 31-46
Schopenhauer, Arthur
(1946). »Transcendente Spekulation über die anscheinende Absichtlichkeit im Schicksal des Einzelnen« aus »Parerga et Paralipomena« I. In: Sämtliche Werke, hg. von A. Hübscher, Bd. 5, Wiesbaden, 232 ff.
Schmitt, Saladin
(1906). Der Wille zum »Leben als Form« im neueren Drama (Hauptmann: Und Pippa tanzt. Hofmannsthal: Oedipus und die Sphinx. Thomas Mann: Fiorenza). In: Mitteilungen der Literaturhistorischen Gesellschaft, Bonn. I, 5 (21. Juni 1906) 85-105
Schnitzler, Arthur
(1910). Vom jungen Herzl (Ein Brief vom 5. 8. 1892). In: Jüdischer Almanach, Wien
(1942). Meine Stellung zum Zionismus. In: Aufbau (New York) 8 No. 19 (= 9. Mai 1942), 17
Schnitzler, Arthur/Brandes, Georg
(1956). Ein Briefwechsel. Hg. und mit einer Einleitung versehen von Kurt Bergel. Bern
(1959). Leutnant Gustl – Äußeres Schicksal (Die Wahrheit über »Leutnant Gustl«, Eine Novelle, die einst zur »Affäre« wurde.) In: Die Presse, 25. 12. 1959 (Nr. 3454).
(1964). Anatol. Hg. v. Ernst L. Offermanns (= Komedia 6) Berlin
(1967). Roman-Fragment. Hg. v. Reinhard Urbach. In: Literatur und Kritik 13, 135-183
(1967). Aphorismen und Betrachtungen, Frankfurt/M.
Schnitzler, Arthur/Kraus, Karl
(1970). Karl Kraus und Arthur Schnitzler. Eine Dokumentation von Reinhard Urbach. In: Literatur und Kritik 49, S. 513-30
(1970). Liebe, die starb vor der Zeit. Arthur Schnitzler und Olga Waissnix. Ein Briefwechsel. Mit einem Vorwort von Hans Weigel. Wien/München/Zürich
(1970). Die Erzählenden Schriften, 2 Bde., Frankfurt/M. ([1]1961)
(1971). Jugend in Wien. Eine Autobiographie. Hg. v. Therese Nickl und Heinrich Schnitzler. Mit einem Nachwort von Friedrich Torberg. Frankfurt/M. ([1]1968)
(1972). Die Dramatischen Werke, 2 Bde., Frankfurt/M. ([1]1962)
(1972). »Geist lebt vom Zuwenig der Worte«. Unveröffentlichte literarische Notizen Arthur Schnitzlers. Mitgeteilt und eingeleitet von Reinhard Urbach. In: Neue Züricher Zeitung, Nr. 362, 6. Aug. 1972, 43
Schnitzler, Arthur/Auernheimer, Raoul
(1972). The correspondance of Arthur Schnitzler and Raoul Auernheimer with Raoul Auernheimer's aphorisms. Hg. v. Donald G. Davian und Jorun B. Johns. Berkeley
(1973). Notizen zu Lektüre und Theaterbesuchen (1879-1927). Hg. und kommentiert von Reinhard Urbach. In: MAL 6, Nr. 3/4, 7-39
(1975). Hugo von Hofmannsthal »Charakteristik aus den Tagebüchern«. Mitgeteilt und kommentiert von Bernd Urban in Verbindung mit Werner Volke. Freiburg i. Br. (= Hofmannsthal-Forschungen III)
Schnitzler, Arthur/Sandrock, Adele
(1975). Dilly. Geschichte einer Liebe in Briefen, Bildern und Dokumenten. Zusammengestellt von Renate Wagner. Wien/München

Schnitzler, Arthur/Brahm, Otto
(1975). Briefwechsel. Vollständige Ausgabe. Hg., eingeleitet und erläutert von Oskar Seidlin. Tübingen (1/1953) (= Deutsche Texte 35, Gotthart Wunberg)
(1976). Über Psychoanalyse. Hg. v. Reinhard Urbach. In: Protokolle 2, 277-284
(1977). Entworfenes und Verworfenes. Aus dem Nachlaß. Hg. v. Reinhard Urbach. Frankfurt/M.
(1981). Tagebuch 1909-1912. Unter Mitwirkung von Peter Michael Braunwarth, Richard Miklin, Maria Neyses, Susanne Perthik, Walter Ruprechter und Reinhard Urbach
Medizinische Schriften*
(1879). Von Amsterdam nach Yumiden (Von einem zweiten Berichterstatter). In: IKR 20 (No. 38 vom 21. 9. 1879), Sp. 1219-1221 (Bericht unsigniert. Zur Autorschaft vgl. J, 239
(1886/a). k. k. Gesellschaft der Ärzte in Wien (Sitzung vom 15. Oktober 1886). Vorsitzender: Hofrat von Bamberger. Schriftführer: Doz. Dr. Bergmeister (Orig. Bericht der »Wiener Mediz. Presse«). In: Wiener Medizinische Presse, Bd. 27, Sp. 1407-10 (= AS Bericht über Freuds Vortrag über männliche Hysterie am 15. 10. 1886) (Sign. mit S; Zuschreibung nicht gesichert!)
(1886/b). (Rez. von) Neue Vorlesungen über die Krankheiten des Nervensystems, insbesonders über Hysterie. Von J. M. Charcot. Autorisierte deutsche Ausgabe von Dr. Sigmund Freud, Dozent für Nervenkrankheiten an der k. k. Universität Wien. Wien/Leipzig. In: Wiener Medizinische Presse, Bd. 27, Sp. 1665
(1887/a. (Rez. von) Neue Vorlesungen über die Krankheiten des Nervensystems, insbesondere über Hysterie. Von J. M. Charcot. Autorisierte deutsche Ausgabe von Dr. Sigmund Freud, Dozent für Nervenkrankheiten an der k. k. Universität in Wien. Leipzig/Wien. In: Internationale Klinische Rundschau, Bd. 1, Sp. 19-20. Nachdruck Fischer-Almanach. Das achtundsiebzigste Jahr. Frankfurt/M. 1964, 135-138 (Allen: H 9)
(1887/b). (Rez. von) Die Behandlung gewisser Formen von Neurasthenie und Hysterie. Von Dr. Weir Mitchell. Berlin 1887. In: Internationale Klinische Rundschau, Bd. 1, Sp. 185-88 (Allen: H 7)
(1887/c). (Rez. von) Ueber multiple inselförmige Sklerose des Centralnervensystems im Kindesalter. Eine pädiatrisch-klinische Studie von Dr. H. Unger in Wien. Wien 1887. In: IKR 1, Sp. 469 f. (Sign.: A. S.) (Allen: H 11)
(1887/d). Die Zustände im K. K. allgemeinen Krankenhause in Wien (Glossen zur Budget-Debatte im österreichischen Abgeordnetenhause). In: IKR 1, Sp. 637-39 und 672 f. (1. Teil sign.: A. S.)
(1887/e). (Rez. von) Über moderne Fieberbehandlung. Von Prof. Unverricht in Jena. In: IKR 1, Sp. 959-964 (Sign.: Dr. A. Sch.)
(1887/f.). (Rez. von) Die syphilitischen Erkrankungen des Nervensystems. Von Dr. Theodor Rumpf. Wiesbaden 1887. In: IKR 1, Sp. 989-91 (Sign.: Dr. Arthur Schnitzler) (Allen: H 10)
(1887/g). Besprechung von »Handwörterbuch der gesammelten Medizin von Dr. A. Villaret, 2 Bde. Stuttgart: Ferdinand Enke, 1887«. In: IKR 1, Sp. 1023-1155 und 1551 (nicht sign.; ermittelt nach Register) (Allen: H 8)
(1887/h). Rez. von »Aetiologisches und Anatomisches über Lungenschwindsucht. Von Dr. Johannes Orth. Berlin 1887«. In: IKR 1, Sp. 1059 f. (Sign.: Dr. A. S.)

* In die Bibliographie aufgenommen wurden

1. solche Artikel, die für Arthur Schnitzlers Begegnung mit Sigmund Freud bedeutsam sind
2. alle nicht bei Allen (1966) verzeichneten Artikel. Ist dies doch der Fall, dann ist in Klammern die Signatur in Allens Bibliographie angegeben.

(1887/i). 60. Versammlung deutscher Naturforscher und Ärzte in Wiesbaden (Originalkorrespondenz der »Internationalen Klinischen Rundschau«). Sp. 1251-57 (Sign.: A. S.) (Allgemeine Eröffnung, 2 Vorträge), Sp. 1278 ff.

(1887/j). Besprechung von »Über Mikroorganismen bei Syphilis. Von Dr. Heinrich Fülles, Diss. Bonn 1887«. In: IKR 1, Sp. 1437 f. (Sign.: A. S.)

(1888/a). Rez. von »Die Morphiumsucht und ihre Behandlung. Von Dr. Albrecht Erlenmeyer. Dritte vermehrte und verbesserte Auflage. Berlin, Leipzig, Neuwied 1887«. In: IKR 2, Sp. 22 f. (Sign.: Dr. Arthur Schnitzler)

(1888/b). Besprechung von Adolf Keligmüller, »Lehrbuch der Krankheiten des Nervensystems«, Braunschweig 1887. In: IKR 2, Sp. 159 f. (Sign.: A. S.)

(1888/c). An die Leser. In: IKR 2, Sp. 559 f. (Sign.: Das Redaktions-Komité)

(1888/d). Londoner Briefe. In: IKR (I: Sp. 1067-69; II: Sp. 1164-66; III: Sp. 1237-39) (Sign.: Dr. Arthur Schnitzler)

(1888/e). Besprechung von »Die Suggestion und ihre Heilwirkung« von Dr. H. Bernheim. Autorisierte deutsche Ausgabe von Dr. Sigmund Freud. Leipzig/Wien. In: IKR 2, Sp. 1679 (unsign.)

(1889/a). Über funktionelle Aphonie und deren Behandlung durch Hypnose und Suggestion. In: IKR 3, Sp. 405-408; 457-461; 494-499; 583-586 (Separat-Abdruck aus der Internationalen Klinischen Rundschau, Wien: Wilhelm Braumüller)

(1889/b). (Rez. von) »Die Suggestion und ihre Heilwirkung. Von Dr. H. Bernheim. Autorisierte deutsche Ausgabe von Dr. Sigmund Freud, Dozent für Nervenkranheiten in Wien.« Leipzig und Wien 1888-89. In: IKR 3, Sp. 891-93 (Allen: H 14)

(1889/c). Besprechung von »Der Hypnotismus, seine Bedeutung und seine Handhabung. In kurzgefaßter Darstellung von Dr. Auguste Forel. Stuttgart: Ferdinand Enke, 1889. Über den Hypnotismus und seine Verwertung in der Praxis. Von Dr. W. Brügelmann. Berlin/Neuwied: Hense 1889«. (Sign.: A. S.). In: IKR 2, Sp. 1230 f.

(1889/d). Sylvesterbetrachtungen (31. 12. 1888). In: Internationale Klinische Rundschau, Bd. 3, 1889, Sp. 35-36

(1890/a). Besprechung von Mariano Semmola »Vorlesungen über experimentelle Pharmakologie und Klinische Therapie«. Deutsche autorisierte Ausgabe von Alfred del Torre. Mit einer Vorrede des Hofrathes Professor Dr. H. Nothnagel. Wien 1890. In: IKR 5, Sp. 533 f. (Sign.: Dr. Arthur Schnitzler)

(1890/b). (Rez. von) »Über psychische Therapie innerer Krankheiten. Von Prof. Dr. Rosenbach. Berlin. In: IKR 4, Sp. 1248-49 (Sign.: Dr. A. S.) (Alllen: H 17)

(1890/c). (Rez. von) »Die sexuelle Hygiene und ihre ethischen Konsequenzen. Drei Vorlesungen von Dr. med. Seved Ribbing. Deutsch von Dr. med. Oskar Reyher. Leipzig. In: IKR 4, Sp. 1937-39. Nachdruck: Fischer- Almanach. Das achtundsiebzigste Jahr. Frankfurt/M. 1964, 138-43 (Sign.: Dr. Arthur Schnitzler) (Allen: H 16)

(1891/a). (Rez.von) Der geniale Mensch. Von Cesare Lombroso. Autorisierte Übersetzung von Dr. M. O. Fraenkel. Hamburg«. In: IKR 5, Sp. 21-24 (Sign.: Dr. Arthur Schnitzler) (Allen: H 20)

(1891/b). (Rez. von) »Neue Forschungen auf dem Gebiete der Psychopathia sexualis. Eine medizinisch-psychologische Studie von Dr. R. v. Krafft-Ebing, o.ö. Professor für Psychiatrie und Nervenkrankheiten an der k. k. Universität Wien. Stuttgart 1890«. In: IKR 5, Sp. 69-70 (Sign.: Dr. A. S.) (Allen: H 22)

(1891/c). (Rez. von) »Klinische Vorlesungen über Psychiatrie. Auf wissenschaftlicher Grundlage für Studierende und Ärzte, Juristen und Psychologen. Von Hofrath Prof. Dr. Theodor Meynert, Wien 1890. In: IKR 5, Sp. 162 (unsign.) (Allen: H 21)

(1891/d). Besprechung von »Experimentelle Studien auf dem Gebiete der Gedankenübertragung und des sogenannten Hellsehens« von Charles Richert. Autorisierte deutsche Ausgabe von Dr. Albert Freiherr von Schrenck-Notzing. Stuttgart. In: IKR 5, Sp. 760-62 (Sign.: A. S.)

(1891/e). (Rez. von) Die Behandlung der Hysterie, der Neurasthenie und ähnlicher allgemeiner funktioneller Neurosen. Von Dr. V. Holst. Dritte umgearbeitete Auflage. Stuttgart. In: IKR 5, Sp. 1111 (Sign.: A. S.) (Allen: H 19)

(1891/f). Besprechung von »Die Syphilis, deren Wesen, Verlauf und Behandlung« von Dr. Schuster. Berlin [3]1891 In: IKR 5, Sp. 1190 (Sign.: A. S.)

(1891/g). 64. Versammlung der Gesellschaft deutscher Naturforscher und Ärzte in Halle a. S., 22. September 1891 (Original-Korrespondenz der »Internationalen Klinischen Rundschau«). In: IKR 5, Sp. 1520-24 (Sign.: 1. Hälfte des Berichts, Sp. 1521: A. S.) (Auch in A. Schnitzlers Liste der Kritik (Wiener Nachlaß, Rolle 3, File 63) aufgeführt)

(1891/h). Besprechung von »Die Grundsätze der Medizin« von Dr. P. Jatschenko« Wien. In: IKR 5, Sp. 1603-05 (Sign.: A. S.)

(1892/a). Rez. von »Handbuch der speziellen Anatomie des Menschen in topographischer Behandlung. Mit besonderer Berücksichtigung auf die Bedürfnisse der ärztlichen Tätigkeit. Von Geheimrath Dr. Joseph v. Gerlach. München und Leipzig. In: IKR 6, Sp. 705 f. (unsign.; nach Reg.)

(1892/b). Rez. von »Die Vererbung der Syphilis. Von Alfred Fournier. Im Einvernehmen mit dem Verfasser bearbeitet von Dr. Ernest Finger. Leipzig und Wien, 1892«. In: IKR 6, Sp. 741 f. (Sign.: A. S.)

(1892/c). Rez. von »Sammlung von popular-wissenschaftlichen Vorträgen über den Bau und die Leistungen des Gehirns. Von Prof. Theodor Meynert. Wien und Leipzig« In: IKR 6, Sp. 778 f. (Sign.: A. S.)

(1892/d). Rez. von »Der künstliche Schlaf und die ihm ähnlichen Zustände. Von Dr. A. A. Liébault. Autorisierte deutsche Ausgabe von Dr. med. Otto Dornblüh. Leipzig und Wien 1892«. In: IKR 6, Sp. 942 f. (Sign.: A. S.)

(1892/e). Rez. von »Der politische Verbrecher und die Revolutionen in anthropologischer, juristischer und staatswissenschaftlicher Beziehung. Von C. Lombroso und R. Laschi. Unter Mitwirkung des Verfassers deutsch herausgegeben von Dr. H. Kurella. Hamburg 1891-92«. In: IKR 6, Sp. 986 f. (Sign.: A. S.)

(1892/f). Rez. von »Über Gamophagie. Ein Versuch zum weiteren Ausbau der Theorie der Befruchtung und Vererbung von Josef Müller Stuttgart 1892«. In: IKR 6, Sp. 1064 f. (Sign.: A. S.)

(1892/g). Rez. von »Weibliche Ärzte. Eine Studie von S. Binder. Stuttgart 1892«. In: IKR 6, Sp. 1152 (Sign.: A. S.)

(1892/h). Rez. von »Cesare Lombroso und die Naturgeschichte des Verbrechers. Von Dr. H. Kurella. Hamburg« In: IKR 6, Sp. 1191 (Sign.: A. S.) (Allen: H 23)

(1892/i) Rez. von »Die Suggestionstherapie bei krankhaften Erscheinungen des Geschlechtssinnes. Mit besonderer Berücksichtigung der konträren Sexualempfindung. Von Dr. A. Freiherrn von Schrenck-Notzing. Stuttgart 1892«. In: IKR 6, Sp. 1232 f. (Sign.: A. S.)

(1892/j). Tagesnachrichten und Notizen: Vorkehrungen gegen die Cholera. In: IKR 6, Sp. 1282-85 (unsign.)

(1892/k). Rez. von »Atlas der Kehlkopfkrankheiten. Von Dr. Robert Krieg. Stuttgart«. In: IKR 6, Sp. 1509 f. (unsign.; lt. Reg. v. A. S.)

(1892/l). Rez. von »Poliklinische Vorträge. Von Prof. J. M. Charcot. – Übersetzt von Dr. Sigmund Freud, Privatdozent an der Universität Wien. Mit zahlreichen Holzschnitten im Text. Leipzig und Wien: Franz Stuhlich's Wwe.«. In: IKR 6, Sp. 1887 (Sign.: A. S.) (Allen: H. 26)

(1892/m). Rez. von »Der Hypnotismus in gemeinfasslicher Darstellung. Von Dr. Hans Schmidtkunz. Mit einer somnambulen Krankengeschichte. Stuttgart 1892«. In: IKR 6, Sp. 1959-61 (Sign.: A. S.) (Allen: H 24)

(1892/n). Rez. von »Neue Studien über Hypnotismus, Suggestion und Psychotherapie.

Von H. Bernheim, Professor der Medizin in Nancy. Übersetzt von Dr. Sigmund Freud, Privatdozent an der Universität Wien. Leipzig und Wien: Franz Deuticke, 1892«. In: IKR 6, Sp. 2133 (unsign.) (Allen: H 25)
(1893/a). Tagesnachrichten und Notizen. (Die medizinischen Fakultäten im Budget-Ausschusse des Österreichischen Abgeordnetenhauses u. a.). In: IKR 7, Sp. 157-160 (Sign.: A. S.)
(1893/b). Rez. von »Bibliothek der gesammten medizinischen Wissenschaften. Für praktische Ärzte und Spezialärzte, Hg. v. Hofrath Prof. Dr. Drasche, Wien und Leipzig: Max Merlin 1893«. In: IKR 7, Sp. 947 (Sign.: A. S.)
(1893/c). Rez. von »Die Neurasthenie (Nervenschwäche). Von L. Bouveret. Nach der 2. franz. Auflage deutsch bearbeitet von Dr. Otto Dornblüh, Leipzig und Wien: Deuticke 1893«. In: IKR 7, Sp. 948 (Sign.: A. S.)
(1893/d). Rez. von »Neue Beiträge zur Klinik und Therapie der nasalen Reflexneurosen. Von Dr. Wilhelm Fliess. Leipzig und Wien: Deuticke 1893«. In: IKR 7, Sp. 1097 f. (Sign.: A. S.)
(1893/e) Rez. von »Der Praktiker. Von Dr. Albert Reibmayr. Leipzig und Wien: Franz Deuticke. 1893«. In: IKR 7, Sp. 1245 f. (Sign.: A. S.)
(1893/f). Rez. von »Psychopathia sexualis. Mit besonderer Berücksichtigung der Konträren Sexualempfindung. Eine klinisch-forensische Studie. Von Dr. R. v. Krafft-Ebing. 8. verbesserte und theilweise vermehrte Auflage. Stuttgart:Ferdinand Enke 1893«. In: IKR 7, Sp. 1247 (Sign.: A. S.)
(1893/g). Rez. von »Die Lehre vom Hypnotismus. Eine kurzgefaßte Darstellung von Prof. Dr. Heinrich Obersteiner. Leipzig und Wien 1893«. In: IKR 7, Sp. 1292 f. (Sign.: A. S.)
(1893/h). Rez. von »Geschichte der medizinischen Wissenschaften in Deutschland. Von Dr. August Hirsch. München und Leipzig 1893«. In: IKR 7, Sp. 1327 (Sign.: A. S.)
(1893/i). Rez. von »Hypnotische Experimente. Von R. v. Krafft-Ebing. Stuttgart«. In: IKR 7, Sp. 1399 (Sign.: A. S.)
(1893/j). Rez. von »Eine experimentelle Studie auf dem Gebiete des Hypnotismus, nebst Bemerkungen über Suggestion und Suggestionstherapie. Von Dr. R. v. Krafft-Ebing. 3., durchgesehene, verbesserte und vermehrte Auflage. Stuttgart 1893«. In: IKR 7, Sp. 1399 (Sign.: A. S.)
(1893/k). Besprechung von Dr. Heinrich Paschkis »Kosmetik für Ärzte« Wien [2]1893. In: IKR 7, Sp. 1481
(1893/l). An unsere Leser! (Impressum der IKR). In: IKR 7, Sp. 1921 f. (Sign.: Für die Redaction der IKR Dr. Arthur Schnitzler)
(1894/a). Besprechung von Kunze, Emil »Anleitung zur leichten und schnellen Erkennung der Krankheiten aus dem Urin und Puls . . .«. In: IKR 8, Sp. 52 (Sign.: A. S.)
(1894/b). Besprechung von V. Magnan »Psychiatrische Vorlesungen«. Deutsch von P. J. Möbius. Leipzig. In: IKR 8, Sp. 691 (Sign.: A. S.)
(1894/c). Besprechung von Carl Zarniko »Die Krankheiten der Nase, ihrer Nebenhöhlen und des Nasenrachenraumes mit besonderer Berücksichtigung der rhinologischen Propädeutik«, Berlin. In: IKR 8, Sp. 958 (Sign.: A. S.)
(1894/d). Besprechung von W. Rüdiger »Cursus der topographischen Anatomie«, München und Leipzig. In: IKR 8, Sp. 988 (Sign.: S)
(1894/e). Besprechung von R. v. Krafft-Ebing »Der Conträrsexuale vor dem Strafrichter«, Leipzig und Wien. In: IKR 8, Sp. 1030 (Sign.: A. S.)
(1894/f). Besprechung von Julius Kennel »Lehrbuch der Zoologie«, Stuttgart. In: IKR 8, Sp. 1410 (Sign.: S.; Zuschreibung unsicher, evtl. von Julius Schnitzler)
Schnitzler, Johann
(1873). Über Sensibilitätsneurosen des Kehlkopfes. In: Wiener Medizinische Presse

14, Sp. 1049-1052; 1106-1109
(1879). Der VI. internationale medizinische Kongress in Amsterdam (Original-Bericht der »Wiener Medizinische Presse«). In: WMPr 20, Sp. 1217-19 (Reg. weist unter J. S., Sp. 1217 aus; Bericht selbst unsigniert)
(1884). An unsere Leser (Impressum zur) WMPr 25, Sp. 1653-55
(1885). Über Anwendung und Wirkung des Cocain bei Krankheiten der Nase, des Rachens und des Kehlkopfes. Wien/Leipzig: Urb. & Schw., Separatdruck aus WMPr
(1888). Exstirpation von Nasenpolypen in der Hypnose nebst Bemerkungen über Anwendung des Hypnotismus bei Neurosen des Larynx. In: IKR 2, Sp. 1257-60
(1891-95). Klinischer Atlas der Laryngologie nebst Anleitung zur Diagnose und Therapie der Krankheiten des Kehlkopfes und der Luftröhre. Hg. v. Joh. Schnitzler, M. Hajek und A. Schnitzler; Wien/Leipzig: W. Braumüller (Allen: H 18)

Schnitzler, Olga
(1962). Spiegelbild der Freundschaft. Salzburg

Silberer, Herbert
(1961). Probleme der Mystik und ihrer Symbolik. Darmstadt. Unveränderter Nachdruck der 1. Auflage, Wien 1914

Sophokles
(9/1880). Deutsch in den Versmaßen der Urschrift von J. J. C. Donner. Bd. 1 (König Oedipus, Oedipus auf Kolonos, Antigone, Philoktetes). Leipzig/Heidelberg: C. F. Winter'sche Verlagsbuchhandlung
(1963). The Plays and Fragments. Part I: The Oedipus Tyrannus. With critical notes, commentary, and translations in english prose by Sir Richard C. Jebb. Amsterdam: Servio-Publishers (= Photomechanischer Nachdruck d. 2. Auflage 1887)
(1968). Tragödien (Aias, Antigone, Trachinierinnen, König Ödipus, Elektra, Philoktetes, Ödipus auf Kolonos). Hg. und mit einem Nachwort versehen von Wolfgang Schadewaldt. Zürich/Stuttgart

Stekel, Wilhelm (Hg.)
(1912/13). Karl Kraus: Aphorismen über die Psychoanalyse, in: Zentralblatt für Psychoanalyse und Psychotherapie. Wiesbaden, Nr. 3, 640-42

St(orfer), Adolf Josef
(1925). Thomas Mann und die Psychoanalyse, in: Internationale Zeitschrift für Psychoanalyse, Wien, Bd. 11, Heft 2, S. 247
(1932). Arthur Schnitzler und die Psychoanalyse, in: Psychoanalytische Bewegung 4, 62 f. (unsign.; Autorschaft aber wahrscheinlich)

Stümcke, Heinrich
(1906). Von den Berliner Theatern 1905/06. In: Bühne und Welt 8, 1905/06, 431-435 (zu ›Oedipus und die Sphinx‹ 433 f.)

Swoboda, Hermann
(1906). Die gemeinnützige Forschung und der eigennützige Forscher. Antwort auf die von Wilhelm Fliesz [sic!] gegen Otto Weininger und mich erhobenen Beschuldigungen. Wien/Leipzig: Braumüller

Ubell, Hermann
(1905). Die griechische Tragödie (= Die Literatur 17; hg. v. Georg Brandes) (Zu Hofmannsthals ›Elektra‹ S. 3, 16-24, 46). Berlin: Bard, Marquardt & Co.

Weininger. Otto
(1925). Geschlecht und Charakter. Eine prinzipielle Untersuchung. 26., unveränderte Auflage, Wien/Leipzig (^{1}1903)

Wilde, Oscar
(^{1}1891). Intentions. In: The Works of Oscar Wilde, Vol. 10, Reprint of the 1909 ed., New York, Sunflower Edition

Winterstein, Alfred von
(1922). Zur Entstehungsgeschichte der griechischen Tragödie, in: Imago 8, 440-505
Wittels, Fritz
(1910). Ezechiel der Zugereiste. Roman. Egon Fleischel & Co., Berlin
(1911/a). Mein satirischer Versuch. In: Die Schaubühne 7/1, 331-33
(1911/b). Tragödie eines Schmocks. In: Die Schaubühne 7/1, 356-58
(1924). Sigmund Freud – Der Mann, die Lehre, die Schule. Leipzig/Wien/Zürich
Zweig, Stefan
(1966). Die Heilung durch den Geist. Mesmer – Mary Baker-Eddy – Freud. Frankfurt ([1]1931).
(1975). Die Welt von Gestern. Erinnerungen eines Europäers. Frankfurt/M. ([1]1944).

2. *Bibliographien und wissenschafliche Hilfsmittel*

Abstracts
of the Standard Edition of the Complete Psychological Works of Sigmund Freud. Edited by Carrie Lee Rothgeb, Washington, D. C. 1971
Allen, Richard Harry
(1966). An annotated Arthur Schnitzler Bibliography. Editions and Criticism in German, French, and English 1879-1965
Urbach, Reinhard
(1967). Ergänzungen. In: Literatur und Kritik 15, 324-28
Berlin, Jeffrey B.
(1977). Arthur Schnitzler Bibliography for 1976-1977. In: MAL 10, 3/4, 335-39
(1978). An Annotated Arthur Schnitzler Bibliography 1965-1977. With an Essay on the Meaning of the »Schnitzler-Renaissance«. Forword by Sol Liptzin. München
Daviau, Donald G.
(1963). Hermann Bahr's Nachlaß. In: IASRA 2/3, 4-27
Eissler, Kurt R.
(1979). Bericht über die sich in den Vereinigten Staaten befindlichen Bücher aus S. Freuds Bibliothek. In: Jahrbuch der Psychoanalyse 11, 10-50
Exner, Richard
(1976). Index Nominum zu Hugo von Hofmannsthals Gesammelten Werken, Heidelberg
Fischer, Jens Malte
(1974). Karl Kraus. Stuttgart (= Sammlung Metzler, Bd. 131)
Grotjahn, Martin/Scheidt, Jürgen von
(1976). Freud im Spiegel seiner Biographen. In: Eicke 1976, 197-225
Grinstein, Alexander
(1956-75). The Index of Psychoanalytic Writings, 14 Bde., New York
Hamburger, Michael
(1961). Hofmannsthals Bibliothek. Ein Bericht. In: Euphorion, Bd. 55, 15-76
Jacoby, Karl
(1936). Hugo von Hofmannsthal. Bibliographie. Berlin: Maximilian-Ges.
Jenaczek, Friedrich
(1965). Zeittafeln zur Fackel. Themen – Ziele – Probleme. Mit einer einführenden Schrift von Emil Schönauer, Gräfelfing bei München (= Veröffentlichungen der Wissenschaftlichen Abteilung des Adalbert Stifter Vereins, München, 11)

Kerry, Otto
(1970). Karl-Kraus-Bibliographie. Mit einem Register der Aphorismen, Gedichte, Glossen und Satiren, München
Kiell, Norman
(1963). Psychoanalysis, Psychology and Literature. A Bibliography, Madison
Koch, Hans-Albrecht und Uta
(1976). Hugo von Hofmannsthal. Bibliographie 1964-1976. Freiburg i. Br. (= Hofmannsthal-Forschungen, Bd. 4)
Lobner, Hans
(1975). Some additional remarks on Freud's library. In: Sigmund Freud House Bulletin 1/1, 18-29
Meyer-Palmedo, Ingeborg
(1975). Sigmund Freud Konkordanz und Gesamtbibliographie. Frankfurt/M.
Neumann, Gerhard/Müller, Jutta
(1969). Der Nachlaß Arthur Schnitzlers, Verzeichnis des im Schnitzler-Archiv der Universität Freiburg i. Br. befindlichen Materials. Mit einem Vorwort von Gerhart Baumann und einem Anhang von Heinrich Schnitzler: Verzeichnis des in Wien vorhandenen Nachlaßmaterials. München
Ritzer, Walter
(1972). Hugo von Hofmannsthal. Verzeichnis des gedruckten Oeuvre und seines literarischen Echos in den Beständen der Österreichischen Nationalbibliothek. Wien: Österreichische Nationalbibliothek
Scheichl, Sigurd Paul
(1975). Kommentierte Auswahlbibliographie zu Karl Kraus. In: Text und Kritik. Sonderband Karl Kraus, hg. v. Heinz Ludwig Arnold, München, 158-241
Schinnerer, Otto P.
(1933). Arthur Schnitzler's »Nachlaß«. In: The Germanic Review 8, 144-123
Seidler, Herbert
(1976). Die Forschung zu Arthur Schnitzler seit 1945. In: Zeitschrift für deutsche Philologie 95, 567-595
Schnitzler, Heinrich
(o. J.). Arthur Schnitzler – Nachlaß. Mikrofilm-Sammlung. Ergänzungen und University of California at Los Angeles, Library – Special Collections: List of Microfilm Material Related to the Posthumous Papers of Arthur Schnitzler. In: Schnitzler-Mappe der Dokumentationsstelle für neuere österreichische Literatur, Gumpendorfer Str. 15, 1060 Wien
Trosmann, Harry/Simmons, Roger Dennis
(1973). The Freud Library. In: Journal of the American Psychoanalytic Association 21, 646-78
Urban, Bernd
(1975). Psychoanalyse und Litertaurwissenschaft. Schwierigkeiten, Mißverständnisse, Forschungsaufgaben. In: Universitas 30, 1301-1312
Vass, Josef u. a.
(1974). Karl Kraus. Zum 100. Geburtstag 1874-1974 (Ausstellung der Stadt Wien – Stadtbibliothek im Archiv der Gesellschaft der Musikfreunde in Wien vom 20. 5.-30. 6. 1974) Mit einem Essay von Paul Schick (›Form und Gedanke‹) und einer ›Geschichte des Karl-Kraus-Archivs in der Wiener Stadtbibliothek‹. Wien: Jahoda & Siegle
Walsh, James E.
(1974). The Hofmannsthal Collection in the Houghton Library. A descriptive catalogue of printed books. With 11 plates. Heidelberg
Weber, Horst

(1966). Hugo von Hofmannsthal. Bibliographie des Schrifttums 1892-1963. Berlin
(1972). Hugo von Hofmannsthal. Bibliographie. Werke – Briefe – Gespräche – Übersetzungen – Vertonungen. Berlin/New York

2.1 *Sekundärliteratur*

Abrahamsen, David
(1946). The Mind and Death of a Genius. New York
Adorno, Theodor W.
(1946). Die revidierte Psychoanalyse. In: Gesammelte Schriften Bd. 8 (= Soziologische Schriften I), Frankfurt/M. 1972, 20-41
(1955). Zum Verhältnis von Soziologie und Psychologie. In: Gesammelte Schriften 8, Frankfurt/M. 1972, 42-88
(1966/a). Postscriptum. In: Gesammelte Schriften 8 (1972), 86-92
(1966/b). Sittlichkeit und Kriminalität. Zum elften Band der Werke von Karl Kraus. In: Noten zur Literatur III, Frankfurt/M. 57-82
(1970). Ästhetische Theorie. Gesammelte Schriften 7, Frankfurt/M.
(1976). George und Hofmannsthal. Zum Briefwechsel 1891-1906 ([1]1942). In: Prismen. Kulturkritik und Gesellschaft. Frankfurt/M., 232-282 (= suhrkamp taschenbuch wissenschaft 178)
Alexander, Theodor W.
(1965). The Author's Debt to the Physician: Aphonia in the Works of Arthur Schnitzler, In: Journal of the IASRA 4, 4-15
Alexander, Theodor W. und Beatrice W.
(1969). Schnitzler's »Leutnant Gustl« and Dujardin's »Les lauriers sont coupés«, MAL 2, Heft 2, 7-15
Alexander, Theodor W.
(1971). From the Scientific to the Supernatural in Schnitzler. In: Studies by Members of SCMLA, 164-67
Alewyn, Richard
(1967). Über Hugo von Hofmannsthal. Göttingen (4., abermals vermehrte Auflage)
Alter, Maria Pospischil
(1971). The Concept of Physician in the Writings of Hans Carossa and Arthur Schnitzler. Bern/Frankfurt
Andersson, Ola
(1962). Studies in the prehistory of psychoanalysis. The etiology of psychoneurosis and some related themes in Sigmund Freud's scientific writing and letters (1886-1896). Stockholm (= Studia Scientiae Paedagogicae Upsaliensia III) (Zugleich: Phil. Diss. Stockholm)
Anzieu, Didier
([2]1975). L'Auto-Analyse de Freud et la découverte de la psychoanalyse, 2 Bde., Paris
Apel, Friedmar
1978. Die Zaubergärten der Phantasie. Zur Theorie und Geschichte des Kunstmärchens. Heidelberg, Winter (= Reihe Siegen 13)
Aspetsberger, Friedbert
(1970). Wiener Dichtung der Jahrhundertwende. Beobachtungen zu Schnitzlers und Hofmannsthals Kunstformen. In: Studi Germanici 8/3, 410-51
Auerbach, Erich
([5]1971). Mimesis. Dargestellte Wirklichkeit in der abendländischen Literatur. Bern/München
Bally, Gustav

(1968). Einführung in die Psychoanalyse Sigmund Freuds, unter Mitarbeit von Ambros Uchtenhagen. Reinbek
Balzer, Bernd
(1975). »Monarchia Solipsorum«. Keine Wandlung Hofmannsthals. In: Literaturwissenschaft und Geschichtsphilosophie. Festschrift für Wilhelm Emrich. Hg. v. Helmut Arntzen, Bernd Balzer u. a.; Berlin/New York, 470-89
Barbu, Zevedei
(1952). The Historical Pattern of Psychoanalysis. In: British Journal of Sociology 3, 64-76
Bareikis, Robert
(1969). Arthur Schnitzlers »Fräulein Else: A Freudian Novella? In: Literature and Psychology 19, 19-32
Bauer, Roger u. a. (Hg.)
(1977). Fin de siècle. Frankfurt/M. (Studien zur Philosophie und Literatur des neunzehnten Jahrhunderts, Bd. 35)
Bauer, Sibylle (Hg.)
(1968). Hugo von Hofmannsthal (= WdF 183), Darmstadt
Baumann, Gerhart
(1968). Hugo von Hofmannsthal: ›Elektra‹. In: Sibylle Bauer: Hugo von Hofmannsthal (= WdF 183). Darmstadt, 274-310
Bayerndörfer, Hans-Peter
(1972). Vom Konversationsstück zur Wurstelkomödie. Zu Arthur Schnitzlers Einaktern. In: Jahrbuch der deutschen Schillergesellschaft 16, 516-575
(1976). Eindringlinge, Marionetten, Automaten. Symbolistische Dramatik und die Anfänge des modernen Theaters. In: Jahrbuch der Schillergesellschaft 20, 504-38
Beetz, Wolfgang
(1974). Die Rolle des Arztes, der Krankheit und der medizinischen Wissenschaft im Werk Arthur Schnitzlers. Diss. med. Münster (masch.)
Beharriell, Frederick J.
(1951). Arthur Schnitzler's Range of Theme. In: Monatshefte für deutschen Unterricht, deutsche Sprache und Literatur 43, 301-311
(1953). Schnitzler's Anticipation of Freud's Dream Theory. In: Monatshefte für Deutschunterricht, Bd. 45, 81-89
(1956). Freud's Debts to Literature. In: Psychoanalysis, Journal of the National Psychological Association for Psychoanalysis, New York, Vol. 4, 18-28.
(1962). Freud's »double«: Arthur Schnitzler. Journal of the American Psychoanalytic Association 1962/10: 722-30; Abs. The Psychoanalytic Quarterly 1963, 32: 449 von Joseph Biernoff
(1966). Freud und die Literatur. In: Literatur und Kritik Bd. 1, Heft 4, 53-59
(1967). Schnitzler: Freuds Doppelgänger. In: Literatur und Kritik Bd. 2, 546-555
Benjamin, Walter
(1966). Angelus Novus. Ausgewählte Schriften 2, Frankfurt/M.
(1977). Illuminationen. Ausgewählte Schriften. Frankfurt/M. (= suhrkamp taschenbuch 345) ([1]1955)
(1978). Ursprung des deutschen Trauerspiels ([1]1928). Frankfurt/M. (= suhrkamp taschenbuch wissenschaft)
Berlin, Jeffrey B.
(1971). Arthur Schnitzler's Attitude toward Betrayal and Deception. Temple University (USA), M. A.
(1974). Arthur Schnitzler's »Die Frau mit dem Dolche«: Déjà vu Experience or hypnotic Trance? In: MAL 7, I/II, 108-112
Berlin, Jeffrey B./Levy, Elizabeth J.

(1978). On the Letters of Theodor Reik to Arthur Schnitzler. In: The Psychoanalytic Review 65, 109-130
Bernfeld, Siegfried
(1944). Freud's Earliest Theories and the School of Helmholtz. In: The Psychoanalytic Quarterly 13, 341-362
(1949). Freud's Scientific Beginnings. In: The American Imago 6, 163-196
(1951). Sigmund Freud, M. D., 1882-1885. In: International Journal of Psycho-Analysis 32, 204-217
Bernfeld, Suzanne Cassirer
(1951). Freud and Archaeology. In: The American Imago 7, 107-128
Bernfeld, Siegfried und Suzanne Cassirer
(1973). Freud's First Year in Practice, 1886-1887. In: Hennrik M. Ruitenbeek (Hg): Freud as we know him. Detroit ([1]1952)
Beutin, Wolfgang (Hg.)
(1972). Literatur und Psychoanalyse. Ansätze zu einer psychoanalytischen Textinterpretation. 13 Aufsätze. München
Böckmann, Paul
(1953). Die Bedeutung Nietzsches für die Situation der modernen Literatur. In: DVjs 27, 77-101
Böschenstein, Bernhard
(1974). Der junge Hofmannsthal heute – Das Erbe einer Erbschaft. Rede zum 100. Geburtstag des Dichters. In: Etudes Germaniques 29, 154-169
Bohnenkamp, Klaus E.
(1976). Deutsche Antiken-Übertragungen als Grundlage der Griechendramen Hofmannsthals. In: Euphorion 70, 198-202
Boulez, Pierre u. a.
(1976). Gustav Mahler in Wien. Texte von Pierre Boulez u. a.; Stuttgart/Zürich
Brandell, Gunnar
(1976/a). Sigmund Freud – Kind seiner Zeit (Freud och sekelslutet, deutsch; übersetzt von Detlef Brennecke. Der Essay wurde für die deutsche Ausgabe neu bearbeitet). München
(1976/b). Die skandinavischen Literaturen 1870-1900. In: Helmut Kreuzer (Hg.): Jahrhundertende – Jahrhundertwende. (= Neues Handbuch der Literaturwissenschaft Bd. 18), Wiesbaden
Broch, Hermann
(1945). Rez. von Hanns Sachs »Freud, Master and Friend« Cambridge. In: Aufbau (New York) IX/1 (5. 1. 1945), 7
(1974). Hofmannsthal und seine Zeit. Eine Studie. Frankfurt/M. ([1]1955)
Brome, Vincent
(1968). Freud and his early circle. New York
Brückner, Peter
(1975). Sigmund Freuds Privatlektüre. Köln
Bry, Ilse/Rifkin, Alfred H.
(1962). Freud and the history of ideas: primary sources 1886-1910. In: Science and Psychoanalysis 5: 6-36
Burckhardt, Carl J.
(1954). Begegnungen mit Hugo von Hofmannsthal. In: Die Neue Rundschau 65, 341 ff.
Butler, Eliza Marian
(1938). Hugo von Hofmannsthals »Elektra«. A Graeco-Freudian Myth. In: Journal of the Warburg Institute II/2, 164-75
Cacciari, Massimo
1980. Dallo Steinhof. Prospettive viennesi del primo Novecento. Milano, Adelphi

Canetti, Elias
(1972). Karl Kraus, Schule des Widerstands. In: ders., Macht und Überleben. Berlin: Literarisches Colloquium 25-37
Carter, A. E.
(1958). The Idea of Decadence in French Literature 1830-1900. Toronto
Castle, Eduard (Hg.)
(1936-38). Geschichte der deutschen Literatur in Österreich-Ungarn im Zeitalter Franz Josephs I., 2 Bde, Wien
Clark, Ronald W.
1980. Freud. The Man and the Cause. London, Cape, Weidenfeld & Nicolson
Cohen, Robert S./Seeger, Raymond J. (Hg.)
(1970). Ernst Mach. Physicist and Philosopher (Boston Studies in the Philosophy of Science, Vol VI), Dordrecht-Holland, insbes.: Robert S. Cohen: Ernst Mach: Physics, Perception and the Philosophy of Science, 126-164
Cohn, Dorrit
(1980). »Als Traum erzählt«: The Case for a Freudian Reading of Hofmannsthal's »Märchen der 672. Nacht«. In: DVjs 54: 284-305
Corino, Karl
(1973). Ödipus oder Orest? Robert Musil und die Psychoanalyse. In: Vom ›Törless‹ zum ›Mann ohne Eigenschaften‹, Musil-Studien 4, Hg. v. Uwe Baur und Dietmar Goltschnigg, München/Salzburg, 123-235
Couch, Lotte S.
(1972). Der Reigen: Schnitzler und Sigmund Freud. In: Österreich in Geschichte und Literatur. Hg: Institut für Österreichkunde, 16. Jg., 217-227
Cowen, Roy C.
(1973). Der Naturalismus. Kommentar zu einer Epoche. München
Cremerius, Johannes (Hg.)
(1971/a). Neurose und Genialität. Psychoanalytische Biographien. Frankfurt/M.
(1971/b). S. Freud – ein großer Verhüller. In: Neue Rundschau 82, 187-191
(1974). Psychoanalytische Textinterpretation, Hamburg
(1975). Stefan Zweigs Beziehung zu Sigmund Freud, »eine heroische Identifizierung«. In: Jahrbuch der Psychoanalyse 8, 49-89
1979. Robert Musil. Das Dilemma eines Schriftstellers vom Typus »poeta doctus« *nach* Freud. In: Psyche 33: 733-772
Dahmer, Helmut
(1973). Libido und Gesellschaft. Studien über Freud und die Freudsche Linke. – Frankfurt/M. (= Literatur der Psychoanalyse. Hg. v. Alexander Mitscherlich)
Danuser, Hermann
(1977). Der Orchestergesang des Fin de Siècle. Eine historische und ästhetische Skizze. In: Die Musikforschung, 425-52
Decker, Hannah S.
(1977). Freud in Germany. Revolution and Reaction in Science, 1893-1907, New York (= Psychological Issues 41)
Deesz, Gisela
(1933). Die Entwicklung des Nietzsche-Bildes in Deutschland. Würzburg
Deleuze, Gilles/Guattari, Félix
(1974). Anti-Ödipus, Kapitalismus und Schizophrenie (L'Anti-Œdipe. Nouvelle édition augmentée, 1972) (deutsch von Bernd Schwibs) Frankfurt/M.
Derré, François
(1966). L-Oeuvre d'Arthur Schnitzler. Imagerie Viennoise et Problémes Humaines (Germanistika 9) Paris
Derrida, Jacques

(1976). Freud und der Schauplatz der Schrift. In: Die Schrift und die Differenz (L'écriture et la différence, dt.) (Übers. von Rudolph Gasché) Frankfurt/M. (= suhrkamp taschenbuch wissenschaft 177) ([1]1967), 302-350
Devereux, Georges
(1958). The Anthropological Roots of Psychoanalysis. In: Masserman, J. H. (Hg.): Science and Psychonalysis Bd. 1, New York
Diersch, Manfred
(1973). Empiriokritizismus und Impressionismus. Berlin
Dietrich, Margret
(1961). Das moderne Drama. Strömungen, Gestalten, Motive, Stuttgart
(1969). Neuerungen in Bühnenbild, Bühnentechnik und Theaterarchitektur in Österreich im 20. Jahrhundert. In: Maske und Kothurn 15, 361-373
Durzak, Manfred
(1966). Hermann Broch. In Selbstzeugnissen und Bilddokumenten. Reinbek bei Hamburg
(1967). Hermann Broch, Stuttgart
Eckert, Paul Willehad
(1973). Arthur Schnitzler und das Wiener Judentum. In: Emuna. Horizonte zur Diskussion über Israel und das Judentum, Bd. 8, 118-130
Eco, Umberto
(1975). Joyce und d'Annunzio. Die Quellen des Begriffs Epiphanie. In: Materialien zu James Joyce: »Ein Porträt des Künstlers als jungen Mannes«. Hg. von K. Reichert und F. Senn. Frankfurt a. M. (= edition suhrkamp 776)
Eicke, Dieter (Hg.)
(1976). Freud und die Folgen (1) Von der klassischen Psychoanalyse . . . Zürich (= Die Psychologie des 20. Jahrhunderts, Bd. 2)
Eisserer, Elisabeth
(1950). Arthur Schnitzler als Seelenforscher in den Novellen, Diss. (masch.), Phil. Fak. Wien
Eissler, Kurt R.
(1962). Leonardo da Vinci. Psychaonalytic Notes on the Enigma. London
(1966). Sigmund Freud und die Wiener Universität. Über die Pseudo-Wissenschaftlichkeit der jüngsten Wiener Freud-Biographik. Bern/Stuttgart
(1971/a). Discourse on Hamlet and Hamlet. A psychoanalytic inquiry, New York
(1971/b). Talent and Genius: The Fictitious Case of Tausk contra Freud. New York
(1974/a). Ein zusätzliches Dokument zur Geschichte von Freuds Professur. In: Jahrbuch der Psychoanalyse 7, 101-113
(1974/b). Über Freuds Freundschaft mit Wilhelm Fließ nebst einem Anhang über Freuds Adoleszenz und einer historischen Bemerkung über Freuds Jugendstil. In: Aus Freuds Sprachwelt und andere Beiträge. Mit Beiträgen von Kurt R. Eissler u. a.; Berlin/Stuttgart/Wien (= Jahrbuch der Psychoanalyse, Beiheft 2)
Ellenberger, Henry F.
(1973). Die Entdeckung des Unbewußten (The History of the Unconscious. The History and Evolution of Dynamic Psychiatry, 1970) (Deutsch von Gudrun Theusner-Stampa) 2 Bde., Bern/Stuttgart/Wien
Ellmann, Richard
(1959). James Joyce. New York, Oxford Univ. Pr.
(1977). The Consciousness of Joyce. London
Engelhardt, Dietrich von
(1978). Medizin und Literatur in der Neuzeit – Perspektiven und Aspekte. In: DVjs 52, 351-380
Engelmann, Edmund

(1977). Berggasse 19. Das Wiener Domizil Sigmund Freuds. Mit einem Vorwort von Peter Gay. Bildbeschreibungen von Rita Ransoboff. Aus dem Amerikanischen übersetzt von Brigitte Weitbrecht. Stuttgart/Zürich
Erikson, Erik H.
(1955). Zu Sigmund Freud: »The Origins of Psychoanalysis«. In: »Psyche« 9, 99-116
Erken, Guenther
(1962). Hofmannsthal-Chronik, Beiträge zu einer Biographie. In: Literaturwissenschaftliches Jahrbuch der Görres-Gesellschaft 3, S. 239-313
Esselborn, Karl G.
(1969). Hofmannsthal und der antike Mythos, München
Falk, Avner
(1977). Freud und Herzl. In: Midstream 3-24. (»a monthly Jewish review der Herzl Foundation, New York)
Faust, Wolfgang Max
(1977). Bilder werden Worte. Zum Verhältnis von bildender Kunst und Literatur im 20. Jahrhundert oder Vom Anfang der Kunst im Ende der Künste. München
Federn, Ernst
(1974). Einige Bemerkungen über die Schwierigkeiten, eine Geschichte der Psychoanalyse zu schreiben. In: Jahrbuch der Psychoanalyse 7, 9-22
Fiechtner, Helmut A. (Hg.)
(^{2}1963) Hugo von Hofmannsthal. Der Dichter im Spiegel der Freunde. Bern und München
Fiedler, Leonhard M.
(1974). Theater als Kollaboration. Drama und Regie im gemeinsamen Werk von Hugo von Hofmannsthal und Max Reinhardt. In: MAL 7, 3/4, 184-208
Finck, Jean
(1973). Thomas Mann und die Psychoanalyse. Paris (= Bibliothèque de la Faculté de Philosophie et Lettres de l'Université de Liège. Fascicule CCIV)
Fischer, Jens Malte (1971)
Richard Beer-Hofmann, ›Der Tod Georgs‹. Sprachstil, Leitmotiv und Jugendstil in einer Erzählung der Jahrhundertwende. In: Sprachkunst (2), 211-27
(1975). Affe oder Dalai Lama? Kraus-Gegner gestern und heute. In: Karl Kraus. Sonderband aus der Reihe text + kritik (hg. v. Heinz Ludwig Arnold), München, 145-57
(1976). Deutsche Literatur zwischen Jahrhundertwende und Erstem Weltkrieg. In: Neues Handbuch der Literaturwissenschaft, Bd. 19 (= Jahrhundertende – Jahrhundertwende II, hg. v. Hans Hinterhäuser). Wiesbaden, 231-260
(1978). Fin de siècle. Kommentar zu einer Epoche. München
Freimann, Maxie
(1978). Über den physiologischen Stumpfsinn des Mannes. Mit zahlreichen Abbildungen und einem Kapitel von Nike Wagner. München: Matthes & Seitz (= Kultur-Kuriosa, Bd. 13)
Frey, Hans
(1964). Deutsche Sophoklesübersetzungen. Grenzen und Möglichkeiten des Übersetzens am Beispiel der Tragödie König Oedipus von Sophokles. Winterthur (= Phil. Diss. Zürich)
Fritzsche, Alfred
(1974). Dekadenz im Werk Arthur Schnitzlers. Frankfurt/M.
Frodl, Hermann
(1963). Die deutsche Dekadenzdichtung der Jahrhundertwende. Wurzeln, Entfaltung, Wirkung. Phil. Diss. (masch.), Wien
Fromm, Erich

(1961). Sigmund Freuds Sendung. Persönlichkeit, geschichtlicher Standort und Wirkung. (Übers. von A. R. L. Gurland). Frankfurt/M.
Fuchs, Albert
(1949). Geistige Strömungen in Österreich 1867-1918. Wien: Globus
Garten, Hugo F.
(1973). Hofmannsthals und Hauptmanns Elektra. In: Günther, Vincent J. (Hg.), Untersuchungen zur Literatur als Geschichte (Fs. B. von Wiese). Berlin, 418-30
Gedo, John E./Pollock, George H. (Hg.)
(1976). Freud: The Fusion of Science and Humanism. The Intellectual History of Psychoanalysis. New York (= Psychological Issues Vol IV, Nos. 2/3, Monograph 34/35)
Gicklhorn, Josef und Renée
(1960). Sigmund Freuds akademische Laufbahn im Lichte der Dokumente. Wien und Innsbruck
Glaser, Hermann
(1976). Sigmund Freuds zwanzigstes Jahrhundert. Seelenbilder einer Epoche. Materialien und Analysen. München und Wien
Glaser, Horst Albert
(1974). Arthur Schnitzler und Frank Wedekind – Der doppelköpfige Sexus. In: Horst Albert Glaser (Hg.), Wollüstige Phantasie, Sexualästhetik der Literatur, Aufsätze über Sade, Bataille, Genet, Miller, Nabokov, Schnitzler, Wedekind. München
Görlich, Bernhard, Alfred Lorenzer, Alfred Schmidt
(1980). Der Stachel Freud. Beiträge und Dokumente zur Kulturismus-Kritik. Mit Texten von Otto Fenichel, Th. W. Adorno, Max Horkheimer und Herbert Marcuse. Hrsg. von Bernhard Görlich. Frankfurt a. M., suhrkamp (= es 961)
Goldgar, Harry
(1965). The square root of minus one: Freud and Robert Musil's ›Törless‹. In: Comparative Literature 17, 117-133
Gombrich, Ernst H.
(1967). Freuds Ästhetik. In: Literatur und Kritik 46, 511-528
Gorsen, Peter
(1973). Kunst, Literatur und Psychopathologie heute. In: Kulturanthropologie. Mit Beiträgen von K. Alsleben u. a.; Stuttgart (= Neue Anthropologie, Bd. 4, hg. v. Hans Georg Gadamer und Paul Vogler), 359-445
Greve, Ludwig/Volke, Werner
(1974). Jugend in Wien. Literatur um 1900 (Eine Ausstellung des Dt. Literaturarchivs im Schiller-Nationalmuseum Marbach a. N.; vom 11. Mai bis 31. Oktober 1974). München/Stuttgart (= Sonderausstellungen des Schiller-Nationalmuseums; Kat.-Nr. 24)
Grinstein, Alexander
(1968). On Sigmund Freud's Dreams. Detroit
Groeben, Norbert
(1972). Literaturpsychologie. Literaturwissenschaft zwischen Hermeneutik und Empirie. Stuttgart
Grögl, Gertraud
(1969). Arthur Schnitzlers Entwicklung zum doctor poeta. In: Jahresbericht 1969/70 des Bundesgymnasiums Wien 8 (Piaristen-Gymnasium)
Gsteiger, Manfred
(1971). Französische Symbolisten in der deutschen Literatur der Jahrhundertwende (1869-1914)
Guthke, Karl S.
(1979). Hauptmann und Freud. In: Neue Deutsche Hefte 26/1, 21-44
Habermas, Jürgen

(1964). Gegen einen positivistisch halbierten Rationalismus. In: Kölner Zeitschrift für Soziologie und Sozialpsychologie 16, 635-659
(1973). Erkenntnis und Interesse. Mit einem neuen Nachwort. Frankfurt/M., 2. Auflage
Hamann, Richard/Hermand, Jost
(1972). Impressionismus. Epochen deutscher Kultur von 1870 bis zur Gegenwart, Bd. 3, München
Hamburger, Michael
(1964). Hugo von Hofmannsthal. Zwei Studien. Aus dem Englischen von Klaus Reichert. Göttingen (Schriften zur Literatur 6)
Harden, Maximilian
(1904). Elektra. In: Wunberg (1972) 82-86. (Erstdruck in: Die Zukunft, Berlin, Jg. 12, Bd. 48, 27. Aug. 1904, 349-358)
Hauser, Arnold
(1972). Sozialgeschichte der Kunst und Literatur. München ([1]1953)
Hausner, Henry H.
(1970). Die Beziehungen zwischen Arthur Schnitzler und Sigmund Freud. In: MAL 3, Heft 2, 48-61
Hartl, Edwin
(1977). Karl Kraus und die Psychoanalyse. Versuch einer Klarstellung. In: Merkur Bd. 31, 144-162
Hederer, Edgar
(1960). Hugo von Hofmannsthal. Frankfurt/M.
Heindl, Brigitta
(1973). Die Gestalt des Arztes im Drama Arthur Schnitzlers und Karl Schönherrs. Phil. Diss. (masch.), Wien
Hermand, Jost
([3]1971/a). Synthetisches Interpretieren. Zur Methodik der Literaturwissenschaft. München
(1971/b). Depravierter Idealismus. Dramentheorien um die Jahrhundertwende. In: Deutsche Dramentheorien. Beiträge zu einer historischen Poetik des Dramas in Deutschland. Hg. und eingeleitet von Reinhold Grimm. Frankfurt/Main, Bd. II, 429-450
(1972). Der Schein des schönen Lebens. Studien zur Jahrhundertwende. Mit 46 Abbildungen. Frankfurt/M.
Hermann, Imre
(1974). Goethes Aufsatz »Die Natur« und Freuds weitere philosophisch-psychologische Lektüre aus den Jahren 1880-1900. In: Jahrbuch der Psychoanalyse (7), 77-100
Hiermann, R.
(1950). Expressionismus und Psychoanalyse. Phil. Diss. Wien (masch.)
Hillebrand, Bruno
(1976). Frühe Nietzsche-Rezeption in Deutschland. In: Literaturwissenschaftliches Jahrbuch N. F. 17, 100-127
(1978). Nietzsche und die deutsche Literatur. Bd. 1: Texte zur Nietzsche-Rezeption 1873-1963. Einführung von Bruno Hillebrand. Bd. 2: Forschungsergebnisse/Bibliographie. München/Tübingen (= Deutsche Texte 50)
Hinterhäuser, Hans
(1977). Fin de siècle. Gestalten und Mythen. München, Fink
Hirsch, Rudolf
(1977). Paracelsus and Dr. Schnitzler. In: MAL 10, 163-167
Hirschmüller, Albrecht
(1978). Physiologie und Psychoanalyse in Leben und Werk Josef Breuers. (= Jahrbuch der Psychoanalyse, Beihefte 4) Bern

Hoff, Hans
(1956). Die Beziehung Freuds zur Wiener Psychiatrischen Schule. In: Wiener Zeitschrift für Nervenheilkunde und deren Grenzgebiete 12, 391-395
Hoffman, Frederick John
(1957). Freudianism and literary mind. Baton Rouge. Louisiana
Höllerer, Walter
(1961). Die Epiphanie als Held des Romans. In: Akzente 8, 2: 125-136 u. 3: 275-285
Hoppe, Klaus D.
Psychoanalytic remarks on Schnitzler's »Fräulein Else«. Journal of the International Arthur Schnitzler Research Associatior 1964, 3 (1), 4-8
Hurwitz, Emanuel
(1979/a). Otto Groß – von der Psychoanalyse zum Paradies. In: Monte Verità. Berg der Wahrheit. Lokale Anthropologie zur Wiederentdeckung einer neuzeitlichen sakralen Topographie. Milano (Ausstellungskatalog der Akademie der Künste, Berlin, 25. März bis 6. Mai 1979) 107-116
Jandl, Ernst
(1950). Die Novellen Arthur Schnitzlers. Diss. (masch.) Phil. Fak. Wien
Janik, Allan/Toulmin, Stephen
(1973). Wittgenstein's Vienna. London
Janz, Rolf-Peter/Laermann, Klaus
(1977). Arthur Schnitzler: Zur Diagnose des Wiener Bürgertums im Fin de siècle, Stuttgart
Jens, Walter
(1955). Hofmannsthal und die Griechen. Tübingen
Jobst, Helga
(1978). Freud and archaeology. In: Sigmund Freud House Bulletin 2/1, 46-52
Johnston, William M.
(1972). The Austrian Mind. An Intellectual and Social History 1848-1938. Berkeley: University of California Press
Jones, Ernst
(1927). Das Mutterrecht und die sexuelle Unwissenheit der Wilden (Vortrag in der British Psycho-Analytical Society am 19. Nov. 1924). (Entgegnung auf Malinowski (1924)). In: Imago 13, 199-222
(1956). The Inception of »Totem and Taboo«. In: The International Journal of Psychoanalysis 37, 34 f.
Das Leben und Werk von Sigmund Freud. (The Life and Work of Sigmund Freud, deutsch). Bd. 1-3, Bern/Stuttgart: Huber
I. Die Entwicklung zur Persönlichkeit und die großen Entdeckungen 1856-1900. Übers. von Katherine Jones (1960)
II. Jahre der Reife 1901-1919. Übers. von Gertrud Meili-Dworetzki unter Mitarbeit von Katherine Jones (1962).
III. Die letzte Phase 1919-1939. Übers. von Gertrud Meili-Dworetzki unter Mitarbeit von Katherine Jones (1962).
Just, K. G.
(1973). Von der Gründerzeit bis zur Gegenwart. Geschichte der deutschen Literatur seit 1871, Bern
Kanzer, Mark
(1976). Freud and his Literary Doubles. In: American Imago 33, 231-243
Karthaus, Ulrich
(1977). Impressionismus, Symbolismus und Jugendstil. Stuttgart (= Die deutsche Literatur. Ein Abriß in Text und Darstellung, Bd. 13)

Katan, Mauritis
(1969). Schnitzler's »Das Schicksal des Freiherrn von Leisenbogh«. In: Journal of the American Psychoanalytic Association 17, 904-926
Kaufmann, Walter
(1978). Nietzsche als der erste große Psychologe. In: Nietzsche-Studien 7, 261-287
Kesting, Marianne
(1976). S. Freud und die Literatur. Gedanken zum Abschluß der Studienausgabe. In: Neue Rundschau 87, 321-325
Kimpel, Dieter
(1971). Hugo von Hofmannsthal: Dramaturgie und Geschichtsverständnis. Mit einem Ausblick auf Karl Kraus. In: Deutsche Dramentheorien. Beiträge zu einer historischen Poetik des Dramas in Deutschland. Hrsg. von Reinhold Grimm. Frankfurt/M., Bd. II, 451 ff.
Kindermann, Heinz
(1954). Hermann Bahr. Ein Leben für das europäische Theater. Mit einer Hermann-Bahr-Bibliographie von Kurt Thomasberger. Graz/Köln
Kleinewefers, Antje
(1972). Das Problem der Erzählung bei Richard Beer-Hofmann, Hildesheim
Klingsberg, Reuben (Hg.)
(1973). *Freudiana* from the collections of the Jewish National and University Library (Exhibited in The Berman Hall of the Library, March, 28th - April, 13th, 1973). Jerusalem: The Jewish National and University Library
Kofman, Sarah
(1970). L'Enfance de l'Art. Une Interprétation de l'Esthétique Freudienne. Paris (= Collection Science de l'Homme)
(1973). Quatre Romans Analytiques. Paris
Kommerell, Max
(^{3}1960). Lessing und Aristoteles. Untersuchung über die Theorie der Tragödie. Frankfurt/M.
Körner, Josef
(1916/17). Arthur Schnitzler und Sigmund Freud. In: Das Literarische Echo XIX/13. 802-805
(1921). Arthur Schnitzlers Gestalten und Probleme. Zürich/Leipzig/Wien
Kohn, Hans
(1962). Karl Kraus, Arthur Schnitzler, Otto Weininger. Aus dem jüdischen Wien der Jahrhundertwende. Tübingen
Koopmann, Helmut
(1976). Gegen- und nichtnaturalistische Tendenzen in der deutschen Literatur zwischen 1880 und 1900. In: Neues Handbuch der Literaturwissenschaft Bd. 18 (= Jahrhundertende – Jahrhundertwende I), hg. v. Helmut Kreuzer, Wiesbaden, 189-224
Koppen, Erwin
(1973). Dekadenter Wagnerismus. Studien zur europäischen Literatur des Fin de siècle. Berlin
Kraft, Werner
(1956). Karl Kraus. Beiträge zum Verständnis seines Werkes. Salzburg
Krapoth, Hermann
(1971). Dichtung und Philosophie. Eine Studie zum Werk Hermann Brochs. Bonn
Kreuzer, Helmut
(1975). Zur Periodisierung der »modernen« deutschen Literatur. In: Kreuzer, Veränderungen des Literaturbegriffs. Fünf Beiträge zu aktuellen Problemen der Literaturwissenschaft. Göttingen, 41-62 und 109-115
(1976) (Hg.). Jahrhundertende – Jahrhundertwende. 2 Bde. (= Neues Handbuch der Literaturwissenschaft, Bde. 18 u. 19), Wiesbaden

Kris, Ernst
(²1967). Psychoanalytic Explorations in Art, New York
Krotkoff, Hertha
(1972). Themen, Motive und Symbole in Arthur Schnitzlers Traumnovelle. In: MAL 5, Heft 1/2, 70-95
Krummel, Richard Frank
(1974). Nietzsche und der deutsche Geist. Ausbreitung und Wirkung des Nietzscheschen Werkes im deutschen Sprachraum bis zum Todesjahr des Philosophen. Ein Schrifttumsverzeichnis der Jahre 1867-1900. Berlin, New York (= Monographien und Texte zur Nietzsche-Forschung, Bd. 3)
Kunne-Ibsch
(1972). Die Stellung Nietzsches in der Entwicklung der modernen Literaturwissenschaft. Tübingen
Kupper, Herbert I./Rollman-Branch, Hilda S.
(1959). Freud and Schnitzler – (Doppelgänger). In: Journal of the American Psychoanalytic Association 7, 109-126
Lämmert, Eberhard (Hg.)
(1975). Romantheorie. Dokumentation ihrer Geschichte seit 1880. Köln (= Neue Wissenschaftliche Bibliotheken 80)
Lantin, Rudolf
(1958). Traum und Wirklichkeit in der Prosadichtung Arthur Schnitzlers. Diss., Köln, 169 S.
Laplanche, J./Pontalis, J.-B.
(1973). Das Vokabular der Psychoanalyse (Vocabulaire de la Psychoanalyse, 1967). Deutsch von Emma Moersch. 2 Bde., Frankfurt/M: suhrkamp taschenbuch wissenschaft 7
Lederer, Herbert
(1961). Arthur Schnitzler before »Anatol«. In: The Germanic Review 36, 269-281
Lepenies, Wolf/Nolte, Helmut
(1971). Experimentelle Anthropologie und emanzipatorische Praxis. Überlegungen zu Marx und Freud. In: Kritik der Anthropologie, München, 9-76
(1976). Das Ende der Naturgeschichte. Wandel kultureller Selbstverständlichkeiten in den Wissenschaften des 18. und 19. Jahrhunderts. München, Hanser
(1978 a). Wissenschaftsgeschichte und Disziplingeschichte. In: Geschichte und Gesellschaft 4, 437-451
(1978 b). Der Wissenschaftler als Autor. In: Akzente 25, 129-147
(1980). Transformation and Storage of Scientific Traditions in Literature. Vortrag vor dem Institute for Advanced Study, Princeton (Unpubl. Manuskript)
Lesky, Erna
(1965). Die Wiener Medizinische Schule im 19. Jahrhundert . Graz/Köln
Leupold-Löwenthal, Harald
(1977). Years of Isolation. In: Sigmund Freud House Bulletin 1/2, 59-64
Lévi-Strauss, Claude
(³1971). Les Structures Elémentaires de la Parenté. Paris (¹1947)
Lorenzer, Alfred
(1970). Kritik des psychoanalytischen Symbolbegriffs. Frankfurt a. M., Suhrkamp (= edition suhrkamp 393)
(1973). Über den Gegenstand der Psychoanalyse oder: Sprache und Interaktion. Frankfurt/M. (= edition suhrkamp 572)
Lothar, Ernst
(1961). Das Wunder des Überlebens. Erinnerungen und Ergebnisse. Wien/Hamburg (= Ausgewählte Werke 5)

Lucas, Lore
(1969). Arthur Schnitzler: Der psychoanalytische Dialog. In: dies.: Dialogstrukturen und ihre szenischen Elemente im deutschsprachigen Drama des 20. Jahrhunderts, Bonn, 19-24
Lüders, Detlev
(1979). Hugo von Hofmannsthal. Gedichte und kleine Dramen. Zeugnisse seiner Jugendzeit und seines frühen Werkes. Frankfurt/M. (= Katalog der Ausstellung im Freien Deutschen Hochstift – Frankfurter Goethe-Museum, 27. Juni - 31. Dezember 1979)
Lunzer, Heinz
(1979). Hofmannsthals politische Tätigkeit in den Jahren 1914 bis 1917. Phil. Diss. (masch.) Wien
Maack, Dietrich
(1970). Ansichten zum Tragischen und zur Tragödie. Ein Kompendium der deutschen Theorie im 20. Jahrhundert. München
McGrath, William J.
1974a. Freud as Hannibal: The Politics of the Brotherband. In: Central European History 7,31-57
1974b. Dionysian Art and Populist Politics in Austria. New Haven etc, Yale Univ. Pr.
Magris, Claudio
(1966). Der habsburgische Mythos in der österreichischen Literatur. Salzburg: Otto Müller
Malinowski, Bronislaw
(1927). Sex and Repression in Savage Society. London/New York
(1975). Mutterrechtliche Familie und Ödipuskomplex. In: Imago 10 (1924), 228-277. Wiederabgedruckt in: ders.: Eine wissenschaftliche Theorie der Kultur. Und andere Aufsätze. Mit einer Einleitung von Paul Reiwald: Malinowski und die Ethnologie. Frankfurt/M., 211-264
Marcus, Steven
(1974). Freud und Dora – Roman, Geschichte, Krankengeschichte. In: Psyche 28,32-79
Marcuse, Herbert
(1969). Triebstruktur und Gesellschaft. Ein philosophischer Beitrag zu Sigmund Freud. Frankfurt (1/1955)
(^{6}1968). Das Veralten der Psychoanalyse (^{1}1963). In: Kultur und Gesellschaft 2, Frankfurt/M., 85-106
Marcuse, Ludwig
(1956). Die deutsche Literatur im Werke Freuds. In: The German Quarterly, Bd. 29
(1957). Freuds Ästhetik. In: Publications of the Modern Language Association of America 72
Markwardt, Bruno
(1967). Geschichte der deutschen Poetik. Band V: Das zwanzigste Jahrhundert. Berlin
Marquard, Odo
(1963). Über einige Beziehungen zwischen Ästhetik und Therapeutik in der Philosophie des 19. Jahrhunderts, In: Literatur und Gesellschaft. Festschrift für Benno von Wiese, Bonn, 22-55
(1968). Zur Bedeutung der Theorie des Unbewußten für eine Theorie der nicht mehr schönen Künste. In: Die nicht mehr schönen Künste. Grenzphänomene des Ästhetischen, hg. v. H. R. Jauß. München, 375-392

Marschik, Hermann
(1928). Die Anfänge der Laryngo-Rhinologie an der Wiener Allgemeinen Poliklinik I. In: Wiener Medizinische Wochenschrift, 1579-1581.
Martino, Alberto
(1972). Geschichte der dramatischen Theorien in Deutschland im 18. Jahrhundert I: Die Dramaturgie der Aufklärung (1730-1780). (= Storia delle teorie drammatiche nella Germania del Settecento) (Übers. von Wolfgang Proß). Tübingen
Matt, Peter von
(1972). Literaturwissenschaft und Psychoanalyse. Eine Einführung, Freiburg
Mauser, Wolfram
(1977). Hugo von Hofmannsthal. Konfliktbewältigung und Werkstruktur. Eine psychosoziologische Interpretation. München
Mazlish, Bruce
(1968). Freud and Nietzsche. In: The Psychoanalytic Review 55, 360-375
McKenzie, Margaret
(1970). Hofmannsthals Semiramis-Entwürfe auf Grund der Quellen interpretiert. In: Deutsche Beiträge zur geistigen Überlieferung 6, 45-97
Melchinger, Christa
(1968). Illusion und Wirklichkeit im dramatischen Werk Arthur Schnitzlers, Heidelberg
Metken, Günter
(1979). Fernand Knopff et la Modernité. In: Fernand Knopff. Katalog der Ausstellung in Paris, Musée des Arts Décoratifs. 10 octobre - 31 décembre 1979, 33-47
Meyer, Schapiro
(1956). Leonardo and Freud: An Art-Historical Study. In: Journal of the History of Ideas 17, 147-178
Meyer-Wendt, H. Jürgen
(1973). Der frühe Hofmannsthal und die Gedankenwelt Nietzsches. Heidelberg
Miller, Jonathan (Hg.)
(1972). Freud. The Man, his World, his Influence. London
Miller, Norbert
(1958). Erlebte und verschleierte Rede. In: Akzente 5, 213-226
(1978). Traum-Architektur. G. B. Piranesi und das Theater der Phantasie. In: Sprache im technischen Zeitalter, Heft 66, 166 ff.
Minor, Nata
(1972). Freud, Schnitzler et la Reine de la Nuit. In: Etudes Freudiennes, Nr. 5-6, 207-224
(1975). Capitales de Non-Lieu: Vienne, Freud, Schnitzler. In: Critique (30) (= Vienne, Début d'un Siècle), 837-845
Mitscherlich-Nielsen, Margarete
(1975). Sittlichkeit und Kriminalität. Psychoanalytische Bemerkungen zu Karl Kraus. In: Karl Kraus, Sonderband aus der Reihe text + Kritik (Hg. Heinz Ludwig Arnold), München, 21-38
Mitzman, Arthur
(1977). Anarchism, Expressionism and Psychoanalysis. In: New German Critique 10, 77-104
Mordell, Albert
(1962). The Erotic Motive in Literature. New Revised Edition. New York
Mueller-Freienfeld, Reinhart
(1954). Das Lebensgefühl in Arthur Schnitzlers Dramen. Diss. (masch.), Phil. Fak. Frankfurt/M.
Muensterberger, Werner (Hg.)

(1974). Der Mensch und seine Kultur. Psychoanalytische Ethnologie nach »Totem und Tabu«. (= Man and his Culture, deutsch) (Übersetzt von Dieter Dörr.) München
Naef, Karl J.
(1938). Hugo von Hofmannsthals Wesen und Werk. Zürich/Leipzig
Nehring, Wolfgang
(1966). Die Tat bei Hofmannsthal. Eine Untersuchung zu Hofmannsthals großen Dramen. Stuttgart
(1974). Zwei Fassungen von Hofmannsthals »Ödipus und die Sphinx«. In: MAL 7, 3/4, 109-120
(1977/a). Schnitzler, Freud's Alter Ego? In: MAL 10, 179-194
(1977/b). Szenische Bemerkungen zu Hofmannsthals Griechendramen. In: Euphorion 71, 169-179
Nesbit, Louis
(1935). Arthur Schnitzler, 1862-1931. In: Medical Life 42, 511-550
Neuse, Werner
(1934). »Erlebte Rede« und »Innerer Monolog« in den erzählenden Schriften Arthur Schnitzlers. In: PMLA 49, 327-355
Newiger, Hans-Joachim
(1969). Hofmannsthals ›Elektra‹ und die griechische Tragödie. In: arcadia 4, 138-163
Oberholzer, Otto
(1947). Richard Beer-Hofmann. Werk und Weltbild des Dichters. Bern
Obermeit, Werner
(1978). Psychologie um 1800. Phil. Diss. Berlin
Offermanns, Ernst L.
(1973). Arthur Schnitzler. Das Komödienwerk als Kritik des Impressionismus. München
Oswald, Victor A./Pinter Mindness, Veronica
(1951). Schnitzler's »Fräulein Else« and the Psychoanalytical Theory of Neuroses. In: Germanic Review 26, 279-288
Ottino della chiesa, Angela
(1968). Tout l'œuvre peint de Léonardo de Vinci. Introduction par André Chastel. (Trad. de l'Italien par Simone Darses.) Paris (= Les Classiques de l'Art)
Pape, Manfred
1977. Entstehung und Mißlingen von Hofmannsthals »Andreas«. Mit unbekannten Notizen. In: Etudes Germaniques 32, 420-436
Parin, Paul/Morgenthaler, Fritz/Parin-Matthey, Goldy
(1963). Die Weißen denken zuviel. Psychoanalytische Untersuchungen bei den Dogon in Westafrika. Zürich
Parsons, Anne
(1964). Is the Oedipus complex universal? The Jones-Malinowski-Debate revisited. In: The Psychoanalytic Study of Society, hg. v. W. Muensterberger und S. Axelrad, Bd. 3, New York, 278-328
Pascal, Roy
(1973). From Naturalism to Expressionism. 1880-1918, London
Pestalozzi, Karl
(1958). Sprachskepsis und Sprachmagie im Werk des jungen Hofmannsthal (Diss. Zürich)
(1977). Rezension von: J. H. Meyer-Wendt, Der frühe Hofmannsthal und die Gedankenwelt Nietzsches. In: Nietzsche-Studien 6, 329-333
Pfabigan, Alfred
(1976). Karl Kraus und der Sozialismus. Eine politische Biographie. Wien

Pfeiffer, Ernst
(1976). Rilke und die Psychoanalyse. In: Literaturwissenschaftliches Jahrbuch N. F., 247-320
Pörksen, Uwe
(1978). Zur Metaphorik der naturwissenschaftlichen Sprache. Dargestellt am Beispiel Goethes, Darwins und Freuds. In: Neue Rundschau 89, 64-82
Politzer, Heinz
(1968). Diagnose und Dichtung. Zum Werk Arthur Schnitzlers. In: ders., Das Schweigen der Sirenen. Studien zur deutschen und österreichischen Literatur, Stuttgart, 110-141
(1974/a). Hugo von Hofmannsthals »Elektra«. Geburt der Tragödie aus dem Geiste der Psychopathologie. In: Hatte Ödipus einen Ödipus-Komplex? München, 78 ff.
(1974/b). Die Wunde im Glück. Zu Henrik Ibsens Baumeister Solneß. In: Hatte Ödipus einen Ödipuskomplex? Versuche zum Thema Psychoanalyse und Literatur. München, 127-155
Pontalis, J.-B.
(1978). Les vases non communicants. Le malentendu Breton-Freud. In: Sigmund Freud House Bulletin 2/1, 38-46
Popper, Karl R.
(^{6}1976). Logik der Forschung, Tübingen (^{1}1934)
Praz, Mario
(1963). Liebe, Tod und Teufel. Die schwarze Romantik. (= La carne, la morte e il diavolo nella letteratura romantica, ^{1}1930, übers. aus d. Ital. v. Lisa Rüdiger.) München
(1965). The Neurotic in Literature. Melbourne
Pütz, Peter
(1967). Friedrich Nietzsche. 2., durchgesehene und ergänzte Auflage. Stuttgart
Rasch, Wolfdietrich
(1967). Zur deutschen Literatur seit der Jahrhundertwende. Gesammelte Aufsätze
Rehm, Walter
(1947). Experimentum Medietatis. Studien zur Geistes- und Literaturgeschichte des 19. Jahrhunderts. München
(1969). Der Dichter und die neue Einsamkeit. Aufsätze zur Literatur um 1900, hg. v. Reinhardt Habel. Göttingen
Reichert, Herbert W.
(1963). Nietzsche and Schnitzler. In: Studies in Arthur Schnitzler. Chapel Hill, 95-107
(1975). Nietzsche's Geniemoral and Schnitzler's Ethics. In: Friedrich Nietzsche's Impact on Modern German Literature. Five Essays on Modern German Literature. Chapel Hill, 4-28
Reid, Maja D.
(1971). Die Hirtenflöte. In: MAL 4, Heft 2, 18-27
Reniers, Annie
(1970). Törless. Freudsche Verwirrungen? In: Robert Musil Studien zu seinem Werk, Reinbek bei Hamburg, 26-39
Rey, William H.
(1962). Weltentzweiung und Weltversöhnung in Hofmannsthals Griechischen Dramen. Philadelphia
Ricoeur, Paul
(1974). Die Interpretation. Ein Versuch über Freud (De l'Interprétation. Essai sur Freud, 1965). (Deutsch von Eva Moldenhauer). Frankfurt/M. (= suhrkamp taschenbuch wissenschaft 76)

Riesman, David
(1965). Freud und die Psychoanalyse. (Individualism Reconsidered). (Deutsch von Gert H. Müller). Frankfurt/Main ([1]1954)
Riha, Karl
(1971). Naturalismus und Antinaturalismus. Das Ende des 19. Jahrhunderts. In: Heinz Otto Burger (Hg.), Annalen der deutschen Literatur. Stuttgart, 719-760
Riese, Walter
(1958). The Pre-Freudian Origins of Psychoanalysis. In: Science and Psychoanalysis Vol I, ed. by Jules H. Massermann, New York/London, Grune & Stratton 23-72
Ritvo, Lucille B.
(1973/a). Freuds neo-lamarckistische Darwin-Interpretation. In: Psyche 27, 460-474
(1973/b). Carl Claus, Freud und die Darwinsche Biologie. In: Psyche 27, 475-486
Rheinländer-Schmitt, Hildegard
(1936). Dekadenz und ihre Überwindung bei Hofmannsthal. Diss. Münster
Roazen, Paul
(1971). Politik und Gesellschaft bei Sigmund Freud. (Freud: Political and Social Thought, deutsch; übers. von Hilde Weller) Frankfurt/M.
(1976). Freud and his Followers. London
Robert, Marthe
([2]1970). Die Revolution der Psychoanalyse. Leben und Werk von Sigmund Freud. Frankfurt/M.
(1975). Sigmund Freud – zwischen Moses und Ödipus. Die jüdischen Wurzeln der Psychoanalyse. München
Roheim, Geza
(1974). Psychoanalyse und Anthropologie. ([1]1944), In: Psyche 28, 1099-1113
Rutschky, Michael
(1978). Studien zur psychoanalytischen Interpretation von Literatur. Phil. Diss. Berlin
Ryan, Judith
(1970). Die »allomatische Lösung«: Gespaltene Persönlichkeit und Konfiguration bei Hugo von Hofmannsthal. In: DVjs 44: 189-207
Sablik, K.
(1968). Sigmund Freud und die Gesellschaft der Ärzte in Wien. In: Wiener Klinische Wochenschrift 80, 107-110
Schadewaldt, Wolfgang
([2]1970). Hellas und Hesperien. Gesammelte Schriften zur Antike und zur neueren Literatur, 2 Bde., Zürich/Stuttgart
Schaeder, Grete
(1933). Hugo von Hofmannsthal. Die Gestalten. Berlin
(1949). Hugo von Hofmannsthals Weg zur Tragödie. In: DVjs 23, 306-350
Scheible, Hartmut
(1976). Arthur Schnitzler in Selbstzeugnissen und Bilddokumenten (= rororo Monographie Nr. 235), Reinbek bei Hamburg
(1977). Arthur Schnitzler und die Aufklärung. München
Schick, Alfred
(1968/69). The Vienna of Sigmund Freud. In: The Psychoanalytic Review 55, 529-551
Schick, Paul
(1965). Karl Kraus in Selbstzeugnissen und Bilddokumenten. Reinbek bei Hamburg (= rowohlts monographien 111)
Schlein, Rena L.
(1968). Arthur Schnitzler: Author-Scientist. In: MAL 1, Heft 2, 28-38

Schmidt, Günter
(1970). Das Problem der Vererbung bei Emile Zola und im Drama des deutschen Naturalismus. Zum Einfluß des Darwinismus auf den literarischen Naturalismus. Diss. (masch.), Jena
Schmidt, Trudy
(1972). Bemerkungen zur Rezeption von Freuds Traumdeutung. In: Psyche 26, 707 ff.
Schmidt-Dengler, Wendelin
(1970). Rez. von »Walter Schönau: Sigmund Freuds Prosa. Literarische Elemente seines Stils. Stuttgart 1968«. In: Literatur und Kritik 5, Heft 47/48, 498
(1976). Dichtung und Philologie. In Hugo von Hofmannsthals ›Alkestis‹. In: Literaturwissenschaftliches Jahrbuch. N. F. 15, 157-177
(1980). »Ein der Natur mißlungener Künstler«. Zur Nietzsche-Rezeption im Wien der Jahrhundertwende. In: Akten des VI. Int. Germanistenkongresses, Basel 1980. Hg. von Heinz Rupp u. Hans-Gert Roloff. Bern, Frankfurt a.M., Las Vegas (= Jb. f. Int. Germ. Reihe A, Kongreßberichte Bd. 8) 422-428
Schneider, Gerd Klaus
(1968). Arthur Schnitzler und die Psychologie seiner Zeit, unter besonderer Berücksichtigung der Philosophie Friedrich Nietzsches. Diss. Washington
Schneider, Manfred
(1977). Die Angst und das Paradies des Nörglers. Versuch über Karl Kraus. Frankfurt/M: Syndikat
Schönau, Walter
(1968). Sigmund Freuds Prosa. Literarische Elemente seines Stils, Stuttgart
Schorske, Carl E.
(1980). Fin-de-siècle Vienna. New York, Knopf
(1982). Wien. Geist und Gesellschaft im Fin de siècle. Deutsch von Horst Günther. Frankfurt a.M., S. Fischer
Schrey, Gisela
(1973). Literaturästhetik der Psychoanalyse und ihre Rezeption in der deutschen Germanistik vor 1933. Phil. Diss. Saarbrücken
Schrimpf, Hans Joachim
(1963). Arthur Schnitzlers Traumnovelle. In: ZfdPh 82: 172-192
Schröder, Gerhard/Schlaffer, Hannelore
(1976). Die Kunst und die Wissenschaft. Dokumente zur Geschichte ihrer Kontroverse. In: Literaturmagazin 6. Die Literatur und die Wissenschaften (Hg. v. Nicolas Born und Heinz Schlaffer), Reinbek bei Hamburg, 87-117
Schröter, Klaus
(1974). Maximen und Reflexionen des jungen Freud. In: Aus Freuds Sprachwelt und andere Beiträge. Bern/Stuttgart/Wien (= Jahrbuch der Psychoanalyse/Beiheft Nr. 2), 139-186
Schrögendörfer, Konrad
(1955). »Ödipus und die Sphinx« bei Péladan und Hofmannsthal. In: Festschrift für Eduard Castle, hg. v. Gesellschaft für Wiener Theaterforschung und Wiener Goethe-Verein. Wien, 109-121
Schur, Max
(1973). Sigmund Freuds »Leben und Sterben«. (Freud: Living and Dying) (Deutsch von Gert Müller). Frankfurt
Schwarz, Egon
(1977). Nichts, was tiefer bewegt als das eigene Leben. Zu den noch unveröffentlichten Tagebüchern Arthur Schnitzlers. In: FAZ, 14. Mai 1977; Literaturbeilage
Segar, Kenneth

(1973). Determinism and Character: Arthur Schnitzler's Traumnovelle and his unpublished critique of Psychoanalysis. In: Oxford German Studies, Bd. 8, 114-127
Sherman, Murray H.
(1978). Reik, Schnitzler, Freud, and The Murderer: The Limits of Insight in Psychoanalysis. In: The Psychoanalytic Review 65, 68-94 (mit geringen Änderungen aus MAL 10, 1977, 195-216 nachgedruckt)
Sigmund-Freud-Haus-Katalog
(1975). Herausgegeben von der Sigmund-Freud-Gesellschaft Wien, Berggasse 19
Sievers, W. David
(1955), Freud on Broadway. New York
Silberer, Herbert
(1911). Vorläufer Freudscher Gedanken. Zentralblatt für Psychoanalyse und Psychotherapie 1, 441-449
Simon, Ernst
(1957). Sigmund Freud, the Jew. In: Publication of the Leo Baeck Institute, Yearbook 2, 270-305
Soergel, Albert/Hohoff, Curt
(1961). Dichtung und Dichter der Zeit. Vom Naturalismus bis zur Gegenwart (neubearb.), Bd. 1, Düsseldorf
Sombart, Nicolaus
(1976). Gruppenbild mit zwei Damen. Zum Verhältnis von Wissenschaft, Politik und Eros im wilhelminischen Zeitalter. (= Rez. von Martin Green, Frieda und Else, die Richthofen-Schwestern, München 1976). In: Merkur 30, 972-990
Freud's Vienna. Aus Anlaß des großen Bildbandes über Sigmund Freud im Suhrkamp Verlag. In: Merkur 31, 185-190
Specht, Richard
(1922). Arthur Schnitzler. Der Dichter und sein Werk. Eine Studie, Berlin
Spector, Jack J.
(1973). Freud und die Ästhetik. Psychoanalyse, Literatur und Kunst. München
Spitz, René
(1951). Obituary. Dr. Fritz Wittels. In: Int. Journal of Psycho-Analysis 32, 325
Stanescu, Heinz
(1965). Unbekannte Briefe des jungen Sigmund Freud an einen rumänischen Freund. In: Neue Literatur. Zeitschrift des Schriftstellerverbandes der Sozialistischen Republik Rumänien, Bd. 16, Heft 3, 123-129
(1971). Young Freud's Letters to his Rumanian Friend Silberstein. In: Israel Anm. Psychiat. 9, 195-207
Starobinski, Jean
(1973). Psychoanalyse und Literatur (La relation critique. L'œil vivant II, Ausz., deutsch. Übers. von Eckhart Rohloff). Frankfurt a.M., Suhrkamp (= Literatur der Psychoanalyse)
Straub, Herta
(1971). Die Rodauner Scene. Forschungen und Hinweise. In: HB 6, 427-433
Steffen, Hans
(1974). Die Paradoxie von Selbstbehauptung und Selbsthingabe in »Ödipus und die Sphinx« von Hofmannsthal. In: Etudes Germaniques 29, 206-223
(1974). Schopenhauer, Nietzsche und die Dichtung Hofmannsthals. In: ders. (Hg.): Nietzsche. Werk und Wirkungen, Göttingen, 65-90
Steinberg, Günter
(1971). Erlebte Rede. Ihre Eigenart und ihre Formen in neuerer deutscher, französischer und englischer Erzählliteratur. Göppingen
Steingruber, Elisabeth

(1956). Hugo von Hofmannsthals sophokleische Dramen. Winterthur. Phil. Diss. Zürich
Stekel, Wilhelm
(1904). Der Fall Otto Weininger. In: Die Waage 7/45, 1031-1034
Sternberg, Fritz
(1932). Marxismus und Verdrängung. In: Internationale Zeitschrift für Psychoanalyse 18, 352-385. Wiederabdruck in: Marxismus, Psychoanalyse, Sexpol. Bd. 1, Hg. von Hans-Peter Gente. Frankfurt/M., 115-128
Sternberger, Dolf
(1974). Panorama oder Ansichten vom 19. Jahrhundert. Frankfurt/M. ([1]1938)
Storck, Joachim W.
(1975). Rainer Maria Rilke. Katalog der Ausstellung im Deutschen Literaturarchiv im Schiller-Nationalmuseum Marbach a. N., München/Stuttgart
Swales, Martin
(1971). Arthur Schnitzler. A critical study. Oxford
Szasz, Thomas
(1976). Karl Kraus and the Soul-Doctors. A Pioneer Critic and His Criticism of Psychiatry and Psychoanalysis. Louisiana State University Press (Rez. in MAL 10/2 (1977), 125-129 von Harry Zohn)
Szondi, Peter
([11]1975/a). Theorie des modernen Dramas (1880-1950), Frankfurt/M. (= es 27) ([1]1956)
(1975/b). Das lyrische Drama des Fin de siècle. Hg. v. Henriette Beese. Studienausgabe der Vorlesungen Bd. 4; Frankfurt/M. (= suhrkamp taschenbuch wissenschaft 90)
(1978). Versuch über das Tragische ([1]1961). In: Schriften I, Frankfurt/M., 151-260
Taft, Jessie
(1958). Otto Rank. A Biographical Study based on Notebooks, Letters, collected Writings, therapeutic Achievements and personal Associations. New York
Testenoire, Marie-Louise
(1975). Freud et Vienne en 1900. In: Critique. Août-Septembre 1975, Tome XXXI, 339-340 (= Vienne, Début d'un siècle), 819-836
Ticho, Ernst A. und Gertrude R.
(1972). Freud and the Viennese. In: The Int. Journal of Psycho-Analysis 53, 301-306
Toruney, Garfield
(1965). Freud and the Greeks. A study of the influence of classical Greek Mythology and Philosophy upon the Development of Freudian Thought. In: Journal of the history of the behavioral sciences 1, 67-85
Tramer, Friedrich
(1960). Friedrich Nietzsche und Sigmund Freud. In: Jahrbuch für Psychologie, Psychotherapie und medizinische Anthropologie 7, 325-350
Trilling, Lionel
(1951). Psychoanalyse und Literatur. In: Der Monat 3, 477-489
Tucci, Giancarlo
(1971). Psicanalisi e Morale nell'Opera di Arthur Schnitzler. Phil. Diss. (masch.) Universität Pisa, Facoltà di Lettere e Filosofia
Uekermann, Gerd
(1978). Die italienische Renaissance in der deutschen Dramatik der letzten Jahrhundertwende. (masch. Magisterarbeit, FU) Berlin
Urbach, Reinhard
(1971/1974). Karl Kraus und Hugo von Hofmannsthal. Eine Dokumentation. 1: 1892-

1899. In: HB 6, 1971, 447-458; 2: 1899-1933. In: HB 12, 1974, 372-424
(1974). Schnitzler-Kommentar. Zu den erzählenden Schriften und dramatischen Werken. München

Urban, Bernd (Hg.)
(1973). Psychoanalyse und Literaturwissenschaft. Texte zur Geschichte ihrer Beziehungen. Tübingen
(1973/b). Franz Werfel, Freud und die Psychoanalyse. Zu unveröffentlichten Dokumenten. In: DVjs 47, 267-285
(1974/a). Arthur Schnitzler und Sigmund Freud: Aus den Anfängen des »Doppelgängers«. Zur Differenzierung dichterischer Intuition und Umgebung der frühen Hysterieforschung. In: Germanisch-Romanische Monatsschrift, N. F. 24, 193-223
(1974/b). Die Wunscherfüllung unserer Kindheit. Psychoanalytisch-archivalische Notizen zu Hugo von Hoffmannsthals Tragödie ›Ödipus und die Sphinx‹. In: Johannes Cremerius: Psychoanalytische Textinterpretation. Hamburg, 284-302
(1975). Vier unveröffentlichte Briefe Arthur Schnitzlers an den Psychoanalytiker Theodor Reik. In: MAL 8, 236-247
(1978). Hofmannsthal, Freud und die Psychoanalyse. Quellenkundliche Untersuchungen. (= Literatur und Psychologie) Frankfurt/M.

Ursner, Hans
(1975). Schnitzlers Paracelsus. In: Paracelsus. Werk und Wirkung. Festgabe für Kurt Goldammer zum 60. Geburtstag. Hg. v. Sepp Domandl. Wien, 345-352

Vanhelleputte, Michel
(1958). Hofmannsthals Ringen um die Tragödie. Eine Beurteilung seiner Entwicklung als Dramatiker in den ersten Jahren dieses Jahrhunderts. In: Revue des langues vivantes 24, 231-268
(1971). Hofmannsthal und Maeterlinck. In: Hofmannsthal Forschungen I, 85-98

Veith, Ilza
(1965). Hysteria. The History of a Disease. Chicago etc. Univ. Pr.

Viereck, George S.
([1]1930). The World of Arthur Schnitzler. In: MAL 5, Heft 3/4, 1972, 7-17

Viering, Jürgen
(1977). Jugendstil und Empfindsamkeit. Zu Richard Beer-Hofmanns »Der Tod Georgs«. In: Euphorion 71, 180-194

Vogel, Paul
(1974). Drei bisher unbekannt gebliebene Beiträge Freuds zum Handwörterbuch von Villaret. In: Jahrbuch der Psychoanalyse, Bd. 7

Volke, Werner
([5]1974). Hugo von Hofmannsthal in Selbstzeugnissen und Bilddokumenten. Reinbek

Wagenknecht, Christian
(1975). Korrektur und Klitterung. Zur Arbeitsweise von Karl Kraus. In: Karl Kraus. Hg. v. Heinz Ludwig Arnold, München, 108-115

Wagner, Burkhardt
(1972). Innenbereich und Äußerung. Flaubertsche Formen indirekter Darstellung und Grundtypen der erlebten Rede. München

Wagner, Nike
(1982). Geist und Geschlecht. Karl Kraus und die Erotik der Wiener Moderne. Frankfurt a. M., Suhrkamp

Wagner, Peter
(1965). Peter Altenbergs Prosadichtung. Untersuchungen zur Thematik und Struktur des Frühwerks. Phil. Diss. Münster

Waldeck, Peter Bruce
(1970). Hermann Broch und Freud. In: Colloquia Germanica 62-75

Weber, Eugene
(1971). Hofmannsthal und Oscar Wilde. In: Hofmannsthal-Forschungen I (Referate der zweiten Tagung der Hugo von Hofmannsthal-Gesellschaft Wien, 10.-13. Juni 1971) Basel, 99-106
(1973). The correspondence of Arthur Schnitzler and Richard Beer-Hofmann. In: MAL 6, 3/4, 40-51
Weigel, Hans
(1972). Karl Kraus oder die Macht der Ohnmacht. Versuch eines Motivberichtes zur Erhellung eines vielfachen Lebenswerkes. München
Weiss, Robert O.
(1958). A Study of the Psychiatric Elements in Schnitzler's »Flucht in die Finsternis«. In: The Germanic Review, Bd. 23, 189-275
(1968). The Psychoses in the works of Arthur Schnitzler. In: The German Quarterly, 377-400
Wellek, René/Austin, Warren
(1972). Theorie der Literatur. Frankfurt/M. (= Fischer Athenäum Taschenbücher Literaturwissenschaft) ([1]1955)
Wellek, René
(1977). Geschichte der Literaturkritik 1750-1950 (A History of modern Criticism), Bd. 3: Das späte 19. Jahrhundert. Berlin/New York (= Komparatistische Studien 6)
Wettly, Annemarie
(1958/59). Entartung und Erbsünde. Der Einfluß des medizinischen Entartungsbegriffs auf den literarischen Naturalismus. In: Hochland 51, 348-358
Widder, Erich
(1963). Hermann Bahr. Sein Weg zum Glauben. Ein Beitrag zur Biographie. Linz
Wodtke, Friedrich Wilhelm
([2]1958). Katharsis. In: Merker-Stammler, RE I, Berlin, 811-817
Wolff, Reinhold (Hg.)
(1975). Psychoanalytische Literaturkritik. Mit Nachwort und Bibliographie. München
Wollschläger, Hans
(1975). Die Instanz k. k. oder Unternehmungen gegen die Ewigkeit des Wiederkehrenden Gleichen. In: Karl Kraus, Sonderband aus der Reihe text + kritik (Hg. v. Heinz Ludwig Arnold), München, 5-20
Worbs, Michael
(1979). Wissenschaft und Literatur im Fin de siécle. In: Sprache im technischen Zeitalter, Heft 68, 302-316
Wunberg, Gotthart
(1965). Der frühe Hofmannsthal. Schizophrenie als dichterische Struktur. Mit einer umfassenden Bibliographie zur Sekundärliteratur. Stuttgart etc.
(1969). Utopie und fin de siècle. Zur deutschen Literaturkritik vor der Jahrhundertwende. In: DVjs 43, 685-706
(1972). Hofmannsthal im Urteil seiner Kritiker. Dokumente zur Wirkungsgeschichte Hugo von Hofmannsthals in Deutschland. Frankfurt/M.
(1976). Das junge Wien. Österreichische Literatur und Kunstkritik 1887-1902, 2 Bde. Ausgewählt, eingeleitet und herausgegeben von Gotthart Wunberg, Tübingen
Wuthenow, Ralph-Rainer
(1978). Muse, Maske, Meduse. Europäischer Ästhetizismus (= es 887), Frankfurt/M.

Abbildungsverzeichnis

Abkürzungsverzeichnis

A — Hofmannsthal, Hugo von
Werke (ed. Steiner), *Aufzeichnungen*, 1973

Anf — Freud, Sigmund (1975)
Aus den Anfängen der Psychoanalyse. Briefe an Wilhelm Fließ. Abhandlungen und Notizen aus den Jahren 1887-1902, Frankfurt/M. [¹1950]

AuB — Arthur Schnitzler (1967)
Aphorismen und Betrachtungen (Gesammelte Werke Bd. 5), hg. v. Robert O. Weiss, Frankfurt/M.

Br I — Hofmannsthal, Hugo von (1935)
Briefe 1890-1901, Berlin: S. Fischer Verlag

Br II — Hofmannsthal, Hugo von (1937)
Briefe 1900-1909, Wien: Bermann-Fischer Verlag

Briefe — Freud, Sigmund [²1968]
Briefe 1873-1939, hg. v. E. und L. Freud, Frankfurt/M.

BWgen — Karl Kraus
Beim Wort genommen (Werke Bd. 3)

ChinM — Karl Kraus
Die chinesische Mauer (Werke Bd. 12)

D — Hofmannsthal, Hugo von
Werke (ed. Steiner), *Dramen*, 4 Bde.

Dramen — Karl Kraus
Dramen (Werke Bd. 13)

DrW — Arthur Schnitzler (1972)
Die Dramatischen Werke (Gesammelte Werke Bd. 3 und 4), Frankfurt/M. [¹1962]

E — Hofmannsthal, Hugo von
Werke (ed. Steiner), *Die Erzählungen*

EN — Entstehung

Erg — Unnumerierter Ergänzungsband zur Sigmund Freud *Studienausgabe: »Schriften zur Behandlungstechnik«*, Frankfurt/M. 1975

ES — Arthur Schnitzler (1970)
Die Erzählenden Schriften, (Gesammelte Werke Bd. 1 und 2), Frankfurt/M. [¹1961]

HvH-RS — Hofmannsthal, Hugo von – Richard Strauss (⁵1978)
Briefwechsel. Hg. v. Willy Schuh. Zürich/Freiburg i. Br.

HvH-SG	Hofmannsthal, Hugo von – Stefan George (^{2}1953) *Briefwechsel*. Hg. v. Robert Boehringer, München/Düsseldorf [^{1}1938]
IASRA	International Arthur Schnitzler Research Organisation
IKR	*Internationale Klinische Rundschau*, Wien. 1887-1894. Begründet und herausgegeben von Johann Schnitzler
J	Arthur Schnitzler *Jugend in Wien. Eine Autobiographie*. Hg. v. Therese Nickl und Heinrich Schnitzler. Mit einem Nachwort von Friedrich Torberg. Frankfurt/M.
Jones I-III	Jones, Ernest *Das Leben und Werk von Sigmund Freud (The Life and Work of Sigmund Freud, deutsch)*, Bd. 1-3; Bern/Stuttgart: Huber I. *Die Entwicklung zur Persönlichkeit und die großen Entdekkungen 1856-1900*. Übers. von Katherine Jones (1960) II. *Jahre der Reife 1901-1919*. Übers. von Gertrud Meili-Dworetzki unter Mitarbeit von Katherine Jones (1962) III. *Die letzte Phase 1919-1939*. Übers. von Gertrud Meili-Dworetzki unter Mitarbeit von Katherine Jones (1962)
JW	Wunberg, Gotthart (1976) *Das Junge Wien. Österreichische Literatur- und Kunstkritik 1887-1902*. 2 Bde., ausgewählt, eingeleitet und herausgegeben von Gotthart Wunberg, Tübingen
MAL	*Modern Austrian Literature*. Journal of the IASRA
Marbach	Greve, Ludwig/Werner Volke (1974) *Jugend in Wien. Literatur um 1900* (Eine Ausstellung des Deutschen Literaturarchivs im Schiller-Nationalmuseum Marbach a. N. vom 11. Mai bis 31. Oktober 1974), München/Stuttgart (= Sonderausstellungen des Schiller-Nationalmuseums, Kat.-Nr. 24)
P	Hofmannsthal, Hugo von Werke (ed. Steiner), *Prosa*, 4 Bde.
F	Kraus, Karl (Hg.) (1968-1976) *Die Fackel* Nr. 1-922 (1899-1936). Neuausgabe (Photomechanischer Neudruck), hg. v. Heinrich Fischer, 12 Bde., München/Frankfurt (Zweitausendeins)
FS	Kraus, Karl (1979) *Frühe Schriften: 1892-1900*. Hg. v. Joh. J. Braakenburg, 2 Bde., München
F-J	Freud, Sigmund/C. G. Jung (1974) *Briefwechsel*, hg. v. William McGuire und Wolfgang Sauerländer, Frankfurt/M.
GW	Freud, Sigmund (1940 ff) *Gesammelte Werke* (18 Bde.), London 1940-1952; Bd. 18,

Frankfurt/M. 1968, seit 1960 die gesamte Edition bei S. Fischer Verlag, Frankfurt/M.

HB — *Hofmannsthal-Blätter*. Veröffentlichungen der Hugo von Hofmannsthal-Gesellschaft, Frankfurt/Main 1968 ff

HvH-AS — Hofmannsthal, Hugo von – Arthur Schnitzler (1964) *Briefwechsel*. Hg. v. Therese Nickl und Heinrich Schnitzler. Frankfurt/M.

HvH-EvB — Hugo von Hofmannsthal – Eberhard von Bodenhausen, (1953) *Briefe der Freundschaft*. Hg. v. Dora von Bodenhausen, Düsseldorf

HvH-KvB — Hofmannsthal, Hugo von – Edgar Karg von Bebenburg (1966) *Briefwechsel*. Hg. v. Mary E. Gilbert, Frankfurt/M.

HvH-LvA — Hofmannsthal, Hugo von – Leopold von Andrian (1968) *Briefwechsel*. Hg. v. Walter Perl, Frankfurt/M.

HvH-MH — Hofmannsthal, Hugo von (1967) *Briefe an Marie Herzfeld*. Hg. v. Horst Weber, Heidelberg

HvH-RB — Hugo von Hofmannsthal – Rudolf Borchardt (1954) *Briefwechsel*. Hg. v. Marie Luise Borchardt und Herbert Steiner. Frankfurt/M.

HvH-RBH — Hofmannsthal, Hugo von – Richard Beer-Hofmann (1972) *Briefwechsel*. Hg. v. Eugene Weber. Frankfurt/M.

Protokolle I-III — Nunberg, Hermann/Ernst Federn (Hg.) (1976 ff) *Protokolle der Wiener Psychoanalytischen Vereinigung*. Frankfurt/M.
Bd. I: 1906-1908
Bd. II: 1908-1910
Bd. III: 1910-1911

Protokolle IV — Nunberg, Hermann/Ernst Federn (Hg.) (1970) *Minutes of the Vienna Psychoanalytic Society*. Bd. 4: 1912-1918, New York

Stud — Freud, Sigmund (1969-75) *Studienausgabe* (10 Bde. sowie unnumerierter Ergänzungsband), Frankfurt/M.

Studien — Freud, Sigmund/Breuer, Joseph (1970) *Studien über Hysterie* [1895], Frankfurt/M.

SuKri — Karl Kraus *Sittlichkeit und Kriminalität*, Werke Bd. 11

Tb — Arthur Schnitzler *Tagebuch 1873-1931*. Unveröffentlichtes Typoskript

ThSa — Theatersammlung der Österreichischen Nationalbibliothek, Wien

athenäum[s] taschenbücher
Die kleine weiße Reihe

athenäum

Savignystr. 53
6000 Frankfurt a.M. 1

PSYCHOLOGIE
– Eine Auswahl –

Jacqueline de Segonzac
Trauer und Wahn
Tagebuch einer Manisch-Depressiven

Bei Lichte betrachtet wird es finster
Frauensichten
Herausgegeben vom Psychoanalytischen Seminar Zürich
Originalausgabe

Gabriele Groenewold
Ich und kein Ende
Der Mythos von Oedipus und der Sphinx

Janine Chasseguet-Smirgel (Hrsg.)
Wege des Anti-Ödipus
Mit einem Nachwort von Caroline Neubaur

Ernest Jones
Die Theorie der Symbolik
und andere Aufsätze

Jugendwahn und Altersangst
Mit Beiträgen von E. Blanco Cruz, I. Fetscher, E. Fried, H. Hoffmann, U. Lehr, A. Mergen, P. Parin, L. Rosenmayr, R. Süssmuth. Herausgegeben von Hilmar Hoffmann

Caroline Neubaur
Übergänge
Spiel und Realität in der Psychoanalyse Donald W. Winnicotts

Maud Mannoni
Der Psychiater, sein Patient und die Psychoanalyse

Maud Mannoni
„Scheißerziehung"
Von der Antipsychiatrie zur Antipädagogik

Paul Parin und Goldy Parin-Matthèy
Das Subjekt im Widerspruch
Aufsätze 1978–1985

Paul Parin
Der Widerspruch im Subjekt

Ein eindringliches und bestürzendes Dokument: Das Tagebuch einer Manisch-Depressiven

Jacqueline de Segonzac
Trauer und Wahn

„Sie haben sich von der äußeren Realität abgewendet, aber eben darum wissen sie mehr von der inneren, psychischen Realität und können uns manches verraten, was uns sonst unzugänglich wäre."

Sigmund Freud

Fünfundzwanzig Jahre lang dient ihr der tägliche, detaillierte Bericht als Hilfsinstrument, nicht in der Krankheit zu versinken, die unkontrollierbaren Wechselbäder von euphorischem Wahn und tiefer Melancholie im wahrsten Sinne des Wortes zu überleben. Für Jacqueline de Segonzac ist es die Hölle. Allein acht Mal wird sie in jenen Jahren in verschiedene psychiatrische Kliniken eingewiesen. Mehrere Male versucht sie, sich das Leben zu nehmen. Es folgen Behandlungen mit Elektroschocks, Insulin und schließlich mit Lithium. Die Ehe zerbricht, aber in den mörderischen Phasen der Nacht und den grellen des Tages gibt es Menschen in ihrer Nähe, Freunde, die ihr bei ihrem schrecklichen und einsamen Kampf beistehen und von denen sie mit großer Wärme berichtet. Jacqueline de Segonzac verdankt anderen vieles, aber das meiste sich selbst: ihren Mut und ihrer Kraft, sich nicht aufzugeben und sich Tag für Tag mir ihrer Krankheit auseinanderzusetzen.

Jacqueline de Segonzac, 1930 in Paris geboren, studierte Kunst und Sprachen. Sie lebte 10 Jahre in Amerika, wurde amerikanische Staatsangehörige und war dort verheiratet. Sie ist geschieden und hat zwei Kinder, die sie trotz ihrer Krankheit allein aufzog. Zwischen den Krisen arbeitete sie als Übersetzerin und Autorin. Sie veröffentlichte verschiedene Zeitschriftenartikel und Bücher. Ihr Bericht stellt für die Erforschung der manisch-depressiven Psychose einen wichtigen Beitrag dar.

athenäum

„1839 war es elegant, beim Promenieren eine Schildkröte mit sich zu führen. Das gibt einen Begriff vom Tempo des Flanierens in den Passagen.“

Walter Benjamin

Rainer Michael Schaper

Der gläserne Himmel

Die Passagen des 19. Jahrhunderts als Sujet der Literatur

„Der gläserne Himmel“:
Gemeint ist das Kunstwerk aus Glas und Eisen, aus Flitter und Quader zusammengesetzt, die Straße unter Glas, der transparent überdachte Ladendurchgang: die *Passage* als ein wohl begrenztes, dennoch aber höchst aussagekräftiges architektonisches Phänomen ihrer Zeit. Ihrer vielfach verschlungenen literarischen Spur, ihrer Spiegelung und Verfremdung, ihrer Anverwandlung in der Literatur geht Rainer Michael Schaper, Literaturwissenschaftler und Kunsthistoriker, nach. Ort der Handlung ist Paris, mit den Nebenschauplätzen Nantes, Mailand, Neapel und Berlin. Einem historischen Aufriß über die Geschichte der Passagen in Paris schließt sich die Interpretation jener Romane, Erzählungen, Theaterstücke und Gedichte an, in denen die *Passage* Thema oder Schauplatz der Handlung abgibt. Mit Balzac, Zola, Villiers de l'Isle-Adam, Céline, Aragon, de Mandiargues, Cortázar, Burns und Ramon Gomez de la Serna werden Schriftsteller vorgeführt, deren Werke gleichsam die literarische Geschichte der Passagen, ihres Aufstiegs und Verfalls schreiben. Da werden Bilder von Passagen, Bilder von Geschichte entwickelt, Motive in einem doppelten Sinn des Wortes, Bilder des „Was“ und des „Warum“. Es sind dies literarische Bilder, lebendige Motive vergangener Zeiten; Motive, die sich entfernen und die wiederkehren, die sich wiederholen, verwandeln, die sich gleich bleiben und dies doch nicht ganz: Motive, zum Verwechseln ähnlich und doch jeweils ganz anders, anders durch einen unablässig verschobenen Kontext, den Kontext der Werke und der Epochen. Es sind vor allem soziale Motive, die im Medium der Literatur eine Geschichte nachzeichnen und im ästhetischen Raum das verwandeln, was als ureigenes Produkt aus jener Epoche entstand. Und doch wird eine phantastische Geschichte – ebenso anschaulich wie gelehrt – erzählt von der „Stadt in der Stadt“, jenem Mikrokosmos unter Glas; eine Geschichte, in der „Traum gegen Realität, Börse gegen Harem steht.“
Die „Psychologie“ eines Ortes, einer Passage wird sichtbar, ja so greifbar nahe, daß man versteht, warum Aragon in seinem unvergleichlichen Epitaph auf die *Passage de l'Opera* in Paris von einer „Metaphysik der Orte“ spricht.

athenäum

Literaturwissenschaft

Paolo Chiarini
Bausteine zu einem neuen Goethe
1987. 188 Seiten, geb. mit Schutzumschlag
ISBN 3-610-08908-3

„Immer dicht vor dem Sturze…"
Zum Werk Robert Walsers
Herausgegeben von Paolo Chiarini und Hans Dieter Zimmermann
1987. 352 Seiten, geb. mit Schutzumschlag
ISBN 3-610-08901-6

Burghard Dedner (Hrsg.)
Georg Büchner: Leonce und Lena
Kritische Studienausgabe
Büchner-Studien, Band 3
1987. 448 Seiten, geb. mit Schutzumschlag
ISBN 3-610-08909-1

Iring Fetscher
Die Wirksamkeit der Träume
Literarische Skizzen eines Sozialwissenschaftlers
1987. 208 Seiten, kart.
ISBN 3-610-08439-1

Franz Josef Görtz
Innenansichten
Über Literatur als Geschäft
1987. 144 Seiten, kart.
ISBN 3-610-08452-9

Hans Höller
Ingeborg Bachmann
Das Werk
1987. 368 Seiten, geb. mit Schutzumschlag,
ISBN 3-610-08912-1

Kurt Mautz
Georg Heym
Mythologie und Gesellschaft im Expressionismus
3. unveränderte Auflage.
1987. 387 Seiten, gebunden mit Schutzumschlag
ISBN 3-610-08929-6

Helmut Schmiedt
Karl May
Studien zu Leben, Werk und Wirkung eines Erfolgsschriftstellers
2., völlig überarbeitete und ergänzte Auflage.
1987. 304 Seiten, geb. mit Schutzumschlag
ISBN 3-610-08902-4

Zeitgenossenschaft
Zur deutschsprachigen Literatur im 20. Jahrhundert
Herausgegeben von Paul Michael Lützeler u. a.
1987. 352 Seiten, geb. mit Schutzumschlag
ISBN 3-610-08921-0

athenäum